Sozialpsychologie erzieherischen Handelns

Sozialpsychologie erzieherischen Handelns

Wie das Denken und Verhalten von Lehrern organisiert ist

von
Manfred Hofer
Universität Mannheim

Verlag für Psychologie · Dr. C. J. Hogrefe
Göttingen · Toronto · Zürich

Manfred Hofer (geb. 1942, Südtiroler) ist ordentlicher Professor für Erziehungswissenschaft und Pädagogische Psychologie an der Universität Mannheim. Er absolvierte sein Psychologiestudium in Hamburg 1967 mit der Diplom-Hauptprüfung. Die Promotion zum Dr. rer. nat. erfolgte 1969 in Düsseldorf, die Habilitation für Psychologie 1976 in Heidelberg. 1972–1978 arbeitete er am Psychologischen Institut der Universität Heidelberg im Bereich der Pädagogischen Psychologie. Dort leitete er zwei DFG-geförderte Forschungsprojekte zu kognitiven Bedingungen des Lehrerverhaltens. Seine Publikationen kommen aus den Bereichen der Lehrer-Schüler-Interaktion, der Instruktionspsychologie und der Forschungsmethoden.

Printed in Germany
Gedruckt mit Unterstützung der Deutschen Forschungsgemeinschaft

---

Gesamtherstellung:
Allgäuer Zeitungsverlag GmbH, Kempten
ISBN 3 8017 0247 2

Inhaltsverzeichnis

Vorwort

Seit Lortie sich im „Second Handbook of Research on Teaching“ (Travers, 1973) in seinem Artikel „Die Schule als Arbeitsplatz“ über das mangelnde Interesse wunderte, das den berufsbezogenen Sichtweisen und Einstellungen von Erziehungspersonen, insbesondere Lehrern entgegengebracht wurde (S. 489), ist gut ein Jahrzehnt vergangen. In der Zwischenzeit wurde eine ganze Menge Forschung über Kognitionen von Lehrern durchgeführt. Es ist an der Zeit, das angesammelte Wissen zu sichten, ordnen und darzustellen. Das Buch ist ein Versuch, die Linien, Richtungen und Ergebnisse der Forschung zu kartieren. Es hat den Anspruch, eine Sozialpsychologie des Erziehers darzustellen. Es will beschreiben, welche kognitiven Elemente und Vorgänge hinter dem verborgen liegen könnten, was tagtäglich im Verhalten von Lehrern gegenüber ihren Schülern sichtbar wird. Kurz, es will die Relation von Denken und Handeln bei Lehrern analysieren.

Ein Anliegen des Buches ist es auch, die Untersuchungen, die ich selbst in meiner Arbeitsgruppe über zehn Jahre hinweg zu diesem Thema erstellt habe, mit dem Forschungskorpus in der Literatur zu verbinden und in einen theoretischen Zusammenhang einzuordnen.

Welchen Aufschwung die Literatur zum Thema Denken und Handeln von Lehrern in den letzten Jahren genommen hat, zeigt die Tatsache, daß ihm in der dritten Auflage des „Handbook of Research on Teaching“ (Wittrock, 1985) ein eigenes Kapitel eingeräumt wird („Teachers’ thought processes“, Clark & Peterson). Darin werden an die 150 ausschließlich englischsprachige Untersuchungen vorgestellt. Clark & Peterson (1985) weisen in ihrer Übersicht auf die Zersplitterung und Isolierung der Forschung und auf das Defizit einer integrierenden theoretischen Position hin. Ich versuche zu zeigen, daß Denken und Handeln von Lehrern im Rahmen eines handlungstheoretischen Modells beschrieben und erklärt werden kann. Mit der Wahl eines solchen Modells ist ein konzeptueller Rahmen gegeben, der es erlaubt, die vorliegende Forschung zu ordnen und in einen Zusammenhang zu bringen. Auch wenn dieser nicht immer sehr unmittelbar ist, so erleichtert er die Darstellung und Interpretation einer großen Zahl von Einzelergebnissen. Ich habe versucht, die einschlägige Literatur im deutschen und englischen Sprachbereich repräsentativ zu sammeln. Mir kam es nicht auf die letzte Vollständigkeit an, sondern darauf, die theoretische Position zu entwickeln und sie anhand der Forschung und ihrer Ergebnisse zu prüfen.

Ich sehe meine Arbeit in der Tradition der Pygmalion-Perspektive. Rosenthal & Jacobson (1971) haben die überaus stimulierende These entwikkelt, daß Kognitionen von Erziehern – nämlich die Erwartungen von Lehrern über die Leistungsfähigkeit einzelner Schüler – die intellektuellen Leistungen dieser Kinder formen. Brophy & Good (1974) haben den Bogen etwas kürzer gespannt und nach Pygmalions Medium gefragt, also danach, in welchen Verhaltensweisen von Lehrern sich ihre Erwartungen ausdrükken. Die Idee des vorliegenden Buches schließt unmittelbar daran an. Erwartungen werden als ein Typ von Kognitionen aufgefaßt, die bei der Handlungssteuerung des Erziehers wirksam sein können. Mit ihnen alleine läßt sich das handlungsbezogene Denken jedoch nicht ausreichend beschreiben. Eine Reihe weiterer Kognitionen werden angenommen und miteinander verbunden. Da das Thema wesentlich mit der Aufnahme und Verarbeitung von Informationen über Schüler sowie mit schülerbezogenen Entscheidungen zu tun hat, habe ich verschiedentlich Theorien und Befunde der kognitiven Sozialpsychologie einbezogen. Lehrerverhalten ist soziales Verhalten in einem spezifischen, nämlich erzieherischen Kontext. So ist Pädagogische Psychologie auch Teilbereich der Sozialpsychologie. Dabei ist es mir sicherlich nicht gelungen, sämtliche einschlägigen Entwicklungen aufzugreifen. So habe ich z.B. von den Arbeiten der Gruppe um Srull & Wyer (1986) zu spät Kenntnis genommen.

Durch die systematische Darstellung eines größeren und in sich abgeschlossenen Forschungsgebietes enthält das Buch in gewissem Sinne auch Lehrbuchcharakter. Die Tatsache, daß jedem Abschnitt innerhalb jedes Kapitels eine Zusammenfassung der wesentlichen Inhalte angefügt wurde sowie der Versuch, die Argumentationen innerhalb der Abschnitte eher stringent als offen zu gestalten, dienen dazu, die Rezeption des Buches zu erleichtern.

Auch dieses Vorwort entsteht nicht vor Verfassen des Buches, sondern nachher. Widerlegt es damit die Hauptthese des Buches, daß Handeln planvoll und zielgerichtet verläuft? Ich denke, es zeigt, daß Absichten und Ziele während der Tätigkeit verändert, modifiziert und an aktuelle Zustände angepaßt werden können. Die Ziele bestehen vor der Handlung in einer unscharfen und vagen Form. Danach können sie anhand der Ergebnisse konkreter und verbindlicher ausgedrückt werden.

Der Brauch, in Vorwörtern Danksagungen unterzubringen, hat mit dem Gefühl der Freude zu tun, das einen Autor beschleicht, wenn er am Ende seines Buches angelangt ist und schon am Vorwort sitzt. Dabei kann sich auch der selbstbewußteste Autor der Dankbarkeit denen gegenüber nicht erwehren, die an dem erfolgreichen Ergebnis seiner Handlung mitbeteiligt waren. Für den Leser erfüllt die Lektüre von Danksagungen die Funktion, den Dunstkreis zu ermitteln, aus dem der Autor kommt, und sich einen ersten Eindruck von der Art des Denkens und Argumentierens zu machen, die ihn erwartet. Die Arbeit ist beeinflußt von meiner Tätigkeit bei Franz E. Weinert am Heidelberger Psychologischen Institut. Viele Impulse und Kritik verdanke ich meinem langjährigen Mitarbeiter Martin Dobrick. Im übrigen bin ich jenen Kolleginnen und Kollegen sehr verpflichtet, die sich meinen Bitten um wohlwollende Durchsicht und kritische Rückmeldung einzelner Kapitel in irgendeiner der vielen Fassungen nicht verschlossen haben und zur Konzeption und Gestaltung der einzelnen Teile beigetragen haben. Dabei handelt es sich um die Kolleginnen Elfriede Höhn, Wiltraud Paule, Gisela Trommsdorff sowie um die Kollegen Lutz-Michael Alisch, Klaus Beck, Hellmut Bender, Wolfgang Brezinka, Rainer Bromme, Hans-Dietrich Dann, Jürgen Diederich, Helmut Fend, Gerd Gigerenzer, Jochen Grell, Norbert Groeben, Karl Haußer, Helmut Jungermann, Günther Krampen, Ernst D. Lantermann, Uwe Laucken, Waldemar Lilli, Heinz Mandl, Wulf-Uwe Meyer, Falko Rheinberg, Bernd Rohrmann, Wolfgang Schönpflug, Fritz Strack, Peter Suchla, Bernd Weibel, Bernd Weidenmann. Dem Beltz-Verlag gebührt Dank dafür, daß ich Ausschnitte aus zwei bereits dort veröffentlichten Artikeln (Hofer, 1981 b und Hofer & Dobrick, 1981) übernehmen durfte, Herrn Martin Dobrick als Koautor bei dem einen der beiden Artikel, der Deutschen Forschungsgemeinschaft für die Finanzierung zweier berichteter Projekte und einem Druckkostenzuschuß sowie meiner Sekretärin, Frau Irene Wolko, für die saubere Bearbeitung der unzähligen Manuskript-Fassungen.

Mannheim, im Sommer 1985 Manfred Hofer

1. Kapitel
Grundposition: die Sozialpsychologie des Erzieherhandelns

1. Erziehen als von Denkprozessen gesteuertes soziales Verhalten

Den Erzieher kann man als das kritische Gelenk ansehen zwischen den Erwartungen, die von der Gesellschaft an die zukünftigen Erwachsenen gerichtet werden und den Lernprozessen, die bei Schülern tatsächlich stattfinden. Lehrer sind die Nahtstelle, an der sich ein Großteil von Erziehung realisiert, an der sich das Erziehungssystem in der aktuellen Gegenüberstellung von Erzieher und zu Erziehenden konkretisiert. Der Erzieher ist einerseits ausführendes Organ. Er versucht, das zu realisieren, was er als seine Aufgabe betrachtet. Sein erzieherisches Verhalten kann als abhängige Variable betrachtet werden. Das ist die Sichtweise dieses Buches. Der Erzieher stellt durch sein Verhalten andererseits Bedingungen für mannigfache Erfahrungen bei Schülern her. Das Lehrerverhalten als unabhängige Variable ist Thema der Lehr-Lern-Forschung und nicht Gegenstand dieses Buches.

Wenn man Erzieherverhalten als abhängige Variable betrachtet, fragt man danach, wovon es abhängt, daß Erzieher bestimmte Maßnahmen ergreifen, warum Lehrer z.B. in bestimmten Situationen loben, in anderen nicht. Man sucht nach den Bedingungen des Erzieherverhaltens. Bei dieser Suche können grundsätzlich verschiedene Wege gegangen werden. Ich führe vier davon an und begründe, warum ich mich für den vierten entschieden habe.

Das Verhalten eines Menschen sieht man häufig als Ausdruck seiner *Persönlichkeitseigenschaften.* Dies ist eine gängige Vorstellung in der Alltagspsychologie, die auch in der wissenschaftlichen Psychologie lange Zeit vorherrschend war. Fragen, die häufig erforscht wurden, lauteten: was macht den guten Lehrer aus? In welchen Persönlichkeitsvariablen unterscheiden sich Lehrer, die als „gut, erfolgreich" eingestuft wurden, von anderen, die als weniger erfolgreich gelten? (Über die Problematik des Erfolgsbegriffes, vgl. Dunkin & Biddle, 1974, S. 14.) Freundlichkeit, emotionale Stabilität, Objektivität, Naivität, Überichstrenge, Intelligenz, Introversion, Geschicklichkeit, Psychasthenie, Depression, Hysterie, sind nur ein Bruchteil der Persönlichkeitsvariablen, mit deren Hilfe man Lehrer zu charakterisieren versuchte (Getzels & Jackson, 1970). Doch herrscht Einigkeit darüber, daß es nicht möglich ist, mit Hilfe von Persönlichkeitsvariablen zwischen guten und schlechten Lehrern zu trennen.

Vielleicht sind es nicht so sehr die Charaktereigenschaften, sondern die *Einstellungen*, die für die Gestaltung von Unterricht wichtig sind. Möglicherweise müssen Einstellungen und Werte von Lehrern als Determinanten ihres Verhaltens angesehen werden. Es könnten Einstellungen zu sich selbst sein oder auch Einstellungen über andere Menschen, Meinungen über Führung, über Kinder, über Lernen, über Macht, über Vererbung, über Reform der Erziehung, über Gesellschaft etc. Doch „bleiben die Art und Höhe der Beziehungen zwischen Lehrermeinungen und Lehrerverhalten im Klassenzimmer unklar" (Metz, 1978, S. 35, Dunkin & Biddle, 1974).

Das Erzieherverhalten, die Gelenkstelle im Erziehungssystem, ist nicht so leicht in den Griff zu bekommen. Die Sache wäre weniger schwierig, wenn hinter dem Erzieherberuf eine hoch entwickelte Technologie stünde. Unter Technologie verstehe ich eine Menge von anerkannten Prozeduren, mit denen bestimmte im Rahmen eines Berufes häufiger auftretende Aufgaben (erfolgreich) gelöst werden. Der Lehrerberuf gehört zu den wenigen Berufen, die über eine niedrig entwickelte Technologie verfügen, es gibt kaum routinemäßig einsetzbare Verfahren. Wäre das der Fall, so bestünde Unterricht aus wenig mehr als aus der direkten Umsetzung von Verfahrensvorschriften (Bossert, 1978, S. 20). So kann man geneigt sein, Erziehen mehr als *Kunst* zu betrachten, als ein von Intuitionen geleitetes Tun, als eine von nicht identifizierbaren Determinanten gesteuerte Tätigkeit. Doch erschöpft sich auch Kunst nicht in Intuition, Kreativität und Improvisation. Gage (1979) hat darauf hingewiesen, daß viele Erziehungsprobleme nicht nur von der Sensibilität eines erfahrenen Kenners und Kritikers her beantwortbar sind. Die Kunst zu lehren kann prinzipiell derselben kompetenten Interpretation unterworfen werden wie andere Kunstformen auch.

Man kann Lehrerverhalten als Ergebnis einer Auseinandersetzung mit einer Situation auffassen und weniger als Ausdruck von in der Person vorhandenen Charaktereigenschaften oder von globalen Einstellungen. Bei dieser Sichtweise wird danach gefragt, wie die Person die Situation beurteilt, welche Überlegungen sie darin anstellt. Der Handelnde wird dabei stärker als aktiver Verarbeiter von Informationen gesehen, der Ereignisse um ihn herum wahrnimmt, selektiv aufnimmt und darauf reagiert. Soziales Handeln ist nur zu verstehen, wenn man es als Glied in einer Kette von Interaktionen begreift. Was geschieht, ist immer auch Reaktion auf das, was zuvor war. Und Lehren ist zu einem großen Teil soziales Handeln. Die Klasse ist nicht ein passiver Empfänger, sondern eine Menge von aktiven, interagierenden Individuen, die den Lehrer fortlaufend zu Reaktionen herausfordern. Dabei wird angenommen, daß diese Reaktionen keine Reflexe darstellen, die instinktiv oder intuitiv erfolgen. Lehrerverhalten wird dagegen aufgefaßt als etwas, dem Einschätzung der Situation, Informationsaufnahme, Informationsverarbeitung, Diagnose, Erwägung von Maßnahmen und Entscheidung für eine Maßnahme, vorausgehen. Das Miteinander dieser Variablen soll als *Denkprozesse* bezeichnet werden. Daher das Interesse an dem, was Lehrer denken. Die Ergebnisse von Denkprozessen sollten sich auf das konkrete Handeln auswirken. Denken und Handeln stehen in Einklang. Shulman & Elstein (1975) haben den Vergleich der Tätigkeit des Erziehers mit jener des Arztes hergestellt. Beide nehmen Informationen auf, suchen nach ihnen, verarbeiten sie im diagnostischen Prozeß, wägen Vor- und Nachteile von Maßnahmen ab. Dieser Vergleich ist mit Vorsicht zu genießen (Bossert, 1978, S. 19). Ärzte untersuchen in der Regel nur einen Patienten zur gleichen Zeit, Lehrer aber arbeiten mit einer ganzen Gruppe von Schülern: das Verhalten einem Schüler gegenüber kann andere Schüler mitbeeinflussen. Lehrer haben nicht die Zeit und Möglichkeit, intensiv und extensiv Diagnostik zu betreiben wie Ärzte. Ihre Entscheidungen müssen nicht so genau sein und sind selten so dringend wie bei Ärzten. Sie haben kaum Verfahren, Schülerzustände genau und zuverlässig zu erfassen (Dewitz, 1978, S. 59). Sie können nicht auf einen so breiten, gut definierbaren und differentiell einsetzbaren Maßnahmenkatalog zurückgreifen wie Ärzte. Die Folgen ihrer Entscheidungen sind meist weniger rasch sichtbar. Dennoch können viele Charakteristika des Entscheidungsmodells auf das Lehrerverhalten Anwendung finden.

Bevor wir Unterricht verbessern können, müssen wir wissen, wodurch Unterricht gesteuert wird. Wenn wir wissen wollen, wie Unterricht zustande kommt, dann müssen wir nach den Prozessen der Informationsverarbeitung und der Entscheidung fragen, die im Unterricht eine Rolle spielen.

Bis hierher wurde die dem Buch zugrundeliegende Auffassung über Erzieherverhalten als durch Denkprozesse gesteuertes Tun von anderen Auffassungen abgegrenzt. Nun soll der Ansatz – Erziehen als Handeln – etwas näher charakterisiert werden. Will man die alltägliche erzieherische Praxis erklären, so ist zu präzisieren, was unter Erzieherverhalten als sozialem Handeln zu verstehen ist.

Die Erziehungswissenschaft hat sich seit jeher als Handlungswissenschaft begriffen (Wigger, 1983). Faßt man das Verhalten von Lehrern als soziales Handeln innerhalb eines institutionell vorgegebenen Kontextes auf, dann kann man die folgenden vier Einflußbereiche für konkretes Verhalten unterscheiden:

Erzieherisches Verhalten als Ergebnis rational zu fassenden Mittel-Zweck-Denkens. Von jemandem, der professionell erzieht, kann angenommen werden, daß er sich Gedanken über sein Tun macht, daß er überlegt, kontrolliert und verantwortlich entscheidet. Besonders die empirisch-analytische Pädagogik vertritt das Menschenbild vom Erzieher als einem vernunftmäßig und zielgerichtet Handelnden (Brezinka, 1981[4]; Klauer, 1973; Rössner, 1979; vgl. Wigger, 1983). Für Brezinka (1981[4], S. 95) besteht die Erziehungstätigkeit aus sozialen Handlungen, durch die Menschen versuchen, das Gefüge der psychischen Dispositionen anderer Menschen in irgendeiner Hinsicht dauerhaft zu verbessern oder seine als wertvoll erachteten Komponenten zu erhalten. Erzieherische Handlungen sind Mittel, die nach ihrem Nutzwert, nach ihrer Eignung für die Verwirklichung des gesetzten Zweckes gewählt werden. Handeln ist abhängig von den Informationen, die jemand über die Welt in seinem Gedächtnis gespeichert hat. Das subjektive Wissen ist der Kompaß zum Handeln. In diesem Menschenbild hat Tun wider besseres Wissen strenggenommen keinen Platz, auch kann nicht sein, daß einer nicht weiß, was er tut. Das Individuum wird als aktiv, als einsichtsfähig und informationsverarbeitend, als fähig zur selbständigen Orientierung und Handlungsplanung betrachtet.

Erzieherisches Verhalten als Ausdruck von situationsspezifisch ausgelösten Gefühlen. Die Lehrertätigkeit ist zum Teil von Gefühlen geprägt. In der geisteswissenschaftlichen Pädagogik werden die Erziehergefühle des „Wohlwollens", des „Vertrauens" sogar zu notwendigen Bedingungen für den Erziehungserfolg gemacht (vgl. Klafki, 1970). Daß auch negative Gefühle verhaltensbestimmend sein können, kommt in der Wendung vom „pädagogischen Zorn" (ähnlich dem „heiligen Zorn") mehr verbrämt als analytisch zum Ausdruck. Eine handlungstheoretische Betrachtung des Erzieherverhaltens darf die Gefühlskomponente nicht unterschlagen. Daß Gefühle wie Freude, Überraschung, Ärger und Enttäuschung den Erziehungsalltag nachhaltig bestimmen, erscheint beinahe selbstverständlich.

Erzieherisches Verhalten als Tätigkeit, die zum Teil bürokratisch geregelt und von gesellschaftlichen Erwartungen geprägt ist. Schulische Erziehung ist eingebettet in gesellschaftliche Rahmenbedingungen. Beamtenrecht, Schulrecht, Erlasse regeln viele Lehrertätigkeiten. Rektoren, Kollegen, Eltern und Schüler konfrontieren Lehrer mit Erwartungen und Forderungen. Da stellt sich die Frage, ob für einen autonom und frei gestalteten Unterricht Platz bleibt. Es werden vorgeschrieben Lehrziele, der Lehrstoff, die zu verwendenden Bücher, die Häufigkeit von Schularbeiten, das Benotungsverfahren etc. Vor allem im Bereich von Erziehungszielen und in jenem der Bewertung von Handlungsalternativen orientieren sich Lehrer möglicherweise an den von außen an sie herangetragenen Vorstellungen.

Erzieherisches Verhalten als Ergebnis kontinuierlicher individueller Verwertung von Erfahrungen in unterrichtlichen Situationen. Denken und Fühlen als verhaltenssteuernde Prozesse sind dem Lehrer nicht als statische

Strukturen vorgegeben. Sie werden erworben und durch Erfahrung modifiziert, ausgeformt, erweitert oder eingeschränkt. Als Erzieher ist man ununterbrochen im Einsatz und bekommt pausenlos Rückmeldung. Man probiert mal diese Maßnahme aus, mal jene, reagiert mal verständnisvoll, mal wütend, kann die Wirkungen manchmal beobachten, häufig erschließen. Man bekommt Erfolg oder Mißerfolg rückgemeldet. Der gedankliche Umgang mit Ereignissen kann die mit den Ereignissen verbundenen Gedanken und Gefühle verändern.

Andere Kategorisierungen menschlicher Handlungen stammen z.B. von Gäfgen (1963, S. 31) und Alisch & Rössner (1977). Alisch & Rössner (1977) unterscheiden vier Arten von Handlungsentwürfen: habitualisiert ablaufende, konstruierte, noch nicht angewandte, in ähnlichen Situationen als erfolgreich erlebte und institutionalisierte.

Bei den genannten Bedingungen erzieherischen Tuns kann es sich nicht um Alternativen handeln, die sich gegenseitig ausschließen. Zwischen den Aspekten bestehen vielfältige und auch wechselseitige Beeinflussungen. Ich stelle das Ineinanderwirken der vier Komponenten und ihren Einfluß auf das erzieherische Verhalten in einem Schaubild graphisch dar.

Erzieherisches Verhalten ist geleitet von Gedanken und Gefühlen der Erzieher (Pfeile a und d). Die Erfahrung im Prozeß der unterrichtlichen Interaktion wirkt indirekt auf das Verhalten, indem sie gedanklich (b) und gefühlsmäßig (e) verarbeitet wird. Gefühle beeinflussen das Denken. Umgekehrt hängt es von Denkprozessen ab, welche Gefühle in Situationen auftreten, so z.B. wenn ein Lehrer enttäuscht darüber ist, daß ein Schüler eine

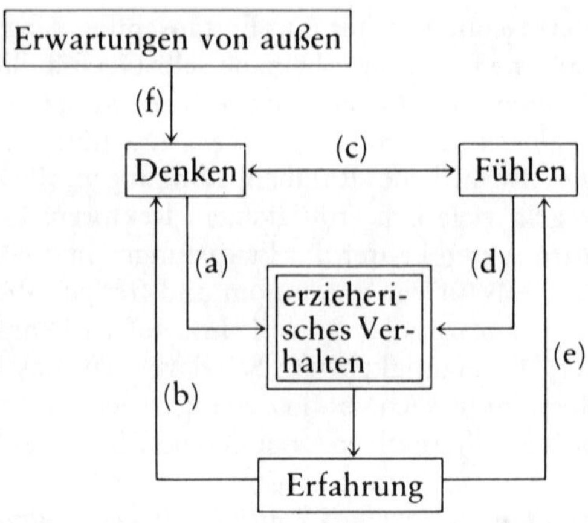

Abbildung 1: Hauptsächliche Bedingungen erzieherischen Verhaltens: gesellschaftliche Erwartungen, Denken, Fühlen, Erfahrung.

Arbeit danebengehauen hat, weil er kein Interesse für die Sache aufbringt (Doppelpfeil (c)). Gesellschaftliche Erwartungen werden kogniziert (Pfeil f) und wirken sich indirekt auf das Verhalten und Fühlen aus. Erzieherisches Verhalten wird als Produkt mehrerer Bedingungen aufgefaßt. Einige davon werden herausgegriffen. Von ihnen wird erwartet, daß sie eine brauchbare Erklärung für Verhalten geben. Auch wenn in der Wenn-Komponente mehrere Ursachen genannt sind, werden (im Gegensatz zu Kraak, 1982) deterministische Aussagen nicht formuliert.

Abbildung 1 stellt ein hypothetisches Bedingungsmodell zur Beschreibung des alltäglichen erzieherischen Tuns von Lehrern dar. Es enthält vier Bedingungen. Damit ist auch die Grobgliederung des Buches vorgegeben. Der größte Teil des Buches (Kapitel 2 bis 9) widmet sich den Gedanken von Erziehern und ihrem verhaltenssteuernden Charakter. Es wird ein weiter Bogen gespannt, beginnend mit einer Analyse erziehungsleitender Zielvorstellungen, über Eindrucksbildung, Erwartung bis hin zur Behandlung von Entscheidungsprozessen. Kapitel 10 befaßt sich mit der Rolle der Erfahrungen. In ihm werden die Verarbeitung von Rückmeldung und Veränderungen von Lehrereinstellungen erörtert. Es enthält eine Interpretation des sogenannten Praxisschock-Phänomens. Gegenstand von Kapitel 11 ist die Rolle von Lehrer-Gefühlen in dem gewählten handlungstheoretischen Ansatz. In Kapitel 12 wird der Einfluß von äußeren Rahmenbedingungen auf Denken und Handeln von Lehrern untersucht. Den Abschluß bildet das 13. Kapitel. Darin wird die Frage behandelt, ob und wie sich aus dem gewählten handlungstheoretischen Konzept ein allgemeines Trainingsmodell für eine Erzieherbildung ableiten läßt.

Ich fasse zusammen:

1. Erziehen wird weder primär als Manifestation künstlerischer Begabung, noch als Ausdruck der individuellen Persönlichkeit des Erziehers, noch als Konkretisierung seiner allgemeinen Einstellungen aufgefaßt.
2. Verhalten von Erziehern wird vornehmlich unter dem Aspekt betrachtet und analysiert, daß es Konsequenz der Verarbeitung von Informationen und von Entscheidungsprozessen in sozialen Situationen ist.
3. Erzieherisches Verhalten ist vor allem vorhersagbar bei Berücksichtigung rationaler Denkprozesse und der Verarbeitung seiner individuellen Erfahrungen, es ist aber auch abhängig von den Gefühlen des Erziehers und vom gesellschaftlichen Umfeld, in dem die Tätigkeit ausgeübt wird.
4. Eine deskriptive Theorie der Lehrerhandlung muß diese Faktoren berücksichtigen. In diesem Buch werden besonders intensiv die kognitiven Bedingungen des Lehrerhandelns erörtert.

2. Die Bedeutung des Ansatzes für die Verbesserung der Erziehungspraxis

Erwartungen, die von Praktikern an die Pädagogische Psychologie herangetragen werden, sind vielfältig im Inhalt, aber eindeutig in ihrer Struktur. Als Aufgabe der Pädagogischen Psychologie wird es gesehen, Beschreibungs- und Erklärungsmodelle für pädagogische Erscheinungen zu liefern, Ursachen für Abweichungen zu benennen und Maßnahmen für „richtiges" erzieherisches Verhalten in mannigfachen, vom Praktiker als problematisch erlebten Situationen zu empfehlen. Diesem Anspruch versuchen viele Wissenschaftler nachzukommen, indem sie Zusammenhänge zwischen Erzieherverhalten/Erziehungsmaßnahmen und erwünschten Eigenschaften bei Kindern untersuchen. In dieser Forschung wurde eine große Menge von Wissen angesammelt. In jedem Lehrbuch der Pädagogischen Psychologie ist es dargestellt (z.B. Dunkin & Biddle, 1974; Gage & Berliner, 1979[2]; Weinert u.a., 1974). Forscher versuchen, aus ihren Ergebnissen und eigenen Überlegungen Technologien zu entwickeln, Handlungsempfehlungen für die pädagogische Praxis abzuleiten. Haben diese Ergebnisse Rückwirkungen auf die Praxis gehabt, haben sie diese verändert oder gar verbessert? Die Antwort auf diese Frage ist eindeutig: nicht in dem Ausmaß, das wünschenswert und möglich wäre. Berliner (1978) beschreibt an mehreren Beispielen, wie Innovationen von den beteiligten Lehrern nicht angenommen, ja blockiert wurden. Doyle & Ponder (1977/78) weisen auf die Tatsache hin, daß trotz einer umfangreichen Sammlung an präskriptiver Literatur die tatsächlichen Veränderungen im Schulalltag den möglichen weit hinterherhinken.

Die Kluft zwischen Erziehungsforschung und Erziehungspraxis ist auf eine ganze Reihe von Ursachen zurückzuführen. Möglicherweise haben die Wissenschaftler an den Problemen der Erzieher vorbeigeforscht. Auch eignet sich theoretisches Wissen nicht immer zur aktuellen Regulation von alltäglichem Handeln (Laucken, 1974a, S. 25 und 76). Und da, wo es sich grundsätzlich eignet, ist der Transformationsprozeß problematisch (Herrmann, 1979). Wichtig scheint mir besonders der Hinweis darauf, daß jeder Erzieher über eigenes Wissen verfügt. Offensichtlich glauben Erzieher nicht grundsätzlich an wissenschaftliche Ergebnisse, sondern nur dann, wenn sie praktikabel, d.h. plausibel und akzeptierbar sind, wenn sie ihren persönlichen Überzeugungen, Erfahrungen und Wertvorstellungen entsprechen. Doyle & Ponder (1977/78) glauben, daß Lehrer jeden Vorschlag nach drei Kriterien beurteilen. Zunächst nach dessen Instrumentalität. Der Vorschlag muß eine detaillierte Beschreibung der Ausführungsprozeduren enthalten. Allgemeine unspezifische Aussagen werden als nicht praktikabel verworfen; es fehlen ihnen die konkreten Handlungsanweisungen. Dann nach dessen Kongruenz. Der Vorschlag muß mit der Wahrnehmung der eigenen Situation kongruent sein. Lehrer fragen sich z.B. „wie werden die Schüler darauf reagieren?“ Sie müssen aus persönlicher Überzeugung an die neue Methode glauben können. Die Autoren unterscheiden zwischen drei Arten von Kongruenz. Die neue Methode muß in die Art und Weise passen, in der der Lehrer den Unterricht gestaltet. Alles, was größere Umstellungen erfordert, wird als unpraktikabel abgelehnt. Zweitens wird der Vorschlag danach beurteilt, woher er kommt. Es wird also die Glaubwürdigkeit der Quelle beurteilt. So können von Universitätsinstituten empfohlene Vorschläge als unpraktikabel wahrgenommen werden. Drittens wird die Vereinbarkeit mit persönlichen Wertvorstellungen der Lehrer-Schüler-Beziehung eine Rolle spielen. Etwa kann die Technik der Verhaltensmodifikation trotz Einsicht in ihre Vorteile abgelehnt werden, weil der Lehrer meint, sie entspreche nicht seiner Auffassung von einer guten Klassenatmosphäre. Und schließlich nach dessen Kosten. Die subjektiv empfundenen Kosten werden definiert als Verhältnis zwischen Menge an notwendigen Investitionen und Menge an zu erwartendem Nutzen. Kosten werden als gering eingeschätzt, wenn die neue Methode in kleine Einheiten aufgeteilt werden kann. Der Nutzen ist meist nicht genau kalkulierbar. Er sinkt, wenn keine Aussicht auf soziale Anerkennung und positive Schülerreaktionen besteht.

Nicht nur Wissenschaftler haben Theorien entwickelt über Lehren und Lernen, über Zusammenhänge und Gesetzmäßigkeit, über Ursachenfaktoren und deren Wirkungen. Jede tätige Person verfügt über subjektive Theorien, nur mit dem Unterschied, daß diese ihr Wissen nicht systematisch gewonnen hat. Auf Erfahrung (Empirie) beruht es auch. Es muß nicht falsch sein. Es ist lediglich fehleranfälliger als jenes des Wissenschaftlers. Der Alltagsmensch – auch als Lehrer oder gar Psychologe – hat seine eigenen Sichtweisen und Deutungen der Realität. Er versucht ständig, eigenes Verhalten zu beschreiben, zu erklären sowie jenes seiner Mitmenschen vorherzusagen. Dazu verfügt er über ein System von Konzepten und Einstellungen. Diese kognitiven Systeme werden ganz unterschiedlich bezeichnet. Geläufige Bezeichnungen sind „naive“, „implizite“ oder „Alltagstheorien“. Die Analogie zum wissenschaftlichen Theoriebegriff, für Groeben & Scheele (1977) zentral, erscheint mir jedoch problematisch (vgl. Bromme, 1984). Ich spreche daher lediglich allgemein von Kognitionen oder subjektiven Strukturen. Laucken (1982) verwendet den Begriff „Umgangswissen“. Solche subjektiven Strukturen haben eine Reihe hilfreicher Eigenschaften (Laucken, 1974b). Sie ermöglichen

– eine schnelle Lagekodierung und Informationsverarbeitung in einer komplexen Realität,
– rasche Reaktionen auch unter zeitlichem Druck,
– Orientierungs- und Verhaltenssicherheit.

Unter erziehungsbezogenen Kognitionen verstehe ich in Anlehnung an Schwarzer & Lange (1979, S. 67) die mehr oder weniger verborgenen Vorstellungen von Erziehern über den Ablauf von Lernprozessen, über den Umgang mit Kindern und Erziehungsinhalten und über die Beurteilung von Lernergebnissen, die es ihnen ermöglichen, in komplexen sozialen Situationen schnell zu reagieren und über die für ihre Tätigkeit nötige Orientierungssicherheit zu verfügen.

Ein Experte, der dem Praktiker wissenschaftlich begründete Handlungsempfehlungen nahebringen will, müßte über die Gedanken (und Gefühle), die dessen alltägliches Verhalten steuern, Bescheid wissen. Der psychologisch-soziale Kontext darf nicht ausgeklammert werden, wenn man pädagogische Praxis verbessern will. Hunt gibt sich die Antwort auf seine Frage: „Warum läßt sich Forschung nur so unzulänglich auf die Praxis übertragen?" selbst: „Ein Grund dafür ist, daß Wissenschaftler ... sich nicht so sehr darum kümmern, was in der Schule abläuft" (1976a, S. 211).

Es geht in diesem Buch um die Analyse von Denkprozessen bei Erziehern. Sie dient nicht nur der Beschreibung und Erklärung von Erzieherverhalten, sondern stellt auch eine wichtige Voraussetzung dar für die Umsetzung von präskriptivem Wissen in die konkrete Erziehungspraxis und für das Wirksamwerden von pädagogischen Innovationen.

Ich fasse zusammen:

1. Die pädagogische Praxis stellt an die pädagogisch-psychologische Forschung die Erwartung, gesicherte Handlungsempfehlungen für bestimmte, als problematisch empfundene Situationen bereitzustellen.
2. Die pädagogische Praxis übernimmt jedoch wissenschaftliche Ergebnisse nicht unbesehen, sondern handelt nach eigenständigen Gesetzmäßigkeiten.
3. Es ist notwendig, die Gesetzmäßigkeiten alltäglicher pädagogischer Praxis zu beschreiben, danach zu fragen, was Lehrer denken und fühlen, wie sie Unterricht tatsächlich begreifen etc.
4. Das Wissen um Alltagsmechanismen ermöglicht es, gegebenenfalls über Aufklärung oder über Problematisieren Einstellungs- und Verhaltensänderungen herbeizuführen und damit die pädagogische Praxis zu verbessern.

3. Ein handlungstheoretisches Modell als Beschreibungsinstrument

Bei der Beschreibung von Denk- und Gefühlsprozessen von Lehrern lehne ich mich an eine Konzeption an, die in der Psychologie als handlungstheoretisch bezeichnet wird. Der Begriff „handlungstheoretisch“ ist sehr allgemein und kann nur zur grundsätzlichen Charakterisierung einer Position dienlich sein. Handlungstheoretische Konzepte im weiteren Sinn sind auch in der Philosophie, der Soziologie, der Sprachwissenschaft und den Wirtschaftswissenschaften gängig (vgl. Lenk, 1977ff.). Sie werden zunehmend häufig auch in der Pädagogischen Psychologie zur Beschreibung von Lehrerhandlungen herangezogen. Für Handlungstheorien konstitutiv ist die Unterstellung eines reflexiven Bewußtseins, in dem die Personen sich selbst in der sie umgebenden Welt und in ihrem Denken, Fühlen und Wollen bedenken (z.B. v. Cranach u.a., 1980). Weiter wird davon ausgegangen, daß Verhalten zielgerichtet ist, daß es Ausdruck des Bestrebens der Person darstellt, bestimmte von ihr als wichtig erachtete Zustände zu erreichen. Es wird angenommen, daß die Person Informationen in der einschlägigen Umwelt aufnimmt und im Hinblick auf das eigene Handeln verarbeitet. In der Psychologie wird zwischen Handlungstheorien und Theorien der Informationsverarbeitung getrennt (z.B. Herrmann, 1983; Laucken, 1984). Ich halte diese Position unter einem integrativen Aspekt für wenig nützlich. Denn die Aufnahme und Verarbeitung von Informationen im Hinblick auf eine der Person vernünftig erscheinende zielgerichtete Verhaltensentscheidung können Teil einer Theorie sein, die den Anspruch hat, Handeln in aktuellen Kontexten zu beschreiben. Mit dem Begriff des Handelns verbunden ist weiter die Annahme, daß mehr als eine Handlungsalternative zur Auswahl steht und erwogen wird, und daß die Person sich für eine davon nach Mittel-Zweck-Prinzipien entscheidet.

Psychologische Handlungstheorien gehen auf die Vorstellung der TOTE-Einheit von Miller, Galanter & Pribram (1973) als einer Möglichkeit zurück, menschliche Handlung elementar zu beschreiben. Eine Person stellt in einem Prüfvorgang (Test) eine Inkongruenz zwischen dem äußeren Zustand und „gewissen Kriterien, welche im Organismus festgehalten sind“ (S. 33), fest. Eine Reaktion (Operation) erfolgt. Durch einen neuerlichen Test wird geprüft, ob die Inkongruenz verschwunden ist.

Handlungstheoretische Auffassungen werden seit einigen Jahren zur Modellierung von Erzieherhandeln herangezogen. Eine einfache Vorstellung ist

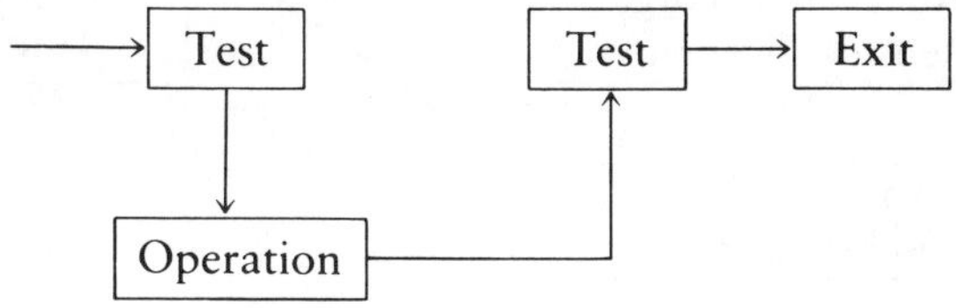

Abbildung 2: TOTE-Einheit nach Miller, Galanter & Pribram (1973).

die Unterteilung von Hunt (1976 a). Wie Lehrer mit Schülern interagieren, hat Hunt (1976 a, S. 215) in einem zweistufigen Vorgang beschrieben. Der erste Schritt, „reading“, besteht darin, daß der Lehrer den Referenzrahmen des Schülers zu verstehen sucht. Er „liest“ gleichsam dessen Eigenheiten, Entwicklungsstand, Interesse, Lernstil usw. In einem zweiten Schritt versucht er, seine Strategien so zu wählen und zu gestalten („flexing“), daß sie dem Schüler zu einem optimalen Erfolg verhelfen. Nach Shavelson (1976) heißt Unterrichten, fortwährend Entscheidungen zu treffen. Er spricht auch dann von Entscheidungen, wenn diese nicht bewußt nach Abwägen von Alternativen getroffen werden. Kraak (1976) hat eine Handlungs-Entscheidungstheorie entwickelt, die in der Folge auch zur Erklärung des Verhaltens von Erziehern herangezogen wurde (Götz, 1979). Auch Bromme (1977) erklärt das Lehrerverhalten mit der Vorstellung, daß die Person einen Ausgangszustand mit Hilfe von Operationen in einen Zielzustand transformieren möchte, bezeichnet aber die kognitive Tätigkeit mit dem Begriff des „Problemlösens“.

Ein umfassenderes Modell über die Antezedenzien des (Planungs-)Entscheidungsverhaltens von Lehrern hat Shavelson (1978, ähnlich Shavelson und Stern, 1981, S. 472) vorgestellt, das in Abbildung 3 veranschaulicht ist. Hier werden Werte, äußere Bedingungen, Informationen über Schüler sowie Handlungsalternativen als Bedingungen für Unterrichtsentscheidungen thematisiert.

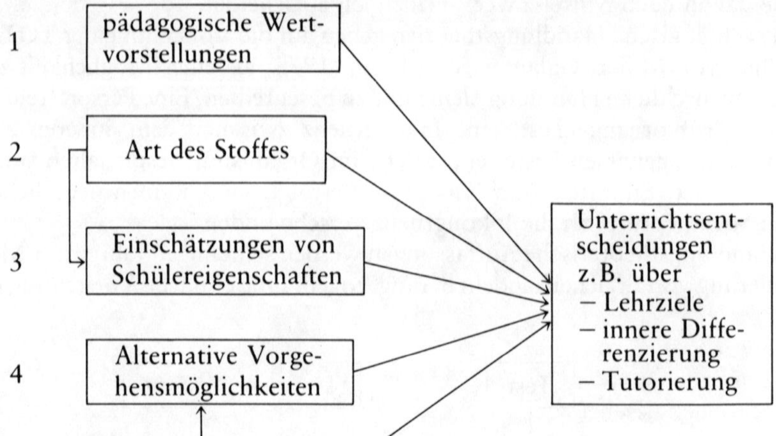

Abbildung 3: Einige Faktoren, welche die Planungsentscheidungen von Lehrern beeinflussen (nach Shavelson, 1978, S. 4).

Doch reichen Entscheidungsmodelle allein nicht aus, um Handlungen zu beschreiben. Ihre Gültigkeit ist zu stark eingeschränkt (vgl. auch Seeger & Bromme, 1979). In dem Modell, das den Rahmen für dieses Buch darstellt, wird versucht, den Vorgang der Handlungsentstehung differenzierter zu beschreiben. Ich habe zusammen mit meinem Mitarbeiter Martin Dobrick eine Vorstellung entwickelt, an der ich seither meine eigene Forschung orientiere und die als theoretische Leitlinie diesem Buch zugrundeliegt. Im folgenden will ich sie an einem Beispiel erläutern, das ich einschließlich Abbildungen aus Hofer & Dobrick (1981) entnehme. Das Beispiel sieht vor, daß der Schüler Hansi Rechtschreibfehler macht und daß der Lehrer sich vornimmt, mit Strenge zu reagieren. Im einzelnen:

(1) Hansi macht Fehler beim Schreiben. Dies ist der Ausgangspunkt oder die *Ist-Lage* für den Lehrer. Der Lehrer hat die Fehler bemerkt, *wahrgenommen*. Er hat sie nicht etwa übersehen oder nicht beachtet.

(2) Wie kommt der Lehrer dazu, ausgerechnet auf Hansis Rechtschreibfehler sein Augenmerk zu richten? Hansis Schrift trägt auch noch andere Merkmale – z.B. große, lange, statt kleine, dicke Buchstaben – bei denen sich der Lehrer nicht weiter aufhält. Der Lehrer guckt nicht auf alle Merkmale von Hansis Schreibweise in gleicher Weise. Er mißt den einen größere Bedeutung bei als den anderen *(Bedeutungsbeimessung)*. Ereignisse, die ihm unbedeutend sind, nimmt der Lehrer kaum wahr. Damit läßt sich explizieren: Rechtschreibfehler sind bedeutsame Ereignisse.

(3) Man kann nun weiterfragen, warum Rechtschreibfehler denn bedeutsam seien. In der Tat ist es eine der Aufgaben von Lehrern, den Schülern korrektes Schreiben beizubringen. Ein von orthographischen Fehlern freies Schriftbild der Schüler ist Ziel des Lehrers. Von der fehlerhaftesten bis zur fehlerfreien Schreibweise läßt sich eine *Zieldimension* des Lehrers definieren. (Der Lehrer schenkt Merkmalen der Schülerschrift, die diese Zieldimension tangieren, Beachtung und anderen nicht.) Insofern steckt in der obigen Lehreraussage auch die Implikation: Der Schüler soll fehlerfrei schreiben. Eine andere Zieldimension, die dem Lehrer natürlich auch wichtig sein kann, beispielsweise „Schönschreiben", hätte die Beachtung anderer Merkmale der Schülerschrift zur Folge.

(4) Nun sei angenommen, Hansi besuche die dritte Klasse der Grundschule. In diesem Fall kann der Lehrer nicht davon ausgehen, daß Hansi alle möglichen Worte richtig schreibt. Viele Wörter hat er z.B. noch nie geschrieben gesehen. Der Lehrer wird an Hansi also nicht so hohe Ansprüche stellen, wie an einen Erwachsenen oder an einen Schüler der vierten Klasse. Gewisse *Ansprüche* kann er aber stellen.

Etwa alle schon durchgenommenen Wörter sollte Hansi richtig schreiben. Dadurch ist ein Anspruch festgelegt, der als *Erfolgsniveau* (EN) bezeichnet wird. Man kann sich das EN als Schwierigkeitsgrad von Wörtern

Zieldimension:
„Der Schüler soll fehlerfrei schreiben"

↓

Wahrnehmung von Fehlern → *Ist-Lage:* „Hansi macht Fehler" → *Bedeutungsbeimessung:* „Fehler sind bedeutsame Ereignisse" →

Abbildung 4: Erläuterung siehe Text.

vorstellen, bis zu dem die korrekte Orthographie als selbstverständlich oder erwartbar angenommen wird. Schreibt Hansi leichtere Worte falsch, dann erlebt der Lehrer das als Mißerfolg seiner unterrichtlichen Bemühungen. Schreibt er dagegen schwierigere Wörter richtig, sieht der Lehrer dies als Erfolg seiner unterrichtlichen Bemühungen an. Das Erfolgsniveau kann von Schüler zu Schüler unterschiedlich ausgeprägt sein. An den Klassenprimus beispielsweise wird der Lehrer höhere Ansprüche stellen, als an den schlechtesten Schüler seiner Klasse. Es ließe sich also formulieren: ‚An Hansis Leistungen kann der Anspruch (x) gestellt werden'.

(5) Aus der Kombination dieses Erfolgsniveaus mit der Zieldimension Rechtschreiben (anhand derer wir das Erfolgsniveau eben schon diskutiert haben) ergibt sich die *Soll-Lage* für Hansi, ausgedrückt etwa in dem Satz: ‚Hansi soll die Wörter (x, y, z) richtig schreiben'. Diese Soll-Lage *weicht* von der vorhin beschriebenen *Ist-Lage* ab. Ohne eine solche Abweichung/Diskrepanz wäre ein spezifisches Eingreifen des Lehrers nicht denkbar. Daher rührt die Motivation des Lehrers, etwas zu unternehmen.

(6) Als nächster Schritt erfolgt die Überlegung des Lehrers über die Ursache der mangelhaften Rechtschreibleistung. Er nimmt eine *Ursachenzuschreibung* vor. Seine Beobachtungen/Erfahrungen mit diesem Schüler und seine Kenntnisse über Gesetzmäßigkeiten in diesem Bereich veranlassen ihn zu glauben, daß es vorwiegend an Hansis Leichtfertigkeit liegt.

(7) Sowohl in der Feststellung von Leichtfertigkeit als auch im Nachdenken über Rechtschreibleistungen kommt zum Ausdruck, daß sich der Lehrer eine Vorstellung über die Struktur der Persönlichkeit von Schülern generell macht. Er verfügt über *naive Theorien,* die Schülerpersönlichkeit betreffend. Darauf bezieht er sich beim Nachdenken über erwünschte und unerwünschte Ereignisse, über deren Ursachen und beim Ausbilden von Erwartungen.

(8) Würde der Lehrer Hansis Rechtschreibfehler nicht auf dessen Leichtfertigkeit zurückführen, sondern z.B. darauf, daß Hansi gerade erkältet ist und daß ihm deshalb jede Konzentration schwerfällt, dann würde er sicher

nicht mit Strenge reagieren wollen. Vielmehr könnte er davon ausgehen, daß die Rechtschreibprobleme mit der Genesung von Hansi alleine verschwinden. Der Lehrer brauchte gar nicht einzugreifen. Er antizipierte dann eine *Wird-Lage,* die von der Soll-Lage für Hansi nicht abweicht. Da der Lehrer jedoch die leichtfertige Haltung für dessen Fehler verantwortlich macht, sieht seine Vorstellung über die Weiterentwicklung der Situation (ohne sein Eingreifen) anders aus. Der Lehrer ist der Meinung, er müsse eingreifen. Daraus folgt als weitere Annahme: ‚Ohne mein Zutun wird Hansi die Fehler in Zukunft nicht vermeiden'.

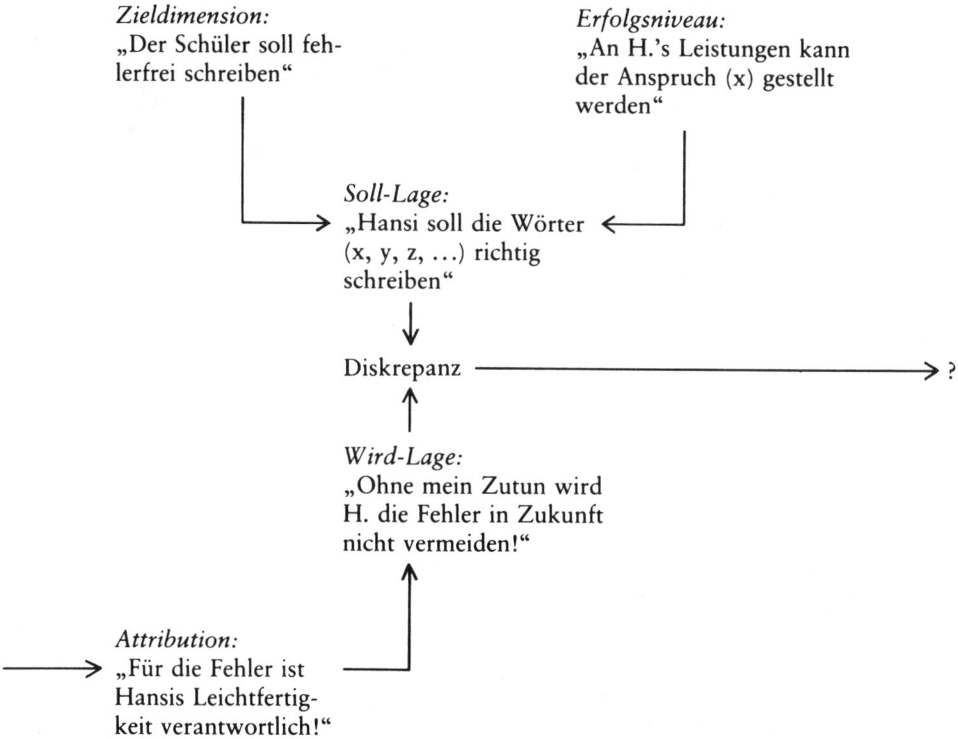

Abbildung 5: Erläuterung siehe Text.

(9) Es gibt verschiedene Möglichkeiten, wie der Lehrer eingreifen könnte. Maßgeblich für seine Aktion ist zum einen wiederum die Ursache, auf die der Lehrer Hansis Fehler zurückführt. Würde er die Ursache vor allem in Hansis Unkenntnis der richtigen Schreibweise sehen, läge es nahe, ihn viel lesen zu lassen, ihn zu informieren, ihn üben zu lassen. Aber offensichtlich

ist der Lehrer der Meinung, daß Hansi eigentlich wisse, wie die Wörter richtig geschrieben werden, er gebe sich nur keine Mühe. Von den verschiedenen Möglichkeiten des Eingreifens *(Handlungsentwürfe)* entscheidet sich der Lehrer also für eine, die spezifisch auf die Ursache des Übels bezogen ist. Er will Hansi zu mehr Konzentration/Sorgfalt anhalten. Der Lehrer muß also des weiteren annehmen: ‚Strenge ist ein Mittel, mangelnder Leichtfertigkeit zu begegnen'.

(10) Doch es gibt auch noch andere Möglichkeiten, auf Leichtfertigkeit zu reagieren. Zum Beispiel könnte der Lehrer Hansi bitten, in Zukunft sorgfältiger zu sein, oder er könnte mit seinen Eltern reden. Daß der Lehrer sich für Strenge entscheidet, liegt vermutlich daran, daß er sich hiervon den größten Erfolg verspricht *(Handlungs-Ergebnis-Erwartung)*. Eine Bitte würde Hansi vielleicht schnell vergessen. Strenge ist für den Lehrer also nicht nur ein Deckel auf den Topf, sondern darüber hinaus ein solcher, der auch schließt, und zwar besser als andere. Angenommen wird die Kognition: ‚Strenge ist erfolgversprechend genug'.

(11) Nehmen wir einmal an, ein Gespräch von Hansis Eltern hätte denselben Effekt auf Hansis Sorgfalt. Es würde jedoch voraussetzen, daß der Lehrer die Eltern einbestellt oder aufsucht, ihnen das Problem auseinandersetzt, ihnen nachweist, daß der Vorwurf der Leichtfertigkeit zutrifft, und das könnte schwierig sein. Der Aufwand, den der Lehrer betreiben müßte, wäre also sehr hoch, höher jedenfalls, als der Aufwand einer härteren Gangart *(Handlungs-Aufwands-Erwartung)*. Der Lehrer bevorzugt somit die einfachere Methode. Angenommen wird die Kognition: ‚Größere Strenge ist eine nicht zu aufwendige Maßnahme'.

(12) Die Ausführungen unter (9) und (10) sind sehr vereinfacht. Präziser könnte man annehmen, daß der Lehrer für jeden einzelnen Handlungsentwurf überschlägt, in welcher Relation der Aufwand zum Effekt steht und daß er sich dann für diejenige Handlung entscheidet, die die beste Bilanz aufweist. Die *Handlungsentscheidung* ist der vorläufige denkerische Schlußpunkt in der Handlungsvorbereitung. Doch führt er nicht unbedingt zu einem Verhalten.

(13) Man kann annehmen, daß Lehrer komplexe Entscheidungen in *Plänen* konkretisieren, nach Möglichkeiten der Verwirklichung suchen und Operationsabläufe festlegen.

(14) Liegt zwischen dem Zeitpunkt der Entscheidung und Handlungsplanung und der vorgesehenen Handlungsausführung nicht zu viel Zeit, in der Hindernisse, neue Gesichtspunkte und andere Ereignisse auftreten, so kann der Lehrer „zur Tat schreiten" und Hansi tatsächlich „strenger anfassen". Die *Handlung wird ausgeführt*. Damit wird Handlung zu Verhalten und erstmals in motorischen Akten auch von außen prinzipiell beobachtbar.

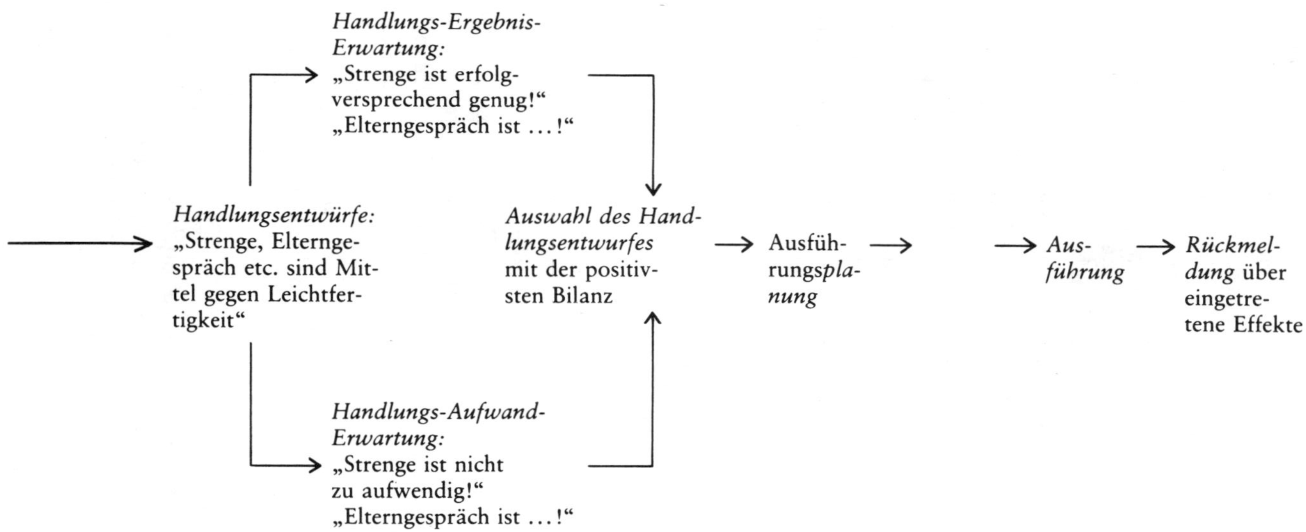

Abbildung 6: Erläuterung siehe Text.

(15) Ist der Lehrer Hansi mit größerer Strenge begegnet, so wird er daran interessiert sein, die Ergebnisse seines Handelns zur Kenntnis zu nehmen. Er wird nach *Rückmeldung* suchen, um festzustellen, inwieweit sein Tun von Erfolg gekrönt war. Dies ist ein nicht immer einfacher und direkter Prozeß. Er ist durch selektive Wahrnehmung und Schlußfolgerungen starken subjektiven Einflüssen ausgesetzt.

Ich habe anhand verschiedener Implikationen des eingangs wiedergegebenen Tatbestandes ein Modell sozialen Handelns vorgestellt, das in Abbildung 7 insgesamt graphisch dargestellt ist. Würde der Lehrer die eine oder andere der unterstellten Kognitionen inhaltlich verändern, also andere Annahmen zugrundelegen, käme er zu einer anderen Schlußfolgerung für sein Verhalten. Als Beispiel sei daran erinnert, daß andere Maßnahmen indiziert wären, würde der Lehrer die Rechtschreibfehler von Hansi auf andere Ursachen zurückführen, oder läge es ihm gar nicht daran, wie z.B. einem Rechenlehrer, die Orthographie des Schülers zu optimieren.

Ähnliche Überlegungen im Prinzip haben Lohmann & Prose (1975) und Mischke (1978) angestellt. Der elaborierteste Versuch, solche Vorstellungen zu präzisieren und formal zu beschreiben, findet sich bei Alisch & Rössner (1977). Es handelt sich hierbei stets um deskriptive Modelle. Es geht nicht um die Frage, ob Entscheidungen so ablaufen sollen, sondern ob sie sich so beschreiben lassen. Die Modelle dienen der Forschungsplanung und können bei der Auswahl zu untersuchender Variablen herangezogen werden.

Bei dem oben dargestellten Modell handelt es sich um ein „Schachtelmodell“ (Laucken, 1982). Zwischen Reiz und Reaktion wurde „ein bißchen Weisheit“ eingeschoben. Zwischen Schülerreiz und Lehrerreaktion werden vermittelnde Prozesse angenommen. Die Schätzung aktueller Denkprozesse über die Erfassung kognitiver Strukturen mittlerer Stabilität sollten beobachtbares Lehrerverhalten vorhersagbar machen. Das Öffnen der einzelnen Schächtelchen (Rheinberg, 1983, S. 4) ist den einzelnen Kapiteln dieses Buches vorbehalten. In ihnen verbergen sich zum Teil eigenständige Theorien. Das handlungstheoretische Modell ist somit mehr ein Rahmen, eine Klammer, welche die einzelnen Schachteln zusammenhält und miteinander verbindet.

Zusammenfassung:

1. Die theoretische Klammer für dieses Buch ist ein psychologisches Handlungsmodell. In ihm werden dem Erzieher reflexives Bewußtsein unterstellt, er wird als zielgerichtet Handelnder begriffen, der einschlägige Informationen aufsucht und gezielt verarbeitet, und der sich nach dem Mittel-Zweck-Prinzip aus mehreren Handlungsalternativen für eine entscheidet.

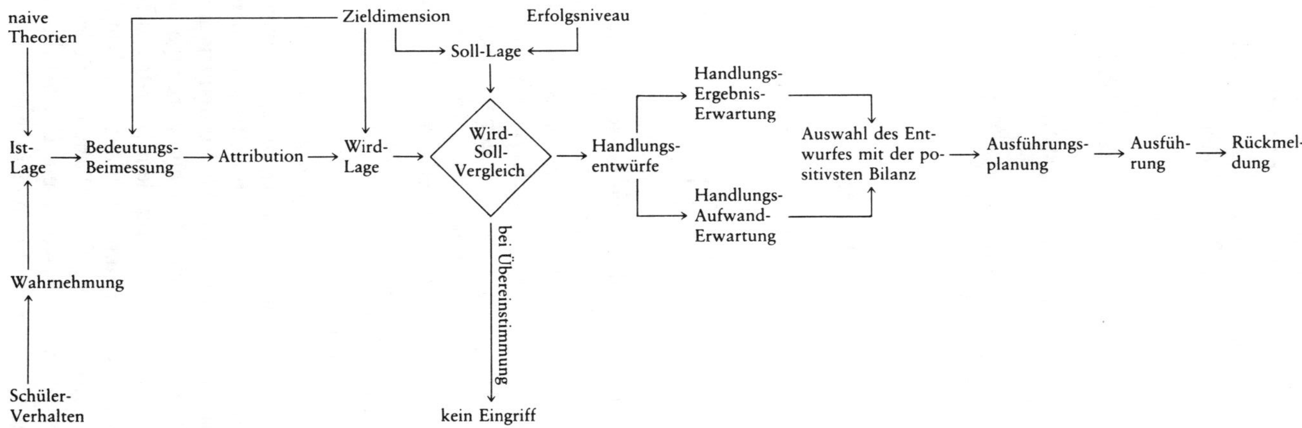

Abbildung 7: Ein Modell sozialen Verhaltens.

2. Handlungstheoretische Konzeptionen gehen auf das TOTE-Modell von Miller u. a. (1973) zurück. Auf den Lehrer angewandt und als Prozeßmodell ausdifferenziert, werden folgende Kognitionen hypostasiert, welche in den einzelnen Kapiteln Behandlung finden:

Konstrukt	Kapitel
Zieldimensionen	2
Naive Theorien über die Persönlichkeit von Schülern	3
Wahrnehmung von Schülerverhalten	4
Schülergruppierungen als Ist-Lage-Kategorien	5
Eindrucksbildung	6
Ursachenzuschreibung	7
Wird-Lage	8
Wird-Soll-Vergleich, Handlungs-Ergebnis-Erwartung, Kosten, Entscheidung, Ausführung	9
Rückmeldung	10

4. Eigenschaften, Annahmen und Einschränkungen des Modells

Der gewählte Ansatz liefert selbst noch keine Beschreibung. Er ermöglicht sie lediglich. Er stellt ein Instrument dar, mit dessen Hilfe Forschung konzipiert werden kann. Wissenschaft heißt, Hypothesen aufzustellen, und diese durch systematische und kontrollierte Beweisführung zu verwerfen oder zu stützen. In diesem Sinne haben die genannten theoretischen Modellvorstellungen eine heuristische Funktion. In der konkreten Forschung kann gezeigt werden, inwieweit die Vorstellungen nützlich sind.

Im folgenden soll zunächst eine allgemeine Kennzeichnung der Eigenschaften des Modells erfolgen. Sodann werden dessen Annahmen und mögliche Einschränkungen diskutiert.

Das Modell entspringt einer *funktionalistischen Sichtweise* von den psychischen Vorgängen. Der Strukturalismus zerlegt Bewußtseinsinhalte in statischer Weise. Gleich der Anatomie sucht er nach elementaren Einheiten von Bewußtseinsinhalten und seziert sie. Funktionalistisch ist jenes wissenschaftliche Herangehen, das Psychisches als Vorgänge, als Prozesse, als Operationen begreift. Außerdem ist mit dem Begriff des Funktionalismus historisch Pragmatismus, Anwendungsbezogenheit, Nützlichkeit verbunden. Der Funktionalismus versucht, die Stellung und Bedeutung der Prozesse und Instanzen zueinander zu beschreiben. Der Strukturalismus interessiert sich mehr für das Was, der Funktionalismus mehr für das Wie und das

Warum, insbesondere unter dem Aspekt des Wozu oder Wofür. Es dominiert die Vorstellung vom Menschen als einem Wesen, dessen psychische Einzelleistungen für den Organismus, für dessen Ziele, Anpassung und Effektivität nützlich und sinnvoll sind.

Eine weitere Eigenschaft sehe ich darin, daß es sich um ein *„als-ob"-Modell* handelt. Man kann zwischen paramorphen und isomorphen Modellen unterscheiden (vgl. Shulman & Elstein, 1975, S. 17). Paramorphe Modelle erheben den Anspruch, die konkrete Realität abzubilden. Modelle, die ein Ereignis lediglich angemessen vorhersagen wollen, arbeiten nach dem „als-ob-Kriterium". Sie erheben nicht den Anspruch, ein wahrheitsgetreues Abbild der wirklichen Prozesse darzustellen. Der Anspruch, der mit dem vorgestellten Modell verbunden wird, kann dann als eingelöst gelten, wenn Vorhersagen für Erzieherverhalten auf der Basis von Erzieherkognitionen gelingen. Nicht angestrebt wird im Gegensatz etwa zu v. Cranach u.a. (1980) oder zu Wahl u.a. (1983) eine Erfassung „wirklicher", „realer", „echter" Gegebenheiten bei Lehrern. Dennoch lassen sich sprachliche Formulierungen nicht immer vermeiden, welche das Gegenteil vermuten lassen könnten (z.B. „Lehrer *verfügen* über Kognitionen"). Ich sehe Handlungstheorie in einer bedingungsanalytischen Denkform. Sie präzisiert und führt fort die Tradition der Einstellungs-Verhaltens-Forschung.

Hinter dem vorliegenden Modell stehen Annahmen. Diese beruhen mehr auf Grundüberzeugungen, als daß sie wissenschaftlich zwingend begründbar wären. Sie entspringen der speziellen Wissenschaftsauffassung, der verborgenen Anthropologie und anderen kognitiv-emotionalen Quellen des Autors. Nach Laucken (1984) entspricht die alltägliche Bedeutung von „Verstehen" genau jener der handlungstheoretischen. Damit verbindet sich eine weitgehende Immunität der Annahmen gegenüber Kritik. Welches sind die Annahmen, auf denen das Modell basiert?

(1) Die *Situationsannahme*. Verhalten wird nicht als durch hochgeneralisierte, dispositionelle und stabile Persönlichkeitsmerkmale determiniert betrachtet. Es wird unterstellt, daß die Person die jeweilige Situation einschätzt, daß sie darin etwas beabsichtigt und daß ihr die für die Bewältigung erforderlichen Verhaltensmöglichkeiten zur Verfügung stehen (Mischel, 1973). Der Situationismus geht davon aus, daß die Person über spezifisches Wissen verfügt, das sie in geeigneten Situationen aktiviert und zur Verhaltensregulierung einsetzt. So wird unterstellt, daß Lehrer für die Situation Unterricht über einschlägige Wissensbestände verfügen. Demgegenüber ließe sich einwenden, daß nicht jedes Verhalten auf in der Situation aktivierte und lediglich darauf bezogene Kognitionen basiert. Es ist mit Kognitionen zu rechnen, die generalisiert sind und entsprechend zu situationsübergreifenden Verhaltensweisen führen. Die Zusammenhänge zwischen allgemeinen Charakteristika, situationsspezifischen Denkprozessen

und Verhalten sind noch wenig untersucht (z. B. Hofer u. a., 1979; Kremer, 1981).

(2) Die Annahme der *Zielgerichtetheit*. Es wird angenommen, daß Menschen, die sich Ziele setzen, ihre Handlungsentscheidungen danach ausrichten, inwieweit diese als geeignete Mittel für die angezielten Zwecke angesehen werden. Eine Einschränkung dafür ergibt sich möglicherweise aus den ‚biologischen Grenzen des Lernens' (Seligman & Hager, 1975). Danach sind der Lernbarkeit von Verhaltensweisen Grenzen auferlegt. Man kann Tauben beibringen zu picken, um das Futter zu erlangen; aber nicht, um Elektroschocks zu vermeiden. In Frage gestellt wird die ‚Gleichwertigkeit' aller Verhaltensweisen in bezug auf ihre Einsetzbarkeit im Zusammenhang mit einem beliebigen Ziel. Für einen Lehrer mag es mitunter schwierig sein, im Sinne seiner Ziele als zweckmäßig erachtete Verhaltensweisen an den Tag zu legen. Etwa wird jeder noch so sozial-integrativ eingestellte Lehrer in Konflikte kommen, wenn er auf eine beleidigende Schüleräußerung freundlich reagieren soll, selbst wenn er dieser Reaktion eine hohe Erfolgswahrscheinlichkeit zuordnet. Rheinberg (1982) befaßte sich mit Handlungen, die völlig oder weitgehend „zweckfrei" erfolgen, die ziellos sind. Sie werden an den Tag gelegt, z. B., weil sie einfach Freude machen. Dann u. a. (1982 a) unterscheiden in Anlehnung an Tomaszewski (1978) neben „Zielverhalten" auch noch die Kategorie des „reaktiven Verhaltens". Zielverhalten wird als Normalform menschlichen Verhaltens gesehen. Beim Auftreten von Störungen z. B. durch Überforderung der Leistungsfähigkeit der Person, durch Ermüdung oder durch Überhandnehmen emotionaler Prozesse setzt sich – so die Annahme – reaktives Verhalten durch. Dieses besteht aus reizgesteuerten Reflexen sowie aus automatisierten Reaktionen, die im Laufe der Erfahrung häufig wiederholt worden sind. Das reaktive Verhalten ist unflexibel. Es kann auch in unpassenden Situationen aktiviert werden und erweist sich dann als schablonenhaft. In Kapitel 11 wird versucht, die Rolle von Gefühlen in der Lehrertätigkeit systematisch zu behandeln.

(3) Die *Rationalitätsannahme*. Es wird unterstellt, daß sich Menschen immer ‚sinnvoll', d. h. im Rahmen ihrer Überzeugungen konsistent verhalten. Das Modell nimmt Rationalität an. Rationalität kann man auffassen als logische Stimmigkeit zwischen den Gliedern eines Systems. Auch wenn nicht gefordert wird, daß im handelnden Subjekt vor jeder Handlung bewußte Überlegungen, Abwägungen und Berechnungen relativ komplizierter Art erfolgen, so wird doch unterstellt, daß das System der Kognitionen und des Verhaltens aus zusammenpassenden Gliedern besteht. Ist es wirklich vernünftig, Lehrer als vernünftig Handelnde anzusehen? Vernünftig handeln heißt nicht unbedingt richtig handeln, sondern nur, das verfügbare Wissen heranziehen, die Situation einschätzen, die optimale Entscheidung treffen. Weinert (1978) hat in einer Kritik an unserem Modell die Frage

gestellt, ob dabei dem Lehrer nicht ein bißchen viel Weisheit unterstellt wird. Ulich (1979, S. 25) behauptet, daß die Konzeption von vernünftigem Handeln letztlich in einer unhaltbaren Fiktion von Entscheidungs- und Willensfreiheit begründet sei. Er gesteht allerdings zu, daß die Konzeption „motiviertes Handeln nach dem Modell rationaler Entscheidungsprozesse zu rekonstruieren erlaubt". Auch Terhart (1984, S. 15) spricht bei derartigen Modellvorstellungen von hochselektiven Artefakten, die zwar datengenerierende und -ordnende Kraft haben, aber nur einen sehr begrenzten Aspekt des Lehrerhandelns thematisieren. Für irrationale Entscheidungen gibt es durchaus empirische Belege (Jungermann, 1976). So wurde in Experimenten gezeigt, daß das menschliche Urteil häufig nicht transitiv ist. Vpn wählen in Wahrscheinlichkeitslern-Experimenten nicht immer die häufigere Alternative. Jungermann hat andererseits auf die Schwäche solcher Einwendungen hingewiesen. Dennoch: Entscheidungsträger reagieren auf eine Überforderung der Informationsverarbeitungskapazität durch Vereinfachungen: Lindbloom (1964) spricht vom *„muddling through"*, vom Sich-Durchwursteln. Eine Person, die sich durchwurstelt:

- zieht nur wenige Alternativen in Betracht,
- antizipiert nur wenige Konsequenzen der jeweiligen Alternativen,
- erwartet nicht, das Problem endgültig zu lösen, sondern rechnet mit Folgeproblemen,
- läßt die Entscheidungsprobleme auf sich zukommen, ohne eine langfristige Zielkonzeption zu suchen,
- schafft neue Alternativen nur durch geringfügige Abwandlung bereits bestehender (Kirsch, 1971, Bd. 2, S. 160).

Es scheint daher angemessener, einschränkend von sogenannter *beschränkter Rationalität* (Slovic u. a., 1977) zu sprechen. Das Subjekt kennt eben nicht alle Aspekte der Umwelt, es besitzt kein stabiles und klares Präferenzsystem, es ist nicht immer fähig, unter allen denkbaren Handlungsalternativen die optimale zu kalkulieren. Beschränkt rational handelt man, wenn man nicht die optimale, sondern die erstbeste befriedigende Handlung wählt. Menschliches Handeln zielt im allgemeinen auf befriedigende und nicht auf optimale Ergebnisse ab.

Die Besprechung von Annahmen und möglichen Einschränkungen des Modells soll zeigen, daß ich mir bewußt bin, eine subjektive Wahl getroffen zu haben. Ich glaube auch nicht, daß es das einzig brauchbare Modell zur Beschreibung von Lehrerhandeln und zur Erklärung von Verhalten ist. Die Frage nach der Nützlichkeit einer gewählten Theorie ist zuallererst eine der systematischen Explikation und Prüfung. In den folgenden Kapiteln werden die einzelnen Kognitionen begrifflich und empirisch entfaltet.

Zusammenfassung:

1. Bei dem gewählten Modell handelt es sich um eine theoretische Klammer, welche Forschung ermöglicht. Es enthält die Vorstellung vom Menschen als einem Wesen, dessen Einzelleistungen für den Organismus sinnvoll zusammenwirken. Es beschränkt sich darauf, konkretes Verhalten vorhersagen zu wollen und verbindet nicht den Anspruch, die wirklichen Vorgänge zu beschreiben.
2. Das Modell beruht auf der Annahme, daß Verhalten von Überlegungen gesteuert ist, welche in der Situation aktiviert werden und daß Handlungen nach Mittel-Zweck-Überlegungen ausgewählt werden. Es wird weiter unterstellt, daß sich Menschen zu ihren Überlegungen stimmig und vernünftig verhalten, daß zwischen ihren Gedanken konsistente Beziehungen bestehen.
3. Dagegen kann eingewendet werden, daß in vielen Fällen solche Annahmen nicht gerechtfertigt sind. Letztlich ist es eine Frage wissenschaftlicher Beweisführung, ob die gewählte Modellvorstellung für Zwecke der Deskription und Erklärung brauchbar ist. In diesem Buch wird sie expliziert und geprüft.

2. Kapitel
Erziehungsleitende Zielvorstellungen

Im ersten Kapitel wurde die Grundposition entwickelt, anhand der das Handeln von Lehrern gegenüber Schülern beschrieben, ihr Verhalten erklärt werden soll. Handeln wurde als zielgerichtet aufgefaßt. Dies entspricht auch der alltäglichen Auffassung. Vieles von dem, was andere Menschen tun, meint man als Ausdruck ihres Bestrebens verstehen zu können, ihre Ziele zu verwirklichen oder diesen näherzukommen. Verhalten sich mehrere Menschen in vergleichbaren Situationen unterschiedlich, so neigt man zu der Erklärung, daß sie verschiedene Zustände anstreben, Verschiedenes als wünschenswert erachten. Vor allem bei Verhalten, das als professionell gilt wie das des Lehrers, ist man geneigt, dem Akteur zu unterstellen, sein Tun sei geleitet von Zielvorstellungen, er möchte bestehende Zustände ändern und in gewünschte überführen.

In den folgenden Kapiteln werden die einzelnen Elemente der Konzeption aus Kapitel 1 behandelt. Dieses Kapitel enthält die Entfaltung des Zielkonstrukts. Zunächst wird gefragt: welche Rolle spielen Ziele im Denken und Handeln von Lehrern? Sodann wird versucht, eine Klärung des Begriffs „subjektive Erziehungsziele“ vorzunehmen. Die nächste Frage gilt den Determinanten subjektiver Erziehungsziele. Welches sind die pädagogischen Zielvorstellungen, die Lehrern vorschweben? Was wollen sie bei Schülern erreichen? Der Hauptteil enthält die Sichtung einschlägiger empirischer Untersuchungen zu Zielpräferenzen von Lehrern und zu Zielkategorien. Abschließend werden die Ergebnisse der Forschung auf die theoretischen Konzepte bezogen.

1. Die Rolle von subjektiven Erziehungszielen im Prozeß der Handlungssteuerung

Ashton u. a. (1975) haben darauf aufmerksam gemacht, daß kaum etwas darüber bekannt sei, was Lehrer in ihrem Unterricht bei Kindern erreichen möchten, obwohl täglich mehrere Millionen Kinder in die Schule gingen. Die Autoren meinen, daß es wichtig sei, etwas über die Ziele zu erfahren, die Lehrer in ihrem Unterricht anstreben, weil man dadurch Aufschluß über ihr Denken und Handeln bekommen könne. Diese Auffassung wird auch von anderen Autoren vertreten, die Untersuchungen zu subjektiven Zielen durchführten. Maguire (1968) z.B. hoffte, mit den von ihm gefundenen Wertkomponenten Lernzielentscheidungen von Lehrern in konkreten Unterrichtssituationen beschreiben zu können. Und Ohnmacht (1965) glaubte, daß die Wertorientierungen von Lehrern, wie sie in seiner Untersuchung erfaßt wurden, auch das Verhalten der Lehrer in der Klasse bestimmen.

Wie können erziehungsleitende Zielvorstellungen das Denken und Handeln prägen? Grundthese ist, daß das Denken sich an den Zielen orientiert, und daß sich Lehrer in Übereinstimmung mit ihrem Denken vorbereiten und verhalten. Im folgenden wird diese Annahme expliziert und skizziert, in welcher Weise Ziele und andere Kognitionen in der Handlungssteuerung zusammenwirken.

Ziele und Wahrnehmung. Wenn Ziele das Verhalten von Lehrern beeinflussen, dann ist zu erwarten, daß sie ihre Wahrnehmung vom Unterrichtsgeschehen danach ausrichten. Eine Person neigt dazu, jenen Dingen und Vorgängen bevorzugt Beachtung zu schenken, denen sie Bedeutung beimißt. Für eine Person ist das von Bedeutung, was in einem Zusammenhang mit ihren Zielvorstellungen steht:

was anzeigt, daß der gegenwärtige Zustand vom Ziel entfernt ist;
was anzeigt, daß der gegenwärtige Zustand mit der Zielvorstellung übereinstimmt;
was als Behinderung der Zielerreichung eingeschätzt wird;
und
was als hilfreich für die Zielerreichung angesehen wird.

Ziele und Ist-Soll-Diskrepanz. Sofern Verhalten zielbezogen ist, muß davon ausgegangen werden, daß eine zielbezogene Handlung nur dann erfolgt, wenn die Person einen Zustand als unbefriedigend beurteilt. Die handelnde Person stellt fest, daß der gegenwärtige Zustand in einem nicht tragbaren Ausmaß von dem gewünschten Zielzustand abweicht. Verhalten und Nicht-Verhalten müßte in Korrespondenz zur Ist-Soll-Diskrepanz stehen.

Ziele und Erwartungen. Lehrer versuchen nicht nur zu fördern, sondern auch negative Entwicklungen zu verhindern. Sie handeln auch dann, wenn sie mit dem gegenwärtigen Zustand zufrieden sind, aber eine antizipierte Ist-Soll-Diskrepanz (prophylaktisch) verhindern möchten. Daraus ergibt sich die Hypothese, daß Lehrer nicht nur über je eine Ist-Lage und eine Soll-Lage verfügen, sondern auch Erwartungen über zukünftige Ist-Lagen auf ihren Zieldimensionen ausbilden. Diese Erwartungen (Wird-Lagen) werden mit den Soll-Lagen verglichen. Je nach Ergebnis des Vergleichs wird eine prophylaktische Handlung in Erwägung gezogen oder nicht.

Ziele und Ursachen-Zuschreibung. Die Erwartung über die Weiterentwicklung zielbezogener Ereignisse und Zustände hängt von dem Ergebnis der Ursachen-Zuschreibung ab. Es wird also angenommen, daß Lehrer nach Ursachen für bedeutsame Ereignisse suchen.

Ziele und implizite Theorie des Lehrers über die Persönlichkeit des Schülers. Für die Ausbildung von Zielen benötigen Lehrer eine Theorie über die Schülerpersönlichkeit. Denn subjektive Erziehungsziele setzen Vorstellungen über die Organisation von Dispositionen bei Schülern voraus. Auch um Ursachen für ein zielrelevantes Ereignis zuschreiben zu können, brauchen Lehrer eine Theorie über mögliche Ursachen. In der impliziten Persönlichkeitstheorie sind Faktoren enthalten, die Lehrer als mögliche Determinanten für zielbezogene Schülerverhaltensweisen heranziehen können sowie solche, welche als Erziehungsziele angesehen werden.

Ziele und Handlungsentwürfe. Für die Handlungsentscheidungen maßgeblich sind die Wirkungen, die Lehrer mit Handlungsentwürfen verbinden. Hypothese ist: Lehrer entscheiden sich für und realisieren jene Verhaltensweisen, von denen sie glauben, daß sie geeignet sind, die von ihnen als wichtig erachteten Ziele zu erreichen.

Ziele und Kosten. Entsprechende Handlungen werden jedoch nur dann wirklich realisiert, wenn ihre Realisierung unter den gegebenen Umständen nicht zu viele Kosten für den Lehrer verursacht. Kosten können sein: psychischer und physischer Aufwand, Zeitverlust, unerwünschte Nebenwirkungen auf anderen Zieldimensionen (z.B. Schaffen des Gefühls bei anderen Schülern, vernachlässigt oder ungerecht behandelt zu werden).

Flechsig u.a. (1971) weisen darauf hin, daß die konkrete Unterrichtsentscheidung von einer Vielzahl weiterer situationaler Faktoren abhängig ist. So spielen z.B. die Verfügbarkeit von Zeit und Lehrmitteln, die momentane Verfassung und gruppendynamische Konstellation eine Rolle. Dies wird als Hinweis dafür gewertet, daß konkretes Verhalten teilweise auch anders als zielgerichtet aufgefaßt werden kann.

Zusammenfassung:

1. Ziele steuern das menschliche Verhalten. Ziele stellen eine zwar notwendige, aber nicht hinreichende Bedingung für Verhalten dar. Ihre Realisierung setzt voraus, daß eine Reihe weiterer Bedingungen gegeben ist. Erst das Zusammenspiel jener Kognitionen, mit denen das Individuum die jeweilige Situation interpretiert, kann den Zusammenhang zwischen Zielen und konkretem Verhalten erklärlich machen.
2. Ziele finden einen Niederschlag in anderen handlungsbezogenen Kognitionen: Wahrnehmung, Ist-Soll-Diskrepanz, Erwartungen, Ursachen-Zuschreibung, implizite Persönlichkeitstheorie, Handlungsentwürfe, Kosten.

2. Zum Begriff des subjektiven Erziehungszieles

Als die wichtigste Klasse von Zielen bei Lehrern werden subjektive Erziehungsziele herausgegriffen. Der hier verwendete Erziehungszielbegriff ist (vgl. Zecha, 1984) ein „einfacher deskriptiver Begriff": Subjektive Erziehungsziele[1]) sind Vorstellungen über Dispositionen (D), die von Erziehern (L) (hier Lehrern) als wertvoll beurteilt und mittels bestimmter Handlungen (H) beim Edukanden (S) verwirklicht werden sollen. Der Begriff bezeichnet kognitive Gegebenheiten, die in Absichten von Personen zum Ausdruck kommen, bestimmte Merkmale anderer Personen zu beeinflussen. Er unterscheidet sich von präskriptiven Erziehungszielbegriffen darin, daß Ziele nicht intersubjektiv begründbar, sondern kognitiv gegeben sind (vgl. auch Perrez, 1984). Dazu einige ergänzende Bemerkungen:

1. Die Verpflichtung, den Zielzustand zu realisieren/erreichen, wird von der Person *positiv bewertet*. Wird die Person gezwungen, einen Zustand anzustreben, so ist dieser nicht als Ziel zu bezeichnen. Es ist zwar möglich, anderen Subjekten Ziele zu setzen, aber nur soweit erfolgreich, als der andere bereit ist, Ziele zu übernehmen und zu seinen eigenen zu machen. Übergänge von Bedürfnis zu fremder Sollensforderung sind fließend. Eine ursprünglich als fremde Forderung erlebte Erwartung kann im Laufe der Ausbildung und beruflichen Sozialisation zu einer als Bedürfnis erlebten Kognition werden. Doch erscheint die Unterscheidung theoretisch nützlich. So stellen erziehungsleitende Zielvorstellungen in zweifacher Hinsicht eine Teilmenge des Begriffs „Wertorientierungen" (vgl. Herrmann, 1982) dar:

a) Erziehungsleitende Zielvorstellungen enthalten Wertungen, welche Schülereigenschaften mit dem evaluativen Merkmal „ist mir wichtig", „möchte ich erreichen", „strebe ich an" versehen. Andere Merkmale (z.B. „schön", „stark") können, müssen aber nicht zugeschrieben werden.

b) Die Wertungen in erziehungsleitenden Zielvorstellungen enthalten im allgemeinen keine deontischen Merkmale. Deontische Merkmale sind z.B. „geboten", „verboten". Diese werden auf der Basis von äußeren Normen entwickelt und stellen eine Aussage über den Grad der Übereinstimmung eines Sachverhaltes mit Regeln dar. In diesem Kapitel werden nicht primär kodifizierte äußere Normen für die Erklärung von Verhalten herangezogen, sondern von der Person internalisierte und für sinnvoll und wichtig erachtete Zielvorstellungen.

2. Mit dem Begrif „subjektives Erziehungsziel" ist ferner die Vorstellung verbunden, daß der Lehrer das Ziel *anstrebt*. Er muß die Absicht haben, die seinen Vorstellungen entsprechenden Persönlichkeitsausprägungen zu bewirken. Damit soll nichts über die Mittel ausgesagt werden, die er glaubt

1) „Ziel" und „Zweck" werden als Synonyme betrachtet.

anwenden zu können (vgl. Brezinka, 1981, S. 142). Aus den Zielen ergibt sich für die Person die Aufgabe, sie zu erreichen.

Angestrebt kann ein Zustand nur dann werden, wenn er als prinzipiell erreichbar eingeschätzt wird. Die Forderung nach der Realisierbarkeit von Erziehungszielen ist implizit in der Forderung nach der Absicht, sie zu erreichen, mit enthalten. Denn wer „etwas als Mittel für die Verwirklichung eines bestimmten Zieles ansieht ..., bestätigt damit, daß er dieses Ziel für verwirklichbar hält. In diesem Sinne setzt Erziehung den Glauben an die Realisierbarkeit der jeweiligen Erziehungsziele voraus" (Brezinka, 1981, S. 145). Ist diese Bedingung nicht gegeben, sprechen Alisch & Rössner statt von Ziel nurmehr von „Wunsch" (1977, S. 61). Zweifellos kann die Trennlinie zwischen Erziehungszielen eines Lehrers und verstiegenen Wunschträumen, Luftschlössern, die das prinzipiell Unmögliche fordern, nicht einwandfrei gezogen werden. Doch ist die Metanorm „Sollen impliziert Können" ethisch notwendig (Groeben & Scheele, 1977, S. 167f.). Man kann von sich (und anderen) nichts fordern, was unmöglich ist (Heid, 1972, S. 562). Sie ist auch notwendig im Hinblick darauf, daß eine Erklärungskraft des Konstrukts Lehrerziele nur dann gegeben ist, wenn es eine gewisse Verhaltensnähe aufweist. Aus dem Merkmal der vermuteten Realisierbarkeit ergibt sich: Ziele sind Handlungen vorgeordnet, entstehen aber aus vergangenem Verhalten und der Einschätzung deren Wirkungen. So ist die Trennung zwischen Ziel und Mittel nur theoretisch möglich.

Auf der Basis dieser Charakterisierung des Begriffes subjektive Erziehungsziele soll auf einige Punkte hingewiesen werden, die für die Konzeption und die Beurteilung von Forschung wesentlich sind.

1. Sagt eine Person (L), sie strebe bei dem Edukanden (S) ein Ziel (D) an, so verspricht sie damit, den Zustand (D) anzustreben, wenn sie sich gegenüber dem Edukanden (S) befindet. Wir sprechen der Person dieses Ziel auch weiterhin zu, selbst wenn sie nicht davon spricht, zumindest bis das von ihr angestrebte Ziel tatsächlich erreicht ist. Der Zielbegriff impliziert also eine *Konstanzannahme* (Werbik, 1978, S. 46, vgl. auch den Begriff der „Wertungsdisposition" bei Herrmann, 1982, S. 34–35). Insofern ist die Unterscheidung von Perrez (1984) zwischen momentanen und habituellen Zielen zwar realistisch, aber forschungstechnisch problematisch.

2. Die Annahme, daß die Person Soll-Werte lokalisiert, die sie mit Ist- (bzw. Wird-)Lagen vergleicht, zwingt dazu, Ziele als Variablen zu konzipieren, auf denen quantitative Abstufungen vorgenommen werden können. Da Erziehungsziele Zustände beim Schüler darstellen, verstehe ich darunter *Dispositionen* mit dem Charakter von Dimensionen. Diese werden zumindest zeitweilig als förderbar (erziehbar) und damit als veränderbar betrachtet. Ihnen kommt aber auch die Eigenschaft der (zumindest potentiellen) Konstanz zu.

3. Forschung muß berücksichtigen, daß Ziele hierarchisch geordnet sein können. Für Ziele, die nur über längerfristige oder vielfältige Maßnahmen erreichbar sind, bildet die Person *Zwischenziele* aus (vgl. Oesterreich, 1981). Sie strebt in der Situation die entsprechenden Zwischenziele an. Das Verhältnis, das zwischen End- und Zwischenziel besteht, ist zu beschreiben als ein Verhältnis der Voraussetzung: Das Erreichen des Zwischenzieles wird als notwendige Voraussetzung für das Erreichen des Endzieles gesehen. Zwischenziele müssen nicht Erziehungsziele in dem Sinne sein, daß sie Zustände bei Schülern bezeichnen. Sie können auch Handlungen des Lehrers sein (z.B. „Ich möchte es erreichen, den Schüler X mehr zu loben"). Zwischenziele werden dann angestrebt, wenn der Lehrer ein Ziel als schwer zu realisieren ansieht (z.B. Förderung des Selbstvertrauens). Ein Zustand (z.B. Disziplin) kann für einen Lehrer Zwischenziel sein und damit Mittel für ein anderes Ziel. Ein anderer Lehrer kann ihn als ungeeignetes Mittel ansehen, und für einen Dritten kann der Zustand das Ziel selbst sein.

4. In der Regel muß man davon ausgehen, daß Personen über mehrere Ziele verfügen. Je nach Situation, Zustand und Zeitpunkt können unterschiedliche Zielkomplexe (Handlungsbereiche, nach Oesterreich, 1981, S. 118) relevant und aktuell sein. Anzunehmen ist, daß eine Person verschiedene Zielprogramme koordiniert und auch in ein und derselben Situation mehrere Ziele gleichzeitig zu verwirklichen sucht (Fuhrer, 1984). Daraus ergibt sich die Forschungsaufgabe, subjektive Erziehungsziele zu *klassifizieren,* die Elemente des Zielsystems zu ermitteln.

5. Immer dann, wenn mehrere Ziele in einer Situation angestrebt werden, die nicht gleichzeitig verwirklicht werden können, ergibt sich für die Person das Problem, sie gegeneinander abzuwägen. Sie muß eine *Präferenzordnung* erstellen, in der die jeweils zugeschriebene Bedeutung zum Ausdruck kommt. Das setzt voraus, daß sie den verschiedenen Zielen unterschiedliche Werte zuordnet, die als quantitative Größen ausgedrückt werden können. Für Werbik (1978), ebenso wie für Alisch & Rössner (1977) haben Ziele nur qualitativen Charakter. Sie werden angestrebt oder nicht. Sie können erreicht werden oder nicht. Die Notwendigkeit der Bildung von Präferenzen zwingt jedoch dazu, die Wertigkeit von Zielen quantitativ zu erfassen.

6. *Zielkonflikte* entstehen dann, wenn unter der Voraussetzung, daß mehrere Ziele gleichzeitig stark angestrebt werden, zwei oder mehrere Ziele im Gegensatz zueinander stehen. Ein Gegensatz ist vor allem dann gegeben, wenn eine Handlung, die geeignet erscheint, das eine Ziel zu bewirken, das Erreichen eines anderen Zieles verhindert oder die Verschlechterung des Zustandes auf einer anderen Zieldimension bewirkt. Zu Konflikten kann es auch zwischen Endzielen und Zwischenzielen mit dem Charakter von Mitteln für andere Endziele kommen. Dies wäre z.B. dann der Fall, wenn

Disziplin im Klassenzimmer als Voraussetzung für Lernerfolg und gleichzeitig als ein anderes Erziehungsziel (z. B. Selbstbestimmung) behindernd kogniziert wird. Zu fragen ist, ob und wie solche Konflikte gegebenenfalls gelöst werden.

Erziehungszielsysteme können (Perrez, 1984) nach weiteren Aspekten (Komplexität, Differenziertheit, Konsistenz und Strukturiertheit) betrachtet werden. Darauf wird jedoch hier nicht eingegangen.

Zusammenfassung:

1. Subjektive Erziehungsziele sind Vorstellungen von Lehrern über Dispositionen bei Schülern, die als wertvoll beurteilt und zu verwirklichen versucht werden.
2. Der Zielzustand wird positiv bewertet, angestrebt und als realisierbar betrachtet.
3. Erziehungsziele sind von gewisser zeitlicher Konstanz. Sie werden als quantitative Variablen konzipiert. Auf dem Wege zu Zielen können Zwischenziele gesetzt werden, welchen Mittelcharakter zukommt. Mehrere Ziele können gleichzeitig angestrebt werden. Zwischen ihnen besteht eine Präferenzordnung. Ziele können in Konflikt zueinander stehen.

3. Determinanten subjektiver Erziehungsziele

Das Interesse dieses Kapitels ist auf die Frage gerichtet, wie subjektive Ziele Denken und Handeln beeinflussen. Für die Frage nach der inhaltlichen Ausgestaltung ist interessant, die Entstehung von Zielvorstellungen zu prüfen. Welches sind die Faktoren, welche die Ausbildung von Zielkomplexen bei Lehrern und ihre Präferenzordnung determinieren? Ich unterscheide drei bedingende Bereiche: den emotionalen, den kognitiven und den gesellschaftlichen.

1. *Emotionale Faktoren:* Vermutlich erleben viele Lehrer den Umgang mit Schülern als einen emotionalen zwischenmenschlichen Vorgang. Weidenmann (1978) hat in die Beschreibung der Lehrertätigkeiten einen Tätigkeitsbereich „Kontakt" eingeführt. Er meint damit Handlungen, mit denen Lehrer die zwischenmenschlichen Beziehungen zu den Schülern auf eine befriedigende Art und Weise zu gestalten suchen. Damit wird angenommen, daß Lehrer im (Tätigkeits-)Bereich „Kontakt" bestimmte Zielzustände bei Schülern anstreben. Nach Goffman (1971) gehört es zu den Strategien des Alltagslebens, sich vor anderen selbst positiv darzustellen, die Interaktionsbasis zu bestätigen, Übereinstimmung herzustellen etc. Jones & Thibaut (1958, S. 161–162) nehmen an, daß bei Personen ein Bedürfnis besteht, positive soziale Erfahrungen zu machen und Unterstützung für die

eigenen Werte und Ansichten zu erhalten (vgl. auch Baumeister, 1982). So kann angenommen werden, daß sich Lehrer in der Regel von Schülern geliebt fühlen und in ihren Werten bestätigt sehen möchten. Weidenmann (1978) hat den Bereich Kontakt unterteilt in die beiden Felder Selbstdarstellung und Beziehungsformen. Angestrebte Zustände im Feld Selbstdarstellung sind: „Die Schüler haben vom Lehrer ein positives Image" und „den Schülern gefällt meine Selbstdarstellung". Aus Interviews mit neun Studenten kommen Angstgefühle im Zusammenhang mit diesen Feldern zum Ausdruck. Unter Beziehungsformen versteht Weidenmann vor allem das Bedürfnis von Lehrern, von den Schülern als jemand angesehen zu werden, der den Schülern Partner und Helfer bei der schulischen Lernarbeit in der Klassengemeinschaft sein möchte. Er wünscht, mit den Schülern in Kooperation zu treten, ihnen ohne Parteilichkeit und Bevorzugung sozio-emotional nahezustehen.

Der Frage, wie sich Bedürfnisse von Lehrern im Verlaufe der beruflichen Tätigkeit verändern, sind Gehrke & Yamamoto (1978) in einer Studie nachgegangen. Sie untersuchten zehn Sekundarstufenlehrer während ihres ersten und dritten Unterrichtsjahres. Untersuchungsgegenstand war die Frage danach, wie Lehrer zu Beginn ihres Berufes die Lehrerrolle an ihre Bedürfnisse assimilieren und gleichzeitig sich an die Rollenerwartungen akkommodieren. Im frühen Rollenübergang schienen vier primäre Bedürfnisse vorhanden zu sein:

– das Bedürfnis nach Anerkennung,
– das Bedürfnis nach Beliebtheit,
– das Bedürfnis nach Zugehörigkeit und
– das Bedürfnis nach Kompetenz.

ebenso für Schüler gültig !!!

Drei Jahre später waren diese vier Bereiche weiter dominant, doch das Bedürfnis nach Anerkennung schien nicht mehr so stark ausgeprägt. In den Lehreräußerungen kam nunmehr ein fünftes Bedürfnis zum Ausdruck, jenes nach Abwechslung und Neuheit. In dem Ausmaß, in dem der Beruf an Neuheit verliert, arbeiten Lehrer offenbar auf Situationen hin, die sie zur Aufrechterhaltung ihrer Arbeitsmotivation benötigen.

In der psychoanalytischen Literatur werden Bedürfnisse von Lehrern als Ausdruck ihres unbewußten Bestrebens gesehen, eigene Konflikte, traumatische Beziehungen und frühe Kindheitserlebnisse in ihren beruflichen Beziehungen darzustellen (Wellendorf, 1973, für Eltern vgl. Stierlin, 1976). Solche Überlegungen sind bislang weitgehend spekulativ. Sie streben nicht an, Denkvorgänge zu erfassen.

2. *Kognitive Faktoren:* Bei der Ausbildung von Erziehungszielen spielen vermutlich Überlegungen und Reflexionen über die „Wichtigkeit" von Dispositionen eine Rolle. Dabei kommen vor allem die folgenden Kognitionen in Betracht (vgl. auch Garlichs, 1972, Maguire, 1968).

a) Der Lehrer bedenkt die positiven und negativen Konsequenzen, die sich aus der Realisierung oder Nicht-Realisierung des Zieles für den Schüler und/oder für die Gesellschaft ergeben. Die Präferenz für ein Ziel ist um so höher, je größer der Schaden beurteilt wird, der entstehen könnte, wenn es nicht realisiert wird.

b) Der Lehrer schätzt die Grundrate für verschiedene Situationen ein, die er für Schüler antizipiert. Ziele werden um so höher präferiert, je häufiger einschlägige Situationen im Leben der Schüler vermutlich vorkommen.

c) Der Lehrer bildet sich ein Urteil darüber, in welchem Ausmaß das betreffende Ziel im Felde der Erziehung Beachtung findet. Die Präferenz hängt ab von der Unzulänglichkeit des Vorgefundenen und der von der Person geforderten Beachtung.

d) Vermutlich hängt die Präferenz für ein Ziel auch von der eingeschätzten Realisierbarkeit ab. Der Lehrer prüft in seinem „Wissen" die prinzipielle Realisierbarkeit und trennt so konkrete Ziele von abstrakten Wünschen.

e) Der Lehrer urteilt nach dem semantischen Gehalt von Zielvorstellungen. Dabei ist er regionalen, kulturellen und zeitabhängigen Wertungsbesonderheiten (auch dem modischen Zeitgeist) ausgesetzt, etwa dem Wandel zu mehr „postmateriellen" Werten (vgl. Inglehart, 1977).

3. *Gesellschaftliche Faktoren:* Selbst wenn der Lehrer sein Verhalten als im Einklang mit seinen persönlichen Bedürfnissen und Präferenzen erlebt, so ist doch zu fragen, inwieweit seine Ziele von außen übernommen oder mitbestimmt sind. Erziehung geschieht nicht in einem gesellschaftlichen Vakuum. Jeder einzelne Lehrer ist auch Produkt seiner eigenen Lebensgeschichte. Er hat in seiner Sozialisation und seiner beruflichen Ausbildung Wertvorstellungen erfahren und entwickelt. Seine berufliche Tätigkeit findet statt im Brennpunkt verschiedener Erwartungen von außen, die auf sein persönliches Wertsystem einwirken (vgl. Kapitel 12). Erwartungen von außen sind nichts anderes als geronnene Bedürfnisse und Wichtigkeitskognitionen der Gesellschaft. Man muß davon ausgehen, daß subjektive Ziele von Lehrern mit von den gesellschaftlichen Aufgaben der Schule ausgestaltet sein können. Dabei sind generell drei Aspekte zu unterscheiden: die expliziten Aufgaben des Lehrers, implizite Funktionen der Institution Schule und administrative Regelungen im Schulbereich.

a) Der Deutsche Bildungsrat (1973) hat es als die expliziten Aufgaben des Lehrers bezeichnet, zu erziehen und zu lehren, zu beurteilen, zu beraten, zu organisieren und zu verwalten sowie zu innovieren und politisch zu handeln. Als wichtigste Aufgabe wird das Vermitteln von Kenntnissen und Fertigkeiten angesehen, wobei der Lehrer „beim Lernenden das Verständnis für das Gelernte wecken und den Zusammenhang der Dinge sichtbar machen" muß. Er hat auch die Aufgabe, Motivation, Kooperationsfähigkeit, Problembewußtsein, problemlösendes Denken und Kreativität zu fördern, Hilfen zur persönlichen Entfaltung und Selbstbestimmung zu geben und den Schüler zu freiem und verantwortungsvollem Handeln hinzuführen. Das sind umfassende Anforderungen, die an den Lehrer gerichtet werden.

b) In Anlehnung an Fend (1980) lassen sich die impliziten gesellschaftlichen Funktionen der Schule in drei Bereiche ordnen. Sie hat die Aufgabe, junge Menschen mit jenen *Qualifikationen* auszustatten, die sie für den Arbeitsprozeß benötigen. *Selektion* wird als weitere Funktion der Schule angesehen. Die Verteilung von Lebenschancen entscheidet sich in der Schule, insoweit der formale Bildungsabschluß den Zugang zu hohen oder niedrigen gesellschaftlichen Positionen, zu Prestige, Macht und Einkommen wesentlich beeinflußt. In der Erziehungssoziologie wird seit jeher hervorgehoben, daß die Schule auch die Aufgabe innehat, die Schüler zu *sozialisieren,* indem sie ihnen die Werte der Gesellschaft vermittelt. Nach dieser Auffassung reproduziert sich die Gesellschaft über die Erziehung selbst.

Welche Haltungen und Einstellungen ermöglichen adäquates Verhalten unter industriellen Produktionsbedingungen und stellen damit Sozialisierungsziele dar? Nach Fend (1980, S. 47) zählen dazu:

„– Vorstellungen über gerechte Prozesse der Verteilung von knappen Gütern in unserer Gesellschaft (Gesellschaftsbilder, Leistungsideologie);
– Haltungen und Verhaltensdispositionen, die man Arbeitstugenden nennen könnte. Dazu gehören sowohl Tugenden im Umgang mit Sachen (Genauigkeit, Sparsamkeit usw.) als auch Tugenden in der sozialen Situation des Arbeitsprozesses (Gehorsam, Verläßlichkeit, Pünktlichkeit usw.);
– Vorstellungen über gerechte Instanzen (das politische System und das Schulsystem), die ihre Neutralität gegenüber partikularen Interessen und gegenüber Privilegienstrukturen wirksam dokumentieren können müssen;
– Begriffe von Gerechtigkeit und Ordnung, die zum Grundstock kultureller Selbstverständlichkeiten gehören, ebenso Begriffe von Zeit und Arbeit;
– Haltungen der Abhängigkeit, Passivität und „Demut“ gegenüber Autoritätspersonen.“

Gesellschaftstheoretiker behaupten, der Staat versuche, diese für seine Legitimationsbeschaffung erforderlichen Inhalte mit Hilfe des Bildungssystems an die nachwachsende Generation heranzutragen. In den Verfassungen der Länder werden allgemeine sogenannte Bildungs- und Erziehungsziele festgehalten. Sie enthalten Werte wie z.B. Achtung und Duldsamkeit, Rechtlichkeit und Wahrhaftigkeit, sittliche Haltung und berufliche Tüchtigkeit (Art. 33 der Verfassung für Rheinland-Pfalz). Nach Roellecke

(1984, S. 198) haben Erziehungsziele des Staates u.a. den Sinn, dem Lehrer das moralische Argumentieren zu erleichtern. Die Interaktion von Lehrern und Schülern werde dadurch beeinflußt, daß Lehrer sich gegenüber ihren Schülern auf die Erziehungsziele der Verfassung beriefen. Sie seien moralische Stützen für den Lehrer.

c) Schulische Vorschriften und administrative Regelungen stellen für Lehrer Normen im engeren Sinne dar. So können in Schulordnungen und Lehrplänen enthaltene Konventionen und Festlegungen die Ausbildung von Zielvorstellungen (z.B. pünktlicher Stundenbeginn, Ruhe) begünstigen.

Man kann die Verschränkung zwischen gesellschaftlichen Erwartungen und Zielen von Lehrern nicht so sehen, als sei die Gesellschaft ein abstraktes System mit Eigenleben, das seine Bedürfnisse als Zielvorgaben Lehrern nahebringt. Lehrer sind selbst Teile der Gesellschaft, die dazu beitragen, deren Werte zu bestimmen. Es gibt auch keinen einfachen Mechanismus, der für die Einhaltung der gesellschaftlichen Funktionen des Bildungssystems sorgen würde. Dafür sorgt eine Vielzahl von Faktoren. Fend (1980) nennt u.a.:

- Die Hochschulsozialisation der Lehrer. Sie werden jahrelang geschult, bis ihnen der Zugang zur beruflichen Tätigkeit gestattet wird.
- Die Vorselektion der Mitglieder von Bildungseinrichtungen. Personen, die nicht mit Grundlagen und Zielen der Schule übereinstimmen, wird der Zugang zu ihr versperrt (vgl. Roellecke, 1984, S. 188). Dies kann zu einer Homogenisierung von Zielvorstellungen führen.
- Informelle Kontrollprozesse wie Elternversammlungen, „Schulregiment“, Lehrerfortbildung und so weiter.
- Die Verwaltung als Kontrollinstanz mit ihren vielfältigen Möglichkeiten, die Rahmenbedingungen zu normieren.

Als ein Beispiel, wie man sich informelle Kontrollprozesse vorstellen kann, sei auf eine Studie von Lempert (1962) hingewiesen. 74% der von Lempert befragten Gewerbelehrer gaben an, fortwährend mit den Lehrherren und Ausbildern ihrer Schüler in Verbindung zu stehen. Ein großer Teil dieser Lehrer wurde zu Innungsversammlungen, Fachvorträgen, Besichtigungen und Kursen der Betriebe und Wirtschaftsverbände eingeladen. Viele Meister „möchten mit den Lehrern über ihre Lehrlinge oder über allgemeine Ausbildungs- und Fachprobleme sprechen oder sogar im Unterricht hospitieren. Ein Teil der Befragten kommt auch privat (auf Innungsfesten, Kegelabenden und im kleineren Kreise) mit Lehrherren und Ausbildern zusammen. Manche Gewerbelehrer duzen sich mit Meistern“ (Lempert, 1962, S. 35). Zusammenarbeit bedeutet immer Beeinflussung, wahrscheinlich auch Beeinflussung in den Zielvorstellungen. 69% der befragten Lehrer sehen eine starke oder mäßige Beeinflussung des Lehrplanes und/oder eine starke oder mäßige materielle Förderung durch die Wirtschaft.

Man wird erkennen, daß die an Lehrer von außen herangetragenen Zielvorstellungen in sich selbst widersprüchlich sein können. Die von Fend (1980) angegebenen menschlichen Tugenden kontrastieren mit jenen, die der Deutsche Bildungsrat (1970) formuliert hat. Zinnecker behauptet (1975), daß implizite Ziele nicht offiziell, absichtlich und bewußt, aber wirksam über latente Lernprozesse verfolgt werden. Er prägte in diesem Zusammenhang das Schlagwort vom „heimlichen Lehrplan".

Zusammenfassung:

1. Faktoren, welche die Ausprägung subjektiver Erziehungsziele beeinflussen, können emotionaler, kognitiver oder gesellschaftlicher Art sein.
2. Als Hypothesen werden abgeleitet:

a) Lehrer streben im Unterricht Zustände an, die ihren Bedürfnissen nach Selbstdarstellung und sozio-emotionalem Kontakt Rechnung tragen.

b) Lehrer zielen Eigenschaften bei Schülern an, welche negative Konsequenzen für diese minimieren, von diesen häufig gebraucht, zu wenig gefördert und prinzipiell als erreichbar betrachtet werden.

c) Die Zielvorstellungen von Lehrern werden von den expliziten Anforderungen der Gesellschaft – vertreten z.B. durch den Bildungsrat – an den Lehrer geprägt, aber auch von den Funktionen der Schule in der Gesellschaft (Qualifikation, Selektion und Sozialisation) sowie von den administrativen Gegebenheiten (z.B. Schulordnungen). Eine Vielzahl von Faktoren sorgt für die Berücksichtigung gesellschaftlicher Erwartungen durch Lehrer. Zwischen den expliziten Anforderungen an den Lehrer und den impliziten Funktionen bestehen Unvereinbarkeiten.

4. Zielpräferenzen: empirische Untersuchungen

In diesem Abschnitt werden Untersuchungen dargestellt, in denen versucht wurde, subjektive Erziehungsziele bei Lehrern empirisch zu erheben. Es wird zu prüfen sein, inwieweit sich die erzielten Ergebnisse mit den erfolgten Bestimmungen und aufgestellten Hypothesen vereinbaren lassen. Die verschiedenen Untersuchungen unterscheiden sich in einer erheblichen Anzahl von Variablen. Deshalb sind ihre Ergebnisse kaum vergleichbar und bilden nur eine schmale Basis für verallgemeinerungsfähige Schlußfolgerungen. Einige Arbeiten werden ausführlicher dargestellt, die anderen lediglich summarisch geschildert und in einer Synopse angeordnet.

Ashton u.a. (1975) führten in England eine umfangreiche, über dreieinhalb Jahre währende Studie zu Erziehungszielen von Grundschullehrern durch. In einer *ersten* Phase wurden 70 Lehrer und Lehrerinnen gefragt:

„Welches sind nach Ihrer Meinung die Ziele der Primarschulerziehung?“ (S. 8). Durchschnittlich wurden pro Lehrer 4.2 Ziele genannt, die sich auf einem sehr allgemeinen Niveau befanden (z.B. Entwicklung von Glück, Förderung natürlicher Anlagen). In anschließenden Diskussionen sollten die Lehrer die genannten Ziele besprechen. Dabei zeigte sich, daß die Lehrer nicht gewohnt waren, über Ziele nachzudenken. 72 % der Äußerungen waren reine Meinungsäußerungen, ohne jede Begründung. Wenn Lehrer weder imstande sind, Ziele konkret und explizit anzugeben, noch sie differenziert zu begründen, muß das nicht heißen, daß sie ziellos arbeiten. Vielleicht sind ihre Ziele lediglich implizit und unbewußt vorhanden. Die Autoren glaubten, mit ein wenig Zeit und Anleitung den Dingen auf den Grund zu kommen.

In einer *zweiten* Phase mit den ursprünglich 70 und weiteren über 300 Lehrern wurden zehn bis elf Gruppensitzungen von je mindestens einer Stunde abgehalten. Ausgangspunkt für Gruppengespräche war die Frage, welches die *minimal* geforderten Endzustände oder Prozesse innerhalb jeder von 24 vorgegebenen Zielkategorien seien. Die Präzisierung sollte anhand eines Durchschnittsschülers am Ende der Primarschulzeit erfolgen. Im Verlaufe dieser zweiten Phase gelang es den Lehrern durch den Zwang zur Präzisierung von gewünschten Endzuständen, ihre Zielvorstellungen zu spezifizieren und in realistische Ziele umzusetzen. Hier die als am wichtigsten erachteten Ziele: Freude und Glück, Lesefähigkeit, moralisches Verhalten (Ehrlichkeit, Rücksichtnahme).

Die *dritte* Phase sollte dazu dienen, in Diskussionen derselben Lehrer die Liste der konkretisierten Ziele zu klassifizieren. Eine Klassifikation wurde von den Forschern erstellt. Sie bestand aus 6 x 3 Kategorien. Die erste Dimension umfaßte sechs Zielbereiche: den intellektuellen, den physischen, den ästhetischen, den religiösen, den emotional-personalen und den sozialethischen Bereich. Die zweite Dimension umfaßte drei Verhaltensbereiche: Wissen, Fertigkeit, Eigenschaften. Die Aufgabe von 38 Gruppen der Lehrer in strukturierten Diskussionen bestand nun darin, jedes Ziel in eines der 18 Felder einzuordnen. Dabei wurden Lücken erkannt und durch neu formulierte Ziele geschlossen.

Die Untersuchung von Ashton u.a. (1975) ist in mehrfacher Hinsicht interessant. Lehrer sind offensichtlich wohl fähig, über eigene Ziele zu reflektieren, damit umzugehen, sie zu präzisieren und begrifflich einzuordnen. Doch setzt dies voraus, daß sie in einem Prozeß der Anleitung und Diskussion dazu befähigt worden sind. Im alltäglichen Denken scheinen Ziele nur sehr unvollkommen über entsprechende Kognitionen zugänglich zu sein. Sie sind auf sehr allgemeinem Niveau präsent, umfassen nicht mehr als vier verschiedene Ziele, sind quantitativ nicht spezifiziert und werden begrifflich mit Kognitionen über Mittel-Handlungen vermischt. Die Lehrer wurden ursprünglich gefragt: „Welches sind die Ziele der Primarschulerziehung?" Dadurch bleibt offen, ob die Lehrer über ihre eigenen Ziele nachgedacht oder ob sie ihre idealistischen Wunschvorstellungen lediglich einer anonymen Instanz zugedacht haben.

Die wohl gründlichste Untersuchung zu Erziehungszielen von Lehrern im deutschen Sprachbereich wurde von Brunner (1980) in der Schweiz durchgeführt. Brunner formulierte – ausgehend von Theorien über Bereiche menschlicher Persönlichkeit – drei psychologische Kategorien: Kognition, Werte und Wollen, Gefühl sowie drei inhaltliche Kategorien: Verhältnis des Individuums zu sich selbst, Umgang mit anderen Personen und Umgang mit Sachen. (Jede der beiden Dimensionen wurde noch durch eine offene Kategorie ergänzt.) In einem ersten Schritt wurden 78 Lehrer in einem Brief aufgefordert, die nach ihrer Meinung „fünf allerwichtigsten Ziele der Primarschulerziehung" zu nennen. „Denken Sie an einen durchschnittlichen Schüler, der die Primarschule abgeschlossen hat und vor dem Übertritt in die Orientierungsstufe steht. Setzen Sie bitte das wichtigste Ziel an die erste Stelle, das zweitwichtigste an zweiter Stelle usw." (Brunner, 1980, S. 86). Die 267 Zielangaben wurden nach Regeln der Kontentanalyse von vier Kodierern in 692 Analyseeinheiten aufgeteilt und den 16 Feldern des Kategoriensystems zugeordnet. Dafür wurden explizite Regeln entwickelt. In einem nächsten Schritt wurden 96 Items eines Fragebogens konstruiert, und zwar für jedes Feld sechs. Dieser Fragebogen wurde von 132 Lehrern beantwortet. Sie kreuzten die Bedeutung an, die das jeweilige Item nach ihrer Meinung für die Primarschulerziehung besitzt (0 = Ablehnung, bis 4 = größte Bedeutung).

Die meisten Lehrer sprachen den folgenden Zielen die größte Bedeutung zu: selbständiges Lernen, Selbstvertrauen, andere akzeptieren (vgl. Tabelle 1).

Interessant ist der Vergleich dieser Ergebnisse mit jenen der englischen Lehrer aus der Untersuchung von Ashton u. a. (1975). Die Engländer schienen sich ein Kind zu wünschen, das drei Aspekte in sich vereint: das fröhlich und ausgeglichen ist als erstes, das zweitens angemessen lesen kann und das als drittes angepaßt und verantwortlich handelt. Alle diese Komponenten spielten bei den Schweizer Lehrern so gut wie kaum eine Rolle. Der Begriff Freude kam erst an sechzehnter, Harmonie an dreißigster Stelle. Lesen und Schreiben kamen an dreizehnter bzw. an vierundzwanzigster Stelle. Verantwortungsbewußtsein ist an achter Stelle zu finden. Dagegen betonten die meisten Schweizer Lehrer das Ideal der Selbständigkeit. Der sprachliche Stamm „selbst" befand sich alleine viermal in den ersten fünf Zielitems. Die Unterschiede können auf kulturelle Besonderheiten sowie auf die Zeitabhängigkeit von Wertungen zurückgeführt werden. Auch in dieser Untersuchung bleibt der Grad an Verbindlichkeit für das eigene berufliche Handeln offen. Es gibt weder Hinweise dafür, daß die Lehrer

Tabelle 1: Rangreihe der ersten und der letzten zehn Ziele. Letzte Spalte: prozentuale Anteile der Gewichtung des Skalenwertes 4 (größte Bedeutung) (Brunner, 1980, S. 156–161).

Rang	Items	4 (vgl. % Legende)
1	Der Schüler sollte selbständig denken lernen	87,9
2	Der Schüler sollte Selbstbejahung und Selbstvertrauen entwickeln	85,6
3	Der Schüler sollte andere akzeptieren lernen	82,6
4,5	Der Schüler sollte selbständig handeln lernen	81,1
4,5	Der Schüler sollte Selbständigkeit entwickeln	81,1
6	Der Schüler sollte sich ohne Angst äußern lernen	78,0
7	Der Schüler sollte Eigeninitiative entwickeln	77,3
8	Der Schüler sollte Verantwortungsbewußtsein gegenüber den Mitmenschen entwickeln	74,2
9,5	Der Schüler sollte seine kreativen Kräfte entwickeln	72,0
9,5	Der Schüler sollte in einer Gruppe arbeiten lernen	72,0
87,5	Der Schüler sollte Selbständigkeit im Umgang mit einfachen technischen Gegenständen erwerben	18,9
87,5	Der Schüler sollte die Fähigkeit entwickeln, im affektiven Bereich autonom zu handeln	18,9
89	Der Schüler sollte einen gesunden Ehrgeiz im Auftreten entwickeln	16,7
90	Der Schüler sollte sich von anderen leiten und belehren lassen	15,2
91	Der Schüler sollte in einer Gruppe die Führung übernehmen können	14,4
92	Der Schüler sollte sich in die Erwachsenenwelt integrieren	9,1
93	Der Schüler sollte unsere Kultur aufnehmen	7,6
94	Der Schüler sollte eine Verwurzelung im sprachlichen Volkstum finden	6,8
95	Der Schüler sollte die Errungenschaften der Zivilisation gefühlsmäßig akzeptieren	4,5
96	Der Schüler sollte das Hauptfach Sprache bevorzugen	3,0

diese Ziele anstrebten, noch dafür, ob sie sie überhaupt für realisierbar hielten.

Hofer u. a. (1979) haben eine (bislang unveröffentlichte) Untersuchung zur Erfassung von Zielvorstellungen bei Lehrern durchgeführt. Dabei sind wir ausgegangen von der Überlegung, daß unterschiedliches Lehrerverhalten bei verschiedenen Schülern darauf zurückzuführen sein könnte, daß Lehrer mit verschiedenen Schülern unterschiedliche Zielvorstellungen verknüpfen. In zum Teil mehrstündigen offenen Interviews wurden sechs Lehrer nach ihren Zielen befragt. Die anschließende Integration der Gesprächsergebnisse führte zu fünf Zielbereichen (sachliche Kompetenz, Arbeitsverhalten, Schülerpersönlichkeit, soziale Kompetenz, Verhalten im Sinne von Disziplin), zu denen 23 Ziele formuliert wurden. In der Hauptuntersuchung wurden 51 Lehrer und Lehrerinnen aus dem Raum Heidelberg befragt. Es handelte sich um 35 Lehrer der 4. Klasse und um 16 Gymnasiallehrer. Sie kreuzten auf einer 11-Punkte-Skala an, in welchem Ausmaße sie das betreffende Ziel „in ihrem Unterricht anstreben". In dieser Formulierung ist berücksichtigt, daß das Anstreben des Zustandes Element der Definition des Begriffes „Erziehungsziel" ist. Ein wichtiger Aspekt dieser Untersuchung bestand darin, daß diese Angaben für fünf verschiedene Typen von Schülern getrennt zu machen waren. Denn Erziehungsziele müssen auch als Folge unterschiedlichen Verhaltens von Kindern betrachtet werden. Entsprechend den Ergebnissen von Untersuchungen zu Schülergruppierungen im Urteil des Lehrers (vgl. Kapitel 5) wurden folgende Schülertypen unterschieden: Intelligenzler, Arbeiter, unauffälliger Schüler, Quirl, Klassenschwanz. Diese Schülergruppen wurden zu Beginn des Fragebogens eingehend beschrieben, so daß sich die Lehrer eine anschauliche Vorstellung davon machen konnten. Die Lehrer sollten für jede Gruppe einen Repräsentanten aus ihrem Schulalltag oder ihrer Erfahrung finden und sich vorstellen. Bei der Beantwortung sollten sie sich nach Möglichkeit durchgängig an diese Repräsentanten halten.

Zusätzlich wurden noch die Ziele Teilnahme am Unterricht, Fleiß, Selbständigkeit des Arbeitsverhaltens und Disziplin vorgegeben mit der Bitte, ihre Wichtigkeit nicht als Endziel, sondern als Mittel zum Zweck zu bewerten, wobei als Zweck „das Zustandekommen eines möglichst ungestörten und effektiven Unterrichtsverlaufes" vorgegeben wurde. Schließlich wurde für die vier Ziele des Bereiches der sachlichen Kompetenz noch eine Angabe darüber erbeten, über wie viele Teilziele bzw. Teilschritte das jeweilige Ziel angestrebt wird. Damit sollten Angaben erhalten werden, die einen Rückschluß auf den Grad der erlebten Realisierbarkeit bzw. über den erlebten Schwierigkeitsgrad der Ziele zulassen könnten. Jede der Aussagen wurde im Fragebogen ausführlich erläutert. Es wurde angegeben, was unter einem definierten Ziel zu verstehen ist. Die Formulierung war so gewählt, daß das Endverhalten des Schülers beschrieben wurde. Die Korrespondenzregel für die Zuordnungen von Protokollsatz und theoretischem Konstrukt lautete: je höher der erzielte Score, desto stärker ist die Zielsetzung des Lehrers in der betreffenden Variablen für den betrachteten Schüler.

Tabelle 2 stellt die insgesamt 31 Ziele geordnet nach den Mittelwerten für die Gruppe der Grundschullehrer dar (zunächst über die fünf Schülertypen gemittelt). Ein Vergleich der Ergebnisse mit jenen aus der Schweiz zeigt erhebliche Unterschiede. Die Lehrer von Brunner (1980) legten vor allem

Tabelle 2: Ränge und Mittelwerte der Ziele für die Gruppe der Grundschullehrer (N = 35) und der Gymnasiallehrer (N = 16)

Rang 4. Klasse	Gymnasium	Ziel	Mittelwert 4. Klasse	Gymnasium	Signifikanz des Unterschiedes
1	15,5	Hilfsbereitschaft	8,41	6,40	s. s.
2	9,5	soziale Kompetenz allgemein	8,31	6,80	s. s.
3	4,5	Arbeitsfreudigkeit	8,13	7,18	s. s.
4	1	Kritikvermögen	7,97	8,11	
5	12	Einfühlungsvermögen	7,93	6,63	s. s.
6	6	Selbständigkeit als Mittel zum Zweck	7,63	7,13	
7	8	Ziele in der Schülerpersönlichkeit allgemein	7,61	7,00	
8	19	Fleiß als Mittel zum Zweck	7,51	5,95	s. s.
9	15,5	Problemlösungsfähigkeit in sozialen Schwierigkeiten	7,43	6,40	s. s.
10	9,5	Engagement im Unterricht als Mittel zum Zweck	7,38	6,86	
11,5	4,5	Verständnis des Stoffes	7,33	7,18	
11,5	7	Engagement im Unterricht	7,33	7,05	
13	2	Selbständigkeit des Arbeitsverhaltens	7,29	7,46	
14	17	Verantwortung für andere tragen	7,27	6,33	s.
15	21	Ehrlichkeit	7,26	5,88	s. s.
16	27	angemessenes Verhalten als Mittel zum Zweck	7,22	5,53	s. s.
17	3	Beschaffenheit (Qualität) des Wissens	7,17	7,31	
18	11	Wissen	7,11	6,79	
19	30	angemessenes Verhalten	7,02	5,35	s. s.
20,5	13	sachliche Kompetenz allgemein	6,98	6,61	
20,5	14	Originalität im Fachlichen	6,98	6,49	
22	25,5	Fleiß	6,97	5,78	s. s.
23	23	Ängstlichkeit abbauen	6,43	5,84	
24	24	Durchsetzungsvermögen	6,29	5,83	
25	31	Ichbezogenheit abbauen	6,23	5,33	s.
26	20	Konzentrationsschwäche abbauen	6,05	5,90	
27	22	Teilziele bei sachlicher Kompetenz allgemein	5,75	5,86	
28	18	Teilziele bei Verständnis	5,59	6,00	
29	28	Teilziele bei Wissen	5,58	5,51	
30	29	Vorlautheit abbauen	5,42	5,36	
31	28	Teilziele bei Beschaffenheit des Wissens	5,28	5,51	

Wert auf Selbständigkeit. Bei uns lag die Selbständigkeit als Wert an sich bei Grundschullehrern jedoch erst an 13. Stelle. Was Grundschullehrer hier vor allem anstrebten, waren Ziele der sozialen Kompetenz (2. Rang), die u.a. in „Hilfsbereitschaft" (1. Rang) und „Einfühlungsvermögen" (5. Rang) und „Problemlösefähigkeit in sozialen Schwierigkeiten" (9. Rang) konkretisiert sind. Dies kommt der 3. Komponente bei den englischen Lehrern von Ashton u.a. (1975) am nächsten (angepaßt und verantwortlich handeln). Doch fehlten im Vergleich zu den Engländern die dort ausgeprägten Glücklichkeits- und Fertigkeitsaspekte des Schülerideals. Sachliche Kompetenz (20,5. Rang) spielte hier eine untergeordnete Rolle: Wissen erhielt den 18. Rang. Und „Ängstlichkeit abbauen" als Komponente der individuellen Glücksgestaltung fand sich im Gegensatz zu den Befunden aus England und der Schweiz erst auf dem Rang 23.

Wie unterschiedlich die Lehrer die vorgegebenen Zielvorstellungen für die fünf Schülertypen markierten, zeigt Tabelle 3.

Die Unterschiede zwischen den Typen sind durchweg signifikant (Einwegvarianzanalysen). Es ergaben sich ganz erhebliche Unterschiede zwischen den Typen. Zwei Muster können unterschieden werden. a) Beim Typ des guten Schülers wurden Ziele der Sachkompetenz und des Arbeitsverhaltens erheblich höher bewertet als beim Typ des schlechten Schülers. b) Ganz im Gegensatz zu diesem *adaptierenden* Muster im Leistungsbereich wurden Ziele im Persönlichkeitsbereich nach einem *kompensierenden* Muster bewertet. Abbau der Ängstlichkeit, Förderung der Durchsetzungsfähigkeit wurden vor allem bei jenen Schülern angestrebt, die als eher schüchtern und verschlossen beschrieben worden waren (beim Unauffälligen), nicht so sehr beim Intelligenzler und beim Quirl. Analog dazu wurde ein Abbau von Ich-Bezogenheit und Vorlautheit vor allem beim Quirl angestrebt, der als frech, unfolgsam und kaspernd beschrieben worden war. Entsprechend dieser Trends erbrachte eine multivariate Diskriminanzanalyse zwischen den Schülertypen für die Grundschullehrer zwei signifikante Diskriminanzfunktionen. Die erste enthielt hohe Diskriminanzfunktionskoeffizienten auf den Variablen „Wissensqualität" und „selbständiges Arbeiten". Diese Funktion diskriminierte vor allem zwischen dem guten und dem schlechten Schüler. Auf der zweiten lagen vor allem Vorlautheit, Originalität und Durchsetzungsvermögen sowie Ängstlichkeit. Sie diskriminierte zwischen dem unauffälligen Schüler und dem Quirl.

Ein interessanter Aspekt ergibt sich bei der Gegenüberstellung der Ergebnisse zu den Zielen der Sachkompetenz und den Angaben zur Frage, über wieviel Teilziele die Lehrer diese Ziele anstreben: Je weniger qualifiziert der Schüler beschrieben wurde, desto mehr Teilziele wurden als notwendig angesehen, um das Endziel der Sachkompetenz zu erreichen. Dabei ist zu bedenken, daß die Endziele bei schwachen Schülern bereits besonders nied-

Tabelle 3: Mittelwerte der Ratings des „Anstrebens" für die fünf Schülertypen (N = 35 Grundschullehrer)

	Intelligenzler	Arbeiter	Unauffälliger Schüler	Quirl	Klassenschwanz
sachliche Kompetenz allgemein	10.14	9.29	7.23	5.69	2.54
Wissen	9.97	9.49	7.60	5.77	2.74
Beschaffenheit (Qualität) des Wissens	10.31	9.89	7.57	5.49	2.60
Verständnis des Stoffes	10.43	9.31	7.57	6.09	3.23
Originalität im Fachlichen	9.94	8.40	6.57	7.11	2.86
Arbeitsfreudigkeit	9.74	9.69	8.49	7.11	5.63
Engagement im Unterricht	10.20	9.37	8.86	6.17	4.03
Fleiß	8.89	9.20	7.54	5.45	3.74
Selbständigkeit des Arbeitsverhaltens	10.60	10.11	7.71	5.29	2.71
Ziele in der Schülerpersönlichkeit allg.	7.66	7.83	8.17	7.83	6.54
Ichbezogenheit abbauen	7.77	6.17	4.86	7.91	4.46
Ängstlichkeit abbauen	4.37	5.86	8.51	5.00	8.43
Vorlautheit abbauen	7.49	4.23	3.09	9.11	3.17
Konzentrationsschwäche abbauen	3.94	3.69	6.00	8.69	7.94
Kritikvermögen	8.91	9.00	8.34	7.46	6.11
Ehrlichkeit	7.26	6.83	7.09	8.03	7.11
Durchsetzungsvermögen	4.86	6.74	8.89	4.20	6.74
soziale Kompetenz allgemein	8.97	8.49	8.17	8.51	7.43
Einfühlungsvermögen	9.20	8.66	7.57	8.17	6.03
Hilfsbereitschaft	9.40	8.74	8.31	8.29	7.31
Verantwortung für andere tragen	9.31	8.77	6.80	6.66	4.80
Problemlösungsfähigkeit in sozialen Schwierigkeiten	8.77	8.31	7.37	7.09	5.63
angemessenes Verhalten	7.31	6.54	6.54	8.05	6.66
Engagement im Unterricht als Mittel zum Zweck	9.51	8.89	7.43	6.74	4.34
Fleiß als Mittel zum Zweck	8.83	8.97	7.91	6.83	5.00
Selbständigkeit als Mittel zum Zweck	10.14	9.77	8.06	6.34	3.83
angemessenes Verhalten als Mittel zum Zweck	7.69	6.66	6.54	8.49	6.71
Teilziele bei sachlicher Kompetenz	2.54	3.57	5.63	7.34	9.69
Teilziele bei Wissen	2.34	3.29	5.26	7.29	9.71
Teilziele bei Beschaffenheit des Wissens	2.23	3.29	5.11	6.69	9.09
Teilziele bei Verständnis	2.29	3.51	5.43	7.20	9.51

Tabelle 4: Synopse von Untersuchungen zur Erfassung von Zielpräferenzen bei Lehrern

Autor	Land	Vpn	Zielliste	Antwortmodus	Bezugspopulation (Bedeutung für:)	wichtigste Ziele
Ashton u. a (1975)	England	ca. 300 Grundschul- u. Gymnasiallehrer	72 Einzelziele	5-Punkte-Skala	Primarschule	Freude und Glück, Lesefähigkeit, moralisches Verhalten
Musgrove & Taylor (1971)	England	189 Lehrer	6 allgemeine Ziele	Rangreihung	eigene Bewertung	sittliche Erziehung
Brunner (1980)	Schweiz	132 Primarschullehrer	96 Ziele aus verschiedenen Bereichen	0 = Ablehnung bis 4 = größte Bedeutung	Primarschulerziehung	selbständig denken, Selbstvertrauen, andere akzeptieren
Hofer u. a. (1979)	Deutschland	51 Grundschul- und Gymnasiallehrer	31 Ziele aus verschiedenen Bereichen, einschl. Zwischenziele und Zahl der Teilschritte	11-Punkte-Skala Ausmaß des Anstrebens im eigenen Unterricht	vier Schülertypen: Intelligenzler, Arbeiter, unauffällige Schüler, Quirl, Klassenschwanz	soziale Kompetenzen, Hilfsbereitschaft, Unterschiede zwischen den Typen
Morton-Williams u. a. (1970)	England	1149 Lehrer d. gymnasialen Oberstufe	31 Ziele aus Persönlichkeits-, intellektueller und allgemeiner Entwicklung	1 = wichtig	die Schule in der Oberstufe für „academic" Schüler „less academic" Schüler getrennt	unterschiedlich für beide Schülerpopulationen
Bierhoff-Alferman (1984)	Deutschland	Eltern und Lehrer	Ziele aus dem Leistungs-, Persönlichkeits- und sozialen Bereich		Jungen und Mädchen getrennt	geschlechtsspezifische Unterschiede in allen drei Bereichen
King (1968, zit. nach Raven, 1973)	England	Grundschullehrer	40 Ziele aus dem sozialen Bereich	Rangreihung	eigene Schüler	ehrlich und vertrauenswürdig
Krampen (1979)	Deutschland	180 Lehrer, verschiedene Schultypen	23 Rollenziele und schülerorientierte Erziehungsziele	Verteilen von 150 Wertpunkten auf die Ziele	Schüler generell	Eigenständigkeit und Selbständigkeit
Dann u. a. (1982b)	Deutschland	400 Hauptschullehrer	68 Ziele aus verschiedenen Bereichen	7stufige Skala Ausmaß der Bedeutung	den konkreten Unterricht	Vertrauensverhältnis herstellen, Toleranz anregen
Garlichs (1972)	Deutschland	187 Lehrer verschiedene Schulstufen	78 Items aus der Elementarerziehung	5stufige Wichtigkeitsskala und Angabe des Alters, in dem das Lernziel erworben werden kann		siehe Text

Tabelle 4: (Fortsetzung)

Autor	Land	Vpn	Zielliste	Antwortmodus	Bezugspopulation (Bedeutung für:)	wichtigste Ziel
Morton-Williams u. a. (1970)	England	1149 Lehrer verschiedener Fächer an der gymnasialen Oberstufe	11 fachübergreifende Ziele	6stufige Wichtigkeitsskalen	für den Lehrer in seinem Fach	abhängig vom I von allen Fäche gleich: „Wecke Interesse für da Fach"
Raufuss (1981)	Deutschland	110 Lehrerstudenten verschied. Fächer	nicht vorgegeben; Frage: welche zentralen Konzepte Ihres Faches möchten Sie vermitteln?	freie Antwort	zukünftige Schüler	48 innerfachlicl Ziele 23 allg. Fähigk
Harring (1972)	Deutschland	140 Französisch-Lehrer an verschiedenen Schulen	71 Aufgabenbeschreibungen für den Französisch-Unterricht	5stufige Skala 5 = sollte unbedingt gelernt werden	Französisch-Grundkurs für Personen ab 14 Jahre	sprachliche Fert keiten kosmopolitisch titüden
Oliver & Lewis (1970)	England	12 Hochschullehrer verschied. Fächer	40 Lehrziele aus social studies, arts und Naturwissenschaften	9-Punkte-Wichtigkeitsskala	die gymnasiale Oberstufe	social studies vc Lehrern aller F
Will (1984)	Deutschland und Frankreich	54 Grundschullehrer	72 allgemeine Erziehungsziele	6-Punkte-Wichtigkeitsskalen	Grundstufe	französische Lel mehr kognitive deutsche Lehrer mehr sozial-mo sche Ziele

rig angesetzt wurden. Dieses Ergebnis stützt die These, daß Annahmen über die Realisierbarkeit zu bestimmten Mustern der Zielausprägung führen. Unklar ist, ob dahinter Annahmen über unterschiedliche Beeinflußbarkeit von Persönlichkeitsdispositionen stehen. Glauben Lehrer wirklich, Charaktereigenschaften wie Ängstlichkeit seien leichter veränderbar als kognitive Leistungen?

Tabelle 4 enthält eine Synopse dieser und anderer einschlägiger Untersuchungen. Nur einige davon werden im folgenden besprochen.

Morton-Williams u. a. (1970) formulierten 31 Ziele, die sie einer repräsentativen Zufallstichprobe von 1149 britischen Lehrern der sixth form (etwa gymnasiale Oberstufe) vorgaben. Die Lehrer sollten auf einer 5-Punkte-Skala ankreuzen, für wie wichtig sie die Ziele für die Oberstufe hielten. Obwohl einige Bereiche mehr, andere weniger stark angestrebt wurden, wurde keiner der fünf Bereiche, nach denen die Ziele vorab gruppiert worden waren, als herausragend wichtig bezeichnet. Im Bereich der

„Persönlichkeitsentwicklung" waren sehr wichtig: Verantwortlichkeit und Unabhängigkeit. Im Bereich der „intellektuellen Entwicklung" legten die Lehrer besonderen Wert auf kritisches Denken und selbständiges Lernen sowie auf schriftlichen und mündlichen Ausdruck. Im Bereich der „Vorbereitung für das Leben" wurde weniger das Verfügen über spezielle Fertigkeiten hervorgehoben als die Möglichkeit, sich selbst besser zurechtzufinden. Auch in dieser Untersuchung hing die eingeschätzte Wichtigkeit von Erziehungszielen von der Bezugspopulation ab. Bei schlechten Schülern wurden die folgenden Ziele stärker herausgestellt: soziale Kompetenz, Interesse für andere als Schulfächer, Vorbereitung für die Berufspraxis, Überblick über die verschiedensten Berufsmöglichkeiten, sich klar werden, was man im Leben erreichen will, erziehen, reparieren können usw. Dafür bei guten Schülern stärker: selbständiges Lernen, kritisches Denken, tiefes Verständnis, auf die Universität vorbereiten. Es scheint, als wären intellektuelle Ziele für gute Schüler verwirklichbarer gehalten worden, dafür mehr lebenspraktische für schlechte Schüler. Dies kann als Hinweis dafür gewertet werden, daß subjektive Erziehungsziele auch im Hinblick auf ihre Realisierbarkeit ausgebildet wurden. In dieser Untersuchung wurde danach gefragt, was „die Schule" anstreben sollte. Somit ist nicht klar, ob in den Daten zum Ausdruck kommt, daß die Ziele an andere Lehrer herangetragen werden oder ob die Lehrer selbst diese Ziele anstrebten.

Auch Bierhoff-Alfermann (1984) berichtet über bezugsgruppenspezifische (hier geschlechtsspezifische) Ergebnisse in allen drei untersuchten Zielbereichen.

In der Untersuchung von Krampen (1979) erzielte das Ziel „beim Schüler beliebt zu sein" lediglich den 22. Rang von 23 Zielsetzungen. Mit den Zielen von Krampen arbeiteten auch Merz & Weid (1981), Krampen & Schwab (1980) sowie Merz (1982).

Einen interessanten Schritt in Richtung auf größere Verhaltensnähe ging Garlichs (1972). Dabei ging es um Lernziele der Elementarerziehung im Alter von vier bis acht Jahren. Insgesamt wurden 78 konkrete Items formuliert (z.B. „Die vier Grundrechnungsarten im Zahlenbereich bis 100 beherrschen" und „Magische Vorstellungen überwinden"). Jedes Ziel sollte nach seiner Wichtigkeit (1 bis 5) beurteilt werden und danach, „bis zu welchem Alter das betreffende Lernziel frühestens erworben werden kann" (< 4 bis > 8). Dadurch hatten die Vpn darüber nachzudenken, wie schwierig das betreffende Verhalten zu realisieren ist. Der Fragebogen wurde nicht nur von 187 Lehrern der verschiedenen Schulstufen beantwortet, sondern auch von knapp 1000 Vertretern anderer Berufsgruppen (z.B. Vertreter der Jugendämter, Kinderärzte). Die höchsten Wichtigkeitseinstufungen erhielten Items aus der Kategorie „Existenzsicherung" (z.B. „Straße richtig überqueren"). Es folgten Ziele aus dem Bereich „logische Systeme" (z.B. einfache logische Zusammenhänge erfassen können"). Interessanterweise war die Korrelation zwischen Wichtigkeit und Alter signifikant. Wichtige Ziele wurden im Alter als früh, wenig wichtige (z.B. „Sagen können, wer den Kindergarten (oder die Schule) finanziert") als spät erlernbar angesehen.

Garlichs hat in ihrer Untersuchung auch sechs allgemeine Leitziele nach ihrer Wichtigkeit rangreihen lassen. Bei konkreten Zielen wurden „nützliche" Ziele bevorzugt. Bei den allgemeinen Leitzielen erhielten dagegen „Kritisches Urteilsvermögen" und „Achtung und Toleranz gegenüber der Lebensweise und den Überzeugungen anderer" die höchsten Werte. Garlichs Untersuchung zeigt, daß inhaltlich verwandte Ziele recht unterschiedlich bewertet wurden in Abhängigkeit davon, auf welchem Konkretheitsniveau sie formuliert sind. Garlichs vermutete, daß „abstrakte Lernziele eher auf dem Hintergrund allgemeiner normativer Orientierungen beurteilt werden, konkrete Lernziele eher nach ihrem instrumentellen Gehalt" (S. 180). Ein Beispiel: Da Grundschullehrer die Leitidee „kritisches Urteilsvermögen" von sechs Leitideen an erste Stelle gesetzt haben, wäre zu erwarten, daß sie unter den 78 Items jene hoch einschätzten, die als Konkretionen dafür angesehen werden können. Tatsächlich setzten sie „Sich gegen undemokratisches Verhalten von Erwachsenen zur Wehr setzen, indem man sie darauf hinweist" erst an 20. Stelle, „Erwachsene bitten, sich zu entschuldigen, wenn sie einen Fehler gemacht haben", gar erst an 50. Stelle. Ein weiteres Beispiel: die Leitidee „Fähigkeit zur Anpassung an neue Situationen" wurde an dritter Stelle von sechs allgemeinen Bereichen genannt. Und doch erhielten praktisch-nützliche Ziele höchste konkrete Priorität. Möglicherweise gibt es zwei verschiedene Präferenzsysteme. Bei Leitideen wird mehr auf den sprachlich-semantischen Aspekt reagiert, hier kommt der Signalcharakter von Reizworten stärker zum Tragen. Dagegen sind es bei konkreten Formulierungen mehr die inhaltlich-situativen Merkmale, die zu Präferenzangaben führen.

Neben dieser Interpretation weist Garlichs (1972) auch auf formulierungs- bzw. erhebungstechnische Probleme hin. Wie interpretieren Vpn die folgende Zielformulierung? „Zehn Sätze über den Kauf von Schuhen schreiben können." Verschiedene Zielaspekte können beachtet werden:

„– der Schüler soll Handlungsverläufe gedanklich rekonstruieren können;
– er soll sich Kaufentscheidungen bewußt machen können;
– er soll eigene Handlungen korrekt und knapp beschreiben können;
– sein schriftliches Ausdrucksvermögen soll ... weit entwickelt sein;
– er muß ... orthographisch richtig schreiben" (S. 192–193).

Die dem Lernziel zuerkannte Priorität wird wahrscheinlich davon abhängen, welchen „Lernkontext" der Befragte hineininterpretiert.

An der Tatsache etwa, daß Studenten der Erziehungswissenschaft das Ziel „Streichhölzer nicht in Abwesenheit von Erwachsenen anfassen", in der Untersuchung von Garlichs mit Abstand am niedrigsten einstuften (Rangplatz 70), muß nicht Anlaß zum Schluß geben, daß ihnen das physische Überleben kleiner Kinder gleichgültig sei. Vielleicht lehnen sie lediglich die autoritäre Komponente, die darin enthalten ist, ab. Oder sie schätzen die Gefahr bzw. die Häufigkeit des Verhaltens als niedrig ein. Weitgehend ungeklärt ist, welche Kontextvariablen es im einzelnen sind, die das Wichtigkeitsurteil beeinflussen. Präferenzen für Lernziele hängen offenbar in entscheidendem Maße von der Interpretation der Formulierung durch den Beurteiler ab.

Die einzige deutschsprachige Untersuchung zur Erfassung subjektiver fachlicher Ziele innerhalb eines Unterrichtsfaches wurde von Harring (1972) durchgeführt. Harring formulierte 71 Aufgabenbeschreibungen für den Französisch-Unterricht. Befragt wurden 140 Französisch-Lehrer an Regelschulen sowie 1300 Vertreter von 25 weiteren gesellschaftlichen Gruppen (z.B. Arbeitsämter, Lehrbuchautoren, Schüler, Eltern). Das Wichtigkeitsurteil sollte auf einer 5-stufigen Skala abgegeben werden (von 1 = sollte keinesfalls gelernt werden bis 5 = sollte unbedingt gelernt werden). Als Rahmenbedingung wurde vorgegeben, sich vorzustellen, daß es sich um Verhaltensweisen handele, die in einem Französisch-Grundkurs von ca. 1000 Stunden (das entspricht etwa vier Schuljahren) erworben werden könnten. Der Kurs sei für Personen ab 14 Jahren geeignet. Die Eigentätigkeit der Teilnehmer sei in den 1000 Stunden eingeschlossen. Am höchsten wurden Ziele aus dem Bereich der „sprachlichen Fertigkeiten“ bewertet (z.B. „Einem Franzosen auf Französisch die Uhrzeit mitteilen können“). Es folgte der Bereich „kosmopolitische Attitüden“ (z.B. „auf die Behauptung ‚Die Franzosen sind generell aggressiver als Deutsche‘ ablehnend reagieren“). Grammatik lag in der Mitte. Ziele der „literarischen Bildung“ wurden niedrig bewertet. Auch „Auslandskunde“ rangierte relativ niedrig. Allgemein formulierte Ziele (z.B. „der Kursteilnehmer soll die gehobene französische Umgangssprache mündlich und schriftlich weitgehend beherrschen“) erhielten durchweg höhere Wichtigkeitsurteile als der Durchschnitt entsprechender Konkretisierungen (z.B. „Nachrichten des französischen Rundfunks stichwortartig auf Deutsch wiedergeben“).

Betrachtet man die Untersuchungen über Zielpräferenzen und Zielkategorien, so muß man feststellen, daß verallgemeinernde Aussagen nicht möglich sind. Die Untersuchungen sind sehr heterogen. Sie unterscheiden sich in den befragten Lehrerpopulationen, in den Untersuchungszeitpunkten und Ländern sowie darin, ob die vorgelegten Ziele

- allgemein oder fachspezifisch waren,
- abstrakt oder konkret formuliert waren,
- für den Schüler generell oder für Schüler bestimmter Charakteristika zu beurteilen waren,

– auf konkrete Rahmenbedingungen bezogen waren oder nicht,
– in ihrer Hierarchie beurteilt werden sollten oder nicht.

Nicht alle Arbeiten untersuchten Erziehungsziele im hier definierten Sinn; einige machten keine Aussagen über schülerbezogene Persönlichkeitszüge bzw. Verhaltensweisen, andere gaben Formulierungen über eine Lehrertätigkeit (z.B. fördern, helfen) vor und beschrieben keinen Zustand bei Schülern.

In einigen Untersuchungen ist nicht klar, ob in den Zielaussagen auch eine persönliche Verpflichtung zum Ausdruck kam, die Ziele erreichen zu wollen. Manchmal ist auch unklar, ob die befragten Lehrer bei ihren Angaben den Aspekt der Verwirklichbarkeit klar im Auge hatten. Insofern mögen einige Ergebnisse mehr abgehobene Wunschvorstellungen und allgemeine Wertsysteme wiedergeben als konkrete Erziehungsziele.

Zwischen verschiedenen Gruppen von Lehrern sowie zwischen Lehrern und anderen Bezugsgruppen besteht relativ hohe Einheitlichkeit bei der Beurteilung der Wertigkeit von Erziehungszielen nur dann, wenn die gleiche Liste von Zielen vorgegeben wurde. Die Art der Formulierung vorgegebener Ziele beeinflußt sehr stark das Schätzurteil. Geringfügige Änderungen (z.B. „weitgehend" statt „wesentlich") kann die Beantwortung beeinflussen. Lehrer können die Formulierungen nach den darin enthaltenen Zielaspekten völlig unterschiedlich interpretieren und entsprechend bewerten.

Lehrer scheinen sich über Erziehungsziele selbst kaum Gedanken zu machen. Sie generieren von alleine nur wenige (ca. 4) und dazu sehr allgemeine Erziehungsziele. Es stellt sich die Frage, ob ihr Handeln gar nicht zielgeleitet ist, ob sie sich in ihrer Aufgabe als Erzieher einfach treiben lassen, sich der Routine und den Situationszwängen ergeben.

Zwischen der Wertigkeit von allgemeinen Zielvorstellungen und der Wertigkeit von diesen zugeordneten konkretisierten Einzelzielen bestehen Widersprüche und Unvereinbarkeiten.

Zusammenfassung:

1. Es wird über den Aufbau und die Ergebnisse einer Reihe von englisch- und deutschsprachigen Untersuchungen zur Erfassung von Zielpräferenzen bei Lehrern berichtet. In der Regel wurden zunächst intensive Einzelinterviews mit Lehrern geführt, sodann eine große Zahl von Zielen formuliert und Lehrern mit der Bitte vorgelegt, ihre Wichtigkeit auf einer Skala anzugeben.
2. Die Unterschiedlichkeit der Studien läßt eine Vergleichbarkeit der Ergebnisse nicht zu. Aussagen über Zielpräferenzen lassen sich nur machen, wenn die gleichen Zielkataloge zugrundegelegt werden. Wichtigkeitsurteile hängen von einer Menge zum Teil unkontrollierter Variablen ab (z.B. von der Formulierung, dem Grad der Abstraktheit).

3. Es gibt offenbar zwei Muster von Zielausprägungen, das adaptierende und das kompensierende Muster. Kognitive Ziele folgen eher dem adaptierenden Muster: es wird mehr bei jenen Schülern angestrebt, die bessere geistige Voraussetzungen besitzen. Persönlichkeitsziele folgen mehr dem kompensierenden Muster: die Ziele werden bei jenen Schülern höher angesetzt, bei denen die betreffende Eigenschaft niedriger ausgeprägt ist.

5. Klassen von Erziehungszielen: empirische Untersuchungen

Es ist vielfach nachgewiesen, daß sich Lehrer in ihrem unterrichtlichen Verhalten voneinander unterscheiden. Unterscheiden sie sich auch in ihren Zielen? Die Hypothese, daß die individuelle Ausprägung der Erziehungsziele eines Lehrers dessen Verhalten leitet, enthält die Annahme, daß dies z. T. als Konsequenz unterschiedlicher Erziehungsziele zu interpretieren ist.

„Even if individuals have similar expectancies, they may select to perform different behaviors because of differences in the subjective *value* of the outcomes which they expect" (Mischel, 1973, S. 272).

Welche Klassen von Erziehungszielen lassen sich unterscheiden, in denen einzelne Lehrer ihre individuellen Wertsetzungen vornehmen? Die Faktorenanalyse ist ein Instrument, das es erlaubt, Ähnlichkeiten und Unterschiede bei der Beurteilung einer größeren Zahl von Zielen zu ordnen und die beurteilten Ziele in Klassen zusammenzufassen. Mehrere Autoren haben sich dieses Verfahrens bedient und die Wichtigkeitsurteile von Lehrern auf vorgegebene Zielkataloge einer Faktorenanalyse unterzogen. Diese Untersuchungen werden besprochen. Dabei handelt es sich zum Teil um dieselben Autoren, die im Zusammenhang mit Zielpräferenzen im vorstehenden Abschnitt behandelt wurden. Perrez (1984) hat darauf hingewiesen, daß aus Faktorenanalysen gewonnene Kategorien nicht tatsächlich kognitive Gegebenheiten im Sinne der „naiven Konstrukte" darstellen. Denn mathematische Organisationskriterien müssen nicht identisch sein mit denen von Alltagssubjekten. Insofern können die im folgenden zu besprechenden Faktoren nicht vorbehaltlos als subjektive Kategorien interpretiert werden.

Die Tabelle 5 enthält eine Synopse der einschlägigen Untersuchungen.

Für die Daten der Gruppe der Grundschullehrer (4. Klasse) wurde in unserer Untersuchung (Hofer u. a., 1979) eine Faktorenanalyse berechnet. Für jeden Lehrer und jedes der ersten 23 Ziele wurden die Lehrerangaben über die fünf Schülertypen gemittelt. Diese Werte können als Zielangaben bezogen auf einen Durchschnittsschüler betrachtet werden. Nicht einbezogen in die Analyse wurden die Angaben zu den Teilzielen und jene zu den

Tabelle 5: Synopse von faktorenanalytischen Untersuchungen zur Klassifikation von Erziehungszielen

Autor	Land	Vpn	Zielkatalog	Antwortmodus	Faktorenanalyse	erzielte Faktoren
Coughlan (1969)	USA	192 high-school-Lehrer	45 Items, z.T. zielbezogene Aussagen	Angabe der Präferenz bei paarweiser Vorgabe	R-Analyse	zwei Faktoren mit Zielitems: 1. soziale Beziehungen 2. Wissensvermittlung
Ohnmacht (1965)	USA	20 College-Professoren	10 allgemeine Erziehungsziele	Rangreihung nach Wichtigkeit	*q*-Analyse	6 Typen z.B. 1) Entwicklung effektiver Denkmethoden 4) Einschärfung sozialer Einstellungen
Ashton u.a. (1975)	England	300 Grundschul- und Gymnasiallehrer	72 Items	5-stufige Skala	R-Analyse	sieben Faktoren: z.B. 1. Grundfertigkeiten 2. Personale Autonomie 3. Intellektuelle Kompetenz 4. Moralisches Verhalten 5. Kulturelle Werte
Koch (1972)	Deutschland	Lehrer verschiedener Schularten sowie Studenten	113 Einstellungsitems (KSE)	Zustimmung/ Ablehnung von Einstellungsgegenständen	R-Analyse (Hauptachsenmethode)	ein Zielfaktor: „Selbstverständnis als Pädagoge versus als Fachwissenschaftler“
Krampen (1979)	Deutschland	180 Lehrer verschiedener Schularten	23 Ziele	Ratingskala nach Wichtigkeit	R-Analyse	sechs Faktoren: 1. Betonung der Schülerindividualität 2. Autoritäts- und Disziplinorientierung 3. Streben nach allseitiger persönlicher Anerkennung 4. rational-systematische Orientierung 5. idealistisch-altruistisches Entwicklungsideal 6. fachbezogene Objektivität
Hofer u.a. (1979)	Deutschland	35 Lehrer der 4. Klasse	23 Ziele	11-Punkte-Skala, Ausmaß des Anstrebens im Unterricht	R-Analyse über die Schülertypen gemittelt	vier Faktoren: 1. Eigenschaften der Schülerpersönlichkeit 2. Eigenschaften sozialer Fähigkeiten 3. schulisch relevante Eigenschaften 4. fachliche Qualitäten
Brunner (1980)	Schweiz	132 Primarschullehrer	77 Items	0 = Ablehnung bis 4 = größte Bedeutung	R-Analyse	vier Faktoren: 1. der angepaßte Schüler 2. der soziale Schüler 3. der selbständige Schüler 4. der sprachkompetente Schüler

Zielen als Mittel. Nach dem Kriterium des Eigenwertabfalls resultierten vier Faktoren.

Faktor 1.
Hohe Ladungen: Konzentrationsschwäche abbauen (0,83),
Vorlautheit abbauen (0,81),
Ängstlichkeit abbauen (0,78),
wohlerzogenes Benehmen (0,67),
Verantwortung für andere tragen (0,65).

Zusammengefaßt werden hier Ziele, die eine *Förderung der Schülerpersönlichkeit beinhalten.* Sie meinen weniger die Entwicklung einer eigenständigen und selbst verantwortlichen Person. Sie sind eher Ausdruck eines gesellschaftlichen Erziehungsideals vom motivierten und verantwortlich handelnden Menschen.

Faktor 2.
Hohe Ladungen: Einfühlungsvermögen (0,91),
Problemlösungsfähigkeit in sozialen Schwierigkeiten (0,75),
Kritikvermögen (0,69),
allgemeine soziale Kompetenz (0,64).

Hier sind vor allem *soziale Fähigkeiten* zusammengefaßt.

Faktor 3.
Hohe Ladungen: Engagement im Unterricht (0,78),
Selbständigkeit des Arbeitsverhaltens (0,73),
Verständnis von Unterrichtsstoff (0,73),
Fleiß (0,70).

Es scheint sich vor allem um *schulisch relevante Eigenschaften* zu handeln, die hier zusammengefaßt werden.

Faktor 4.
Hohe Ladungen: Wissen (0,97),
Sachkompetenz allgemein (0,69),
Qualität der Leistung (0,58).

Dies betrifft Ziele, die die *fachliche Qualifikation* der Schüler beinhalten.

Es ist kaum möglich, die Ergebnisse der verschiedenen Untersuchungen miteinander zu vergleichen. Zu unterschiedlich sind die jeweilige Ausgangsbasis, Lehrer, Zeitpunkt der Untersuchung, Ziellisten, Auswertungsmodus und Interpretation der erhaltenen Faktoren. Dennoch will ich spekulativ versuchen, die Ergebnisse zusammenzufassen. Als Versuch einer Integration der Ergebnisse der verschiedenen Untersuchungen wird eine *Dualität der Zielstruktur* von Lehrern behauptet (Abbildung 8). Persönlichkeitsziele und kognitive Ziele machen die duale Zielsetzung aus. Schüler werden zunächst vor allem in ihrer Persönlichkeit zu fördern und zu formen versucht. Es wird ein Verhalten angestrebt, das sich an einem Charakterideal ausrichtet. Dieser Aspekt wird von Lehrern offenbar stärker betont als der zweite, in dem Leistungen, Kenntnisse und Wissen angestrebt werden. Die Qualifikationsaufgabe der Schule kommt hier zum Tragen.

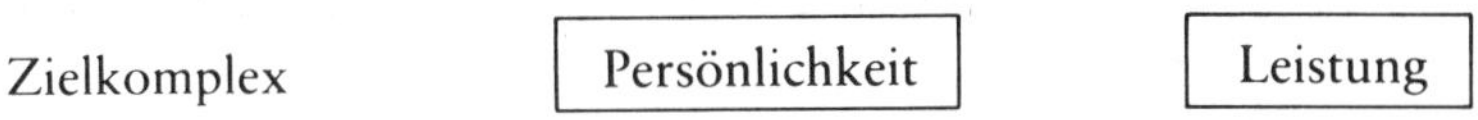

Abbildung 8: Die Dualität der Zielstruktur

Der Zielkomplex der Persönlichkeit spaltet sich in drei Teilbereiche auf: Selbständigkeit, soziale Kompetenz und Leistungsmotiviertheit (Abbildung 9). Die Leistungsdimension konkretisiert sich lediglich in der fachlichen Kompetenz.

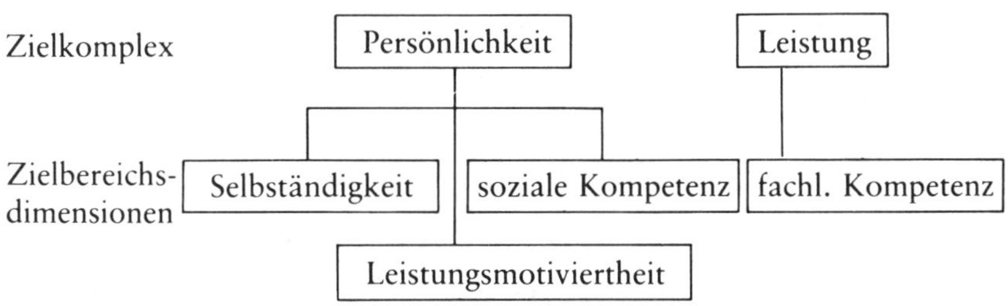

Abbildung 9: Zielbereichsdimensionen

Auf einer weiteren Ebene unterhalb der Zielbereichsdimensionen können die Einzelziele als Persönlichkeitsvariablen angesiedelt werden (Abbildung 10).

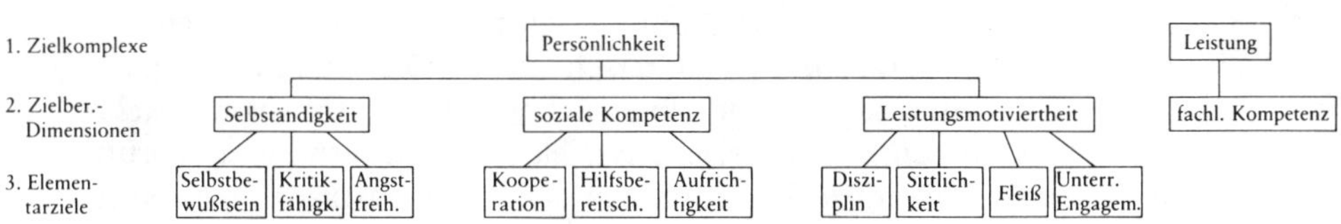

Abbildung 10: Die entfaltete duale Zielstruktur von Lehrern

Zum Beispiel konkretisiert sich „Selbständigkeit" in Selbstbewußtsein, Kritikfähigkeit und Angstfreiheit. „Soziale Kompetenz" konkretisiert sich in Kooperation, Hilfsbereitschaft und Aufrichtigkeit. Und „Leistungsmotiviertheit" besteht aus Disziplin, Sittlichkeit, Fleiß und Unterrichtsengagement.

Bei dieser Darstellung handelt es sich um eine auf intuitiver Basis getroffene Integration der vorliegenden faktorenanalytischen Untersuchungen und den Versuch ihrer Anordnung in einem Schema zunehmender Konkretheit. Aus ihr werden die Dominanz und die Differenziertheit ersichtlich, mit der Lehrer nichtfachliche Erziehungsziele im Vergleich zu fachlichen angeben.

Zusammenfassung:

1. Die Annahme, daß Lehrer sich in ihrem Verhalten von Zielen leiten lassen, setzt voraus, daß sie sich in ihren erziehungsleitenden Zielvorstellungen unterscheiden.
2. Eine Reihe von Untersuchungen wird vorgestellt, die Wichtigkeitsurteile einer Faktorenanalyse unterziehen. Dabei konnten verschiedene Faktoren ermittelt werden. Sie lassen sich wegen unterschiedlicher Vorgehensweisen nicht vergleichen.
3. Es wird eine duale Zielstruktur unterstellt. Persönlichkeitsziele sind dabei differenzierter ausgefächert als Leistungsziele.

6. Die Forschungslage

Unter Bezugnahme auf die in den Abschnitten 1 bis 3 dieses Beitrages herausgestellten Aspekte werden die Ergebnisse der betrachteten und weiteren Untersuchungen diskutiert.

1. *Zum Begriff des subjektiven Erziehungszieles.* Nicht in allen Untersuchungen wurden Erziehungsziele als Beschreibungen von Merkmalen oder Verhaltensweisen bei Schülern formuliert. Nur in einigen Fällen wurde die Komponente des *Anstrebens* durch den Lehrer in der Instruktion thematisiert. Von erziehungsleitenden Vorstellungen von Lehrern lohnt sich nur dann zu sprechen, wenn es sich um Variablen handelt, die eine gewisse *Konstanz* über die Zeit aufweisen. Um dies zu prüfen, müßte man an der gleichen Stichprobe von Lehrern zu unterschiedlichen Zeitpunkten das gleiche Meßinstrument anlegen. Eine Untersuchung dieser Art ist mir nicht bekannt. Die *Generalität* von Erziehungszielen bei Lehrern kann geprüft werden, wenn an verschiedene Stichproben das gleiche Instrument angelegt wird. Bei Brunner (1980) sind entsprechende Daten erhoben worden. Zwei unabhängige Stichproben ($N_1 = 54$, $N_2 = 16$) aus derselben Lehrerpopula-

tion wurden (zu verschiedenen Zeitpunkten) mit derselben Methode der offenen Befragung untersucht. Nach Brunner (1980, S. 118–119) waren zwischen den beiden Stichproben keine signifikanten Unterschiede festzustellen. Doch ist die Art und Weise der statistischen Berechnung unklar. Bei Ashton u.a. (1975, S. 133) betrug die Korrelation der Urteile zwischen Primar- und Sekundarschullehrern sogar 0,97. So kann eine gewisse Generalität der Ziele über verschiedene Stichproben vermutet werden, wofür auch die berichteten Ergebnisse von Maguire (1968), Krampen (1979), Krampen & Schwab (1980), Merz & Weid (1981) sowie Merz (1982) sprechen. Jedoch ist dies auf die jeweilige Erhebungsmethode beschränkt.

Die Untersuchungen berücksichtigten durchweg, daß Lehrer über verschiedene Ziele gleichzeitig verfügen. Die Erstellung von Rangreihen verschiedener Ziele auf der Basis der mittleren Wichtigkeitsratings über verschiedene Lehrer kann als eine Möglichkeit der Operationalisierung für *Zielpräferenzen* einer Gruppe betrachtet werden. Mit dem Begriff „Zielpräferenz" kann man die Vorstellung verbinden, daß eine Person, die in einer Situation mehrere Ziele zugleich erreichen kann, dasjenige zu erreichen versucht, dem sie die höhere Wertigkeit zuschreibt. Dies setzt voraus, daß zwischen den verglichenen Zielen ein nennenswerter Unterschied in der Wertigkeit besteht. Ränge geben über die Größe von Unterschieden keine Auskunft. Auch Signifikanzberechnungen allein würden keine Aussage ermöglichen darüber, ob eine Person (oder eine Gruppe von Personen) Ziel A um so viel höher einschätzt als Ziel B, daß sie diesem in ihrem Handeln den Vorzug gibt. Das Ausmaß, in dem vorgegebene Zielformulierungen als unterschiedlich wichtig bezeichnet werden, hängt aber von der inhaltlichen Breite und Vielfalt der in die Untersuchung einbezogenen Zielformulierungen ab.

Zielkonflikte können sich für eine Person ergeben, wenn sie über Ziele verfügt, die in ihrer Wertigkeit eng zusammen liegen, die aber gegensätzliche Mittel zu ihrer Erreichung erfordern. Inwieweit Lehrer verschiedene Ziele als gegensätzlich betrachten, ist nur prüfbar, wenn man untersucht, auf welchen Wegen diese als erreichbar beurteilt werden. Denkbar wäre, daß die Lehrer von Ashton u.a. (1975) Zielkonflikte erlebten. Sie strebten in vorderer Linie an: Glückliche Kinder, die gut lesen können und moralisch vertretbar handeln. Es könnte sein, daß die Lehrer glauben, eine gleichzeitige Erreichung dieser Ziele sei nicht möglich, etwa weil man, um Lesen zu lehren, mit Methoden arbeiten müsse, die die Entwicklung von Glück einschränken. Zielkonflikte sind wenig wahrscheinlich, wenn (wie bei den Schweizer Lehrern, Brunner, 1980) die wichtigsten Zielkomponenten ziemlich einheitlich definiert sind (Selbständigkeit). Hypothesen über Zielkonflikte lassen sich aus der Untersuchung von Dann u.a. (1982b) über aggressionsbezogene Berufstheorien von Hauptschullehrern ableiten. Die

Autoren haben verschiedene fiktive Aggressionssituationen vorgegeben (z. B. ein Mädchen nennt einen Jungen „Dummkopf" und der Junge wirft ihr ein Federmäppchen an den Kopf). Weiter wurden zehn verschiedene Maßnahmen vorgegeben, mit denen der Lehrer auf eine solche Situation reagieren könnte. Die Lehrer sollten nun angeben, welche zwei Maßnahmen zu wählen seien, wenn je eine von drei Zielsetzungen zu verwirklichen wäre: a) wenn es in erster Linie um die Fortsetzung des Unterrichts ginge, b) wenn es in erster Linie auf eine erzieherische Beeinflussung der Aggression des Jungen ankomme oder c) wenn eine langfristige Verminderung der aggressiven Verhaltensweisen beabsichtigt sei. Die Ergebnisse (S. 269) zeigen, daß die für je ein Ziel am häufigsten als erste genannten Maßnahmen in der Regel jene waren, die für ein anderes Ziel sehr selten als erste Maßnahmen genannt wurden. Die erzieherische Beeinflussung sowie die langfristige Verminderung von Aggression erfordern aus der Sicht der Lehrer andere Verhaltensweisen (Einfühlen, Ermutigen, Kompromiß), als wenn es um die Fortsetzung des Unterrichts geht (Beobachten, Abbrechen, Mahnen). Dann u. a. (1982 b) weisen auf das Zielkonfliktpotential hin, das in diesem Ergebnis liegt: „Hier könnte ein Problem für den Lehrer liegen, der ja gleichzeitig immer einen Erziehungs- und einen Unterrichtsauftrag hat und beides miteinander in Verbindung bringen muß. Denn gerade die Maßnahmen, die zur Fortsetzung des Unterrichts geeignet erscheinen, werden für die langfristige Verminderung von Aggressionen als relativ ungeeignet gesehen" (S. 268). Wie Lehrer solche Konflikte lösen, darüber ist nicht viel bekannt. Für Aggressionssituationen scheinen Lehrer nach den Ergebnissen von Dann u. a. (1982 b) sich dem Druck des Unterrichtsverlaufes stärker zu fügen als ihrem Erziehungsauftrag: sie gaben an, meistens die Verhaltensweisen Beobachten, Mahnen und Abbrechen zu wählen, also Maßnahmen, die als pädagogisch wenig geeignet eingeschätzt wurden (ausführlicher dazu Kapitel 9).

Zielkonflikte können sich auch (und vor allem) ergeben, wenn Zwischenziele im Widerspruch zu Endzielen stehen. In unserer Untersuchung (Hofer u. a., 1979) wurden z. B. folgende Ziele als Voraussetzung für die Möglichkeit zur Erreichung des vorgegebenen Zieles „ungestörter Unterrichtsverlauf" relativ hoch bewertet: selbständiges Arbeiten, Fleiß, Engagement, Disziplin. Als Endziel wurden aber z. B. Hilfsbereitschaft, Kritikvermögen, Persönlichkeitsentwicklung hoch bewertet. Inwieweit Widersprüche gesehen bzw. Zielkonflikte erlebt werden, ist daraus nicht zu schließen.

In dieser Untersuchung wurde zwar die Frage nach der *Hierarchie von Zielen* thematisiert. Es zeigte sich, daß verschiedene Ziele in eine Beziehung zueinander gebracht werden, die durch eine temporale Abfolge sowie eine Bedingung der Voraussetzung gekennzeichnet ist. Ein und dieselbe Zielvorstellung kann zugleich als Endziel und als Voraussetzung für die Abhaltung eines reibungslosen Unterrichts konzipiert sein. Für die in der Untersuchung zweifach vorgegebenen Ziele Selbständigkeit des Arbeitsverhaltens, Fleiß, Engagement im Unterricht und diszipliniertes Verhalten ergab sich durchweg eine höhere Wichtigkeit im Sinne einer Voraussetzung als im Sinne eines Endzieles. Leider ist Genaueres über das Verhältnis zwischen Zielen nicht bekannt. Möglicherweise liegen auch verschiedene Präferenzsysteme vor, die untereinander in einer hierarchischen Beziehung stehen.

2. *Determinanten subjektiver Erziehungsziele. Persönliche Bedürfnisse,* wie sie Menschen im Umgang mit anderen Menschen entwickeln, finden sich in empirisch erhobenen Zielvorstellungen bei Lehrern kaum wieder. Dort, wo sie in den Zielkatalogen mit thematisiert worden waren, erhielten sie durchweg niedrige Wichtigkeitsratings. Dies hängt vermutlich damit zusammen, daß solche Bedürfnisse in Fragebogenuntersuchungen selten zugegeben werden. Aus der Untersuchung von Brandtstädter & Krampen (1979) ergibt sich die Vermutung, daß es Lehrern schwerfällt, sich und anderen die Bedeutung persönlicher Wünsche einzugestehen, da sie sie nicht als vereinbar mit ihrer Rolle erleben.

Über *kognitive Bedingungen* der Ausbildung von subjektiven Erziehungszielen liegen Befunde nur spärlich vor. Leistungsziele scheinen in Abhängigkeit von der eingeschätzten Realisierbarkeit bei verschiedenen Schülern unterschiedlich ausgeprägt zu sein. Die Untersuchung von Maguire (1968) hat den Aspekt kognitiver Bedingungen genauer thematisiert. Zwei Gruppen von insgesamt 98 Lehrern wurden zwei Listen von je 15 Lernzielen aus allen Fächern vorgelegt mit der Bitte, diese nach 30 verschiedenen Aspekten auf bipolaren Skalen zu beurteilen. Als abhängige Variable wurde nicht nur das Wichtigkeitsurteil erfaßt, sondern auch noch, wieviel Unterrichtsstunden zur Erreichung jedes Zieles aufgewendet werden sollten, das Ausmaß der Verpflichtung, das sie selbst empfinden würden, die einzelnen Ziele zu verfolgen und das Ausmaß der Verpflichtung, das das Schulsystem bei der Verfolgung der Ziele haben sollte. Faktorenanalysen der unabhängigen Variablen erbrachten vier Faktoren der kognitiven Beurteilung: fachlicher Wert (z.B. akademisch wertvoll, integriert, übertragbar, für viele angemessen), motivationale Qualitäten (z.B. aktuell, anregend), Leichtigkeit (einfach, leicht lehr-/lernbar) und Formulierung (z.B. konkret, spezifisch, präzise). Diese Faktoren wurden für jede Gruppe von Vpn mit jeweils einem der vier Kriterien in eine Beziehung gebracht, derart, daß homogene Urteilsgruppen von Lehrern gebildet werden konnten. Es zeigte sich, daß verschiedene Typen von Lehrern ihr Wichtigkeitsurteil jeweils an unterschiedlichen Variablen festmachten. Für die einen waren motivationale und fachliche Aspekte entscheidend, die anderen gründeten ihr Wichtigkeitsurteil mehr auf Leichtigkeit und Präzision der Ziele. Insgesamt schien für das

Wichtigkeitsurteil am meisten darauf geachtet zu werden, inwieweit das Ziel für den Schüler als grundlegend/nützlich/brauchbar erschien. So scheint die Überlegung eine zentrale Rolle zu spielen, in wieviel Situationen der Schüler das im Lehrziel angesprochene Verhalten aktualisieren können muß, um negativen Konsequenzen zu entgehen. In einer eigenen experimentellen Studie konnte die Abhängigkeit des Wichtigkeitsurteils von den antizipierten negativen Konsequenzen für den Schüler aufgewiesen werden. Auch ließ sich zeigen, daß das gleiche Ziel dann höher bewertet wurde, wenn es auf eine Situation bezogen wurde, in der für die Realisierung dieses Zieles bisher ungünstige Bedingungen bestanden (Hofer & Paule, 1984).

Die ermittelten subjektiven Erziehungsziele ähneln sehr den expliziten *Aufgabenzuweisungen,* wie sie der Deutsche Bildungsrat (1973) formuliert hat. Doch zeigen sie kaum jene impliziten Funktionen, die der Schule – soziologisch betrachtet – zukommen. Von Qualifikation im Sinne fachlicher Ziele des Wissens und der Fertigkeiten scheinen vor allem deutsche, aber auch englisch-sprachige Lehrer recht wenig wissen zu wollen. Die Selektionsfunktion der Schule kommt in subjektiven Zielvorstellungen so gut wie überhaupt nicht zum Ausdruck. Dominierend sind Vorstellungen über Charaktereigenschaften, die man unter dem Sozialisationsaspekt subsumieren kann. Und hier sind es weniger Eigenschaften, welche Unterordnung möglich machen wie Gehorsamkeit, Verläßlichkeit und Genauigkeit, als solche, welche die Unabhängigkeit und Eigenständigkeit des Individuums herausstellen.

Vergleicht man diese subjektiven Zielpräferenzen mit den Bildungsvorstellungen der allgemeinen Bevölkerung, so ergeben sich ebenfalls erhebliche Diskrepanzen. Wie eine 1979 durchgeführte repräsentative Umfrage (Meulemann, 1982) zeigt, sollten die Kinder auf der Schule ganz allgemein in erster Linie „vielseitiges Wissen" mitbekommen (70% der Wahlen), sodann „persönliche Selbständigkeit", „eigene Urteilsfähigkeit" und „Kenntnisse für den Beruf". Dagegen wird die Förderung der „Achtung vor den Mitmenschen" und des „sicheren Selbstbewußtseins" gering eingeschätzt (übrigens: „Lebensfreude" rangiert an letzter von 9 Stellen, 10% der Wahlen). So spricht kaum etwas dafür, daß die geäußerten Erziehungsziele von Lehrern allgemeine Bildungsvorstellungen der Bevölkerung und/oder die aus den Funktionen der Schule für die Gesellschaft ableitbaren Schülereigenschaften widerspiegeln. Zu vermuten ist, daß Lehrer in der vorgefundenen Erziehungswirklichkeit diese Ziele (etwa das Ziel des vielseitigen Wissens) bereits ausreichend gewährleistet sehen und kompensatorisch wenig geförderte Ziele (wie z.B. „Achtung vor den Mitmenschen": 25% der Wahlen) betonen.

3. *Handlungsbezogenheit von Zielen.* Sind subjektive Erziehungsziele mehr als unverbindliche Bekenntnisse von Lehrern in Fragebögen, die sie

von Forschern vorgelegt bekommen? Mehr als Plaudereien, Stammtischreden und idealisierte Äußerungen? Die Beschäftigung mit Erziehungszielen ist dann von Bedeutung, wenn sich ein Einfluß auf konkrete Entscheidungen, auf das Verhalten der Lehrer belegen läßt. Anderenfalls würde es sich um private Glücksvorstellungen handeln, die – für sich genommen – geringen Informationswert beinhalten. Stegmüller (1969, nach Werbik, 1978) weist auf die Schwierigkeit hin, der Aussage „X will P“ bestimmte Beobachtungsaussagen zuzuordnen. In der Regel kann man zwar an dem Bemühen einer Person erkennen, daß sie einen bestimmten Zustand als Ziel anstrebt. Doch ist nicht auszuschließen, daß die Absicht, der Vorsatz der Zielerreichung vorhanden ist, aber die Person aus anderen Gründen (vorläufig) auf die Realisierung verzichtet. Auch wäre es aus der Beobachtung von Bemühungen einer Person nicht zweifelsfrei möglich zu erschließen, welche Ziele sie mit diesen Bemühungen anstrebt. Damit wird es recht schwierig, Ziele operational zu definieren. Denn Ziele sind Zustände, die angestrebt werden, aber nicht in jedem Falle zu zielbezogenen Handlungen führen müssen. So ist man bei der Erfassung von Zielen auf Selbstauskünfte der Person angewiesen (Werbik, 1978, S. 45). Operationale Definitionen können nicht als Definitionen im strengen Sinn, sondern als Regeln aufgefaßt werden, durch welche kognitive Begriffe bestimmten regelhaften Zusammenhängen zwischen Situations- und Verhaltensbeschreibungen zugeordnet werden. Für Lehrerziele kann in diesem Sinne der folgende Zusammenhang definiert werden: Wenn ein Lehrer in der Situation S den Zustand Z erreichen möchte, dann faßt er den Vorsatz (oder gibt das Versprechen), bei Eintreten der Situation S eine Handlung H zu wählen, welche er für das Herbeiführen von Z als geeignet ansieht. Eine entsprechende Handlung in der Situation S wird nur dann auch tatsächlich realisiert und ist damit beobachtbar, wenn nicht ein übergeordneter Vorsatz Z* maßgeblich wird. Werbik (1978, S. 46) spricht von einem *Versprechen mit Ausweichklauseln.* Trotz der Möglichkeit, über Ziele zu verfügen, deren Anstreben Unbestimmtheitscharakter besitzt, ist ein solches Versprechen mit Ausweichklauseln dann nicht wertlos, wenn die Beurteilung des übergeordneten Vorsatzes nach allgemein anerkannten Normen erfolgt und nicht individuell festgelegt wird. Ist das Dominanzverhältnis $Z^* > Z$ bekannt, so muß sich aus der Kenntnis von Zielpräferenzen einer Person und der Kenntnis ihrer Auffassungen über Ziel-Mittel-Relationen auch deren tatsächliches Verhalten in einer Situation vorhersagen lassen. Die Einlösung des Versprechens ist überprüfbar. Die Prüfung setzt die Konstruktion eines Beobachtungssystems voraus, das die gewählten Handlungen (unabhängig von der Erfassung der Ziele des Handelnden) beschreibt.

Die Kennzeichnung von Lehrerzielen als „Versprechen mit Ausweichklauseln“ erscheint mir wichtig. Sie erlaubt es, eventuelle Inkonsistenzen und Unvereinbarkeiten zwischen Wollen und Tun durch Rückgriff auf eine aus allgemeinen Normen begründete und festgelegte endliche Zahl von übergeordneten Werten zu erklären. Sind alle für die Auswahl einer Handlung maßgeblichen Ziele vollständig beschrieben und wird die Handlung präzise danach ausgerichtet, so spricht Werbik (1978, S. 47) von einem „Oberzielsystem". Es handelt sich dabei um ein *Versprechen ohne Ausweichklauseln*.

Zum Zusammenhang zwischen Zielvorstellungen und handlungsbezogenen *Kognitionen* liegen einige wenige Befunde vor. Hofer (1985, vgl. Kap. 4) konnte nachweisen, daß die *Wahrnehmung* von Schülereigenschaften durch Lehrer rollenbezogen ist. Eine Abhängigkeit der Wahrnehmung von individuellen Zielpräferenzen war jedoch nicht zu bestätigen. Winter (1978) erzielte Ergebnisse, die auf eine Zielbezogenheit der impliziten Persönlichkeitstheorien von Kindergärtnerinnen hindeuteten. In der bereits angeführten Arbeit (Hofer u. a., 1979, S. 79) haben wir Lehrer gebeten, für vier Schüler auf den beiden Zieldimensionen „Leistung" und „Sozialverhalten im Sinne von Störung versus Mitarbeit" sowohl die *Ist-Lage* als auch das *Erfolgs-Niveau* („mit welcher Stufe wären Sie zufrieden?") einzuschätzen. Die Lehrer diskriminierten ihre Schüler nach den beiden Dimensionen. Auch lag das Erfolgs-Niveau stets über der Ist-Lage, und zwar um so höher, je niedriger diese war. Für die Zieldimension des Sozialverhaltens war der Handlungsansporn (Erfolgsniveau minus Ist-Lage) insgesamt höher als für die Leistungsdimension. In einem weiteren Projekt (Hofer u. a., 1982 b) wurden ebenfalls für vier ausgewählte Schüler (vgl. Kapitel 5) von jedem Lehrer ein Ist-Wert (z. B. „Zur Zeit sind die mündlichen Leistungen des Schülers ...") und ein Soll-Wert (z. B. „Ich würde mich freuen, wenn die mündlichen Leistungen des Schülers in den nächsten Wochen nicht schlechter als ... wären") erhoben. Die Ergebnisse waren negativ: die Korrelationen zwischen Ist- und Soll-Werte waren so hoch, daß die beiden Variablen keine getrennten Informationen enthielten. Und die Soll-Werte lagen nicht über den Ist-Werten. Nach meinem Wissen gibt es zur entscheidenden Annahme der Handlungstheorie, daß jedes zu erklärende Verhalten Ist-Soll-Diskrepanzen voraussetzt (z. B. v. Cranach u. a., 1980), in der Literatur keine weiteren Versuche, sie zu prüfen und zu stützen. Immerhin enthält die hier vertretene Theorie die weitere Annahme, daß handelndes Erwägen nebst Ist-Soll- auch durch Wird-Soll-Diskrepanzen ausgelöst wird. Auch kann argumentiert werden, daß für Lehrer die Ist-Soll-Diskrepanz als Auftrag ohnehin vorhanden, selbstverständlich vorgegeben ist und nicht als spezielle Handlungsaufforderung erlebt wird (vgl. Hofer u. a., 1982 b, S. 293). Über den Zusammenhang zwischen Zielen und *Erwartungen* sind mir empirische Untersuchungen nicht bekannt. In unserer Untersuchung (Hofer u. a., 1979) ließen wir die Wirksamkeit von *Handlungsentwürfen* für verschiedene Schülertypen im Hinblick auf verschiedene Zieldimensionen einschätzen, erhielten jedoch (ebenso wie Treinies, 1981) nur geringe zielspezifische Unterschiede in Handlungs-Ergebnis-Erwartungen (vgl. Kapitel 9).

Den Zusammenhang zwischen Zielvorstellungen, Handlungs-Ergebnis-Erwartungen und *Entscheidungen* für Handlungsentwürfe haben Krampen & Brandtstädter (1981) untersucht (vgl. Kapitel 9). Sie ließen Lehrer zunächst eine Reihe von Zielsetzungen bewerten. Sodann erbaten sie Angaben darüber, in welchem Ausmaß sie vorgegebene Handlungsalternativen in zwei fiktiven Situationen als tauglich zur Erreichung der Ziele ansahen. Ein theoretischer Präferenzwert für jede Alternative wurde berechnet. Schließlich wurden die Lehrer gebeten, in jeder Situation die vorgegebenen Handlungsalternativen in eine ihrer Präferenz entsprechende Rangreihe zu bringen. Zwischen den vorhergesagten und tatsächlichen Präferenzen ergaben sich überzufällige Entsprechungen. Die Autoren konnten also Zusammenhänge zwischen Zielorientierungen und Handlungspräferenzen feststellen. Ähnliche Ergebnisse erzielten Kraak & Nord-Rüdiger (1979, S. 80f.). Lehrer, die sich für innovative Handlungen entschieden haben, unterschieden sich von solchen, die Entscheidungen für nicht-innovative Handlungen getroffen hatten, teilweise in ihren Zielvorstellungen: ihnen kam es sehr auf größere Selbständigkeit der Schüler und auf bessere Förderung weniger Begabter an. Damit ist nichts ausgesagt darüber, ob Zielvorstellungen Ursachen und Handlungspräferenzen deren Folgen sind. Da die Zusammenhänge relativ niedrig lagen, mußten noch weitere Variablen an der Entscheidung beteiligt gewesen sein.

Über die genannten vermittelnden handlungsbezogenen Prozesse – so die theoretische Vorstellung – finden Ziele schließlich auch in *konkretes* Verhalten Eingang. Erst wenn Angaben über die Ziele einer Person in der jeweiligen Situation über Ist-Soll-Diskrepanzen und über Handlungs-Ergebnis-Erwartungen vorhanden sind, kann geprüft werden, ob das beobachtete Verhalten zielgerichtet erfolgt ist. Vereinfacht gesagt ist Verhalten dann zielgerichtet, wenn a) die Ziele, die sich eine Person in einer speziellen Situation setzt, kongruent mit den übergeordneten allgemeinen Zielen sind, und wenn b) die Erwartungen, die die Person mit bestimmten Handlungsentwürfen im Hinblick auf Ergebnisse verknüpft, welche den Situations-Zielen entsprechen, mit dem konkreten gezeigten Verhalten in Einklang stehen.

Zum Zusammenhang von übergeordneten Zielsetzungen und Zielen, die in speziellen Situationen (z.B. im Gruppenunterricht, bei der Klassenfahrt, in einer Einführungsstunde, in der Pause) aktiviert werden, gibt es direkt keine Untersuchungen. Garlichs (1972) stellte jedoch in ihrer Untersuchung Diskrepanzen zwischen der Beurteilung allgemeiner Zielvorstellungen und der Beurteilung konkreter – logisch darauf bezogener – Ziele fest. Dieses

Ergebnis weist darauf hin, daß allgemeine Ziele im Widerspruch zu speziellen Situationszielen stehen können. Fogarty u.a. (1984) versuchten, Ziele, die Lehrer in konkreten Unterrichtssituationen verfolgten, zu ermitteln. Sie nahmen von drei erfahrenen und fünf Junglehrern je drei 15-minütige Abschnitte aus ihrem normalen Unterricht auf Video auf. Anschließend identifizierten sie jene Stellen, an denen die Lehrer angaben, Entscheidungen getroffen zu haben. Dann wurden sie unter anderem gefragt, was sie in dem Moment angestrebt hatten. Am häufigsten wurden Ziele des „Schülerverständnisses" genannt, am zweithäufigsten Ziele der „Schülerbeteiligung". Es folgten „Managementziele". Ziele der „sozialen Entwicklung" folgten an letzter und vorletzter Stelle. Das Zielspektrum war bei erfahrenen Lehrern breiter als bei Anfängern.

Eine Reihe von Untersuchungen führte zu Ergebnissen, die Anlaß zur Vermutung geben, daß sich Lehrer bei ihren unterrichtsbezogenen Überlegungen kaum Gedanken über Ziele machen. Ich meine die Arbeiten über Kognitionen bei der Unterrichtsplanung. Während der Phase der Unterrichtsplanung, über die in diesem Buch leider nicht ausführlich berichtet wird, erfolgt jene Auseinandersetzung, die man am ehesten als bewußtes Denken über Unterricht bezeichnen könnte. Peterson u.a. (1978) gaben 12 erfahrenen Grundschullehrern die Aufgabe, einer Gruppe von acht (unbekannten und bezahlten) Schülern drei 50-Minuten-Stunden über ein Sozialkundethema zu geben. Vor jedem Unterrichtstag erhielt jeder Lehrer 90 Minuten Zeit, die drei Stunden vorzubereiten. Dabei sollte er „laut denken" und seine Gedanken auf ein Tonband sprechen. Für die Auswertung der Planungsgedanken wurde ein Schema mit sieben Kategorien verwendet: Lehrziele, Stoffinhalt lower order, Stoffinhalt higher order, Lehrprozeß, Materialien, Schüler, Verschiedenes. Die meisten Gedanken bezogen sich auf Stoffinhalte. Ziele waren die am niedrigsten besetzte Kategorie überhaupt (4%). Obwohl den Lehrern drei Tage vor dem Experiment eine Liste von 11 anzustrebenden kognitiven und affektiven Zielen gegeben worden war, bezogen sie sich in ihren Angaben über die Planung nicht darauf. Sie bezogen auch nicht die Wahl von Lehrmethoden auf Lehrziele. In einer Untersuchung von Zahorik (1975) zeigte sich, daß nur 28% der befragten Lehrer in der Planungsphase zunächst Zielentscheidungen und dann Inhaltsentscheidungen trafen; und auch bei ihnen richteten sich die anschließenden Planungsentscheidungen nicht konsequent an den spezifizierten Zielen aus. Auch schriftliche Unterrichtsvorbereitungen enthielten wenig Zielangaben (vgl. Brophy, 1980). Clark & Yinger (1977) berichten über eine Untersuchung, in der Planungsentscheidungen eines Lehrers über einen Zeitraum von fünf Monaten mit Hilfe der Methode des „lauten Denkens" erfaßt wurden. Die zentralen Aspekte der Planungstätigkeit bestanden aus der Planung von Unterrichtsaktivitäten und dem Einsatz von Lehr-Routinen. Möglicherweise ist Lehrerhandeln weniger als ein zielgerichtetes Tun verständlich und mehr im Sinne eines Problemlösungsprozesses zu beschreiben, bei dem die Phasen der Problemfindung, Problemformulierung und Problemlösung im Vordergrund stehen. Vielleicht hat aber auch Yinger (1978, zit. nach Brophy, 1980) recht, wenn er vermutet, daß man zwischen Jahresplanung, Abschnitts-, Wochen- und Tagesplanung unterscheiden müsse, und daß zielbezogene Überlegungen zunehmend zugunsten von Aktivitätsüberlegungen zurücktreten.

Der Zusammenhang von Zielen und Verhalten läßt sich vollständig nur unter Einbezug von weiteren Kognitionen beschreiben. Deshalb wird in Kapitel 9 näher darauf eingegangen. Hier soll lediglich die These eines doppelten Zielsystems erörtert werden. Das die offiziellen Ziele enthaltende System ist allgemein, trägt den Charakter von Endzielen und ist von Erziehungs-Ideologien geprägt, findet jedoch kaum Eingang in handlungsbezogenes Denken und alltägliches Verhalten. Das andere enthält die impliziten Ziele. Es ist der Person weniger als Zielsystem bewußt, reguliert aber stärker das Verhalten. So sagt Garlichs (1972, S. 70): „In der Präferenzordnung des Lehrers überlagern die aktuellen Zwänge möglicherweise langfristige Wertorientierungen." Bierhoff-Alfermann (1984) spricht von erklärten Zielen und kognitiven Prototypen, die bei geäußerten Zielvorstellungen nicht expliziert werden. In der Theorie der Handlungsregulation von Oesterreich (1981, S. 57) wird angenommen, daß ein Handelnder, der die Chancen zur Erreichung eines Zieles für zu niedrig hält, dieses Ziel „zurückgibt" und ein neues (anderes) abfragt. Organisationssoziologische Analysen machen deutlich, daß Organisationen, deren Ziele unerfüllbar, vage und widersprüchlich sind, zur „Zielverschiebung" (goal displacement) neigen. Konkret: sie verlegen den Schwerpunkt ihrer Tätigkeiten auf die mittelbaren Aufgaben und Nebenziele (Mayntz, 1967). Merton (1967) beschreibt als typisches Beispiel für Zielverschiebung das rigide Anwenden von Regeln und Vorschriften in Bürokratien. Nach Selznick (1943) werden Ziele, die hoch abstrakte Ideen darstellen, ohne konkretes Verhalten zu spezifizieren, durch jene ersetzt, für die Verfahrensregeln bereitstehen. Er führt als Beispiel ausdrücklich den pädagogischen Bereich der Sozialarbeit an. Auch nach motivationspsychologischen Überlegungen hängt die Zielverfolgung neben der Motivstärke von den Anreizfaktoren und der Erfolgswahrscheinlichkeit ab. Dies läßt sich in der Handlungsregulationstheorie Oesterreichs (1981, S. 87ff.) präzisieren. Der Handelnde entwirft eine grobe Zielabfolge, ein Zielprogramm. Dabei orientiert er sich an drei Kriterien: er scheidet Konsequenzen aus, von denen aus die Erreichung der gewählten Zielkonsequenz nicht möglich ist, er strebt Konsequenzen an, die auf jeden Fall durchgegangen werden müssen, um die Erreichung der Zielkonsequenz überhaupt zu ermöglichen (positiv-kritische Konsequenz), vor allem plant er die Erreichung von Zielkonsequenzen, welche möglichst viele in unterschiedliche Richtungen führende Handlungsmöglichkeiten zulassen. Es wird ein generelles Bestreben unterstellt, innerhalb der Handlungswege auf möglichst große Wahlfreiheiten hinzuwirken. Dadurch können nach Oesterreich (1981) weit entfernt liegende Zielkonsequenzen erreicht werden, ohne daß eine unendlich weit vorauseilende Handlungsplanung erforderlich ist. Aus der Annahme des Strebens nach Regulierbarkeit, nach größtmöglichem Spielraum für verschiedene wirksame Handlungen folgt, daß vornehmlich für jene Handlungsbereiche geplant wird, für welche wirksame Handlungen bekannt sind. Diese Überlegungen erhalten Unterstützung durch die Ergebnisse einer Untersuchung von Kremer (1978). Israelische Lehrer favorisierten „progressive" Ziele (z.B. Kreativität, Toleranz) über „traditionelle" (z.B. spezifisches Wissen, Arbeitshaltung). Doch gaben sie an, wenig zu wissen, wie progressive Ziele zu erreichen seien. Auch hatten sie geringere Erwartungen für diesbezügliche Erfolge. Besonders ausgeprägt war dieses Ergebnis für emotionale Ziele (auch bei traditionellen Zielen), weniger stark für kognitive. In dieser Untersuchung zeigten die Lehrer vorwiegend (69%) traditionelles Unterrichtsverhalten, was als Widerspruch zu ihren Zielen interpretiert werden muß, auch wenn das Verhalten bei Lehrern mit hohen progressiven Zielen (die vergleichsweise niedrig dogmatische Einstellungen hatten) eher progressiv war (54%). Der Mangel an Handlungswissen kann zu einem Gefühl der Hilflosigkeit führen, mit dem traditionelles Verhalten gerechtfertigt wird (vgl. auch Eckerle, 1980, S. 233). Diese Ergebnisse stützen auch die These von Hänsel (1975, S. 102), die in der Schule einen Prozeß der Ersetzung der ideologischen Ansprüche zugunsten realisierbarer Ziele konstatierte. Man kann vermuten, daß Lehrer das erste Präferenzsystem der Öffentlichkeit gegenüber (nach außen hin) aktivieren (auch in Befragungen), während sie sich beim zweiten mehr in stillschweigender Übereinstimmung mit Kollegen sehen (vgl. die Lehrerzimmergespräche bei Hänsel, 1975). Der kognitive Konflikt, der dabei erlebt werden mag, wird möglicherweise aufgelöst dadurch, daß das, was vorwiegend verfolgt wird, als unverzichtbare Voraussetzung für die (später eintretenden) Endziele gesehen wird. Damit können diese auf „olympischer Höhe" (Etzioni, 1970) verbleiben, ohne handlungsleitend werden zu müssen. Olympische Ziele (Hilfsbereitschaft, Selbständigkeit etc.) werden auf spätere Zeit verschoben, ihre Realisierbarkeit über das Voraussetzungsverhältnis gedacht. Ideologische Ziele werden nach dem kompensierenden Muster (z.B. Chancenausgleich) ausgebildet, funktionale nach dem adaptierenden. Zielverschiebung wäre demnach ein Vorgang, der aus zwei Teilprozessen besteht: der Herstellung von Voraussetzungsbeziehungen zwischen den beiden Zielsystemen und der Verschiebung der Endziele in die nachschulische Zukunft. Wenn diese Überlegungen zutreffen, dann handelt es sich bei der Angabe der Wichtigkeit von Erziehungszielen durch Lehrer um ein Versprechen mit vielen Ausweichklauseln.

Damit spielen die Aspekte des „Anstrebens“ und der „subjektiven Realisierbarkeit“ insgesamt eine unklare Rolle. Zunächst wurde festgelegt, daß Zustände nur dann als Ziele zu bezeichnen sind, wenn sie auch angestrebt werden. Dies impliziert, daß sie für prinzipiell realisierbar gehalten werden. Sodann wurde als ein empirisches Ergebnis berichtet, daß Vpn bei der Überlegung, ob sie einen Zustand für wichtig erachten, u. a. berücksichtigen, ob er herbeigeführt werden kann. Dies kann als die definitorische Festlegung stützend verstanden werden. Schließlich wurde die Möglichkeit zugelassen und berichtet, daß ein Ziel angestrebt, aber nicht in Verhalten umgesetzt wird. Dafür wurde die Erklärung angeführt, daß es von den Vpn möglicherweise als schlecht (nicht) realisierbar betrachtet wird. Dann dürfte es aber definitionsgemäß nicht als Ziel aufgefaßt werden. Es sei denn, man unterscheidet zwischen zwei Arten der subjektiven Realisierbarkeit: der grundsätzlichen Realisierbarkeit, aber unter geänderten Real-Voraussetzungen und der Verwirklichbarkeit in der täglichen vorgefundenen Praxis. Ich habe bereits darauf hingewiesen, daß die geäußerten Ziele möglicherweise die Defizite der selbst mitgestalteten täglichen Praxis reflektieren. In ihnen kommt die Überzeugung ihrer grundsätzlichen Realisierbarkeit zum Ausdruck, wobei die Praxis selbst als von ihnen nicht veränderbar angesehen wird. Es wäre gleichermaßen unsinnig, einen Zustand nur dann als Ziel bezeichnen zu wollen, wenn er stets unmittelbar und erkennbar angestrebt wird, wie dann, wenn er lediglich als Vorstellung der Traumwelt/Phantasie der Person zuzurechnen ist. In beiden Fällen hätte das Konstrukt „Ziel“ lediglich deklamatorischen Charakter und würde keinen eigenen theoretischen Gewinn erbringen. Der handlungssteuernde Charakter von Zielen wäre nicht mehr überprüfbar. So bleibt festzuhalten, daß die grundsätzliche Brauchbarkeit des Ziel-Konstrukts zur Erklärung von Verhalten noch ungeklärt ist. Die Diskussion der vollständigen modelladäquaten Vorhersage von Verhalten durch Ziele erfolgt in Kapitel 9.

Zusammenfassung:

1. Über die Konstanz von Angaben über die Wichtigkeit von Erziehungszielen ist kaum etwas bekannt. Doch scheinen die Angaben innerhalb der gleichen Erhebungsmethode hinsichtlich Vpn generalisierbar zu sein. Lehrer stellen zwischen verschiedenen Zielfaktoren Präferenzen her, indem sie die einen konsistent als wichtiger einstufen als die anderen. Über die hierarchische Anordnung von Zielen und Zielkonflikten ist wenig bekannt.
2. Lehrern fällt es in Untersuchungen schwer, über mögliche persönliche und soziale Bedürfnisse im Erziehungsprozeß Auskunft zu geben. Un-

klarheit besteht darüber, welche kognitiven Variablen neben Realisierbarkeit, antizipierten Konsequenzen und Unzulänglichkeit im Felde der Erziehung beim Wichtigkeitsurteil eine Rolle spielen. Idealistische Ziele werden höher eingeschätzt als Qualifikations-, Selektions- und Sozialisationsaspekte und als Bildungsvorstellungen des Staates und der allgemeinen Bevölkerung.

3. Zusammenhänge zwischen Zielangaben und handlungsbezogenen Kognitionen konnten zum Teil festgestellt werden. Empirisch ungeklärt ist die theoretisch wichtige Annahme der Ist-Soll-Diskrepanz als Handlungsanlaß. Man muß außerdem davon ausgehen, daß das konkrete Verhalten von Lehrern zumindest teilweise im Widerspruch zu den geäußerten Zielen steht. Dies kann darauf beruhen, daß eine „Zielverschiebung" stattgefunden hat. Es kann auch darauf zurückgehen, daß Lehrer in ihre Zielangaben Defizite der vorgefundenen Erziehungsrealität zum Ausdruck bringen, sich aber selbst nicht in der Lage sehen, diese auszugleichen.

3. Kapitel

Implizite Theorien von Lehrern über die Schülerpersönlichkeit

Die Erziehungsziele von Lehrern, welche im letzten Kapitel Behandlung fanden, kann man als Ausdruck dafür sehen, welche Zustände der Schülerpersönlichkeit Lehrer wünschen und gleichzeitig als prinzipiell erreichbar betrachten. Die Annahme ist, daß Lehrer mit ihrem beruflichen Tun die Vorstellung verbinden, Schüler zu „erzeugen", die bestimmte Ausprägungen auf Persönlichkeitsmerkmalen besitzen. Daraus kann man schließen, daß sich Lehrer die Psyche der Schüler als auf Dimensionen der Persönlichkeit variierend vorstellen. Sie unterscheiden Schüler nach mehreren Eigenschaften, auf denen sie eine Beförderung von einem momentanen Ist-Zustand zu einem zukünftigen Soll-Zustand anstreben. Es ist wahrscheinlich, daß für Lehrer neben den Persönlichkeitsbereichen von Schülern, auf welchen Zielzustände angestrebt werden, auch noch andere eine Rolle spielen, die für ihr Handeln funktional sind. Dabei kann es sich um jene Schülermerkmale handeln, die prognostisch relevant sind, die dem Lehrer fördernde oder hemmende Bedingungen für die Erreichung des angestrebten Zielzustandes anzeigen sowie solche, die unterschiedliche Handlungserfordernisse nahelegen (zu den verschiedenen Funktionalitäten vgl. Kapitel 4, S. 115 ff.). So stellt sich die Frage nach der Organisation der Vorstellungen von Lehrern über die Schülerpersönlichkeit. Diese Organisation soll als „implizite Persönlichkeitstheorie" bezeichnet werden.

1. Implizite Persönlichkeitstheorie: Begriff, Methoden ihrer Erfassung und Funktionen

a) Begriff. In der Alltagssprache trifft man häufig auf Aussagen, in denen ein Zusammengehen bestimmter, logisch voneinander unabhängiger Merkmale unterstellt wird. Aus dem Vorhandensein einer Eigenschaft bei Menschen wird auf das Vorhandensein einer oder mehrerer anderer Eigenschaften geschlossen. Beispiele dafür sind „hübsch aber dumm", „jung und dynamisch" oder „freundlich und hilfsbereit". Die Bezeichnung „subjektive Persönlichkeitstheorie“ enthält die Annahme, daß solche Schlüsse Auffassungen über die Organisation der Persönlichkeit anderer Menschen zugrundeliegen. Mit dem Ausdruck „explizite Persönlichkeitstheorie“ werden dagegen wissenschaftlich gewonnene Aussagen über die Persönlichkeitsorganisation von Menschen bezeichnet. Die Gegenüberstellung von subjektiver (impliziter, naiver, alltagspsychologischer) und expliziter (objektiver, wissenschaftlicher) Persönlichkeitstheorie ist historisch begründet. Die Beschäftigung mit der impliziten Persönlichkeitstheorie entstand aus dem Bemühen, die Fehlerhaftigkeit des menschlichen Urteils bei der Messung von objektiven Persönlichkeitsmerkmalen zu bestimmen. Die Validität von impliziten Persönlichkeitstheorien, gemessen an empirischen Kriterien, ist unklar. Einige Autoren verweisen auf Ergebnisse, die eine hohe Korrespondenz zwischen impliziten Zusammenhangsannahmen und „objektiven“ Zusammenhängen nahelegen (Jackson & Chan, 1979). Andere bezeichnen die Vorstellungen, die Personen über die Persönlichkeitsstruktur von Menschen besitzen, als „illusorisch“ (Mirels, 1976). Semin (1984) vertritt die Auffassung, daß sogar explizite Persönlichkeitstheorien (z.B. die Unterscheidung Eysencks nach Introversion, Extraversion und Neurotizismus) keine Auskunft über die Persönlichkeit von Menschen zu geben vermögen, sondern lediglich Widerspiegelungen des Sprachgebrauchs der getesteten Person über Persönlichkeit darstellen.

Die Frage nach subjektiven Persönlichkeitstheorien ist unter dem Aspekt interessant, ob und wie sie das konkrete Verhalten ihrer Träger in interpersonalen Situationen formen. Die interaktionistische Persönlichkeitstheorie nimmt seit Mischel (1973) an, daß Verhalten von situationsspezifisch aktivierten Kognitionen abhängt. Implizite Persönlichkeitstheorien können als jener Teilbereich von subjektiven Theorien angesehen werden, die sich auf die Persönlichkeit anderer Menschen beziehen. Subjektive Theorien bestehen im einfachsten Fall aus Begriffen, die durch argumentative Relationen miteinander verbunden sind. Diese Relationen sind in der Regel Wenn-Dann-Beziehungen. Die Kognition „wenn eine Person die Eigenschaft A besitzt, dann besitzt sie auch die Eigenschaft B“ kann man als subjektive Theorie bezeichnen. Eine Beobachtungsaussage über den Wenn-Teil („die Person besitzt A“) ist ein subjektives Datum. Mit subjektiver Hypothese bezeichnet man die Hypothese, die eine Person über das Merkmal B ausbildet unter der Voraussetzung des subjektiven Datums über A. Subjektive Theorien können aus ganzen Bündeln von Wenn-Dann-Kognitionen bestehen. Sie sind als neurale Strukturen im Gedächtnis gespeichert, veränderbar und können situationsspezifisch aktiviert werden. Der Forscher kann die Schlußfolgerungen analysieren unter der Annahme, daß ihnen implizite Dimensionierungen der Persönlichkeit zugrundeliegen. Subjektive Theorien können als Persönlichkeitseigenschaften der Person aufgefaßt werden, welche ihr Verhalten determinieren. So stellen sie ein wissenschaftliches Konstrukt über ein kognitives Konstrukt dar (Epikonstrukt nach Groeben & Scheele, 1982).

Die implizite Persönlichkeitstheorie eines Menschen ist das Insgesamt an Annahmen, die er über die Zusammenhänge und Organisation von Eigenschaften bei anderen Menschen besitzt. Diese Annahmen betreffen die Art der Eigenschaften und die Art und Weise ihrer Zusammenhänge. Bruner & Tagiuri (1954) und Cronbach (1955) haben den Begriff geprägt, um damit die erwarteten oder vermuteten Zusammenhänge von Persönlichkeitseigenschaften – nach dem Beispiel „Dummheit und Stolz wachsen auf einem Holz" – bei Mitmenschen zu bezeichnen. Begriffen wie Haloeffekt (Thorndike, 1920), logischer Fehler (Newcomb, 1931), Eigenschaftsinferenz (Bruner & Tagiuri, 1954) und Eigenschaftsimplikation (Hays, 1958) ist die Vermutung gemeinsam, daß Individuen bei der Eindrucksbildung und der Beurteilung anderer Menschen bestimmte Erwartungen hinsichtlich der Zusammengehörigkeit und der Organisation von Eigenschaften besitzen.

Die Frage ist, auf welchen und wie vielen subjektiven Persönlichkeitsdimensionen Lehrer Schüler differenzieren. Dabei muß angenommen werden, daß die subjektiven Persönlichkeitsdimensionen als relativ dauerhafte und doch zugleich veränderbare Variablen gesehen werden. Stabil in dem Sinne, daß sie als Dispositionen (Brezinka, 1981, S. 80) oder Konstrukte (Klauer, 1973, S. 37) gesehen werden, die sich nicht willkürlich wandeln. Und veränderbar im Hinblick darauf, daß sie erzieherischen und unterrichtlichen Einflüssen zugänglich sind.

b) Erfassungsmethoden. Die Definition der impliziten Persönlichkeitstheorie ist eng mit Versuchen ihrer Operationalisierung verknüpft. Cronbach (1955) hat den quantitativ erfaßbaren Antworttendenzen von Personen, die auf Ratingskalen andere Personen beurteilen, bzw. den statistischen Parametern von Urteilen (Mittelwert, Varianz und Kovarianz der Urteile auf verschiedenen Variablen), bestimmte formale Auffassungen der beurteilenden über die beurteilte Person zugeordnet (Stereotyp, Differenzierung, Zusammenhangsannahme). Als implizite Persönlichkeitstheorie einer Versuchsperson bezeichnete er die Menge ihrer statistischen Parameter.

Die Vielzahl der verwendeten Methoden zur Erhebung und Verarbeitung von Daten zur Erfassung naiver Vorstellungen über die Persönlichkeit, kann man (unter Außerachtlassung von Variationen) in vier Kategorien einteilen.

1. 1. *Die Methode der freien Beschreibung.* Hierbei läßt man Lehrer (z.B. im Interview) ausgewählte Schüler oder Typen von Schülern in eigenen Worten beschreiben. Die schriftlichen oder Tonbandprotokolle müssen anschließend mit Hilfe eines Kategoriensystems ausgewertet, quantifiziert und verrechnet werden.

Der REP-Test nach Kelly (1955) besteht darin, Vpn Dreiergruppen von persönlich bekannten Personen (Schülern) danach beurteilen zu lassen, inwiefern sich zwei Personen ähnlich sind und worin sie sich von der dritten unterscheiden. Aus der mehrfachen Anwendung des Vorgehens läßt sich für jede Vp ein Repertoire an Dimensionen ermitteln, das als ihre „Persönlichen Konstrukte“ interpretiert wird. Eine Reihe von Autoren haben diese Methode oder eine Abwandlung davon zur Bestimmung der impliziten Persönlichkeitstheorie von Lehrern über Schüler verwandt.

Legetechniken. In letzter Zeit wurden Techniken entwickelt und angewendet, die es ermöglichen, weitgehend individuelle subjektive Theorien über einen Bereich zu rekonstruieren. Die Hilfe des Vls kann – wie im kontrollierten Dialog von Wahl (1981) – darin bestehen, daß er im Interview über konkret vollzogene interpersonale Handlungen gerichtete Fragen stellt und mit der Vp über die darauf gegebenen Antworten argumentiert. Sie kann auch – wie in der Struktur-Lege-Technik von Scheele & Groeben (1984) – darin bestehen, daß der Vl der Person die Relationen, mit denen sie ihre Kognitionen verbindet (z. B. „ist Teil von“) vorgibt. Diese Techniken werden meist in Verbindung mit der sogenannten kommunikativen Validierung (Lechler, 1982, vgl. auch Wahl, 1979) angeboten. Dabei gilt eine Rekonstruktion erst dann als Ergebnis, wenn die Vp den Rekonstruktionsvorschlag des Vl akzeptiert. Die Verfahren sind jedoch auch ohne kommunikative Validierung anwendbar.

Die Methode der Ähnlichkeitsschätzung. Bruner u. a. (1958) schlugen zur Erfassung des wahrgenommenen Zusammenhangs zwischen Eigenschaften die Methode der Ähnlichkeitsschätzung vor. Sie gaben ihren Vpn eine Liste von Merkmalen und ließen diese jeweils paarweise auf einer 5-Punkte-Skala nach Ähnlichkeit beurteilen. Mehrere Varianten bieten sich an, Ähnlichkeitsurteile zu gewinnen. Möglich ist es auch, einem Vorschlag von Ahrens (1967) folgend, wie Gigerenzer (1981 a) nicht Eigenschaften, sondern Personen nach Ähnlichkeit beurteilen zu lassen.

Hays (1958) schlug vor, die Matrix der Ähnlichkeitsschätzungen einer Faktorenanalyse, entsprechend dem Vorgehen der multidimensionalen Skalierung (vgl. Ahrens, 1974) zu unterziehen. Das faktorenanalytische Modell der impliziten Persönlichkeitstheorie sieht eine Anzahl von unabhängigen Dimensionen vor. Auch Clusteranalysen werden zur Gruppierung der Ähnlichkeiten von Eigenschaften angewendet (Powell & Juhnke, 1983). Rosenberg u. a. (1968) haben einen Nachteil bei diesen Methoden darin gesehen, daß die Vpn gezwungen werden, sämtliche vorgegebenen Items zu verwenden, auch wenn sie für sie nicht bedeutsam seien. Sie schlugen eine Technik vor, bei der jede Vp aus einer Reihe von vorgegebenen Merkmalen soviel Merkmale zu beurteilenden Personen zuordnen kann, wie ihr nötig erscheinen. Wing & Nelson (1972) ließen ihre Vpn jedes

Merkmal zur Beurteilung so oft sie wollten verwenden. Für alle möglichen Merkmalspaare wird ein Disassociations-Index berechnet. Dabei wird festgestellt, wie oft je zwei Items gleichzeitig zur Beschreibung verwendet wurden. Rosenberg weist (1977, S. 183) darauf hin, daß Ergebnisse aus free-response-Verfahren nicht überzeugen. Gigerenzer (1978) hat in einer kritischen Analyse solcher Verfahren deutlich gemacht, daß sie für die dimensionsanalytische Erfassung von subjektiven Eigenschaftsrelationen nicht geeignet sind.

Gigerenzer (1981 a,b) und Oldenbürger (1981 b) weisen darauf hin, daß der Forscher, der die naiven Annahmen der untersuchten Individuen erfassen möchte, in die Wahl der Methode seine eigenen Annahmen einfließen läßt. Indem er eine bestimmte Erhebungs- (z.B. Ähnlichkeitsschätzungen) und eine bestimmte Darstellungs-Methode (z.B. die multidimensionale Skalierung) anwendet, geht er stillschweigend davon aus, daß die subjektive Persönlichkeitstheorie der untersuchten Personen nach diesem Modell strukturiert ist.

Wie jedes andere wissenschaftliche Konstrukt ist eine subjektive Theorie nicht etwas Aufgefundenes, Faktisches oder Reales, sondern eine Konstruktion des Wissenschaftlers über einen Gegenstandsbereich. Gigerenzer (1981 a) bezeichnet die Forschungssituation durch eine fünfstellige Modellrelation M (S, Z, N, E, ψ). Ein Forscher (S) wählt in Verfolgung eines bestimmten Zieles (Z) einen Gegenstandsbereich ψ, nämlich die subjektive Theorie von bestimmten Individuen. Zu dessen Untersuchung verwendet er zwei Systeme, ein sprachlich strukturiertes empirisches System (E), das die Datenerhebung bestimmt, und ein numerisches System (N), das festlegt, in welcher Weise zahlenmäßige Relationen zwischen empirischen Objekten hergestellt werden. Die Ergebnisse über die subjektiven Theorien hängt ab von den Annahmen, die in den als Modelle verwendeten Systemen E und N enthalten sind. Gigerenzer & Strube (1978) plädierten dafür, möglichst „annahmefreie" Methoden zur Erfassung impliziter Persönlichkeitstheorien zu verwenden. Insbesondere fordern sie für die Vpn maximale Möglichkeit, ihre Bedeutungsträger und Bedeutungsrelationen selbst festzulegen. Doch gilt für alle Methoden: das erzielte Ergebnis über die Struktur der Daten ist immer eine Rekonstruktion, ein methodisch erzeugtes Abbild des kognitiven Konstrukts. Es ist Aufgabe des Forschers, Vor- und Nachteile von Methoden zu erwägen und in Rechnung zu stellen. Messung ist nicht ein Werkzeug, welches ein getreues Abbild der Realität liefert. Messung selbst ist bereits Modellbildung (Gigerenzer, 1983): kognitive Strukturen sind innere Modelle (Modelle der ersten semantischen Stufe), private Ereignisse, welche nur der Person selbst zugänglich sind. Sprachliche Äußerungen in Interviews oder Fragebogen sind Transformationen der inneren Modelle in äußere (Modelle der zweiten semantischen Stufe). Sie erfordern

Kommunikation zwischen Vp und Vl und ermöglichen damit Messungen. Welche Art der Transformation die Vp wählt, hängt ab von ihrer Zielsetzung in der Befragungssituation.

c) Funktionen. Die Zielsetzung des „Unterrichtens" erfordert es, daß Personen auf der Grundlage begrenzter Informationen und Beobachtungen Ereignisse vorhersagen, Verallgemeinerungen treffen und in bestimmter Weise reagieren. Obwohl die dazu notwendigen Schlüsse nicht immer nach logischen und empirischen Prinzipien vollzogen werden (vgl. Nisbett & Ross, 1980), sind sie notwendig, weil sie es erlauben, den Fluß der Ereignisse zu übersehen. Die Auffassung, daß subjektive Theorien eines Menschen für dessen Handlungen in einer Interaktionssituation leitende Funktion besitzen, muß spezifiziert werden. Nach Gigerenzer (1981 a, S. 65) werden zwischenmenschliche Beziehungen durch implizite Annahmen über den anderen „gestaltet". Für den Gegenstandsbereich „Implizite Persönlichkeitstheorie" (ψ) setzt er eine vierstellige Modellrelation M (I, Z, IPT, B) an. Das Individuum I verwendet in einer bestimmten Absicht oder mit einer bestimmten Zielsetzung (Z) eine implizite Persönlichkeitstheorie (IPT) als Modell für einen interpersonalen Bereich B.

Wie kann man sich dies im einzelnen vorstellen? Folgende Zusammenhänge werden angenommen: Die implizite Persönlichkeitstheorie stellt jene Merkmale bereit, auf denen der Lehrer *Ist- und Soll-Zustände* über andere Personen lokalisiert. Die implizite Persönlichkeitstheorie richtet die *Wahrnehmung* im interpersonellen Geschehen aus (Kapitel 4). Personen achten vor allem auf jene Eigenschaften bei anderen, die im Hinblick auf ihre *Zielsetzungen* funktional sind (Jones & Thibaut, 1958). Die subjektive Persönlichkeitstheorie beeinflußt die Art und Weise, in der sich Personen über andere *Eindrücke* bilden. Vermutlich prägen jene konkreten Informationen das entstehende Bild, die auf Merkmale der impliziten Persönlichkeitstheorie bezogen sind. Insbesondere erlauben sie es, sich mit einigen wenigen Informationen zu begnügen und daraus auf andere Merkmale zu schließen (Kapitel 6). Ausprägungen auf Merkmalen der impliziten Persönlichkeitstheorie werden von Personen als mögliche *Ursachen* für Verhaltensweisen herangezogen. Die implizite Persönlichkeitstheorie stellt Faktoren innerhalb anderer Personen bereit, die für Ursachenzuschreibungen in Frage kommen. Lehrer können darauf zurückgreifen, um sich schulische Erscheinungen (z.B. Leistungsfortschritte, Versagen) zu erklären (vgl. Kapitel 7). Die implizite Persönlichkeitstheorie ermöglicht es dem Lehrer, aus dem Wissen über die Ausprägung eines Merkmals bei Schülern *Erwartungen* über dessen in naher oder ferner Zukunft liegende Verhalten auszubilden (Kapitel 8). In der subjektiven Theorie enthaltene Dimensionen zur Beschreibung anderer Personen sind die Basis für die Bildung von *Personen-Kategorien* (Cantor & Mischel, 1979b). Kategorien bilden eine Taxonomie, deren mittlere Ebene eine Typologie darstellt, welche ein Maximum an Information bei einem Minimum an kognitivem Aufwand ermöglicht (vgl. Eckes & Six, 1984). Lehrer können die Vielzahl der Einzelschüler anhand der Informationen, die sie über diese erhalten haben, kognitiv *gruppieren*. Dies erleichtert ihnen, im täglichen Umgang Situationen zu erkennen, die ein schnelles und spezifisches Reagieren erleichtern (Kapitel 5). Das Wissen um andere kann verwendet werden, um geeignet erscheinende Maßnahmen und *Handlungen* dieser Person gegenüber auszuwählen und zu realisieren (vgl. z.B. Cantor & Mischel, 1979a, vgl. Kapitel 9).

Auf die genannten Bezüge wird im fünften Abschnitt dieses Kapitels unter empirischem Aspekt eingegangen.

Zusammenfassung:

1. Mit impliziter Persönlichkeitstheorie wird das Insgesamt an Annahmen einer Person bezeichnet, die Schlußfolgerungen über Eigenschaften einer anderen Person ermöglichen.
2. Der Forscher verwendet zur Untersuchung von impliziten Persönlichkeitstheorien ein empirisches und ein numerisches System. Die Systeme enthalten eine implizite gegenstandsbezogene psychologische Theorie. Als Erhebungsmethoden (empirisches System) finden vor allem Formen der freien Beschreibung, des Rep-Tests, Legetechniken und der Ähnlichkeitsschätzung Verwendung. Als Darstellungsmethoden (numerisches System) werden meist Zusammenhangmaße (z.B. Korrelationen) und Darstellungen im euklidischen Raum (z.B. multidimensionale Skalierung) verwendet. Wichtig ist, die mit der Methode gegebenen Annahmen zu identifizieren und zu begründen.
3. Die implizite Persönlichkeitstheorie kann gegenüber der expliziten Theorie abgegrenzt werden. Wichtig ist aber nicht ihre Validität im Hinblick auf „objektive" Persönlichkeitsmessungen. Gefragt wird danach, wie sie das Verhalten ihres Trägers bestimmt. Man kann sich vorstellen, daß ein Individuum I mit einer bestimmten Zielsetzung Z für einen zwischenmenschlichen Bereich B als Modell eine implizite Persönlichkeitstheorie IPT verwendet.
4. Für den Lehrer ist die IPT über den Schüler das Modell, das er in seiner Rolle B mit der Zielsetzung Z, bestimmte Zustände bei Schülern zu erreichen, aktiviert. Es beeinflußt seine Wahrnehmung vom Schüler, ermöglicht die Eindrucksbildung, die Ausbildung von Ist- und Soll-Zuständen, von Ursachenzuschreibungen und Erwartungen und erleichtert die schülerspezifische Auswahl von Handlungsentwürfen.

2. Die Inhalte der impliziten Persönlichkeitstheorien von Lehrern

Grundsätzlich ist denkbar, daß bei Lehrern jene Theorie, auf deren Basis sie Schlußfolgerungen über die Persönlichkeit von Mitmenschen allgemein anstellen, auch im Hinblick auf ihre Schüler zur Anwendung gelangt. Doch gibt es eine Reihe von Befunden, die zeigen, daß die vermuteten Eigenschaftszusammenhänge in gewissem Ausmaß abhängen von der Interaktionssituation, also von der Beziehung B, in der Beurteiler und die Personen der Bezugsgruppe zueinander stehen.

Eine Untersuchung von Berman (1981) belegt die Abhängigkeit der von einer Person über andere generierten Eigenschaften von der speziellen Situation, in der sie sich befindet. So geht etwa Gigerenzer (1981 b) davon aus, daß jede implizite Persönlichkeitstheorie ein zielbezogenes Modell für einen interpersonalen Bereich darstellt.

Es liegt nahe, die Art der Rollenbeziehung zwischen Lehrern und Schülern als eine situative Bedingung anzusehen, die sich auf die Ausgestaltung der Theorie auswirkt, die Lehrer von der Persönlichkeit der Schüler besitzen. Dies ergibt sich auch unmittelbar aus der Theorie. Lehrer streben – so kann man wohl mit ziemlicher Sicherheit annehmen – bei ihren Schülern zum Teil andere Zustände an als bei Menschen in anderen Situationen. Sie wollen bei ihren Schülern vermutlich andere Eigenschaften erreichen/befördern als bei ihren Kindern, Ehepartnern, Freunden etc. Sie greifen in dieser Rolle auf spezielle Einwirkungsweisen zurück, welche von speziellen Schülereigenschaften abhängig sind. Weiter hat die schulische Unterrichtssituation ihre eigenen Gesetzmäßigkeiten, welche spezielle Schülereigenschaften als förderlich oder hinderlich für die Zielerreichung erscheinen lassen. Im folgenden wird die Frage nach den subjektiven Theorien von Lehrern unter Heranziehung empirischer Untersuchungen gestellt. Dabei wird auf Untersuchungen mit Legetechniken nicht eingegangen. Diese werden in Kapitel 9 besprochen.

a) Zunächst zu den Arbeiten, welche die Methode der *freien Beschreibung* verwendeten. Höhn (1980^2) hat versucht, die Persönlichkeitsvorstellungen zu ermitteln, die Lehrer mit schlechten Schülern verbinden. Sie benutzte dazu verschiedene Vorgehensweisen: vor allem freie mündliche Schilderungen von Lehrern über drei schlechte Schüler der eigenen Klasse, dann auch schriftliche Beurteilungen von schlechten Schülern der eigenen Klasse in Personalbögen, allgemeine Urteile von Lehrern über schlechte Schüler sowie Polaritätsprofile zur Beschreibung „eines schlechten Schülers" (bzw. Schülerin). Versuchspersonen waren insgesamt über 100 Lehrer und Lehrerinnen aller Schularten. Höhn fand, daß nach Ansicht der Lehrer

„Schulversagen in erster Linie ein Nichtwollen aus Faulheit und Interesselosigkeit heraus ist, erst in zweiter Linie ein Nichtkönnen aus Begabungsmangel. ... Auch den Dummen wird häufig Faulheit vorgeworfen. ... Meist wird noch eine ganze Reihe weiterer negativer Merkmale beim schlechten Schüler konstatiert und, wie die allgemeinen Urteile und die Polaritätsprofile zeigen, auch erwartet, vor allem Unaufmerksamkeit, mangelndes Interesse an der Schule, Langsamkeit, Unordentlichkeit, zum Teil aber auch ausgesprochen moralische Minderwertigkeit wie Unehrlichkeit, Lügen, Stehlen, verfrühtes sexuelles Interesse. Häufig wird auch das häusliche Milieu als ungünstig beurteilt. Immer wieder läßt sich ein deutlicher Halo-Effekt feststellen, der schlechte Schüler wird nur noch negativ gesehen, manchmal bis in Äußerlichkeiten hinein. Am meisten ist dies da der Fall, wo er sich dem Lehrer gegenüber ungezogen und widersetzlich verhält. Der brave, schüchterne und ängstliche schlechte Schüler wird viel milder beurteilt" (Höhn, 1980², S. 105).

Die Ergebnisse dieser Untersuchung lassen erkennen, daß Faulheit und Begabungsmangel für die befragten Lehrer relevante Persönlichkeitsausprägungen von schlechten Schülern waren. Streng genommen ist es nicht zulässig, analoge Schlußfolgerungen auf den anderen Pol durchzuführen, um dann festzustellen, die Variablen Fleiß/Faulheit und Begabung seien Dimensionen der impliziten Persönlichkeitstheorie. Doch kann dies unter Einbezug der Ergebnisse aus den anderen Untersuchungen wohl unterstellt werden. Die Ergebnisse von Höhn (1980²) legen außerdem nahe anzunehmen, daß die beiden Variablen als miteinander verbunden angesehen werden. Denkbar wäre aber auch, daß lediglich beim schlechten Schüler Faulheit und mangelnde Begabung als häufig zusammen auftretend wahrgenommen werden, insgesamt aber weitgehende Unabhängigkeit besteht. Daneben scheinen als Facetten für Faulheit auf: mangelndes Interesse, Langsamkeit, Unaufmerksamkeit und Unordentlichkeit. Dies läßt vermuten, daß die Motivation differenziert kogniziert wird. Schließlich fällt auf, daß Lehrer das Ausmaß der negativen Beurteilung von schlechten Schülern abhängig machen von weiteren Persönlichkeitseigenschaften: von der Disziplin des Schülers (ungezogen und widersetzlich) sowie von dessen psychischer Labilität (Schüchternheit, Ängstlichkeit). So könnten auch diese beiden Variablen Bestandteile der impliziten Persönlichkeitstheorie von Lehrern darstellen.

Die weiteren Untersuchungen mit dieser Methode werden nur in ihren Besonderheiten besprochen. Tabelle 6 enthält eine Synopse der wesentlichen Merkmale und Ergebnisse der Untersuchungen.

Bei Huber & Mandl (1979) fehlen Angaben über die Häufigkeiten, mit denen die einzelnen Kategorien von den Lehrern genannt worden waren. Die Autoren machen nicht deutlich und damit auch nicht nachvollziehbar, wie sie methodisch vorgegangen sind und worauf ihre Ergebnisse letztendlich beruhen. So kann die Untersuchung keine Auskunft

Tabelle 6: Synopse von Untersuchungen zur impliziten Persönlichkeitstheorie (Methode der freien Beschreibung)

Name	Vpn	Erhebungsmethoden	Auswertung	am häufigsten genannte Kategorien bzw. Faktoren	interindividuelle Unterschiede
Höhn (1980[2])	über 100 Lehrer aller Schularten	freie Schilderungen von schlechten Schülern der eigenen Klasse, allgemeine Urteile über schlechte Schüler, Beurteilung auf Eigenschaftsskalen	Bilden von Kategorien und Häufigkeitsangaben, Kontingenztabellen, Korrelationen, Polaritätsprofile	Schulversagen als Ausdruck von Faulheit und Begabungsmangel, zus. mit Undiszipliniertheit, moralisches Versagen	nicht untersucht
Storch (1978)	4 Grundschullehrer	freie Aussagen über insgesamt 93 Schüler, Beurteilungen auf zehn Eigenschaftsskalen	Bilden von Kategorien Faktorenanalysen	Arbeitsverhalten, Leistung, Kontaktverhalten, häusliches Milieu	zuwenig Lehrer für systematische Analysen
Huber/ Mandl (1979)	26 Grundschullehrer, 36 Junglehrer	freie Aussagen über je 12 zufällig ausgewählte Schüler aus der Klasse	Bildung von 36 Kategorien, keine Häufigkeitsangaben, Faktorenanalyse		vier Faktoren aus einer *q*-Analyse
Casparis (1979)	20 Schweizer Lehrer	freie Aussagen über „typische", einen guten und einen schlechten Schüler in grobstrukturierten Interviews	Bilden von Kategorien, Häufigkeitsangaben	Persönlichkeitsmerkmale (z. B. Selbstvertrauen), Schülerverhalten (z. B. Stören), familiale Merkmale (z. B. Lebensgeschichte)	einige Unterschiede in den Kategorienhäufigkeiten zwischen Sekundar- und Real-/Oberschullehrern
Bender (1984)	103 Lehrer des 4. Schuljahres	freie Beschreibung aller Schüler der Klasse	Bilden von 51 Kategorien, Häufigkeitsangaben, Clusteranalysen	nur individuelle Auswertung	sechs Lehrergruppen mit unterschiedlichen Strukturen

geben über die Theorie, die Lehrer über die Persönlichkeit von Schülern besitzen.

Bender (1984) berichtet über eine Reihe von Unterschieden in der Häufigkeit, mit der verschiedene Gruppen von Lehrern einzelne der insgesamt 51 Kategorien verwendeten. Dienstältere Lehrer benutzten häufiger die Kategorien Arbeitsverhalten und Intelligenz und seltener Kategorien aus den Gefühl- und Sozialbereichen als dienstjüngere Lehrer. Lehrerinnen benutzten häufiger Kategorien des Selbstkonzeptes und des Verhaltens im Unterricht und seltener die Kategorie der Leistung als Lehrer. Bender benutzte außerdem die Methode der Cluster-Analyse, um Typen von Lehrern zu identifizieren, die Zusammenhänge zwischen Konstrukten unterschiedlich ordnen. Als Ähnlichkeitsmaß zwischen je zwei Lehrern verwendete er die nicht-parametrische Korrelation der Häufigkeiten des gemeinsamen

Auftretens je zweier Kategorien. Er kommt zu dem Schluß, daß sowohl im Hinblick auf die Benutzung von Konstrukten als auch bezüglich der Konstruktähnlichkeiten von einer Homogenität der impliziten Persönlichkeitstheorie zwischen Lehrern nicht die Rede sein kann.

Die Vorgehensweisen der berichteten Untersuchungen sind nicht voraussetzungsfrei. Sie unterschieden sich in der Art der Erhebung: Beschreibung aller Schüler, ausgewählter Schüler, frei zu wählender Schüler, typischer, schlechter, guter etc. Schüler. Wohl enthielt das empirische System wenig Modellannahmen über die Natur des untersuchten Gegenstandsbereichs, wenig einengende Vorgaben von seiten der Forscher. Weder wurde ein bestimmter Beschreibungstypus gewählt, noch wurden die Reize vorgegeben. Es stellt sich nicht das Problem der Repräsentativität von Reizen und nicht jenes der Abhängigkeit der Zahl der Faktoren von der Zahl der Reize. Die Annahme der Punktsymmetrie von gegensätzlichen Eigenschaften muß nicht geprüft werden. Doch finden auch freie Verfahren in einer ganz bestimmten Erhebungssituation statt. Es muß damit gerechnet werden, daß Lehrer, wenn sie der Aufforderung nachkommen, schlechte Schüler zu beschreiben, sich bemühen, möglichst typische Vertreter auszuwählen, Schüler, die insgesamt besonders schlecht sind. Vielleicht fühlen sie sich aufgefordert, dem Vl möglichst prägnante Darstellungen zu liefern, indem sie pointieren, überzeichnen und selektiv berichten. Die Vpn interpretieren die Befragungssituation, richten ihre Antworten danach aus. Wie sie die Situation auffassen, verbleibt im Dunkeln. Vpn fragen sich immer, was der Untersucher wissen möchte, worauf es ihm ankommt. Freie Verfahren sind keine nicht-reaktiven Methoden.

Das numerische System N ist ganz und gar nicht annahmefrei. Die Auswertung von Tonbandprotokollen (die Bildung von Auswertungskategorien, die Identifizierung von Einzeläußerungen, ihre Zuordnung zu den Kategorien des Systems mit anschließender Auszählung der Häufigkeiten) ist eine inhaltsanalytische Methode, in der Vorannahmen der Forscher massiv zum Tragen kommen, ohne daß es möglich ist, diese zu identifizieren. Von ihnen hängt es ab, welche Aussagen in den Beschreibungen als wichtig angesehen, welche Kategorien gebildet werden usw. Der Vorgang, der in den gebundenen Verfahren bereits vor der Untersuchung durchgeführt wird und zur Auswahl der Reize führt, wird hier nachträglich eingeführt. So kommt es, daß die Kategorienbildung in den gesichteten Untersuchungen völlig unterschiedlich durchgeführt wurde, was Zahl, Breite und Benennung der Kategorien betrifft. Ein Nachteil dieser Methode besteht auch darin, daß weiterführende Auswertungen mit Hilfe von Korrelationen, Faktorenanalysen und Clusteranalysen sehr zweifelhaft sind. Sie wurden von einzelnen Autoren angewendet, wurden aber wegen ihrer Fragwürdigkeit hier meist nicht besprochen.

b) Nun zu den Arbeiten, die sich des *Rep-Tests* bedienten. Eine interessante Anwendung des repertory grid tests (Kelly, 1955) zur Erfassung der schülerbezogenen „personal constructs“ wurde von Nash (1973) in Schottland vorgenommen. Nash arbeitete zunächst mit acht Lehrern aus einer Grundschule (junior school), die als „progressiv“ bekannt war. Jedem Lehrer wurden drei Kärtchen vorgelegt, auf denen jeweils ein Name eines Schülers stand. Die Aufgabe bestand darin, jene zwei Schüler auszusortieren, die einander in irgendeiner Beziehung ähnlich sind. Die Antwort könnte z.B. sein, zwei stören häufig und der dritte ist sehr ruhig. In diesem Fall wäre das bipolare Konstrukt *störend – ruhig* gewonnen worden. Für jeden Lehrer wurden auf diese Weise zwischen zehn und zwölf Konstrukte erhalten und vom Lehrer anschließend in eine Rangordnung gebracht mit Hilfe der Frage: „Wenn sie eine neue Klasse erhalten, welche Information wäre für Sie am nützlichsten?“ Die wichtigsten acht Konstrukte wurden jeweils als ausreichend für die Beschreibung des Lehrer-Repertoires betrachtet.

Die von den einzelnen Lehrern verwendeten Konstrukte unterschieden sich im Detail. Doch bestand auffallende Übereinstimmung in den zentralen Dimensionen. In den meisten Antworten fanden sich drei verschiedene Konstrukte:

fleißig – faul
reif – unreif
gutes Benehmen – schlechtes Benehmen.

Die Bedeutung, die die acht Lehrer den Konstrukten beimaßen, variierte beträchtlich (Tabelle 7).

Zwischen sechs Lehrern bestand Übereinstimmung darin, daß die Dimension „fleißig – faul“ wichtig sei. Sie plazierten dieses Konstrukt unter die ersten vier. Zwei Lehrer plazierten es erst an siebter Stelle. Über die Wichtigkeit von „reif – unreif“ herrschte die größte Divergenz. Für zwei Lehrer war sie der wichtigste Gesichtspunkt, für zwei andere war sie relativ wenig wichtig. Mehr Übereinstimmung herrschte bei der Wichtigkeitsbeurteilung des Konstrukts „gutes Benehmen – schlechtes Benehmen“. Es

Tabelle 7: Die drei am häufigsten benutzten Konstrukte mit den Rängen ihrer Wichtigkeit für den jeweiligen Lehrer innerhalb von acht Konstrukten (aus: Nash, 1973, S. 23).

Konstrukt	Lehrer								Modalwert
	A	B	C	D	E	F	G	H	
fleißig – faul	2	2	7	4	1	2	7	4	2
reif – unreif	5	1	3	1	6	7	5	5	5
gutes Benehmen – schlechtes Benehmen	6	8	4	5	4	5	6	6	6

schwankte zwischen dem vierten und dem achten Rang. Der modale Rang war sechs.

Auffallend bei dieser Stichprobe ist, daß wenig Begabungs-Konstrukte verwendet wurden. Dies könnte auf die Ausgelesenheit der Stichprobe zurückzuführen sein. Die Kind-Zentriertheit der Schule, an der die Lehrer arbeiteten, könnte darin zum Ausdruck kommen, daß Schüler weniger nach akademischen Fähigkeiten unterschieden wurden als danach, über welche steuerbaren Voraussetzungen sie für das schulische Fortkommen verfügen.

Nash untersuchte weiter sechs primary-school- und drei secondary-school-Lehrer. Die von allen drei secondary-school-Lehrern benutzten Konstrukte waren:

gescheit – dumm
lebhaft – schwerfällig
angenehm – weniger angenehm.

Zwei Lehrer stimmten überein in:

gutes Benehmen – weniger gutes Benehmen
gesellig – ungesellig.

Als Nachteil dieses Vorgehens muß die Schwierigkeit gesehen werden, die Ergebnisse zwischen verschiedenen Personen zu vergleichen. Die primary-school-Lehrer neigten dazu, ebenfalls die fünf Hauptkonstrukte der secondary-school-Lehrer zu benutzen. Doch ist ein weitergehender Vergleich nicht möglich (S. 80).

Die weiteren Arbeiten, die sich dieses oder eines abgewandelten Verfahrens bedienten, sind in der Synopse von Tabelle 8 aufgeführt.

Auch die Ergebnisse dieser Untersuchungen sind untereinander schwer vergleichbar, geschweige denn mit denen anderer Untersuchungen. Sie unterschieden sich in der Art des Vorgehens, in der Benennung der Konstrukte sowie in der Bildung der Kategorien für die Konstrukte.

Thompson (1975) hat die individuellen Strukturen der untersuchten Lehrer mit Hilfe von Übereinstimmungskoeffizienten graphisch dargestellt. Abbildung 11 bringt als Beispiel die Struktur eines Lehrers, die als differenziert und integriert bezeichnet wurde. Die Struktur eines anderen Lehrers (Abbildung 12) erscheint zwar differenziert, aber nicht integriert.

Die Anwendung des Rep-Tests führt zwangsläufig zu einer Überbetonung der interindividuellen Unterschiede. Möglicherweise verstecken sich hinter verschiedenen Konstruktbezeichnungen dieselben Bedeutungen. Die Ergebnisse sind auch abhängig von den zufälligen Eigenschaften der je beurteilten Schüler. Und die Zahl der elaborierten Konstrukte mag beeinflußt sein von der Formulierungsfreudigkeit des betreffenden Lehrers. So kann sich der Eindruck über Gebühr aufdrängen, daß sich Lehrer erheblich unterscheiden.

Tabelle 8: Synopse der Rep-Test-Untersuchungen zur impliziten Persönlichkeitstheorie

Autor	Vpn	Erhebungsverfahren	Auswertung	wichtigste Konstrukte	interindividuelle Unterschiede
Nash (1973)	insgesamt 17 schottische Lehrer	Triadenvergleich, Rangordnung der Konstrukte nach Nützlichkeit	Aufstellung der Konstrukte pro Lehrer in der Rangreihe ihrer Nützlichkeit	gescheit–dumm lebhaft–schwerfällig fleißig–faul reif–unreif	große Unterschiede zwischen Lehrern
Weinberg (1976)	20 Erstklaß-Lehrer	Triadenvergleich	Häufigkeitsangaben für die 39 resultierenden Konstrukte	kognitive Leistungen, Persönlichkeit, soziales Verhalten, familiärer Hintergrund	geringe Unterschiede zwischen Lehrern verschiedener Schularten, drei Typen von Lehrern
Taylor (1976a, 1979)	48 englische Grundschullehrer	je zwei ähnliche Schüler sollten separiert und benannt werden, Beurteilung der Schüler anhand der Konstrukte auf 7-Punkte-Skalen	Bilden von Kategorien für die 446 gebildeten Konstrukte und Angabe der Häufigkeiten, Faktorenanalyse pro Lehrer	schulische Leistung, Begabung und Anstrengung (44%), nicht kognitive Persönlichkeitseigenschaften (20%), Disziplin und Beziehung zum Lehrer (16%)	große Unterschiede zwischen z. B. Lehrer und Lehrerinnen
Thompson (1975)	7 englische Lehrer aus Vorschuleinrichtungen	Triadenvergleich, Beurteilung der Schüler anhand der Konstrukte	Bilden von drei Kategorien für die 94 Konstrukte, Art Korrelation zwischen Konstrukten	Persönlichkeit (Extraversion, Reife, Humor), Sozialverhalten, Fertigkeiten	große Unterschiede zwischen Lehrern in der Art der Konstrukte und der Differenziertheit der Systeme
Hepke und Henning (o.J.)	36 deutsche Lehrer	Angabe der wichtigsten Eigenschaft und des Gegenteils für jeden von 10 Schülern, anschließend Beurteilung der Schüler auf den resultierenden Skalen	Korrelationen zwischen Skalen und Faktorenanalyse pro Lehrer	Kategorisierung der resultierenden Faktoren und Häufigkeitsangabe: Arbeitsverhalten, Aktivität, Grundstimmung, Kooperation, Begabung, Selbstsicherheit	Jeder Lehrer hatte „seine eigene Faktorenstruktur"

Die Methode hat zweifellos erhebliche Vorteile. Sie garantiert eher als andere Verfahren, für die Person bedeutsame Konstrukte zu ermitteln. Die Personen sind gehalten, genau über ihre Differenzierungen nachzudenken. Es wird ihnen ermöglicht, ihre Denkprozesse individuell zu artikulieren. Außerdem ermöglicht die Verwendung der Konstrukte zur anschließenden Beurteilung (Taylor, 1979; Thompson, 1975; Hepke & Henning, o.J.) eine quantitative Auswertung bis hin zur problemlosen Durchführung von Faktorenanalysen. Doch ist das Verfahren nicht unproblematisch. Kellys (1955) Annahme, das Verfahren sei imstande, die natürlichen und täglichen Denkprozesse aufzudecken, ist eben auch nur eine Annahme. Erhebungstechnische Besonderheiten, situative Momente und Faktoren der Testsituation können verfälschend wirksam werden. Unklar ist, ob die Per-

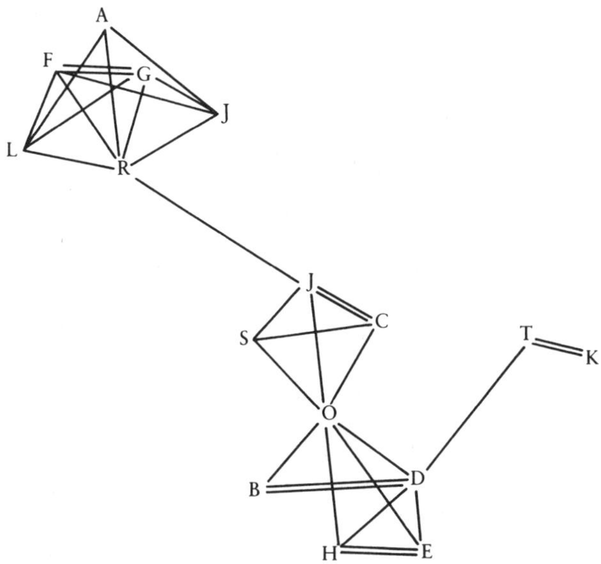

Abbildung 11: Darstellung der Struktur eines Lehrers (aus Thompson, 1975, S. 20). Die Buchstaben bezeichnen einzelne Konstrukte, z.B. G = freundlich/scheu.

sonen den Test als angenehm erleben, weil sich jemand um ihre Sichtweise bemüht (Thompson, 1975, S. 19), oder ihn als besonders schwierige und belastende Aufgabe ansehen (Taylor, 1976 a). Der Status und die Natur der durch die verschiedenen Erhebungstechniken des Rep-Tests gewonnenen personalen Konstrukte sind zudem unklar (Taylor, 1976 b; 1979, S. 42). Auch sind die Ergebnisse nicht unabhängig von den Annahmen des Forschers. Bei der Bildung von Kategorien für verschiedene Konstrukte gehen seine Interpretationen dessen, was der Lehrer mit einem Konstrukt gemeint haben könnte, ein sowie seine Auffassungen über Kategorienbreite, -differenziertheit etc.

c) Schließlich zur „klassischen Methode" der Erfassung von impliziten Persönlichkeitstheorien, der Methode der *Ähnlichkeitsschätzung* mit anschließender multidimensionaler Skalierung. Ich ging (Hofer, 1974[3]) der Frage nach, wie die implizite Persönlichkeitstheorie von Lehrern im Hinblick auf Schüler strukturiert ist; d.h.

1. welche Dimensionalität sie besitzt;
2. welche Eigenschaften die Dimensionen beinhalten;
3. welches die zentrale Eigenschaft, und
4. welches die zentrale Dimension ist.

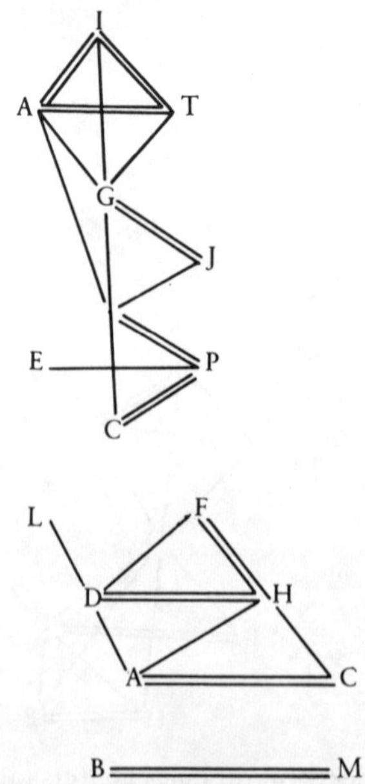

Abbildung 12: Darstellung der Struktur eines Lehrers (aus Thompson, 1975, S. 27). Die Buchstaben bezeichnen einzelne, von dem Lehrer generierte Konstrukte, z. B. D = sozial/zurückgezogen.

Die Erfassung der impliziten Persönlichkeitstheorie von Lehrern erfolgte mit zwei Methoden: der multidimensionalen Skalierung nach Torgerson (1958) von im Paarvergleich erhobenen Ähnlichkeitsschätzungen zwischen 25 Eigenschaften (N = 40) sowie der Faktorenanalyse der Beurteilungen von vier idealisierten Schülertypen (dem durchschnittlichen, dem guten, dem schlechten und dem idealen Schüler) auf den um ihre Gegensätze erweiterten Eigenschaftsskalen (sensu Polaritätsprofil, N = 66). In beiden Fällen ergab sich eine Fünf-Faktoren-Struktur mit den Dimensionen Begabung, Anstrengung, Diszipliniertheit, soziale Zuwendung und seelische Robustheit.

Auf dem ersten Faktor luden Eigenschaften, die Ordnung und Zuverlässigkeit gegen mangelndes Interesse und Pflichtgefühl stellen. Auf dem zweiten Faktor luden Eigenschaften, die Sensibilität und Gehemmtheit bzw. psychische Stabilität ausdrücken. Der dritte Faktor war als Intelligenz- oder Begabungsfaktor identifizierbar. Beim vierten Faktor fielen Eigenschaften auf, die Rücksichtslosigkeit und Dominanz beinhalten. Der fünfte Faktor stellte die Dimension der Kontaktbereitschaft und Höflichkeit dar. Die meiste Varianz klärte der erste Faktor auf (28 %). Insofern kann er als die zentrale Dimension innerhalb der durch die vorgegebenen Eigenschaften bestimmten Struktur bezeichnet werden. Eine zentrale Eigenschaft im Sinne der Eigenschaft „kalt-warm" wie bei Asch (1946) war nicht zu entdecken. Die Kommunalitäten waren alle recht niedrig. Die höchste Kommunalität innerhalb der vorgegebenen Eigenschaften erreichte „uninteressiert".

Ulbricht (1972) und Winter (1978) wiesen in Reanalysen dieser Untersuchung darauf hin, daß der Bartlett-Test II nur für die ersten vier unrotierten Faktoren signifikante Werte ergibt.[2]) Es sei demnach nur eine vier-dimensionale implizite Persönlichkeitstheorie als statistisch abgesichert zu betrachten. Diese Kritik erscheint gerechtfertigt, wenn man bedenkt, daß in der Stabilitätsprüfung (vgl. Hofer, 1974[3], S. 42–43) nur bei vier der fünf Faktoren hohe Fischer-Roppert-Übereinstimmungskoeffizienten zwischen den beiden Stichprobenhälften resultierten. Auch Gigerenzer & Strube (1978) wiesen auf die Schwierigkeit hin, hier eine klare Entscheidung über die Zahl der Faktoren zu treffen.

Der Frage nach der *Orthogonalität* bzw. Schiefwinkligkeit der Dimensionsstruktur ist bislang nicht nachgegangen worden. Bei der Anwendung der Varimax-Rotation wurde Einfach-Struktur unterstellt. Doch zweifelt Ulbricht (1972) in seiner Reanalyse die Berechtigung des Vorgehens an. Nach dem Bargman-Test (vgl. Überla, 1968, S. 373) ist das Kriterium der Einfach-Struktur nicht erfüllt. Bei einer Faktorenanalyse der Beurteilungen von realen Schülern durch ihre Lehrer auf 25 Eigenschaftspolaritäten ergaben sich zum Teil beträchtliche Interkorrelationen zwischen den resultierenden Faktoren. Insbesondere fiel auf, daß „Fleiß" und „Bescheidenheit" als Faktoren zu 0,52 miteinander korrelierten. Auch „Begabung" korrelierte mit „sozialer Aufgeschlossenheit" noch zu 0,42. So steht zu vermuten, daß die Dimensionen der impliziten Persönlichkeitstheorie von Lehrern nicht unabhängig voneinander sind. Dies würde bedeuten, daß Lehrer nicht nur innerhalb einer Dimension, sondern auch von einer auf eine andere Dimension bis zu einem gewissen Grad Rückschlüsse ziehen.

Die implizite Intelligenztheorie. In den meisten Untersuchungen zur allgemeinen impliziten Persönlichkeitstheorie sticht deutlich ein Aspekt hervor, der annehmen läßt, daß für viele Lehrer die Schülerbegabung eine wichtige Dimension ist. So kann man danach fragen, welche Binnenstruktur diese Dimension aufweist. Diskriminieren Lehrer zwischen Schülern nur auf *einem* Begabungsfaktor oder ist ihr Bild differenzierter? Wenn ja, welches sind die Gesichtspunkte, nach denen Intelligenz kogniziert wird?

---

2) Die Frage ist aber, ob die Anwendung des Bartlett-Tests auf die multidimensionale Skalierung gerechtfertigt ist. Nach Pawlik ist der Bartlett-Test II auf Faktorenanalysen nach dem Hauptkomponenten-Modell beschränkt (1968, S. 86).

Gängige Alltagswendungen (z. B. ein Schüler ist mathematisch oder sprachlich begabt) lassen vermuten, daß durchaus Vorstellungen über spezielle Begabungen vorhanden sind.

In einer unveröffentlichten Arbeit sind Bacher & Borel (1975) der Frage nachgegangen, welche Vorstellungen Lehrer von der Intelligenzstruktur bei Schülern haben. Aufgrund einer Analyse von Intelligenztheorien und -tests, ausführlichen Interviews mit zehn Lehrern über die Intelligenz von Schülern sowie einer Reduktion und Klassifikation der erhaltenen Eigenschaften anhand von Gesprächen mit weiteren 13 Lehrern, wurden 11 Items ausgewählt, welche die Bereiche schöpferisches Denken, Auffassungsgabe, Einfallsreichtum, Gedächtnis, Rechnen, logisch-abstraktes Denken, Sprachverständnis, Lernfähigkeit, anschauliches Denken, praktische Intelligenz und Ausdrucksgewandtheit repräsentierten. 53 Lehrer der Grund- und Hauptschule wurden dann gebeten, die Eigenschaften paarweise nach Ähnlichkeit einzuschätzen (Instruktion: „Wenn ein Schüler die „Fähigkeit zu schöpferischem Denken“ hat, wie wahrscheinlich hat er dann auch ...?“ 0 = äußerst geringe Wahrscheinlichkeit, bis 10 = äußerst hohe Wahrscheinlichkeit). Die Lehrer und Lehrerinnen waren im Mittel 32,5 Jahre alt und hatten eine Praxis von 8,7 Jahren.

In einer multidimensionalen Skalierung der Ähnlichkeitsschätzungen nach Kruskal (1969)[3]) zeigte die Streß-Kurve zwischen der drei- und der vierdimensionalen Lösung einen klaren Knick. Die Güte der Anpassung bei drei Dimensionen lag bei einem Streß-Wert von 0,08 nach Kruskal (1969) zwischen „good“ und „excellent“.

Tabelle 9 zeigt die varimaxrotierte Kruskal-Struktur.[4])

Faktor 1 kann als Faktor der *sprachlichen Intelligenz* interpretiert werden. In dieser „sprachlichen Intelligenz“ sind sowohl „verbal comprehension“ als auch „verbal fluency“ enthalten. Die hohe Ladung der „Lernfähigkeit“ zeigt, daß die Lehrer das Ausmaß der „sprachlichen Intelligenz“ als abhängig beurteilen von der Effizienz vorangegangener Lernprozesse.

Faktor 2 wird interpretiert als *rechnerische Intelligenz*. Dabei handelt es sich wohl weniger um eine Begabung für komplexe und hoch-abstrakte Mathematik, sondern eher um eine für einfachere rechnerische Probleme (die in der Grund- und Hauptschule wohl auch vorrangig bearbeitet werden). Der Faktor ist nicht dem „number“-Faktor Thurstones (1938) äquivalent; dafür spricht schon, daß auch das Gedächtnis eine beträchtliche Rolle spielt.

---

3) Als Input dienten die Mediane der Wahrscheinlichkeitsurteile.

4) Eine Stabilitätsprüfung an halbierten Stichproben erbrachte hohe Übereinstimmungen.

Tabelle 9: Varimaxrotierte dreidimensionale Struktur der Urteile des „durchschnittlichen Lehrers“ über die Wahrscheinlichkeit des Zusammenvorkommens der 11 Intelligenz-Eigenschaften (Eigenschafts-IIT, gewonnen mit Hilfe einer Kruskal-MDS).

Eigenschaften bzw. Fähigkeiten	Skalenwerte auf den Dimensionen 1	2	3	h^2
(+) log.-abstraktes Denken	*−.61*	*−.59*	.25	.78
(−) prakt. Intelligenz	−.06	.21	*−1.23*	1.56
(+) schöpferisches Denken	*−.52*	−.16	*.81*	.96
(−) Einfallsreichtum	*.59*	.42	*−.90*	1.33
(+) Auffassungsgabe	*−.55*	*−.54*	.45	.80
(+) Sprachverständnis	*−.99*	−.16	.22	1.06
(−) Ausdrucksgewandtheit	*1.03*	.01	.06	1.07
(−) Gedächtnis	.26	*1.02*	.12	1.12
(−) Lernfähigkeit	*.81*	*.72*	−.16	1.21
(+) Rechnen	.03	*−1.01*	.10	1.02
(+) anschauliches Denken	.01	.09	.28	.09
Varianzaufklärung in %	37,1	31,7	31,2	$\Sigma h^2 = 11.0$

Ladungen über |.50| sind kursiv gesetzt.

Faktor 3 kann als *praktische Intelligenz* interpretiert werden. Interessant ist, daß die Lernfähigkeit keine Rolle spielt, während sie bei der sprachlichen und der rechnerischen Begabung wichtig war. Hier scheint (nach Ansicht der Lehrer) die (schulische) Lerngeschichte nicht so wichtig zu sein. Das deutet auf jene Komponente hin, die mit Künstlerischem, Kreativem u.a. zu tun hat.

Die Drei-Dimensionalität der Struktur ist wohl auch methodisch bedingt. Bei 11 Items kann man nicht viele Faktoren erwarten. Die Dimensionalität läßt sich in gewissen Grenzen manipulieren. Um zu prüfen, ob sich die Dimensionalität auch dann ändert, wenn lediglich die Zahl der Items erhöht wird, ohne daß substantiell neue Inhalte in das Item-Sample aufgenommen werden, wurde der Item-Pool um vier weitere Items erweitert, die lediglich die semantischen Gegensätze von vier Items darstellten, welche bereits im Sample enthalten waren (z.B. wurde für „schlechtes Gedächtnis“ aufgenommen: „gutes Gedächtnis“). Diese nunmehr 15 Eigenschaften wurden von einer weiteren Stichprobe, bestehend aus 28 Lehrern und Lehrerinnen der Grund- und Hauptschule, in der gleichen Weise wie bei Stichprobe 1 auf Ähnlichkeit beurteilt. In diesem Fall wurden (sowohl mit der nonmetrischen als auch mit der metrischen MDS) vier Faktoren extrahiert. Weitgehend identisch waren die Faktoren „sprachliche Begabung“ und „praktische Begabung“. Doch resultierten zwei verschiedene Faktoren rechnerischer Begabung: einer mit Konnotationen zum logisch-abstrakten Denken, der andere war stärker mit Gedächtnisleistungen verknüpft. Dieses Ergebnis zeigt eine Grenze des Verfahrens der multidimensionalen Skalierung auf. Der Einbezug neuer Items selbst ohne Vergrößerung der inhaltlichen Breite kann zu einer Pseudo-Zunahme an Faktoren führen.

Die Struktur wurde zwar orthogonal rotiert, die Dimensionen korrelierten aber recht hoch, was darauf zurückzuführen ist, daß die meisten Items auf mehr als einem Faktor luden. In Anbetracht dieser Abhängigkeit wurde die Struktur zusätzlich schiefwinklig rotiert („direct oblimin"-Kriterium, vgl. z.B. Überla, 1968, S. 174, 213; Harman, 1967, S. 334ff.). Die oblique Urteilsstruktur unterscheidet sich nicht prinzipiell von der orthogonalen. Sie ist etwas akzentuierter. Der Vergleich der Strukturen zeigt, daß die Interpretation der Dimensionen nicht geändert zu werden braucht (Tabelle 10).

In dieser Untersuchung wurde auch der Frage nach Unterschieden zwischen Lehrern nachgegangen. Zunächst wurden die Ähnlichkeitsurteile der 53 Lehrer zwischen den Intelligenz-Eigenschaften einer Tucker-Messick-Analyse unterzogen. Der Unterschied zwischen dem ersten und den folgenden Eigenwerten war so deutlich, daß man ebenso wie bei Hofer (1974[3]) einen einzigen Gesichtspunkt als angemessene Beschreibung für beinahe alle Lehrer der Stichprobe annehmen konnte. Als weitere Methode wurde eine Q-Analyse der Lehrer-Ähnlichkeitsmatrix durchgeführt. Hierbei wurden die Distanzen vor ihrer Verrechnung in Mittelwerten und Streuungen standardisiert. Bei diesem Vorgehen legte die Eigenwertkurve ebenfalls einen Abbruch nach dem ersten Faktor nahe. Schließlich wurde die Stichprobe noch nach den Variablen Geschlecht, Alter, Praxisdauer und Schultyp (Grund- versus Hauptschule) aufgeteilt, getrennte multidimensionale Skalierungen berechnet und die Ladungsmatrizen paarweise nach Ähnlichkeit exakt verglichen. In allen Fällen lagen die Ähnlichkeitskoeffizienten der Dimensionen zwischen 0.90 und 0.99 (Ausnahme Alter: die älteren Lehrer behandelten das Item „schlechtes Gedächtnis" anders als die jüngeren).

Nach Ahrens (1974) dient die multidimensionale Skalierung dazu, jene subjektive Struktur der Beurteiler aufzufinden, die den Ähnlichkeitsurteilen zugrunde liegt. Die multidimensionale Skalierung führt dabei zu Hypothesen. Es stellt sich die Frage nach der „empirischen Gültigkeit ... der durch multidimensionale Skalierung

Tabelle 10: Interkorrelationen der drei Dimensionen der schiefwinklig rotierten Kruskal-Struktur (Delta – 0,5)

	rechnerische Begabung	sprachliche Begabung
sprachliche Begabung	.47	
praktische Begabung	–.30	–.35

abgebildeten theoretischen Konstrukte zur Urteilsbildung" (Ahrens, 1974, S. 215, vgl. auch Gigerenzer, 1981 b). In der Regel ist der Geltungsanspruch von interpretierten Dimensionen recht eingeschränkt, da die Interpretationen durch subjektive Überlegungen des benennenden Forschers beeinflußt sind. Daher wurde die Möglichkeit genutzt, die Interpretation der Dimensionen durch Lehrer zu überprüfen. Eine dritte Stichprobe von 48 Grund- und Hauptschullehrern wurde gebeten einzuschätzen, in welchem Ausmaß ein Schüler, der z.B. „ein gutes Sprachverständnis" als Eigenschaft hat, „rechnerisch begabt" (bzw. „sprachlich begabt" bzw. „praktisch begabt" als Faktor) ist. Wegen der Anonymität der Untersuchung konnte nicht die gleiche Stichprobe herangezogen werden. Es standen Schätzskalen mit neun Stufen zur Verfügung.[5]) Diese Schätzwerte korrelierten mit den Skalenwerten der multidimensionalen Skalierung zwischen 0.90 und 0.94. Offenbar konnten die Lehrer dieser Stichprobe den Interpretationen der aus den Ähnlichkeitsschätzungen der ersten Stichprobe gewonnenen Faktoren recht gut zustimmen. Da es sich bei der impliziten Intelligenztheorie um eine einzige „Sichtweise" handelte (vgl. oben), ist die Überprüfung der Interpretationsgültigkeit an einer anderen Stichprobe gerechtfertigt. Das Verfahren kann als eine Möglichkeit der quantifizierten Konsens-Validierung (vgl. Groeben & Scheele, 1977; Wahl, 1981) betrachtet werden.

Der Bereich Schülerbegabung ist vermutlich innerhalb der impliziten Persönlichkeitstheorie von Lehrern kein in sich abgeschlossener Bereich. Lehrer verknüpfen mit der Schülerbegabung noch andere Persönlichkeitseigenschaften. Auch im Alltag geht man wie selbstverständlich davon aus, daß Intelligenz mit anderen Merkmalen verknüpft ist. Solche Schlüsse können im Unterricht recht wichtig sein.

Die Verknüpfung der impliziten Intelligenztheorie mit der allgemeinen impliziten Persönlichkeitstheorie wurde bei Bacher & Borel (1975) dadurch untersucht, daß die 53 Lehrer der ersten Stichprobe gebeten wurden, von 15 „Umfeld-Eigenschaften" (vgl. Tabelle 11) auf die 11 Intelligenzeigenschaften zu schließen. Und zwar sollten sie sich z.B. einen „geltungsbedürftigen" Schüler vorstellen und auf einer neunstufigen Schätzskala z.B. das Ausmaß des „Sprachverständnisses" dieses Schülers angeben. Klarstes Ergebnis: von Leistungen in Schulfächern wurden Schlüsse auf entsprechende intellektuelle Fähigkeiten gezogen. Auch von motivationalen Variablen („Erfolgszuversicht" und niedriger „Anstrengungsbereitschaft") wurde auf intellektuelle Eigenschaften geschlossen. Es zeigte sich außerdem eine Asymmetrie in der Schlußfolgerung von positiven und negativen Motivationsvariablen. Die Inferenzen, die von den anderen Eigenschaften auf intellektuelle Eigenschaften gezogen wurden, waren relativ schwach ausgeprägt. Die mittleren Werte überschritten in wenigen Fällen den Mittelpunkt der Skala (5) um einen Punkt.

---

5) Eine Stabilitätsüberprüfung an halbierten Stichproben erbrachte hohe Übereinstimmungen.

Tabelle 11: Mittelwerte der Inferenzen von A (allgemeine Persönlichkeitseigenschaften) auf B (Intelligenzeigenschaften). Die Einstufungen liegen zwischen 1 (niedrige Ausprägung) und 9 (hohe Ausprägung). Es sind nur Mittelwerte größer/gleich 6,2 und kleiner/gleich 3,8 eingetragen.

B: auf: Intelligenzeigenschaften / A: von: allgemeine Persönlichkeitseigenschaften	log.-abstr. Denken	Auffassungsgabe	Sprachverständnis	Ausdrucksgewandtheit	Lernfähigkeit	Gedächtnis	Rechnen	praktische Intelligenz	schöpferisches Denken	Einfallsreichtum	anschauliches Denken
hohe Anstrengungsbereitschaft											
niedrige Anstrengungsbereitschaft				3,5	3,7		3,6				
diszipliniert					6,2						
undiszipliniert											
zurückhaltend											
geltungsbedürftig											
sensibel											
robust											
sympathisch											
anlagebestimmt											
umweltbestimmt											
erfolgszuversichtlich		6,4	6,5			6,5	6,7			6,2	6,3
mißerfolgsängstlich											
gut in Deutsch			7,7	7,9	6,9	6,3			6,7	6,4	
gut in Rechnen	7,6	7,5			6,7	7,1	8,4				

Insgesamt sind also in teilweisem Gegensatz zu den Befunden von Hofer (1974³) und Höhn (1980²) eher schwache Inferenzen festzustellen. Dies läßt vermuten, daß die Vorstellungen von intellektuellen Variablen der Schülerpersönlichkeit relativ stark in sich abgeschlossen sind.

Menschen neigen im allgemeinen dazu, bei der Wahrnehmung der Persönlichkeit von Mitmenschen auf deren Eigenschaften zu achten. Doch kann man es nicht als selbstverständlich voraussetzen, daß die implizite Persönlichkeitstheorie von Lehrern ausschließlich dem adjektivischen Beschreibungsmodus unterliegt (vgl. auch Gigerenzer & Strube, 1978, S. 78). Aus dieser Überlegung heraus wurde bei Bacher & Borel (1975) in einem weiteren Untersuchungsgang die implizite Intelligenztheorie nicht auf der Ebene von Eigenschaften, sondern auf der Ebene von konkreten Verhaltensweisen untersucht. In diesem Untersuchungsschritt wurden 90 Items (45 Items und ihre Gegensätze) ausgewählt, die konkret intelligentes Verhalten von Schülern beschreiben. Die Liste enthielt u.a. „kann gut mit Fremdwörtern umgehen", „gibt meist vernünftige Urteile ab", „findet leicht Oberbegriffe", „kann rasch und leicht Wichtiges von Unwichtigem trennen", „hat einen großen Wortschatz". Eine weitere (vierte) Stichprobe von 53 Lehrern und Lehrerinnen der Grund- und Hauptschule wurde gebeten, die Intelligenz von ihnen gut bekannten Schülern (je zwei hoch-, mittel- und niedrig-intelligente Schüler) durch Ankreuzen kennzeichnender Items zu charakterisieren. Die Lehrer waren frei in der Auswahl der Items, die sie ankreuzten; sie konnten viele oder wenige Items benutzen, wurden also nicht zu ihnen eventuell fremden Urteilen gezwungen. Die Items wurden zunächst paarweise über die 318 Stimulusobjekte hinweg interkorreliert (phi-Korrelation). Mit der Matrix der Item-Interkorrelationen wurde dann eine Hauptkomponentenanalyse berechnet. Es resultierten lediglich zwei Faktoren. Der erste Faktor trennte positiv von negativ formulierten Items. Der zweite Faktor reflektierte die Häufigkeiten, mit denen die Items insgesamt gewählt worden waren. Eine auf der Basis von Disassociations-Werten sowie Delta-scores nach Wing & Nelson (1972) berechnete Kruskal-Analyse erbrachte ebenfalls einen Faktor, der positive und negative Items trennte. Da der methodische Status dieses Verfahrens unklar ist, können die Ergebnisse nicht interpretiert werden.

Die implizite Motivationstheorie. Es kann wohl als weithin gesichertes Ergebnis der Forschung betrachtet werden, daß in der Vorstellung von Lehrern über die Schülerpersönlichkeit der Bereich „Motivation/Arbeitshaltung" eine wesentliche Rolle spielt. Nach den Untersuchungen von Höhn (1980²) dominieren beim Bild des Lehrers vom schlechten Schüler vor allem Nichtwollen, Faulheit und Interesselosigkeit. Bei Meyer & Butzkamm (1975) schrieben Lehrer Anstrengungsfaktoren etwa 30% Gewicht für die Herbeiführung von Rechenleistungen zu. Nach Steinkamp (1971) berücksichtigen Lehrer bei Übertrittsgutachten zu 55 % die Arbeitshaltung. Bei Hofer (1974[3]) band der Faktor des Arbeitsverhaltens mit Eigenschaften wie konzentriert, ordentlich, ruhig, aufmerksam, pflichtbewußt und interessiert die meiste gemeinsame Varianz. Die Kategorie „Arbeitshaltung" vereinigte bei Casparis (1979) 6 – 7 % aller schülerbezogenen Äußerungen von Lehrern auf sich. Gleichzeitig lassen die unterschiedlichen Benennungen dieses Aspektes in den einzelnen Untersuchungen vermuten, daß die globale Kategorie „Motivation" kein einheitliches subjektives Konstrukt abdeckt. Möglicherweise unterscheiden Lehrer im Rahmen einer allgemeinen Vorstellung vom motivierten Schüler eine Reihe von Unteraspekten, etwa indem sie stabile von variablen Anstrengungsfaktoren differenzieren, oder indem sie Interesse von Fleiß abheben.

In einer unveröffentlichten Arbeit ist Stoltz (1977) der Frage nach der impliziten Motivationstheorie von Lehrern nachgegangen. Zunächst wurden nach theoretischen Gesichtspunkten und im Anschluß an Voruntersuchungen 19 Eigenschaften ausgewählt, von denen etwa die Hälfte positive bzw. negative Aspekte der Lernmotivation bezeichnen. An der Untersuchung nahmen 50 Grundschullehrer und -lehrerinnen mit mittlerem Alter von 34 Jahren teil. Sie sollten beurteilen, wie ähnlich bei Schülern die Eigenschaft A mit der Eigenschaft B ist (1 = sehr ähnlich, 9 = sehr unähnlich). Um die Aufgabe zu erleichtern, wurde in der Instruktion gesagt, es sollten nicht so sehr Eigenschaften, sondern vielmehr Schüler mit Eigenschaften miteinander verglichen werden (Beispiel: Wie ähnlich ist ein „ablenkbarer" Schüler einem „verspielten" Schüler?). Berechnet wurde eine multidimensionale Skalierung nach Torgerson (1958) und Messick & Abelson (1956).[6]) Der Knick in der Kurve der Eigenwerte sowie ein Vergleich verschiedener Lösungen legten nahe, die Vier-Faktoren-Lösung zu wählen. Der erste Faktor spiegelt die Dimension des aktiven Interesses im Hinblick auf Wissenserwerb wider. Der zweite Faktor wurde „Arbeitsgenauigkeit" genannt. Im dritten Faktor kommen Eigenschaften zum Ausdruck, die auf Ehrgeiz hinweisen. Bei der Ausprägung dieses Aspektes der Lernmotivation aus der Sicht des Lehrers spielen sowohl affektive (geht aus den Eigenschaften „Freude am Erfolg" und „neugierig" hervor) als auch kognitive Komponenten („planend", „beharrlich") eine Rolle. Wegen der hohen Ladungen auf den Eigenschaften „eigenverantwortungsbewußt" (negativ) und „unreale Selbsteinschätzung" sowie „unkritisch" (positiv) wurde der vierte Faktor Vernünftigkeit genannt.

6) Bei einer ebenfalls durchgeführten nonmetrischen mehrdimensionalen Skalierung nach Kruskal (1969) wurde die Startkonfiguration dem Zufall überlassen, was zu einer nicht interpretierbaren Lösung führte. Sie kam dadurch zustande, daß das Problem des „lokalen Minimums" auftrat (vgl. Gigerenzer, 1981 b, S. 344f.).

Von den 19 für die Ähnlichkeitsurteile verwendeten Eigenschaften wiesen neun auf mehreren Faktoren Skalenwerte über 1,5 auf: ein Hinweis darauf, daß die Dimensionen wohl nicht als unabhängig voneinander gesehen werden können. Die Skalenwerte interkorrelieren mit 0,55 bis 0,72 auch nicht unerheblich.

So läßt sich insgesamt mit Einschränkung festhalten, daß Grundschullehrer, wenn sie die Lernmotivation ihrer Schüler beurteilen, auf mehr als einen Aspekt achten. Die vorliegende vierdimensionale Struktur ist sicher auch in der Anzahl und der Art der verwendeten Eigenschaften begründet.

In einem zweiten Untersuchungsgang sollte die implizite Motivationstheorie von Lehrern auf der Ebene *motivierten Verhaltens* untersucht werden. Dazu sollten 40 Lehrer für alle Paare von 15 Verhaltensweisen, die motivierte von unmotivierten Schülern unterscheiden, auf einer neunstufigen Skala angeben, wie ähnlich ein Schüler, der sich z. B. „rege am Unterricht beteiligt" einem Schüler ist, der „Mitschüler zum Aufpassen ermahnt". Auch hier wurde eine multidimensionale Skalierung nach Torgerson berechnet und die Vier-Faktoren-Lösung gewählt.

Wie auf der Eigenschaftsebene läßt sich auch auf der Verhaltensebene der erste Faktor mit dem Begriff *„Interesse"* belegen. Ein Schüler der „sofort fragt, wenn er etwas nicht verstanden hat" besorgte in den Augen des Grundschullehrers auch „Anschauungsmaterial für den Unterricht". Die Lehrer stellten sich in diesem aktiven („beteiligt sich rege am Unterricht") und interessierten Schüler auch einen Schüler vor, der „kaum Ergebnisse von Klassenarbeiten erwarten kann". Der zweite Faktor wurde mit *„Persistenz"* bezeichnet (z.B. beschäftigt sich mit einer Aufgabe solange, bis sie gelöst ist). Hier deuten sich Parallelen zur dritten Dimension aus der Eigenschaftsstruktur an, die als „Ehrgeiz" bezeichnet wurde. Die Ladungen auf dem dritten Faktor legen eine ähnliche Interpretation nahe wie die Eigenschaften der zweiten Dimension der Eigenschaftsstruktur. Die Dimension wurde ebenfalls mit *„Arbeitsgenauigkeit"* bezeichnet (z. B. übt zuhause zusätzlich, macht seine Hausaufgaben unvollständig). Das gemeinsame Moment der auf dem vierten Faktor hoch ladenden Verhaltensweisen wurde in der *„Aufmerksamkeit"* gesehen (z. B. ermahnt Mitschüler zum Aufpassen). Ein ähnlicher Faktor wurde bei der Eigenschaftsstruktur nicht gefunden. Dies ist möglicherweise auf die inhaltlichen Unterschiede der beiden Itemsamples zurückzuführen.

Da die Skalenwerte der Faktoren zwischen 0,53 und 0,63 miteinander korrelierten, müssen die Faktoren auch auf der Verhaltensebene als abhängig voneinander betrachtet werden.

Um den methodischen Status der trait-sorting-Technik (vgl. S. 72) zu klären, wurde eine Methodenstudie angeschlossen. Die 50 Lehrer der ersten Stichprobe wurden gebeten, aus der alphabetisch geordneten Liste der Schüler ihrer jeweiligen Klasse die ersten fünf Schüler auszuwählen und diese anhand der 15 genannten Verhaltensweisen zu charakterisieren. Sie konnten jede Verhaltensweise so oft benutzen wie sie wollten. Auch die Anzahl der benutzten Verhaltensweisen wurde freigestellt. Der disassociation-score stellt fest, wie oft je zwei Eigenschaften bei einer Charakterisierung gleichzeitig verwendet wurden. Dieses Maß wurde in eine nichtmetrische multidimensionale Skalierung nach Kruskal eingegeben. Die erhaltene vierdimensionale Struktur unterschied sich erheblich von der metrischen Torgerson-Struktur auf der Basis von vollständigen Ähnlichkeitsurteilen mit denselben Items. Außerdem war der zweite Faktor ein Häufigkeitsfaktor: die Ladungen korrelierten hoch mit der Häufigkeit, mit der die Items überhaupt gewählt worden waren. Die Ladungen auf den anderen Dimensionen erschienen nicht interpretierbar. So muß auch hier davon abgesehen werden, die mit diesem Ansatz gewonnenen Ergebnisse weiter zu betrachten. Gigerenzer (1978) hat in einer kritischen Analyse solcher freier Verfahren deutlich gemacht, daß sie deshalb für die dimensionsanalytische Erfassung von subjektiven Eigenschaftsrelationen nicht geeignet sind, weil das euklidische Distanzmodell nur unter der Bedingung gilt, daß die einzelnen Items gleich häufig benutzt werden. Dies ist aber dann nicht der Fall, wenn den Vpn die Benutzung freigestellt ist.

Aus dieser Methoden-Studie wird das Rekonstruktions-Problem wieder deutlich. Unterschiedliche Erhebungs- und Verrechnungsweisen führen zu unterschiedlichen Darstellungen der impliziten Persönlichkeitstheorie. Verfahren, die auf den ersten Blick geeignet erscheinen, die Nachteile eines anderen Vorgehens zu vermeiden (Gigerenzer & Strube, 1978, S. 83), können sich zuletzt als noch weniger geeignet zeigen. So erweist sich die Methode der multidimensionalen Skalierung von freien Beschreibungen der multidimensionalen Skalierung von Ähnlichkeitsurteilen zumindest nicht als überlegen.

In der Literatur (z.B. Kleiter, 1974, Mandl u.a., 1975) werden häufig auch all jene Studien mit dem Etikett „Arbeiten zur impliziten Persönlichkeitstheorie" versehen, in denen Faktorenanalysen der Beurteilung von konkreten Schülern anhand von Eigenschaftsskalen durch Lehrer berechnet worden waren. Dies halte ich für unzulässig. In Schülerbeurteilungen gehen sowohl subjektive Annahmen über Zusammenhänge zwischen Eigenschaften als auch Informationen über reale Schüler ein. Es ist unentscheidbar, inwieweit die resultierenden Faktorenstrukturen die implizite Persönlichkeitstheorie der Lehrer und inwieweit sie die reale Struktur der Schülerpersönlichkeit enthalten. So reduziert sich die Zahl der Untersuchungen auf faktorenanalytischer Basis auf wenige. Eine Synopse der besprochenen und anderer Arbeiten findet sich in Tabelle 12.

Tabelle 12: Synopse von Untersuchungen zur impliziten Persönlichkeitstheorie auf der Basis des euklidischen Modells

Autor	Vpn	Untersuchungsmaterial	Erhebungs- u. Auswertungsverfahren	wichtigste Dimensionen	interindividuelle Unterschiede
Hofer (1974[3])	40 Lehrer der Grund- u. Hauptschule	25 allgemeine Persönlichkeitseigenschaften	Ähnlichkeitsvergleiche der Eigenschaften bei Schülern MDS-Analyse nach Torgerson	Begabung, Anstrengung, Diszipliniertheit, seelische Robustheit	ein Messick-Tucker-Faktor
Bacher & Borel (1975)	53 Lehrer der Grund- u. Hauptschule	11 Intelligenzeigenschaften	Paarvergleich mit Angaben v. subjektiven Wahrscheinlichkeiten des bedingten Auftretens, MDS-Analyse nach Kruskal	sprachliche, rechnerische, praktische Intelligenz	ein Messick-Tucker-Faktor
Stoltz (1977)	50 Grundschullehrer	19 Motivationseigenschaften	Ähnlichkeitsvergleich von Schülern mit Eigenschaften, MDS-Analyse nach Torgerson	Interesse, Arbeitsgenauigkeit, Ehrgeiz, Vernünftigkeit	nicht untersucht
Stoltz (1977)	40 Grundschullehrer	15 Motivationsverhaltensweisen	Ähnlichkeitsvergleich von Schülern mit Eigenschaften, MDS-Analyse nach Torgerson	Interesse, Persistenz, Arbeitsgenauigkeit, Aufmerksamkeit	nicht untersucht
Achtenhagen u. a. (1975)	Handelslehrer-Studenten und Studienreferendare	28 Eigenschaftspolaritäten, Urteilsobjekte waren Schülertypen (z. B. der ideale Schüler, der Handelsschüler, Industriekaufmann)	jede Vp sollte einen Schülertyp anhand des Polaritätsprofils beurteilen, die Eigenschaftsskalen wurden faktorenanalysiert	Mitarbeit, soziale Angepaßtheit, Leistungsfähigkeit	Unterschiedliche Struktur bei den beiden untersuchten Gruppen
Vitale u. a. (1983)	300 Kindergarten- und Erst-Klaß-Lehrerinnen	28 Eigenschaften/Verhaltensweisen, die Lernbehinderungen beschreiben	Ähnlichkeitsvergleiche der Stimuli, MDS-Analyse nach Young und Chang und Carroll	2 Dimensionen: aktiv-passiv, intellektuelle Störungen vs. spezifische Verhaltensprobleme	Unterschiede zwischen Lehrerinnen an verschiedenen Schulen
Masendorf (1983)	52 Experten der Sozialpädagogik u. 55 Nicht-Fachleute	12 Eigenschaften, die Behinderungen beschreiben (z. B. gehörlos)	Ähnlichkeitsvergleiche der Stimuli, MDS-Analyse nach Torgerson	Behinderung als – Ausmaß sozialer Distanz – als sensorische vs. psychische Schädigung – als Kontaktverlust	keine Unterschiede zwischen Beurteilungsgruppen

Das Vorgehen des Ähnlichkeitsvergleichs ist in mehrfacher Hinsicht problematisch. Obwohl die Auswahl der verwendeten Eigenschaften sehr sorgfältig erfolgte, ist damit zu rechnen, daß letztere nicht für alle Lehrer gleichermaßen repräsentativ sind. Insbesondere Gigerenzer & Strube (1978) haben vermutet, daß die Anwendung der multidimensionalen Skalierung methodische Artefakte erbringt. Sie weisen zudem auf den Zusammenhang zwischen der Zahl der vorgegebenen Eigenschaften und der Zahl der resultierenden Dimensionen hin. Ein Vorteil des Verfahrens liegt in der Möglichkeit, die Daten verschiedener Vpn zusammen zu verarbeiten und mit Hilfe differenzierter statistischer Verfahren auszuwerten. Interindividuelle Unterschiede zwischen Lehrern können hiermit analysiert werden.

Für alle in diesem Abschnitt berichteten Untersuchungen gilt: das jeweilige Ergebnis über die Struktur der Daten ist eine Rekonstruktion, ein methodisch erzeugtes Abbild des kognitiven Konstrukts „implizite Persönlichkeitstheorie". Unentscheidbar ist, ob es die jeweils dahinter stehende Realität angemessen darstellt. Nach Seiler (1979, S. 33) sind kognitive Strukturen „interne Repräsentationen (von Objekten der Anschauung, der Vorstellung und des Denkens). Als innere Modelle umfassen sie Perzepte, Konzepte und Merkmale (Attribute) und ihre (gewichteten) Beziehungen untereinander". Es ist im Einzelfall immer offen, ob sich mit Hilfe einer anderen Erhebungsmethodik andere Abbildungen dieser internen Repräsentationen von Merkmalen erzielen lassen. Die Methode kann immer nur ein Filter sein, eine Hinsicht, die den Gegenstandsbereich beleuchtet. Notwendig ist, den Effekt der „den Kommunikationspartner betreffenden Zielsetzungen auf die Transformation der oft nur lose strukturierten Gedanken in öffentlich Gesagtes in Rechnung zu stellen ... Möglicherweise sind solche pragmatischen Aspekte wie soziale Erwünschtheit und Vermeidung von Meinungsverschiedenheiten mit dem Kommunikationspartner wesentlich *stabilere* und überdauerndere Größen als die jeweiligen impliziten Theorien und Denkinhalte" (Gigerenzer, 1984, S. 56).

Nach dem Gesagten schälen sich zwei wesentliche Quellen für das Zustandekommen unterschiedlicher Ergebnisse heraus, die im methodischen Vorgehen begründet sind. Methodische Vorgehensweisen reflektieren die impliziten Zielsetzungen der untersuchten Personen in der Untersuchungssituation. Die Untersuchungssituation ist ein interpersonaler Bereich B, in dem auch die Vp Ziele Z entwickelt. Ihr Verhalten (hier die Produktion von Interviewdaten oder Urteilen) ist abhängig davon, welche Erwartungshaltungen vom Forscher induziert werden, welche Zielsetzungen beim mündlichen Interview, beim schriftlichen Gutachten oder bei der gebundenen Beantwortung verfolgt werden. Dies betrifft das empirische System. Und zweitens reflektieren Ergebnisse unterschiedliche implizite Annahmen der Forscher. Ihre Auswertungstechniken und Verrechnungsprozeduren enthalten Festlegungen und Voraussetzungen, die sowohl in das empirische System E als auch in das numerische System N eingehen. Jede Methode, auch die, die mit freien Schilderungen arbeitet, ist nicht frei von Einflußfaktoren dieser beiden Typen. Jede Datenerhebung bewirkt eine Veränderung des Untersuchungsfeldes, und jede Datenverarbeitung enthält Annahmen des Datenverarbeiters. Daraus ergibt sich die Forderung der Anwendung verschiedener Methoden, verbunden mit der Forderung ihrer annahmekritischen Explikation und einem daran anschließenden und die Annahmen berücksichtigenden Ergebnisvergleich.

Zusammenfassung:

1. Untersuchungen zur impliziten Persönlichkeitstheorie von Lehrern werden nach ihrem methodischen Vorgehen in drei Gruppen eingeteilt. Eine Gruppe von Arbeiten bediente sich der Methode der freien Beschreibung von Schülern. Hierbei wurden verschiedene Beschreibungskategorien ermittelt. Auf der Ebene der Schülerpersönlichkeit sind es Variablen der Begabung, der Anstrengung und des Sozialverhaltens. Zur Charakterisierung von Schülern werden auch Kategorien wie „familiäre Herkunft" verwendet. Einige Studien bedienten sich des Rep-Tests. Dieser Test ist vorwiegend individuell auswertbar. Zusammenfassende Auswertungen sind sehr erschwert.
2. Die Methode der Ähnlichkeitsschätzungen von Eigenschaften und der anschließenden multidimensionalen Skalierung stellt das Verfahren dar, in das die meisten Voraussetzungen eingehen. Hierbei stellt sich die implizite Persönlichkeitstheorie als vier- bis fünf-dimensional dar. Es wird die Frage gestellt, welche Aspekte Lehrer innerhalb der wesentlichen Dimensionen ihrer impliziten Persönlichkeitstheorie, nämlich der Intelligenz und der Motivation unterscheiden. Über zwei Untersuchungen wird berichtet, welche sich der Methoden multidimensionaler Skalierung bedienten. Bezüglich der Intelligenz unterscheiden Lehrer zwischen den Aspekten verbaler, rechnerischer und praktischer Begabung. Die drei Faktoren werden als schwach zusammenhängend angesehen. Von allgemeinen Persönlichkeitseigenschaften wird in relativ geringem Ausmaß auf intellektuelle Eigenschaften geschlossen. Lehrer differenzieren zwar zwischen den motivationalen Aspekten Interesse, Arbeitsgenauigkeit, Ehrgeiz und Vernünftigkeit auf Eigenschafts- und Verhaltensebene, betrachten diese aber als relativ eng zusammenhängend. Untersuchungen, die freisprachliche Texte zur Personbeurteilung verwenden, enthalten zwar weniger fragwürdige Annahmen als Untersuchungen, die Urteile auf vorgegebenen Skalen erhalten, führen jedoch bei Anwendung eines euklidischen Modells zu Artefakten.
3. Die Frage nach den interindividuellen Unterschieden in der impliziten

Persönlichkeitstheorie zwischen Lehrern muß als ungeklärt bezeichnet werden. Eine Antwort darauf kann nur unter Bezug auf die verwendete Methode gegeben werden. Man wird nicht umhin können, Homogenität und Einheitlichkeit der Konstrukte zu konstatieren, wenn es um die allgemeinen Kriterien und groben Standards von Urteilen über die Schülerpersönlichkeit geht. Individuelle Besonderheiten kommen möglicherweise ins Spiel bei Fragen der Benennung, der Formulierungsfreudigkeit, der Gewichtung und der Ausprägung von Zusammenhangsannahmen.

4. Bei der Bewertung der Ergebnisse von Studien zur impliziten Persönlichkeitstheorie ist es wichtig, die jeweils angewendete Methode daraufhin zu analysieren, welche Zielsetzungen die Personen in der Untersuchungssituation verfolgen, welchen Einflüssen die Kategorienbildung ausgesetzt ist und welche Annahmen in der Verrechnung der Daten enthalten sind.

3. Die Forschungslage

Im vorstehenden Abschnitt wurde versucht, über Vorgehensweisen und Ergebnisse bei der Erforschung jener Vorstellungen zu berichten, die Lehrer über die Schülerpersönlichkeit besitzen. Eine implizite Persönlichkeitstheorie ermöglicht es der Person, von einer Information auf eine andere zu schließen. Hat der Lehrer Kenntnis erlangt über eine Eigenschaft bei einem Schüler, so kann er Vermutungen darüber anstellen, welche anderen Eigenschaften der Schüler noch und welche er nicht besitzt. Solche Vermutungen kann man Erwartungen oder Hypothesen nennen. Es handelt sich hier zunächst weniger um Erwartungen, die in die Zukunft gerichtet sind. Es sind vielmehr Vermutungen, die über die gegenwärtige Ausprägung von Schülereigenschaften angestellt werden. Die Erwartungen werden zur Gewißheit dann, wenn sie durch entsprechende Beobachtungen oder Informationen bestätigt werden. Die Schlußfolgerungen sind mit unterschiedlichen Graden an Sicherheit ausgestattet. Den Grad größter Gewißheit werden jene Schlußfolgerungen/Erwartungen aufweisen, die sich innerhalb eines Faktors abspielen. Mit mittlerer Sicherheit werden Inferenzen ausgestattet sein, die zwischen verschiedenen, aber miteinander korrelierenden Faktoren getroffen werden (z.B. von „anstrengungsbereit“ auf „begabt“ oder von „sprachlich begabt“ auf „rechnerisch begabt“). Zwischen Dimensionen, die unkorreliert sind, werden Inferenzen vermutlich nicht vorgenommen. Allenfalls werden Vermutungen sehr vorläufiger Art angestellt, ein Urteil aber solange suspendiert, bis einschlägige Informationen herbeigeschafft oder erlangt worden sind. Damit ist eine Funktion der impliziten Persönlichkeitstheorie beschrieben, auf die in der Literatur häufig hingewiesen wurde. Die in diesem Buch vertretene Auffassung weist der impliziten Persönlichkeitstheorie eine Zahl weiterer Funktionen zu, die sie innerhalb des Denkens und Handelns von Lehrern haben kann. Unter Aufgriff der hypothetischen Ausführungen vom ersten Abschnitt des Kapitels wird darauf näher eingegangen.

Implizite Persönlichkeitstheorie und Zieldimensionen. Dimensionen der impliziten Persönlichkeitstheorie lassen sich so betrachten, daß ein Pol die eher wünschenswerte Ausprägung, der andere die weniger wünschenswerte Ausprägung beim Schüler kennzeichnet. Ausgangspunkt dieses Kapitels war, daß die Zustände, die Lehrer bei Schülern anstreben, als Ausprägung auf einzelnen Dimensionen der impliziten Persönlichkeitstheorie betrachtet werden können. Dies stellt eine Konkretisierung der verschiedentlich geäußerten Überzeugung dar, daß die Ausgestaltung der impliziten Persönlichkeitstheorie rollenabhängig, insbesondere von den besonderen Zielsetzungen der Person geprägt sei (Gigerenzer, 1981 b; Thompson, 1975; Winter, 1978).

Eine Überprüfung des Zusammenhangs zwischen der differentiellen Ausprägung von Erziehungszielen und der Struktur der impliziten Persönlichkeitstheorie erfolgte in einer unveröffentlichten Arbeit von Winter (1978) an Erziehungspersonen in Braunschweiger Kindergärten. Insgesamt 145 Erziehungspersonen nahmen daran teil. Sie sollten für 50 Ziele – je 10 aus den Bereichen kognitiv, sozial, emotional, motorisch und ästhetisch (z.B. „Die Kinder sollen beim Kekseausstechen die Formen auswählen") – auf einer Punkteskala deren Wichtigkeit angeben. Außerdem sollten sie je fünf Kinder nach 31 Eigenschaften beurteilen. Es ergab sich eine große Homogenität sowohl in den Zielen als auch in der Faktorenstruktur der Beurteilungen. Es zeigte sich lediglich, daß die Erzieher, welche auf der Beurteilerdimension hoch luden, bei der die soziale Komponente in der impliziten Persönlichkeitstheorie stärker ausgeprägt war, signifikant stärkeres Gewicht auf ästhetische Ziele legten als die anderen Erzieher. Dies kann jedoch nicht als direkter Beleg für den postulierten Zusammenhang gewertet werden.

Versucht man, die in diesem Beitrag berichteten Ergebnisse intuitiv zusammenzufassen, so kann man zu folgendem Schema über subjektive Persönlichkeitsdimensionen kommen (Abbildung 13, s. Seite 100). Vergleicht man Abbildung 13 mit der zusammenfassenden Darstellung von subjektiven Zielen bei Lehrern (S. 55), so ergeben sich Analogien. In der impliziten Persönlichkeitstheorie von Lehrern über Schüler finden sich Merkmale, die auch in den subjektiven Zielen enthalten sind. Dies betrifft etwa motivationale Merkmale. Außerdem sind Merkmale enthalten, die in der Zielstruktur nicht erscheinen (z.B. Begabung). Es war erwartet worden, daß Lehrer über Vorstellungen von Schülereigenschaften verfügen, die als die Zielerreichung hemmend oder fördernd betrachtet werden oder die in einer anderen

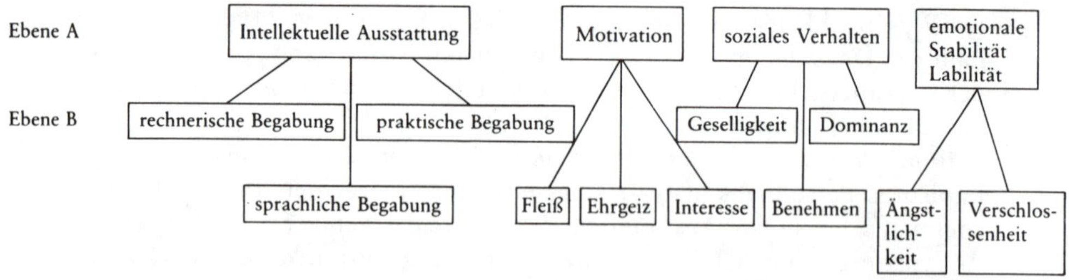

Abbildung 13: Schema für die implizite Persönlichkeitstheorie von Lehrern auf Eigenschaftsebene: Allgemeine Dimensionen (Ebene A) und spezielle Aspekte (Ebene B).

funktionalen Beziehung zur Zielerreichung stehen. Nicht erwartet war jedoch, daß Zielmerkmale (wie Selbständigkeit, Selbstbewußtsein und Ehrlichkeit) nicht in der impliziten Persönlichkeitstheorie auftauchen. Bei dem gegenwärtigen ärmlichen Forschungsstand ist es ohnehin müßig, die Befundlage als hypothesenwidrig oder gar -stützend zu bezeichnen. Doch könnte dies daran liegen, daß die genannten Zeile als für das konkrete Verhalten irrelevante Zustände angesehen werden, in denen lediglich ein Defizit in der vorgefundenen Erziehungspraxis artikuliert wird (vgl. S. 67).

Implizite Persönlichkeitstheorie und Schülerwahrnehmung. Möchte man einen anderen Menschen in bestimmter Hinsicht verändern, dann muß man diese Hinsicht im Blick haben. Unter der Voraussetzung, daß die Dimensionen der impliziten Persönlichkeitstheorie jene Merkmale sind, die für Lehrer im Hinblick auf ihre Ziele relevant sind, müßten Lehrer bei Schülern auf diese Merkmale besonders genau achten und andere Eigenschaften „übersehen". Der Zusammenhang zwischen impliziter Persönlichkeitstheorie und Wahrnehmung wird im nächsten Kapitel 4 ausführlich erörtert.

Implizite Persönlichkeitstheorie und Eindrucksbildung: der Prozeß des Erschließens von Eigenschaften. Die implizite Persönlichkeitstheorie enthält Annahmen einer Person über die Struktur von Dispositionen. Dispositionen sind abstrakte, generalisierte und als relativ überdauernd angenommene Persönlichkeitsmerkmale. Diese sind meist nicht direkt beobachtbar. Sie müssen erst erschlossen werden aus Verhaltensweisen und Begebenheiten, die der unmittelbaren Beobachtung oder Erfahrung zugänglich sind. Aus welchen konkreten Verhaltensweisen, Auffälligkeiten und Hinweisen schließen Lehrer auf Eigenschaften der Schüler? In der Untersuchung über die implizite Intelligenztheorie (Bacher & Borel, 1975) sollte Aufschluß darüber erlangt werden, von welchen intelligenten Schülerverhaltensweisen Lehrer auf intellektuelle Dispositionen der Schüler schließen. Die 48 Lehrer der zweiten Stichprobe sollten auf einer 9-Punkte-Skala angeben, welche Ausprägung in der „sprachlichen", der „rechnerischen" und der „praktischen Intelligenz" wohl ein Schüler habe, welcher die in den verhaltensnahen Items formulierten Merkmale und Verhaltensweisen (Tabelle 13) zeigt. Die Stabilität der Ergebnisse ist sehr hoch, gemessen anhand der Übereinstimmung der an zwei Stichprobenhälften gewonnenen Daten. Tabelle 13 zeigt jene mittleren Einschätzungen der Gesamtstichprobe, die um zwei Punkte oder mehr vom mittleren Skalenpunkt 5 abweichen, geordnet nach dem Ausmaß der Inferenz.

Auf die „sprachliche Begabung" wurde überwiegend von Verhaltensweisen geschlossen, die Sprechverständnis und Ausdrucksgewandheit anzeigen. Auf die „rechnerische Begabung" wurde überwiegend aus Verhaltensweisen geschlossen, die logisches Denken, planvolles, Übersicht bewahrendes Vorgehen und gute Rechenleistungen signalisieren. Rechnerische Begabung wird eher breit aufgefaßt. Auf die „praktische Begabung" wurde aus Manifestationen der praktischen Intelligenz und des Einfallsreichtums geschlossen. Die Schlüsse auf diesen Aspekt sind weniger eindeutig, sie sind vorsichtiger als auf die beiden anderen Aspekte. Die Schlußfolgerungen sind nicht sehr diskriminativ. Meist wurde von einer Verhaltensweise nicht nur auf einen Begabungsaspekt, sondern auch – etwas weniger stark ausgeprägt – auf einen oder beide anderen geschlossen. Dies bestätigt den Befund der Aufspaltung der Intelligenz in drei miteinander hochkorrelierende Subfaktoren.

Auffallend ist, daß aus negativen Verhaltensweisen weniger stark geschlossen wurde als aus positiven. Die mittlere Abweichung vom Skalenmittelpunkt von positiven Items beträgt 1,75, jene von negativen Items 1,3. Dies ist wahrscheinlich Ausdruck eines bestimmten Milde-Effekts (vgl. Hamilton & Huffman, 1971).

Lehrer haben – so kann man vielleicht nicht sehr überraschend folgern – im konkreten Unterricht vielfältige Möglichkeiten, aus Schülerverhalten auf Aspekte der Begabung zu schließen. Ob diese Schlußfolgerungen ökologisch valide sind, ist eine andere Frage, die in diesem Zusammenhang nicht interessiert.

Welche Verhaltensweisen sind es, von denen Lehrer auf die Dimensionen der impliziten Motivationstheorie schließen? In der Arbeit über die implizite Motivationstheorie (Stoltz, 1977) haben 40 Grundschullehrer der ersten bis vierten Klasse für 15 Verhaltensweisen angegeben, in welchem Ausmaß für einen Schüler, der eine der Verhaltensweisen zeigt, jeweils 19 Eigenschaften (bzw. ihre Gegensätze) zutreffen. Wenn man ähnlich benannte Faktoren auf der Verhaltensebene und der Eigenschaftsebene einander gegenüberstellt, dann kann man überprüfen, ob Schlußfolgerungen von den je einen Verhaltensfaktor konstituierenden Verhaltensweisen auf die Eigen-

Tabelle 13: Mittelwerte der Einschätzungen von verhaltensnahen Items (A) auf den Dimensionen der impliziten Intelligenztheorie (B). Angegeben sind nur Werte größer/gleich 7.00 und kleiner/gleich 3.00. Der mittlere Skalenpunkt beträgt 5. Die Skala geht von 1 bis 9.

auf Eigenschaften (B): / von Verhaltensweisen (A):	sprachliche Begabung	rechnerische Begabung	praktische Begabung
Der Schüler ...			
... findet leicht sprachliche Analogien	8.15		
... kann seine Gedanken sauber sprachlich formulieren	7.94		
... findet leicht Oberbegriffe	7.77		
... liefert ausgesprochen phantasievolle und originelle Beiträge	7.77		
... hat einen großen Wortschatz	7.69		
... kann gut mit Fremdwörtern umgehen	7.65		
... kann gut Beziehungen zwischen Begriffen herstellen	7.65		
... versteht den Sinn von in der Klasse gelesenen Texten	7.60		
... zeichnet sich aus durch eine hohe geistige Lebendigkeit	7.56		
... versteht den Sinn von in der Klasse gelesenen Texten meist nicht	2.60		
... trägt viele gute Einfälle zu einem Sachgebiet bei	7.38		
... nimmt zu Äußerungen anderer kritisch Stellung	7.27		
... kann für allgemeine Regeln viele konkrete Beispiele und Anwendungsmöglichkeiten finden	7.27	7.19	
... kann sich leicht auf neue Gedanken umstellen	7.25		
... hat ein gutes Gedächtnis	7.21	7.35	
... schmückt seine Beiträge breit aus	7.15		
... vollzieht komplexe Denkleistungen ohne Schwierigkeit	7.13	7.42	
... ist ausgesprochen einfallsreich	7.10		7.35
... ist aufgeschlossen für ungelöste Fragen und Probleme	7.08		
... gibt meist vernünftige Urteile ab	7.06		
... kann vielfältige Verwendungsmöglichkeiten für einen Gegenstand angeben	7.02		7.25
... weiß für sein Alter wenig	3.00		

auf Eigenschaften (B): / von Verhaltensweisen (A):	sprachliche Begabung	rechnerische Begabung	praktische Begabung
...kann logisch denken		7.85	
...kann mit Zahlen und Grundrechnungsarten leicht und sicher umgehen		7.83	
...kann gut Beziehungen zwischen Teilen einer vorgegebenen Aufgabe herstellen		7.73	
...hält nicht starr und rigide an einem einmal gefundenen Lösungsweg fest		7.73	
...vermag aus Einzelaufgaben leicht auf allgemeine Regeln zu schließen		7.71	
...behält die Übersicht bei komplexen und schwierigen Aufgaben		7.62	
...kann herausfinden, welche Zusatzinformationen er noch braucht, um ein Problem lösen zu können, zu dessen Lösung mehr Informationen nötig sind als zur Verfügung gestellt wurden		7.60	
...geht beim Problemlösen planvoll und umsichtig vor		7.58	
...ist beim Umgang mit Zahlen und Grundrechnungsarten langsam und unsicher		2.46	
...kann schnell denken		7.52	
...kann neue Probleme rasch und in notwendigem Umfang erfassen		7.50	7.00
...braucht zum Verstehen nur selten anschauliche Beispiele		7.46	
...kann Denkschritte meist in vernünftiger Reihenfolge vollziehen		7.25	
...behält nur wenig Übersicht bei komplexen und schwierigen Aufgaben		2.77	
...kann rasch und leicht Wichtiges von Unwichtigem trennen		7.15	
...ist in der Lage, viele Seiten eines Problems zu sehen		7.06	7.25
...ist in der Lage, praktisch/konkrete Aufgaben zu lösen			8.21
...ist meist nicht in der Lage, praktisch/konkrete Probleme zu lösen			2.58
...kann sich Handlungsverläufe gut vorstellen und die wirksamsten herausfinden			7.06

schaften des entsprechenden Eigenschaftsfaktors erfolgen. Dies war nicht der Fall. Offensichtlich benutzten Lehrer Beobachtungen über z. B. „interessierte" Verhaltensweisen von Schülern nicht nur dazu, auf die Dimension „Interesse" zu schließen. Sie schlossen in gleicher Weise auch auf andere Dispositionen, z. B. auf „Ehrgeiz" und „Arbeitshaltung". Einige wenige Verhaltensweisen schienen als besonders relevante Indikatoren für die geschätzte Ausprägung des Leistungsmotivs kogniziert zu werden: „beschäftigt sich solange mit einer Aufgabe, bis sie gelöst ist", „fragt sofort, wenn er etwas nicht verstanden hat", „beteiligt sich rege am Unterricht", „besorgt Anschauungsmaterial für den Unterricht".

Der diagnostische Prozeß bei der Eindrucksbildung kann zusammenfassend nach den folgenden Stufen beschrieben werden (vgl. auch Rheinberg, 1978):

1. Ausgangspunkt für den Lehrer ist das objektive Schülerverhalten. Schüler verwirklichen zwar in der Schule ein eingeschränktes Verhaltensrepertoire. Doch ist der Strom des konkreten Verhaltens selbst eines einzigen Schülers – erst recht einer ganzen Klasse – ein unendliches und unüberschaubares Geschehen.
2. Der Lehrer nimmt bestimmte Ausschnitte aus dem Verhalten selektiv wahr. Bei dieser Wahrnehmung leiten ihn die Faktoren der impliziten Persönlichkeitstheorie, die ihm angeben, welche Aspekte des Verhaltens relevant sind. Er kategorisiert den Verhaltensfluß. Gruppen von Verhaltensweisen werden isoliert.
3. Aus konkretem Verhalten schließt er auf Dahinterliegendes, auf Schülereigenschaften.
4. Eigenschaften werden zusammengefaßt zu Merkmalen der impliziten Persönlichkeitstheorie.
5. Möglicherweise werden diese Dimensionen gewichtet und auf einer höheren Ebene zu einem Gesamturteil über die schulische Entwicklung des Schülers auf einer Globaldimension „positiv-negativ" verknüpft.

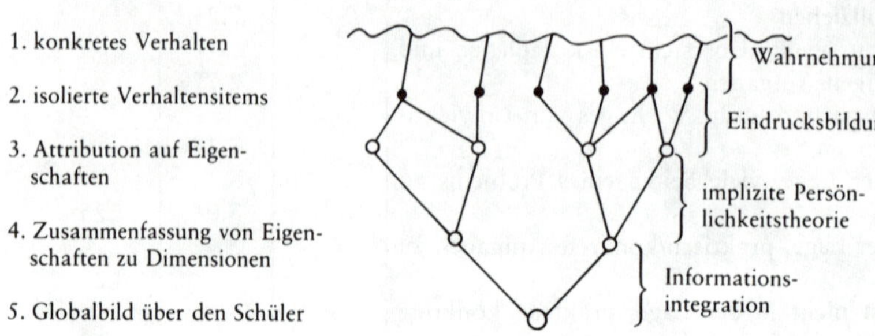

Abbildung 14: Schema über den Prozeß der Eindrucksbildung (vgl. Text).

Implizite Persönlichkeitstheorie und Schülerkategorisierungen. Die Merkmale von Schülern stellen die Grundlage für den Prozeß der Kategorisierung dar. Hat ein Lehrer konkreten Schülern Merkmalsausprägungen zugeordnet, dann kann er die Schüler nach ihrer Ähnlichkeit in den Merkmalen gruppieren und kognitiv zu Kategorien zusammenfassen. Nach Cantor & Mischel (1979 b) kategorisieren Personen andere Menschen auf der Basis von Merkmalen analog zur Kategorisierung von Objekten. Kategorien stellen Schemata dar. Informationsverarbeitung wird aufgefaßt als ein Vergleich der Merkmale einer Person mit den Merkmalen von Prototypen. Es erfolgt eine Einordnung in jene Kategorie, zu dessen Prototyp die Person die größte Ähnlichkeit aufweist. Ihr werden dann auch jene Merkmale des Prototyps zugeschrieben, die in den Informationen nicht enthalten waren (im einzelnen vgl. Kapitel 5 und 6).

Implizite Persönlichkeitstheorie und Ursachenerklärungen. Die Ursachenerklärung ist eine besondere Art von naiver Schlußfolgerung. Unter Ursachenerklärung kann man verstehen ein Urteil über die Zusammengehörigkeit zweier Ereignisse A und B (Verhaltensweisen oder Eigenschaften), wobei zusätzlich ausgesagt wird, daß das eine Ereignis als Ursache des anderen kogniziert wird, daß das Vorhandensein des einen Ereignisses das Auftreten des anderen (mit-)bedingt. Die implizite Persönlichkeitstheorie kann in Prozessen der Ursachenerklärung in zweifacher Weise eine Rolle spielen.

a) Ausprägungen in Merkmalen der impliziten Persönlichkeitstheorie können als von anderen Variablen verursacht kogniziert werden;

b) Ausprägungen in Merkmalen der impliziten Persönlichkeitstheorie können als Ursachen für Zielvariablen kogniziert werden.

Zu a) Rheinberg & Elke (1979) untersuchten die Frage, was Lehrer als Ursachen für die Schülermotivation ansehen. Sie legten 32 Lehrern ein Blatt mit vielen hierarchisch geordneten leeren Kästchen vor. In das oberste Kästchen sollten sie zunächst schreiben, was sie unter der „Motivation" eines Schülers verstehen. In die anderen Kästchen sollten sie jene Faktoren schreiben, die sie als Ursachen von Motivation ansehen. Sie konnten die Kästchen mit Pfeilen verbinden, die die Wirkrichtungen deutlich machen sollten. Abbildung 15 enthält eine Zusammenfassung der Ergebnisse. Die Dicke der Wirkungspfeile gibt an, wie häufig eine jeweilige Kausalverbindung gesehen wurde. Bemerkenswert ist die Abhängigkeit der Arbeitshaltung von den kognitiven Fähigkeiten. Dies bestätigt die in Tabelle 11 enthaltene Schlußrichtung von „erfolgszuversichtlich" und „niedrig anstrengungsbereit" auf eine Reihe intellektueller Eigenschaften (vgl. S. 90). Offensichtlich stellt sich die naive Korrelation „dumm und faul" (Höhn, 1980[2]) als naive Kausalitätsverknüpfung dar („faul, weil dumm"). Möglicherweise unterstellen Lehrer, daß Schüler ihre Anstrengung nach ihrem Selbstbild der Begabung ausrichten (Meyer, 1984).

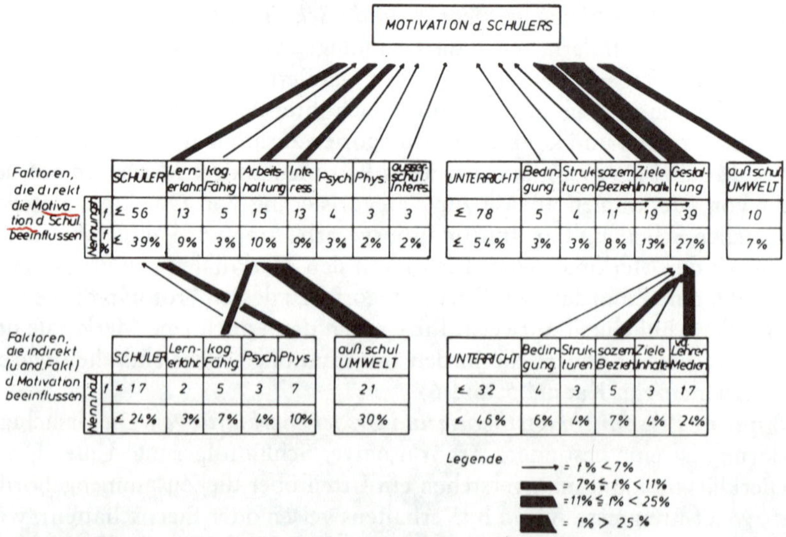

Abbildung 15: Faktoren, die aus der Sicht des Lehrers die Motivation eines Schülers verursachen (N = 32 Lehrer) (aus Rheinberg & Elke, 1979, S. 47).

In der Arbeit zur impliziten Motivationstheorie (Stoltz, 1977) wurden von 34 Lehrern freie stichwortartige Angaben darüber erhalten, welche sieben Ursachen „Ihrer Meinung nach für den Ausprägungsgrad der Motivation eines Schülers verantwortlich sein können". Besonders häufig genannt wurden Faktoren der schulischen Umwelt, Erziehungsstil der Eltern und stabile Persönlichkeitsfaktoren.

Die Ergebnisse der beiden genannten Untersuchungen sowie jener von Engelhardt (1979) zeigen deutlich, in welch hohem Ausmaß Lehrer die Schülermotivation als Folge von schulischen und familiären Umweltbedingungen betrachten. Daß Lehrerdenken über Schüler meist Faktoren enthält, die außerhalb deren Persönlichkeit liegen, kommt auch in den Arbeiten von Casparis (1979), Huber & Mandl (1979) und Bender (1984) zum Ausdruck.

Zu b) Die Dimensionen der impliziten Persönlichkeitstheorie können ihrerseits als Ursachen für weitere Erscheinungen angesehen werden. Am besten untersucht ist die Ursachenattribution von Schülerleistungen. Daß von guten Leistungen in Deutsch und Rechnen auf spezifische Begabungsfaktoren geschlossen wird, ist der Tabelle 11 zu entnehmen. Wie eine Reihe von Untersuchungen zur Ursachenattribution zeigen, sehen Lehrer Schülerleistungen durch die Anstrengung und die Begabung der Schüler und durch weitere im Schüler liegende Faktoren determiniert. In der impliziten Persönlichkeitstheorie des Lehrers – so könnte man vermuten – sind jene Faktoren enthalten, denen er Ursachenfunktionen im Hinblick auf allgemeine schulische Letztziele zuschreibt. Über den Bereich Ursachenattribution informiert Kapitel 7.

Implizite Persönlichkeitstheorie und Situations-Folge-Erwartung. Kennt der Lehrer seine Schüler ausreichend gut und hat er sich über ihre Persönlichkeit ein Urteil gebildet, dann ist er in der Lage, Erwartungen auszubilden. Er kann Vorhersagen treffen über zukünftiges Verhalten der Schüler. Dies ist komplementär zu der vorhin behandelten These, daß Faktoren der impliziten Persönlichkeitstheorie einen Teil der als Ursachen für vorliegende Leistungen kognizierten Faktoren darstellen. Umgekehrt müßte es für den Lehrer möglich sein, z.B. bei Konstatieren einer bestimmten Intelligenzausprägung auf zukünftige Schülerleistungen zu schließen (vgl. Kapitel 8). Irreführend wäre es, implizite Persönlichkeitstheorie und Erwartung gleichzusetzen, wie das Schusser (1972) und Erlemeier & Tismer (1973) tun. Die implizite Persönlichkeitstheorie ist lediglich eine Voraussetzung für die Erwartungsbildung insofern, als sie die inhaltlichen Bereiche spezifiziert, in denen Lehrer Schüler beurteilen und einstufen. Auf der Basis dieser Einstufungen in als relativ stabil gedachten Variablen können Erwartungen über zukünftiges Verhalten abgeleitet werden.

Implizite Persönlichkeitstheorie und Entscheidung. Diese Verbindung ist nur indirekt. Sie verläuft über Schülerkategorien. Die Annahme ist, daß Lehrer Handlungs-Ergebnis-Erwartungen ausbilden und Entscheidungen treffen nicht für einzelne Schüler, sondern für Schüler als Repräsentanten von Schülertypen. Diese Typen können als Elemente von Skripts betrachtet werden, das sind kognitive Schemata über soziale Ereignisabläufe (Schank & Abelson, 1977). Skripts enthalten neben Personenkategorien (z.B. Kellner) noch Verhaltensweisen dieser anderen Person, Situationsmerkmale und schließlich typische eigene Verhaltensweisen. Cantor u.a. (1982) gehen davon aus, daß auch soziale Situationen nach Merkmalen subjektiv kategorisiert werden. Das Verhalten der Person wird als durch Skripts gesteuert vorgestellt, die komplexe Situations-Person-Prototypen darstellen (vgl. im einzelnen Kapitel 9).

In diesem Abschnitt wurde ein Teil der „Forschungslage" dargestellt und im übrigen auf folgende Kapitel verwiesen. Dies ist insofern gerechtfertigt, als das Konstrukt der impliziten Persönlichkeitstheorie mit anderen handlungsbezogenen Konstrukten verflochten angesehen wird. Insgesamt glaube ich im Gegensatz zu anderen Autoren (z.B. Bender, 1984; Huber & Mandl, 1979), daß sich die implizite Persönlichkeitstheorie nicht so sehr direkt auf das Unterrichtsverhalten von Lehrern auswirkt, sondern daß sie lediglich eine ordnende und strukturierende Funktion ausübt. Sie stellt die

Basis dar für die Aktivierung aktueller Kognitionen und für Inferenzprozesse über andere Personen.

Zusammenfassung:

1. Eine implizite Persönlichkeitstheorie ermöglicht es einer Person, von einer Eigenschaft auf eine andere zu schließen. Der Schluß ist um so sicherer, je enger zusammengehörig die beiden Eigenschaften kogniziert werden.
2. Erziehungsleitende Zieldimensionen und Dimensionen der impliziten Persönlichkeitstheorie sind teilweise identisch. Zieldimensionen enthalten aber auch Vorstellungen über Schülereigenschaften, die in die Zukunft projiziert werden (z.B. Hilfsbereitschaft, kritisches Denken). Zum anderen enthält die implizite Persönlichkeitstheorie neben Kriteriumsdimensionen auch instrumentelle (z.B. Begabung).
3. Lehrer schließen aus konkret beobachtbaren Schülerverhaltensweisen auf „dahinterliegende" Persönlichkeitseigenschaften. Dabei fällt auf, daß einzelne Verhaltensweisen für Schlußfolgerungen auf verschiedene Persönlichkeitsaspekte herangezogen werden.
4. Die impliziten Persönlichkeitstheorien enthalten Kategorien, welche Lehrer vor allem auf schulische und familiäre Umweltbedingungen zurückführen. Wahrscheinlich dienen diese Kategorien auch als Ursachenfaktoren, die zur Erklärung von Leistungen und anderen relevanten Schülerereignissen herangezogen werden. Außerdem können auf der Grundlage von Informationen über Faktoren der impliziten Persönlichkeitstheorie Erwartungen über zukünftige Schülerereignisse ausgebildet werden.

4. Kapitel

Perspektivische Wahrnehmung in der schulischen Interaktion

McKeen Cattell stellte bei Studenten fest, daß sie Personen, Ereignisse und Örtlichkeiten, die sie täglich auf dem Wege zur Universität sahen, nur ungenau und unvollständig beschreiben konnten. Wahrnehmung ist gerichtet und damit einseitig. Sie richtet sich auf das Auffallende und das Bedeutsame. Wahrnehmung ist nicht photographisch genau und objektiv. Der objektive distale Stimulus muß nicht dem proximalen entsprechen, der effektive oder kodierte Reiz nicht dem physikalischen. Wie sich eine Person in einer Situation verhält, hängt davon ab, wie sie sie „sieht". „Man muß die Eigenschaften oder den Sinn kennen, den die Situation für das Subjekt bekommen hat" (Mischel, 1973, S. 259). Woraus konstituiert sich der Sinn? Dieses Kapitel geht von der Annahme aus, daß eine Person ihre Umwelt im Lichte ihrer jeweiligen Ziele, Erwartungen und Handlungserfordernisse wahrnimmt (vgl. neuere funktionalistische Bestimmungen von Wahrnehmung: Gibson, 1982; Stadler u.a., 1975; Prinz, 1983). So hängt die Wahrnehmung von Eigenschaften anderer Menschen unter anderem davon ab, welche Eigenschaften die Person für ihre Zielerreichung als wichtig annimmt (Jones & Thibaut, 1958). Ein Richter wird Zeugen nach deren Glaubwürdigkeit wahrnehmen, ein Bankier Kunden nach deren Zahlungsfähigkeit, ein Feldwebel Soldaten nach deren Disziplin usw. In diesem Kapitel wird der Frage nachgegangen, in welcher Weise sich die handlungsbezogenen Kognitionen von Lehrern auf die Wahrnehmung von Schülern auswirken. Dabei wird angenommen, daß die Wahrnehmung der Situation durch die Person das Verhalten beeinflußt, und daß die Wahrnehmung von den durch die Person in die Situation eingebrachten handlungsbezogenen Kognitionen beeinflußt wird.

Im ersten Abschnitt wird der Zusammenhang zwischen Wahrnehmung und Handeln beschrieben. Im zweiten Abschnitt werden empirische Befunde berichtet, die Aufschluß geben können über die Brauchbarkeit der These, daß die sensorische Wahrnehmung von Lehrern abhängig ist von den durch die eingenommene Rolle ausgelösten Erwartungen/Hypothesen, welche ihrerseits in funktionaler Beziehung zu den Handlungsanforderungen stehen.

1. Perspektivische interpersonelle Wahrnehmung

Wahrnehmung wird in Anlehnung an Hajos (1977) als ein psychophysischer Prozeß verstanden, der aus der „Aufnahme, Selektion, Verarbeitung, Gliederung und Strukturierung sensorischer Informationen besteht. Der Prozeß beginnt mit der Reizaufnahme und endet mit dem Sinneserlebnis" (S. 528). Gegenstand der Wahrnehmungsforschung sind „Sinneserlebnisse". Dementsprechend sind Wendungen „ich nehme meine Aufgabe, die Gelegenheit, meine Rechte wahr", oder „aus meiner Sicht war das ein Fehler" nicht in diesem Sinne zu verstehen.

Ausgangspunkt für die Wahrnehmung sind Sinnesreize, vor allem solche visueller und akustischer Art. Verhaltensweisen der Schüler stellen für den Lehrer – sofern sie sich in seinem Umfeld abspielen – sensorische Reize dar. Es ist bekannt, daß Menschen den Verhaltensstrom anderer nicht als ein kontinuierliches Geschehen wahrnehmen. Sie teilen ihn auf in zeitliche Einheiten (vgl. Abbildung 14, S. 104). Newtson (1976) hat den Prozeß der Wahrnehmung von fortlaufendem Verhalten mit Hilfe der Technik der Unterbrechung untersucht. Er zeigte Vpn kurze Filme, auf denen eine Person agierte. Sie sollten immer dann einen Knopf drücken, wenn eine sinnvolle Aktion beendet war und eine andere begann. Er konnte feststellen, daß die Vpn eine zuverlässige Segmentierung von Aktionssequenzen vornahmen. Je nach Instruktion und Situation wurde eine unterschiedliche Tiefe der Segmentierung festgestellt: Personen können Verhaltenssequenzen in große oder in kleine Einheiten aufteilen. Offensichtlich erfolgt Verhaltenswahrnehmung dadurch, daß die Aufmerksamkeit auf bestimmte Merkmale des Reizfeldes gerichtet wird. Die Extraktion einer Aktionssequenz ist entweder dadurch möglich, daß sich die beachteten Merkmale verändern oder dadurch, daß sich die Zahl der beachteten Merkmale erhöht oder erniedrigt (Newtson, 1976, S. 241). Erwartungen, Einstellungen und dergl. können die Zusammensetzung der Menge der beachteten Merkmale beeinflussen und auf diese Weise die Aufteilung des Verhaltensstromes determinieren (Zadny & Gerard, 1974). Es gibt eine Reihe von Belegen dafür, daß Personen aus wahrgenommenen Verhaltensdaten eines anderen auf Eigenschaften oder Dispositionen des anderen schließen (Jones, 1979).

Wahrnehmung ist also nicht nur von Faktoren des Reizobjektes sowie den Eigenschaften des Sensoriums abhängig. Denn in den eingehenden sensorischen Daten sind nicht immer alle Reiz-Informationen enthalten, die für eine vollständige Erfassung des Objektes notwendig wären. Wahrnehmung muß immer ergänzen, Eigenes dazutun. In der Regel wird ein Sinneserlebnis „genommen", d.h., es wird vieles selbst dazugetan. Perspektivität in der Wahrnehmung bedeutet, daß Wahrnehmung nicht passiv ist. Selektion meint Auswahl. Mehr noch. Die sinnlich aufgenommenen Reize sind immer fragmentarisch. Das fragmentarisch Geschaute wird im Gedächtnis durch Wissensstrukturen überlagert und dadurch erst zum Gesehenen. Das Kind schaut, sieht aber solange nichts, bis es durch die Sozialisation Strukturen erworben hat, die es in das Geschaute hineintragen kann: Es schaut der Naive, es sieht der Kundige.

Das Ineinanderwirken von Motivation und Wahrnehmung ist seit Bruner & Postman (1947) als Faktum nicht wegzudenken. Die Erkenntnis, daß psychologische Zustände wie Motive, Bedürfnisse, Einstellungen und Werthaltungen Wahrnehmungsleistungen (wie tachistoskopisches Erkennen von Wörtern oder Größenschätzung) beeinflussen, ist zum Allgemeingut der Allgemeinen und der Sozialpsychologie geworden. Bruner und Postman (1951) nehmen an, daß Wahrnehmung das Ergebnis eines Wettbewerbs zwischen alternativen Wahrnehmungs-Hypothesen ist, eines kontinuierlichen Prüfens von Erwartungen, eine Folge von Frage-Antwort-Einheiten. Die a-priori-Wahrscheinlichkeitsverteilung der in einem Wahrnehmungsvorgang generierten und mit den Sinnesdaten konfrontierten Hypothesen ergibt sich aus vergangenen Erfahrungen und/oder aus momentanen Absichten (vgl. Lilli, 1978).

Theorien der Wahrnehmung haben den Prozeß der aktiv strukturierenden Wahrnehmung unterschiedlich benannt. Neisser (1974) spricht von der Wahrnehmung als einem Prozeß der Analyse durch Synthese. Klix (1980, S. 31) sagt, daß äußere in innere Bedingungen abgebildet und rückwirkend innere in äußere Bedingungen aktiv abgebildet werden. Piaget bezeichnet den Vorgang als „Assimilation“: ein Stuhl, von dem man lediglich die Lehne sieht, wird dennoch als Stuhl „gesehen“. Es erfolgt eine Assimilation an das Schema Stuhl. Assimilation wird ständig korrigiert durch Akkommodation. Merkt man, daß ein Gegenstand, den man zunächst anhand eines Schemas wahrgenommen hat (z.B. eine Blume in der Vase), doch nicht ganz ins Schema paßt (z.B. Blume aus Plastik), so entwickelt man ein neues Schema (Plastikblumen). Wie ist diese Auffassung von hypothesengeleiteter Wahrnehmung auf die Wahrnehmung anderer Personen anzuwenden?

In der Forschung zur sozialen Wahrnehmung wurde Wahrnehmung als rein sinnliche Wahrnehmung visueller Reize verstanden. Dagegen wird unter Sozialpsychologen der person-perception-Richtung der Begriff der Wahrnehmung ausschließlich im Sinne von Kognition verwendet. Die synonyme Verwendung des Wahrnehmungsbegriffes mit Begriffen wie Attribution und Inferenz ist leider immer noch üblich (vgl. etwa Jahnke, 1975; Saterdag, 1975), obwohl mehrfach angemahnt (Allport, 1955; Jones & Thibaut, 1958; Irle, 1975). Es liegen keine Untersuchungen zum Einfluß von Motiven auf die Wahrnehmung von Mitmenschen vor. F. H. Allport hat bereits gesehen, daß „perception is really in danger of becoming a word with two meanings. The laboratory perceptionists and the social psychologists are scarcely speaking the same language“ (1955, S. 368). Irle (1975, S. 59–63) versucht, Wahrnehmungs-Urteile von Kognitionsurteilen abzugrenzen. Bei Wahrnehmungsaufgaben erfolgt die Reaktion fast gleichzeitig mit der Reiz-Darbietung, die Reaktion wird mit großer subjektiver Sicherheit abgegeben und unterliegt weniger oft Irrtümern, die Darbietung ist konkret und nicht symbolisch. Nach diesen Kriterien ist eine Abgrenzung zwischen Wahrnehmung und Kognition nicht eindeutig zu leisten. Hinzukommen muß die Abwesenheit komplexer Inferenzen, was durch die begriffliche Nähe zwischen Reiz und Reaktion operationalisiert werden könnte.

Zum Einfluß von Rollencharakteristika auf interpersonelle Wahrnehmung schlagen Jones & Thibaut (1958) eine Systematik vor. Darin wird aus den Zielen, die eine Person in einer Interaktion verfolgt, jene kognitive Struktur abgeleitet, welche die Wahrnehmung der anderen Person vermutlich beeinflußt. Besteht das Interaktions-Ziel in der Erleichterung der Zielerreichung, dann wird die Struktur des „value-maintenance-sets“ aktiviert (bestehend aus Merkmalen wie Zuverlässigkeit, Willigkeit, Kompetenz, S. 163). Besteht das Ziel der Person in der Analyse der Persönlichkeitsdeterminanten, dann ergibt sich für die Person das Problem, die Frage zu beantworten, „wie kommt es dazu, daß er so ist?“. Jones & Thibaut (1958, S. 159) nennen den Set, der aktiviert wird, den „causal-genetic-set“. Besteht schließlich das Ziel der Interaktion in der Applikation sozialer Sanktionen, so wird der „situation-matching-set“ aktiviert, mit dessen Hilfe die Person zu klären versucht, nach welchen Normen das Verhalten der anderen Person als angemessen beurteilt werden kann. Die Autoren nehmen an, daß sich eine Person in einer sozialen Situation zunächst über die Ziele in der Situation klar wird (S. 153). Aus dieser Entscheidung heraus aktiviert sie eine Struktur (inferential set), mit deren Hilfe sie Informationen auswählt und transformiert.

Die skizzierte Konzeption kann angewendet werden auf soziale Situationen, in denen die Interaktion unter mehr als nur einer Zielvorstellung mit u. U. unterschiedlicher subjektiver Gewichtigkeit erlebt wird. Auch die Lehrer-Schüler-Interaktion muß als solche verstanden werden. Außerdem ist die aktivierte kognitive Struktur vermutlich abhängig von der Intensität, mit der die Kommunikation durch die betreffende Aufgabe gekennzeichnet ist, ferner durch die Eindeutigkeit dieser Aufgabe für den Empfänger, durch die Schwierigkeit ihrer Realisierbarkeit und ihrer erlebten Wichtigkeit.

Zajonc (1960) sieht interpersonelles Wahrnehmen als durch ein *Sich-Einstellen-auf* gekennzeichnet, wobei sich bestimmte Dinge im Blickfeld deutlich abheben. Er belegt den Vorgang mit der Bezeichnung ‚cognitive tuning‘. In dieser Bezeichnung wird das Bild vom Rundfunkempfänger herangezogen, den man auf einen bestimmten Sender eingestellt hat. Nur bestimmte Informationen einer Wellenlänge aus der Fülle aller vom Empfänger prinzipiell erfaßbaren Wellenlängen wird vom System zum jeweiligen Zeitpunkt verarbeitet. Selektion wird zum Hauptcharakteristikum des ‚cognitive tuning'. Cohen (1961) fand, daß Vpn dann ein besonders globales Bild (im Sinne eines Halo-Effekts) von einer Person abgaben, wenn sie nach der Information über die Person erfuhren, daß man von ihnen eine Auskunft über diese erwartet. Erwarteten die Vpn ihrerseits Auskunft von anderen, so war ihr Bild von der Person differenzierter. Die Instruktion, über die Person Informationen weiterzugeben bzw. zu erhalten, wurde jedoch erst *nach* der Kenntnisgabe der Eigenschaften der zu beurteilenden Personen gegeben. So wurde der Einfluß des ‚cognitive tuning' auf die Wahrnehmung ausgeschlossen. Bei O'Neal & Mills (1969) produzierten Vpn dann höhere Interkorrelationen zwischen Eigenschaften, wenn sie wußten, daß sie anschließend die beurteilten, fotographisch dargestellten Personen nach einem bestimmten Gesichtspunkt (Promiskuität) kategorisieren mußten, als wenn ihnen diese Aufgabe nicht gestellt war. In dieser Untersuchung wurde bei der Hälfte der Fotos eine Aufgabe gestellt, die zu einer bestimmten Einstellung und damit verfestigten Perspektive in der Beurteilung, vielleicht auch in der Wahrnehmung führte. In der Perspektive des Kategorisierens nach promisk/nicht promisk stellten sich die Fotos in einem weniger differenzierten, globaleren Lichte dar als bei der anderen Hälfte der Fotos, die ohne Aufgabe nach bestimmten Eigenschaften (höflich, energisch usw.) ranggeordnet wurden. In beiden Arbeiten, die sich auf das cognitive-tuning-Konzept von Zajonc bezogen, wurde der Effekt der Instruktionsvariation weder direkt auf die sinnliche interpersonelle Wahrnehmung untersucht, noch wurde auf die spezifische Inhaltlichkeit, auf die Thematik des instruktionsabhängigen Urteils abgehoben. Es wurden rein formale Standpunktunterschiede (nämlich Differenziertheitsgrad des Urteils) erfaßt. ‚Cognitive tuning' wird lediglich als formalnoetische Restriktion der menschlichen Verarbeitungskapazität aufgefaßt. Die Frage nach der Art der perspektivischen interpersonellen Wahrnehmung in Abhängigkeit von der sozialen Interaktion ist aber notwendigerweise nicht nur eine Frage der Struktur von Kognitionen, sondern auch nach den Inhalten der Prozesse. Würde man den Vpn vor der Darbietung der Information über Mitmenschen eine bestimmte thematische Position nahelegen (Rollensimulation im Experiment) und die Wahrnehmungsleistungen bezüglich thematisch relevanter Inhalte zur abhängigen Variable machen, so müßten sich die Standpunktunterschiede nach der Unterschiedlichkeit der zugehörigen Zielvorstellungen in der Wahrnehmung inhaltlich nachweisen lassen. So wie Jones & DeCharms (1958) den Einfluß von Standpunktunterschieden auf die Beurteilung zeigten, könnten diese sich auch auf die (prozessual vorgeordnete) Wahrnehmung auswirken. Jones & DeCharms führten Tonbandinterviews mit zwei angeblichen amerikanischen Kriegsgefangenen in Korea vor, die rot-chinesische Propaganda betrieben hatten. Die Zuhörer sollten den ‚Verrat' jeweils nach einer ihnen zugewiesenen Rolle beurteilen, als Kameraden für den „value-maintenance-set", als Psychologen für den „causal-genetic-set" und als Richter für den „situation-matching-set". Bezogen auf die Selektivität gegenüber unterschiedlichen Informationen ergaben sich keine Differenzen, wohl aber hinsichtlich der Transformation der Informationen. Je nach simulierter Rolle unterschieden sich die Urteile bezüglich der Eigenschaften ‚Idealismus', ‚Patriotismus' und ‚Akzeptierbarkeit'. Als Psychologen und Kameraden akzeptierten sie die sich anpassenden Soldaten in der Regel, als Militärrichter nicht. Die Eindeutigkeit der Befunde litt darunter, daß die Ergebnisse sehr stark von weiteren Informationen abhingen, die die Vpn über die betreffenden Gefangenen erhielten. Insgesamt schienen Militärrichter ihr Urteil eher nach der Verantwortlichkeit der Beurteilten für ihre Aktionen auszurichten, während man in den anderen Rollen allgemeinere, kulturelle Stereotype heranzog.

Die Anwendung der Hypothesentheorie der Wahrnehmung auf interpersonelle Wahrnehmung kann man sich wie folgt vorstellen. Hypothesen in einer sozialen Situation bestehen aus den Merkmalen jener kognitiven Struktur, die von der Person über die in der eingenommenen sozialen Rolle verfolgten Zielvorstellungen aktiviert wird. Die kognitive Struktur bei der Personenwahrnehmung ergibt sich sowohl aus den zielbezogenen Merkmalen als auch aus den Merkmalen, die zu deren Erreichung als notwendig erachtet werden (Abbildung 16).

Rolle → subjekt. Ziele → Handlungserfordernisse → kogn. Struktur → Wahrnehmung

Abbildung 16: Siehe Text.

Welches sind die Schülermerkmale, die den Charakter von Handlungserfordernissen besitzen? Wenn Handeln in einer bestimmten sozialen Situation auf die Erfüllung von Zielvorstellungen ausgerichtet ist, dann erhalten in der Wahrnehmungsperspektive jene Dinge Relevanz, die zu der Erfüllung in einer *funktionalen Beziehung* stehen. Konkreter: Verhaltensweisen des Partners erhalten ihre Bedeutung durch den Sinn, den sie für die Person im Hinblick auf die Erreichung seiner Ziele besitzen. Wahrnehmung steht im Dienste zielgerichteten Verhaltens. Dabei ist zielgerichtetes Verhalten zu denken als ein auf die jeweiligen Endziele orientiertes, hierarchisch aufgebautes, planvoll angelegtes System von Verhaltensweisen. Und die jeweilige soziale Einzelsituation ist Teil eines aus der Zielhierarchie und dem daraus abgeleiteten Verhaltensplan (i.S. v. Miller u.a., 1973) resultierenden Systems personalsozialer Sinnbezüge. Jedes Verhalten in einer sozialen Situation wie der schulischen kann betrachtet werden als Produkt einer Entscheidung, die der Handelnde nach Optimalitätskriterien trifft. Für jede Entscheidung ist er u.a. auf wahrnehmungsmäßig einzubringende Informationen über den anderen angewiesen. Sinn haben für ihn jene Wahrnehmungsinhalte über den anderen, die verhaltensoptimierende Entscheidungen ermöglichen oder erleichtern.

Holzkamp (1973) hat die Relevanz adäquater Wahrnehmung für die Produktion und Reproduktion gesellschaftlichen Lebens betont. Er legte einen umfassenden theoretischen Entwurf vor, in dem die Abhängigkeit der Wahrnehmung von den jeweiligen gesellschaftlichen Verhältnissen in den Mittelpunkt der Betrachtung gestellt wird. In der Wahrnehmung würden Gegebenheiten nach sprachlich objektivierten Strukturen von Dimensionen voneinander unterschieden. Die Dimensionen seien generalisierte Fassungen solcher Bedeutungsunterschiede an Personen und Sachen, „die modal angemessen wahrnehmbar sein müssen, damit gesellschaftliche Lebenserhaltung als möglich verständlich wird" (S. 153). Er weist u.a. darauf hin, daß Weber, die an schwarzen Geweben arbeiten, Dutzende von Schwarztönen unterscheiden, während andere Menschen nicht mehr als drei bis vier unterscheiden können. Erfahrene Schleifer unterscheiden mit dem Auge Abstände von 1/2000 Millimeter, während der Mensch gewöhnlich nur Abstände bis zu 1/100 Millimeter unterscheiden kann. Stahlgießer erkennen feinste Nuancen des hellbraunen Farbtons, die Signale für die Schmelztemperaturen sind. In der interpersonellen Wahrnehmung spielen nach Holzkamp zwei Bedeutungsdimensionen, nach denen Menschen Mitmenschen diskriminieren, eine zentrale Rolle: jene der Leistungsfähigkeit und jene der Sympathie.

Im folgenden wird versucht, genauer darzustellen, worin die „Relevanz" von Objekten/Aspekten/Ereignissen liegt, auf welche die Person ihr Augenmerk in verstärkter Weise richtet. Dabei wird ausgegangen von den in Kapitel 1 entwickelten Vorstellungen über kognitive Determinanten des Lehrerverhaltens.

1) Handeln nimmt seinen Ausgang beim Feststellen einer Ist-Soll-Diskrepanz. Zur Feststellung der Ist-Soll-Diskrepanz muß der Ist-Zustand im Hinblick auf die Zieldimensionen der handelnden Person wahrgenommen werden. Alisch & Rössner (1978) sprechen vom „diagnostizierenden Wahrnehmen". Handlung ist nur dann notwendig, wenn die Diskrepanz zwischen Ist- und Soll-Zustand eine tolerable Größe übersteigt. In diesem Falle wird über die Größe der Diskrepanz das Ausmaß und die Intensität des erforderlichen Eingriffes abgeschätzt, der für den Ausgleich bzw. die Zielerreichung erforderlich ist. Daraus folgt: Wahrnehmungsleistungen

sind hinsichtlich der Zieldimensionen notwendig. Handlung ist dann erfolgreich abgeschlossen, wenn Ist in Soll überführt worden ist. Auch zur Beurteilung des Handlungserfolges, also für die Entscheidung, wann die Handlung abgeschlossen werden kann, sind Wahrnehmungsleistungen im Hinblick auf die Zieldimension(en) erforderlich. Damit ist eine erste Spezifikation von Relevanz möglich. Ich nenne jene Wahrnehmungsleistungen *kriterial funktional,* die dem Handelnden hinsichtlich einer bestimmten zielgerichteten Handlung eine Diagnose auf den Zielvariablen ermöglichen. Diese Wahrnehmungen liefern das Kriterium sowohl für die Entscheidung, eine Aktion einzuleiten, als auch dafür, sie abzuschließen. Die Fähigkeit des Schleifers, geringfügige Abstände zu unterscheiden, ist für sein Tätigkeitsziel von „kriterialer" Funktionalität. Für Lehrer hat die Fähigkeit, zwischen Schulleistungen oder anderen von ihnen angestrebten Erfolgskriterien bei Schülern zu unterscheiden, dieselbe Funktion.

2) Ich nehme an, daß dem Handelnden vor Ausführung einer Handlung daran gelegen ist, den voraussichtlichen Tätigkeitserfolg abzuschätzen. Er achtet in der ersten Testphase bereits auf Hinweise, die ihm über das Gelingen seines Planes Voraussagen ermöglichen. Ein Tischler wird die Eignung des Holzstückes für die Anfertigung eines bestimmten Gegenstandes prüfen, indem er etwa auf Farbe und Härte achtet, auf Eigenschaften, die ihm sein Vorhaben erleichtern oder erschweren. Dimensionen, die im Rahmen eines Planes eine solche Funktion besitzen, sollen *prognostisch funktional* genannt werden. Prognostisch funktionale Eigenschaften sind jene, die als externe Ursachen für Zielerreichung kogniziert werden. Ich vermute, daß die Einschätzung der Begabung eines Schülers und dessen familiärer Herkunft diese Funktion (oder *auch* diese Funktion) für Lehrer hat.

3) Für die Wahl geeigneter Handlungsstrategien ist es – so die weitere Annahme – notwendig, Voraussetzungen und Bedingungen für ein angemessenes Eingreifen zu ermitteln. Der Handelnde muß etwa entscheiden, ob er zum Hammer oder zu einem anderen Werkzeug greifen oder ob er einen völlig anderen Arbeitsgang einlegen muß. Ich nenne Wahrnehmungsleistungen, die in diesem Sinne zweckdienlich sind, *konditional funktional.* Für Lehrer sind jene Schülereigenschaften wichtig, auf die sie unterschiedliche Maßnahmen gründen können. Fleiß, Schülerdisziplin und Ängstlichkeit sind für Lehrer dann relevant und sinnhaft, wenn sie für Schüler unterschiedlicher Ausprägungen unterschiedliche Handlungsstrategien erfordern. Die Differenziertheit konditional funktionaler Wahrnehmung ist abhängig von der Zahl und der Art der verfügbaren Mittel. Gibt es in der Schule z.B. Legasthenie-Kurse, so wird der Lehrer verstärkt auf Lese-Rechtschreibschwäche achten. Gibt es in der Schule Förderkurse in Mathematik, so wird der Lehrer wahrscheinlich eine geschärfte Wahrnehmung für Leistungsausfälle in Mathematik entwickeln.

4) Handlungen sind meist nicht einphasig zu denken, sondern müssen in Unterphasen gegliedert werden. Sie können auch den Umgang mit Werkzeugen erfordern. Zur Handlung gehören selbst weitere Testeinheiten, die jedoch nicht auf das Endziel, sondern auf Zwischenziele, auf das Mittel oder auf das Werkzeug bezogen sind, wie etwa die Prüfung von Gewicht oder Form des Hammers. Auch diese Testvorgänge enthalten Wahrnehmungsleistungen. Ich bezeichne die Dimensionen, auf denen hier diskriminiert wird, als von *instrumentaler Funktionalität*. Es kann untersucht werden, welche Wahrnehmungsdimensionen für das Endziel und welche für das (oder die) Zwischenziel(e) relevant sind. Die Tätigkeit „Tennisspielen" erfordert zunächst einmal, daß man das Tenniszeug aus dem Schrank herausholt. Dazu sind diskriminative Wahrnehmungsleistungen anderer Art erforderlich, als während der Autofahrt zum Tennisplatz, beim Suchen eines Partners oder beim Tennisspiel selbst. Eine solche Analyse macht es erforderlich, Ziele auf den verschiedenen Hierarchieebenen beschreiben zu können.

Wahrnehmung ist notwendig für die Einleitung einer Handlung, aber genauso unentbehrlich in den Phasen der Handlungsauswahl, der Handlungsdurchführung und der Überprüfung des Handlungserfolges.

Damit kann nun genauer angegeben werden, was unter dem Begriff kognitive Struktur zu verstehen ist. Die kognitive Struktur in einer sozialen Situation kann definiert werden als die Vereinigungsmenge von Kognitionen über:

- Merkmale, auf denen Ist-Soll- (und Wird-Soll-)Diskrepanzen lokalisiert werden,
- Merkmale, die Beeinflussungskeitsmöglichkeiten anzeigen,
- Merkmale, die als treatmentbezogene Moderatorvariablen angesehen werden,
- werkzeug- und zwischenschrittbezogene Merkmale.

Die vier Teilmengen können auch Überlappungen aufweisen. Im Falle der Lehrerrolle liegt nahe anzunehmen, daß diese kognitive Struktur aus jenen Merkmalen der Schülerpersönlichkeit besteht, die in der impliziten Persönlichkeitstheorie enthalten sind.

Ich fasse zusammen:

1. Sensorische interpersonelle Wahrnehmung ist ein aktiver Prozeß der Aufnahme, Selektion, Verarbeitung, Gliederung und Strukturierung sensorischer Informationen. Aktiv heißt, daß die Person in die Situation Erwartungen/Hypothesen über wahrzunehmende Reize hineinbringt. Diese beeinflussen die Art und Weise, wie sie den Verhaltensstrom des(r) anderen Personen in Einheiten gliedert und auf welche Dispositionen sie sie zurückführt. Die Rolle, die eine Person in einer interpersonellen Situation

einnimmt, aktiviert Zielvorstellungen, diese eine kognitive Struktur. Die kognitive Struktur stellt die wahrnehmungsbeeinflussenden Erwartungen bereit.

2. Wahrnehmung als Informationsaufnahme richtet sich auf Objekte, Ereignisse und Aspekte daraus, die für den Handelnden relevant/sinnhaft sind. Das Konzept der Sinnhaftigkeit kann spezifiziert werden, wenn man die Wahrnehmung im Hinblick auf ihre Funktionalität für die Zielerreichung betrachtet. Man kann zwischen vier verschiedenen Arten von Funktionalität unterscheiden.
   Wahrnehmung ist kriterial funktional dann, wenn sie von den in der Situation aktivierten Zieldimensionen der Person geleitet ist und dem Ist-Soll-Vergleich vor, während oder nach der Handlung dient.
   Wahrnehmung ist prognostisch funktional dann, wenn sie sich auf die Umstände richtet, die ihr eine Prognose über den vermutlichen Erfolg, die Dauer etc. des Einwirkens gestatten (z.B. Beeinflussungsmöglichkeiten).
   Wahrnehmung ist konditional funktional dann, wenn sie sich auf Bedingungen richtet, welche ihr die Wahl der geeigneten Handlung erleichtern (Moderatorvariablen).
   Wahrnehmung ist instrumental funktional dann, wenn sie sich auf Werkzeuge oder andere als notwendig erachtete Zwischenschritte auf dem Wege zur Zielerreichung richtet.
3. Der Begriff kognitive Struktur wird definiert als die Menge der zu einem gegebenen Zeitpunkt von einer Person aktivierten Wahrnehmungsmerkmale. Im Falle der Lehrerwahrnehmung von Schülern besteht diese kognitive Struktur aus der impliziten Persönlichkeitstheorie.

2. Die Wahrnehmungsleistungen

In Anlehnung an Bruner & Postman (1951), Jones (1955) und Graumann (1960) können mehrere Wahrnehmungsleistungen unterschieden werden:

1. Selektion: der Wahrnehmungsapparat wählt aus der Vielzahl von Reizen der Umwelt relevante aus.
2. Strukturierung: im Wahrnehmungsprozeß werden sensorische Reize vervollständigt und geordnet, so daß sie als organisierte Einheiten erscheinen.
3. Akzentuierung: bestimmte Reizgrößen werden überbetont, andere unterbetont.
4. Fixierung: jene Objekte/Ereignisse werden „fixiert“, welche für die Person Bedeutung besitzen.

Die Hypothesentheorie der Wahrnehmung legt nahe anzunehmen, daß subjektive Faktoren in zweifacher Hinsicht auf die Wahrnehmung einwirken:

a) Die kognitive Struktur wird aktiviert durch die Zielvorstellungen und Handlungserfordernisse, die der Lehrer mit seiner sozialen Rolle verbindet. Die Merkmale der kognitiven Struktur stellen Erwartungshypothesen dar, die Lehrer benutzen, um das vielfältige Stimulusmaterial zu verkoden (vgl. Irle, 1975, S. 88).

b) Ist die Situation bereits weitgehend vorstrukturiert (z.B. der Lehrer kennt die Begabung etc. eines Schülers), dann stellen nicht mehr die Merkmale selbst Wahrnehmungshypothesen dar, sondern die aktivierten Ausprägungsgrade auf den Merkmalen, welche durch Erfahrungen/Vorurteile/Instruktion etc. bestimmt sind.

Im folgenden werden diese beiden Punkte getrennt behandelt.

a) *Merkmale als Wahrnehmungshypothesen*

Die naheliegendste Auswirkung des Verwiesen-seins auf einen Blickpunkt besteht zunächst in der unterschiedlichen Sichtbarkeit von Objekten. Die einen werden wahrgenommen, andere nicht. Durch die aktive Einnahme einer bestimmten Sichtweise selegiert der Wahrnehmende aus dem Angebot möglicher Reize eine Teilmenge heraus. Die Hypothesentheorie der Wahrnehmung nimmt an, daß eine Person bei einer gegebenen Reizkonfiguration jenes Ding wahrnimmt, für das sie eine Hypothese eingebracht hat, die bestätigt worden ist und die stärker ist als alternative Hypothesen. Die Person entscheidet, daß jene Hypothese wahr ist, für die sie aufgrund ihrer a-priori-Wahrscheinlichkeit und der vorliegenden Information die größte Wahrscheinlichkeit annimmt. Wahrnehmungsentscheidungen hängen ab von der Hypothesenstärke sowie von der verfügbaren Information. Daraus folgt: wenn man die verfügbare Information konstant hält und die Hypothesenstärke durch experimentelle Induktion variiert, kann man den Einfluß der Hypothesenstärke auf das Wahrnehmungsergebnis messen. In den zu berichtenden Untersuchungen wurde die Hypothesenstärke durch Manipulation der sozialen Rolle variiert.

Eine Person, die mit einer anderen Person in eine soziale Beziehung tritt, will dabei in der Regel etwas Bestimmtes verwirklichen. Sie will mit, bei der oder über die Person bestimmte Zielzustände erreichen. Daraus ergeben sich für die handelnde Person Handlungsanforderungen. Diese machen es notwendig, daß die Person Informationen über die andere Person erlangt, um Urteile hinsichtlich solcher Kategorien auszubilden, die sie für die Planung ihrer Handlungen benötigt. Da Personen in der Rolle von Lehrern vermutlich andere Ziele verfolgen und infolgedessen auch anderen Handlungserfordernissen ausgesetzt sind als Personen in anderen sozialen Rollen, ist zu erwarten, daß sie auf bestimmte Eigenschaften bei Schülern mehr achten als auf andere. Als Menge der Merkmale, die ein Lehrer über Schüler aktiviert, wird seine implizite Persönlichkeitstheorie betrachtet. Annahme ist, daß die Merkmale als Erwartungshypothesen eine größere Stärke besitzen als andere.

Davon ausgehend wurde in drei Experimenten durch Instruktion die soziale Rolle gegenüber einem Schüler manipuliert und die Wahrnehmung von schriftlich dargebotenen Persönlichkeitseigenschaften erfaßt (Hofer, 1985). Einmal sollte die Rolle eines Lehrers eingenommen werden (Experimentalgruppe 1). In Experimentalgruppe 2 sollte die Rolle eines Mitschülers eingenommen werden. Für die kognitive Struktur von Lehrern wurden die folgenden fünf Merkmale angenommen: Anstrengung (z.B. fleißig), Begabung, Diszipliniertheit, soziale Aufgeschlossenheit, seelische Robustheit. Für die implizite Persönlichkeitstheorie von Schülern über Schüler wurden die Merkmale Gefühl (z.B. heiter) Gemeinschaftssinn (z.B. kameradschaftlich) und Initiative angenommen (Jones & Thibaut, 1958). Hypothese in allen drei Experimenten war, daß Vpn der Experimentalgruppe 1 Merkmale aus der der Lehrerrolle zugeordneten Struktur bevorzugt wahrnehmen würden. Umgekehrt wurde erwartet, daß Vpn der Experimentalgruppe 2 Merkmale aus der der Schülerrolle zugeordneten Struktur bevorzugt wahrnehmen würden. Die drei Experimente unterscheiden sich in der Operationalisierung der abhängigen Variable. Abbildung 17 zeigt die experimentelle Anlage schematisch.

Manipulation	Annahmen			abhängige Variable
Rolle	Ziele	Handlungserfordernisse	Implizite Persönlichkeitstheorie	Reproduzieren (Exp. 1)
Exp. Gruppe 1 (Rolle des Lehrers)	Z_1	HE_1	IPT_1 (z.B. Begabung, Fleiß, Disziplin)	tachistoskopisches Erkennen (Exp. 2)
Exp. Gruppe 2 (Rolle des Schülers)	Z_2	HE_2	IPT_2 (z.B. Kameradschaftlichkeit)	Augenfixationen (Exp. 3)

Abbildung 17: Experimentelles Paradigma für die drei Experimente.

Experiment 1. Die Hypothese, daß jene Charakteristika einer anderen Person bevorzugt erkannt werden, die auf die Merkmale der impliziten Persönlichkeitstheorie bezogen sind, welche eine Person in einer bestimmten Situation aktiviert, wurde zunächst mit Hilfe der Reproduktionsmethode untersucht. Dabei wurde angenommen, daß die Qualität der Reproduktion das Ausmaß selektiven Wahrnehmens widerspiegelt. Versuchspersonen waren 144 Lehrerstudenten der Pädagogischen Hochschule sowie 64 Volksschullehrer. Es wurde ihnen gesagt: „Versetzen Sie sich bitte zuerst in die Rolle eines Lehrers. Es kommt ein Schüler, Karl, in Ihre Klasse. Hier habe ich eine Liste von Eigenschaften, mit denen man Schüler charakterisieren kann. Lesen Sie sie bitte und prägen Sie sich alle gut ein. Sie sollen später mit diesen Eigenschaften Karl charakterisieren." Nach der Instruktion erhielten die Vpn eine Liste, auf der 16 Eigenschaften nacheinander geschrieben standen. Jeweils acht der Eigenschaften stammten aus der Lehrer-Sichtweise und aus jener von Schülern. Die Darbietungszeit betrug 30 Sekunden. Sodann wurden die Vpn aufgefordert, alle dargebotenen Eigenschaften auf ein vorher ausgeteiltes Blatt Papier zu schreiben. Für die zweite Rolle lautete die Instruktion analog mit dem Unterschied, daß die Rolle eines Schülers eingenommen werden sollte. Tabelle 14 enthält die Mittelwerte unter den beiden Versuchsbedingungen.

Tabelle 14: Mittlere Zahl der unter den beiden experimentellen Bedingungen reproduzierten Zahl der zur jeweiligen Sicht gehörigen Schülereigenschaften.

		Instruktion		
		Lehrerrolle	Schülerrolle	Signifikanz
Eigenschaften	Lehrersicht	3.90	3.14	ss
	Schülersicht	2.93	3.72	ss

Unter der Bedingung Lehrerrolle wurden signifikant mehr Eigenschaften aus der Lehrersicht reproduziert als unter der Bedingung Schülerrolle. Ebenso wurden unter der Bedingung Schülerrolle signifikant mehr Eigenschaften aus der Schülersicht reproduziert als unter der Bedingung Lehrerrolle. Die Daten wurden auch für jede der insgesamt 32 Eigenschaften getrennt ausgewertet. Faßt man die Eigenschaften je einer Merkmalsdimension zusammen, so erhält man die Ergebnisse von Abbildung 18. Sie enthält die mittlere Reproduktionshäufigkeit pro zu einem Merkmal gehöriger Eigenschaft unter den beiden experimentellen Bedingungen.

Unterstellt wurde in diesem Experiment, daß die Vpn mit den beiden induzierten Rollen unterschiedliche Zielvorstellungen verbanden. Dies wurde nicht geprüft. Doch wurde der Zusammenhang zwischen Zielen und Wahrnehmung auf der Intrarollenebene untersucht. Jede Vp sollte zu den

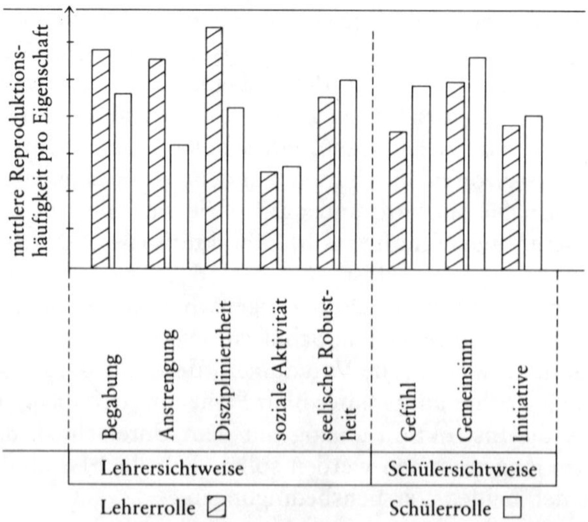

Abbildung 18: Mittlere Reproduktionshäufigkeiten pro Eigenschaft in den beiden experimentellen Bedingungen.

Bereichen „Wissensvermittlung", „Vermittlung von Problemlöseverhalten" und „Betreuung der Gesamtpersönlichkeit" auf einer Vier-Punkte-Skala angeben, wie wichtig sie das Ziel findet. Hypothese war, daß die gemessenen Unterschiede mit der Reproduktion der verschiedenen Merkmale zusammenhängen. Denn die Eigenschaften haben vermutlich für die verschiedenen Ziele unterschiedliche Funktionalitäten.[7]) Die Vpn wurden danach unterteilt, ob sie das jeweilige Ziel stark oder weniger stark befürworteten. Es zeigte sich jedoch, daß die Zielausprägungen keinen signifikanten Einfluß auf die Wahrnehmung von Eigenschaften hatten.

Die Ergebnisse bestätigen die Hypothesen insgesamt sowie für die wichtigsten Merkmale der rollenbezogenen sozialen Sichtweisen. In beiden experimentellen Bedingungen wurden Eigenschaften für die Merkmale, welche als durch die Rolle aktiviert angenommen wurden, häufiger reproduziert. Dabei wurde die Wahrnehmung jedoch über Gedächtnisleistungen gemessen. Empirische Kriterien über Wahrnehmungsleistungen schließen nun meist Gedächtniseffekte in mehr oder minder starkem Ausmaß mit ein. Je länger der zeitliche Abstand von Wahrnehmungs- und Meßvorgang, desto stärker kommen Gedächtniseffekte ins Spiel und desto leichter lassen

7) Dies wurde auch zu prüfen versucht, indem nach der Wichtigkeit der Merkmale bei je gegebenem Ziel gefragt wurde. Doch gab es hierbei kaum Unterschiede zwischen den Personen.

sich Einstellungswirkungen nachweisen (Haber, 1966). Im zweiten Experiment wurde daher das Wahrnehmungsergebnis unmittelbar erfaßt.

Experiment 2. In dem zweiten Experiment wurden die Wahrnehmungsleistungen mit Hilfe der Technik des Tachistoskops gemessen. Ihm lag dieselbe Hypothese wie Experiment 1 zugrunde. Auch die Manipulation der unabhängigen Variable und die als Reizmaterial verwendeten Persönlichkeitseigenschaften waren dieselben. Es wurde erwartet, daß Vpn der Experimentalgruppe 1 Eigenschaften, die der kognitiven Struktur der Lehrerrolle zugehörten, bei kürzeren Öffnungszeiten richtig erkennen würden als Vpn der Experimentalgruppe 2. Umgekehrt lautete die Erwartung für die Eigenschaften aus der Schülerperspektive.

Lehrerstudenten als Vpn wurden angewiesen, sich in die Rolle des Lehrers (bzw. des Schülers) zu versetzen. Ein neuer Schüler Karl käme in ihre Klasse. In dem Einblick-Tachistoskop würden ihnen Eigenschaften dargeboten, die diesen Schüler charakterisieren. Ihre Aufgabe bestünde darin, diese Eigenschaften zu nennen, sobald sie sie erkannt hätten. Jede Vp hatte einmal die Rolle des Lehrers und einmal jene des Schülers einzunehmen. In jeder Instruktion wurde die Hälfte der Eigenschaften aus jeder Struktur vorgegeben. Es wurde die aufsteigende Methode verwendet. Ausgangszeit war 0,01 sec. Jeder Versuchsdurchgang bestand aus drei Darbietungen mit 15 sec.-Intervallen dazwischen. Folgende Darbietungszeiten wurden in ansteigender Ordnung benutzt: 0,01; 0,02; 0,04; 0,06; 0,10; 0,15; 0,20; 0,30; 0,50 sec.

Pro Vp wurde für jede Eigenschaft die kürzeste Öffnungszeit festgehalten, bei der die Eigenschaft korrekt benannt wurde. Diese wurde als Wahrnehmungsschwelle definiert. Die mittleren Schwellenwerte wurden pro Eigenschaft und experimenteller Bedingung berechnet. Die Differenzen zwischen EG 1 und EG 2 wurden mit Hilfe des Binomialtests auf Signifikanz geprüft. Weder für die Eigenschaften der Lehrer- noch für jene der Schülerperspektive ergaben sich signifikante Unterschiede.

Die Hypothese der Abhängigkeit der Wahrnehmung von experimentell induzierten Erwartungen über andere Personen konnte im tachistoskopischen Experiment nicht bestätigt werden. Dieses Ergebnis kann darauf zurückzuführen sein, daß im Wahrnehmungsvorgang bei gerichteter Aufmerksamkeit Prozesse der Selektion nicht oder nur sehr schwach wirksam sind. Es könnte auch daran liegen, daß die Erfassung der Wahrnehmungsschwelle kein geeignetes Verfahren der Messung der Wahrnehmungsselektion darstellt. Deshalb wurde in Experiment 3 eine weitere Methode zur Messung der abhängigen Variable verwendet.

Experiment 3. Zur Messung der Variable selektive Wahrnehmung wurden die Augenbewegungen bei der Lektüre von vorgegebenen Eigenschaften verwendet. Dieses Verfahren hat gegenüber dem Tachistoskop den Vorteil, daß mehrere Eigenschaften simultan vorgegeben werden können, auf die sich die Aufmerksamkeit der Vp je nach induzierter Erwartung unterschiedlich verteilen kann. Als Maß für die Aufmerksamkeit, die den einzelnen Eigenschaften zuerkannt wird, kann die Zeitdauer genommen werden, die bei gleicher Expositionszeit der Vorlage auf die darin enthaltenen Eigenschaften verwendet wird. Wie bei den beiden ersten Experimenten war auch hier die Hypothese, daß die Vpn in den beiden experimentellen Bedingungen ihre Blicke länger auf die Eigenschaften der jeweils induzierten Perspektive richten. Die experimentellen Bedingungen sowie das Stimulusmaterial waren im wesentlichen identisch mit denen von Experiment 1 und 2.

In die Auswertung gingen 30 Vpn ein, Studenten der Universität Mannheim, vorwiegend Lehramtskandidaten. Die Anlage zur Messung von Blickbewegungen war eine computer-gesteuerte Blickbewegungsmeßeinrichtung, DEMEL DEBIC 80. Ihr Funktionieren ist der Abbildung 19 zu entnehmen. Insgesamt wurden 32 Eigenschaften verwendet, je 16 für jede der beiden Perspektiven. Je vier Eigenschaften wurden gleichzeitig über Dia auf einer 0,70 × 0,90 m großen Fläche im Abstand von 2 m von der Vp dargeboten (links oben, rechts oben, links unten, rechts unten). Je zwei Eigenschaften stammten dabei aus den beiden Strukturen. Die Reihenfolge der Eigenschaften war in den acht Dias unterschiedlich. Die Darbietung der Dias erfolgte in zufälliger Reihenfolge. In der Instruktion wurden die Vpn gebeten, sich so gut wie möglich in die Rolle eines Lehrers (bzw. Schülers) zu versetzen. Die Schilderung der Situation war spezifischer und anschaulicher als in den anderen beiden Experimenten. Der Lehrer (bzw. der Schüler) solle sich den neuen Schüler, der in ihre Klasse käme, genau anschauen und anschließend dem Direktor (einem kranken Klassenkameraden) über diesen Schüler berichten. Die Darbietung der Eigenschaften wurde damit begründet, daß die geforderte Charakterisierung mit diesen Eigenschaften vorgenommen werden sollte. Es wurde Wert darauf gelegt, daß die Vpn die Instruktion, eine Rolle einzunehmen, klar verstanden. Im Anschluß an die Erhebung der abhängigen Variablen wurde eine Kontrolle der Wirksamkeit der experimentellen Bedingung vorgenommen: es wurde gefragt, wie gut es der Vp gelungen sei, sich in die Rolle eines Lehrers (eines Schülers) zu versetzen. Jedes der 8 (32 : 4 = 8) Dias wurde 10 sec. lang dargeboten. Zwischen den Darbietungen entstand eine Pause von 5 Sekunden. Als abhängige Variable wurde die Zahl der Meßpunkte pro Eigenschaft verwendet, wobei ein Meßpunkt 1/50 Sekunde war. Bei 10 Sekunden sind pro Dia 500 und damit bei acht Dias insgesamt 4000 Meßpunkte möglich. Durch Lidschläge gingen Meßpunkte verloren. Als zweite abhängige Variable diente die Reproduktionsleistung. Nach Beendigung der Darbietung und Messung wurden die Vpn gebeten, alle Eigenschaften zu reproduzieren, an die sie sich erinnern konnten. Damit sollten die Ergebnisse des Experiments 1 überprüft werden. Schließlich wurden die Vpn noch gebeten, jene Eigenschaften der reproduzierten aufzuschreiben, die sie als Lehrer (als Schüler) zur Beschreibung eines Mitschülers verwenden würden. Damit sollte überprüft werden, ob die Rolleninduktion eine Aktivierung der postulierten kognitiven Merkmals-Struktur bewirken würde.

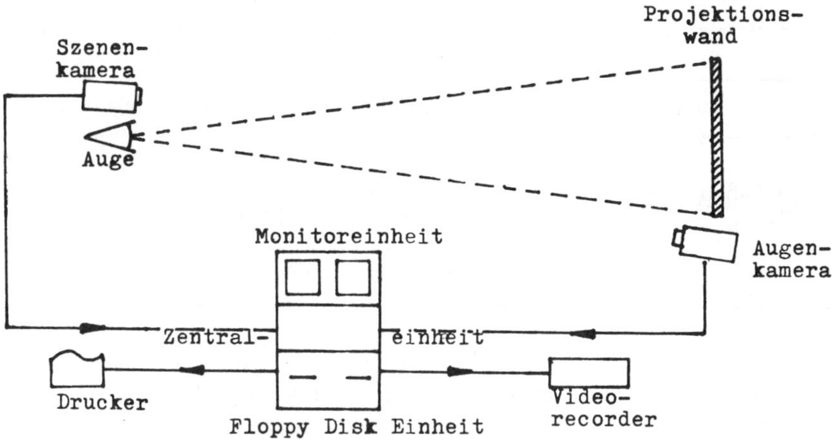

Abbildung 19: Anordnung der Komponenten des Systems DEBIC 80 (aus Mangold, 1983, S. 6)

In die Auswertung kamen nur Personen, die mindestens 70 % aller möglichen Meßpunkte erreichten. Dadurch reduzierte sich die Zahl der untersuchten Personen (56) auf etwas mehr als die Hälfte (30), deren Daten in die Ergebnisberechnungen Eingang finden konnten. Es waren verschiedene technische Probleme, die einen ungewöhnlich hohen Ausschuß hervorriefen. Anfänglich wurden auch Brillenträger als Vpn zugelassen, bei denen sich aber bei der Durchführung der Eichung Schwierigkeiten ergaben. Bei Vpn mit Hornhautverkrümmungen war ebenfalls keine genaue Eichung durchführbar. Bei Vpn mit lichtempfindlichen Augen kam es durch die durch den Diawechsel bedingten Veränderungen in den Lichtverhältnissen zu beträchtlichen Meßwertausfällen. Bei bestimmten Vpn war keine Durchführung der Eichung möglich, da die Anlage aufgrund der spezifischen Augenstrukturen dieser Vpn nicht in der Lage war, zwischen Cornea- und Pupillenreflex zu differenzieren. Bei anderen Vpn konnte trotz erfolgreicher Eichung und Probemessung bei der experimentellen Messung nur eine geringe Anzahl von Meßwerten aufgezeichnet werden.

Die Instruktion schien geeignet gewesen zu sein, die Vpn zur Einnahme der gewünschten Rolle zu bewegen. In der entsprechenden Kontrollfrage gaben sie an, daß es ihnen im Durchschnitt „mittel bis ziemlich gut" gelungen war, sich in die Rolle des Lehrers (Schülers) zu versetzen. Die Gesamtergebnisse zu den Blickmeßwerten sind in Tabelle 15 dargestellt.

Tabelle 15: Mittlere Zahl der unter den beiden experimentellen Bedingungen aufgetretenen Augenfixierungen auf die zur jeweiligen Sicht gehörigen Eigenschaften.

		Instruktion		
		Lehrerrolle	Schülerrolle	Signifikanz
Eigenschaften	Lehrersicht	1747,6	1733,5	n.s.
	Schülersicht	1709,2	1711,6	
		N = 15	N = 15	

Die Zahlen stellen die über die Vpn gemittelten und über die entsprechenden Eigenschaften aufsummierten Meßpunkte dar. Sie geben an, wie lang die Vpn im zur Verfügung stehenden Zeitraum von 10 Sekunden pro Dia im Mittel ihren Blick auf die gesamten Eigenschaften der betreffenden Sichtweise gerichtet hielten. Die Signifikanzen wurden mit Hilfe einer zweifaktoriellen Varianzanalyse mit Meßwiederholung auf einem Faktor berechnet. Eine Auswertung wurde auch für jede einzelne Eigenschaft und auch für Kategorien vorgenommen, die aus der Zusammenfassung von Eigenschaften zu Dimensionen entstanden. Das Gesamtergebnis, nach dem die Forschungshypothese nicht angenommen werden kann, bestätigte sich auch in diesen Einzelanalysen. Leitet man aus der Nicht-Signifikanz von Unterschieden die Aussage ab, daß die Alternativhypothese nicht zutrifft, so ist dieser Schluß bei einer mittleren Effektstärke (d = 0,50) mit einer Fehlerwahrscheinlichkeit von ß = 0,62 ausgestattet (vgl. Cohen, 1969).

Für die Auswertung der Variable Zahl der reproduzierten Eigenschaften wurde ausgezählt, wieviel Eigenschaften aus jeder der beiden Sichtweisen jede Vp im Anschluß an das Experiment korrekt reproduzieren konnte. Diese Häufigkeiten wurden gemittelt. Sie sind in Tabelle 16 enthalten.

Die Unterschiede, berechnet ebenfalls anhand von Varianzanalysen, sind nicht signifikant. In diesem Experiment konnten also die Ergebnisse des Experiments 1 nicht repliziert werden.

Die Frage danach, welche Eigenschaften die Vpn zur Beschreibung eines Schülers verwenden würden, wurde ausgewertet, indem ausgezählt wurde, wie viele der angeführten Eigenschaften jeder der beiden Sichtweisen angehörte. Die Ergebnisse sind in Tabelle 17 enthalten.

Tabelle 16: Mittlere Zahl der unter den beiden experimentellen Bedingungen reproduzierten Zahl der zur jeweiligen Sicht gehörigen Schülereigenschaften (Experiment 3).

		Instruktion		
		Lehrerrolle	Schülerrolle	Signifikanz
Eigenschaften	Lehrersicht	5.59	5.54	n.s.
	Schülersicht	5.56	4.75	
		N = 32	N = 24	

Tabelle 17: Mittlere Zahl der reproduzierten Eigenschaften, welche die Vpn als Lehrer (als Schüler) zur Beschreibung eines Schülers verwenden würden.

		Instruktion		
		Lehrerrolle	Schülerrolle	Signifikanz
Eigenschaften	Lehrersicht	3.43	1.95	s.
	Schülersicht	2.62	2.08	n.s.
		N = 32	N = 24	

Lediglich für die Eigenschaften der Lehrersicht ist der Unterschied signifikant. Daraus kann geschlossen werden, daß die Annahme, auf der die Experimente gegründet sind, nur bedingt haltbar ist. Die Induktion einer sozialen Rolle führt nicht zur Aktivierung einer kognitiven Struktur, die eindeutig aus jenen Merkmalen besteht, welche theoretisch postuliert wurden.

In Experiment 3 konnte ebenso wie in Experiment 2, aber im Gegensatz zu Experiment 1 eine Bestätigung der Hypothese vom Einfluß der Erwartung auf die Wahrnehmung von Eigenschaften bei anderen Personen nicht erzielt werden. Auch wenn die Möglichkeit gegeben wird, die Aufmerksamkeit auf vier simultan dargebotene Eigenschaften zu verteilen, ist die Blickdauer bei Eigenschaften, welche auf die eingenommene soziale Rolle bezogen sind, nicht länger als bei Eigenschaften, welche als im Hinblick auf die eingenommene Rolle eher neutral betrachtet werden. Dieses Ergebnis könnte daran liegen, daß die Vpn relevante Eigenschaften schneller erkennen und ihren Blick darauf nicht länger, sondern ggf. eher kürzer richten, bis diese wahrgenommen sind. Dagegen spricht jedoch, daß ein solches Ergebnis nicht aufgetreten ist und daß in Experiment 2 keine Hinweise auf eine unterschiedliche Wahrnehmungsschwelle erkennbar sind. Das Ergebnis könnte auch darauf zurückzuführen sein, daß die experimentelle Manipulation zwar erfolgreich war, aber die Vpn in der eingenommenen Rolle nicht die angenommene kognitive Struktur in ausreichender Klarheit und Abgehobenheit aktualisierten.

Insgesamt kann die Hypothese der Abhängigkeit selektiver Wahrnehmungsleistungen von kognitiv/motivationalen Faktoren, welche sich durch die Handlungserfordernisse in einer bestimmten sozialen Situation ergeben, durch die Ergebnisse der vorgelegten drei experimentellen Untersuchungen nur teilweise als bestätigt gelten. Vpn konnten Eigenschaften, welche auf die experimentell hergestellte Situation bezogen waren, in Experiment 1 besser reproduzieren, nicht jedoch in Experiment 3. Die Wahrnehmungsschwelle im Tachistoskop war bei schriftlich dargebotenen Eigenschaften nicht unterschiedlich (Experiment 2). Auch richteten Vpn ihre Blicke nicht unterschiedlich lange auf unterschiedliche Eigenschaften (Experiment 3). So kann zunächst die Feststellung von Haber (1966) bekräftigt werden, daß Einstellungseffekte bei Wahrnehmungsleistungen um so leichter nachweisbar sind, je mehr Gedächtniseffekte im Spiel sind. Die Ergebnisse sind überraschend insofern, als im Bereich der Wahrnehmung von unbelebten Objekten der Einfluß von Erwartungsvariablen breit nachgeweisen wurde. Es ist nicht zu sehen, welche Besonderheiten bei der Wahrnehmung belebter Objekte (bzw. symbolischer Merkmale davon) ins Spiel kommen. Ein Erklärungshinweis kann dem Experiment 3 entnommen werden. Die theoretische Erklärung von Erwartungseffekten ist im Bereich der Wahrnehmung von Personen komplizierter als bei der Wahrnehmung von unbelebten Objekten. Wenn man, wie in diesem Kapitel, einen handlungstheoretischen Ansatz wählt (z.B. Prinz, 1983), so müssen zwischen unabhängiger und abhängiger Variable eine Reihe von Annahmen eingeführt werden, deren Berechtigung fraglich sein kann. In unserem Ansatz etwa ist ungeprüft die Annahme, daß die Wahrnehmung von Eigenschaften einer anderen Person von den Zielen abhängt, welche die eine Person in der Situation verfolgt. Angenommen wurde weiterhin, daß sich aus den Zielen Handlungsanforderungen ergeben. Schließlich wurde angenommen, daß aus den kognizierten zielbezogenen Handlungsanforderungen eine kognitive Struktur aktiviert wird. Diese Struktur soll aus den Merkmalen bestehen, welche als Erwartungshypothesen an die andere Person herangetragen werden und die Wahrnehmung beeinflussen. In Experiment 3 ergab sich der Hinweis, daß die angenommene Struktur nicht in der Eindeutigkeit aktiviert wurde, wie unterstellt war und wie es notwendig gewesen wäre, hätte sie sich im

Wahrnehmungsprozeß deutlich auswirken müssen. Möglicherweise war die experimentelle Induktion zu wenig anschaulich und lebendig, das Experiment von zu kurzer Dauer, als daß sich die Vpn die soziale Rolle kognitiv voll zu eigen gemacht hätten. Denkbar ist auch, daß die kognitiven Strukturen der Lehrer- und der Schülerperspektive zu viele Überlappungen aufweisen. Von daher würde die Wahl einer anderen experimentellen Manipulation angezeigt sein. Aus den Ergebnissen der drei Experimente und den Schlußfolgerungen kann die Forderung abgeleitet werden, die kognitiven Mechanismen, die bei der Personwahrnehmung unter handlungstheoretischer Perspektive angenommen werden, genauer zu untersuchen.

b) *Merkmalsausprägungen als Wahrnehmungshypothesen*

Erwartungshypothesen können auch dadurch die Wahrnehmung determinieren, daß Ereignisse innerhalb von Merkmalen bevorzugt wahrgenommen werden, wenn Erwartungen hinsichtlich ihrer spezifischen Ausprägung vorhanden sind. So kann man vermuten, daß die Wahrnehmung bei Lehrern durch ihre Erwartungen darüber beeinflußt wird, welche Ausprägung bestimmte Eigenschaften bei dem betreffenden Schüler besitzen. Diese Vermutung kann anhand jener Merkmale überprüft werden, die Teil der kognitiven Struktur von Lehrern über die Schülerpersönlichkeit darstellen. Am einfachsten ist dies bei der Variablen „Schulleistung“ möglich, da hier durch Operationalisierung der „Fehlerzahl“ eine „objektive“ Größe zur Verfügung steht.

Wie sich die Erwartung auf die Genauigkeit auswirkt, mit der Lehrer Rechtschreibfehler wahrnehmen, hat Zillig in einer frühen Arbeit (1928) untersucht. Sie ließ sich von 18 Volksschullehrern die Deutschhefte ihrer zwei besten und zwei schlechtesten Schüler geben und untersuchte die Genauigkeit der Rechtschreibkorrekturen. Fand sie bei einem besten Schüler eine Arbeit mit übersehenen Rechtschreibfehlern, so stellte sie für alle vier Hefte dieses Lehrers fest, wieviel Prozent der objektiv vorhandenen Fehler jeweils nicht angestrichen waren. Sie verglich dann die Ergebnisse zwischen den guten und den schlechten Schülern. Bei einem Lehrer war überhaupt keine Arbeit mit übersehenen Fehlern zu entdecken. Zwei Lehrer (11 %) strichen bei den besten Schülern prozentual mehr Fehler an als bei ihren schlechtesten. Und 15 Lehrer (83 %) übersahen bei ihren besten Schülern relativ mehr Fehler als bei den schlechtesten. Sie haben im Mittel 61,3 % der Fehler bei den besten Schülern angestrichen, aber 87,8 % – also 25 % mehr – Fehler bei den schlechtesten Schülern. Umgekehrt kann man sagen: die 15 Lehrer haben bei den guten 38,7 % der von diesen gemachten Fehler übersehen, bei den schlechten nur 12,3 %.

Tabelle 18: Prozentsätze der von 15 Lehrern angestrichenen bzw. übersehenen Rechtschreibfehler in Deutschheften ihrer besten und schlechtesten Schüler (nach Zillig, 1928, S. 79).

	angestrichen	übersehen	
beste Schüler	61,3 %	38,7 %	100 %
schlechteste Schüler	87,8 %	12,2 %	100 %

Aus diesen Zahlen geht zunächst hervor, daß Lehrer generell dazu neigen, Fehler zu übersehen. Von den 18 Lehrern wurden im Mittel nur 74,5 % der objektiv vorhandenen Fehler entdeckt. Dieses Ergebnis ist nicht verwunderlich. Es zeigt, daß Wahrnehmung ungenau ist. Wichtigeres Ergebnis: bei guten Schülern wurden relativ mehr Fehler übersehen als bei schlechten. Drei Lehrer haben sogar bei den beiden besten Schülern *alle* Fehler übersehen, bei den schlechtesten aber nur 22,2 %

Zillig interpretiert dies so: Der „Befund erklärt sich als eine unbewußte Bevorzugung der besten Schüler gegenüber den schlechtesten, die aus unwillkürlicher Parteieinstellung der Lehrer hervorgeht. In dieser Parteieinstellung mögen sich die Sympathie ..., seine Antipathie ... auswirken, daneben aber auch Erfolgsstreben und Berufsehrgeiz des Lehrers, der wenigstens bei seinen besten Schülern einwandfreie Ergebnisse seiner unterrichtlichen Bemühungen sehen möchte" (S. 80). Dies ist eine sehr weitgehende Schlußfolgerung, die nicht gerechtfertigt erscheint, wenn man bedenkt, daß es sich nicht um eine experimentelle Untersuchung handelte. Die beiden Gruppen der besten und schlechtesten Schüler waren nicht vergleichbar. Die Hefte der besten Schüler enthielten insgesamt weniger Fehler als jene der schlechtesten Schüler.

In einer Untersuchung von Grote (1974) an sechs Klassen wurde ähnlich wie bei Zillig vorgegangen. Doch wurden hier auch die absoluten Zahlen mitgeteilt. Dabei ergab sich, daß die Lehrer bei guten Schülern zwar relativ mehr, aber absolut weniger Fehler übersahen als bei schlechten Schülern (vgl. Tabelle 19).

Tabelle 19: Gegenläufigkeit von absoluter und relativer Bevorzugung (Grote, 1974).

	angestrichen	übersehen	Summe d. Fehler
beste Schüler	158 F. (72,7 %)	45 F. (27,3 %)	203 F.
schlechteste Schüler	1.323 F. (92,3 %)	103 F. (7,7 %)	1.426 F.

In dem Fall von Tabelle 19 war die Genauigkeit der Wahrnehmung *relativ* zuungunsten der schlechten Schüler: bei ihnen wurden nur 7,7 % der Fehler im Vergleich zu 27,3 % beim besten Schüler übersehen. Absolut gesehen wurden schlechte Schüler partiell bevorzugt: die Lehrer übersahen 103 Fehler im Vergleich zu nur 45 bei den besten Schülern. Dies ergibt sich dadurch, daß die schlechten Schüler sehr viel mehr Fehler insgesamt machten (1.426) als die guten (203).

Die Aussage, daß die Genauigkeit der Wahrnehmung, wenn es um das Anstreichen von Fehlern geht, beim schlechten Schüler größer ist als beim guten, ist noch aus einem anderen Grunde mit Vorbehalt zu betrachten. Es könnte auch sein, daß die Genauigkeit der Korrektur einer Drucksache um so geringer ist, je weniger Fehler die Drucksache enthält. Dies bedeutet: je weniger Fehler vorhanden sind, desto schwieriger ist es, sie zu finden. Wenn dem so wäre, so hätten die Ergebnisse weder etwas mit Bevorzugung, noch mit Erwartung zu tun.

Um den Einfluß der Erwartung („je mehr Fehler man erwartet, desto mehr sucht und findet man") zu überprüfen, müßte man experimentell vorgehen, indem man z.B. Lehrern Texte mit gleich viel Fehlern vorlegt und ihnen mitteilt, daß die Texte von unterschiedlich guten Schülern stammen. Eine einschlägige Untersuchung hat Mason (1973) durchgeführt. 79 Lehrer bzw. Lehrerstudenten erhielten entweder vorteilhafte, nachteilige oder neutrale Informationen über ein fiktives Kind, und zwar wurden Angaben über intellektuelle, emotionale, familiäre und Leistungsaspekte gemacht. Danach hörten sie einen fünf-minütigen Video-Vortrag entweder über Effekte von Vorurteilen oder über Testvalidität. Anschließend wurde ihnen eine Video-Aufzeichnung mit dem Kind vorgeführt, in dem dieses einen Test über „basic concepts" bearbeitete. Die Vpn sollten unmittelbar nach jeder Antwort des Kindes entscheiden, ob diese richtig oder falsch war. Ergebnis: die induzierten Voreinstellungen hatten in beiden Bedingungen keinerlei Einfluß auf die Registrierung von falschen Antworten. Ein Einfluß der Vorinformation auf die Erwartung war feststellbar: die Lehrer erwarteten signifikant bessere Leistungen am Ende des Schuljahres von den Kindern, über die sie positive Informationen erhalten hatten. Möglicherweise waren die Aufgaben, die das Kind zu lösen hatte, von großer Eindeutigkeit. Andere Ergebnisse erhielten Jacobs & DeGraff (1973, zitiert nach Brophy & Good, 1974 S. 62). Sie ließen 32 praktizierende Psychologen ein Videoband auswerten, auf dem Kinder Intelligenztests bearbeiteten. Sie kamen zu unterschiedlichen Testergebnissen in Abhängigkeit von zuvor gegebenen biographischen Informationen, die Hinweise auf hohe bzw. niedrige Intelligenz der Kinder enthielten. Anders ging Baumann (1970, zit. nach Schusser, 1972, S. 146–149) vor. Sechzehn Lehrer korrigierten je zwei Diktate von insgesamt 155 Schülern. Sie kannten diese Schüler nicht, erhielten aber fingierte Vorinformationen (über Zeugnisnote und Abschneiden im Probediktat). Sie sollten die Fehler nach einem Schlüssel in Noten umrechnen (2 Fehler = halbe Notenstufe). Im Mittel ließen sich die Lehrer durch die Vorinformation um 0,3 Notenpunkte in Richtung der Vorinformation beeinflussen. Unter der Voraussetzung, daß die Fehler korrekt auf Noten umgerechnet wurden, hatte die Erwartung eine Verzerrung der Wahrnehmung zur Folge derart, daß sie im Mittel 1,3 (d. i. 13 %) mehr oder weniger Fehler erkannten als die Lehrer der Kontrollgruppe, die keine Vorinformationen erhalten hatten. In dieser Untersuchung wurde die Zahl der gemachten Fehler weder registriert noch konstantgehalten. So entstehen ähnliche Vorbehalte wie gegen die Ergebnisse von Zillig (1928). Ähnliche Ergebnisse hat Weiss (1965) erhalten. Zwei verschiedene Aufsätze mit je drei Rechtschreibfehlern sollten 92 Lehrer u.a. im Hinblick auf den Aspekt „Rechtschreiben" benoten. Den Lehrern wurde mitgeteilt, der eine Aufsatz stamme von einem „sprachlich begabten Buben", der andere von einem „durchschnittlichen Schüler", bei der einen Gruppe in dieser, bei der anderen in umgekehrter Reihenfolge. Diese Vorinformation sollte Erwartungshypothesen hinsichtlich der Qualität induzieren. Die Vorinformation führte zu signifikant unterschiedlichen Noten. Bei positiver Vorinformation gaben die Lehrer bessere Noten als bei negativer. Unklar ist allerdings, ob die Hypothesen sich auf die Wahrnehmung (Übersehen von Fehlern) oder auf die Benotung (unterschiedliche Gewichtung von Fehlern) ausgewirkt haben.

Dieser Zweifel enthält die Überlegung, daß sich eine Erwartungshypothese nicht nur auf die Selektion in der Wahrnehmung auswirken kann, sondern auch auf die Strukturierung. Sie bestimmt, was gesehen wird, und wie das Gesehene gedeutet wird. Dieselben Reize können, da sie verkürzt, verzerrt oder unvollständig erscheinen, unterschiedlich gedeutet und klassifiziert werden. Das Zögern eines Schülers mit der Antwort kann als Nicht-Wissen bei einem Schüler, als Nachdenken bei einem anderen und vielleicht als Bockigkeit bei einem dritten wahrgenommen werden. Über eine interessante Untersuchung mit Lehrern berichten Rosenthal & Jacobson (1971, S. 73–74). Cahen (1966) hat 256 Lehrerstudenten gebeten, einen neuen Test, der angeblich die Lernbereitschaft testen sollte, zu korrigieren. Den Lehrern wurde erzählt, daß das Abschneiden in diesem Test vom IQ und von der Lesenote der Kinder mit beeinflußt würde. Auf der Vorderseite des Testheftes waren entweder hohe Werte für diese beiden Variablen eingetragen oder niedrige. Die Ergebnisse legen nahe, daß „die Lehrer bei der Korrektur der Tests der angeblich klügeren Kinder vorhandene Zweifel in einem weit größeren Ausmaß zu deren Gunsten auslegten als bei der Korrektur der Tests der angeblich nicht so klugen Kinder. Wenn man ‚weiß', daß ein Kind klüger ist, so wird dessen Verhalten als intellektuell qualitativ höher liegend eingestuft als genau dasselbe Verhalten eines Kindes, von dem man ‚weiß', daß es dumm ist" (Rosenthal & Jacobson, 1971, S. 73). In einem anderen Experiment von Spector (1973, zit. nach Brophy & Good, 1974, S. 57–58) sollten College-Studenten die Rolle des Experimentators und der Vp übernehmen. Die Vpn sollte die Geschichte erzählen, die zu einem vorgegebenen Bild paßt. Der Hälfte der Experimentatoren wurde die Erwartung induziert, daß die Vpn Erwachsenen-Geschichten erzählen würden, der anderen Hälfte, daß sie Kind-Geschichten erzählen würden. Innerhalb dieser beiden Gruppen erhielt je ein Drittel die Instruktion, Vpn-Antworten zu verstärken, die ihrer Erwartung entsprachen, die ihrer Erwartung widersprachen, bzw. überhaupt nicht zu verstärken. Die Ergebnisse zeigten, daß die Experimentatoren es viel schwieriger fanden, erwartungswidrige Aussagen zu verstärken als erwartungskonforme. Im Mittel wurden 78 % der erwartungskonformen Äußerungen von den Experimentatoren verstärkt, die dies tun sollten, aber nur 33,5 % der erwartungswidrigen Äußerungen von den Experimentatoren, die dazu angehalten waren. Es wurde selten falsches Verhalten verstärkt, aber es wurde oft versäumt, richtiges Verhalten zu verstärken. Wahrscheinlich hatten die Erwartungen Auswirkungen auf die Wahrnehmung: erwartetes Verhalten wurde leichter wahrgenommen als nicht erwartetes, und/oder Antworten wurden bevorzugt als erwartungskonform strukturiert.

Leider gibt es keine direkten Untersuchungen zur Frage, wie Lehrer uneindeutiges Schülerverhalten wahrnehmungsmäßig erfassen. Die Reizvielfalt ist für den Lehrer sehr groß, und viele Reize sind so unstrukturiert, daß in der Wahrnehmung neben Selektion das Phänomen der Strukturierung vermutlich eine wesentliche Rolle spielt.

Insgesamt legen die Ergebnisse der vorliegenden Untersuchungen die Wirksamkeit von Erwartungen über den Leistungsstand auf das Ergebnis der Wahrnehmung von Leistungsverhalten nahe. Wenn man das Vorhandensein des Effektes unterstellt, so stellt sich immer noch die Frage nach seiner Funktion. Kommt darin eine Einseitigkeit, ein irrationaler Effekt zum Ausdruck? Oder ist es vielmehr durchaus rational und vernünftig, wenn man einen Text, in dem man viele Fehler erwartet, genauer liest, als einen, den man weitgehend fehlerfrei vermutet?

Beziehen wir uns zur genaueren Untersuchung dieser Frage auf den Fall der Korrektur einer Mathematik-Arbeit. Nach der Hypothesentheorie der Wahrnehmung kann man sich vorstellen, daß in jedem Wahrnehmungsakt zwei Hypothesen rivalisieren: H_1 = falsch, H_2 = richtig. Bei der Darbietung eines Reizes muß die Person jeweils die Entscheidung treffen, ob ein Fehler vorhanden ist oder nicht. Sie gibt im Zweifelsfall jener Hypothese den Vorzug, die stärker ausgeprägt ist. Die Tatsache, daß Lehrer Fehler übersehen, legt nahe, die Wahrnehmung eines Fehlers als einen Signal-

Entdeckungsvorgang aufzufassen (zur Signal-Entdeckungs-Theorie vgl. z.B. Velden, 1982). Man kann den Vorgang gemäß Abbildung 20 beschreiben. Die X-Achse bezeichnet die Einwirkungsstärke des Reizes auf das sensorische System, die Y-Achse die Einwirkungswahrscheinlichkeit. Das Wahrnehmungsurteil hängt bei gegebenem Reizmaterial von zwei – voneinander mathematisch unabhängigen – Faktoren ab:

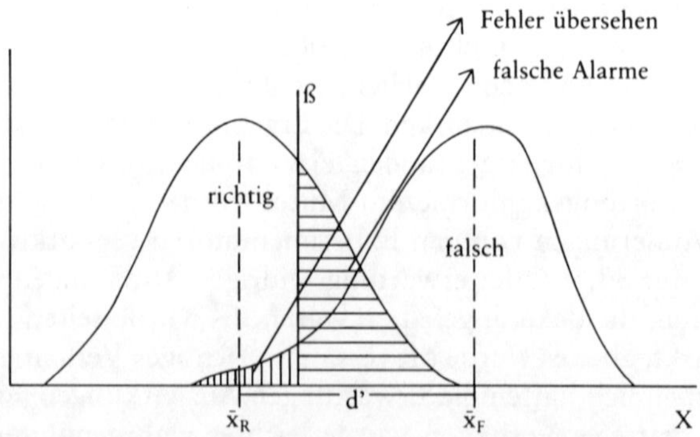

Abbildung 20: Schematische Darstellung der Signal-Entdeckungs-Theorie in ihrer Anwendung auf den Vorgang der Korrektur.

1) Von der *Empfindlichkeit* des Beobachters, seiner Fähigkeit, ein Signal zu entdecken. Diese Variable wird durch die Größe d' ausgedrückt. Sie ergibt sich aus:

$$d' = \frac{\bar{x}_F - \bar{x}_R}{\sigma_{diff.}}$$

In der Signal-Entdeckungs-Theorie wird angenommen, daß die Sensitivität eine Funktion der Stärke des Signals ist. Die Einwirkungsintensität kann im Fall des Korrigierens nicht als physikalische Größe (z.B. Phonstärke oder Tonhöhe) aufgefaßt werden. d' hängt hier vermutlich ab von der Art der Fehler. d' dürfte groß sein bei offensichtlichen, „ins Auge springenden" Fehlern, klein bei nur leicht von der richtigen Antwort abweichenden Fehlern. Upmeyer (1971, zit. nach Irle, 1975, S. 72–78) hat gezeigt, daß d' auch von nicht-sensorischer Information beeinflußt werden kann. Das heißt, d' hängt ab von der Sorgfalt, mit der ein Lehrer die Korrektur vornimmt, also von der Genauigkeit der Lektüre.

2) Und von dem *Entscheidungskriterium* der Person. Das Entscheidungskriterium ist der Punkt β auf der X-Achse der Einwirkungsintensität. Links von β reagiert sie mit „richtig", rechts davon mit „falsch". In dem Beispiel

von Abbildung 20 hat die Person ein „strenges" Kriterium gewählt. Bereits bei geringer Einwirkung wird ein „Fehler" wahrgenommen. Würde β weiter rechts liegen, so würde ein Fehler erst bei sehr offenkundigem oder eindeutigem Vorhandensein erkannt.

Die Hypothesentheorie der Wahrnehmung würde in der Sprache dieser Theorie zweierlei erwarten lassen: a) das Korrekturverhalten von Lehrern unterscheidet sich bei schlechten und guten Schülern in d'. Lehrer lesen bei schlechten Schülern genauer, nehmen sich mehr Zeit etc. b) das Korrekturverhalten unterscheidet sich in β. Bei schlechten Schülern wird ein uneindeutiger Reiz eher als Fehler gedeutet als bei guten. In dieser Konzeptualisierung wird nicht nur die Zahl erkannter versus nicht erkannter Fehler bedeutsam, einbezogen wird auch die Zahl erkannter versus nicht erkannter Richtiger. Beide Arten von Fehlwahrnehmungen und ihr Verhältnis zueinander sind wichtig. Bei Variation des Entscheidungskriteriums verhalten sich diese beiden Fehlerwahrnehmungen gegenläufig. Wird ein strenges Kriterium gewählt, so werden viele Fehler entdeckt, aber auch viele Richtige angestrichen. Bei einem vorsichtigen Kriterium werden viele Fehler übersehen, dafür wenig Richtige als Fehler identifiziert. Anders ist es bei der Variation von d'. Genaueres Lesen verringert beide Fehlerarten.

Die Überprüfung dieser Annahmen setzt voraus, daß absolute Daten nicht nur zu übersehenen Fehlern, sondern auch zu angestrichenen Richtigen erhoben werden. Eine solche Untersuchung bei Lehrern ist mir nicht bekannt. Doch liegt eine Arbeit von Zillig (1928) vor, die probehalber für eine Auswertung herangezogen werden kann. Zillig bestimmte zunächst in einer vierten Volksschulmädchenklasse die Rangreihe der Beliebtheit der Mädchen, indem sie die Schülerinnen aufforderte, die Namen der fünf Kinder aufzuschreiben, die ihr unter allen ihren Mitschülerinnen die liebsten wären. Sie bestimmte die fünf beliebtesten und die fünf unbeliebtesten und stellte sie in einer Reihe vor der Klasse auf, immer ein beliebtes Kind neben ein unbeliebtes. Die 10 Kinder sollten auf Kommando den rechten Arm heben. Nach 10 Sekunden erfolgte das Kommando „Arm ab!". Die Beliebten hatten die Übung – wie mit der Lehrerin insgeheim abgesprochen – falsch durchgeführt. Sie hoben den linken Arm. Unmittelbar nach Abschluß der Übung sollten die restlichen 23 Kinder der Klasse mit r oder f notieren, wer den richtigen Arm gehoben hatte. In einem zweiten Versuch waren es die Unbeliebten, die den falschen Arm hoben. In dieser Untersuchung war also die Fehlerzahl konstant gehalten. Und es konnten nicht nur die übersehenen Fehler festgestellt, sondern auch überprüft werden, wieviel richtige Leistungen versehentlich als falsch wahrgenommen worden waren (false positives). Die Tabelle 20 zeigt die Prozentsätze der „false negatives" und „false positives" in diesem Versuch. Obwohl die Schüler zur genauen Beobachtung angehalten worden waren, war die Wahrnehmungsgenauig-

Tabelle 20: Prozentsatz von „false negatives" (rechte Spalte unten) und „false positives" (rechte Spalte oben) bei der Aufgabe „rechten Arm heben" (nach Zillig, 1928, S. 68).

	Fehler bemerkt	Fehler übersehen
beliebte Schülerin	55,8 %	44,2 %
unbeliebte Schülerin	65,8 %	34,2 %
	richtige Leistung bemerkt	richtige Leistung als Fehler wahrgenommen
beliebte Schülerin	66,7 %	33,3 %
unbeliebte Schülerin	50,8 %	49,2 %

keit einseitig verteilt. Die Fehler wurden stärker bei unbeliebten, die richtigen Leistungen stärker bei beliebten Schülern bemerkt.

Aus der Tabelle lassen sich die für eine signal-detection-theoretische Auswertung notwendigen Daten zusammenstellen. Die Ergebnisse sind interessant: a) d' ist bei der schweren Aufgabe niedriger als bei der leichten. Dies bestätigt die Annahme, daß die Identifizierbarkeit von Fehlern als Maß für die Einwirkungsintensität (X) verwendet werden kann. b) d' ist bei unbeliebten Mitschülern erheblich größer als bei beliebten. Insgesamt wurden bei Unbeliebten nur halb so viel Fehlwahrnehmungen angetroffen wie bei Beliebten. Daraus kann geschlossen werden, daß bei Unbeliebten genauer hingeguckt wurde. Dies gilt vor allem für die leichte Aufgabe (richtig: „beide Arme hoch", falsch: „rechter Arm hoch"). c) Für leichte und schwere Aufgaben gilt: das Entscheidungskriterium β unterschied sich erheblich. Bei beliebten Mitschülern wendeten die Kinder ein laxeres Kriterium an: sie nahmen viele Fehler nicht wahr und machten nur für wenige richtige Darbietungen einen Strich. Bei unbeliebten Mitschülern wurde β nach links versetzt. Die Abbildung 21 gibt eine schematische Darstellung der Unterschiede.

Verallgemeinert bedeutet das: Personen neigen dazu, Entscheidungen über Fehler im Sinne ihrer Erwartungen zu fällen: dies geht darauf zurück, daß sie je nach Erwartung unterschiedlich sensitiv eingestellt sind, und daß sie gleiche Reize je nach Erwartung interpretieren.

Welche Funktion hat ein so charakterisiertes Wahrnehmungsverhalten? Es dient der Person möglicherweise dazu, optimale Entscheidungen zu fällen, um die Gesamtzahl der Fehlwahrnehmungen (falsche Alarme plus

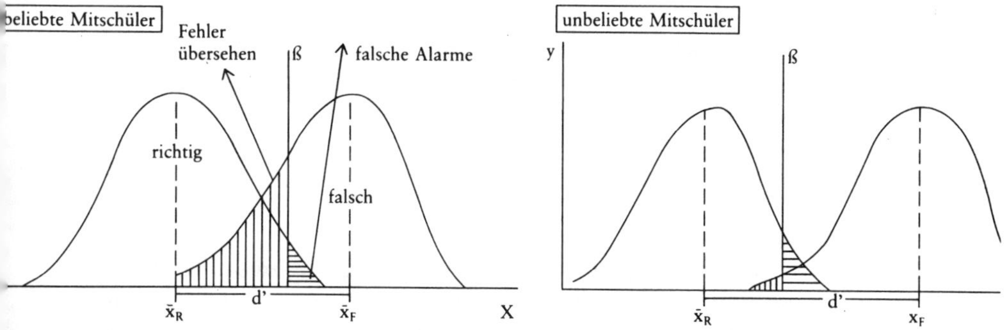

- hohes ß (laxes Kriterium)
- niedriges d' (Empfindlichkeit)
- viel übersehene Fehler
- wenig falsche Alarme
- insgesamt viele Fehlwahrnehmungen

- niedriges ß (strenges Kriterium)
- hohes d'
- wenig übersehene Fehler
- mehr angestrichene Richtige
- insgesamt wenige Fehlwahrnehmungen

Abbildung 21: Schematische Darstellung der Unterschiede in der Fehlerwahrnehmung von beliebten und unbeliebten Mitschülern.

übersehene Fehler) minimal zu halten. Betrachten wir zunächst β. Das optimale Entscheidungskriterium β_{op} ergibt sich aus $\beta_{op} = \frac{P_R}{P_S}$, wobei P_R die Wahrscheinlichkeit eines Richtigen (Rauschen) und P_S die Wahrscheinlichkeit eines Fehlers (Signal) ist. Man sieht, daß β_{op} bei hohem P_S niedriger als bei niedrigem liegt. Daraus folgt, daß der Lehrer bei der Korrektur von Arbeiten schlechter Schüler, in denen er mehr Fehler erwartet, gut tut, β zu erhöhen: er vermindert die Gesamtfehlerzahl seiner Entscheidungen. Von einer „Verfälschung" der Wahrnehmung durch die Erwartung kann nicht die Rede sein. Im Gegenteil, sie führt insgesamt zu genaueren Ergebnissen, als wenn eine Erwartung nicht vorhanden wäre. Diese Überlegungen sind solange spekulativ, als keine Daten vorliegen aus Experimenten, die systematisch die Faktoren Erwartung, Fehlerhäufigkeit und Einwirkungsstärke unabhängig voneinander variieren, und in denen die Häufigkeiten für die vier möglichen Ausgänge erhoben werden.

Das Gesagte gilt nicht für die Variable Sensitivität. Das unterschiedlich genaue Lesen bei Schülern unterschiedlicher Erwartung kann zwar dazu führen, daß bei vielen Fehlern nicht mehr übersehen werden als bei wenigen. Doch bringt dies mit sich, daß relativ mehr Fehler bemerkt und gleichzeitig auch mehr Richtige als Fehler angestrichen werden. Dies ist gleichbedeutend mit einer eindeutigen (und nicht beabsichtigten) Benachteiligung der schlechten Schüler. Dem kann nur dadurch begegnet werden, daß die Korrektursorgfalt bei allen Schülern gleich groß ist. Daß eine entsprechende Aufklärung Erfolg verspricht, geht aus Untersuchungen von Zillig

(1928) hervor. Personen, die angehalten wurden, möglichst genau zu beobachten und eine möglichst fehlerfreie Aussage zu machen, machten weniger Fehlwahrnehmungen. Außerdem stieg die Beobachtungsgenauigkeit mit der Übung an. Ähnliche Ergebnisse hat Brandner (1960) erhalten. Die Genauigkeit stieg, wenn den Schülern für exaktes Beurteilen eine Belohnung versprochen wurde.

Ich fasse zusammen:

1. Subjektive Strukturen können die Wahrnehmung auf zweierlei Weise beeinflussen: indem sie a) relevante Merkmale erwarten lassen, und indem sie b) innerhalb der Merkmale bestimmte Ausprägungen erwarten lassen, die in der Wahrnehmung bevorzugt oder schneller erkannt werden.
2. Befunde zum Einfluß von Merkmalen der impliziten Persönlichkeitstheorie auf die Wahrnehmung von Schülereigenschaften sind nicht eindeutig. Möglicherweise beeinflussen sie eher Gedächtnis- als Wahrnehmungsleistungen.
3. Eindeutiger sind die Befunde zum Einfluß von Erwartungen über Ausprägungen innerhalb von Merkmalen. Lehrer tendieren dazu, bei schlechten Schülern mehr Fehler zu übersehen und mehr richtige anzustreichen als bei guten Schülern. Dies geht wahrscheinlich auf zwei Faktoren zurück: auf die größere Sensitivität, vorhandene Fehler zu erkennen, sowie auf die größere Bereitschaft, im Zweifelsfalle eher eine erwartungsgemäße Entscheidung zu treffen.
4. Betrachtet man diesen Vorgang unter dem Gesichtspunkt der Signal-Erkennungs-Theorie, dann kommt man zu dem Schluß, daß die Anpassung der Erkennungs-Bereitschaft an Erwartungen ein sinnvoller Vorgang ist, um Fehlwahrnehmungen gering zu halten. Im Verein mit der hypothesengemäßen Deutung führt dies jedoch zu einer Benachteiligung schlechter Schüler. Der Gefahr der Benachteiligung kann entgegengewirkt werden durch Übung sowie durch Anleitung zu sorgfältiger und genauer Wahrnehmung. Erwartungen sind nur solange hilfreich, als sie nicht zu massiv den Wahrnehmungsvorgang bestimmen.

5. Kapitel
Schülerkategorisierungen

Es wurde angenommen, daß das Verfügen über Erziehungsziele sowie die bei den Versuchen ihrer Erreichung auftretenden Handlungserfordernisse Annahmen über Schülermerkmale voraussetzen. Die Menge der repräsentierten Schülermerkmale und ihr Verhältnis zueinander wurde implizite Persönlichkeitstheorie genannt. Weiter wurde unterstellt, daß Lehrer dazu neigen, Schülerverhaltensweisen nach diesen Merkmalen wahrzunehmen. Lehrer wenden sie an, um zwischen Schülern zu unterscheiden. Doch sind es nicht die Merkmale selbst, denen sie gegenüberstehen, sondern konkrete Personen, die durch bestimmte Ausprägungen in den Merkmalen gekennzeichnet sind. Da die Merkmale nicht als voneinander unabhängig variierend kogniziert werden, ist zu vermuten, daß nicht alle denkbaren Merkmalskombinationen gleich häufig erwartet werden. Wir unterstellen, daß Lehrer über eine begrenzte Zahl von Schülerkategorien verfügen, die durch bestimmte Merkmalskonfigurationen gekennzeichnet sind.

Dies ist analog zu der in der psychologischen Begriffsbildung vorherrschenden Vorstellung zu verstehen, nach der ein Begriff durch eine bestimmte Kombination von Attributen bestimmt ist. Ich verwende hier die Termini Kategorie (für Begriff) und Merkmal (für Attribut). Beim Umgang mit Objekten/Ereignissen der äußeren Welt benutzt der Mensch Wissensstrukturen. Für solche Kognitionen kann die allgemeine Bezeichnung „Schema“ verwendet werden. Schemata, die das Wissen um Personen, deren Eigenschaften und typischen Verhaltensweisen einschließen, werden „Personae“ genannt (z.B. „Kellner“). Als Schema wird aber auch Wissen über Ereignissequenzen bezeichnet, das als Verallgemeinerung von häufig wiederkehrenden Einzelerfahrungen aufzufassen ist („Skript“, z.B. „Restaurantbesuch“). Eine „Persona“ (Kellner) kann Element eines Skripts sein. Ebenso kann das eigene Handeln Element eines Skripts sein (z.B. „bestellen“, „zahlen“). Lehrer verbinden mit der Kategorie „Störer“ vielleicht die Tätigkeit des Ermahnens oder Strafens, mit der Kategorie der „Scheuen“ vielleicht jene des Ermutigens.

Die zentrale Annahme dieses Kapitels besagt, daß Lehrer auf der Basis der Merkmale ihrer impliziten Persönlichkeitstheorie Schüler zu Typen kategorisieren. Zunächst wird auf den Begriff der Personen-Kategorisierung eingegangen. Dabei werden die Konzepte basale Kategorie und Prototyp behandelt. In Abschnitt 2 wird über Versuche berichtet, Schüler-Kategorien von Lehrern auf verschiedenen Ebenen zu identifizieren. Im dritten Abschnitt wird auf Zusammenhänge zwischen Schülerkategorien und Lehrerverhalten eingegangen. Das nächste Kapitel ist dann der Frage gewidmet, wie Personenkategorien die Verarbeitung, Einordnung und das Behalten von eingehenden Informationen über Schüler erleichtern. Insofern thematisiert dieses Kapitel mehr die bottom-up-Perspektive und das nächste die top-down-Prozesse.

1. Prinzipien der Personen-Kategorisierung (Typisierung)

Angenommen, eine Person verfügt über Kognitionen der Merkmale Farbe, Blatt, Stiel, Stamm und Blüte, und sie weiß, daß diese Eigenschaften regelhaft zusammen auftreten. Dies ermöglicht es der Person noch nicht, sich in der Natur zurechtzufinden. Notwendig sind Kognitionen über Objekte, Kategorien wie Blume, Baum, Strauch etc., die durch bestimmte Merkmalskonfigurationen gekennzeichnet sind. Eine Kategorie ist eine Menge von Objekten, die als äquivalent angesehen werden. Welche Kategorien unterschieden werden, hängt sowohl von funktionalen Bedürfnissen dessen ab, der in der Umwelt agiert, als auch von den linguistischen Kategorien, die in einer bestimmten Kultur zu einem bestimmten Zeitpunkt existieren. In die Suche nach Kategorien gehen die Annahmen ein, 1) daß in der wahrgenommenen Welt informationsreiche Bündel von Merkmalen bestehen, die natürliche Diskontinuitäten bilden, und 2) daß bei diesen Diskontinuitäten Kategorienschnitte erfolgen. Ich nehme an, daß bei Lehrern Kategorien über Schüler identifiziert werden können, die durch bestimmte Konfigurationen von Ausprägungen wesentlicher Merkmale (wie Begabung, Anstrengung, Diszipliniertheit) gekennzeichnet sind.

Die Tendenz zur Kategorisierung ist – insbesondere im Hinblick auf die Beurteilung von Mitmenschen – ein weitverbreitetes Phänomen. Typisierung bedeutet, daß einige Personenmerkmale dazu benutzt werden, Ähnlichkeiten bzw. Unähnlichkeiten zwischen Personen festzustellen. Auf der *horizontalen* Dimension besteht ein *Kategoriensystem* aus der Menge der Kategorien, in die eine Person die Objekte einteilt. Als Schülerkategorie (oder -typus) bezeichne ich die kognitive Repräsentation einer Menge von Schülern, die aufgrund ihrer Ähnlichkeit in einigen Merkmalen nicht als gleich, aber als äquivalent angesehen werden. Merkmale, nach denen eine Typisierung erfolgt, sind für Lehrer von subjektiver Bedeutsamkeit. Sie sind in ihrer impliziten Persönlichkeitstheorie enthalten.

Nach der Theorie der Reizklassifikation (vgl. Lilli, 1975, S. 69f.) basiert die Urteilsbildung auf einem Prozeß des Objektvergleichs. Ein Schüler wird hinsichtlich einiger dominanter Merkmale mit einem anderen Schüler verglichen. Schüler, die die gleichen Merkmale aufweisen und deshalb in die gleiche Kategorie eingeordnet werden, werden untereinander vermutlich ähnlicher gesehen als sie sind. Schüler, die in verschiedene Kategorien fallen, werden unterschiedlicher gesehen, als sie in Wirklichkeit sind. Die Urteilsverzerrung ist um so größer, je bedeutsamer die Orientierungsmerkmale im sozialen Kontext sind.

Meist existieren mindestens zwei subjektive Kontrast-Kategorien, die sich durch partielle Unterschiedlichkeit in den herangezogenen Merkmalsausprägungen auszeichnen. Einzelnen Kategorien müssen jedoch keine Kontrastkategorien zugeordnet werden. So kann etwa ein „Punker" für sich eine Kategorie bilden.

Für die Beschreibung der Zuordnung eines Schülers zu einer Kategorie sind zwei Modelle denkbar.

1. Eine Möglichkeit besteht darin, die Entscheidung über die Kategorisierung eines Objekts formal anhand von gegebenen Eigenschaften vorzunehmen. Ein bestimmtes Objekt wird von einer Person dann einer Kategorie zugeordnet, wenn eine Mindestanzahl relevanter Attribute vorhanden ist. Dies ist die klassische Auffassung. Sie setzt voraus, daß Merkmale diskontinuierlich kogniziert werden: Eigenschaft vorhanden/nicht vorhanden. Doch werden die meisten Kategorien vermutlich durch Merkmale gebildet, die weder diskontinuierlich, noch in ihren Ausprägungen klar abgrenzbar sind.

2. Die Möglichkeit, bei Vorliegen kontinuierlicher Merkmale (z.B. kognizierter Begabung) getrennte und klare Kategorien zu erhalten, besteht darin, die „eindeutigen Fälle" zu bestimmen. In diesem Fall werden keine Grenzen zwischen Kategorien angenommen. Die Kategorien sind unscharf („fuzzy"). Kategorien können über ihre klarsten Fälle oder typischsten Vertreter bestimmt werden, „wenn die Person die Zusammenhangsstruktur der wahrgenommenen Merkmale so betont, daß die Kategorien durch deren strukturierteste Teile repräsentiert sind" (Rosch, 1978, S. 36). Rosch bezeichnet die klarsten Fälle einer Kategorienmitgliedschaft als „Kategorienprototypen". Ein Fall kann prototypischer sein als ein anderer, gemessen an dem Ausmaß, in dem er als passend kogniziert wird. Dabei sind Kategoriengrenzen nicht notwendig, sondern fließend. Selbst dort, wo Vpn über die Kategoriengrenzen unterschiedlicher Meinung waren, fand Rosch (1978) hohe Übereinstimmung darin, wie gut ein Beispiel eine Kategorie charakterisiert. Tversky (zit. nach Rosch, 1978, S. 37) hat jenes Mitglied einer Kategorie formal als prototypisch definiert, dessen summierte Ähnlichkeit zu allen anderen Mitgliedern der Kategorie am größten ist. Diese Festlegung geht jedoch von klaren Kategoriengrenzen und der Möglichkeit

aus, festzustellen, ob ein Objekt Mitglied ist oder nicht. Rosch (1978) hat empirisch nachgewiesen, daß ein Mitglied als um so passender bezeichnet wurde, je mehr Merkmale es mit anderen Mitgliedern derselben Kategorie und je weniger Merkmale es mit Mitgliedern anderer (kontrastierender) Kategorien gemeinsam hat.

Kategorien sind *vertikal* in ein *taxonomisches System* von Kategorien eingebettet, das sich durch Klasseninklusion auszeichnet (Rosch, 1978). Jede Kategorie in einem System wird durch die jeweils höhere vollständig eingeschlossen (z.B. Hund in Tier). Je höher die Stufe der Inklusion, desto höher ist das Abstraktionsniveau. Rosch (1978) fragt nach dem für die Person grundlegenden (basalen) Abstraktionsniveau. Welches ist die Kategorienebene innerhalb einer Taxonomie, die eine Person in einer Situation spontan benutzt? Identifiziert man z.B. ein sich bewegendes Etwas als Lebewesen, Tier, Säugetier, Hund, Jagdhund, Dackel, Rauhhaardackel? In unserem Zusammenhang: welches sind die basalen Schülerkategorien für einen Lehrer?

Zunächst wird angenommen, daß jede Kategorie für die Person durch eine Reihe von Merkmalen charakterisiert ist. Die *Validität* einer Kategorie Y für eine Person definiert Rosch (1978, S. 30) als die über alle Merkmale gebildete Summe der bedingten Wahrscheinlichkeiten, daß bei Vorliegen eines Merkmals X_1 (X_2 etc.) die Kategorie Y als gegeben betrachtet wird. So ist die Validität hoch, wenn die Wahrscheinlichkeit hoch ist, daß ein Merkmal in einer Kategorie auftritt, wenn die Wahrscheinlichkeit niedrig ist, daß ein Merkmal in einer anderen Kategorie auftritt, und wenn die Zahl der Merkmale groß ist, die eine Kategorie repräsentieren. Eine Definition für *Kategorienähnlichkeit* geben Tversky & Gati (1978). Zwei Kategorien a und b (Abbildung 22) sind dann ähnlich, wenn $A \cap B$ im Verhältnis zu $A-B$ und $B-A$ groß ist. Ist $A \cap B$ klein, dann neigen die beiden Kategorien dazu, zusammengefaßt zu werden (A und B sind die Mengen der die Kategorien a und b charakterisierenden Merkmale).

Grundlegende Kategorien sind nun nach Rosch (S. 31) jene Kategorien, auf deren Abstraktionsniveau die beiden genannten Formalisierungen – Validität und Kategorienähnlichkeit – maximal sind. Es sind also nicht die maximal unterschiedlichen Kategorien, die als grundlegend angenommen

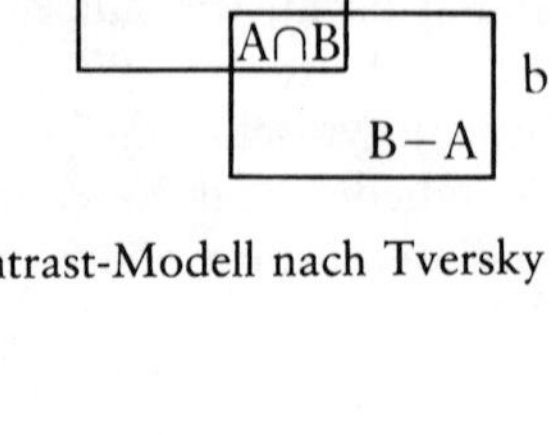

Abbildung 22: Kontrast-Modell nach Tversky & Gati (1978, S. 80).

werden. Die Unterschiede zwischen Haus und Fortbewegungsmittel sind groß. Doch haben sie eine geringe Validität, weil es nur wenig Eigenschaften gibt, durch die sie jeweils charakterisiert werden. Eine hohe Ähnlichkeit zwischen Kategorien ist also notwendig, und gleichzeitig eine hohe Zahl der charakterisierenden Merkmale im Verhältnis zur Zahl der Merkmale, die auch für andere Kategorien charakteristisch sind.

Dies werden in der Regel Kategorien mit mittlerem Abstraktionsniveau sein. Objekten in Kategorien mit hohem Abstraktionsniveau (z.B. Säugetier, Schüler, Möbel) sind nur wenige Merkmale gemein, obwohl sie sich durch eine große Zahl von Merkmalen unterscheiden. Kategorien mit niedrigem Abstraktionsgrad (z.B. Rauhhaardackel) besitzen umgekehrt deshalb niedrige Validität, weil die Zahl der sie charakterisierenden Merkmale im Verhältnis zu den auch für andere Kategorien charakteristischen gering ist. Nach Rosch gewährleisten grundlegende Kategorien mit dem optimalen Verhältnis der Zahl der sie charakterisierenden und sie von anderen unterscheidenden Merkmale am besten, die korrelationale Struktur der Umwelt wiederzugeben (S. 31).

Die These, daß Kategorien mit mittlerem Abstraktionsniveau jene mit den meisten Merkmalen sind, hat Rosch (1978) bei einer Reihe von Taxonomien (Baum, Vogel, Fisch, Frucht, Musikinstrument, Kleider, Möbel, Fahrzeug) überprüft. Den Vpn wurden Begriffe innerhalb einer Taxonomie vorgegeben. Die Vpn sollten für jeden Begriff alle Merkmale aufschreiben, von denen sie glaubten, daß sie für jene Objekte zuträfen, die durch den Begriff gekennzeichnet sind. Erwartungsgemäß wurden für übergeordnete Kategorien (z.B. Möbel) sehr wenig Eigenschaften angegeben, signifikant mehr für mittlere (z.B. Tisch) und nicht signifikant mehr für untergeordnete (z.B. Küchentisch). Lediglich für die biologischen Taxonomien wurden die meisten Eigenschaften bei der übergeordneten Kategorie genannt (z.B. Baum) und nicht wie erwartet bei der mittleren (z.B. Eiche). Dies mag jedoch daran liegen, daß diese für die Vpn die basalen waren im Vergleich zu noch mehr übergeordneten (z.B. Pflanze). Für andere Vpn wie z.B. Gärtner liegen die basalen Kategorien wahrscheinlich auf niedrigerem Abstraktionsniveau. Es hängt vermutlich vom Kontext ab, welche Kategorienebene einer multiplen Klassifikationstaxonomie jeweils zugänglich ist.

Kategorien oder Typen stellen vereinfachte Kognitionen über Reize/Objekte der Umwelt dar. Cantor & Mischel (1977, 1979 b) haben den Begriff des Prototyps übertragen auf die Bildung von Kategorien über Mitmenschen. Sie gehen davon aus, daß Menschen über „Persönlichkeitseigenschaftsprototypen" verfügen (z.B. „Extravertierte", „emotional Instabile"). Die Autoren haben für verschiedene Personenkategorien versucht, weniger inklusive Kategorienebenen empirisch zu ermitteln (1979 b, S. 19). Sie konnten zeigen, daß sich Personenkategorien auf einer niedrigen Taxonomieebene durch größere Eigenschaftsvielfalt und Lebendigkeit, aber durch geringere Distinktheit untereinander auszeichnen als auf einer höheren. Zum Beispiel zeigte sich eine Zunahme der Vielfalt charakteristischer Merkmale der Kategorie „Extravertierter“ zu jener von „Witzbold“. Die Kategorien auf der übergeordneten Ebene zeigten am wenigsten Überlappungen charakteristischer Merkmale (z.B. „Extravertierter“ mit „emotional Gestörter“). Die Distinktheit sank bis zu den Kategorien auf der untergeordneten Ebene (z.B. „Zirkusclown“, „Klaustrophobiker“). Bei den unteren Kategorien war die Lebendigkeit der charakteristischen Merkmale am größten. Es wird angenommen, daß die mittlere Ebene den größten Nutzen für die Person enthält, sie maximiert simultan Vielfalt, Differenzierung und Lebendigkeit der Merkmale, ohne daß eine übergroße Differenzierung zur Last wird. Mit diesen Kategorien wurden auch am meisten Verhaltenskognitionen assoziiert.

Der Prototypenansatz ist nicht unwidersprochen (Osherson & Schmith, 1981). Doch ziehe ich ihn heran und nehme an, daß Lehrer in ihren Interaktionen mit Schülern strukturiertes Wissen über diese aktivieren. Nach Hargreaves (1967, S. 105) tendieren Lehrer dazu, die Schüler einer neu übernommenen Klasse in drei Kategorien einzuteilen: in die „guten“, die ihren Erwartungen entsprechen; in die „schlechten“, die davon abweichen; und in jene, die weder durch Erwartungskonformität noch durch -diskrepanz auffallen. Damit wird ein Dreierkategoriensystem unterstellt. Schülerkategorien kann man sich als in einer Taxonomie angeordnet vorstellen, wobei die jeweils höhere Stufe die Kategorien der niedrigeren einschließt. Die Abbildung 23 enthält eine Objekttaxonomie, eine Personentaxonomie und eine Schülertaxonomie.

Objekttaxonomie	Personentaxonomie Cantor & Mischel (1979b, S. 19)	Schülertaxonomie
Fortbewegungsmittel	Mensch	Mensch
Auto	Extravertierter	Schüler
Pkw	Witzbold	unauffälliger Schüler
Kleinwagen	Zirkusclown	introvertiert-sensibler Schüler

Abbildung 23: Drei hypothetische Taxonomien

Die fiktive Taxonomie von Schülerkategorien ist von aufsteigendem Abstraktionsgrad. Sie enthält auf der dritten Ebene die dritte Kategorie aus Hargreaves (1967). Auch hier wie bei der Behandlung der impliziten Persönlichkeitstheorie ist die Frage der Veridikalität eher nebensächlich. Wie Schüler „wirklich/real/objektiv“ klassifiziert werden können, ist weitgehend auch eine Frage der Erhebungsmethodik. Bennett u.a. (1976) haben

10–11-jährige Schüler aus 37 Klassen mit acht Persönlichkeitstests getestet und die Daten einer Clusteranalyse unterzogen. Sie erhielten acht „objektive" Typen (S. 139).

An die Forschung können u.a. zwei Fragen gestellt werden: 1. Welche Kategorisierung von Schülern nehmen Lehrer vor? 2. Auf welcher Ebene liegen die Typen, welche ein Maximum an Information bei einem Minimum an kognitivem Aufwand zur Verfügung stellen?

Zusammenfassung:

1. Die implizite Persönlichkeitstheorie liefert die Merkmale, anhand derer Lehrer Schüler wahrnehmen und beurteilen. Sie ist auch die Basis für Kategorien, zu denen sie verschiedene Schüler zusammenfassen. Ein Kategoriensystem ist eine Menge von Klassen, innerhalb derer Objekte nach ihrer Ähnlichkeit in Merkmalen als äquivalent angesehen werden. Eine Kategorie kann durch Angabe ihres klarsten Vertreters, des Prototypen, angegeben werden.
2. Kategoriensysteme können in einer Taxonomie angeordnet werden. Die Taxonomie besteht aus Stufen abnehmenden Abstraktionsgrades und zunehmender Inklusivität. Die basale Kategorien-Ebene ist jene mit der größten Validität. Sie verbindet Vielfalt und Lebendigkeit von Merkmalen, ohne daß eine übergroße Differenzierung zur Last wird.
3. Es stellen sich die Fragen, a) welche Schülerkategorien Lehrer bei der Gruppierung von Schülern verwenden, und b) auf welcher Ebene Lehrer ihre basalen Schülerkategorien lokalisieren.

2. Taxonomie von Schüler-Kategorien

Daß Lehrer „vor der Klasse" stehen, „die Schüler" unterrichten, ist meist nicht mehr als eine vereinfachende Redensart. Für Lehrer besteht die Klasse aus Schülern mit je spezifischer Individualität, mit persönlichen Eigenarten und Verhaltensweisen. Kein Schüler erscheint dem anderen vollständig gleich, weder im äußeren Erscheinungsbild noch in seinem Verhalten in der Klasse und seinen Leistungen. Daß Lehrer mit Kategorien von Schülern gedanklich umgehen, kann als gesichertes Wissen unterstellt werden. In naturalistisch orientierten Studien wird dies sehr deutlich. Beispielsweise berichtet Radtke (1983, S. 43) über vier Haupttypen, die das Spektrum der erziehungsschwierigen Schüler umfassen: „aktive Störer", „Leistungsverweigerer", „Passiv-(Aufmerksame)" und „Angepaßte". Lehrer nehmen Unterschiede zwischen Schülern wahr und reagieren unterschiedlich. Unterschiede in Aktivitäten und Reaktionen der Schüler zwingen Lehrer zu differentiellen Verhaltensweisen. Subjektive Erwartungen und gefühlsmäßige

Einstellungen der Lehrer zu einzelnen Schülern sowie pädagogische Überlegungen können ebenfalls Anlässe für Verhaltensunterschiede geben.

Die beiden angesprochenen Objekt-Kategorien-Ebenen – „die" Schüler und der je einzelne Schüler – können als Endpunkte einer gedachten Taxonomie von Schüler-Kategorien-Ebenen aufgefaßt werden, zwischen denen eine Reihe von Ebenen unterschiedlichen Abstraktionsniveaus vorstellbar ist. Sehr wahrscheinlich ist die allgemeine Leistungsfähigkeit der Schüler das erste Merkmal, nach dem Schüler unterschieden werden. Viele Wissenschaftler, die sich im Anschluß an die Arbeit von Rosenthal & Jacobson (1971) mit der „sich selbst erfüllenden Prophezeihung" der Leistungserwartung von Lehrern befaßt haben, gehen davon aus, Lehrer würden Schüler nach den schulischen Leistungen kategorisieren. Diese Vermutung ist naheliegend, wenn man an die Vermittlungsaufgabe des Lehrers denkt. Auch die Sitzordnung innerhalb der Klasse scheint Gruppierungsgesichtspunkte widerzuspiegeln. Adams & Biddle (1970) sprechen von „Aktionszonen" in der Klasse. Dabei handelt es sich um räumlich abgegrenzte Bezirke im Klassenraum, aus denen der Lehrer eine hohe Impulsdichte registriert und die wahrgenommene Bereitschaft zur Mitarbeit durch erhöhte Anblick- und Ansprechhäufigkeit honoriert. In der Untersuchung von Adams & Biddle (1970) in 22 Klassen befanden sich diese Zonen in der Regel vorne und in der Mitte des Klassenzimmers. Hinten und an der Seite, bzw. am Fenster sitzende Schüler wurden weniger stark beachtet. Weinstein (1979, S. 579) spricht von einem „Front- und Zentrumphänomen". Dies wird darauf zurückgeführt, daß Lehrer dazu neigen, Schüler, die gute Leistungen versprechen, in ihrer Nähe oder zumindest zentral in ihrem Blickfeld zu postieren und „langsamen Lernern" entfernter liegende Tische zuzuweisen (vgl. Rist, 1970). Kurz und gut, das Kategoriensystem auf dieser Ebene enthält „gute" und „schlechte" Schüler sowie „mittelgute" Schüler.

Welches könnte die nächste Ebene der Differenzierung sein? Silberman (1969, 1971) identifizierte in Beschreibungen (attitudes) emotional getönte Haltungen. Um diese weiter zu erforschen, ließ er sich vom Lehrer jeweils dafür typische Schüler angeben: den „Neigungs-Schüler" (attachment), den „Problem-Schüler" (concern), den „Indifferenz-" und den „Ablehnungs-Schüler" (rejection). Neigungsschüler (die der Lehrer „ein weiteres Jahr aus reiner Freude unterrichten würde") zeigten sich eher aktiv, traten von sich aus mit dem Lehrer in Kontakt und übernahmen gerne Aufgaben. Sie waren, obwohl aktiv und initiativ, nicht undiszipliniert. Die Haupteigenschaften schienen Interesse an der Arbeit, Intelligenz, hohe Schulleistung und Kontrolliertheit zu sein. Schüler der „Indifferenzgruppe" („Wenn der Vater eines Kindes unerwartet zu ihnen käme, über welches Kind wären Sie am wenigsten vorbereitet zu reden?") zeichneten sich durch große Passivität aus. Sie suchten selten Antwortgelegenheiten, wurden selten initiativ und mieden Kontakte mit dem Lehrer. Sie riefen kaum je eine Antwort in die Klasse und schwiegen lieber, wenn sie eine Antwort nicht wußten, als daß sie einen Versuch wagten. Das Disziplinverhalten war eher positiv, ihre Leistungen waren eher negativ. Bei Schülern der „Problem-Gruppe“ (denen Lehrer „Ihre ganze Aufmerksamkeit widmen würden, wenn Sie könnten“) schien nicht so viel geordnete Aktivität vorzuliegen. Trotzdem waren sie insgesamt bei niedriger Leistung den Lehrern zugewandter als andere Klassenkameraden. Die Aufmerksamkeit der Lehrer richtete sich auf diese Kinder, weniger wegen Problemen im Persönlichkeitsbereich als wegen schulisch schwacher Leistungen und daraus erwachsender Anforderungen an den Lehrer, die von ihm akzeptiert wurden. Schüler der „Ablehnungs-Gruppe“ („Wenn Ihre Klasse verkleinert würde, wen würden sie am liebsten rausgenommen wissen?“) zeigten sich als überaktiv in der Klasse, waren durchsetzungsbereit und neigten zu Undiszipliniertheiten. Mit ihren Verhaltensproblemen und vergleichsweise schwachen Leistungen forderten sie den Lehrer in einem Ausmaß, das dieser als unangemessen betrachtete.

Helton & Oakland (1977) haben gezeigt, daß Problemschüler von den anderen vor allem durch niedrige Leistungen abgehoben werden, daß Zuneigungs- und Ablehnungsschüler vor allem in Persönlichkeits-Eigenschaften und Indifferenzschüler sowohl im Leistungs- als auch im Persönlichkeitsbereich von anderen unterschieden werden. Ausführlichere Beschreibungen der Typen durch Lehrer enthält die Untersuchung von Willis & Brophy (1974). In einer anderen Untersuchung (Barnett, 1976) allerdings ergaben sich Beschreibungen, die sich von denen der vorhergehenden Studien unterschieden.

Der empirische Ansatz von Silberman ist streng genommen nicht mit dem theoretischen Prototypenansatz vergleichbar, da die Silberman-Typen emotional und verhaltensmäßig fundiert sind. Doch fügt sich dies durchaus der Skriptauffassung (vgl. Abschnitt 3), nach der Personen-Kategorien ein Element von Kognitionen über soziale Ereignisabläufe darstellen.

Offensichtlich tragen also bestimmte Persönlichkeitseigenschaften und Verhaltensweisen der Schüler dazu bei, welche Einstellungen Lehrer ihnen gegenüber entwickeln. Lehrer, die gebeten wurden, alle ihre Schüler nach den genannten Einstellungen Silbermans zu gruppieren, konnten nur die Hälfte der Schüler eindeutig zuordnen (Storch, 1978, S. 161). 30% der Schüler wurden mehreren Typen gleichzeitig, 20% überhaupt nicht zugeordnet. Da nicht direkt als Typensystem konstruiert und außerdem vom Forscher definiert, fragt es sich, ob das System von Silberman für die Beschreibung von Schülerkategorien aus der Sicht des Lehrers angemessen ist.

Eine Analyse von Garner & Bing (1973 a), die auf Lehrerurteilen und beobachteten Lehrerverhaltensweisen basiert, führte zu sechs Clustern. Eine ähnliche Untersuchung führte Cunningham (1975) durch. Er erhob

Testdaten der Schüler und Beurteilungen durch Lehrer. In einer Q-Faktorenanalyse dieser gemeinsam verrechneten Daten ermittelte er vier Faktoren von Schülern. Der Nachteil dieser beiden Untersuchungen muß darin gesehen werden, daß neben den Beurteilungen durch die Lehrer auch objektive Daten (beobachtete Verhaltensweisen von Lehrern, Schülertestwerte) in die Analyse eingingen.

Ich habe in einer eigenen Untersuchung nach a-posteriori-Typen von Schülern aus der Sicht der Lehrer gesucht (ausführlicher bei Hofer, 1981 b). 15 Deutsch-Lehrer der Klassen 8, 9 und 10 wurden gebeten, alle Schüler ihrer Klasse hinsichtlich 25 Eigenschaftsdimensionen auf 7-Punkte-Skalen zu beurteilen. Für die 358 Schüler wurde eine automatische Klassifikation (Lance & Williams, 1967; zur Clusteranalyse vgl. Oldenbürger, 1983) auf der Basis der Lehrerbeurteilungen durchgeführt. Es bot sich eine Fünfer-Lösung an. Wie lassen sich die fünf Gruppen beschreiben? Das Mittelwertsprofil einer Schülerkategorie kann als den Prototypen beschreibend angesehen werden. Es kennzeichnet jene Merkmalsausprägungen, die für die jeweilige Kategorie am typischsten sind. Der Prototyp muß nicht ein bestimmtes real existierendes Kategorienmitglied sein (Rosch, 1978, S. 36).[8])

Man kann – grob gesprochen – zwei „gute", eine „mittlere" und zwei „schlechte" Schülergruppen unterscheiden. Die erste Kategorie (ca. 20 % der Schüler) besteht aus Schülern, die die Lehrer als intelligent, fleißig, diszipliniert und aktiv einschätzen. Sie sind der Arbeit und dem Lehrer zugewandt, kontrolliert, initiativ, erhalten gute Noten. Interessant ist bei diesen Schülern die aktive Komponente.

Die zweite Kategorie (33 %) mit noch guten Noten und ebenfalls hohen Begabungs-, Anstrengungs- (insbesondere in den Aspekten Pflichtbewußtsein und Ordnung) und vor allem Disziplinwerten hebt sich von der ersten vor allem durch soziale Zurückhaltung ab. Schüler dieser Gruppe sahen die Lehrer als bescheiden, ruhig und sensibel. Man kann diese Gruppe als einen zweiten Typ von guten Schülern betrachten, den der Lehrer wegen mangelnder Mitarbeit nicht so gut bewertet.

Die dritte Kategorie (17%) zeichnet sich durch Mittelmaß aus. Die starke Ausprägung in den Beurteilungen „verschlossen", „selbstunsicher", „schüchtern", „ruhig" und „zurückhaltend" geht einher mit eher niedrigen Begabungswerten, mittleren Anstrengungswerten, recht guter Disziplin und einem unterdurchschnittlichen Schulleistungsniveau (Note 3.74).

---

8) Dieses Vorgehen unterscheidet sich von jenem in der Prototypenforschung. Dort wurden die Kategorien immer vorgegeben. Hier wurde das mathematische Verfahren der Cluster-Analyse verwendet, um auf der Basis vorgegebener Merkmale „natürliche" Kategorien zu identifizieren.

Die vierte Kategorie (ca. 20 %) enthält Schüler, die bei durchschnittlicher Intelligenz, hoher sozialer Aktivität und eher schlechtem Arbeitsverhalten eine ausgesprochen schlechte Disziplin zeigten. Es handelte sich dabei wohl um Schüler, die trotz ausreichender Begabung ihre Chancen nicht wahrnahmen (Note 3.44). Hier wurden Quirle und Störer aller Leistungsstufen vom Lehrer in eine Gruppe zusammengefaßt. Es sind die schwierigen Kinder, die dem Lehrer das Unterrichten schwer machen.

Bei den etwa 10 % der fünften Kategorie sahen die Lehrer wohl keine Aufgabe mehr für sich. Diese Schüler wurden bei unzureichender Begabung als völlig desinteressiert gesehen, ohne Ehrgeiz und Arbeitshaltung. Diese Voraussetzungen, zu denen sich noch mangelnde soziale Aktivität gesellt, lassen den Lehrer vermutlich resignieren.

Die Mittelwerte aus Tabelle 21 zeigen, in welchen Merkmalen die Unterschiede zwischen den Kategorien liegen. Sie zeigen auch die Merkmale an, in denen Überlappungen existieren.

Die Verteilung der fünf Schülerkategorien auf die einzelnen Klassen war recht unterschiedlich. Mit zwei Ausnahmen war in jeder Klasse jeder Schülertyp mindestens einmal vertreten. Die Unterschiede zwischen verschiedenen Klassen in der Besetzungshäufigkeit der einzelnen Schülertypen können sowohl auf Klasseneigenheiten als auch auf interindividuelle Unterschiede im Urteilsverhalten der Lehrer hinweisen. Um sicherzustellen, daß sich die aufgefundenen Schülertypen auch in den einzelnen Schulklassen wiederfinden, wurden automatische Klassifikationen auch für einzelne Klassen getrennt durchgeführt. In etwa 70 % der Klassen ergaben sich gute bis sehr gute Übereinstimmungen bei der Zuordnung einzelner Schüler zu den fünf Gruppierungen. Um zu überprüfen, ob sich die gleiche Typologie auch in anderen Klassenstufen auffinden läßt, wurde das gleiche Verfahren bei 167 Schülern aus fünf zweiten Klasen der Grundschule durchgeführt. Es ergab sich eine hohe Übereinstimmung.

Eine Faktorenanalyse der Werte aller Schüler der fünf Klassen auf den 25 Eigenschaften ergab folgende Dimensionen: Begabung, Anstrengung, Diszipliniertheit, soziale Aktivität, seelische Robustheit. Tabelle 22 enthält die Mittelwerte der Faktorenscores der Schülerkategorien auf diesen fünf Faktoren. Auf vier der fünf Faktoren unterscheiden sich die gefundenen Typen hochsignifikant. Es handelt sich dabei offensichtlich um Merkmale, nach denen die Gruppierungen vorgenommen werden. Dies kann als Indiz dafür betrachtet werden, daß die Dimensionen der impliziten Persönlichkeitstheorie als jene Merkmale aufgefaßt werden, welche für die Kategorien-Bildung herangezogen werden.

Spalte 6 (η^2) zeigt für jede Eigenschaft die Varianzanteile, die durch die fünf Gruppen aufgeklärt werden. Diese Varianzanteile sind am höchsten bei Eigenschaften der Anstrengungsdimension sowie bei Variablen der so-

Tabelle 21: Mittelwerte auf den 25 Eigenschaftsskalen für die fünf Schülergruppen (aus Hofer, 1981b, S. 202).

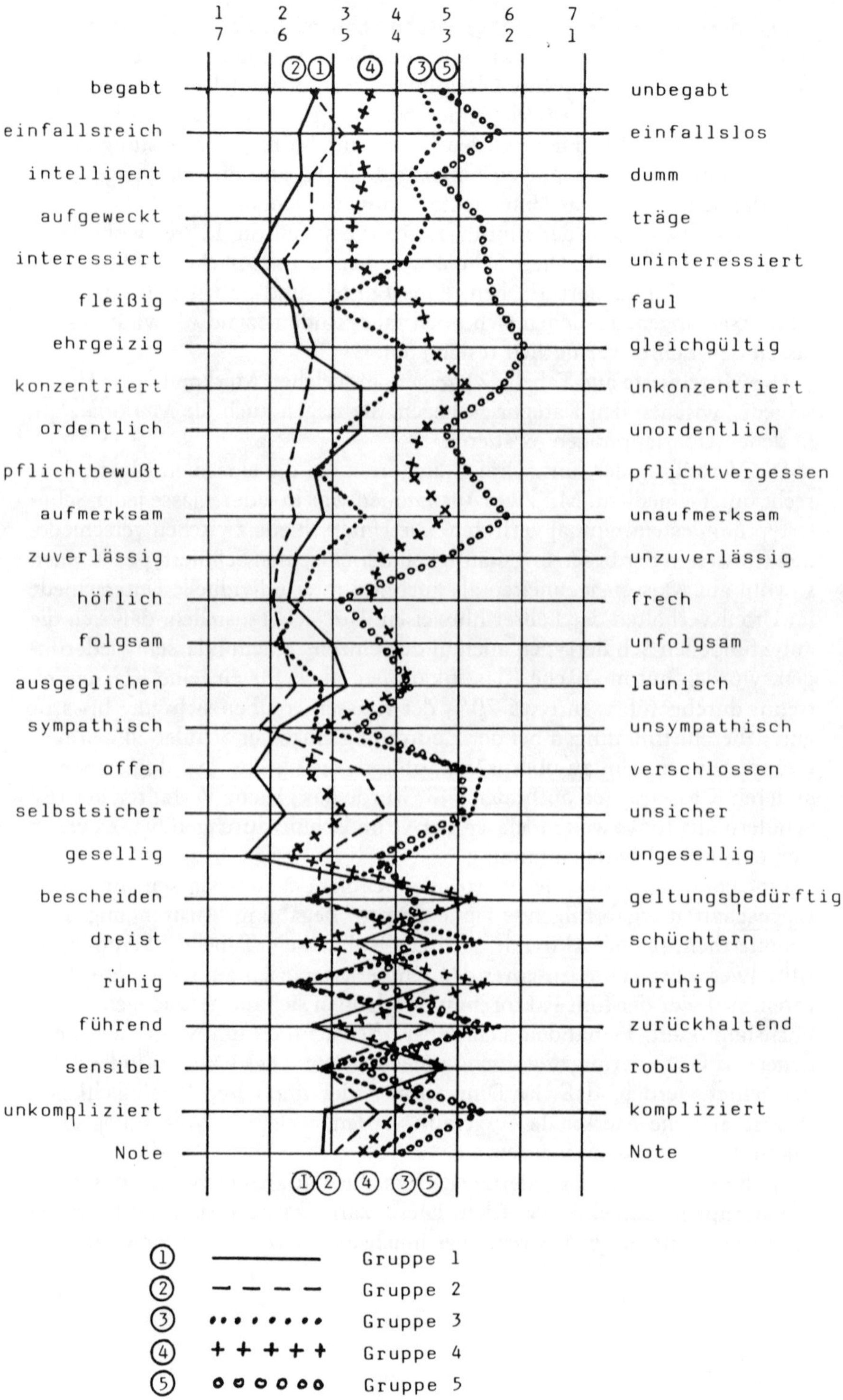

Tabelle 22: Mittlere Faktorenscores, Geschlechtsanteil, Schulleistung und Schulnoten für die zweiten Klassen. Spalte 5 enthält die Varianzanteile η^2, die durch die Gruppierungen aufgeklärt werden, Spalte 6 die Signifikanzen (aus Hofer, 1981 b, S. 203).

Gruppe	I (N = 59)	II (N = 58)	III (N = 45)	IV (N = 14)	η^2	Sign.
Begabung	0.36	−0.09	0.10	−0.93	0.13	s.s.
Anstrengung	0.63	0.39	−0.95	−1.38	0.62	s.s.
Diszipliniertheit	0.41	0.26	−0.55	0.17	0.19	s.s.
soziale Aktivität	0.64	−0.83	0.81	−1.01	0.67	s.s.
seel. Robustheit	0.00	−0.27	0.11	−0.35	0.04	n.s.
Deutschnote	2.34	2.84	3.28	3.89	0.26	s.s.
% weiblich	46	57	31	57	0.04	n.s.
Schulleistung (AST 4)	83.9	79.9	65.2	57.7	0.02	n.s.

zialen Aktivität (immerhin bedeutet ein η^2 von 0,67 eine – nicht-lineare – Korrelation von über 0,80 zwischen den Gruppen und der Beurteilung des Lehrers). Diese scheinen zusammen mit Begabung und der wahrgenommenen Schulleistung (Note) Merkmale zu sein, auf die Lehrer ihre Aufmerksamkeit in besonders starkem Maße richten.

Die Ergebnisse der vorliegenden Untersuchung können insgesamt als recht klar bezeichnet werden. Es wurde in einem empirischen Ansatz gezeigt, daß Lehrer die Schüler ihrer Klasse kognitiv zu Gruppen zusammenfassen bzw. aufteilen. Das implizite Typensystem besteht aus vier bis fünf Typen. Dominante Merkmale sind Anstrengung, Aktivität, wahrgenommene Schulleistung, Diszipliniertheit und Begabung. Hierbei kann es sich nur um einen ersten weitgehend als spekulativ zu bezeichnenden Ansatz handeln. Einige Gründe dafür sind schnell aufgeführt. Es ist unklar, wie stabil über die Zeit das Kategoriensystem ist. Bei mehrfacher Anwendung mit den gleichen Schülern (unter Außerachtlassung möglicher Veränderungen von Merkmalen der Schüler) müßte sich Zuverlässigkeit erweisen. Der Ansatz berücksichtigt nicht interindividuelle Unterschiede, sondern unterstellt, daß Lehrer von gleichen Kategorien Gebrauch machen. Er basiert weiter auf bestimmten vorgegebenen Merkmalen (empirisches System) sowie auf dem Modell der Clusteranalyse (numerisches System). Oldenbürger (1985) vermutet aufgrund einer Reanalyse derselben Daten, daß ihnen eine andere, nicht clusterbare Struktur zugrundeliegt. Schließlich geht er von über unterschiedliche Situationen stabilen Kategorien aus. All dies sind Annahmen, deren Berechtigung fraglich ist. Dennoch soll in erster Annäherung die

Vermutung ausgesprochen werden, daß die besprochenen Kategorien in der Nähe der basalen Ebene liegen. sie verbinden Validität und Kategorienähnlichkeit in optimaler Weise und vereinfachen so die Komplexität der Realität.

Die Frage nach dem Abstraktionsgrad kann weiter untersucht werden, wenn wir über die nächstniedrigere Aggregatebene spekulieren. Martin (1982, S. 7–11) hat eine Serie von freien Gruppen-Interviews mit englischen Gymnasiallehrern durchgeführt, bei denen es um die Frage ging, wie unterschiedlich Schüler sich Informationen für eine Aufgabe beschaffen und verwerten. Die Lehrer generierten – zunächst auf der Basis anekdotischer Berichte – 19 Beschreibungen, die für Schüler charakteristisch waren, denen sie begegnet sind. Aufgrund der Ergebnisse einer weiteren Fragebogenerhebung wurden einige ähnliche Typen miteinander verschmolzen. Es verblieben acht unterscheidbare Typen der Informationsnutzung (S. 10–11):

1. Er macht alles bestens. Er besorgt sich selektiv Informationen, entwickelt Argumente logisch und kritisch, und wartet mit einer ausgefeilten Arbeit auf (Arbeiter).
2. Ehrgeizig, er sucht Erfolg und zielt so hoch es nur geht. Ist vor allem damit beschäftigt, herauszufinden, was der Lehrer erwartet und versucht alles, genau dieses zu erreichen (Ehrgeizling).
3. Phantasievoll und lebendig, wenn auch manchmal etwas daneben (vital).
4. Viel Geschwätz, einige Einsichten, aber selten gute Ergebnisse (heiße Luft).
5. Wählt vorsichtig den einfachsten Weg zum Erfolg – und erreicht diesen auch. Ist sich seiner Fähigkeiten unsicher. Benötigt viel Unterstützung und Ermutigung (Schildkröte).
6. Arbeitet hart in einer zögerlichen Weise, und erreicht dennoch selten Erfolg (Schüchterner).
7. Große Gedanken, aber weder Konzentration noch Fähigkeiten, diese durchzuführen. Oberflächliche, verwurstelte und unachtsame Arbeit (sorgloser Sturzflieger).
8. Macht seine Arbeit unwillig und ohne Anstrengung. Ohne Initiative und Konzentration. Unorganisierte Arbeit (widerstrebender Passagier).

Es wird deutlich, daß diese Typen durch Ausprägungen auf den zentralen Merkmalen Begabung, Anstrengung, Interesse, Sensibilität gekennzeichnet sind. Es erscheint möglich, diese Typen als Aufspaltungen der auf der übergeordneten Ebene angenommenen Kategorien zu betrachten.

Es ist auch möglich, mit Thelen (1967) über die nächste Ebene zu spekulieren. Thelen (1967) hat einen Versuch der Systematisierung von Schülertypen aus der Sicht des Lehrers unternommen. Er bat 70 Gymnasiallehrer, verschiedene selbsterlebte Schülertypen zu beschreiben. Die erhaltenen 300 Beschreibungen konnte er zu 26 Einzeltypen zusammenfassen. Darunter fallen Bezeichnungen wie „Träumer", „Lehrer-Beeindrucker", „Schönheitskönigin", „Clown", „Leidender", „Nonkonformist", „antisozial und destruktiv", „Athlet", „submissiv". Die Beschreibungen geben ein anschauliches Bild von der Vielfalt phänomenaler Schülerpersönlichkeiten und der damit verbundenen Einstellungen der Lehrer. Sie geben auch Einblick in spezifische Akzentuierungen individueller Vorstellungen von Lehrern über Schüler. Betrachtet man diese Kategorien anhand des Vorschlages von Rosch (1978) über die basale Ebene und der personbezogenen Ergebnisse von Cantor und Mischel (1979 b), so könnte man vermuten, daß auf dieser Ebene Merkmalsreichtum und Lebendigkeit zusammen mit maximaler Überlappung auftreten. Dies würde auf geringe Validität wegen geringer Distinktheit hinweisen. Es bedeutet aber nicht, daß Lehrer bei Gelegenheit nicht auch Kategorien dieser Art aktivieren.

Es ist Spekulation, ob es sich bei der erörterten Taxonomie um ein realbezogenes System handelt. Direkte Untersuchungen, in denen die Ebenen simultan vorgegeben wurden, liegen nicht vor. Dadurch läßt sich auch über das Inklusionsverhältnis nichts aussagen. Außerdem ist die mögliche Vielfalt individueller Differenzen zwischen Lehrern in der Ausbildung von Kategorien nicht systematisch erörtert. Untersuchungen von Chi u.a. (1981) legen z.B. nahe, daß Anfänger zur Kategorienbildung äußerliche Merkmale der betrachteten Objekte heranziehen, während Experten sich stärker auf die für die Problemlösung relevanten Objektattribute stützen, wobei sie diese zunächst analysieren. Die Überlegungen illustrieren jedoch die Annahme, daß Lehrer Schüler auf verschiedenen Ebenen der Abstraktion und der Inklusivität sortieren. Jede Ebene hat ihre eigenen Vorzüge und Nachteile. Für unterschiedliche Kontexte ist ein anderes Differenziertheitsniveau erforderlich. Vermutlich erfolgen innerhalb einer Ebene auch je nach Situation inhaltliche Veränderungen.

Zusammenfassung:
In Anlehnung an die Prototypentheorie wird angenommen, daß Lehrer Schüler auf verschiedenen Ebenen kategorisieren. Die Einteilung in „gute" und „schlechte" Schüler ist eine übergeordnete Ebene, auf der sich vermutlich wenig kennzeichnende Eigenschaften und geringe Lebendigkeit mit hoher Distinktheit kombinieren. Ergebnisse eigener Untersuchungen legen nahe, eine Ebene anzunehmen, auf der zwischen fünf Schülerkategorien differenziert wird. Diese könnte die Basisebene sein, welche ein Maximum an Information mit einem Minimum an kognitivem Aufwand verbindet. Weitere untergeordnete Ebenen dürften sich durch Eigenschaftsvielfalt und größere Konkretheit, aber durch geringere Distinktheit auszeichnen.

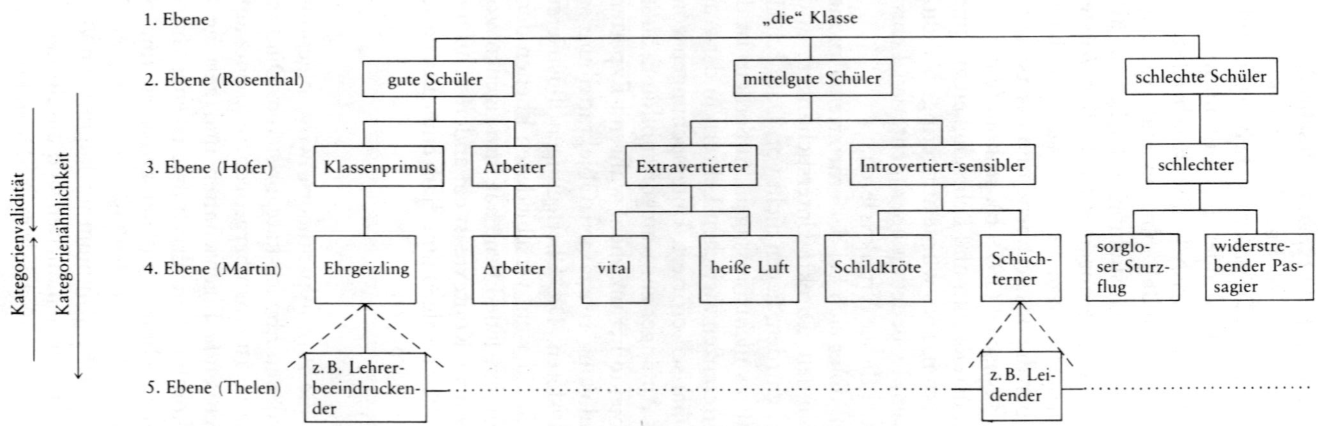

Abbildung 24: Eine vorläufige Schülertaxonomie

3. Schüler-Kategorien als Skript-Elemente

Es wurde bereits betont, daß eine Typisierung nach jenen Merkmalen erfolgt, die für den Handelnden von subjektiver Bedeutsamkeit sind. Möglicherweise sind Kategorien mit spezifischen Handlungsprogrammen verknüpft. Eine Einordnung eines Objekts in eine Kategorie aktiviert darauf bezogene Verhaltensweisen. Rosch (1978, S. 33) hat Vpn Begriffe aus der Taxonomie „Möbel" vorgegeben mit der Bitte, detailliert zu beschreiben, welche motorischen Bewegungen und in welcher Abfolge sie diese vollziehen, wenn sie mit dem betreffenden Objekt interagieren oder es benutzen. Es zeigte sich, daß jene Begriffe, die als grundlegende Schemata identifiziert worden waren, die meisten Bewegungssequenzen enthielten. So gab es wenig gemeinsame Bewegungsprogramme beim Umgang mit „Möbeln". Für „Stuhl" (grundlegende Kategorie) wurden viele spezifische Bewegungssequenzen genannt. Für Kategorien auf darunterliegenden Ebenen („Küchenstuhl" und „Wohnzimmerstuhl") gab es keine eigenen Handlungsprogramme. Cantor & Mischel (1979 b) ließen Vpn die Interaktionen beschreiben, die sie mit Vertretern bestimmter Personkategorien erwarteten. Die Vpn waren besonders für mittlere Kategorien (z.B. „Witzbold") imstande, detaillierte Angaben über mutmaßliches Verhalten des anderen als auch über eigenes Tun zu machen. Nicht alle Handlungsprogramme sind jedoch kategorienspezifisch, sondern nur solche mit kleiner Wirkungsbreite. Handlungsentwürfe unterscheiden sich nach Dörner (1976) in ihrer Wirkungsbreite. Eine geringe Wirkungsbreite ist dann gegeben, wenn eine Maßnahme nur für spezifische Wirkungen vorgesehen wird. Handlungen haben weiter (vgl. Dörner, 1976, S. 22) einen kleinen Anwendungsbereich dann, wenn sich der Lehrer von ihnen nur bei bestimmten Schülertypen Erfolg im Hinblick auf ein Ziel verspricht. In diesem Fall erscheinen sie dem Lehrer als nur für bestimmte Kategorien von Schülern brauchbar, für andere nicht; vielleicht auch, weil unerwünschte Nebenwirkungen erwartet werden.

Schülerkategorien und Lehrerhandlungen können im Rahmen des Skript-Ansatzes miteinander verbunden werden. Ein „Skript" ist nach Abelson (1976, S. 33) das Wissen eines Individuums um eine kohärente Sequenz von Ereignissen. Ein Skript unterteilt Ereignisse in einzelne Aktionseinheiten. Es besteht aus einem Vorstellungsbild und einer begrifflichen (meist verbalen Repräsentation. Man kann sich ein Skript als einen Kartoon-Strip vorstellen, eine Reihe von Bildern mit Sprechblasen, die eine kurze Geschichte erzählten. Zum Beispiel besteht das Skript des „Restaurant-Besuches" aus Elementen wie Eintreten, Tisch aussuchen, Bestellen, Essen, Bezahlen, Aufbrechen. Für den Lehrer könnte man sich ein kognitives Skript wie „Störsituation" aus folgenden Elementen bestehend vorstellen: Ein Schüler wie Frank knufft einen Typ wie Bernd, nach dem dritten

Mal knufft Bernd zurück, Frank schimpft laut, andere Schüler gucken hin, Lehrer mahnt, Frank schimpft weiter, etc. In einigen Lehrerskripts (wie z.B. Erklären) ist die ganze Klasse beteiligt. Andere Skripts enthalten als Partner einzelne Schülerrollen (z.B. das Störskript oder das Skript „schwachen Schüler aktivieren").

Skripts enthalten neben Personen-Kategorien auch situative Merkmale, außerdem Kognitionen über Verhaltensweisen des anderen sowie solche eigenen Tuns. Nach Abelson (1976, S. 42) hängt kognitiv vermitteltes Verhalten ab von dem Skript, das für die Beschreibung der jeweiligen sozialen Situation ausgewählt wird und von der Einnahme einer Teilnehmerrolle innerhalb dieses Skripts.

Die obige Aussage, daß Schülerkategorien mit Handlungsprogrammen verknüpft sind, muß aufgrund des Skript-Ansatzes dahingehend erweitert werden, daß zu Schülerkategorien noch Situationskategorien kommen. Dann u.a. (1982 b) haben herausgearbeitet, von welchen situativen Bedingungen es abhängt, ob Lehrer ein Ereignis als „Aggression" bezeichnen. „Aggression" kann gekennzeichnet sein durch Merkmale wie Schädigungsabsicht, Anlaß, Intensität, Affekt und faktische Schädigung. Ein Skript könnte wie folgt aufgebaut sein: „Schüler vom Typus wie Till (mit den Eigenschaften A, B, ...) neigen zu Aggressionen (mit den Bestimmungsmerkmalen X, Y, ...)." Wie Dann u.a. (1982 b, S. 263 f.) zeigten, unterscheiden sich Lehrer darin, welche Bestimmungsmerkmale und Kategorien (z.B. physisch, verbal) sie für ihre Definitionen aggressiver Situationen vorrangig heranziehen. Auch Wahl u.a. (1983, S. 36) haben in ihren Untersuchungen aufgezeigt, daß es vor allem Situationstypen sind (z.B. Heike meldet sich spontan), die über Wird-Lagen-Kognitionen Handlungsprogramme aktivieren. Eine systematische Erforschung von Situations-Kategorien generell in der Psychologie und für Lehrer speziell steht noch aus. Erste Ansätze dazu liegen bereits vor (vgl. Eckes & Six, 1984; Cantor u.a., 1982).

Entsprechend der Vielfalt und Variabilität von Handlungskontexten werden Schülerkategorisierungen wahrscheinlich nicht überdauernd ausgebildet. Sie werden in Abhängigkeit von dem speziellen Umfeld, in dessen Rahmen Handlungen jeweils stattfinden, aktiviert. Als intraindividuelle Bedingungen können Variablen des schulischen Kontextes wie Unterrichtsfach, Inhalt, Unterrichtsphase und Abschnitt innerhalb des Schuljahres eine Rolle spielen. Diese Überlegungen werden durch eine Untersuchung von Morine-Dershimer (1978) gestützt. Sie führte mit 10 Lehrern der Klassen 1, 3 und 5 der Sonderschule den „pupil sort task" durch (zu Sortierungstechniken vgl. auch Oldenbürger, 1981 a). Die Namen der Schüler wurden auf je eine Karte geschrieben und den Lehrern mit der Bitte vorgelegt, sie zu ordnen. Die Karten mit den Namen jener Schüler, die sich ähnlich verhalten, sollten zusammengelegt werden. Es konnten beliebig viele Gruppierungen gewählt werden. Anschließend sollten die Lehrer die Schüler jeder Gruppe nach ihren Gemeinsamkeiten beschreiben und die Unterschiede zwischen den Gruppen herausheben.

Die Zahl der generierten Gruppen lag zwischen zwei und fünf mit einem Mittelwert von 2,6. Im Mittel enthielt jede Gruppe sieben Schüler. Bei der Beschreibung der Gruppen kam den Eigenschaftskomplexen Beteiligung/Aktivität und Leistung/Fähigkeit eine zentrale Bedeutung zu. Die Gruppierungsaufgabe wurde mehrmals im Laufe eines Schuljahres vorgegeben. Es ließen sich intraindividuelle Unterschiede bezüglich des Verlaufes feststellen. Gesichtspunkte der Schülergruppierung veränderten sich über die Zeit, je nach Veränderungen in den Aufgaben des Lehrers. Leistungsaspekte wurden im Laufe des Schuljahres zunehmend wichtiger, Persönlichkeitsmerkmale nahmen in der Häufigkeit der Bezeichnungen ab. Mitarbeit im Unterricht war als relevanter Gruppierungsgesichtspunkt in der Jahresmitte am markantesten. Zu Beginn des Schuljahres ist es den Lehrern vor allem wichtig, die Schüler kennenzulernen, einen positiven menschlichen Kontakt herzustellen. In der Mitte des Schuljahres kommt es ihnen auf die schulische Mitarbeit an. Hier steht die Aufgabe der Qualifikation, der Vermittlung von Wissen im Vordergrund. Am Jahresende steht die Bewertung im Vordergrund, die zu einer differenzierten Betrachtung der Schülerleistungen zwingt. Vor dem Hintergrund unterschiedlicher Perspektiven werden Schüler nach anderen Merkmalen beurteilt und sortiert.

Einige Lehrer bezeichneten ihre Gruppen ähnlich, wenn sie gebeten wurden, die Einteilung einmal aufgrund ihrer allgemeinen Beobachtung der Schüler zu treffen und ein andermal aufgrund von Beobachtungen in speziellen Lesestunden. Andere benutzten völlig unterschiedliche Charakterisierungen für die Gruppierungen in den beiden Situationen. Es scheint bei einigen Lehrern also ein Einfluß der Situation auf die Gruppierung zu bestehen. In der situationsspezifischen Verwendung des Merkmals „Aktivität der Schüler“ wird dieser Aspekt deutlich. Das genannte Merkmal wurde überhaupt nicht benutzt bei der Schülersortierung nach allgemeiner Beobachtung. Hingegen nahm es 18 Prozent der Bezeichnungen bei Schülersortierung nach spezifischen Unterrichtsstunden ein. Analog verhielt es sich mit dem Merkmal „Leistung“. Für den allgemeinen Umgang mit Schülern kam diesem Aspekt wenig Relevanz zu. Im konkreten Unterricht dagegen zwingen aktive oder leistungsfähige Schüler den Lehrer zu anderen Verhaltensweisen als andere Schüler. Umgekehrt verlief es mit den Variablen „Persönlichkeit“ und „Verhältnis zum Mitschüler“. In der spezifischen Situation (Lese-Stunde) neigten Lehrer außerdem eher dazu, einzelne Schüler auszusortieren und sie als eigene Gruppe zu deklarieren. Möglicherweise handelt es sich um Schüler, denen der Lehrer wegen ihrer Besonderheit eine eigene didaktische/pädagogische Behandlung zukommen lassen möchte.

Die Lehrer unterschieden sich darin, welche der beteiligten Komponenten bzw. Subkomponenten sie jeweils in den Mittelpunkt rückten. Etwa 13 Prozent aller Gruppierungen waren personenspezifisch. Ihre Kennzeichnungen wurden nur von je einem Lehrer generiert. Sie paßten nicht in eine „Standard-Kategorie". Dies kann auf interindividuelle Unterschiede zurückzuführen sein. Immerhin jedoch waren bei einem Großteil der Gruppierungen (80–90%) Gemeinsamkeiten zwischen Lehrern festzustellen.

Welche skripthaften Verbindungen zwischen Schüler-Kategorien und Verhaltenskognitionen können identifiziert werden? Dieser Frage wird im folgenden indirekt über Untersuchungen zum Zusammenhang zwischen Schüler-Kategorien und konkretem Lehrerverhalten nachgegangen.

a) *Lehrerverhalten bei Schülern mit hoher und niedriger Erwartung.* Die Zahl der Untersuchungen, die das Verhalten von Lehrern gegenüber Schülern, von denen sie gute Leistungen erwarten, verglichen mit jenem gegenüber Schülern, bei denen schlechtere Leistungsresultate erwartet werden, ist Legion. Bereits 1975 hat Rosenthal 242 Untersuchungen gesichtet. Er schlägt eine Typologie von Lehrerverhaltensweisen vor, die vier Faktoren enthält: sozial-emotionales Klima, Input, Output und Rückmeldung. Die einschlägigen Ergebnisse sollen kurz dargestellt werden. Anschließend wird die Einteilung in „gute" und „schlechte" Schüler problematisiert.

Sozial-emotionales Klima: Eine Reihe von Untersuchungen belegt, daß Lehrer guten Schülern mehr Wärme entgegenbringen als schlechten, vor allem durch nicht-verbale Verhaltensweisen. In einer Untersuchung von Kester & Letchworth (1972) wurden Leistungserwartungen bei Lehrern induziert und anschließend das Lehrerverhalten im Klassenzimmer beobachtet. Bei „begabten" Schülern zeigten die Lehrer am meisten Unterstützung und Freundlichkeit. Andere Untersuchungen berichten Unterschiede in Variablen wie Lächeln, Blickkontakt, Kopfnicken und Körperneigung. Input: Die Quantität und Qualität des Lernmaterials wird unterschiedlich dosiert. Langsamen und schwachen Lernern präsentieren Lehrer weniger neues Lernmaterial. Ihnen wird leichterer Lehrstoff vorgesetzt. Die Zahl der Wiederholungen ist größer. Output meint die Häufigkeit, mit der dem Schüler Gelegenheit gegeben wird, sich zu äußern. Bei guten Schülern warten Lehrer länger auf eine Antwort (Rowe, 1974), bei einem Mißerfolg insistieren sie länger, fragen nach und geben Hilfe. Sie schenken den Antworten guter Schüler auch mehr Aufmerksamkeit als jenen schlechter Schüler (Rothbart u.a., 1971). Die Zahl der unterrichtlichen Lehrer-Schüler-Interaktionen ist mit guten Schülern meist höher als mit schlechten (Brophy & Good, 1974). Rückmeldung bezeichnet das Reagieren des Lehrers auf Schülerbeiträge. Untersuchungen zeigen, daß schlechte Schüler pro richtige Antwort weniger positive Rückmeldung (Lob) und pro falsche Antwort im

Durchschnitt mehr negative Rückmeldung (Kritik) erfahren als gute Schüler (Brophy & Good, 1974, vgl. Cooper, 1979).

Für jeden dieser vier Verhaltensbereiche liegen zum Teil bestätigende Befunde vor, es finden sich aber auch Untersuchungen, in denen eine Bevorzugung von guten Schülern nicht nachgewiesen werden konnte. Evertson, Brophy & Good (1972, zit. nach Brophy & Good, 1974, S. 102) konnten sogar beobachten, daß schlechte Schüler eine günstigere Behandlung von manchen Lehrern erfahren. Im einzelnen zeigten sich erhebliche Unterschiede zwischen den Lehrern. Wertet man die Ergebnisse von empirischen Untersuchungen für jeden Lehrer getrennt aus, so ergeben sich bisweilen völlig unterschiedliche Beziehungsmuster, die nur wenig Einheitlichkeit aufweisen. Garner & Bing (1973 b) haben in diesem Zusammenhang auf das Trügerische des Pygmalion-Effekts aufmerksam gemacht. Sie untersuchten für sieben Erstklaßlehrer getrennt die Zusammenhänge zwischen Leistungserwartungen und Lehrer-Schüler-Interaktionen. Über alle Lehrer zeigte sich zwar die Tendenz, Schülern mit hoher Leistungserwartung mehr Antwortgelegenheiten zu ermöglichen. Dies galt allerdings nur für zwei Klassen. In zwei anderen Klassen galt es für Jungen, in einer weiteren Klasse für Mädchen und in zwei anderen Klassen überhaupt nicht. Daher wäre es zu vereinfachend, von einer globalen Benachteiligung schlechter Schüler zu sprechen.

Die relative Uneinheitlichkeit der Ergebnisse kann darauf zurückzuführen sein, daß die Unterscheidung in gute und schlechte Schüler ein zu wenig valides Kategoriensystem darstellt. Verschiedene Schülerkategorien werden zusammengefaßt. Die Folge ist, daß sich typenbezogene Lehrerverhaltensweisen nivellieren können.

b) *Lehrerverhalten gegenüber Neigungs-, Problem-, Indifferenz- und Ablehnungsschülern.* Silberman (1969) beobachtete bei 10 Lehrern der dritten Klasse je 20 Unterrichtsstunden. Er notierte die Interaktionen mit je drei Schülern der vier Kategorien sowie mit zwei aus dem Rest der Klasse zufällig ausgewählten „Kontroll-Schülern". Die Beobachtung konzentrierte sich auf vier Lehrerverhaltensweisen:
Kontakt: der Lehrer nimmt Kontakt auf oder dehnt einen schülerinitiierten Kontakt auf über zehn Sekunden aus;
Positive Bewertung: billigende bis bewundernde Äußerungen mit erfreutem bis begeistertem Tonfall;
Negative Bewertung: kritisierende oder mißbilligende Äußerungen;
Akzeptieren der Schüler: Ersuchen um Hilfe, um Erlaubnis, um Information.

In allen vier Beobachtungsvariablen ergaben sich signifikante Unterschiede zwischen den vier ausgewählten Schülergruppen. Aufschlüsse bringen auch die Vergleiche mit den Daten der Kontrollgruppe. Die „Zuneigungsschüler" erhielten mehr positive Bewertung und Akzeptierung als jene der Kontrollgruppe, aber nicht mehr Kontaktaufnahmen. Wenig Kontakte wurden mit den „Indifferenzschülern" aufgenommen, mehr mit den „Problemschülern". Diesen standen die Lehrer auch akzeptierender gegenüber. Zu ihnen gingen die Lehrer in einer Studie von Brooks & Wilson (1978) auch die engste räumliche Nähe ein. Mehr Kontakte, aber weniger Akzeptierung erhielten die „Ablehnungsschüler". Bei diesen zeigten sich auch mehr negative und weniger positive Bewertungen.

Die Ergebnisse der ersten Studie von Silberman (1969) konnten mit verfeinerter Technik in einer Untersuchung von Good & Brophy (1972) bestätigt werden. Doch stehen diesen Befunden eine Reihe von Ergebnissen gegenüber, in denen sich Lehrerverhalten gegenüber Repräsentanten der vier Einstellungsgruppen nicht unterschied (Jenkins, 1972; Evertson, Brophy & Good, 1973, beide zit. nach Brophy & Good, 1974; Brooks & Wilson, 1978). Individuelle Verhaltensunterschiede zwischen Lehrern waren auch hier recht groß (vgl. Brophy & Good, 1974, S. 149). Auf jeden Fall scheinen konkrete Verhaltensweisen nicht deutlich diskriminierbar zu sein.

c) *Lehrerverhalten gegenüber guten, extravertierten, zurückhaltenden und schlechten Schülern.* Für die Überlegung, welche Handlungsweisen gegenüber den verschiedenen Schülerkategorien sich bei Lehrern erwarten lassen, werden im folgenden zunächst Ziele des Lehrers im Unterricht betrachtet. Sodann wird überlegt, welche Situationen die genannten Schülertypen vorwiegend schaffen. Daraus kann abgeleitet werden, welche Verhaltensweisen seitens der Lehrer wahrscheinlich sind. Die Art und Weise, wie Lehrer ihre Interaktionen mit verschiedenen Schülern gestalten, wird verständlich, wenn man – eine Idee von Cooper (1979) aufgreifend – unterstellt, daß Lehrer über zwei Aspekte des Unterrichtsgeschehens bestrebt sind, Kontrolle auszuüben. Sie möchten erstens den Unterrichtsverlauf steuern. Zweitens möchten sie die Schülerleistung beeinflussen. Beides setzt voraus, den Inhalt, den Zeitpunkt und die Dauer der Schülerbeiträge zu kontrollieren. Welches Verhalten Lehrer zeigen, um Kontrolle zu erreichen, hängt von drei situativen Variablen ab: ob die Initiative vom Lehrer oder vom Schüler ausgeht (Initiative) und ob die Interaktion öffentlich oder privat stattfindet (Kontext). Schließlich hängt es davon ab, mit welchem Kategorien-Vertreter er es zu tun hat.

Wenn der Lehrer den Kontakt *initiiert,* dann formuliert er den Inhalt, ruft (zu selbstbestimmtem Zeitpunkt) den Schüler auf, der die Frage beantworten soll. Bei der Wahl des Schülers wird die Erwartung bedacht, ob dieser Schüler die Frage sachgemäß (Inhalt) und in akzeptabler Zeit (Dauer) beantworten wird. Initiiert der Schüler die Interaktion, so können Inhalt, Zeitpunkt und Dauer außer Kontrolle des Lehrers geraten (Cooper,

1979, S. 397). Die Kontrolle über Zeitpunkt (und auch Inhalt) ist eher gegeben, wenn der Lehrer die Interaktion einleitet.

Im *Kontext* des öffentlichen Unterrichts muß der Lehrer den Klassenbedürfnissen gerecht werden (Cooper, 1979, S. 397). Er muß die Interessen der individuellen Schüler gegen die Interessen der Klasse und des Lehrplans bzw. der Unterrichtsplanung zurückstellen. Lange Interaktionen können zum Absinken der Motivation und zum Ausbreiten von Langeweile führen. Im privaten Kontext (bei Gruppenarbeit, Stillbeschäftigung) kann stärker auf einzelne Schüler eingegangen und die Schülerleistung gesteuert werden ohne Gefahr, daß der Unterrichtsverlauf außer Kontrolle gerät.

Diese Überlegungen verbinde ich mit beteiligten Schülerkategorien. Daraus leite ich Hypothesen über Verknüpfungen von Schülerkategorien mit Lehrerverhalten ab, die dann empirischen Daten gegenübergestellt werden können. Da der *gute Schüler* diszipliniert und konstruktiv aktiv gesehen wird, bestehen bei ihm kaum Kontrollprobleme. Er gefährdet den Unterricht nicht, und sein eigener Leistungsstand ist gesichert. Er bräuchte überhaupt nicht drangenommen zu werden. Dies geschieht dennoch: er meldet sich häufig und kann nicht vernachlässigt werden; und er kann den Unterricht weiterbringen. Die Interaktionen mit ihm haben Modellcharakter. Den anderen Schülern wird vorgeführt und demonstriert, wie der Lehrer sich den Gedankengang vorstellt. Seine Antworten werden aufgegriffen, detailliert kommentiert und positiv belobigt. Die Interaktion beschränkt sich entsprechend ihrem Modellcharakter vor allem auf den öffentlichen Bereich. Entsprechend lauten die Hypothesen: er leitet die Interaktion häufig von sich aus ein, er erhält häufig positive Sanktionen in öffentlichen Situationen. Das Feedback ist detailliert.

Kontrollprobleme im Bereich der Unterrichtsführung bestehen verstärkt bei *extravertierten* Schülern. Da deren Fähigkeiten nicht negativ eingeschätzt werden, liegt das Kontrollproblem weniger im Bereich der Leistungen. Durch ihre Aktivität sind diese Schüler jedoch reichlich unberechenbar. Sie können enorm bereichern, aber auch sehr störend wirken. Wegen des Disziplincharakters der Störungen versucht der Lehrer, sie besonders hinsichtlich Zeitpunkt und Dauer der Interaktion unter Kontrolle zu bekommen. Hypothesen: der Lehrer wird sie häufig direkt aufrufen und in unterrichtliche Tätigkeiten einbinden, um ihre Aktivitäten vorbeugend zu kanalisieren. Er wird sie auch aufrufen, wenn sie sich melden, weil sonst die Gefahr besteht, daß sie durch unvorhersehbare und unkontrollierbare Tätigkeiten den Unterricht ablenken. Sind sie in Aktivitäten eingebunden (etwa Stillarbeit), so wird sie der Lehrer meiden. Reichlich Lob und Tadel sind Mittel, um ihr Verhalten zu steuern.

Der Lehrer sieht sich bei *zurückhaltenden* Schülern vor die geringsten Kontrollprobleme im Bereich der Unterrichtsführung gestellt. Er sieht keine

Notwendigkeiten für prophylaktische oder korrigierende Maßnahmen. Dagegen versucht er stärker, die Leistungen zu verbessern. Hypothesen: aufgrund der hohen wahrgenommenen Ängstlichkeit wird er diese Schüler nicht aufrufen, wenn sie sich nicht melden. Er wird dagegen versuchen, sie stärker in nichtöffentliche, private Situationen einzubeziehen. Er wird die Schüler nach Möglichkeit nicht tadeln. Um sie nicht zu belasten, und auch weil sie nicht produktiv sind, hält sich der Lehrer nicht lange bei ihnen auf.

Bei *schlechten* Schülern wird die Gefahr des Kontrollverlustes über den Inhalt der schulischen Leistungen besonders stark erlebt. Der Lehrer müßte den Schüler besonders häufig drannehmen. In öffentlichen Situationen läuft er allerdings Gefahr, durch die Dauer und den Inhalt der Interaktionen die Kontrolle über den Unterrichtsverlauf zu verlieren. Daher wird er auch hier den Schwerpunkt auf private Situationen legen. Da dieser Schülertyp auch disziplinarisch auffällig beurteilt wird (frech, nicht sachbezogen am Unterricht beteiligt), ist die Gefahr des Kontrollverlustes über den Unterrichtsverlauf und die gesamte Klassenführung auch in Fragen des Zeitpunktes und der Dauer immer gegeben. Daraus lassen sich besonders häufig negative Reaktionen des Lehrers erwarten.

Im folgenden wird über eine empirische Untersuchung berichtet, die unter der Hypothese betrachtet werden kann, daß interne Verknüpfungen zwischen Schülerkategorien und Handlungs-Schemata zu einem Skript bestehen. Im Rahmen einer Studie zu kognitiven Bedingungen individualisierenden Lehrerverhaltens (Hofer u.a., 1979) baten wir 31 Grund- und Hauptschullehrer der Klassen 2 bis 6 aus dem Raum Heidelberg, die Schüler ihrer Klasse hinsichtlich 26 Eigenschaftspolaritäten einzuschätzen. Jede Polarität definierte eine siebenstufige Skala. Diese Schülerbeurteilungen wurden pro Lehrer einer Clusteranalyse unterzogen (genauer bei Hofer, 1981 b). Für jeden Lehrer wurden danach zehn besonders markante Schüler ausgewählt (fünf Beobachtungs- und fünf Ersatzschüler), die jeweils eine Schülergruppierung repräsentierten. Um die subjektiven Gruppierungen über die Lehrer vergleichbar zu machen, wurden die Angaben der Lehrer zu den von uns ausgewählten Beobachtungsschülern einer erneuten Clusteranalyse über alle Lehrer unterzogen. Hieraus resultierten vier Schülergruppen: die Gruppen aus dieser Untersuchung sind jenen aus Abschnitt 2 (vgl. S. 150) sehr ähnlich. Die dortige zweite Gruppe fehlte.

Um das Lehrerverhalten zu untersuchen, wurden in jeder Klasse während elf Unterrichtsstunden mit Hilfe eines Beobachtungsinstruments (Hofer u.a., 1982 a) die Interaktionen zwischen Lehrern und Beobachtungsschülern registriert. „Extravertierte" Schüler initiierten die meisten Frage-Kontakte und wurden vom Lehrer am meisten in Interaktionen einbezogen. Lehrer hatten mit Schülern des „introvertiert-sensiblen" Typs am wenigsten Verhaltenskontakte. „Schlechte Schüler“ erhielten am meisten Prozeduralkontakte und überdurchschnittlich viele Fragekontakte. Der „Klassenprimus“ erhielt nicht mehr oder qualifiziertere Kontakte als seine Klassenkameraden. Im Gegenteil, er wurde am seltensten direkt aufgerufen. Im Schwierigkeitsgrad der Fragen zeigten sich ebenfalls signifikante Unterschiede. Introvertiert-sensible Schüler erhielten am wenigsten schwere Fragen, extravertierte die meisten. Interessanterweise ist keine Schwierigkeitsdosierung festzustellen, die sich am Leistungsstand der Schüler orientiert. Klassenprimus und schlechter Schüler erhielten gleichhäufig schwere Fragen.

Initiativen des *Klassenprimus* wurden relativ häufiger akzeptiert, beantwortet, auch mit positiverem und detailliertem Feedback versehen als bei anderen Schülern. Hatte sich dieser Schüler durch Rufen gemeldet, so wurde er eher ignoriert. Ansonsten erhielt der Schüler in diesen Interaktionen relativ viel Rückmeldung durch positive und auch detaillierte Kommentare. Während Phasen der Stillarbeit wurde dem Klassenprimus keine besondere Zuwendung zuteil. Wenn doch, dann erfolgte sie der Tendenz nach freundlich und in geneigter Körperhaltung. Lenkte sich dieser Schüler ab, so neigten Lehrer nicht dazu, sich streng oder strafend zu gebärden. Heftig reagierten sie erst, wenn dieser Schüler andere handgreiflich störte, was bei ihm nur etwa halb so häufig vorkam wie beim Extravertierten. Gegenüber dem Klassenprimus legten die Lehrer unserer Untersuchung im Durchschnitt ein Verhalten an den Tag, das von einer positiven Grundtönung durchzogen war. Die Lehrer versuchten, diese Schüler nicht allzu stark in den Unterricht einzubeziehen. Andererseits entzogen sie sich auch nicht, wenn diese Schüler aktiv wurden. Die Lehrer gingen dann darauf ein, vielleicht in der Hoffnung, die anderen Schüler teilhaben zu lassen.

Deutlich davon unterschieden war das Verhaltensmuster der Lehrer gegenüber dem *schlechten* Schüler. Er wurde bei einer richtigen Antwort eher dranbehalten (als andere), erhielt auch positives Feedback. Nach dem Ausführen von Anweisungen mußte er jedoch mit negativen Reaktionen rechnen. Es kam zu Ermahnungen, Unterbrechungen und wenig positivem Feedback. Vermutlich ärgerten sich Lehrer, wenn diese Schüler „nicht mal“ einfache Anweisungen zu ihrer Zufriedenheit ausführten, mit denen sie speziell diese Schüler positiv beschäftigen wollten. Negative Rückmeldung erhielten diese Schüler, wenn sie eine Frage in die Klasse hineinriefen. Aber auch bei ordnungsgemäß erfolgter Meldung erfuhr der schlechte Schüler erwartungsgemäß häufiger Abwehr und globale positive Rückmeldung als andere Schüler. Der schlechte Schüler erfuhr auch in der Phase der Stillarbeit eine relativ ungünstige Behandlung. Er wurde entgegen der Hypothese vergleichsweise am häufigsten abgewehrt, ignoriert oder vertröstet. Das Lehrerverhalten war (relativ gesehen) gekennzeichnet durch Zusehen in aufrechter Haltung und mit neutraler bis unfreundlicher Miene. Disziplinarische Aktionen traten mit dem schlechten Schüler am zweithäufigsten auf, vor allem aus Anlaß einer handgreiflichen Störung. Lehrer reagierten hier relativ selten mit Befehlen, sondern am ehesten mit Informationsfragen. Man könnte vermuten, daß sie ihn bloßstellen oder zum Nachdenken über sich bringen wollten.

Antworten auf Lehrerfragen wurden bei *extravertierten* Schülern am meisten beachtet. Ihre richtigen Antworten wurden nicht übersehen. Sie wurden auch am meisten dranbehalten. Sie erhielten positives und auch detailliertes Feedback. Führte ein Schüler dieses Typs Anweisungen aus, so konnte er mit positiven Reaktionen rechnen. Gab er allerdings eine falsche Antwort, dann waren beim Lehrer deutliche Zeichen von Irritation die Regel. Die Antwort wurde entzogen und/oder es erfolgte negatives Feedback. Brachte er ungefragt einen Beitrag, dann fand er am meisten Resonanz. Er erhielt positives globales Feedback. In der Phase der Stillarbeit war das Verhalten des Lehrers gegenüber dem Extravertierten recht unterschiedlich: mal freundlich, mal neutral, aufrecht, geneigt, abwehrend, vermutlich je nach dessen wechselndem Verhalten. Disziplinschwierigkeiten traten bei diesem Schüler am häufigsten auf. Erfolgten sie in Form von Selbstablenkung, so schienen sie den Lehrer nicht aus der Ruhe zu bringen. Er reagierte dann relativ am häufigsten mit Bitten. Störte der Schüler allerdings andere, so erfolgten Sanktionen erwartungsgemäß in Form von Androhung, Strafe oder organisatorischen Veränderungen.

Der *introvertiert-sensible* Schüler erhielt auf eine richtige Antwort am ehesten positives, aber globales Feedback, relativ selten detaillierte Rückmeldung. In Phasen der Stillbeschäftigung galt ihm erwartungsgemäß die intensivste Beschäftigung. Meldete er sich aber von sich aus, dann erfuhr er relativ am meisten Abwehr oder wurde mit globalem Feedback abgespeist. Disziplinarisch fielen diese Schüler selten auf. Passierte dies dennoch, dann waren Lehrer häufig recht ungehalten. Sie äußerten dann Befehle und kaum Bitten. Es schien, als erfreue sich der Schüler dann der aktiven didaktischen Zuwendung des Lehrers, wenn dieser sich ausschließlich mit ihm befassen kann. Nicht aber dann, wenn die Dichte des Unterrichts dem Lehrer wenig Raum läßt.

Zusammenfassend bestätigten sich die meisten Hypothesen:

- am meisten Frage-Antwort-Kontakte gingen Lehrer mit extravertierten und schlechten Schülern ein;
- mit introvertierten und schlechten Schülern wurden öffentliche Kontakte schneller zu Ende gebracht als mit anderen;
- introvertierte Schüler wurden in privaten Situationen häufiger aufgesucht als andere;
- extravertierte und schlechte Schüler erhielten in vergleichbaren Situatio-

nen am meisten negative Rückmeldung, schlechte Schüler am wenigsten positive, gute am meisten positive;
- gute Schüler erhielten in vergleichbaren Situationen am meisten detaillierte Rückmeldung, schlechte und introvertierte Schüler am meisten globale.

Gegen die Hypothese lag der Befund, daß
- schlechte Schüler nicht häufiger in privaten Situationen aufgesucht wurden.

Diese Muster werden verständlich, wenn man sie als Ausdruck des Bemühens interpretiert, den Unterricht in Fluß zu halten. Dies bestätigt die Vermutung, daß Lehrer ihr System für die kognitive Kategorisierung von Schülern an Situationen ausrichten.

Eine weitere Untersuchung (Hofer u.a., 1982 b) war ähnlich angelegt. Ihre Ergebnisse bestätigen im großen und ganzen die Befunde aus der ersten Arbeit. Ein wesentlicher Unterschied lag jedoch darin, daß diese Lehrer sich stärker „proaktiv" verhielten als jene aus der ersten Arbeit. Sie versuchten mehr, schlechte und introvertiert-sensible Schüler in den Unterricht einzubeziehen und ihnen Hilfestellung zu geben. Gleichzeitig vernachlässigten sie stärker Schüler vom Typ des Klassenprimus. Auch die Ergebnisse der Untersuchungen von Garner & Bing (1973 a) sowie Calderhead (1981) scheinen im großen und ganzen die vorstehenden Überlegungen zu stützen. Calderhead (1981, S. 54) etwa weist darauf hin, daß zu Beginn einer Unterrichtsstunde die Interaktionen mit guten Schülern häufig sind, um die Dinge zum Laufen zu bringen. Später würden mehr die schwachen Schüler drankommen. Viele Instruktions-Fragen würden dem Ziele dienen, die Aufmerksamkeit zu erhalten. Der Zusammenhang zwischen Schülerkategorien und Handlungsentwürfen wird in Kapitel 9 genauer behandelt.

So sehen wir Indizien für die These, daß Lehrer über skripthafte Schemata verfügen, die zielbezogen sind. Lehrer identifizieren Situationen nach Kriterien (z.B. Initiative und Kontext), aktivieren je nach beteiligtem Schüler eine Schülerkategorie und richten ihr Verhalten danach aus. Inwieweit das eigene Verhalten in Übereinstimmung mit der Situation realisiert wird, hängt davon ab, wie prototypisch die jeweilige Situation kogniziert wird. Außerdem spielen wohl auch Persönlichkeitseigenschaften der Lehrer eine Rolle. Allerdings ist es uns (Hofer u.a., 1979) nicht gelungen, Persönlichkeitseigenschaften (Repression/Sensitization, Leistungsmotiv, Selbstattribution, Affiliationsmotiv, Bezugsnormorientierung sowie Fähigkeit, Kognitionen von Gefühlen zu trennen) als Determinanten für individualisierendes Verhalten nachzuweisen.

Zusammenfassung:

1. Personenkategorien können als Elemente in Skripts über Ereignisse aufgefaßt werden. Skripts enthalten daneben Kognitionen über Situationen sowie über Handlungen, die beim Umgang mit Personen in Situationen typischerweise realisiert werden.
2. Je nach angestrebtem Ziel und eingeschätzten Wirksamkeiten von Handlungen (Wirkungsbreite und Anwendungsbereich), sind unterschiedliche Gruppierungen sowie unterschiedliche Verhaltensweisen von Lehrern gegenüber Schülern verschiedener Gruppierungen zu erwarten.
3. Wenn man davon ausgeht, daß Lehrern im Unterricht vor allem daran gelegen ist, den Unterrichtsverlauf unter Kontrolle zu halten und Schülerleistungen zu steuern, dann kann vermutet werden, daß sie unterrichtliche Situationen nach den Kriterien Initiative und Kontext differenzieren und bedenken, welche Schülerkategorie beteiligt ist. Es läßt sich dann erwarten, daß Lehrer Schüler der Kategorien „guter Schüler", „extravertierter Schüler", „zurückhaltender Schüler" und „schlechter Schüler" in ganz bestimmter Weise anfassen. Das diesbezügliche Hypothesenschema konnte in zwei Untersuchungen zum größten Teil bestätigt werden.

6. Kapitel

Die Verarbeitung von Informationen: wie sich Lehrer Eindrücke über Schüler bilden

Im letzten Kapitel wurde die Annahme erörtert, daß Lehrer über Schülerkategorien in Form von Typensystemen verfügen, die sie sich aus Ähnlichkeiten und Unterschieden in für sie wichtigen Merkmalen gebildet haben. In diesem Kapitel geht es um die Frage, wann und wie sich Lehrer ihre Eindrücke über Schüler bilden und welche Prozesse dabei ablaufen. Zentrale These ist, daß die Verarbeitung von neuen Informationen über Schüler von diesen bereits vor der Informationsaufnahme vorhandenen Kategorien gesteuert wird. Wie kann man sich den Prozeß der Eindrucksbildung als einen Prozeß der Verarbeitung von Informationen vorstellen? Die Personen-Kategorien sind beschreibbar durch eine Liste von Merkmalen. Diese enthalten die Bedeutungskomponenten der Kategorie. Die Prototypentheorie beschreibt die Kategorien, macht jedoch keine Aussagen darüber, in welcher Weise diese bei der Informationsverarbeitung wirksam werden. Dafür wird die Schema-Theorie herangezogen. Schemata erlauben schnelle Einordnungen.

Was ergibt sich aus der Annahme, daß die Eindrucksbildung eine Funktion des Wunsches nach optimaler Handlungssteuerung ist? Es sind die folgenden Thesen:

1. Im Prozeß der Eindrucksbildung ordnet der Lehrer einzelne Schüler aufgrund ihrer Merkmale vorhandenen Schüler-Kategorien zu. Eindrücke werden relativ früh im Schuljahr gebildet, weil unterrichtliches Handeln von allem Anfang an gefordert ist. Wegen der Schnelligkeit, mit der Eindrücke gebildet werden müssen, achten Lehrer darauf, ihre Einordnungen auf möglichst verläßliche Informationen zu gründen und in möglichst rationaler Weise zu bilden.
2. Einordnungen von Schülern in Kategorien sind nicht leicht revidierbar. Die Beschränkung der Informationskapazität bedingt eine relative Konstanz der Eindrücke.
3. Eindrücke sind relativ zutreffend und valide. Sie stimmen nicht voll mit der Wirklichkeit überein. Sie spiegeln die eingeschränkte Sicht des Han-

delnden wider. Sie sind jedoch nicht völlig unzutreffend, da sorgfältig gebildet.

Nach diesen drei Thesen ist das Kapitel gegliedert.

1. Der Prozeß der Eindrucksbildung bis zum dritten Schultag

Die Schema-Theorie geht auf Bartlett (1932) zurück. Er fand, daß Personen, die eine fremde und seltsame Geschichte („Der Krieg der Geister") reproduzieren sollten, dabei zahlreiche Details außer acht ließen und aktiv eigene Elaborationen einfügten. Dieses Phänomen wurde damit erklärt, daß die Darbietung von Reizen, die für die Person nicht ganz sinnlos sind, eine semantische Struktur aktiviert. Informationen, die zur semantischen Struktur zu passen scheinen, werden bevorzugt ausgewählt. Andere werden vergessen. Erinnerung ist demnach ein Prozeß der Konstruktion, dem ein Schema, nicht aber einzelne Informationen zugrundeliegen. Die Schema-Theorie kann dazu dienen, Befunde aus verschiedenen Bereichen zu erklären. Sie geht wie die Theorie der Kategorisierung zunächst davon aus, daß Personen dazu neigen, konkrete einzelne Objekte oder Erlebnisse nach einer Reihe von Merkmalen zu abstrahieren. Solche abstrahierte Schemata werden als Standards benutzt, mit denen Objekte verglichen werden. Man kann zwischen definierenden und charakteristischen Merkmalen unterscheiden, wobei den definierenden das größere Gewicht zukommt. Der Prozeß der Eindrucksbildung kann als semantische Kategorisierungsaufgabe aufgefaßt werden. Ein Objekt (z.B. ein neuer Schüler) wird in eine von mehreren verfügbaren Kategorien eingeordnet. Dafür wird ein Vergleich von Merkmalslisten des Objektes mit jenen der Kategorie vorgenommen.

Im Prozeß der Eindrucksbildung wird geprüft, welcher Kategorie das Objekt zuzuordnen ist. Eine Kategorisierungsaufgabe, wie sie in Experimenten verwendet wurde, ist folgende: die Vp wird gefragt, ob die Aussage „Ein Rotkehlchen ist ein Vogel" richtig sei. Die Struktur der Aussage ist „ein S (Subjekt) ist ein P (Prädikat)". Man nimmt an, daß sowohl für das Prädikat als auch für das Subjekt Merkmalslisten mit den definierenden und charakteristischen Merkmalen aus dem semantischen Gedächtnis abgerufen und miteinander verglichen werden. Der Vergleichsprozeß resultiert in einem Maß, welches die globale Ähnlichkeit zwischen den Merkmalslisten indiziert. Dieses Maß wird mit zuvor festgelegten kritischen Ähnlichkeitsindizes verglichen. Überschreitet x einen oberen kritischen Wert, wird die Aussage verifiziert; unterschreitet x einen unteren kritischen Wert, wird die Aussage falsifiziert (vgl. Bredenkamp & Wippich, 1977, S. 113). Es zeigte sich in Experimenten, daß die Reaktionszeiten bei der zu verifizierenden Aussage „Ein Rotkehlchen ist ein Vogel" kürzer waren als bei der Aussage „Eine Ente ist ein Vogel". Die Reaktionszeiten hängen zusammen mit dem Ausmaß, in dem die definierenden und charakteristischen Merkmale der beiden Kategorien übereinstimmen.

Die Schema-Theorie enthält nun noch die weitere Annahme, daß die Person ihre Schemata auch dazu benutzt, eingehenden Informationen eine bestimmte durch das Schema nahegelegte Bedeutung zu verleihen und fehlende Informationen zu ergänzen. Man kann sich den Prozeß der Informationsverarbeitung dreiphasig vorstellen. Eine Information (z.B. Vater des Schülers ist Professor) über ein Objekt wird wahr- und aufgenommen. Diese Information löst ein bestimmtes Schema aus. Sie erinnert den Lehrer an einen anderen Sohn eines Professors, mit dem er diese und jene Erfahrungen verbindet (episodisches Skript nach Abelson, 1976). Er kann auch ein abstraktes Schema bilden (z.B. der Schüler gehört zu denen, die Klassenprimus sind). In einem dritten Schritt werden diesem Schüler auch andere Merkmale zugeschrieben (z.B. „einfallsreich"), die als Informationen gar nicht gegeben waren.

Cantor & Mischel (1977) haben diese dritte Phase experimentell untersucht. Dem Experiment lag die Annahme zugrunde, daß eine Person eine Kategorie aktiviert (z.B. die des „Extravertierten"), wenn sie Informationen über eine Person enthält, die damit und untereinander konsistent sind. Dieses Schema organisiert die weitere Verarbeitung von Informationen. Die Informationen über die andere Person (z.B. „energisch") werden mit den Merkmalen der Kategorie („Extravertierter") verglichen und ihr zugeordnet. Die zentrale, aus der Schema-Theorie folgende These ist, daß mit dem Vorgang der Einordnung eines konkreten Objektes die spezifischen konkreten Merkmale dieses Objektes verlorengehen. Das Objekt wird an die Kategorie assimiliert. Zu erwarten wäre, daß Eigenschaften der Wiedererkennungsliste, die nicht für die ursprüngliche Charakterisierung verwendet worden waren, aber die jeweilige Kategorie (z.B. den „Extravertierten") repräsentieren, dennoch „wiedererkannt" werden. Die Autoren zeigten ihren Vpn Dias mit Sätzen. Je zehn Sätze sollten eine fiktive Person charakterisieren z.B. „Laura ist energisch". Insgesamt wurden vier Personen charakterisiert. Eine der fiktiven Personen sollte einen „extravertierten" Charakter darstellen. Unter den zehn Eigenschaften waren sechs, die von anderen Vpn als in mittlerem Ausmaß für diesen Charakter charakteristisch beurteilt worden waren. Eine zweite fiktive Person sollte einen „introvertierten" Charakter darstellen. Unter den zehn Eigenschaften waren sechs (z.B. „diskret"), die dafür als charakteristisch beurteilt worden waren. Die anderen beiden Personen stellten Kontrollcharaktere dar, die weder durch introvertierte noch durch extravertierte Eigenschaften beschrieben wurden. Die Vpn sollten sich die Persönlichkeitseigenschaften der vier fiktiven Personen einprägen. Zwei Minuten danach sollten sie für 62 Eigenschaften angeben, wie sicher sie sich sind, daß diese Eigenschaft zuvor gezeigt worden war. Es bestätigte sich die Hypothese: bei nicht gezeigten, aber für den betreffenden Charakter hoch- und mitteltypischen Eigenschaften wurde mit signifikant größerer Sicherheit behauptet, sie seien zuvor dagewesen als nicht gezeigte, untypische Eigenschaften. Dies traf für die Kontroll-Charaktere nicht zu.

Damit bestätigte sich für Personen-Schemata ein Befund, der auch für andere Bereiche gesichert wurde. Bransford und seine Mitarbeiter (vgl. Bransford & McCarrell, 1974) gaben ihren Vpn Sätze wie die folgenden vor: „Die Tanten waren in der Küche“ und „Die Marmelade war süß“, vermischt mit anderen Sätzen. In der Wiedererkennungsphase glaubten die Vpn, einen nicht dargebotenen Satz aus einer Ideeneinheit derart „Die Marmelade stand auf dem Tisch“ gesehen zu haben. Man kann vermuten, daß die dargebotenen Sätze nicht isoliert, sondern zusammen verarbeitet werden. Sie erzeugen eine ganzheitliche und integrierte Vorstellung von einem Vorgang (sie aktivieren ein Skript). Informationen, die zu verschiedenen Zeitpunkten anfallen, die aber zueinander passen, werden in das Skript eingeordnet. So erinnert sich die Vp an mehr, als sie an Informationen bekommen hat. Das Wissen, das die Person in die Situation mitbringt, beeinflußt die Verarbeitung von Informationen. So erklärt es sich auch, daß Vpn glaubten, den Satz „er benutzte den Hammer“ gehört zu haben, obwohl ihnen nur die Aussage „er schlug auf den Nagel“ dargeboten worden war.

Aus einer Untersuchung von Schönborn u.a. (1984) wird neben dem selektiven Erinnern ein anderer Effekt der Informationsverarbeitung sichtbar. Die Autoren untersuchten die Tendenz zur Zuweisung weiterer labelkonsistenter, aber nicht dargebotener Informationen. Unmittelbar nach der Lektüre von Beschreibungen über fiktive „kriminelle“ Personen wurden Vpn gebeten, für weitere „kriminelle“ Verhaltensbeschreibungen anzugeben, wie wahrscheinlich es sei, daß die vorher beschriebene Person auch diese Verhaltensweisen zeigen würde. Das Ergebnis zeigte, daß die Zuweisung weiterer labelkonsistenter Informationen umso stärker ist, je mehr „kriminelle“ Merkmale der fiktiven Person ursprünglich zugeschrieben worden waren. Daraus folgt: eine Einordnung einer konkreten Person in eine vorhandene Kategorie ist umso leichter, je prototypischer diese Person ist.

Eindrucksbildung wird also definiert als jener Prozeß, in dem eine Person (zeitlich möglicherweise verstreute) Informationen über eine andere zu einem Bild in ihrem Gedächtnis verarbeitet. Dabei kann sie Informationen vergessen und neue unabsichtlich oder bewußt hinzufügen.

Will man erfahren, wie reale Eindrücke entstehen, die sich Lehrer über Schüler bilden, dann muß man Lehrer zu einem Zeitpunkt untersuchen, an dem sie die Kinder noch nicht kennen und sie dann mehrmals befragen; etwa solange, bis man Grund hat anzunehmen, daß Eindrücke ausreichend stabil gebildet worden sind, oder bis einen die Lehrer hinauswerfen, oder bis man kein Geld mehr hat. Am günstigsten ist die Gelegenheit zu Beginn des Schuljahres, in dem die Lehrer eine Klasse neu übernehmen.

Häufig haben Lehrer schon vor Beginn des Schuljahres Informationen über ihre Klasse und machen sich „einen Begriff" davon, was sie erwartet. Owoc (1976) hat in einer Dissertation fünf Lehrer vom Kindergarten bis zur 6. Klasse während eines Schuljahres circa 20 mal interviewt und dabei versucht, die Eindrücke der Lehrer gegenüber ihrer Klasse als Ganzes zu erfassen. Das erste Interview fand mehrere Tage vor Schulbeginn statt. Es bestätigte sich, daß diese Lehrer bereits vor dem ersten Schultag sich gedanklich mit ihrer Klasse beschäftigten. Sie zogen dabei verschiedene Informationsquellen heran:

- Kontakt mit der Klasse. Da es sich bei der untersuchten Schule um eine Ganztagsschule handelte, hatten einige Lehrer mit der Klasse oder Kindern, die sie übernehmen sollten, bereits einzelne, lockere Kontakte, z.B. auf dem Spielplatz, beim Essen.
- Mitteilungen über die Klasse. Dabei handelte es sich um Informationen aus zweiter Hand, um Angaben, denen nicht die eigene Erfahrung zugrundelag: Erzählungen, Gerüchte, Klassenbücher etc.
- Erfahrungen mit anderen Klassen. Die Lehrer formulierten Erwartungen über ihre neue Klasse: aus Erfahrungen mit Kindern dieses Alters; aus ihrem Wissen um die Klassengröße oder die Mädchen-Jungen-Relation; aus ihren Erfahrungen mit Geschwistern von Schülern etc. (vgl. auch Calderhead, 1983, S. 5).

Auch die Einschätzung der eigenen Fähigkeiten und Lehrkompetenzen beeinflußt die Haltungen, die Lehrer zu ihrer zukünftigen Klasse entwickelten. Nach Owoc (1976) war die Einstellung zu den zukünftigen Klassen überwiegend negativ. Die Lehrer sahen dem Schulbeginn mit Besorgnis entgegen. Einige legten sich auch schon Pläne zurecht, wie sie Gefahren begegnen oder Schwierigkeiten vermeiden könnten.

Die Aufnahme von Informationen wird also überlagert von einer großen Zahl von Kognitionen: Erwartungen, Befürchtungen, Handlungsentwürfen. Daß dabei auch Zielvorstellungen eine Rolle spielen, hat Storch (1978) gezeigt. Sie befragte vier Lehrerinnen vor Unterrichtsbeginn nach ihren Zielen: „Worauf legen Sie besonderen Wert beim Unterrichten im ersten Schuljahr?" Die Lehrerinnen betonten drei Gruppen von Zielen in dieser Reihenfolge:

(1) eine angenehme Atmosphäre in der Klasse,
(2) Aufbau einer positiven Arbeitshaltung,
(3) Vermittlung von Wissen und Fertigkeiten.

Entsprechend diesen Zielen waren die Befürchtungen: eine Gefährdung der Atmosphäre, Disziplinschwierigkeiten, Konzentrationsmängel.

Storch (1978) hat die vier Lehrerinnen der ersten Klasse Grundschule in ihrer Arbeit bereits am Nachmittag des ersten Schultages u.a. danach befragt, was für sie an diesem Tag erfreulich war und welche Kinder ihnen aufgefallen seien. Am ersten Schultag bewerteten es die vier Lehrerinnen als für sie erfreulich, wenn die Schulanfänger eine positive Einstellung gegenüber der Schule zum Ausdruck brachten. Sie wiesen darauf hin, daß kein Kind geweint hat, daß niemand „richtig furchtsam" war, daß niemand aus der Rolle fiel. Zwei Lehrerinnen teilten Beobachtungen mit über Kinder, die ihnen auffielen: z.B. sehr gesprächig; ein ganz fröhliches Kind; ein Mädchen, das ganz alleine saß und ängstlich schaute. Eine Lehrerin ging über die Wiedergabe von Beobachtungen hinaus und ließ ihre Interpretationen mit einfließen: Ein Kind wirkte schon besonders schulfertig; „Das saß ganz ruhig immer und meldete sich, selbst wenn alle in die Klasse schrien"; „Ein Kind ist mir schon aufgefallen, der versuchte, Unruhe zu stiften, indem er eben in allem so ganz schnell immer hin und her rannte" (S. 98). Die vierte Lehrerin gab bereits am ersten Tag unaufgefordert ziemlich langfristige Prognosen über drei Schüler ab: das Kind wurde auch schon leicht bockig, weil es merkte, es bringt nichts; ob es bleiben kann? Wahrscheinlich schwach begabt; Schwierigkeiten wird es haben.

Im nächsten Interview am Nachmittag des dritten Unterrichtstages, sollten die Lehrerinnen u.a. ihre Schüler nach selbstgewählten Kriterien in beliebig viele Gruppen ordnen. Von den acht Kriterien, die genannt wurden, bezogen sich allein fünf auf das Kontaktverhalten. Das äußerte sich „im Kontakt des Lehrers zum Kind" und im „Kontakt der Kinder zu Mitschülern". Zwei weitere Kriterien, die genannt wurden, bezogen sich auf das Leistungsverhalten. Das äußerte sich in „zu erwartende Leistungen" (fünf Gruppen, von Spitzenschüler bis Schüler, die „wahrscheinlich hinten dran bleiben") oder in „Arbeitsverhalten" (z.B. hoher Arbeitseinsatz, müssen ermahnt werden).

Interessant ist auch die Untersuchung von Willis (1972, zit. nach Brophy & Good, 1974). Die Autorin hat in einer Dissertation 28 Lehrerinnen der ersten Klassen in Abständen mehrmals interviewt. Das erste Interview fand in der ersten Schulwoche statt, das zweite einige Wochen später nach einem Schuleignungstest, das dritte erfolgte nach Semesterende nach vier Monaten. Der Interviewer ging jeweils die Schüler nach dem Klassenbuch durch und fragte die Lehrerin, was immer sie über das jeweilige Kind sagen konnte. Die Autorin hat aus den transkribierten Interviews versucht, Klassen aus Informationen zu bilden, auf die sich die Lehrer bei ihrer Beschreibung bezogen. Es zeigte sich eine große Vielfalt von berücksichtigten Informationen:

1. Aussagen über körperliche Charakteristika, z. B. Größe, Kleidung.
2. Aussagen über die Familie, z. B. zerrüttetes Zuhause, elterliche Mitarbeit.
3. Aussagen über die körperliche Verfassung, z. B. Sehvermögen.
4. Aussagen über sozial-emotionale Eigenschaften, z. B. Reife, Geselligkeit.
5. Aussagen über die Interaktion mit anderen Kindern, z. B. sozial versus egoistisch.
6. Aussagen über die Einstellung zur Schule, z. B. geht gern in die Schule, gibt nicht auf.
7. Aussagen über das Verhalten im Klassenzimmer, z. B. hyperaktiv, angepaßt.
8. Aussagen über die Schuleignung, z. B. Schulreife oder bestimmte Fähigkeiten.
9. Aussagen über das Aufgabenverhalten, z. B. befolgt Anweisungen, arbeitet unabhängig.
10. Aussagen über Fähigkeiten, z. B. allgemeine Begabung, Lernprobleme.
11. Verschiedene Aussagen über persönliche Eigenheiten oder spezifische Ereignisse.

Dabei handelt es sich wohl um jene Eigenschaften, die im Prozeß der Eindrucksbildung mit den Kategorienmerkmalen abgeglichen werden (vgl. auch Calderhead, 1983, S. 6). Neben den definierenden Eigenschaften (z. B. Leistung, Verhalten) sind auch noch andere auffallende (z. B. Körpergröße), aber unwesentliche enthalten. Wahrscheinlich orientieren sich Eindrücke auch bei Lehrern an besonders auffälligen (salient) Informationen. Nach Taylor & Fiske (1978, S. 252) erfolgt dies jedoch nur solange, als die Person wenig Zeit hatte und wenig Daten ermitteln konnte. Nach nur drei Schultagen hatten einige Kinder bereits umfangreiche Eindrücke hinterlassen. Einige wurden sehr positiv gesehen und stimmten die Lehrer zuversichtlich, für andere sahen sie bereits ziemlich schwarz. Einordnungen in Typen wurden ansatzweise ersichtlich. Andere Schüler waren dagegen völlig unauffällig geblieben.

Lehrer beschaffen sich über ihre Schüler vor dem ersten Kennenlernen bis zum dritten Schultag vielfältige Informationen. Diese reichen nicht immer aus, um Kategorisierungen vorzunehmen. Wahrscheinlich erfolgt in den ersten drei Tagen eine Prüfung der Informationen, ob sie eine Zuordnung der Schüler zu Kategorien ermöglichen. Vorläufige Einordnungen sind bereits sichtbar. Mit einer Einordnung wird jedoch nicht so lange gewartet, bis „vollständige" Informationen vorhanden sind. Informationslücken können mit Hilfe des Wissens über Schüler allgemein schnell geschlossen werden. Daß darin Unterschiede zwischen Anfängern und erfahrenen Lehrern bestehen können, darauf hat Calderhead (1983) hingewiesen.

Diese Ergebnisse lassen sich mit dem Schema-Ansatz vereinbaren. Von welchen Faktoren hängt jedoch im einzelnen die Eindrucksbildung ab? Wenn die Bildung eines Eindrucks über einen Schüler darin besteht,

– daß ein geringer Teil an konsistenter Information über einen Schüler eine Person-Kategorie aktiviert,
– daß bei der Suche nach einer Einordnung ein Vergleich der Merkmale des Schülers mit jenen der Kategorie vorgenommen wird, und
– daß eine aktivierte Kategorie gleich einem Schema eine weitere Suche und Aufnahme von Informationen erübrigt, da dem Schüler weitere Informationen aus der Kategorie durch Rationalisierung und Konventionalisierung zugeschrieben werden,

dann kann man vermuten, daß die Vollständigkeit der Eindrucksbildung von folgenden Faktoren abhängig ist:

a) von der Konsistenz der Merkmale beim Schüler und von der Güte, mit der sie mit den prototypischen Merkmalsausprägungen einer Kategorie übereinstimmen,

b) von der Prägnanz der zur Verfügung stehenden Kategorien,

c) von der Qualität der anfallenden Informationen.

Im folgenden wird auf diese Faktoren der Reihe nach eingegangen.

a) Merkmalskonsistenz. Informationen, die in sich konsistent sind und die sich gut in einen vorhandenen Prototypen einfügen, werden leichter behalten. Die Identifikation einer Person hängt ab von ihrer Prototypikalität, von dem Ausmaß, in dem ihr Eigenschaftsprofil mit dem Profil des Prototypen übereinstimmt. Cantor & Mischel (1979 a) haben experimentell nachgewiesen, daß „typische" Personenbeschreibungen zu korrekteren, zu mehr unmittelbaren und späteren Erinnerungen, zu umfangreicheren Beschreibungen sowie zu mehr eigenen Elaborationen in den Beschreibungen führen als gemischte oder inkonsistente Personenbeschreibungen. Dies wird von Ergebnissen der Untersuchung von Boucher (1981) bestätigt. Jene Lehrer, denen eine Fallbeschreibung über ein Kind mit eindeutigen, charakteristischen Symptomen vorgegeben worden war, ordneten das Kind zu 73,2 % der betreffenden Kategorie zu. War die Fallbeschreibung wenig eindeutig, so waren nur 41,5 % der Lehrer bereit, eine Zuweisung zu einer der beiden Gruppen „emotional gestört" oder „lernschwierig" vorzunehmen. Man kann also annehmen, daß die Schnelligkeit der Eindrucksbildung davon abhängt, wie konsistent die Informationen sind, die ein Lehrer über einen Schüler erhält.

b)Kategorienprägnanz. Je klarer eine Kategorie in sich ist, desto leichter wird die Eindrucksbildung sein. Cantor & Mischel (1977) haben festgestellt, daß es viel schwieriger ist, für die Kategorie „Introvertierter" geeignete Eigenschaften zu finden als für das Schema „Extravertierter" (S. 46). Offensichtlich unterscheiden sich die beiden Kategorien in der „Reichhaltigkeit ihres assoziativen Netzwerks". Im Wiedererkennungstest unterschieden sich die beiden Kategorien jedoch nicht. In der Untersuchung von Boucher (1981) kam ein ähnliches Phänomen zum Vorschein. Enthielt der Fallbericht über einen fiktiven Jungen charakteristische Symptome für „emotionale Gestörtheit", so entschieden sich 95 % der Lehrer auch zur Klassifikation in die Gruppe der „emotional Gestörten". Nicht so bei der Kategorie „lernschwierig". Hier war der Anteil der Lehrer, die bei charakteristischen Symptomen eine entsprechende Zuweisung vornahmen, deutlich geringer. Auch eine Klassifikationsvertauschung fand hier öfter statt. Offensichtlich sind die beiden Kategorien unterschiedlich prägnant. Die Aktivierung einer passenden Kategorie ist bei Kategorien mit geringer Prägnanz schwieriger als bei Kategorien mit hoher Prägnanz.

c) Qualität der Informationen. Lehrer haben zwar vielfältige Möglichkeiten, über Schüler relevante Beobachtungen anzustellen, doch müssen sie auf Informationen, die sie für einen Vergleich von Merkmalen benötigen und für ausreichend verläßlich halten, manchmal länger warten. Die Frage ist, ob Lehrer die Zuverlässigkeit von Informationsquellen mitbedenken, wenn sie sich einen Eindruck über Schüler bilden. Sind sie als „Profis" in der Lage, der Fehlertendenz auszuweichen, die bei Alltagsmenschen als sogenannte „Repräsentativitäts-Heuristik" untersucht worden ist (Nisbett & Ross, 1980)? Mit Repräsentativitäts-Heuristik wird eine Kategorisierung bezeichnet, die ganz oberflächlich nach äußerlichem Ähnlichkeitseindruck erfolgt. Shavelson u.a. (1977) haben in einem Experiment den Einfluß der Zuverlässigkeit der Informationsquellen auf den Eindruck überprüft, den Lehrer über die Leistungsfähigkeit eines fiktiven Schülers bildeten. 164 Pädagogik-Studenten nahmen an dem Experiment teil. Es wurden ihnen schriftlich Informationen (den Beruf des Vaters, die Intelligenz und das Freizeitverhalten betreffend) über einen fiktiven Schüler „Michael" (10 Jahre, fünfte Klasse) vorgelegt. Jedes Informations-Szenario war entweder positiv oder negativ und entweder zuverlässig oder unzuverlässig. Die Vpn wurden angewiesen, die Informationen so zu lesen, als wären sie dessen Lehrer und sich eine Meinung über den Schüler zu bilden. In der Bedingung „zuverlässige Information" wurde mitgeteilt, daß die Angaben aus Testergebnissen und Auskünften der Eltern stammen. In der Bedingung „unzuverlässige Information" wurde angegeben, daß die Angaben von Klassenkameraden erhalten worden sind. Nachdem die Vpn ihr Urteil abgegeben hatten, wurde ein zweiter Informationsblock (die akademischen Leistungen, das Neugierverhalten und die Schuleinstellung betreffend) gegeben. In der Bedingung „zuverlässige Informationen" wurde mitgeteilt, daß die Angaben aus Tests und von Schulpsychologen stammen. In der Bedingung „unzuverlässige Information" wurde gesagt, die Angaben stammen von Klassenkameraden bzw. aus der Beobachtung von Pädagogik-Studenten.

Nachdem diese Informationen durchgelesen worden waren, sollte anhand einer Skala ein Urteil abgegeben werden, mit welcher Wahrscheinlichkeit Michael vor allem gute Noten erhalten würde.

Die Ergebnisse zeigten, daß sowohl das erste als auch das zweite Urteil abhängig von der Zuverlässigkeit der Quelle war. Bei zuverlässiger Quelle führten entsprechende Informationen zu unterschiedlicheren Leistungserwartungen als bei unzuverlässiger. Nach Shavelson u.a. (1977) sprechen die Ergebnisse gegen die These, daß Lehrer der Repräsentativitäts-Heuristik unterliegen. Die Eindrucks-Urteile hätten andernfalls unabhängig von der Zuverlässigkeit der Informationsquelle sein müssen.

Auch in der Untersuchung von Yoshida & Meyers (1975) wurde das Urteil über die Leistungsfähigkeit als abhängige Variable verwendet. Es kann als Operationalisierung für die Einordnung des fiktiven Schülers in die Kategorie „gute" oder „schlechte" Schüler verwendet werden. Doch wurde hier nicht der Einfluß der Glaubwürdigkeit des Informanten geprüft, sondern die Wirkung eines Etiketts mit jener von eigenen Verhaltensbeobachtungen verglichen. 80 Lehrern wurde ein Kind vorgestellt entweder mit dem Zusatz, daß es die Sonderschule besuche oder mit dem Hinweis, es besuche die 6. Klasse. Daneben hatten die Vpn auch die Möglichkeit, anhand eines Video-Filmes selbst zu beobachten, wie das Kind sich über vier Durchgänge hinweg in seiner Leistung bei einer Begriffsbildungsaufgabe zunehmend verbesserte. Die Vpn hatten die Aufgabe, nach jedem Durchgang anzugeben, wie viele Aufgaben der Schüler im nächsten Durchgang lösen würde. Die Frage war, ob diese Einschätzung mehr von den eigenen Beobachtungen oder mehr von dem Etikett beeinflußt sein würde. Auch hier wurde das gleiche Ergebnis erzielt. Die Leistungserwartungen waren abhängig von der beobachteten Leistung in dem jeweils vorangegangenen Durchgang, nicht aber von dem Etikett.

Es ist einsichtig, daß eine Person eigenen einschlägigen Beobachtungen mehr vertraut als einem mitgeteilten Kategorienetikett. Werden aber Informationen, die über eine Person von dritten mitgeteilt werden, dann für die Zuordnung zu einer Kategorie stärker herangezogen, wenn in diesen Informationen neben Angaben über Verhalten und Eigenschaften auch ein Kategorienetikett enthalten ist? Der Etikettierungsansatz (oder „Labeling-approach", vgl. Lilli, 1979) geht davon aus, daß dies der Fall ist. Empirisch konnte dies allerdings bislang nicht nachgewiesen werden. Dies zeigt auch eine Untersuchung von Boucher (1981) an Lehrern. Boucher gab Lehrern einen Fallbericht über einen hypothetischen 10-jährigen Jungen zu lesen, der (in einer Gruppe) als emotional gestört oder (in einer anderen Gruppe) als lernschwierig geschildert wurde. In der Hälfte jeder Gruppe wurde zusätzlich zu den Beschreibungen das Etikett „emotional gestört" bzw. „lernschwierig" verwendet. Außerdem unterschieden sich die Beschreibungen in einer weiteren Unterteilung darin, ob sie eindeutig oder uneindeutig waren. Im ersten Fall enthielt die Beschreibung charakteristische Symptome, im zweiten Fall waren die Symptome eher uneindeutig. Im Anschluß an die Lektüre der jeweiligen Fallbeschreibung sollten die Lehrer das Kind einer von vier vorgegebenen Kategorien („Verhaltensproblem", „emotional gestört", „Schwierigkeiten in Mathematik und Lesen", „Lernschwierigkeiten") zuordnen. In dem vorliegenden Argumentationszusammenhang ist das Ergebnis interessant, daß die Bedingung Label/nicht Label keinen Einfluß darauf hatte, welcher Kategorie die Lehrer das Kind zuordneten. Im Gegenteil klassifizierten Lehrer, die Informationen über Charakteristika der Lernschwierigkeit eines Kindes erhielten, ohne daß ihnen die Bezeichnung „ist lerngestört" angeboten wurde, das Kind zu 72,1 % als lerngestört, während Lehrer der anderen Gruppe diese Einstufung nur zu 60 % vornahmen. Die Label-Information scheint den Prozeß der Eindrucksbildung geradezu stören zu können. Möglicherweise betrachteten Lehrer diese Information als „schlechtes Argument" und versuchten absichtlich, sie nicht zu berücksichtigen.

Möglicherweise neigen Lehrer in Fällen von Handlungsdruck dennoch dazu, sich auch an Etiketten zu orientieren. Die Ergebnisse einer Untersuchung von Gillung & Rucker (1977) lassen dies vermuten. Die Autoren gaben 176 normalen Lehrern und 82 Sonderschullehrern ausführliche Beschreibungen von Kindern vor, in denen Name, Alter und Information über deren Leistungen und Verhalten enthalten war. Es wurde das Verhalten von Kindern beschrieben, die entweder geistig retardiert, emotional gestört oder lernbehindert waren. In der Hälfte der Fälle wurden die entsprechenden Etiketten (z.B. „lernbehindert") ebenfalls mitgeteilt. Die Lehrer hatten anschließend die Aufgabe, anzugeben, in welcher von sieben erzieherischen Einrichtungen das betreffende Kind ihrer Meinung nach untergebracht werden sollte. Als Ergebnis stellte sich heraus, daß die Handlungsentscheidung von der Etikettierung mit beeinflußt wurde. Die Beeinflußbarkeit durch ein Label kann auch mit Persönlichkeitsvariablen des Lehrers zusammenhängen. Teasley (1976) ging von der Hypothese aus, daß Lehrer mit niedriger kognitiver Komplexität anfälliger für fehlerhafte Informationen seien als Lehrer mit hoher kognitiver Komplexität. Er bildete nach einem Komplexitätsmaß drei Gruppen von Lehrern. Zunächst hatten die Lehrer 15 Minuten Zeit, sich mit vier unbekannten Zehnjährigen über allgemeine Fragen zu unterhalten und sich so einen direkten Eindruck über sie zu verschaffen. Dieser Eindruck wurde durch Beurteilungen der Schüler auf Eigenschaftsskalen gemessen. Danach erhielten die Lehrer die Information, daß zwei der vier Schüler besonders gescheit seien. Als abhängige Variablen fungierten das Verhalten des Lehrers in einer anschließenden 15minütigen Unterrichtsperiode sowie eine danach abgegebene erneute Beurteilung der

Schüler auf Eigenschaftsskalen. Die Hypothese, daß komplexe Lehrer die indirekte Information stärker heranziehen würden als niedrig komplexe, konnte nicht bestätigt werden. Ja, die Information bewirkte überhaupt keine signifikante Änderung in der Beurteilung der Schüler.

Eine lange Tradition hat die Frage, ob Menschen stärker die Informationen zur Eindrucksbildung heranziehen, die sie als erste erhalten. Diese Frage läßt sich in dem vorliegenden Zusammenhang diskutieren. Gängige Meinung ist, daß der erste Eindruck der stärkste ist. In der Psychologie wird dies seit Asch (1946) als „Primacy-Effekt" diskutiert. Asch hat in seinen Untersuchungen gezeigt, daß der Gesamteindruck über eine zu beurteilende Person von der Position der Informationen innerhalb der Reihenfolge abhing. Standen positive Eigenschaften am Anfang, so war der Eindruck positiver, als wenn negative Eigenschaften zu Beginn genannt wurden. Asch hat diesen, von anderen Autoren mit veränderten Versuchsbedingungen bestätigten Effekt damit erklärt, daß die ersten Urteile die Organisation und die Interpretation der später eintreffenden andersartigen Informationen bestimmen. Tversky & Kahneman (1974) haben es „Anker-Heuristik" genannt, wenn eine Person in ihren Schätzungen trotz gegenteiliger Evidenz an ihrer ersten Schätzung weitgehend festhält, auch wenn diese offenkundig irrig ist. Die Aufgabe von Vpn war es, den Prozentsatz von afrikanischen Staaten in den Vereinten Nationen zu schätzen. Auch wenn ihre Ausgangsschätzung durch ein Roulette-Rad bestimmt wurde (z.B. 10%), hielten die Personen weitgehend an dieser ersten Schätzung fest (angepaßte Schätzung 25%).

Zur Eindrucksbildung von Lehrern liegen eine Reihe von Untersuchungen vor. Diese führten zu scheinbar widersprüchlichen Ergebnissen. Murray u.a. (1972, zit. nach Brophy & Good, 1974, S. 174–175) zeigten Grundschullehrern Video-Bänder, in denen ein aufgabenlösender Junge dargestellt wurde. Eine Gruppe von Lehrern sah ein Band, in dem sich der Junge kontinuierlich verbesserte. Er begann langsam, steigerte aber den Prozentsatz richtiger Antworten. Die anderen Lehrer sahen das entgegengesetzte Muster, in dem der Junge mit guten Leistungen begann, aber ständig mehr Fehler machte. Anschließend sollten die Lehrer sich u.a. daran erinnern, wieviel Aufgaben der Junge richtig gelöst hatte. Obwohl in beiden Fällen von den 30 Aufgaben je 15 gelöst worden waren, erinnerten sich die Lehrer in den beiden Gruppen unterschiedlich: die Lehrer, die das Band mit den absinkenden Leistungen gesehen hatten, erinnerten sich an signifikant mehr Erfolge als jene, die das Band gesehen hatten, auf dem der Junge zunächst nur schwache Leistungen zeigte. Das gleiche Ergebnis erzielten Feldman & Allen (1973, zit. nach Brophy & Good, 1974, S. 175) in einer ähnlich angelegten Untersuchung, in der lediglich die Abstände zwischen den Informationsblöcken auf zwei Tage gestreckt wurden.

Ein Primacy-Effekt konnte dagegen in jenen Untersuchungen nicht nachgewiesen werden, in denen die Vpn die Information anstatt durch eigene Beobachtung aus dritter Hand erhielten (Rose, 1977; Shavelson u.a., 1977). Ganz deutlich wurde das in einer Arbeit von Reschly & Lamprecht (1979). In einer ersten Sitzung erhielten 36 Lehrer lediglich ein paar Angaben über hohe oder normale Leistungsfähigkeit eines fiktiven Kindes. Die daran anschließenden Lehrererwartungen zeigten sich davon beeinflußt. Sie wurden jedoch korrigiert, nachdem die Lehrer in einer Videoaufnahme das Kind in einer Leistungssituation beobachten konnten.

Die genannten Untersuchungen lassen den Schluß zu, daß Lehrer bei der Ausbildung von Eindrücken über Schüler die einkommenden Informationen auf ihre Qualität überprüfen. Im Zweifelsfall legen sie ihrem Eindruck die zuverlässigere Information zugrunde. Informationen, die lediglich Etiketten beinhalten, werden nicht zur Eindrucksbildung herangezogen. Am meisten Vertrauen wird in die eigenen Beobachtungen gelegt. Dies kann zu einer vorschnellen Eindrucksbildung führen.

Zusammenfassung:

1. Den Prozeß der Eindrucksbildung kann man sich wie folgt vorstellen: Informationen über eine andere Person lösen die Aktivierung einer Kategorie aus. Ein Eindruck über die andere Person wird dadurch gebildet, daß ihre Merkmale mit denen der Kategorie verglichen werden. Der Eindruck ist abgeschlossen, wenn anhand der Ähnlichkeit eine Entscheidung über die Zugehörigkeit zu einer Kategorie getroffen wurde.
2. Die durch einige Informationen aktivierte Kategorie wirkt wie ein Schema: der anderen Person werden weitere kategorienkonforme Informationen (bewußt oder unabsichtlich) zugeschrieben, obwohl diese nicht vorhanden sind. Objektspezifische nicht relevante Informationen werden vergessen oder weggelassen.
3. Bis zum dritten Schultag scheinen sich informationsaufnehmende und informationsverarbeitende Prozesse die Waage zu halten. Informationen werden über eine breite Palette von Aspekten aufgenommen. Sie reicht von Äußerlichkeiten über Kontaktverhalten bis hin zu Leistungsverhalten. Einigen Lehrern gelingt es bereits am dritten Tag, über einzelne Schüler ihrer Klasse recht weitgehende Erwartungen zu äußern. Dies legt nahe, daß bei diesen der Prozeß der Schülerkategorisierung einen vorläufigen Abschluß erfahren hat.
4. Eine Einordnung eines Schülers in eine Kategorie fällt umso leichter, je konsistenter die Informationen über diesen Schüler sind und je besser sie in eine vorhandene Kategorie passen. Nicht in alle Kategorien wird gleich leicht einsortiert.
5. Lehrer beachten bei der Eindrucksbildung die Glaubwürdigkeit von In-

formationen. Am meisten verlassen sie sich auf ihre eigenen Beobachtungen. Auf Informationen in Form von Verhaltensbeschreibungen oder Etiketten, die von anderen vermittelt werden, greifen sie nur zurück, wenn ihnen direkte Beobachtungen nicht möglich sind oder wenn sie in einer Situation stehen, die eine Handlungsentscheidung erforderlich macht.

2. Die Verarbeitung späterer Informationen

Wie stabil sind einmal gewonnene Eindrücke? Unter welchen Bedingungen werden sie bei gegenteiligen Informationen verändert, angepaßt, ja vielleicht verworfen? Wie reagieren Lehrer, wenn sie mit erwartungswidrigem Verhalten ihrer Schüler konfrontiert werden? Folgt man den bisherigen Überlegungen, so liegt es nahe, die folgenden Hypothesen zu formulieren.

a) Wenn Lehrer bei der Prüfung der Ähnlichkeit der Schülermerkmale mit den Merkmalen einer Schülerkategorie sorgfältig vorgehen, d.h., daß sie einen hohen kritischen Wert setzen (vgl. S. 168) und ausreichende und zuverlässige Informationen für die Zuordnung heranziehen, dann ist zu erwarten, daß sie sich ihres Eindruckes relativ sicher sind. Dann wird der Eindruck über die Zeit stabil sein. Die Stabilität wird dort geringer sein, wo Unsicherheiten bezüglich des gebildeten Eindruckes bestehen. Unsicherheiten bestehen bei Kategorien von geringer Prägnanz und bei Schülern mit inkonsistenten Merkmalen.

b) Wenn Eindrücke stabil sind, dann ist zu erwarten, daß widersprechende Informationen wenig Gewicht erhalten. Das Ausmaß, in dem solche Informationen abgewehrt werden, hängt ab von einer Reihe von Faktoren, wie der Häufigkeit ihres Auftretens, von dem Ausmaß, in dem sie dem ursprünglichen Eindruck widersprechen, und von der eingeschätzten Zuverlässigkeit der Quelle, aus der sie stammen.

Entsprechend dieser beiden Hypothesen werden im folgenden die Fragen der zeitlichen Stabilität und der Änderungsresistenz von Eindrücken untersucht. Außerdem wird (c) nach den Mechanismen gefragt, die eine Abwehr von widersprechenden Informationen erleichtern.

a) Die zeitliche Stabilität von Eindrücken. Good (1972) ließ zwölf high-school-Lehrer die Schüler jener Klasse, die sie jeden Tag unterrichteten, gegen Anfang des Schuljahres und sieben Monate später im Frühjahr nach folgenden Variablen in eine Rangreihe bringen: nach der erwarteten Leistung, nach dem Ausmaß, in dem sie sich ihnen widmen würden, wenn sie Zeit hätten (concern), nach dem Ausmaß, in dem sie nichts darüber sagen könnten, wenn plötzlich die Eltern in die Sprechstunde kämen (indifference). Außerdem sollten sie für jeden Schüler angeben, ob sie ihn in der Klasse behalten möchten oder lieber nicht (attachment und rejection). Der mittlere Stabilitätskoeffizient für Jungen und Mädchen betrug 0,65 für die erwartete Leistung und war damit relativ hoch. Am niedrigsten war die Stabilität mit 0,28 für die Sorge-Dimension (concern). Das Ausmaß, in dem Kinder den Lehrern Sorge bereiteten, schwankte offenbar ziemlich stark über das Schuljahr hinweg. Dazwischen lagen die Stabilitäten für den Grad der Auffälligkeit (0,48) und für die Zuneigung/Ablehnung (0,53). Unentschieden bleibt die Frage, ob die Stabilität bzw. Instabilität der Eindrücke auf Urteilskonstanzen der Lehrer zurückgeht oder auf die Stabilität/Variabilität von Schülerverhalten.

Ingleby & Cooper (1974) wählten in neun ersten Klassen nach Zufall je sechs Jungen und sechs Mädchen aus und ließen diese von ihren Lehrern zwei Monate nach Schulbeginn sowie im letzten Monat des Schuljahres nach folgenden sechs Merkmalen in je eine Rangreihe bringen: Charakter (folgsam, hilfsbereit etc.), Begabung (gute Denkfähigkeit etc.), Arbeitsverhalten (freundlich, beliebt etc.), Familie (unterstützender häuslicher Hintergrund) und Sprachbeherrschung. Die Produkt-Moment-Korrelationen zwischen der ersten und der letzten Beurteilung zeigt Tabelle 23.

Tabelle 23: Stabilitätskoeffizienten für sechs Eindrucksvariablen aus der Untersuchung von Ingleby & Cooper (1974, S. 466).

Charakter	0,73
Begabung	0,65
Arbeitsverhalten	0,55
soziale Aufgeschlossenheit	0,78
Familie	0,68
Sprachbeherrschung	0,64

Die Koeffizienten lagen insgesamt recht hoch, am höchsten für soziale Merkmale, niedriger für leistungsbezogene Variablen.

So bleibt festzuhalten, daß Eindrücke von Lehrern im allgemeinen relativ stabil über das Schuljahr sind. Die Variabilität wiederholter Messungen wird bis zu 60 % durch die erste Messung erklärt. Unterschiede bestehen hinsichtlich Schülerkategorien und hinsichtlich Beurteilungsmerkmalen.

b) Resistenz gegen eindruckswidersprechende Informationen. Wie reagieren Menschen, wenn sie sich über einen Sachverhalt einen Eindruck gebildet haben, sich dieses Bild im täglichen Handeln bewährt hat, und sie erhalten Informationen, die ihnen widersprechen? Die Perseveranz-Hypothese (Ross u.a., 1975) behauptet, daß Menschen an ihrer ursprünglichen

Meinung in unangemessener und ungerechtfertigter Weise festhalten. Um diese Hypothese experimentell zu überprüfen, ist es notwendig, ein Paradigma zu konstruieren, in dem festgelegt werden kann, daß ein Festhalten an einer Meinung nicht gerechtfertigt ist. Ross u.a. (1975) sind wie folgt vorgegangen: Jeweils eine Vp bekam die Aufgabe, aus verschiedenen Merkmalen jene herauszusuchen, die Selbstmord anzeigen. Nach jedem Versuch wurde ihr eine Rückmeldung gegeben, die ihr anzeigte, daß sie im großen und ganzen mittlere Leistungen zeigte (Gruppe 1), sehr erfolgreich war (Gruppe 2) oder (Gruppe 3) weit unterdurchschnittlich lag. Eine zweite Vp saß jeweils hinter einem Einweg-Spiegel und konnte sich von der Leistung der anderen ein Bild machen. Nach der Ergebnis-Manipulation wurde die arbeitende Vp „aufgeklärt". Die Täuschung wurde aufgehoben. Es wurde ihr gesagt, daß sie manipulierte Rückmeldungen erhalten hatte. Sie konnte das Instruktions-Blatt des Experimentators einsehen, wo festgehalten war, welcher der drei Versuchsgruppen sie zugewiesen worden war und in welcher vorher festgelegten Reihenfolge sie welche Rückmeldungen erhalten hatte. Anschließend sollten beide Vpn einen postexperimentellen Fragebogen ausfüllen, um u.a. die tatsächliche Leistung der arbeitenden Person in dem Versuch einzuschätzen. Sollte die Aufklärung Wirkung gezeigt haben, so wäre zu erwarten, daß die Beobachter die Vpn aller Gruppen, erfolgreiche wie erfolglose, im Mittel etwa gleich einschätzen. Dem war jedoch nicht so. Obwohl sie nunmehr wußten, daß die Rückmeldungen reiner Schwindel waren, glaubten sie dennoch, daß die Vpn mit den „Mißerfolgen" schlechtere Leistungen gezeigt hatten, als jene mit den „Erfolgen". Sie glaubten auch, daß die Personen entsprechende Fähigkeiten im Bereich sozialer Sensitivität besäßen, und daß sie in Zukunft bei solchen Aufgaben weniger gut abschneiden würden.

Lehrer befinden sich auch manchmal in einer Situation, in der sie sich über einen Schüler ein bestimmtes Urteil gebildet und aufgrund einer Gegebenheit feststellen, daß sie sich geirrt haben. Wie reagieren sie auf solche Erkenntnisse? Unter welchen Bedingungen halten sie an ihrem ursprünglichen Eindruck fest? Das Ausmaß, in dem diskrepante Informationen zu einer Revision von Eindrücken führen, hängt vermutlich von einer Reihe von Faktoren ab:

1. Je *häufiger* dem eigenen Urteil widersprechende Informationen auftauchen, desto eher ist eine Änderung des Urteils zu erwarten.

2. Je *auffälliger* und unübersehbarer die neue Information ist, desto eher wird sie zu einer neuen Kategorisierung Anlaß geben.

3. Je *sicherer* die Person ihres Urteils ist, desto weniger werden neue Informationen dieses erschüttern.

4. Eine weitere Bedingung für das Festhalten an Eindrücken könnte in der Bewertung der *Informationsquelle* zu suchen sein.

5. Lehrer können sich auch von dem Träger neuer Informationen in ihrer Kompetenz *angegriffen* fühlen und die Information abwehren.

6. Wahrscheinlich beurteilen Lehrer neue Informationen auch danach, inwieweit mit ihrer Übermittlung eine *Einengung ihres Freiheitsspielraumes* verbunden ist.

7. Die Aufnahme neuer Informationen hängt davon ab, ob sie eine bereits getroffene Handlung in Frage stellen oder nicht. Vermutlich werden neue Informationen dann eher abgewehrt, wenn sie eine Entscheidung betreffen, die bereits gefällt wurde. Eine Person, die als Ursache einer Handlung eine implizite Hypothese kogniziert, neigt dazu, sich dieser Handlung verpflichtet zu fühlen (*commitment,* Ergebenheit in eine Handlung, vgl. Irle, 1975, S. 359f). Diese Verpflichtung, die nur dann auftritt, wenn die Person die Handlung aus eigener Überzeugung getroffen hat („als Teil ihres Selbst kogniziert", Irle, 1975, S. 363), kann darin bestehen, daß ein Ereignis (z.B. eine widersprechende Information) kognitive Dissonanz erzeugt. Diese wird reduziert, indem es geleugnet/eliminiert/subtrahiert wird. Folgt man dieser These, so wäre zu erwarten, daß der Widerstand, neue Informationen aufzunehmen, abhängt u.a. von der Wichtigkeit der getroffenen Entscheidung.

Zu diesen Aspekten liegen nur wenig Untersuchungen vor. Jose & Cody (1971) untersuchten Schüler von 18 Lehrern der ersten und zweiten Klasse – wie sie sagten – im Rahmen eines Testprogramms, das den Lehrern Schüler identifizieren sollte, die „Spätaufblüher" seien. Fünf Schüler wurden zufällig (und nicht etwa nach guten Testergebnissen) ausgewählt. Den Lehrern wurde mitgeteilt, daß diese Schüler hohe Werte in dem Test erhalten hätten, und daß sie in nächster Zukunft wahrscheinlich bessere Leistungen erbringen würden. In mehreren Befragungen in Abständen von vier Wochen gaben die meisten Lehrer an, sie hätten von diesen Kindern nicht mehr erwartet als zuvor. Die Ergebnisse dieser Untersuchung lassen vermuten, daß Lehrer die Testinformation überwiegend als nicht gewichtig genug erachteten, um sie zum Anlaß für eine Eindrucksveränderung zu nehmen.

Auch Hanke u.a. (1975) haben sich mit der Frage befaßt, in welchem Ausmaß deutsche Lehrer der vierten Klasse ihr bereits gefaßtes Urteil über die Gymnasialeignung ihrer Schüler ändern, wenn sie anschließend Informationen über die Eignung der Kinder erhalten, die auf psychologischen Testergebnissen beruhen. 36 Lehrer in Augsburg gaben Anfang Februar für jeden Schüler ein Urteil über dessen Gymnasialeignung ab in der Form „geeignet", „bedingt geeignet", „nicht geeignet". Drei Wochen später wurde den Lehrern vom Institut für Unterrichtsforschung der Universität Augsburg ein externes Urteil ebenfalls über die Gymnasialeignung ihrer Schüler zur Kenntnis gebracht. Dieses Urteil basierte auf der Kombination zwischen mehreren Schulleistungs- und Intelligenztests, die in den vergangenen vier Jahren durchgeführt worden waren. Das „objektive" Urteil war dabei so gewonnen worden, daß alle Schüler, die im kombinierten Testwert unter einem T-Wert von 52 lagen, als nicht geeignet, jene, die zwischen 52 und 55 lagen, als bedingt geeignet, und jene, die über 55 lagen, als geeignet klassifiziert wurden. Nach einer Woche sollten die Lehrer wiederum ein Urteil abgeben. Wenn die Lehrer sich dem Urteil der Psychologen angenähert haben sollten, so wäre zu erwarten gewesen, daß die Diskrepanzen zwischen Lehrerurteil und Psychologenurteil bei der zweiten Messung geringer waren als bei der ersten. Das Gegenteil war jedoch der Fall. 1181 Urteile sind gleichgeblieben. Von den 159 Urteilsänderungen erfolgten nur 29 im Sinne des Testurteils, während 130 im Widerspruch zum Testurteil standen. Die ursprüngliche Haltung wurde trotz gegensätzlicher Evidenz sogar noch verstärkt. Hanke u.a. (1975) interpretierten diesen Befund als sogenannten Bumerang-Effekt, der dann auftreten kann, „wenn eine Beeinflussung keine stichhaltigen Argumente enthält, wenn sie von einer negativ bewerteten Informationsquelle herrührt oder wenn der Adressat von vornherein annimmt, daß die Information seinen wichtigsten Interessen widerspricht" (S. 367). Um die Frage nach der Änderungsbereitschaft aufgrund von Informationen zu überprüfen, die dem ursprünglichen Urteil entgegenlaufen, muß man die Daten allerdings genauer ansehen. Für die Perseveranz-Hypothese interessieren nur die Fälle, in denen das Psychologen-Urteil vom ersten Lehrer-Urteil abweicht. Solche Fälle traten 288 mal auf. In 62% dieser Fälle erfolgte keine Urteilsänderung. Dies spricht für die Perseveranz-Hypothese. Von den 60 Urteilsänderungen erfolgten 29 im Sinne des Testurteils und 31 dagegen. Urteilsänderungen angesichts dem ursprünglichen Urteil entgegengesetzter Informationen erfolgten also zu gleichen Teilen zur neuen Information hin wie von ihr weg. Von einem Bumerang-Effekt kann nicht gesprochen werden. Überraschenderweise trat eine Annäherung an das Testurteil immer dann auf, wenn das Ersturteil „geeignet" oder „nicht geeignet" hieß, wenn sich der Lehrer also eher sicher war. Eine Änderung gegen das Testurteil überwog nur dann, wenn das Ersturteil „bedingt geeignet" geheißen hatte (31 gegen 14). Woher ergeben sich dann die Zahlen, die Hanke u.a. (1975) veranlaßten, von einem Bumerang-Effekt zu sprechen? Betrachtet man jene Fälle, in denen das Ersturteil der Lehrer und das Psychologen-Urteil gleich waren, so findet man 99 Fälle (das sind 9%), in denen die Lehrer beim zweiten Mal von diesem Urteil abwichen, fünfmal sogar um zwei Schritte. Bestätigt also das Psychologen-Urteil das Lehrer-Urteil und besteht somit kein Anlaß für eine Änderung, so entfernen sich dennoch Lehrer von dem Test-Urteil (und von ihrem eigenen). Dieses Ergebnis läßt den Verdacht aufkommen, daß

a) zumindest einige Lehrer zum Zeitpunkt, an dem sie das zweite Urteil abzugeben hatten, sich nicht mehr genau daran erinnerten, welches Urteil sie beim ersten Mal abgegeben hatten, und/oder daß

b) viele Lehrer das Psychologenurteil gar nicht richtig zur Kenntnis genommen hatten (geringe Auffälligkeit der neuen Information).

c) Denkbar ist auch, daß sich manche Lehrer in der Zeit zwischen erstem und zweitem Urteil einen neuen Eindruck über den Schüler gebildet haben. Immerhin hatten sie weitere vier Wochen Gelegenheit gehabt, ihr ursprüngliches Urteil zu revidieren. Sie brauchten sich dann nicht durch die Übereinstimmung des Ersturteils mit dem Testurteil (das ja auf zurückliegenden Informationen beruhte) beirren lassen. Um den Einfluß zwischenzeitlichen Geschehens von der Verarbeitung des Testurteils abtrennen zu können, hätte die Untersuchung eine Kontrollgruppe haben müssen, in der keine dazwischenliegende Testbekanntgabe erfolgte. Weniger glaubhaft erscheint die Interpretation, daß der Widerstand gegen das wissenschaftliche Urteil so stark war, daß diese Zweifel auch das eigene Urteil in Frage stellten, wenn dieses zu gleichen Ergebnissen wie jenes kam.

Wenngleich also von einem Bumerang-Effekt nicht die Rede sein kann und wenngleich unklar ist, ob die Lehrer sich beim zweiten Urteil ihres Ersturteils erinnerten und das Testurteil ernsthaft zur Kenntnis nahmen, kann man doch von einer Bestätigung der Perseveranz-Hypothese sprechen. Lehrer können gute Gründe haben anzunehmen, daß sie kompetenter als ein wissenschaftliches Institut (Informationsquelle) seien, die Gymnasialeignung vorherzusagen. Sie möchten sich in einem als wichtig erachteten und wahrscheinlich durch reifliche Überlegung zustandegekommenen Urteil (Sicherheit des Urteils) nicht durch eine wissenschaftliche Institution beirren lassen. Möglicherweise fühlten sich auch einige Lehrer in ihrer beruflichen Kompetenz angegriffen.

Daß das Festhalten an einem gewonnenen Eindruck von der Qualität der Information abhängt, wird durch eine Untersuchung von Dworkin (1975) bestätigt. Eine Änderung trat stärker auf, wenn Lehrer in der direkten Interaktion mit Schülern Verhaltensweisen beobachteten, die im Gegensatz zu ihrem gebildeten Eindruck standen.

Möglicherweise werden Informationen, die von bestimmten Bezugsgruppen (Eltern, Schülern) an den Lehrer herangetragen werden, vom Lehrer deshalb abgewehrt, weil er befürchtet, die informationsübermittelnde Person möchte ihn damit zu einer bestimmten Handlung veranlassen und seine Entscheidungsfreiheit einschränken. Die Reaktanztheorie versucht, die Folgen des Entzuges von Freiheit zu erklären: „Die Bedrohung der Einengung eines Spielraumes der Freiheit erregt ein Motiv zur Verteidigung und/oder Wiederherstellung dieser Freiheit. Dieses Motiv wird als Reaktanz („reactance“) bezeichnet“ (Irle, 1975, S. 372–373). Das Nicht-Annehmen von Informationen könnte als Handlung interpretiert werden, welche die eigene

Entscheidungsfreiheit verteidigt. Folgt man dieser These, so ist zu erwarten, daß der Widerstand, neue Informationen aufzunehmen, abhängt u.a. von der Wichtigkeit des Freiheits-Spielraumes für den Lehrer und von dem Ausmaß, in dem er sich durch die informationsgebende Person bedroht fühlt.

c) Abwehrmechanismen. Mit Hilfe welcher Techniken wird an Eindrükken trotz widersprechender Information festgehalten? Einige Möglichkeiten sind die folgenden:

1. Menschen neigen dazu, nach zusätzlichen Bestätigungen für ihren Eindruck zu suchen. Sie nehmen Gegenargumente entweder nicht zur Kenntnis oder vergessen sie. Nisbett & Ross (1980) sehen die Tendenz, sich an bestätigende Ereignisse stärker zu erinnern als an widerlegende, als Ausdruck eines allgemeinen Defizits der menschlichen Informationsverarbeitung: Personen unterschätzen die Beweiskraft von Ereignissen, welche eine Theorie widerlegen. Sie achten vorwiegend auf das gemeinsame Auftreten zweier Ereignisse und zu wenig auf die theorieneutralen und theoriewiderlegenden Fälle.

2. Eine zweite Möglichkeit besteht darin, die Gegenargumente als nicht stichhaltig zu erklären. Sie werden abgewertet. Es wird ihnen ein beschränkter Gültigkeitsbereich zugewiesen. Oder die Informationsquelle wird in Zweifel gezogen. Die Glaubwürdigkeit des Informanten, seine Zuverlässigkeit wird in Frage gestellt.

3. Das Gesamtbild wird durch Korrekturen an anderen Stellen ausgeglichen, sofern die Aufnahme der neuen Information nicht zu umgehen ist. Ein interessantes Ergebnis fand Shore (1969). 26 Lehrerinnen sollten schätzen, welche Leistung jeder ihrer Schüler in einem zuvor durchgeführten Intelligenztest gebracht hat. Gleichzeitig sollten sie die Schüler nach achtzehn Variablen (wie neugierig, angepaßt, sympathisch) beurteilen. Einen Monat später wurden ihnen die echten Testdaten über die Intelligenz der Schüler zur Kenntnis gebracht. Anschließend sollten sie die Schüler ein zweites Mal beurteilen. War die Testinformation widersprüchlich der Art, daß das Ersturteil der Lehrer schlechter war als das Testergebnis oder umgekehrt, so änderten die Lehrer ihre Einschätzung: sie beurteilten diese Schüler jetzt negativer in Persönlichkeitseigenschaften, obwohl sie darüber keinerlei Informationen erhalten hatten. Wurde ihre Leistungserwartung bestätigt, so waren zum Teil positivere Persönlichkeitseinschätzungen festzustellen. Es schien, als würden die Lehrer die neue Information nur widerwillig verwerten und ihr ursprüngliches Gesamtbild durch entsprechende Korrekturen in anderen Bereichen aufrechterhalten.

4. Erwartungswidriges Verhalten wird durch Ursachenerklärungen stimmig gemacht. Auch der beste Schüler kann mal einen schlechten Tag haben. Das Prinzip besteht darin, daß der Alltagsmensch zwischen stabilen und

variablen Ursachen unterscheidet. Stabile Eigenschaften als Ursachen für Verhalten sorgen dafür, daß man von einem anderen Menschen über die Zeit gleichbleibende Verhaltensweisen erwarten kann. Variable Ursachen werden dafür verantwortlich gemacht, wenn Erwartetes ausbleibt. Bestätigung findet diese Überlegung zur Reaktion von Lehrern auf erwartungswidriges Schülerverhalten in den Ergebnissen der Untersuchung von Boteram (1976). Daran nahmen 32 Lehrer des dritten und vierten Schuljahres teil. Die Lehrer wurden zunächst gebeten anzugeben, wie erfolgreich jeder ihrer Schüler beim Lösen von Denksportaufgaben sein würde. Danach hatten die Schüler unter Leitung ihres Lehrers gemeinsam eine Reihe dieser Denkaufgaben zu lösen. Unmittelbar danach wurden die Lehrer für jeden Schüler befragt, ob ihre Erwartungen erfüllt worden seien. Sie sollten dann angeben, welche Gründe sie für den Erfolg, Mißerfolg oder Teilerfolg der genannten Schüler annehmen. Bei schlechten Leistungen von als gut eingestuften Schülern wurden die Mißerfolge verstärkt auf Pech, auf die Schwierigkeit der Aufgabe und auf die mangelnde Anstrengung der Schüler zurückgeführt. Wenn hoch eingeschätzte Schüler gegen die Erwartung des Lehrers versagten, so hielten viele Lehrer daran fest, daß diese hoch begabt seien, auch wenn sie versagt haben. Wie war es bei Schülern, die gegen die Erwartung des Lehrers erfolgreich waren? Deren Leistungen wurden stärker auf Zufallsfaktoren (Glück) sowie auf erhöhte Anstrengung im Vergleich zu erwartungsgemäß schlechten Leistungen zurückgeführt. Entsprechend beurteilten die Lehrer die Mitarbeit der Schüler bei der Lösung der Denkaufgaben: bei erwartungswidrig schlechten Leistungen signifikant niedriger als bei erwartungsgemäß guten Leistungen, und bei erwartungswidrig guten Leistungen signifikant höher als bei erwartungsgemäß schlechten Leistungen. Zeigten gute Schüler erwartungswidrig schlechte Leistungen bzw. gaben sie falsche Antworten, so wurden diese von den Lehrern signifikant häufiger übergangen oder durch Fragen und Denkanstöße gefördert. Dies entspricht ihrer Erklärung dieser Schwäche durch Pech bzw. mangelnde Anstrengung. Auf erwartungswidrig gute Beiträge schlechter Schüler reagierten die Lehrer signifikant häufiger mit Lob, aber auch mit sachlicher Kritik, als wenn diese Beiträge erwartungsgemäß von guten Schülern kamen. Trotz des Lobes hielten die meisten Lehrer an der Auffassung von der niedrigen Begabung dieser Schüler fest. Über ähnliche Ergebnisse berichten auch Brophy & Good (1974, S. 169–170). Das Rückführen von erwartungswidrigem Verhalten auf unterschiedliche Ursachen, gibt Personen offenbar die Möglichkeit, das Ergebnis zu erklären und dennoch den ursprünglichen Eindruck beizubehalten und sogar bestätigt zu finden.

5. Eindruckskonforme Ereignisse werden durch eigene Handlungen provoziert. Menschen neigen zu sich selbsterfüllenden Prophezeihungen. Ha-

ben Personen eine bestimmte Meinung über einen anderen, so gestalten sie das Zusammensein mit diesem in einer Weise, daß sie mehr Bestätigungen als Widerlegungen dieser Hypothese erfahren. Snyder u.a. (1977) haben gezeigt, daß Vpn in einer kommunikativen Situation bewirkten, daß der Partner sich tendenziell so verhielt, wie sie ihn vermuteten. Dieser Mechanismus wird bei Lehrern in den Untersuchungen zum Pygmalion-Effekt unterstellt, ist aber bislang nicht einwandfrei nachgewiesen. Indirekte Belege dafür, daß diese Erklärung auch für Lehrer zutrifft, liefern einige Ergebnisse zur Frage des Lehrerverhaltens gegenüber verschiedenen Schülerkategorien. Wenn etwa Lehrer ängstliche und scheue Schüler besonders „schonen", sie selten aufrufen, dann mag dies dazu beitragen, daß diese Schüler sich selten melden und damit für den Lehrer den Eindruck bestätigen, daß diese Schüler eben ruhig und introvertiert seien. Oder wenn Lehrer aufgeweckte Schüler verstärkt mit organisatorischen Aufgaben betreuen, dann haben diese mehr Gelegenheit als andere, weitere Anzeichen von Aufgewecktheit zu liefern und eine Bestätigung des ursprünglichen Eindruckes zu bewirken.

Viele Lehrer neigen offensichtlich zu einem ausgeprägten Festhalten an einmal gewonnenen Eindrücken. Handelt es sich dabei um einen verdammenswerten oder um einen recht sinnvollen Vorgang? Unterrichten ist eine besonders komplexe Tätigkeit. Lehrer haben vieles gleichzeitig zu bedenken: Organisation, Fachinhalt, Klassendisziplin, Zeitperspektive, individuelle Schülereigenschaften und -förderung. Unterrichten ist vielfach ein Handeln unter Zeitdruck. Nach Goldman (1978, zit. nach Nisbett & Ross, 1980, S. 192) verhindern zeitliche Beschränkungen die sorgfältige und kühle Prüfung und Integration aller verfügbaren Informationen, die zu einem bestimmten Eindruck beitragen könnten. So mag die Eindrucksperseveration in bestimmten Grenzen ein durchaus vorteilhafter Mechanismus sein, der ein normativ nicht optimales, aber unter den gegebenen Umständen vielleicht bestmögliches Handeln gewährleistet. Wie läßt sich unter diesen Umständen Offenheit für neue Informationen erzeugen? Ross u.a. (1975) erzielten die stärkste Änderungsbereitschaft in ihrem Experiment dann, wenn sie die Vpn nicht nur über die Täuschung aufklärten, sondern wenn sie auch ausführlich das Perseveranz-Phänomen diskutierten, die Prozesse, die dazu führen und die Folgen und Nachteile, die aus einem Festhalten an falschen Meinungen für sich und andere entstehen können.

Zusammenfassung:

1. Eindrücke von Lehrern über Schüler sind im allgemeinen relativ stabil. Dies gilt nicht für alle Kategorien und Merkmale in gleicher Weise.
2. Ein Festhalten an Eindrücken trotz widersprechender Information (Perseveranz-Phänomen) konnte festgestellt werden. Ein Bumerang-Effekt

konnte nicht festgestellt werden. Die Perseveranz bei Lehrern hängt vermutlich ab von folgenden Faktoren: von der Diskrepanzstärke der neuen Information, von der eingeschätzten Qualität der Information, von dem Ausmaß, in dem die Person ihre Entscheidungsfreiheit eingeschränkt fühlt sowie davon, ob die Information eine subjektive Hypothese in Frage stellt, welche als Ursache einer bereits getroffenen Entscheidung kogniziert wird.

3. Zu den Mechanismen des Umgangs mit diskrepanten Informationen zählen das Nichtbeachten bzw. Vergessen von Gegenargumenten, ihre Abwertung, eine Korrektur des Gesamtbildes an anderer Stelle, das Stimmigmachen durch Ursachenerklärungen sowie ein Verhalten, das ihr Auftreten unwahrscheinlicher macht. Ein gewisses Festhalten an Eindrücken ist für die Orientierung einer Person in einer komplexen Umwelt hilfreich. Offenheit für neue Informationen kann durch Aufklärung über den Perseveranz-Effekt und durch Diskussion seiner Vor- und Nachteile erzielt werden.

3. Die Genauigkeit der Informationsverarbeitung

Im Rahmen einer handlungstheoretischen Betrachtung der Informationsverarbeitung von Lehrern ist die Frage zweitrangig, ob die Eindrücke, die Lehrer sich über Schüler bilden, richtig/zutreffend/objektiv/genau, kurz: gültig, sind. Dem Ansatz liegt eine Betrachtungsweise zugrunde, die sich mehr dafür interessiert, wie sich die Verarbeitung von personbezogenen Informationen beschreiben läßt, von welchen Faktoren sie abhängig ist und in welcher Weise sie auf das konkrete und alltägliche Tun bezogen ist. Hierbei spielt es kaum eine Rolle, ob die Urteile richtig oder falsch, ob sie genau oder verzerrt sind. Valide ist eine Kognition dann, wenn ihr im Rahmen des Funktionierens der Person eine Rolle zukommt und nicht dann, wenn sie den objektiven Gegebenheiten bestmöglichst entspricht.

Dennoch befasse ich mich in diesem Abschnitt aus zwei Gründen mit der Frage, wie genau die Eindrücke sind, die Lehrer von Schülern als Ergebnisse von Informationsverarbeitungsprozessen ausgebildet haben. Zunächst: es hängt wesentlich von der Genauigkeit eines Eindruckes ab, ob er für die Auswahl von Handlungen brauchbar ist. Die ökonomisierende Funktion von Stereotypen wird im allgemeinen gerade darin gesehen, daß sie ein effektives Handeln ermöglichen. Dieses Handeln wird aber ab einem gewissen Grad der Falschheit des Eindrucks nicht mehr effektiv sein. Zum zweiten interessiert bei der gesellschaftlichen Verantwortung, die der Rolle des Lehrers zukommt, sehr wohl, ob er imstande ist, professionelle Urteile ohne grobe Verzerrungen und Verfälschungen zu bilden. Eine Reihe von wichtigen Lehrerhandlungen (Notengebung, Persönlichkeitsbeurteilung, Übertrittsgutachten etc.) werden von der Qualität der Eindrücke mitbestimmt.

Aus dem in den letzten beiden Abschnitten Behandelten geht hervor, daß Lehrer im allgemeinen relativ gründlich vorgehen, wenn sie Informationen über Schüler zu einem Bild über diese verarbeiten. Über die direkte Beobachtung kommen sie auch an gute Informationen heran. So ist verständlich, daß sie sich ihrer Sache relativ sicher sind. Dies läßt vermuten, daß den Eindrücken eine gewisse Genauigkeit zukommt. Wäre dies nicht der Fall, so würden häufig auftretende diskrepanzerzeugende Situationen zu Korrekturen und Revisionen Anlaß geben.

Die Frage nach der Genauigkeit der Informationsverarbeitung läßt sich auf zweierlei Weise prüfen:

a) zunächst läßt sich danach fragen, inwieweit Lehrer jene Eigenschaften, die sie für ihre Eindrücke heranziehen, objektiv einzuschätzen imstande sind. Treffen ihre Schätzungen über die Geselligkeit, Begabung etc. der Schüler zu?

b)Diese Variablen stellen jedoch nur die Merkmale dar, mit Hilfe derer die Kategorien gebildet werden, zu denen Schüler zugeordnet werden. Die Kategorien selbst werden durch Clusterung von Merkmalen gebildet. Die Clusterung von Merkmalen kommt dadurch zustande, daß zwischen verschiedenen Eigenschaften Zusammenhänge kogniziert werden. Sind die von Lehrern kognizierten Zusammenhänge zwischen Schülereigenschaften zutreffend?

a) Die Genauigkeit von Merkmalseinschätzungen. Es liegt eine ganze Reihe von Untersuchungen zur Übereinstimmung von Lehrerurteil und Ergebnissen aus objektiven Tests vor. Man kann sie einteilen in Untersuchungen zur konkurrenten und solchen zur prädiktiven Gültigkeit. Die konkurrente Validität mißt die Übereinstimmung einer Meßreihe mit einer anderen Variable, die zum gleichen Zeitpunkt erhoben wurde und von der man Grund hat anzunehmen, daß sie das interessierende theoretische Konstrukt besser erfaßt als die erste. Die prädiktive Gültigkeit gibt Auskunft über den Zusammenhang zwischen den beiden Variablen, wenn die zweite später als die erste erhoben wurde. Sie meint die Qualität der Vorhersage zukünftiger Leistungen.

Untersuchungen zur konkurrenten Validität wurden zahlreich durchgeführt. Ein typisches Vorgehen ist jenes von Hadley (1973). Er arbeitete mit Lehrern aus 20 Klassen der 4., 5. und 6. Jahrgangsstufe. Am Ende eines Schuljahres wurde bei allen 620 Schülern ein Schulleistungstest durchgeführt, der die Leistungen in den Fächern Lesen, Arithmetik, Sprache und Rechtschreibung prüfte. In jedem dieser Fächer wurden die Benotungen dieser Schüler durch ihre Lehrer am Ende des Schuljahres herangezogen und mit den Testergebnissen korreliert. Die Korrelationen zwischen Note und Testleistung lagen zwischen 0,58 und 0,90. Manche Lehrer stuften die Leistungen ihrer Schüler anders ein als es objektive Tests erbrachten. Viele Lehrer dagegen urteilten weitgehend objektiv. In der Untersuchung von Hanke u.a. (1975, vgl. S. 183) dieses Kapitels) wurde der Zusammenhang zwischen dem Eignungsurteil für das Gymnasium und objektiven Testleistungen mit Hilfe des Kontingenzkoeffizienten festgestellt. Dieser betrug über alle Lehrer beim ersten Urteil 0,77. Er erreichte damit eine beachtliche Höhe. Hohe Validitäten von Lehrerratings erzielten auch Egan und Archer (1985).

Messungen der konkurrenten Gültigkeit von Lehrereinschätzungen über Schülerleistungen erbrachten unterschiedliche Ergebnisse für verschiedene Lehrer, zeigten insgesamt jedoch eine relativ hohe Genauigkeit.

Die *prädiktive* Gültigkeit wird umso höher sein, je näher der Zeitpunkt liegt, für den vorhergesagt werden soll. Es ist zu erwarten, daß sie auch umso besser ist, je mehr Informationen für die Vorhersage zur Verfügung stehen, d.h. je später sie im Schuljahr abverlangt wird. Die Ergebnisse darüber sind in der Tabelle 24 zusammengefaßt.

An diesen Ergebnissen fällt auf: die Fähigkeit, die Leistungen ihrer Schüler angemessen einzuschätzen, ist bei Lehrern sehr unterschiedlich ausgeprägt. Im Durchschnitt ist die Genauigkeit der Leistungseinschätzung relativ hoch. Besonders erstaunlich ist die Fähigkeit zur Vorhersage über einen Zeitraum von bis zu einem Jahr. Eindrücke aus den ersten paar Wochen scheinen oft genau genug zu sein, um die Test-Leistungen der Schüler ein Jahr später vorherzusagen.

In die Untersuchung von Helmke & Fend (1981a, b; 1982) gingen 116 Lehrer der 6. und 9. Klassenstufe ein und je einer ihrer Schüler, also 116 Schüler (nach Zufall ausgewählt). An beiden Stichproben wurden Maße für 12 Variablen erhoben. Die Schüler sollten sich hinsichtlich der angesprochenen Aspekte selbst anhand von entsprechenden Fragen beurteilen. Die Lehrer sollten analoge Aussagen über den Schüler machen. Für jeden Aspekt wurden die Paare Lehrer-Schüler miteinander korreliert. Die Merkmale betrafen die personale Stabilität, das Ausmaß positiver Bewältigung schulischer Leistungsforderungen und Indikatoren abweichenden Verhaltens. Am besten stimmten Lehrer und Schüler überein in der Beurteilung von klar beobachtbaren Verhaltensweisen, wie der Häufigkeit abweichenden Verhaltens ($r = 0{,}43$). Doch schienen Lehrer für das Selbstvertrauen (0,15) und die Lernbereitschaft (0,17) ihrer Schüler nicht den rechten Blick gehabt zu haben. Bedenklich erscheint der negative Zusammenhang bei der Variablen Leistungsangst (−0,12). Auch in anderen Untersuchungen erscheint der Zusammenhang zwischen gemessener Leistungsangst bei Schülern und der Lehrerbeurteilung von Leistungsangst niedrig und liegt selten über 0,20 (Helmke & Fend, 1982).

Tabelle 24: Synopse von Untersuchungen zur prädiktiven Validität von Lehrereindrücken über kognitive Schülermerkmale.

Untersucher	Zahl d. Lehrer	Variablen	Vergleich	Abstand	Korrelationen
Wilson (1969, zit. n. Brophy u. Good, 1974, S. 172)	10	Rechnen, Lesen	Rangreihen	erste Woche bis Jahresende. vierter Monat bis Jahresende	0,33–0,88 0,63–0,96
Willis (1972, zit. n. Brophy u. Good, 1974, S. 181)	28	erwartete Leistungen	Rangreihen	erste Woche bis September	$\bar{r}$ = 0,60
Brophy u. Good (1970)	4	erwartete Leistungen	Rangreihen	während des Schuljahres bis Schulende	0,77
Evertson, Brophy u. Good (1972, zit. n. Brophy u. Good, 1974, S. 173)	9	erwartete Leistungen	Rangreihen	September des ersten Schuljahres bis Herbst des nächsten Schuljahres. März des ersten Schuljahres bis Herbst des nächsten Schuljahres	0,62–0,92 0,65–0,91

Die Diskussion der Ergebnisse für den vorliegenden Zusammenhang ist schwierig. Als Hypothese war zu Beginn des Kapitels formuliert worden, daß Lehrereindrücke teilweise zutreffend sind, zugegeben eine recht unpräzise Hypothese. Was die Leistungsmerkmale betrifft, so ist die Antwort eindeutig: die Validität ist hoch. So steht den Lehrern für ihr Handeln gegenüber Schülern aus Kategorien der übergeordneten Ebene eine recht zutreffende Kategorisierung zur Verfügung. Unsicher ist die Lage hinsichtlich anderer Merkmale, die ja die Basis für Zuordnungen zu Kategorien auf der mittleren und der untergeordneten Ebene bilden. Erstens liegt nur eine Untersuchung vor und zweitens ist das Kriterium, die Angaben der Schüler selbst über sich, nicht sehr hart. Immerhin ist die Validität bezüglich der

Kategorisierung relevanter Merkmale „aggressives Verhalten“ (0,33) und „Rückzugstendenzen“ (0,42) recht hoch. So betrachte ich die Ausgangsthese von der relativen Genauigkeit von Eindrücken im Hinblick auf Merkmalsausprägungen nicht als widerlegt. Dies bedeutet nicht, daß Lehrer immer aufgrund zutreffender Urteile handeln. Dies ist sogar eher unwahrscheinlich. Im letzten Abschnitt wurde gezeigt, daß Lehrer zu Typisierungen neigen, Ähnlichkeiten zwischen Schülern vermutlich überschätzen und Unterschiede akzentuieren. Auch scheinen sich Lehrer in Übereinstimmung mit anfänglichen, nicht notwendigerweise validen Informationen über Schüler zu verhalten (Dusek, 1975). Doch sprechen die Untersuchungen an Lehrern insgesamt dafür, daß sie sich wie Profis verhalten und in relevanten Merkmalen eben valide Urteile bilden (vgl. auch Shavelson & Stern, 1981, S. 474).

b) Die Genauigkeit der Annahmen über Eigenschaftszusammenhänge. Wiederholt wurde bei Personen die Neigung festgestellt, ähnlich scheinende Merkmale auch dann als zusammen auftretend zu erinnern, wenn sie in Wirklichkeit nicht zusammen aufgetreten sind. Berman & Kenny (1976) haben ihren Vpn fiktive Personen vorgegeben, die durch je zwei Eigenschaften charakterisiert waren. Einige Eigenschaftspaare wurden als zusammengehörig empfunden (z. B. verständnisvoll und tolerant), andere nicht. In der Prüfphase hatten die Vpn jene Eigenschaftspaare gelernt, die zusammen gezeigt worden waren. Sie neigten aber auch dazu, größere Ähnlichkeiten als durch die Reizvorlagen gerechtfertigt zu kognizieren bei jenen Eigenschaften, die als ähnlich erschienen, als bei solchen, die logisch wenig miteinander zu tun hatten (wie scheu und dominierend). Die Untersuchung zeigt eine systematische Überbetonung von Zusammenhängen. Dieses Phänomen wird von Nisbett & Ross (1980, S. 93 f) „illusionäre Korrelation“ genannt. Personen prüfen in der Regel nur die positiven Fälle. Etwa fällt Lehrern auf, daß mehrere ängstliche (A) Schüler sich selten melden (B). Aber sie machen selten die Gegenprobe und zählen, wieviel ängstliche Schüler (A) sich häufig melden ($\bar{B}$) und wie viele nicht-ängstliche Schüler ($\bar{A}$) sich selten melden (B). Schließlich müßte auch die vierte Zelle geprüft werden: wie viele nicht-ängstliche Schüler ($\bar{A}$) melden sich häufig ($\bar{B}$)?

Besonders auffällige Unterschätzungen von Zusammenhängen treten dann auf, wenn die Person Zusammenhänge nicht erwartet. Nisbett & Ross (1980, S. 98 f) führen folgendes Experiment von Jennings u. a. (1980) an: Vpn wurden zehn Zahlenpaare präsentiert. Zum Beispiel 1–4, 5–6. Sie hatten Zeit, sich die Paare anzuschauen. Anschließend sollten sie angeben, in welchem Ausmaß ein Zusammenhang zwischen der Größe der jeweils ersten und der jeweils zweiten Zahl bestand, ob also eine Korrelation zwischen den Paaren bestand. Das Ergebnis war, daß die Vpn die tatsächlichen Zusammenhänge erheblich unterschätzten. Obwohl die Vpn nach der Gesetzmäßigkeit forschen konnten, waren sie erst bei ganz deutlichen Zusammenhängen (ab 0.5–0.6) in der Lage, diese zu erkennen.

In einem anderen Versuch wurden nicht mehr oder weniger „sinnleere" Ereignisse vorgegeben, sondern sinnvolles Material. Den Vpn wurden Paare von Informationen vorgegeben, die Verhaltens- und Persönlichkeitseigenschaften von Menschen beinhalteten. Kontrolliert war die objektive Korrelation. Die tatsächlichen Zusammenhänge wurden hier von den Vpn erheblich überschätzt. Tatsächliche Zusammenhänge minimaler Größenordnung (0.2–0.3) wurden erkannt und mit 0.6 angegeben. Intuitive Vorerfahrungen und persönliche Theorien führten dazu, daß die Vpn zwei Angaben über unterschiedliche „Ehrlichkeitssymptome" als hoch korreliert annahmen, auch wenn der Zusammenhang im zugrundeliegenden Reizmaterial nur sehr niedrig war.

Die meisten Zusammenhänge sind probabilistischer Natur. Es ist sehr schwierig, Häufigkeiten des kombinierten Auftretens auf die Höhe des zugrundeliegenden Zusammenhangs zu durchschauen.

Für die Diskussion im interessierenden Kontext ist zunächst festzustellen, daß einschlägige Untersuchungen an Lehrern nicht vorliegen. Unterstellt, die berichteten Tendenzen sind auch auf Lehrer in bezug auf die Genauigkeit der Annahmen über Eigenschaftszusammenhänge bei Schülern anzuwenden, wie wäre dies zu bewerten? Die wichtigsten Kovariationen, die Lehrer lernen müssen, finden in eng umgrenzten und gut überblickbaren Situationen statt. Darin ist eine akkurate Wahrnehmung und Anpassung möglich. Die Stimuli sind auffällig, die Intervalle zwischen den Stimuli kurz. Und es gibt Gelegenheiten, die Zusammenhangshypothesen zu testen und zu modifizieren. Außerdem ist es für Lehrer nicht nötig, Kovariationen zwischen allen möglichen Variablen zutreffend einzuschätzen. Es genügt, wenn sie jene Eigenschaftsstruktur kennen, die sie jeweils zur Charakterisierung der von ihnen gebildeten Kategorien verwenden.

Zusammenfassung:

1. Die Frage nach der Genauigkeit von Lehrereindrücken interessiert deshalb, weil Kategorien nur dann für die Person nützlich sind, wenn sie eine annähernd „richtige" Einordnung von Schülern leisten. Sie hängt ab von der Genauigkeit, mit der Lehrer Einschätzungen der Merkmale von Schülern vornehmen und von der Genauigkeit der Zusammenhangsannahmen zwischen Eigenschaften.
2. Die Genauigkeit von Lehrereindrücken über Leistungsaspekte ist relativ hoch, jene über Persönlichkeitsaspekte nur dort befriedigend, wo es um konkretes Verhalten geht. Lehrer unterscheiden sich darin, welche Merkmale sie gut einschätzen können.
3. Menschen fällt es im allgemeinen schwer, Zusammenhänge zwischen

zwei Merkmalen richtig einzuschätzen. Sie über- oder unterschätzen Abhängigkeiten und Kovariationen nach der äußeren Ähnlichkeit zwischen Merkmalen und nach ihrer Erwartung. Abhängigkeiten werden dann leichter gelernt, wenn die Situation überschaubar ist, wenn die beiden Ereignisse durch kurze Intervalle getrennt und wenn sie auffällig sind. Das Phänomen der illusorischen Korrelation ist bei Lehrern nicht untersucht.

7. Kapitel
Die Zuschreibung von Ursachen

Innerhalb der handlungstheoretischen Konzeption, wie sie in Kapitel 1 dargestellt wurde, spielt der Begriff der Ursachenzuschreibung eine wichtige Rolle. Es wird angenommen, daß Lehrer bedeutsame Ereignisse auf Ursachen zurückführen. Betrachtet wird die Teilmenge von bedeutsamen Ereignissen, an denen Schüler beteiligt sind. Andere Ereignisse (z.B. ein Filmapparat gibt mitten in der Vorführung seinen Geist auf) werden aus der sozialpsychologischen Betrachtung ausgeklammert. Voraussetzung für Ursachenzuschreibung ist, daß ein Ereignis wahrgenommen wurde und daß es in einer Beziehung zu den Zieldimensionen des Lehrers steht.

Die logische Notwendigkeit für das Konstrukt der Attribution ist einmal die Annahme, daß neben Ist-Soll-Diskrepanzen auch Wird-Soll-Diskrepanzen Auslöser für Eingreifen darstellen. Um voraussehen zu können, wie sich ein Ereignis weiterentwickelt (Wird-Lage), ist es für den Lehrer notwendig, das Ereignis genauer zu analysieren, und zwar indem er prüft, wie es entstanden ist. Eine weitere Annahme ist für das Konstrukt Ursachenzuschreibung zentral: beim Erwägen von Handlungsentwürfen im Hinblick auf ihre Wirksamkeit zur Veränderung einer bestehenden Situation, wird mit berücksichtigt, wie es zur bestehenden Situation gekommen ist. Am Beispiel: ein Lehrer, der mit der Rechtschreibleistung eines Schülers unzufrieden ist, sagt im Gespräch mit einem Kollegen: „Hansi nimmt das Rechtschreiben nicht ernst genug. Ich muß ihn in Zukunft strenger behandeln." Die Aussage enthält die Ursachenzuschreibung: „Für die mangelnde Rechtschreibung ist vor allem die Leichtfertigkeit des Schülers verantwortlich". Daraus kann der Lehrer die Erwartung („Hansi wird die Fehler in Zukunft ohne mein Zutun nicht vermeiden") als Wird-Lage ausbilden. Und er gründet darauf seine Ansicht, daß „Hansis Rechtschreibschwäche/Leichtfertigkeit durch größere Strenge zu begegnen" sei (vgl. Hofer & Dobrick, 1981).

In vielen Fällen setzt die Ursachenzuschreibung die Vertrautheit mit dem Schüler voraus. Wenn der Lehrer sich im Verlaufe der ersten Schulwochen über die Schüler Eindrücke gebildet und sie ihren kognitiven Kategorien zugeordnet hat, dann kann er bei der Suche nach den Ursachen von Ereignissen, deren Herkunft nicht augenscheinlich ist, auf die prototypischen Merkmale jener Kategorie zurückgreifen, welcher der Schüler angehört.

Wie läßt sich der Prozeß der Ursachenzuschreibung wissenschaftlich beschreiben? Zunächst wird auf das Attributionskonzept allgemein eingegangen. Dann werden die Ursachen besprochen, die Lehrer Schülerereignissen zuschreiben. Der Zusammenhang zwischen Ursachenzuschreibung und Handlungsregulation ist Gegenstand des dritten Abschnittes, ausführlicher in Hofer & Dobrick (1981).

1. Das Attributionskonzept

Die Beschäftigung mit der Kausalattribution innerhalb der Sozialwissenschaften geht auf den Psychologen Fritz Heider (1958 a) zurück. Er machte darauf aufmerksam, daß der „Mann auf der Straße" analog dem psychologischen Wissenschaftler psychologische Annahmen zur Anwendung bringt, wenn er andere Menschen beobachtet/wahrnimmt, nur mit dem Unterschied, daß seine Annahmen eben einem common-sense-Wissen entstammen. Einen Bereich naiver Annahmen sieht Heider in der Zuschreibung von Ursachen für beobachtete Ereignisse durch den Beobachter. Der Alltagsmensch versucht, Beziehungen zwischen Ereignissen und Ursachen herzustellen. Dadurch werden ihm diese Ereignisse erklärlich. Später haben u. a. Schank & Abelson (1977) auf die Notwendigkeit der Annahme hingewiesen, daß eine Person beim Verstehen einer komplexen Situation u. a. kausale Beziehungen zwischen verschiedenen beobachteten und angenommenen Ereignissen herstellt.

Kausalattributionen sind subjektive Zuschreibungen von Ursachen für wahrgenommene Ereignisse in der Umwelt. Aber nicht jedes Ereignis erscheint der Person erklärungsbedürftig. Lehrer suchen nicht für alles und jedes nach Gründen: für die Haarfarbe eines Schülers oder sein Augenblinzeln nicht gleichermaßen wie für das Schwätzen mit dem Nachbarn, das Schuleschwänzen oder einen plötzlichen Leistungsabfall. Sicherlich kann nicht davon ausgegangen werden, daß der Mensch auf der Suche nach Sinngebung ist für alle Ereignisse um ihn herum. Ich nehme an, daß das Individuum Ereignisse für erklärungsbedürftig hält, die für seine Zielvorstellungen und Bedürfnisse relevant sind. Bedeutung erhält ein Ereignis dann, wenn es vom Subjekt als in funktionalem Zusammenhang zu seiner Handlung stehend wahrgenommen wird. Je nach Art der funktionalen Beziehung eines Ereignisses zur Handlungssteuerung kann unterschieden werden zwischen verschiedenen Arten der Bedeutsamkeit (vgl. Kapitel 4). Gemäß dem Stellenwert, den das Konstrukt der Ursachenzuschreibung im kognitiven System der Handlungssteuerung einnimmt, ist zu erwarten, daß folgende Klassen von Ereignissen Lehrern als erklärungsbedürftig erscheinen (vgl. auch Haußer, 1980):

1) Ereignisse, die eine Abweichung vom Soll-Zustand indizieren. Für diese Ereignisse wird nach der Theorie eine Wird-Lage kalkuliert. Außerdem lassen sie meist ein Eingreifen als unerläßlich erscheinen. Die Zuschreibung auf bestimmte Ursachen erleichtert dabei die Auswahl von Handlungsentwürfen.

2) Auch für Ereignisse, die eine Übereinstimmung mit dem Soll-Zustand anzeigen, wird eine Wird-Lage kalkuliert. Denn der Lehrer muß damit rechnen, daß sie sich – sofern sie durch variable Faktoren zustandegekommen sind – unbefriedigend weiterentwickeln. Außerdem braucht der Lehrer zur Äquilibration seines kognitiven Systems vermutlich eine Analyse der Ursachen auch für Erfolg.

3) Ereignisse, die für seine Zielerreichung als fördernd oder hemmend kogniziert werden. Eine Ursachenanalyse ermöglicht dem Lehrer die Abschätzung des Erfolgs, und zwar über die kognizierte Beeinflußbarkeit der Ursachen.

4) Neuartige/unerwartete Ereignisse. Sie zeigen dem Lehrer fehlerhafte Prognosen an und zwingen ihn zur Analyse. Diese kann ihn zu einer Anpassung der beteiligten Kognition oder zu deren Rechtfertigung bewegen.

Es gibt kaum Untersuchungen, welche Belege für die Richtigkeit dieser Annahmen liefern könnten. Insbesondere ist unklar, ob auch für erwartungskonforme und bedürfnisbefriedigende Ereignisse nach Erklärungen gesucht wird. Nach Wong & Weiner (1981) treten Attributionsprozesse spontan a) bei unerwarteten Ereignissen (z.B. bei Mißerfolg bei erwartetem Erfolg) auf und b) bei Frustration, wenn also Bedürfnisse nicht befriedigt werden. Auch Abele-Brehm (1984) fand, daß kausales Denken in negativer und erwartungskonträrer Situation stärker auftritt als in positiver und erwartungskonformer. Allgemein kann man mit Schachter (1971, S. 3f) sagen, daß das Bedürfnis nach Bewertung von Ereignissen entsteht, wenn die Person Erregung wahrnimmt, dieser aber keine Ursache zuschreiben kann.

Bisher wurde in der Literatur der Komplex Ursachenzuschreibungen bei Lehrern vor allem im Hinblick auf die Attribution von Schulleistungen behandelt. Doch sind es verschiedene Bereiche des Schülerverhaltens, die vom Lehrer beachtet werden.

In der psychologischen Fachsprache steht für die Annahme von Ursache-Wirkungs-Zusammenhängen der Terminus „Kausalattribution" (Ursachenzuschreibung). Eine Person schreibt ein beobachtetes Ereignis einer Ursache zu. Sie nimmt an, daß diese Ursache das Ereignis herbeigeführt habe. Die Ursache „erklärt" dem Beobachter das Ereignis. Die Bezeichnung Kausalattribution bezieht sich also auf eine Relation zwischen einem eingetretenen/wahrgenommenen Ereignis (x) und einer Größe (y), die von einer Person (P) unterstellt wird: P glaubt, daß y Ursache für x ist. In dem Beispiel ist die Sorgfalt von Hansi (y) die Ursache seiner schlechten Leistung

(x) in der Sicht des Lehrers (P). Natürlich können für ein Ereignis auch mehrere Ursachen angenommen werden.

Nimmt der Lehrer an, Hansis mangelnde Sorgfalt sei für seine Leistungsschwäche maßgeblich (Kausalattribution), dann nimmt der Lehrer in bezug auf Hansi gleichzeitig eine weitere Zuschreibung vor: er schreibt ihm zumindest temporär die Eigenschaft „mangelnde Sorgfalt" zu (Abbildung 25). Denn würde er nicht annehmen, daß Hansi wenig sorgfältig sei, dann könnte er auch nicht annehmen, daß dieser Sorgfaltsmangel schlechte Leistungen erzeugt. Es handelt sich hierbei um eine andere Art der Zuschreibung, die als Eigenschaftsattribution bezeichnet werden kann. Per Eigenschaftsattribution wird einer Person (Hansi) eine bestimmte Eigenschaftsausprägung (mangelnde Sorgfalt) unterstellt. Anstelle einer Eigenschaft kann auch ein Motiv unterstellt werden: Hansi will den Lehrer ärgern (Motivattribution). Zur Kausalattribution wird der Vorgang erst, wenn der Lehrer die zugeschriebene Eigenschaft (bzw. das Motiv) als Ursache für ein Ereignis (x) heranzieht. Greift der Lehrer auf eine Ursache zurück, von der er glaubt, sie unterliege der Kontrolle der anderen Person, so mag er diese Person zudem als verantwortlich für das Ereignis betrachten (Verantwortlichkeitsattribution). Führt der Lehrer Hansis Leistung auf eine Ursache zurück, die nicht (wie mangelnde Sorgfalt) im Schüler selbst zu lokalisieren ist, sondern etwa auf die Ablenkung durch den Nachbarn, dann erfolgt zwar eine Kausalattribution im beschriebenen Sinne, die Eigenschafts-, Motiv- oder Verantwortlichkeits-Attribution bezieht sich jedoch auf eine weitere Person, eben den Nachbarn von Hansi. Genauso gut könnte der Lehrer eine Ursache annehmen, die bei ihm selbst zu lokalisieren ist, wie schlechte Unterrichtsqualität. Dann erkennt er sich selbst als verursachend.

Man muß damit rechnen, daß nicht bei der ersten Ursache stehengeblieben wird. Der Lehrer könnte sich fragen, woher Hansis mangelnde Sorgfalt ihrerseits komme. Das heißt, er würde die zunächst als Ursache herangezogene Eigenschaft von Hansi hinterfragen und nach der Ursache der Ursache suchen. Auf dieser Ebene sind die obigen Ausführungen erneut anzuwenden: wiederum kann er die Meta-Ursache bei Hansi (z.B. Interesselosigkeit) oder bei anderen (Erziehungsverhalten der Eltern) lokalisieren und entsprechende Eigenschaftszuschreibungen und dergleichen vornehmen. Prinzipiell ließe sich diese Kette weiter fortsetzen. Hansis Interesselosigkeit könnte z.B. durch den langweiligen Unterricht bedingt sein etc. (vgl. Rheinberg & Elke, 1979). Auch können sich die Ursachen im Kreise drehen. In der Regel muß man jedoch irgendwo auf dem Weg zur „letzten Ursache" haltmachen.

Man kann danach fragen, ob die Eigenschaften und Motive, die der Lehrer dem Schüler unterstellt, diesem auch tatsächlich zukommen und ob das Ereignis, das sich der Lehrer zu erklären versucht, auch tatsächlich durch die von ihm angenommene(n) Ursache(n) bewirkt sei. Vornehmlich dann, wenn anstehende Entscheidungen des Lehrers für den Schüler weitreichend sind, drängt sich diese Frage auf, vermutlich auch dem Lehrer. Doch unabhängig davon, ob die Richtigkeit/Angemessenheit der vorgenommenen Attributionen objektiv überhaupt entscheidbar ist oder nicht, kommt der Lehrer nicht umhin, zur Grundlage seiner Entscheidungen dasjenige zu machen, was er für richtig hält. Interessieren wir uns – wie im gegenwärtigen Kontext – für das Zustandekommen von Entscheidungen und Handlungen des Lehrers, dann müssen wir primär darauf achten, welche Annahmen der Lehrer tätigt und welche Beurteilungen er für stichhaltig erachtet, unabhängig davon, ob er damit recht hat. Es ist gleichwohl sinnvoll, im Auge zu behalten, daß eine getroffene Annahme meistens durch eine andere Annahme ersetzt werden könnte, aus der andere Konsequenzen folgen würden; sinnvoll deswegen, weil hierin Veränderungsmöglichkeiten liegen. Doch sei betont, daß es im folgenden darum geht, wie der Lehrer attribuiert und nicht darum, ob er es zu Recht tut.

Wie kommt der Lehrer dazu, als Ursache für die schlechte Leistung eines Schülers z.B. mangelnde Sorgfalt anzunehmen? Kelley (1971 a) hat darauf hingewiesen, daß in dem Wissen einer Person Annahmen über Ursache-Wirkungs-Beziehungen enthalten sind, die als Grundlage für Ursachenzuschreibungen in konkreten Situationen dienen. Diese Annahmen werden immer dann aktualisiert, wenn in einer erklärungsbedürftigen Situation eine Ursache nicht bekannt/direkt ersichtlich ist. Ursachenannahmen beruhen auf der Beobachtung einer Kovariation zwischen Ereignis und möglicher Ursache: tritt ein Ereignis häufig in Verbindung mit einer potentiellen Ursache auf, dann wird angenommen, daß das Ereignis durch die Ursache bewirkt wird. Nach Kelley (1971 b) kann man annehmen, daß Lehrer von Verhaltensweisen eines Schülers auf deren Ursachen schließen, indem sie drei Informationsquellen heranziehen:

1) Konsensusinformationen: ob andere Schüler sich in der gleichen Situation gleich oder anders verhalten.
2) Informationen über Konsistenz: ob sich dieser Schüler in vergleichbaren Situationen zu verschiedenen Zeiten gleich oder anders verhält.
3) Distinktheitsinformationen: ob dieser Schüler in verschiedenen Situationen gleich oder anders reagiert.

Aufgrund der Annahme, daß Lehrer Ähnlichkeiten und Unterschiede zwischen Schülern dadurch systematisieren, daß sie Schüler subjektiv kategorisieren, kann man folgern, daß sie dabei vor allem Informationen über kategorienkonstituierende Merkmale heranziehen.

Jones & Nisbett (1971) haben darauf aufmerksam gemacht, daß dasselbe Ereignis vom Akteur und von einem Beobachter auf unterschiedliche Ursachen zurückgeführt werden kann. Und zwar neigen Beobachter (hier: Lehrer) in geringerem Aus-

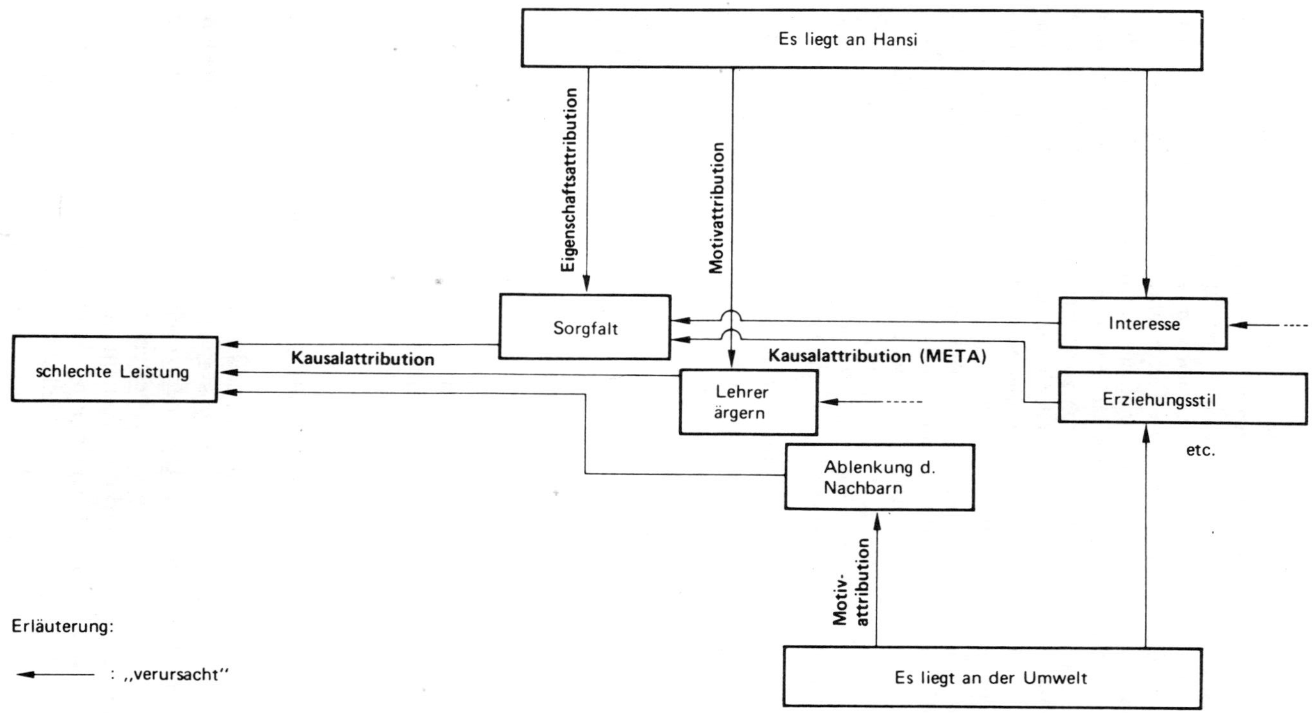

Abbildung 25: Welche Ursachen es für Hansis schlechte Leistung aus der Sicht des Lehrers A geben kann. Die Abbildung ist von links nach rechts zu lesen. Die schlechte Leistung liegt vor. Das andere wird erschlossen (aus Hofer & Dobrick, 1981, S. 112).

maß als Akteure dazu, situative Faktoren zur Erklärung heranzuziehen. Nach Jones (1979) ist dies damit zu erklären, daß das Verhalten für eine beobachtende Person vor dem situationalen Hintergrund hervortritt: zwischen Handelndem und der Handlung wird eine kausale Einheit gesehen. Der Situation wird lediglich eine modifizierende Rolle zugeschrieben. Die Einheit von Handlung und Handelndem wird auch dann gesehen, wenn die andere Person unter Zwang steht. Das Überschätzen dispositionaler Ursachen von Handlungen wird als Attributionsfehler bezeichnet. Der Attributionsfehler läßt sich dadurch erklären (vgl. Lange, 1981), daß unterschiedliche Informationsquellen herangezogen werden. Der Lehrer beobachtet vor allem das Verhalten verschiedener Schüler in ähnlichen Situationen und konstatiert Unterschiede. Dagegen stehen dem Schüler noch Informationen über sein eigenes Verhalten in anderen Situationen zur Verfügung (Distinktheitsinformationen). Diese Überlegung liegt Rheinbergs (1980) Unterscheidung zwischen der bei Lehrern vorherrschenden sozialen und der individuellen Bezugsnorm bei ihrer Beurteilung von Schülerleistungen zugrunde. Außerdem könnte eine Rolle spielen, daß für Lehrer das Schülerverhalten unter dem Gesichtspunkt der Übereinstimmung mit ihren Zielen, also mit Normen betrachtet und sanktioniert wird. Schüler attribuieren ihr eigenes Verhalten dagegen mehr in Übereinstimmung mit ihrem Selbstbild.

Der Punkt, auf den es hier ankommt, ist: Lehrer führen gleiche Ereignisse bei verschiedenen Schülern auf verschiedene Ursachen zurück. Diese Ursachen können im Schüler oder außerhalb liegen. Verschiedene Ursachen bedingen unterschiedliche Reaktionen. Dies ist einer der beiden Gründe für die Bedeutung des Konstrukts „Ursachenzuschreibung" im Rahmen der Handlungssteuerung. Auf ein einfaches Schema gebracht (Abbildung 26):

Ereignis	Ursache	Verhalten
X X	Y Z	a b
X_1 X_2	Y Y	a a

Abbildung 26: Zusammenhang zwischen Ursachenzuschreibung und Verhalten.

Daraus ergeben sich die Hypothesen, daß Lehrer über ein Repertoire an Ursachen für bedeutsame Schülerereignisse verfügen, daß sie vergleichbaren Ereignissen unterschiedliche Ursachen zuschreiben und daß regelhafte Zusammenhänge zu Verhaltensweisen bestehen

Wie entstehen Ursache-Wirkungs-Annahmen, wenn die Ursache bzw. das Phänomen, welches als Ursache in Frage kommt, nicht so gut beobachtbar ist wie das zu erklärende Ereignis selbst? Begabung etwa als mögliche Ursache für Leistung, ist nicht direkt beobachtbar. Sie scheint aber eine logisch notwendige Bedingung für gute Leistungen zu sein, sofern alternative Erklärungsmöglichkeiten (z. B. Abschreiben) ausgeschlossen werden. Es liegt dann ein Inferenzschluß vor, in dem über die Beobachtung einer Kovariation hinausgegangen wird. Dieser Inferenzschluß basiert auf Voranname, etwa derart, daß man zur Erklärung einer Schülerverhaltensweise solche Persönlichkeitsmerkmale heranzieht, die man dem Schüler schon immer zugedacht hat. Das heißt, die Heranziehung einer Ursache muß nicht immer rational begründet, sondern kann aus dem allgemeinen Wissen über die Welt gespeist sein.

Nach Kelley (1971 a) entsprechen Ursachenerklärungen von Laien im Prinzip jenen wissenschaftlichen Vorgehens. Doch haben andere Autoren (vgl. Nisbett & Ross, 1980, S. 113f) in ihren Arbeiten eine Zahl systematischer Unterschiede bei der Schlußfolgerung über Ursachen aufgewiesen:

1) Personen neigen dazu, Konsensusinformationen gegenüber Konsistenz- und Distinktheitsinformationen weitgehend zu vernachlässigen (McArthur, 1976). Ein Verhalten einer anderen Person wird auch dann auf deren Dispositionen zurückgeführt, wenn bekannt ist, daß andere Personen in solchen Situationen genauso reagieren.

2) Personen verlassen sich zu sehr auf plausible Ursachen, auf solche, die oberflächlich einleuchten, weil sie eine gewisse Ähnlichkeit zum erklärten Ereignis besitzen. Das Heranziehen von Ursachen hängt von deren „Sichtbarkeit" (saliency) ab. Von den in einer Situation in Betracht kommenden Ursachen für ein Ereignis werden jene eher herangezogen, die visuell sichtbar und auffallend (durch Beleuchtung, Bewegung etc.) sind.

3) Personen neigen dazu, sich mit einer hinreichenden Erklärung für ein Ereignis zu begnügen, auch wenn sie wissen, daß es für jedes Ereignis mehrfache Ursachen gibt. Sie strengen sich auch nicht an, nach der besten Erklärung zu suchen. Sie geben sich mit der erstbesten zufrieden. Sie sehen die Verursachung „hydraulisch", als ob von mehrfachen Ursachen nur eine in Frage käme (vgl. Bierhoff u. a., 1984).

Diese Fragen sind bei Lehrern zum Teil untersucht worden. Lehrer sind nicht vollständige Laien. Sie agieren in einem überschaubaren Feld. Sie haben die Möglichkeit, Informationen verschiedener Art zu erhalten und diese relativ systematisch auszuwerten. Sie agieren vernünftig innerhalb eines kognitiven Systems, das auf ihre Ziele ausgerichtet werden kann. Es ist also zu erwarten, daß sie den genannten Fehlern nur zum Teil verfallen. Borko & Shavelson (1978) konnten zeigen, daß Lehrer bei der Zuschreibung von Ursachen sehr wohl die Zuverlässigkeit der Information berücksichtigen. Nach anderen Befunden (siehe weiter unten) ziehen Lehrer mehrfache Ursachen zur Erklärung eines Ereignisses heran.

Ursachenzuschreibung kann man sich skriptgesteuert denken. Ähnlich wie Erwartungen (vgl. S. 229) können sie auf drei Ebenen auftreten (Abelson, 1976, S. 37): in der *episodischen* Version enthalten sie singuläre Erfahrungen (z. B. erinnert sich der Lehrer an einen ähnlichen Fall. „Damals kam das daher, daß ..."). Bei *kategorialen* Ursachenzuschreibungen wird das zu erklärende Ereignis eines Schülers einer Kategorie zugeordnet. Die Aktivierung eines Schemas führt zu einer darin enthaltenen Ursachenerklärung („das ist typisch für solche, die antworten ohne nachzudenken“). Auf der *abstrakten* Stufe werden Ursachen nach dem rationalen Modell durchgeführt: mögliche Ursachen für das Ereignis werden aufgelistet, für jede wird geprüft, inwieweit sie das Ereignis fördernd oder hemmend beeinflußt haben könnten. Vermutlich spielen im täglichen Denken von Lehrern alle drei Arten von Ursachenerklärungen eine Rolle. Die Forschung hat sich ausschließlich mit Zuschreibungen auf der abstrakten Ebene befaßt.

Eine Ursachenzuschreibung wie „Die gute Note von Hansi in der letzten Rechenprobe geht vor allem auf sein hohes Rechentalent zurück“, enthält drei Komponenten: a) eine Aussage über die Ausprägung des verursachenden Faktors (z. B. hohe, niedrige Begabung), b) eine Aussage über das Ausmaß, in dem die Ursache (z. B. hohe Begabung) das zu erklärende Ereignis (z. B. Schulleistung) beeinflußt (stark, schwach, überhaupt nicht), sowie c) eine Aussage über die Wirkungsrichtung des Einflusses auf das zu erklärende Ereignis (fördernd, hemmend). Es ist notwendig, zwischen Ausprägung und Einflußstärke eines Ursachenfaktors zu unterscheiden (Hofer u. a., 1982 b). Zwar wird der Zusammenhang zwischen diesen beiden Variablen bei relevanten Ursachenfaktoren in der Regel positiv sein: je ausgeprägter die Ursache, desto stärker ihr Einfluß, doch kann verschiedenen Ursachenvariablen eine unterschiedliche Einflußstärke zugeschrieben werden. Die geringe Ausprägung einer Variablen (z. B. der Intelligenz) kann als stärker die Schulleistung beeinflussend angesehen werden als die extreme Ausprägung einer anderen (z. B. Geschwisterzahl). Die Untersuchung von Meyer & Butzkamm (1975) zeigt etwa, daß das Gewicht, das einer Ursache am Zustandekommen der Note beigemessen wird, nicht gleichbedeutend sein muß mit der Häufigkeit der Nennung der Ursache (als Schätzgröße für die vermutete Ausprägung). Begabungsfaktoren erhalten für die Erklärung der Mathematiknote eine stärkere Gewichtung, als aufgrund der Häufigkeit ihrer Nennung zu erwarten wäre. In unserer Untersuchung (Hofer u. a., 1982 b, S. 213) ergaben sich niedrige Korrelationen zwischen Ausprägung und Wirkanteil. Je stärker eine Eigenschaftsausprägung von einem mittleren Niveau abwich, desto effektträchtiger wurde sie eingeschätzt (S. 220). Die Wirkungsrichtung ist eine weitere wichtige Komponente der Ursachenzuschreibung. Meist werden mehrere Ursachenfaktoren als am Zustandekommen eines Ereignisses beteiligt angenommen. Eine Ursache kann für ein bestimmtes (positiv oder negativ bewertetes) Ereignis als fördernd (wenn sie das Ereignis bewirkt), eine andere als hemmend (wenn sie gegen das Auftreten des Ereignisses wirkt) angesehen werden. Meint ein Lehrer, die gute Leistung eines Schülers sei wegen dessen guter Begabung, aber trotz mangelhafter Arbeitshaltung zustande gekommen, dann ist die Begabung dieses Schülers ein fördernder Faktor, seine Arbeitshaltung ein hemmender. Zeigt dieser Schüler eine schlechte Leistung und führt der Lehrer sie auf mangelnde Arbeitshaltung zurück, die sich trotz guter Begabung ausgewirkt hat, dann wird die Arbeitshaltung dieses Schülers als fördernder Faktor, seine Begabung als für dieses Ereignis hemmender Faktor angesehen. Dieses auf das Kompensationsprinzip (Kelley, 1971 a) zurückgehende Zuschreibungsmuster wird vermutlich aktiviert, wenn der Lehrer Einzelereignisse attribuiert, die erwartungswidrig bzw. für den betreffenden Schüler untypisch sind. Eine Anwendung erfolgt außerdem dann, wenn zwei (oder mehrere) relevante Ursachenfaktoren bei einem Schüler entgegengesetzt wirksam erscheinen (z.B. begabt aber faul).

Das Erkennen von Ursachen soll dem Lehrer Grundlage für die Kalkulation von Erwartungen über das Weiterentwickeln der Situation sein. Wie kann man sich das vorstellen? Die Weiterentwicklung kann zwei Formen annehmen: das Ereignis hält an, oder das Ereignis hält nicht an. Die Ursachenerklärung ermöglicht dann, eine Erwartung über die Weiterentwicklung auszubilden, wenn sie Aussagen über die Stabilität/Variabilität der (wichtigsten) Ursachen enthält. Dabei bedeutet stabil/variabel: Kausalfaktoren, die als konstant/nicht-konstant über verschiedene Zeitpunkte verstanden werden (z.B. Debler, 1984, S. 202).

Ursache	Ereignis	Erwartung	Eingreifen
stabil	positiv	hält an	nicht erforderlich
	negativ	hält an	erforderlich
variabel	positiv	hält nicht an	erforderlich
	negativ	hält nicht an	nicht erforderlich

Abbildung 27: Zusammenhang zwischen Ursachenzuschreibung und Erwartung

Wie die Abbildung 27 zeigt, führen zwei Kombinationen von Ursache und Ereignis über die Erwartungsbildung zur Notwendigkeit des Eingreifens. Liegt ein negatives Ereignis eines Schülers vor, (z.B. schlechte Leistung), das (vor allem) auf eine stabile Ursache zurückgeführt wird (mangelnde Begabung), dann ist damit zu rechnen, daß sich der Leistungsmangel nicht von alleine gibt. Ein positives Ereignis (z.B. gute Mitarbeit), das bei einem Schüler auf vorübergehende Ursachen zurückgeführt wird (z.B. auf lokales Interesse), verspricht wenig Dauerhaftigkeit und kann nur durch Lehreraktion auf Niveau gehalten werden. Aus diesen Überlegungen ergibt sich die Hypothese, daß Lehrer Ursachenzuschreibungen nach stabil/variabel unterscheiden.

Zusammenfassung:

1. Lehrer neigen dazu, nach Ursachen für Ereignisse zu suchen. Vor allem bei Mißerfolg und bei erwartungswidrigen Ereignissen wird die Warum-Frage gestellt. Unter Ursachenattribution versteht man den kognitiven Vorgang, in dem ein Lehrer bestimmten Faktoren eine kausale Funktion im Hinblick auf ein aufgetretenes Ereignis zuschreibt.
2. Die attribuierende Person kann nach der Ursache einer Ursache fragen. Ihre Ursachenerklärungen können mehr oder weniger zutreffend sein. Informationen über mögliche Ursachen erhält sie aus der Beobachtung über Kovariationen. Dabei können Konsensus-, Konsistenz- und/oder Distinktheitsinformationen im Vordergrund stehen. Gleiche Ereignisse können auf verschiedene Ursachen zurückgeführt werden.
3. Zwischen Lehrer und Schüler kann es zu systematischen Unterschieden in der Zuschreibung von Ursachen für dasselbe Ereignis kommen. Dies hängt vermutlich damit zusammen, daß sie unterschiedliche Informationsquellen heranziehen.
4. Man kann zwischen Ausprägung, Einflußstärke und Wirkungsrichtung eines Ursachenfaktors unterscheiden. Ursachen können ein Ereignis bewirkt haben, andere mögen dem entgegengestanden haben. Die fördernden Ursachen müssen die hemmenden kompensiert haben.
5. Mit Blick auf die Ausbildung von Erwartungen über die Weiterentwicklung von Situationen werden stabile von variablen Ursachen unterschieden.

2. Lehrer schreiben Schülerereignissen Ursachen zu

Nach den allgemeinen und theoretischen Ausführungen in Abschnitt 1, wird nun konkrete Forschung besprochen und auf die grundsätzlichen Ausführungen bezogen. Welche Merkmale sind es, die Lehrer in ihren Ursachenzuschreibungen verwenden? Zunächst zur Attribution von Leistungen. Der Einfachheit halber wird eine Synopse erstellt und nur über ausgewählte Untersuchungen berichtet (Tabelle 25).

Meyer & Butzkamm (1975) haben zehn Lehrer des 3. Schuljahres gebeten, für jeden Schüler anzugeben, auf welche Ursachen sie die Mathematiknote des letzten Zeugnisses zurückführten. Die Lehrer hatten auch anzugeben, ob der jeweils genannte Faktor einen positiven oder negativen Einfluß auf die Note hatte. Jeder genannte Ursachenfaktor war dann im Hinblick auf seinen Einfluß beim Zustandekommen der Zensur zu gewichten, wobei die Summe der Gewichtungen sich für jeden Schüler auf 100% zu addieren hatte. Daraus wurde ein Kategorienschema erstellt, bei dem möglichst jede Äußerung je einer Kategorie zuordenbar sein sollte. Es ergaben sich fünf spezifische Kategorien sowie zwei Restkategorien. Die mittlere Gewichtung für Begabungsfaktoren betrug 49,7%, jene für Anstrengungsfaktoren

27,6 %, jene für sonstige Persönlichkeitsfaktoren 8,7 % und jene für außerschulisches Milieu 8,5 %. Einschränkend ist zu bemerken, daß bei diesen Angaben die Zusammenhänge der Ursachen miteinander nicht berücksichtigt wurden. Trägt man diesem Umstand durch Partialkorrelationen Rechung, dann verringern sich die Anteile. So sinkt der gemeinsame Anteil der Varianz zwischen Note und Anstrengungseinschätzung von 27 % auf ca. 17 %, wenn man den Einfluß der jeweils anderen Ursachenfaktoren konstant hält.

In unserer Untersuchung (genauer in Hofer & Dobrick, 1981) wirkten 31 Grund- und Hauptschullehrer mit. In jeder Klasse wählten wir fünf Schüler aus, für die die Lehrer Angaben zur Attribution zu machen hatten (zur Auswahl der Schüler vgl. Kapitel 5). In dem Fragebogen sollte angegeben werden, „welche Ursachen zu dem Verhalten des Schülers in welchem Ausmaß beitragen" (z. B. „Sie stellen dem Schüler eine mittelschwere Frage (am Klassendurchschnitt gemessen), und er gibt eine richtige Antwort"). Für jeden vorgegebenen Ursachenfaktor war zunächst der vermutete Prozentsatz zu nennen, mit dem er in der Meinung des Lehrers am Zustandekommen des Schülerverhaltens beteiligt war. Die Angaben sollten sich auf 100 Prozent aufsummieren. Außerdem sollte für jede Ursache angekreuzt werden, ob sie einen hemmenden oder einen fördernden Einfluß auf das zu erklärende Ereignis ausübte. Ursachen, die mit dem zu erklärenden Verhalten im Einklang stehen („wegen"), fördern das betreffende Verhalten. Ursachen, die zu dem zu erklärenden Verhalten in Widerspruch stehen („trotz"), hemmen das Verhalten.

Die Ergebnisse bestätigen die beiden obengenannten Überlegungen (vgl. Hofer & Dobrick, 1981, S. 116).

1. Eine gute Leistung des „schlechten Schülers" wurde trotz mangelnder Begabung (allgemeiner geistiger Fähigkeit und spezieller fachlicher Fähigkeiten) und Schwierigkeit des Stoffes verstärkt mit Zufall begründet (vgl. dazu auch Boteram, 1976, S. 69): erwartungswidrige (untypische) Ereignisse wurden also mit Ursachen unterschiedlicher Wirkungsrichtung erklärt.
2. Die gute Leistung eines „introvertiert sensiblen Schülers" wurde als trotz Schüchternheit wegen Konzentrationsfähigkeit erreicht kogniziert. Und dessen schlechte Leistung wurde damit erklärt, daß trotz des Einsatzes von Anstrengung die Schwierigkeit des Stoffes für diesen Schüler nicht überwunden werden konnte. Hier wurden bei einem Schüler positive (Konzentrationsfähigkeit und Anstrengung) und negative Ursachen-Variablen (Schüchternheit und Stoffschwierigkeit) als gegeneinander wirkend angenommen.

Wie aus der Synopse in Tabelle 25 hervorgeht, lassen sich trotz heterogener Ergebnisse die Faktoren Begabung und Anstrengung als kognizierte Ursachen identifizieren. Außerdem spielen schulische und außerschulische Faktoren eine Rolle (vgl. auch Clark und Peterson, 1985, Tab. 8).

Die Attributionen hängen von einer Reihe von Faktoren ab, die möglicherweise für die unterschiedlichen Ergebnisse in Tabelle 25 verantwortlich sind. Bierhoff-Alfermann (1979) fand zum Teil Unterschiede in der Beurteilung der Einflußstärke von Ursachenfaktoren, je nachdem, ob sie „die Halbjahresnote auf dem letzten Zeugnis" oder „das Ergebnis der letzten

Tabelle 25: Synopse von Untersuchungen zu Ursachenfaktoren von Schülerleistungen in Lehrerkognitionen.

Autoren	Vpn	attribuiertes Ereignis	Vorgehen	Auswertung	Ergebnisse
Bierhoff-Alfermann (1979)	69 Hauptschullehrer	Halbjahresnote aus letztem Zeugnis, Note in letzter Klassenarbeit	Auswahl von vorgegebenen Ursachen für je einen über- und unterdurchschnittlichen Schüler	Schülerspezifisch	Ergebnisse abhängig von der Leistung
Cooper und Burger (1980)	39 Lehrer	Erfolg und Versagen für gute und schlechte Schüler	– freie Angabe von Gründen – Gewichtung d. Ursachen	Kodierung	16 Einzelmerkmale: z. B. Fähigkeit (11 %) Anstrengung (28 %), Instruktion (7 %), Aufmerksamkeit (8 %), familiärer Hintergrund (3 %)
Hofer (1975)	48 Lehrer	Zeugnisnoten in Deutsch und Mathematik	Einschätzung v. Schülereigenschaften bei allen Schülern	Korrelationen von Merkmalen mit Noten	Mathe: hohe Korr. zwischen Begabung und Note Deutsch: hohe Korr. zwischen Anstrengung und Note
Hofer und Dobrick (1981)	31 Lehrer	fiktive richtige und falsche Antwort von fünf ausgewählten konkreten Schülern	für neun vorgegebene Faktoren sollte das Ausmaß hemmenden oder fördernden Einflusses angegeben werden	schülertypspezifisch	richtige Antwort: Begabung (31 %), Interesse (13 %) falsche Antwort: Schwierigkeit (17 %), Konzentration (10 %)
Hofer u. a. (1982 b)	30 Lehrer	typische Leistung des Schülers in Mathe während der letzten Woche für vier ausgewählte Schüler	Angabe von Ausprägung und Wirkanteil bei 8 vorgegebenen Ursachen	Auswertung schülertypspezifisch	Wirkanteile: Ausdauer, Fleiß, Interesse, Intelligenz
Meyer und Butzkamm (1975)	10 Lehrer	Mathe-Note des letzten Zeugnisses	freie Antworten, Angabe der Einflußrichtung, Gewichtung	Kategorisierung	Gewichtungen: Begabung (50 %), Anstrengung (28 %), Persönlichkeit (9 %), außerschulisches Milieu (9 %)
Rheinberg (1980)	70 Lehrer	über- (unter)durchschnittliche Leistungen, gute (wenig gute) Fortschritte	stichwortartig aufschreiben	Kategorisierung	29 Einzelmerkmale: 14 Schülerfaktoren, 9 Unterrichtsfaktoren, 5 Faktoren der außerschulischen Umwelt
Ries und Heinen (1979)	24 Lehrer-Studenten	Mathe-Note des letzten Zeugnisses	freie Antworten, Angabe der Einflußrichtung, Gewichtung	Kategorisierung	durchschnittlich 3,3 Ursachen pro Schüler, Gewichtungen: Begabung (27 %), Anstrengung (27 %), Motivation (10 %), außerschulisches Milieu (10 %), schulische Faktoren (12 %)
Selig u. a. (1976)	28 Erst-Klaß-Lehrer	Die Lehrer sollten alles sagen, was ihnen zu jedem Schüler einfiel	Ursache-Wirkungs-Aussagen wurden identifiziert	Kategorisierung	100 Einzelmerkmale: Familie (12 %), Schule (50 %), Persönlichkeit des Schülers (38 %)

Klassenarbeit“ in dem jeweiligen Fach attribuieren ließ. In unserer Untersuchung (Hofer & Dobrick, 1981) wurden Ereignisse geringer zeitlicher Erstreckung zur Ursachenerklärung vorgegeben. Es ergab sich sehr klar, daß Lehrer der Art der „Darstellung“ des Stoffes im Unterricht einen nicht unerheblichen Anteil am Zustandekommen von Schülerleistungen zuschrieben. Der Faktor „Zufall“ (Glück oder Pech) erhielt ebenfalls – wenngleich nicht sehr hohe – Gewichtungen. Und auch dem Faktor „Schwierigkeit des Unterrichtsstoffes für diesen Schüler“ wurden Ursachenanteile zuerkannt. Schülerexterne Faktoren wurden besonders bei der Erklärung von erwartungswidrigen Ereignissen herangezogen, z.B. dann, wenn der Klassenprimus eine Frage falsch (Darstellung durch den Lehrer: 10,8 %) und der schlechte Schüler eine Frage richtig beantwortet (Zufall: 8 %) (vgl. auch Rheinberg, 1980, S. 67f.). Die Attribution aktueller Einzelereignisse erfolgt nach einem eingefahrenen Muster nur dann, wenn es sich dabei um ein für den betreffenden Schüler „typisches“ Ereignis handelt, das nicht erwartungswidrig ist. Wie Bromme & Juhl (1985) zeigen konnten, attribuieren Lehrer aktuelle Einzelereignisse nicht primär nach allgemeinen Ursachenfaktoren. Sie ließen 20 Gymnasiallehrer eine beliebige Aufgabe aus dem Unterricht der jeweils letzten Mathematik-Unterrichtseinheit herausgreifen. Sie sollten dann für zwei Schüler, die die Aufgabe verstanden und für zwei, welche sie nicht verstanden hatten, frei angeben, an welche Ursachen des Verstehens/Nicht-Verstehens sie sich erinnern. Lediglich 21 % der Erklärungen waren aufgabenübergreifend (z.B. Motivation, Begabung). Die anderen Angaben waren bereichsspezifisch/aufgabenbezogen. Rund 44 % aller Nennungen hoben unmittelbar auf den Arbeits- bzw. Denkprozeß ab. Am häufigsten wurde auf die spezifischen Vorkenntnisse verwiesen (15 %). Als weitere Ursachen wurden genannt „Erkennen des Zusammenhangs mit anderen Aufgaben“ (7 %), „Erkennen der Lösungsidee“ (9 %), „Ausführung der Lösungsidee“ (6 %). Aus den Kategorien läßt sich schließen, daß die Lehrer eine subjektive Theorie über den Aufgabenlösungsprozeß anwendeten, in der vor allem die Aktivierung vorhandenen Wissens als konstitutiv für das Verstehen von Neuem gesehen wird. Damit wurde gezeigt, daß Attributionen bereichsspezifisch sein können (vgl. Ulich, 1983, S. 130). Dennoch ist ein enger Zusammenhang zwischen allgemeinen und bereichsspezifischen Ursachenerklärungen durchaus denkbar.

Die Ursachenattribution bei Klassenarbeiten hängt davon ab, welche Vergleichsperspektive der Lehrer der Bewertung zugrundelegt. Fähigkeitserklärungen werden dann gefördert, wenn Lehrer die Klassenarbeiten im interindividuellen Vergleich beurteilen. Werden nicht so sehr die Leistungen verschiedener Schüler miteinander verglichen, sondern mehr die Leistungsergebnisse jeweils eines Schülers über mehrere Klassenarbeiten, so werden verstärkt Anstrengungsattributionen generiert (Liebhart, 1977).

Bei Rheinberg (1980, S. 75) waren es Lehrer mit sozialer Bezugsnorm (Vergleich zwischen den Schülern), die häufiger zeitstabile Ursachen angaben. Lehrer mit individueller Bezugsnorm (Vergleich mit früheren Leistungen desselben Schülers) zogen häufiger variable Ursachen heran (Unterrichtsinhalte, Methodik, Sachinteresse).

Cooper & Lowe (1977) konnten in einer Untersuchung, in der sie die Lehrerrolle von ihren Vpn einnehmen ließen (role-players), nachweisen, daß die Ursachenzuschreibung von weiteren Faktoren abhängt. Sie hing zunächst ab von der Fähigkeit des Schülers: personale Faktoren wurden bei guten Schülern stärker ins Spiel gebracht, externale mehr bei durchschnittlichen. Sodann von der Qualität der Leistung: bei Erfolg wurde stärker als bei Mißerfolg auf Begabung und Anstrengung attribuiert (vgl. auch Ries & Heinen, 1979). Sodann davon, ob die Schwierigkeit der Aufgabe bekannt war oder nicht. Waren die Anforderungen bekannt, dann wurden bei guten Schülern Erfolge stärker auf personale Faktoren zurückgeführt, als wenn die Aufgabenschwierigkeit nicht bekannt war.

Nun zur Attribution von anderen Ereignissen als Leistungsergebnissen. In unserer Untersuchung (Hofer & Dobrick, 1981, S. 121) ließen wir neben den beiden Leistungssituationen auch zwei Situationen erklären, die der Zieldimension des „Unterrichtsverhaltens“ entsprachen. Die beiden Situationen waren:

1. „Der Schüler meldet sich während des Unterrichts von sich aus und bringt einen eigenen Gedanken, der auf den gerade ablaufenden Unterricht bezogen ist.“
2. „Der Schüler stört den Unterricht, indem er sich zusammen mit seinem Nachbarn (Hintermann) mit unterrichtsfremden Dingen (Spielen, Schwätzen) beschäftigt.“

Der Beantwortungsmodus war derselbe wie auf Seite 207 beschrieben. Auch hier wurde „Begabung“ als besonders wirksame Ursache für eine positive Situation (produktives Melden) angegeben, wenngleich sie mit durchschnittlich 26,8 % nicht ganz so dominant war wie bei der guten Leistung (31,1 %). Dafür wurde „Interesse“ stärker mit produktivem Melden in Verbindung gebracht (20,5 %) als mit guter Leistung (13,2 %). Auch die „Art der Darstellung“ wurde als einschlägiger gesehen (11,7 % im Vergleich zu 7,6 %). Eine Unterrichtsstörung wurde ebenso wie eine negative Leistung am meisten mit „Schwierigkeit des Stoffes“ erklärt (16,1 % bzw. 17,4 %), aber mehr als dort mit der „Art der Darstellung“ (13,1 % im Vergleich zu 6,7 %). Hier wurde auch stärker auf „Aggressivität“ als Ursache bezogen (6,3 % im Vergleich zu 2,3 %). Intraindividuelle Attribuierungsunterschiede zwischen Schülern wurden hinsichtlich der Zieldimension des Unterrichtsverhaltens in ähnlicher Weise vorgenommen wie hinsichtlich jener der Schulleistung. Insgesamt sind die beiden Attributionsstrukturen trotz der erwähnten Unterschiede einander ziemlich ähnlich.

Mit Hilfe strukturierter Interviews hat sich Medway (1979) von Lehrerinnen schulische Problembereiche im Zusammenhang mit Schülern nennen lassen und fragte dann nach der hauptsächlichen Ursache der Probleme. Die Probleme wurden zwei Kategorien zugeordnet: Lernproblemen und Verhaltensproblemen. Die wichtigsten Ursachen für Lernprobleme waren Begabung, Motivation, Persönlichkeit sowie Familienverhältnisse. Begabung spielte bei Verhaltensproblemen eine weniger wichtige Rolle, dafür aber das Verhältnis zu Mitschülern.

Als kognizierte Ursachen für Motivationsprobleme ermittelte Engelhardt (1979) Desinteresse und Konzentrationsschwächen (25 %), Herkunftsmilieu (24 %), schulische Bedingungen (21 %) und das Leistungsvermögen der Schüler (18 %).

Für den Bereich „Schüleraggressionen" gingen Dann u.a. (1982b) von der Annahme aus, daß das Verhalten des Lehrers in aggressionsträchtigen Situationen davon mitbestimmt werde, wie er sich das Zustandekommen aggressiver Interaktionen erklärt. Die Autoren unterschieden zwischen zwei Ebenen der Ursachenerklärung. Auf der ersten – der Ebene psychologischer Aggressionserklärungen – wurde danach gefragt, auf welche Variablen Lehrer die Aggressionsbereitschaft von Schülern zurückführen. Hierbei stießen sie auf die Komplexe: Lernmodell (z.B. „Körperliche Gewalt zwischen Schülern wird durch Kriminalfilme im Fernsehen sehr gefördert"), Anlagenmodell (z.B. „Es gibt Kinder, die eine angeborene Tendenz haben, unbeherrscht und aggressiv zu reagieren") und Frustrationskurzzeitmodell (z.B. „Beschimpfungen von Mitschülern lösen bei den Betroffenen schnell Aggressionen aus" (S. 235). Auf der zweiten Ebene wurde nach Faktoren gefragt, die als Auslöser für konkrete Aggressionen gesehen werden. Dazu wurden Einzelfaktoren vorgegeben, die auf einer fünfstufigen Ratingskala danach beurteilt werden sollten, wie bedeutend sie als Verursacher des aggressiven Schülerverhaltens angesehen werden. Die wichtigsten Ursachen wurden „im Familienbereich, bei den Mitschülern und in der Entwicklungsphase des Schülers, aber auch in der Lehrer-Schüler-Beziehung gesehen. Demgegenüber werden Erbanlagen, äußere Bedingungen (Erscheinung des Lehrers, Wetter, Wochentag, Architektur der Schule), aber auch Leistungsanforderungen im Mittel für vergleichsweise unwesentlich für Aggressionsentstehung gesehen" (S. 265). Lehrer, die dem Anlagemodell zuneigen, hatten Einstellungen des „konservativen Syndroms": Skepsis gegenüber Reformen, positive Bewertung von Druck etc. Auf der anderen Seite waren entgegen der Ausgangsfragestellung Erklärungspräferenzen nicht direkt mit der Bewertung von punitiven Maßnahmen verknüpft. Guttmann (1982) ging ähnlich vor. Er ließ 28 Lehrer für jeden von 26 Faktoren angeben, wie wichtig er als Grund für das undisziplinierte Verhalten (problem behavior) eines fiktiven Kindes Yohannan gesehen wird. Die Lehrer schienen zwei Erklärungsprinzipien zu äußern, die beide als psychologisierend bezeichnet wurden. Am wichtigsten erschien ihnen ein Bedürfnis nach Anerkennung. Als zweite Erklärung verwiesen sie auf das Bedürfnis, „Dampf abzulassen“. Dies alles wurde mit psychologischen Problemen begründet, wobei auch auf schlechte Vorbilder zuhause hingewiesen wurde. Erst dann kamen ähnlich wie bei Dann u. a. (1982 b) Gründe schulischen Versagens. Sowohl Dann u.a. als auch Guttmann haben versucht, die Erklärungsfaktoren nach dem Schema intern/extern und stabil/variabel zu ordnen. Während die Lehrer Danns eher externale Faktoren gewichteten, schienen die Lehrer Guttmanns stärker auf internale Faktoren (vom Schüler aus gesehen) Bezug zu nehmen. Die Ergebnisse von Thommen (1985) weisen auf die Vielschichtigkeit und Komplexität der Lehrerattributionen für abweichendes Verhalten hin. Internale und externale Faktoren waren argumentativ vielfältig verbunden. Ähnlich wie Rheinberg und Elke (1979) für den Motivationsbereich gezeigt haben, gilt wohl auch für andere Bereiche, daß Lehrer konkretes Schülerverhalten zwar direkt mentalen Akten der Schüler zuschreiben, diese aber in differenzierter Weise mit externen Faktoren verknüpfen.

Nach den von Lehrern kognizierten Ursachen für das Ereignis „Schuleschwänzen“ haben Hildeschmidt u.a. (1979, S. 171) gefragt. Vor allem Eltern und die sozialen Verhältnisse wurden für das Schulbesuchsverhalten verantwortlich gemacht. Auch der Schüler wurde als Ursache kogniziert, doch sahen die Lehrer bei sich selbst keine nennenswerte Determinante.

Bislang wurden die Annahmen von Lehrern über die Ursachen von Ereignissen einzelner Schüler behandelt. Daß sich viele unterrichtsbezogenen Inhalte von Denkprozessen daneben auch auf die Klasse als ganze beziehen, darauf hat Radtke (1983) aufmerksam gemacht. Auch für klassenbezogene Ereignisse wird nach Ursachen gesucht. Für den Leistungsstand einer Klasse können vergangene Lehrer, Umstellungen des Lehrplans, Einzugsbereich der Schüler verantwortlich gemacht werden. Für Störungen können sogenannte Unruheherde (fünf bis sechs Jungen, die das Umfeld beeinflussen) gefunden werden (Radtke, 1983, S. 43, vgl. auch Wahl u.a., 1983, S. 188).

Ein Fazit kann gezogen werden. Lehrer scheinen unterrichtsrelevante Ereignisse auf eine Reihe verschiedener Ursachen zurückzuführen. Das Repertoire zur Erklärung von Ereignissen scheint recht umfangreich zu sein. Als wesentliche Faktoren spielen die Begabung und die Anstrengung des Schülers eine Rolle. Ursachen können unterschiedlich dimensioniert, auf verschiedenen Ebenen spezifiziert und variabel aktiviert werden.

Zusammenfassung:

1. Lehrer führen Schülerleistungen vor allem auf die Ursachen Begabung, Anstrengung, Schule und Familie zurück. Im einzelnen hängen die zuge-

schriebenen Gewichte von Variablen ab wie Schulfach, Schulleistung, Art des zu attribuierenden Ereignisses sowie von der Vergleichsperspektive, die der Bewertung zugrundegelegt wird. Ereignisse können mehrfach attribuiert werden.

2. Auch für andere als Leistungsereignisse werden Ursachen angenommen. Für problematisches/undiszipliniertes/aggressives Verhalten werden zum Teil psychologische Erklärungen gegeben (z.B. Bedürfnis, Dampf abzulassen, Bedürfnis nach Anerkennung). Zum anderen werden weniger Begabungsfaktoren herangezogen, dafür mehr auf Ursachen im Familienbereich hingewiesen.

3. Ursachenzuschreibung und Handlungsregulation

Zu Beginn dieses Kapitels wurde die in der Lehreraussage: „Hansi nimmt das Rechtschreiben nicht ernst genug. Ich muß ihn in Zukunft strenger behandeln“ enthaltene Ursachenzuschreibung herausgestellt: der Lehrer erklärt die schwache Leistung des Schülers mit Leichtfertigkeit. Es wurde darauf hingewiesen, daß damit eine Erwartung über die Weiterentwicklung der Leistung begründet werden kann. Ein Eingreifen wird nur dann erwogen, wenn die Weiterentwicklung der Situation als unbefriedigend kogniziert wird. Es ist die Diskrepanz zwischen Wird- und Soll-Lage, die Erwägungen über ein Eingreifen auslöst. Weiter wird die Art des Eingreifens abhängig sein von der Art der Ursache, auf die das jeweilige Ereignis zurückgeführt wird. Diese beiden Punkte werden in diesem Abschnitt besprochen.

a) Ursachenzuschreibung für aufgetretene und Erwartung für künftige Ereignisse.

Es ist mehr als reine Neugier, als zweckfreies Wissen-Wollen und Orientierungsbedürfnis, das Lehrer nach Ursachen von Ereignissen fragen läßt. Die Attribution ist notwendig, um das eigene Verhalten zu regulieren und zu steuern. Ein Verbindungsglied zwischen Attribution und Verhalten ist das Konzept der Erwartung. Ein Lehrer, der von den Eltern eines Schülers gefragt wird, ob dieser ein Universitätsstudium erfolgreich absolvieren werde, wird aufgefordert, eine solche Erwartung zu entwickeln. Für ihn dürfte zutreffend sein, was Heider sagte: „Wir haben z.B. den Eindruck, daß Johns gute Noten dann verständlich sind, wenn wir seine Leistung ... auf seine hohe Intelligenz ... beziehen, und wir fühlen uns dann recht sicher dabei, ein erfolgreiches Universitätsstudium vorherzusagen“ (Heider, 1977, S. 100).

Die Kenntnis der Ursachen von Ereignissen gestattet in der Regel, das Wiedereintreffen dieser Ereignisse dann vorherzusagen, wenn die Ursachen (wieder) gegeben sind. Crandall (1970) hat Versuchspersonen gebeten, vorgegebene Eigenschaften nach ihrer Wichtigkeit sowie ihrem prognostischen Wert zu rangreihen. Es zeigte sich eine hohe Korrelation (r = .64) zwischen der Wichtigkeit und dem prognostischen Wert. Menschen halten also jene Eigenschaften für wichtig, aus denen sie das Verhalten der Mitmenschen vorhersagen können.

Attributionen sind die Grundlage von Erwartungen über die Weiterentwicklung einer gegebenen Situation. Solche Erwartungen fallen unterschiedlich aus, je nachdem, welche Ursachenfaktoren als wirksam angenommen werden. Die Dimension Stabilität-Variabilität der herangezogenen Ursachen ist für die Erwartungsbildung von Bedeutung. Führt der Lehrer eine schlechte Leistung auf variable Faktoren zurück (z.B. auf erfolgte Ablenkung), dann wird er eher mit einer Verbesserung rechnen, als wenn er stabile Ursachen vermutet. Als stabil werden von Lehrern nach Rheinberg (1975) vor allem die allgemeinen geistigen Fähigkeiten des Schülers sowie sein häusliches Milieu beurteilt. Eher variabel wurden dagegen das Interesse am Stoff, die allgemeine Arbeitshaltung und die leibseelische Verfassung gesehen. Entsprechend korrelierten stabile Variablen mit dem erwarteten Leistungsniveau der Schüler höher (Begabung: .64–.69) als variable Ursachenfaktoren (Interesse: .26, Arbeitshaltung: .39): die Aussagen über das in drei Monaten zu erwartende Leistungsniveau (oberes, mittleres, unteres Drittel) waren stärker davon bestimmt, wie die Lehrer den jeweiligen Schüler in den stabilen als in den variablen Ursachenfaktoren einschätzten. Man könnte daraus den Schluß ziehen, daß bei der Zuschreibung von stabilen Ursachen ein gleichbleibender Leistungsstand, bei der Zuschreibung von variablen Ursachen Leistungsveränderungen erwartet werden. Um diese Vermutung abzustützen, wäre es allerdings notwendig gewesen, die Korrelation zwischen dem erwarteten und dem augenblicklichen Leistungsniveau zu bestimmen.

In Anlehnung an die Überlegungen Weiners (1976) zur Attribution eigener Leistungsresultate kann die Beziehung zwischen Ursachenattribution des Lehrers und der Antizipation zukünftiger Leistungen durch das in Abbildung 28 dargestellte Schema gekennzeichnet werden. Führt ein Lehrer ein für ihn relevantes Schülerereignis auf stabile Faktoren zurück, wird er (ohne sein Eingreifen) ein Fortdauern des Ereignisses oder weitere ähnliche Ereignisse erwarten.

Ist die Wird-Lage mit der Soll-Lage identisch, so wird er ein Eingreifen für überflüssig halten. Das ist etwa bei einem Schüler der Fall, der auf eine schwere Frage eine richtige Antwort gibt. Führt der Lehrer dies auf stabile Faktoren zurück (z.B. Begabung), so wird er eine gute Abschlußleistung antizipieren und spezifische Interventionen nicht erwägen. Weicht die Wird-Lage von der Soll-Lage in ungewünschter Weise ab, dann erlebt der

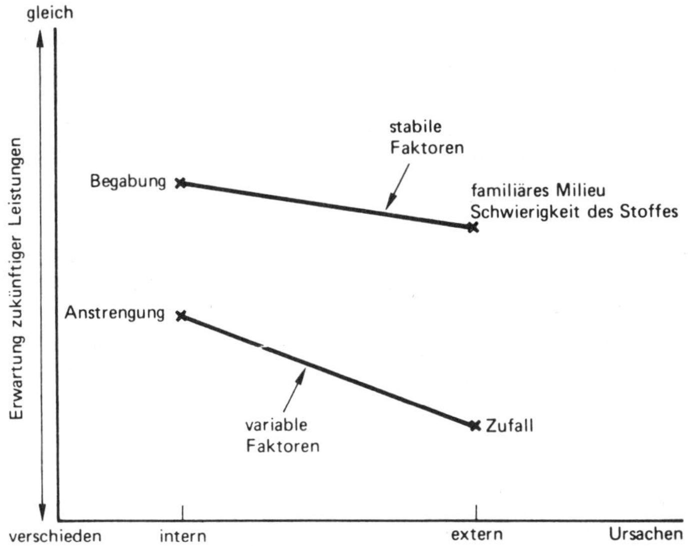

Abbildung 28: Vermutete Beziehung zwischen Ursachenattribution und Erwartung (aus Hofer & Dobrick, 1981, S. 134).

Lehrer unter Umständen „Handlungsdruck". Führt der Lehrer das Ereignis hingegen auf variable Ursachen zurück, so erscheint ihm die Kontinuität des Zustandes eher unwahrscheinlich.

Wir haben (genauer bei Hofer & Dobrick, 1981) den Zusammenhang zwischen Attribution und Erwartung indirekt geprüft. Geht man davon aus, daß Lehrer bei erfolgversprechenden Schülern ihr „Wunschziel" höher setzen, dann läßt sich die Differenz zwischen Ist-Lage und Soll-Lage als Indikator für erwartete Leistungssteigerungen heranziehen. Diese müßten bei Gültigkeit der genannten Überlegungen dann höher ausfallen, wenn als Ursachen für eine positive Leistungssituation stabile Faktoren gesehen werden. Und sie müßten höher ausfallen, wenn als Ursachen für eine negative Leistungssituation variable Faktoren gesehen werden. Umgekehrt müßten variable Ursachenfaktoren in einer positiven Situation zu niedrigen Leistungserwartungen führen. Wir haben in der genannten Untersuchung die Lehrer auf einer Dimension angeben lassen, auf welchem Stand sich jeder seiner Schüler derzeit befindet und mit welcher Leistung er in Zukunft zufrieden sein würde (Soll-Lage). In Tabelle 26 sind Partial-Korrelationen zwischen Attribution und Ist-Soll-Differenz angegeben. Der Übersichtlichkeit halber sind nur die signifikanten Zusammenhänge angeführt.

Tabelle 26: Partial-Korrelationen zwischen den Attributionen in positiver und negativer (fiktiver) Situation (nach Trotz-Wegen-Umrechnung und Zusammenfassung von Arbeits- und Leistungs-Situation) und der Differenz zwischen Ist-Lage und Soll-Lage. Auspartialisiert wurden die Ist-Lagen im Leistungs- und im Arbeitsverhaltensbereich. Alle Korrelationen sind auf dem 5%-Niveau signifikant, die mit (+) versehenen Korrelationen sind auf dem 1%-Niveau signifikant (aus Hofer & Dobrick, 1981, S. 135).

Attribution auf:

N = 124 Attribution in:	Begabung	Anstrengung	Konzentration	Interesse	Schwierigkeit	Darstellung	Schüchternheit	Aggressivität	Zufall
pos. Situation	.17		–.15	.21^{+}	–.20		–.22^{+}	–.37^{+}	
neg. Situation	–.20							.17	

Es zeigte sich im Einklang mit den Erwartungen, daß die Lehrer umso größere Hoffnungen mit einem Schüler verknüpften, je mehr bei einer guten Leistung Begabung und Interesse eine Rolle spielen, nicht aber Konzentration, Schwierigkeitsgrad, Schüchternheit und Aggressivität. Bei einer schlechten Leistung darf die (mangelnde) Begabung keine Rolle spielen, wohl aber die Aggressivität. Möglicherweise setzten die Lehrer ihre Hoffnungen dann auf ein Nachlassen der leistungsbeeinträchtigenden Aggressivität. Offensichtlich kommt es auf die spezifische Verknüpfung variabler Ursachenfaktoren mit dem „stabilen" Begabungsfaktor an. Interesse wird nur dann als nützlich gesehen, wenn gute Begabung vorhanden ist.

Dies ist ein sehr indirekter Beweisgang. Die Wird-Soll-Diskrepanz wurde nicht direkt erhoben. Die theoretische Annahme verbleibt weiterhin im Spekulativen. Unklar ist auch, in welchem Ausmaß Ist-Soll- im Verhältnis zu Wird-Soll-Diskrepanzen handlungsprovozierend wirken. Im Hinblick auf das Konzept des präventiven Lehrerverhaltens halte ich das Konstrukt der Wird-Lage für einen notwendigen Bestandteil innerhalb eines Systems handlungsbezogener Kognitionen.

b) Ursachenzuschreibungen, Schülertypen und Verhalten

Ereignisse können je nach Attribuierungen unterschiedliche Handlungsimpulse auslösen. Weicht die aufgrund der vermuteten Stabilität der Ursachen vom Lehrer antizipierte Wird-Lage genügend von der Soll-Lage ab, so steht er vor der Frage, welche der möglichen Handlungsentwürfe er wählen soll. Es wird angenommen, daß sich je nach Art der Ursache „entsprechende“ Handlungen anbieten. Welche Faktoren könnten diesen Zusammenhang bestimmen? Ich gehe auf drei ein:

1. Die kognizierte *Kontrollierbarkeit* der Ursache durch den Schüler. Ursachen können von einer Person danach unterschieden werden, inwieweit sie vom anderen steuerbar sind. Steuerbar heißt, daß sie der bewußt-willentlichen Kontrolle verfügbar sind (Debler, 1984). Wong und Weiner (1981) konnten feststellen, daß sich viele Warum-Fragen auf die Kontrollierbarkeit der Faktoren bezogen. Rheinberg (1975) hat die Kontrollierbarkeit verschiedener Ursachenfaktoren von Lehrern einschätzen lassen. Er erhielt folgendes Bild: als eher kontrollierbar wurden kogniziert die „allgemeine Arbeitshaltung“, das „Interesse am Unterrichtsstoff“. Eher nicht kontrollierbar erschienen die „allgemeinen geistigen Fähigkeiten“, das „häusliche Milieu“, die „leibseelische Verfassung“ sowie die „Schwierigkeit des Faches“. Die Annahme liegt nahe, daß Lehrer versuchen, auf kontrollierbare Faktoren einzuwirken. Hier müßten sie die größten Chancen sehen, die davon beeinflußten Ereignisse zu verändern.
2. Die kognizierte *Beeinflußbarkeit* der Ursache durch den Lehrer. Weiter liegt die Annahme nahe, daß Kognitionen über die Beeinflußbarkeit der Ursachen durch sich selbst eine Rolle spielen. In unserer Untersuchung (Hofer u.a., 1979, S. 71) wurden „Darstellung des Stoffes“, „Interesse“ und „Anstrengung“ als eher beeinflußbar angegeben, „Begabung“, „Schüchternheit“ und „Konzentration“ als eher wenig beeinflußbar. Ähnlich wurden in der Untersuchung von Cooper & Burger (1980, S. 103) als beeinflußbar kogniziert die Faktoren Interesse, Schwierigkeit der Aufgabe, Aufmerksamkeit (jeweils der Schüler). Als wenig beeinflußbar galten familiäre Einflüsse und physiologische Prozesse. Mit der verständlichen Ausnahme der Fachschwierigkeit scheint es sich bei den Variablen Beeinflußbarkeit von Ursachenfaktoren durch den Lehrer und Kontrollierbarkeit durch den Schüler im wesentlichen um dasselbe Phänomen zu handeln. Wahrscheinlich hängen Beeinflußbarkeit und Kontrollierbarkeit zusammen. Lehrermühen können nur dann erfolgreich sein, wenn sie von Schülermühen unterstützt werden. Wenn eine Person ein aufgetretenes Ereignis x auf die Ursachen y_1, y_2 und y_3 zurückführt, und zwar in dem Ausmaß a_1y_1, a_2y_2 und a_3y_3, wobei a subjektive Gewichtungen darstellen, und wenn man mit b das Ausmaß bezeichnet, in dem die Ursache jeweils als beeinflußbar erscheint, dann dürfte die günstigste Strategie, x in Zukunft zu bewirken (oder zu vermeiden), darin liegen, auf jene Ursachen Einfluß zu nehmen, für die der Ausdruck a_i mal b_iy_i die höchsten Werte annimmt. Wir haben uns (Hofer u.a., 1979, S.

72 f.) von diesem Gedanken leiten lassen und sind für die vier Schülertypen zu folgendem Ergebnis gekommen: für den Klassenprimus müßten Strategien erwogen werden, welche auf die verbesserte „Darstellung" abzielen. Für den Extravertierten müßten Maßnahmen als wirksam erachtet werden, welche dessen „Interesse" heben. Beim Introvertierten müßten vor allem Veränderungen der Stoffschwierigkeit eine Leistungsverbesserung bewirken, während beim schlechten Schüler auf die Aggressivität zu achten sein müßte. Insgesamt sinkt „Begabung" als die bedeutendste Ursache wegen ihrer geringen kognizierten Beeinflußbarkeit auf den fünften Platz zurück. Eine Differenzierung des Zusammenhanges ergibt sich, wenn man zwischen hemmenden und fördernden Ursachen unterscheidet. Für die Handlungsplanung bieten sowohl „wegen"-Ursachen als auch „trotz"-Ursachen Einwirkungsmöglichkeiten. Will der Lehrer schlechte Leistungen verbessern, so kann er die das (schlechte) Ergebnis begünstigenden Faktoren reduzieren, und/oder er kann die das Ergebnis hemmenden Faktoren fördern (vgl. Hofer u.a., 1979, S. 179). Diese Überlegung entspricht der Alltagserfahrung, wenn Lehrer von Stärken (deren Stützung eine Verbesserung ermöglicht) und Schwächen (deren Reduzierung erfolgreich sein könnte) sprechen.

3. Die kognizierte *„Passung"* der Maßnahme für die Ursache. Die Frage der „Passung" von Handlungsentwürfen zu Ursachen ist gleichbedeutend mit der Frage, für welche Handlungsentwürfe Lehrer in Situationen, welche durch bestimmte Ursachen gekennzeichnet sind, die größten Erfolgschancen antizipieren. Für den Lehrer des Eingangsbeispiels paßt offensichtlich „Strenge" besser als eine andere Strategie, um auf die die schlechte Rechtschreibleistung fördernde Ursache „Leichtfertigkeit" einzuwirken. Er betrachtet diese Ursache wohl auch als beeinflußbar, da vom Schüler kontrollierbar. Dies ist eine Frage, die systematisch in Kapitel 9 behandelt wird.

Wir haben die Frage nach den Zusammenhängen zwischen Attributionen und Verhalten geprüft (vgl. Hofer & Dobrick, 1981). Für jeden Schülertyp (Kapitel 5) konnten wir das von den Lehrern bevorzugte Attributionsmuster identifizieren. Wir hielten fest, auf welche Ursachen die Lehrer im Mittel das Ereignis (positive sowie negative Leistungssituation) stärker zurückführten als beim Durchschnitt der anderen Schüler. Dieses Muster ist in den Tabellen 27 und 28 in der zweiten Spalte ersichtlich. Wir berechneten außerdem die prozentualen Häufigkeiten, mit denen die Lehrer unserer Stichprobe bei jedem Schülertyp in bestimmten schulischen Situationen die verschiedenen in einem Beobachtungssystem erfaßten Verhaltensweisen an den Tag legten. Dabei wurden alle jene Situationen (z.B. „Schüler gibt richtige Antwort auf eine direkt gestellte leichte Frage") verwendet, die in unserer Untersuchung pro Schülertyp genügend häufig aufgetreten sind, um eine solche Auswertung zu gewährleisten. Um festzustellen, ob Lehrer zwischen verschiedenen Schülern überhaupt individualisieren, wurden kanonische Korrelationen berechnet zwischen den vier Schülertypen (als dummy-Variablen) und den jeweils vorgesehenen und aufgetretenen Lehrerreaktionen. In 12 der insgesamt 28 Situationen war der Zusammenhang zwischen Typ und Verhalten mindestens auf dem 5 %-Niveau signifikant. Für diese Situationen haben wir nun jene Reaktionen der Lehrer identifiziert, mit denen sie bei je einem der vier Typen häufiger reagierten als beim Durchschnitt der anderen Schüler. Diese Reaktionen sind in der vierten Spalte aufgeführt. Damit ist eine Gegenüberstellung von Attributionen und Verhaltensweisen möglich. Die dritte Spalte enthält im Gegensatz zu den auf Daten basierenden Angaben der anderen Spalten Interpretationen. Und zwar handelt es sich um Gedanken/Gefühle, die von den Lehrern möglicherweise aktiviert werden, wenn sie die betreffenden Ereignisse attribuieren und dann zu spezifischen Reaktionen greifen. Die Notwendigkeit dieser Interpretationen zeigt, daß Attributionen alleine noch keine Verhaltensvorhersagen ermöglichen. Es fehlt als Zwischenglied die Betrachtung von Handlungs-Ergebnis-Erwartungen.

Beim Klassenprimus wurde die richtige Antwort auf eine Frage verstärkt auf Begabung und Konzentration zurückgeführt. Die Überlegung „ich habe es noch besser/schneller erwartet" kann erklären, warum die Lehrer bei diesen Schülern häufiger als bei anderen mit gemischtem Feedback reagierten, wenn es sich um eine schwere Frage handelte und der Schüler direkt drangenommen wurde. Insgesamt ist das relativ häufige positive globale und detaillierte Feedback bei diesen Schülern auffallend.

Beim extravertierten Schüler erfolgte besonders häufig Reagieren und Dranbehalten. Dies hing zusammen mit Rückführung der Antworten auf starkes Interesse trotz mangelnder Konzentration. Es schien, als nutze der Lehrer die Gelegenheit, das Interesse des Schülers entfacht zu haben, um zu versuchen, ihn bei der Stange zu halten. Das relativ häufige positive und detaillierte Feedback hing mit der Rückführung der Leistung auf Begabung zusammen. Vielleicht war es die mangelnde Anstrengung, die trotz richtiger Antwort zu Ermahnung und negativem Feedback führte.

Das Reaktionsmuster der Lehrer beim introvertiert-sensiblen Schüler war gekennzeichnet durch positives, aber nicht spezifisches Feedback und durch die Tendenz, die Interaktion zu beenden. Angesichts konstant hoher Anstrengung und Konzentration als Ursachen schienen die Lehrer eine gute Leistung für anerkennenswert zu halten, sahen aber wohl keinen Anlaß, sich länger dabei aufzuhalten. Hatte sich dieser Schüler bei einer leichten Frage gemeldet, so mag die Schüchternheit, die der Schüler dabei überwunden haben mußte, den Lehrer bewegt haben, die Gelegenheit zu nutzen, sich mit ihm zu beschäftigen und ihm gemischte Rückmeldung zu geben.

Tabelle 27: Zusammenhänge zwischen Attribution und Verhalten des Lehrers im Falle der richtigen Antwort eines Schülers auf eine Lehrerfrage (richtige Antwort auf allgemeine leichte Frage [s. s.], auf direkte leichte Frage [s. s.], auf direkte schwere Frage [s.], Ausführen einer direkten Procederefrage [s. s.], Ausführen einer Procederefrage [s.]) (aus: Hofer & Dobrick, 1981, S. 146–147)

Typ	Attribution guter Leistungen	vermutete Zwischenkognitionen	Verhalten
Klassenprimus	wegen Begabung und Konzentration	„Jawohl, ist ja klar!"	positives Feedback global
		„Genau so geht das!"	pos. Feedback detailliert (bei schweren Fragen)
		„Ich wußte es, daß Du es kannst!"	keine Reaktion, selten dranbehalten (bei leichten Fragen)
		„Ich habe es noch besser erwartet!"	gemischtes Feedback (bei schweren Fragen)
Extravertierter	wegen Interesse trotz mangelnder Konzentration	„Nutze die Gelegenheit seines Interesses!"	positives Feedback und Dranbehalten, seltenes Nicht-Reagieren
	wegen Begabung	„Genau so geht das!"	detailliertes positives Feedback
	trotz mangelnder Anstrengung	„Reiß Dich zusammen!"	Ermahnung, negatives Feedback

Beim schlechten Schüler war positives detailliertes Feedback nur dann relativ häufig, wenn sich der Schüler freiwillig gemeldet hatte. Der Lehrer war vermutlich erfreut, daß es der Schüler trotz Schwierigkeit des Stoffes und mangelnder Begabung geschafft hat. Häufiger dranbehalten wurde dieser Schüler nur, wenn ihn der Lehrer direkt aufgerufen hatte, wenn er also aufgrund der Umstände eine richtige Antwort erwarten konnte. Wenn der Lehrer überhaupt nicht reagiert hat, dann könnte er gesagt haben: „Glück gehabt".

Tabelle 28 enthält in derselben Form aufbereitet die Ergebnisse für eine falsche Antwort. Das globale positive Feedback, gemischte Feedback und

Tabelle 27: (Fortsetzung)

Typ	Attribution guter Leistungen	vermutete Zwischenkognitionen	Verhalten
Introvertiert-Sensibler	wegen Anstrengung wegen Konzentration trotz Schüchternheit	„Hast es verdient!“	positives globales Feedback
		„Weiter im Stoff!“	keine Reaktion selten Dranbehalten (bei direkten Fragen) selten positives detailliertes Feedback
		„Nutze die Gelegenheit, Dich mit ihm zu beschäftigen!“	häufig Dranbehalten (bei allgemeinen leichten Fragen) gemischtes Feedback (bei allgemeinen leichten Fragen)
schlechter Schüler	trotz Schwierigkeit des Stoffes	„Na, endlich!“	Dranbehalten (bei direkten Fragen)
	trotz mangelnder Begabung	„Ja, sehr gut!“	positives detailliertes Feedback (bei allgemeinen leichten Fragen)
	wegen Glück, trotz Aggression	„Glück gehabt, Du Bengel!“	keine Reaktion Ermahnung, negatives Feedback (bei Ausführen)

teilweise Dranbehalten beim Primus scheint auszudrücken, daß sich der Lehrer die Antwort entweder noch richtig erhoffte oder sie als im Ansatz richtig unterstellte (trotz Begabung wegen Pech). Da zudem auch Schüchternheit als Ursache für falsche Antworten bei diesem Schüler relativ häufiger angegeben wurde, wird auch das seltene negative Feedback verständlich. Der Lehrer schien auch zu sagen: „Wenn der es nicht kann, dann kann es auch kein anderer“ (schlechte Darstellung) und gab die Antwort selbst.

Tabelle 28: Zusammenhänge zwischen Attribution und Verhalten des Lehrers im Falle einer falschen Antwort eines Schülers auf eine Lehrerfrage (falsche Antwort auf leichte Wissensfrage [s.], falsche Antwort auf schwere Wissensfrage, teilrichtige Antwort auf allgemeine Wissensfrage [s.], Schweigen auf Wissensfrage) (aus: Hofer & Dobrick, 1981, S. 148–149)

Typ	Attribution schlechter Leistungen	vermutete Zwischenkognitionen	Verhalten
Klassenprimus	trotz Begabung wegen Pech	„Er schafft es schon noch!“	globales positives Feedback gemischtes Feedback Dranbehalten (bei teilrichtiger Antwort und Schweigen)
	wegen schlechter Darstellung	„Dann kann es auch kein anderer!“	gibt Antwort selbst (bei leichter Frage) fragt anderen Schüler nicht (besonders bei schwerer Frage) kein Dranbehalten
	wegen Schüchternheit	„Nicht schimpfen!“	selten negatives Feedback
Extravertierter	wegen Aggressivität trotz Begabung	„Ärgerlich!“	negatives Feedback
	wegen mangelnder Anstrengung und Konzentration	„Der ist ganz woanders“	selten Dranbehalten
	trotz leichter Aufgabe	„Das muß man doch können“	anderen Schüler Fragen

Beim Extravertierten ärgerte sich der Lehrer wohl über dessen verursachende Aggressivität trotz guter Begabung und gab negatives Feedback. Er konstatierte geistige Abwesenheit (wegen mangelnder Konzentration) und behielt den Schüler nicht dran bzw. ging auf andere Schüler über (trotz leichter Aufgabe). Beim introvertiert-sensiblen Schüler schienen die Lehrer

Tabelle 28: (Fortsetzung)

Typ	Attribution schlechter Leistungen	vermutete Zwischenkognitionen	Verhalten
Introvertiert-Sensibler	wegen Schüchternheit	„Zart anfassen!“	wenig negatives Feedback keine Reaktion selten Ermahnen
	wegen schwerem Stoff trotz Anstrengung	„Zu schwer für ihn!“	anderen Schüler Fragen Dranbehalten
schlechter Schüler	wegen Aggressivität	„Ärgerlich!“	negatives Feedback
	trotz guter Darstellung	„Ich muß es noch anders formulieren!“	Dranbehalten (bei leichten Fragen) Dranbehalten (bei Schweigen)
	wegen Schwierigkeit des Stoffes trotz Anstrengung	„Zu schwer für ihn!“	selten Dranbehalten (bei schweren Fragen und teilrichtiger Antwort)

nach der Devise „zart anfassen“ vorzugehen. Das Versagen wurde auf Schüchternheit zurückgeführt, und es erfolgte wenig negatives Feedback, häufiges Nicht-Reagieren und seltenes Ermahnen. Oder die Diagnose lautete: „er hat sich angestrengt, aber der Stoff ist zu schwer für ihn“. Dadurch würde erklärlich, warum Lehrer häufiger andere Schüler fragten oder es mit ihm nochmals versuchten.

In der Literatur wird auf den Zusammenhang zwischen Zuschreibung auf Anstrengung und Sanktionierungsintentionen hingewiesen (Weiner & Kukla, 1970; Meyer u.a., 1978). Doch gelang es Cooper & Baron (1977) nicht, konsistente Zusammenhänge zwischen Attribution und Qualität des Lehrerfeedbacks aufzudecken. Meyer (1979) kritisierte daran zu Recht, daß die Verantwortungsattribution theoretisch nicht angemessen erfaßt wurde. Für die personale Verantwortlichkeit darf die Begabung nicht zugelassen sein, denn dieser Faktor wird nicht als unter Kontrolle der Person erlebt. Cooper & Baron (1979) haben dagegen angeführt, daß Begabung und Anstrengung nicht künstlich getrennt werden könnten, da die beiden Faktoren in den Augen der Lehrer korreliert auftreten. In einer späteren Untersuchung hat Cooper (1981) diese Unterscheidung selbst getroffen und die bekannten Ergebnisse bestätigt: Lehrer, die mehr kritische Äußerungen pro Interaktion im Unterricht machten, gaben weniger internal stabile Ursachen für die Mißerfolge der Schüler an als jene, die weniger Kritik äußerten. Dafür gaben sie mehr unmittelbare Anstrengungsursachen an. Umgekehrt war häufiges Lob am seltensten mit externen, lehrer-bedingten Ursachenerklärungen für Erfolg gekoppelt. Unsere eigenen Ergebnisse in dieser Sache (Hofer & Dobrick, 1981) liefern einen Hinweis darauf, daß der Zusammenhang zwischen Anstrengungsattribution und Sanktionierungsverhalten zusätzlichen, modifizierenden Bedingungen unterliegt. Zum Beispiel ist es wesentlich, ob sich der Schüler freiwillig auf die Lehrerfrage gemeldet hatte und wie hoch dessen Begabung eingeschätzt wird (zu dieser Frage ausführlicher in Kapitel 9).

Mit dem In-Beziehung-Setzen von Attributionen und Verhalten anhand empirischer Befunde wird die Behandlung des Phänomens der Attribution von Ursachen durch Lehrer abgeschlossen. Es wurde versucht zu zeigen, daß der Vorgang der Attribution ein wichtiges Element innerhalb der Gesamtprozesse kognitiven Funktionierens darstellt. Insbesondere sollte gezeigt und – bei aller Beschränktheit des bislang vorliegenden Materials – dokumentiert werden, daß und wie Ursachenerklärungen in den Prozeß der Handlungssteuerung eingreifen. Sie dienen nicht nur zur kognitiven Orientierung des Lehrers, sondern können auch als Bedingungsfaktoren für konkretes Verhalten im unterrichtlichen Kontext angesehen werden.

Zusammenfassung:

1. Eine Funktion der Ursachenzuschreibung in der Handlungssteuerung besteht darin, daß eine Person bei Kenntnis der ein Ereignis verursachenden Bedingungen die Möglichkeit hat, über die Weiterentwicklung der Situation, in der das Ereignis stattfindet, Erwartungen auszubilden. Die Beurteilung der Erwartungen führt dann zu einem Entschluß über Eingreifen oder Unterlassen.
2. Um Erwartungen ausbilden zu können, ist es notwendig, die identifizierten Ursachen nach ihrer Stabilität bzw. Variabilität zu beurteilen. Stabile Ursachen lassen ein Andauern der Ereignisse erwarten, variable eine Änderung. Als stabil beurteilten Lehrer die Ursachen Begabung und familiäres Milieu, als eher variabel die Anstrengung. Bei gleich gutem Ereignis (gleich gute Ist-Lage) erwarten Lehrer mehr, wenn sie dieses Ereignis durch stabile Ursachen verursacht sehen, als wenn sie variable Faktoren dafür verantwortlich machen.
3. Die zweite Funktion der Ursachenzuschreibung in der Handlungssteue-

rung besteht darin, daß die Person bei Kenntnis der ein Ereignis verursachenden Bedingungen gegebenenfalls die Möglichkeit hat, über die Einwirkung auf die Ursachen zu einer Veränderung der Situation, in der das Ereignis stattfand, zu kommen. Informationen über Einflußmöglichkeiten ergeben sich aus der Beurteilung der Ursachen nach deren Kontrollierbarkeit durch den Schüler. Kontrollierbare Ursachen sind eher änderbar als unkontrollierbare. Weiter spielt eine Rolle die Kognition über die Beeinflußbarkeit der Ursache durch den Lehrer. Kontrollierbarkeit und Beeinflußbarkeit werden vermutlich weitgehend ähnlich kogniziert.

4. Aus der Kenntnis der Gewichte der beteiligten Ursachen sowie ihrer Beeinflußbarkeit lassen sich jene Ursachen identifizieren, auf die einzuwirken für den Lehrer am lohnendsten erscheinen dürfte. Dabei kann zwischen fördernden Ursachen, die es zu stützen gilt, und hemmenden Ursachen, die es zu reduzieren gilt, unterschieden werden. Ergebnisse zum Zusammenhang zwischen Attribution und Verhalten wurden vorgestellt.

8. Kapitel
Erwartungen über Schülerverhalten

Ursachenerklärungen stellen eine wichtige Voraussetzung für Erwartungen (Prognosen) dar. Subjektive Ursachenerklärung und subjektive Erwartung sind (analog zur Strukturähnlichkeit von wissenschaftlicher Erklärung und Prognose) in ihrem Aufbau ähnlich. Bei der Ursachenerklärung wird bei Vorliegen eines Ereignisses x in einer Situation auf das Vorhandensein einer Ursache y geschlossen. Dem Schluß liegt die Kognition „wenn y, dann x" zugrunde. Diese Kognition ermöglicht es auch, bei Vorliegen einer Ursache y das Eintreten des Ereignisses x als Folge von y zu erwarten. Dieses in der Zukunft liegende erwartete Ereignis x wird, sofern es auf Zieldimensionen des Lehrers bezogen ist, mit „Wird-Lage" bezeichnet. Die Wird-Lage ist Element der Handlungssteuerung insofern, als angenommen wird, daß bei Diskrepanz zur Soll-Lage ein Eingreifen unerläßlich erscheint.

Der Begriff der Erwartung bezeichnet eine Kognition, die sich auf Zukünftiges bezieht. Sie ist eine Vorhersage/Prognose, d.h. eine Aussage über die Wahrscheinlichkeit des Eintreffens eines Ereignisses. Erwartungen über das Eintreffen von Folgen auf vorliegende Ereignisse in einer Situation können unterteilt werden in soziale und sachliche. Soziale Erwartungen beziehen sich auf andere Personen. Sie interessieren hier. Sachliche Erwartungen beinhalten Voraussagen über Ereignisse von Sachen, Natur oder Gegebenheiten. „Schüler S wird die Frage F wohl nicht beantworten" und „Schüler Z kann das Abitur schaffen", sind Erwartungen mit dem Charakter von Vorhersagen im sozialen Bereich.

Das Leben wäre schwierig, verknüpfte man mit Situationen nicht eine große Zahl von Erwartungen. Wie in Kapitel 4 ausgeführt, nimmt die Hypothesentheorie an, daß Erwartungen bereits im Akt der Wahrnehmung beeinflussen, was die Person von den objektiv gegebenen Sinnesreizen aufnimmt. Das Wissen über die Welt ist so strukturiert, daß es in Erwartungen mündet. Die Möglichkeit, über Wenn-Dann-Wissen zu verfügen und dieses in Ursachen-Erklärungen (bei Vorliegen des Dann-Teils) oder Erwartungen (bei Vorliegen des Wenn-Teils) umzusetzen, ermöglicht der Person eine effektive Orientierung in ihrer jeweiligen Lage. Man stelle sich vor, in ein völlig fremdes Land zu kommen und nicht über die Gewohnheiten und Gebräuche, über Regeln und Abläufe Bescheid zu wissen. Man kommt dann in Situationen, für die man keine Erwartungen ausbilden kann, weil einschlägiges Wissen nicht zur Verfügung steht. Jede denkbare Folge eines Ereignisses in einer Situation besitzt die gleiche subjektive Wahrscheinlichkeit. Vor Reisen informiert man sich in der Regel. Man bildet sich damit subjektive Wahrscheinlichkeiten in Situationen, für die man Ereignisse mit Folgen verknüpft. Besonders dort, wo die Person etwas zu erreichen, zu bewahren oder zu verhindern bestrebt ist und dazu agieren muß, ist sie auf die Möglichkeit der Voraussage angewiesen. Weniger wichtig sind Erwartungen wohl dort, wo die Person kein Ziel verfolgt und/oder nicht zu handeln braucht. Von Situations-Ergebnis-Erwartungen (Wird-Lagen) wird angenommen, daß sie handlungssteuernd wirken. Die weitergehende Vorstellung, daß Erwartungen, die eine Person über eine andere hat, das Verhalten des anderen beeinflussen (eine Vorstellung, die in sozialwissenschaftlichen Theorien im Rahmen der Forschung zum Pygmalion-Effekt eine zentrale Position einnimmt) setzt voraus, daß sich Erwartungen einer Person zunächst in ihrem eigenen Verhalten manifestieren. Rosenthal & Jacobson (1971) thematisierten lediglich den Zusammenhang zwischen Lehrererwartungen und Schülerintelligenz. Es war das Verdienst nachfolgender Untersuchungen, vor allem von Brophy & Good (1974), ihr Augenmerk auf die Frage gerichtet zu haben, wie sich induzierte oder natürliche Lehrererwartungen über Schüler auf spezifische, sprachliche und nichtsprachliche Verhaltensweisen der Lehrer auswirken oder mit diesen zusammenhängen. Die Position in diesem Buch betont das Eingebettetsein von Erwartungen in andere handlungsbegleitende Kognitionen, insbesondere ihre Beziehungen zur Ursachenerklärung, zur Soll-Lage und zu Handlungs-Ergebnis-Erwartungen.

In Abschnitt 1 werden Begriff und Arten der Erwartung näher bestimmt. Abschnitt 2 befaßt sich mit Faktoren der Erwartungsbildung bei Lehrern. Abschließend wird die Rolle von Situations-Folge-Erwartungen innerhalb der Handlungssteuerung behandelt.

1. Begriff und Formen von Situations-Folge-Erwartungen

Eine Situations-Folge-Erwartung kann allgemein definiert werden als eine implizite oder geäußerte Feststellung einer Person über das Eintreffen eines in der Zukunft liegenden Ereignisses als Folge eines Ereignisses in der gegenwärtigen Situation. Nach Weinert u. a. (1981, S. 160) sind Erwartungen „Schlußfolgerungen auf die Eintretenswahrscheinlichkeit zukünftiger Ereignisse, Prozesse oder Zustände sowie deren antizipierte Bewertung". Dies ist für den vorliegenden Zweck einzuschränken auf Fälle, in denen entweder die Ausgangssituation eine soziale ist (in der also andere Personen involviert sind) oder das vorhergesagte Ereignis sich auf andere Personen bezieht (oder beides). Von Ursachenzuschreibungen (Kapitel 7) unterscheiden sich Situations-Folge-Erwartungen dadurch, daß sie Vorhersagen über die Dann-Komponente auf der Basis des Wissens um die Wenn-Komponente darstellen, während die Ursachenzuschreibung umgekehrt eine retrospektive Aussage über das Vorhandengewesensein der Wenn-Komponente bei Wissen um das bewirkte Ereignis darstellt. Die Situations-Folge-Erwartung betrifft im Unterschied zur Handlungs-Ergebnis-Erwartung (Kapitel 9) die äußere Welt, unabhängig von Agieren oder Reagieren der Person selbst. Die Person selbst ist nur soweit eingeschlossen, als sie durch ihr bisheriges Dasein und Tun an der Konstitution von Realität mitgewirkt hat. Jedoch kalkuliert sie die Erwartung nicht als Folge auch eigenen Tuns, sondern davon unabhängig.

Nicht in jeder Situation trifft man Vorhersagen, und man wird auch nicht jedes zukünftige Ereignis vorherzusagen versuchen. Analog zur Ursachenerklärung wird nur für solche Ereignisse eine Erwartung ausgebildet, die für die Person Bedeutsamkeit besitzen. Die Folgen, die auf eine Situation hin erwartet werden, sind von der Person als positiv oder negativ besetzt zu denken. Dies ist der Fall, wenn die vorhergesagten Ereignisse positive oder negative Zielrealisierungen darstellen oder im Hinblick auf Zielrealisierungen als fördernd oder hemmend eingeschätzt werden. So können Erwartungen als vorhergesagte Ausprägungen auf Ziel- oder Zwischenzieldimensionen konzeptualisiert werden. Im einfachsten Fall wird das vorhergesagte Ereignis auf einer Zieldimension liegen. Für eine allgemeine Definition ist es jedoch notwendig, die Vorhersage als mehrdimensional aufzufassen. Man kann sie als Vektor definieren, bestehend aus antizipierten Ausprägungen z_i in den von der Person aktualisierten Zieldimensionen Z_i. In Kapitel 2 über Ziele wurden subjektive Erziehungsziele von Lehrern eingeschränkt auf gewünschte Eigenschaften bei Schülern. Hieraus folgt, daß von Situations-Folge-Erwartungen ausschließlich bei sozialen Folgen zu sprechen ist. Erwartungen setzen Wissen voraus, das im Gedächtnis abgespeichert ist. Ohne Wissen und ohne Gedächtnis sind Erwartungen nicht ausbildbar und abrufbar. Das Wissen kann durch eigene Erfahrungen oder Wissensübermittlung aufgenommen worden sein. Je größer der Wissensbestand einer Person, desto mehr und desto sicherere (möglicherweise auch „richtigere/genauere") Erwartungen kann sie ausbilden. Wie werden Vorhersagen gesteuert? Abelson & Reich (1969, zit. nach Wyer & Carlston, 1979, S. 26) haben in ihrer „implicational molecule theory" ein Inferenzschema angegeben. Angenommen wird, eine Person verfüge über das Verhalten einer anderen Person A die Kognitionen [A möchte Y; X bewirkt Y; A tut X]. Diese Triade verhilft dazu, auf der Basis spezifischer Informationen Inferenzen anzustellen. Wenn die Person von der Person A weiß, daß sie Y möchte und X geeignet ist, Y zu bewirken, dann wird sie vorhersagen, daß A X tun wird. Weiß ein Lehrer, daß ein Schüler A gute Noten erzielen möchte, dann erwartet er, daß der Schüler sich Mühe geben wird (sofern es keine alternativen X gibt, die geeignet erscheinen, Y zu bewirken.)

Nach Schank & Abelson (1977) werden Erwartungen skripthaft gesteuert. Die vorliegende Situation wird dem ersten Teil des Skripts zugeordnet. Dieser Teil besteht aus einer Reihe von Schemata (z.B. Mathestunde, Addieren, Schülertyp „Extravertierter" kaspert). Aus dem zweiten Teil des aktivierten Skripts kann der Lehrer ablesen, wie sich das „üblicherweise" weiterentwickelt, wenn er nicht eingreift. Skripte, die Wenn-Dann-Kognitionen enthalten, können auf drei Ebenen auftreten (Abelson, 1976, S. 37): in der *episodischen* Version sind Wenn-Dann-Verbindungen in Form von konkreten, spezifischen Erlebnissen gespeichert. „Schüler Bernd erinnert den Lehrer an Schüler Klaus, der ähnliche Probleme gemacht hat, und dann ereignete sich ...." Der Lehrer antizipiert die gleichen Folgen, wie er sie damals erlebt hatte. Diese Art von Wissen ist anschaulich, singulär und unsystematisch. Es ist für Fehlschlüsse nach Art der Repräsentativitäts-Heuristik (vgl. S. 175) stärker anfällig. In der *kategorialen* Version wird der Wenn-Teil (z.B. die kognizierte Ist-Lage) einer Kategorie zugeordnet. Diese Kategorie besteht aus einem Personen-Schema, das durch eine Reihe von Merkmalen ausgestattet ist. Die Aktivierung eines Personenschemas führt zu einer Zuschreibung von weiteren Merkmalen, welche eine Erwartung, die auf die Zukunft gerichtet ist, implizieren. Vermutlich erwartet ein Lehrer von einem Schüler, den er als introvertiert-sensibel klassifiziert hat, in einer bestimmten Situation ein ängstliches Verhalten auch dann, wenn er ihn in ähnlichen Situationen noch nicht erlebt hat. Erst auf der *abstrakten* Stufe werden Vorhersagen in Anlehnung an rationale Prozesse, durch Analyse der Ursachen der Situation, durch Unterscheidung von Ereignis- und Folgen-Variablen, deren In-Beziehung-Setzen und des hypothetischen Abwägens von pro und contra für die Ermittlung einer subjektiven Wahrscheinlichkeitsaussage gebildet. Nach Abelson (1976, S. 39) kommen Vorhersagen dieser Art im allgemeinen sehr selten vor. Begünstigende Bedingungen sind wahrscheinlich dann gegeben, wenn die Person eine große Zahl ähnlicher Vorhersagen treffen muß, wenn die Person zu reflektiertem Vorgehen neigt, wenn die Vorhersage für sie wichtig ist und wenn sie die Vorhersage mitteilen und dazu noch begründen muß. Nicht untersucht ist die Frage, auf welcher Ebene Lehrer welche Vorhersagen treffen. Anzunehmen ist, daß sie bei kurzfristigen Erwartungen eher episodische und kategoriale Erwartungen bilden. Denn während des Unterrichts besteht kaum die Möglichkeit, die Situation nach abstrakten Kriterien zu analysieren, Wenn-Dann-Wissen zu aktualisieren und kognitive Berechnungen anzustellen.

Auch die die Unterrichtsvorbereitung beeinflussenden Erwartungen werden vermutlich nach diesem Muster gebildet. Bei der Abgabe folgenschwerer Prognosen wie eines Versetzungsurteils oder einer Übergangsempfehlung, werden die Erwartungen vermutlich in größerem Ausmaß mit Hilfe mehr abstrakter kognitiver Mechanismen gebildet. Nach Strack (1983) werden Urteile über die Wahrscheinlichkeit des Eintretens sozialer Ereignisse sowohl durch bildhafte Vorstellung als auch durch Ursachenerklärungen beeinflußt.

Wie ist die Situation zu charakterisieren, über deren Weiterentwicklung Erwartungen wichtig sind? Die Situation kann als Vektor betrachtet werden. Er besteht aus den wahrgenommenen Ausprägungen in Zieldimensionen Z_i. Die Situation kann für die Person Bedeutsamkeit besitzen, indem sie als nicht tolerierbare Abweichung von dem Soll-Vektor diagnostiziert wird. Sie kann ihre Bedeutsamkeit auch dadurch erlangen, daß die Person in ihr Symptome/Zeichen/Hinweise für eine Weiterentwicklung zu erkennen glaubt, die eine zukünftige Abweichung vom Soll-Vektor erwarten lassen.

Eine Erwartung ist immer eine Vorhersage, die mit einer subjektiven Wahrscheinlichkeit größer Null zutrifft. Besonders bei sozialen Erwartungen sind sich Personen selten über die Folgen einer Situation sicher. Ein Ereignis, das als unmöglich eingeschätzt ($p = 0$) wird, kann nicht als Erwartung bezeichnet werden. Eine Erwartung ist eine subjektive Wahrscheinlichkeitsaussage in einer Situation über ein zukünftiges Ereignis, wobei $0 < p \leq 1$ ist. Ob die Erwartung zutreffend ist oder nicht, kann die Person nur dann feststellen, wenn sie den Dingen ihren Lauf läßt und selbst nicht handelnd eingreift. Daraus ergibt sich ein Problem. Erwartungen, die zum Eingreifen veranlassen, können nicht mehr überprüft werden, ob sie tatsächlich zutreffen. Sie können sich verselbständigen.

Wird-Lagen können nach Kriterien unterschieden werden. Einteilungsgesichtspunkte sind die folgenden:

1. Wird-Lagen können sich auf unterschiedlich genau spezifizierte Situationen beziehen. Der Grad der Spezifizierung drückt sich in der Zahl der Schemata im ersten Skriptteil bzw. in der Zahl der Faktoren aus, die in der Wenn-Komponente enthalten sind. Eine Situation der Art „wenn a *und* b *und* c *und* …" ist hoch spezifisch. Vermutlich ist die Wird-Lage dann eng umschrieben. Andernfalls enthält sie komplexe, generalisierte Aussagen.

2. Wird-Lagen können sich auf unterschiedliche Inhalte beziehen. Sie können sich auf kognitive, motivationale, soziale oder motorische Ziele beziehen, die Lehrer bei Schülern verfolgen.

3. Wird-Lagen können nach ihrer Gerichtetheit unterschieden werden. Sie können sich auf die ganze Klasse, auf Schülergruppierungen oder auf einzelne Schüler beziehen.

4. Wird-Lagen unterscheiden sich nach dem zeitlichen Erstreckungsgrad.

Kurzfristige Erwartungen beinhalten Aussagen über das Eintreten eines Ereignisses in naher Zukunft (Situation: ein Schüler boxt einen anderen, Folge-Erwartung: der geboxte Schüler wird unmittelbar zurückboxen). Langfristige Erwartungen beziehen sich auf weiter in der Zukunft liegende Ereignisse.

Welcher Art die Erwartungen sind, über die Lehrer verfügen, hängt vermutlich ab von stabilisierten allgemeinen Einstellungen über Erziehung, Schule, Schüler und Unterricht. Die konkrete Erwartungsbildung wird beeinflußt von der Art und Weise, wie die Person über Erziehung denkt, welches Menschenbild sie besitzt, welche Ziele sie verfolgt usw. Zum Beispiel konnte Rheinberg (1980) zeigen, daß die Erwartungen über die Leistungsentwicklung abhingen von der Bezugsnormorientierung der Lehrer. Lehrer, die Leistungen ihrer Schüler interindividuell verglichen, machten weit sicherere und langfristigere Prognosen über künftige Schülerleistungen als Lehrer, die mehr intraindividuelle Vergleiche anstellten. Sie hängt auch ab von stabilen, auf Erwartung bezogenen Selbstkognitionen. Erwartungen weisen auch persontypische Komponenten auf, die mit dem Konzept der eigenen Tüchtigkeit und mit generalisierten Motiven zusammenhängen. Personen mit positivem Bild der eigenen Wirksamkeit werden vermutlich andere Erwartungen ausbilden als Personen, die weniger erfolgs- als mißerfolgsorientiert sind. Ungeklärt ist bislang allerdings, in welcher Weise diese personspezifischen Tendenzen die Erwartungen von Lehrern beeinflussen.

Die vorliegenden Darlegungen gehen von der Annahme aus, daß den Erwartungen eine bestimmte Funktion in einem Netz von kognitiven Variablen zukommt. Erwartungen sind mit anderen Kognitionen verbunden. Eine Erwartung wird in einer Situation ausgebildet, in der die Person Informationen über die Ist-Lage hat. Sie bildet Erwartungen darüber aus, wie eine Ist-Lage weitergeht. Diese Formulierung legt die Vorstellung einer ganzen Reihe von Erwartungen entlang der zeitlichen Zukunftsachse nahe. Erwartungen werden gebildet für zukünftige Ereignisse, denen die Person Bedeutung zuschreibt. Erwartungen enthalten meist auch Bewertungen. Bei positiver Bewertung sind es Hoffnungen, bei negativer Befürchtungen.

Die Wird-Lage als Vektor der erwarteten Zielausprägungen wird mit der Soll-Lage als dem Vektor der gewünschten Ziel-Konfiguration verglichen. Für den Fall, daß eine Abweichung nicht diagnostiziert wird oder die festgestellte Abweichung innerhalb des Toleranzbereiches fällt, kann sich das Individuum einer Handlung enthalten oder das bisherige Vorgehen beibehalten. Peterson & Clark (1978) haben in ihrer experimentellen Untersuchung festgestellt, daß bei Lehrern die Feststellung „Situation normal, weiter wie bisher“ die – zeitlich gesehen – häufigste darstellt. Allerdings wurde nicht explizit überprüft, inwieweit die Lehrer auch Erwartungen über die Weiterentwicklung der Situation angestellt haben oder ob sie lediglich Ist-Soll-Übereinstimmungen geprüft haben.

Zusammenfassung:

1. Eine soziale Situations-Folge-Erwartung ist ein Vorhersagen-Vektor, den eine Person in einer Situation über die Folgen dieser Situation anstellt, wobei
   - die Vorhersage mit einem Wahrscheinlichkeitsvektor {p} mit $0 < p \leq 1$ für jede zielbezogene Folge ausgestattet ist;
   - die Folgen durch ihre Relevanz für Zieldimensionen der Person ausgezeichnet sind;
   - ein Wissen über den Zusammenhang zwischen den die Situation charakterisierenden Ereignissen und erwarteten Folgen besteht,
   - Ereignisse der Situation Beachtung finden, die entweder eine anhaltende Abweichung des Ist-Vektors von dem Soll-Vektor anzeigen oder als Ursachen/Vorläufer/Indikatoren für eintretende zielabweichende Ereignisse angesehen werden;
   - die Person ihr eigenes Handeln, das sie in der Zeit nach Ausbildung der Erwartung realisiert, nicht einkalkuliert.
2. Die gespeicherten Wenn-Dann-Beziehungen können auf drei Ebenen liegen:
   - auf der Ebene episodischer Skripts,
   - auf der Ebene kategorischer Skripts sowie
   - auf der Ebene hypothetischer Skripts.
3. Wird-Lagen können
   - von eng oder weit spezifizierten Situationen ausgehen und unterschiedlich komplexe zukünftige Ereignisse bezeichnen;
   - sich auf unterschiedliche Zielbereiche beziehen;
   - auf unterschiedlich umfangreiche Personengruppen gerichtet sein;
   - sich im zeitlichen Erstreckungsgrad unterscheiden.
4. Die Ausbildung von Erwartungen hängt ab von den objektspezifischen Einstellungen und Überzeugungen der Person sowie von ihren erwartungsbezogenen Selbstkognitionen.

2. Faktoren der Erwartungsbildung: empirische Untersuchungen

Gemessen an den Ausführungen im vorstehenden Abschnitt sind die empirischen Untersuchungen zu Faktoren der Erwartungsbildung recht spärlich. Weder wurden Wird-Lagen systematisch variiert, noch Fristigkeiten und subjektive Wahrscheinlichkeiten sowie Beziehungen zwischen verschiedenen Erwartungsvariablen untersucht. Einige Arbeiten haben die mit Erwartungen zusammenhängenden Schülervariablen untersucht, andere haben nach den formalen Prozessen der Erwartungsbildung gefragt. Alle diese Arbeiten beschränkten sich auf die Analyse der Erwartungen von zukünftigem Leistungsverhalten von Schülern. Ich gehe im folgenden auf die beiden Untersuchungsgruppen ein.

a) Prognosevariablen für Situations-Folge-Erwartungen.

Für Leistungserwartungen wurden vor allem die folgenden Prognosevariablen untersucht:

Begabung und Anstrengung. Rheinberg (1975) zeigte, daß Lehrer-Erwartungen über Schülerleistungen vor allem mit Eindrücken über Eigenschaften zusammenhängen, die zeitlich stabil beurteilt werden (vgl. Kapitel 7, S. 214). Auch in der experimentellen Untersuchung von Hofer & Rathje (1983), auf die unten eingegangen werden wird, hatten Begabung und – weniger stark – Anstrengung einen deutlichen Einfluß auf Leistungserwartungen.

Leistungen. Die vom Lehrer beobachteten Leistungen im Unterricht, in Klassenarbeiten oder in mündlichen Prüfungen, stellen für ihn wahrscheinlich den wichtigsten Indikator für die zukünftige Leistung des Schülers dar (z.B. Brophy & Good, 1974, S. 183). Allerdings hängt das Ausmaß, in dem Lehrer von der augenblicklichen auf zukünftige Leistungen schließen, davon ab, worauf sie die augenblicklichen Leistungen zurückführen. Lehrer in einer Untersuchung von Rheinberg (1980), die Schulleistungen mehr von der Begabung als von der Anstrengung der Schüler beeinflußt glaubten, bejahten stärker die Möglichkeit einer langfristigen Vorhersagbarkeit von Schulleistungen als jene, die glaubten, mit Anstrengung sei mehr zu erreichen als mit Begabung. Er konnte überzeugend nachweisen, daß Lehrer mit individueller Bezugsnorm generell schwächere Erwartungen ausprägten als Lehrer mit sozialer Bezugsnorm (S. 87).

Charaktereigenschaften. Lehrer erwarteten bessere Leistungen bei Schülern, die mitarbeiteten, diszipliniert und interessiert erschienen (Brophy & Good, 1974). Auch bevorzugten Lehrer in der Untersuchung von Feshbach (1969) konforme, rigide und abhängige Schüler. Es liegen jedoch auch Ergebnisse vor, in denen vor allem mit selbstbewußten, reifen und selbständigen Schülern positive Leistungserwartungen verknüpft werden (Brophy & Good, 1974, S. 182). Vermutlich werden selbstbewußte Schüler nur dann positiv bewertet, wenn sie gleichzeitig aufmerksam und konstruktiv sind.

Familiäre Herkunft. Naheliegend ist die Vermutung, daß Informationen über den familiären Hintergrund von Schülern für Prognosen über Leistungen und Verhalten herangezogen werden. Mehrere Untersuchungen bestätigen diese Hypothese (z.B. Gresser-Spitzmüller, 1973, S. 68). Mazer

Lehrer mit individueller haben geringere Erwartungsausprägung als Lehrer, die soziale Bezugsnormen haben.

(1971) berichtet, daß Lehrer bei Mittelschichtkindern höhere Erwartungen in so verschiedenen Variablen wie verbalen Leistungen, intellektuellen Fähigkeiten, kooperativen Einstellungen, Motivation und Selbstkonzept haben als bei Unterschichtkindern. Die Zusammenhänge sind jedoch nicht eindeutig. Viele Lehrer scheinen – möglicherweise bewußt – davon Abstand zu nehmen, solcherart Informationen zu benutzen (vgl. Murphy, 1974). Lehrer betrachten die familiäre Herkunft vermutlich differenzierter als nach dem Schema Unterschicht/Mittelschicht. Sie schätzten Kinder aus geschiedenen Ehen negativer im Hinblick auf emotionale Anpassung, Streßbewältigung und positives Lebensgefühl ein als Schüler aus vollständigen Familien (Santrock & Tracy, 1978). Möglicherweise verfügen viele Lehrer über durchaus differenziertes subjektives Wissen zum Zusammenhang zwischen Aspekten der Familienstruktur und spezifischen Ausprägungen erziehungsrelevanter Persönlichkeitsvariablen bei Kindern.

Geschlecht. Einige Lehrer von Gershman (1977) verbanden mit Mädchen höhere Erwartungen als mit Jungen. Mädchen seien Jungen im Lesenlernen überlegen. Andere wiederum glaubten, daß Mädchen und Jungen in diesem Bereich gleich gut seien. Zum Thema geschlechtsspezifische Erwartungen liegen einheitliche Ergebnisse nicht vor (vgl. Weinert u.a., 1981).

Körperliche Attraktivität. Widersprüchliche Ergebnisse zeigen sich auch hinsichtlich der Hypothese, daß Lehrer ihre Erwartungen auf dem äußeren Erscheinungsbild von Schülern begründen würden. Clifford & Walster (1973) fanden, daß Lehrer bei attraktiven Kindern einen höheren IQ, größere Leistungsfähigkeit und weniger antisoziales Verhalten erwarten als bei unattraktiv wirkenden Schülern. Doch liegen auch Untersuchungen vor, die diese These nicht bestätigen konnten.

Die Ergebnisse aus den berichteten Studien legen nahe, zwischen zwei Arten von Variablen zu unterscheiden: solchen, denen Lehrer eine hohe Vorhersagegültigkeit zuschreiben. Dazu gehören vor allem Intelligenz und Motivationsindikatoren. Einer weiteren Gruppe von Variablen schreiben sie nur ein geringes Ausmaß prädiktiver Validität zu. Dazu sind z.B. Geschlecht, Aussehen, familiäre Variablen zu rechnen. Die darauf gegründeten Erwartungen sind instabil und veränderbar. Informationen zu diesen Variablen wirken nur so lange erwartungsbildend, als keine besseren zur Verfügung stehen.

Die Ergebnisse zu den genannten erwartungsbildenden Faktoren wurden anhand von Feldstudien gewonnen. Sie erlauben zwar Aussagen über Zusammenhänge zwischen Schülervariablen und Lehrererwartungen. Sie geben jedoch keine Aufschlüsse über erwartungsbildende Prädiktoren. Nicht belegt ist, daß die Erwartungen auf den untersuchten Schülermerkmalen gründeten. Theoretisch hätten auch andere Variablen für die Erwartungsbildung herangezogen werden können. Wie ließe sich ermitteln, welche

Informationen es sind, die mit Erwartungen kausal zusammenhängen? Man könnte so vorgehen: Man gibt nur wenige Informationen über einen fiktiven Schüler vor und stellt den Lehrer vor die Aufgabe, eine Leistungsvorhersage abzugeben. Man gibt ihm dann die Möglichkeit, Informationen, die ihm für seine Vorhersage noch fehlen, abzurufen. Algozzine & Ysseldyke (1980) haben eine solche Situation mit Hilfe eines Computers simuliert. Sie präsentierten 224 Vpn aus dem schulischen Bereich ein fiktives Kind. Sechzehn verschiedene Fiktionen wurden aus der Kombination von Geschlecht, Beruf des Vaters, Attraktivität, Zurückstellung und Zurückstellungsgrund (geistige Probleme, Verhaltensprobleme) konstruiert. Die Vpn sollten die Wahrscheinlichkeit angeben, mit der das betreffende Kind in Mathematik, Lesen und Sprechen Schwierigkeiten haben würde (1 = sehr wahrscheinlich, 5 = sehr unwahrscheinlich). Jede Vp hatte 25 Minuten Zeit, sich Informationen auszusuchen und die Daten einzusehen. Es wurde ihnen jeweils mitgeteilt, wie die Informationen erhoben wurden und dann qualitative und quantitative Daten für das betreffende Kind gegeben. Die Ergebnisse zeigten, daß die Variablen Geschlecht des Kindes, sozioökonomischer Status und Attraktivität des Äußeren keinerlei Einfluß auf die Leistungserwartung hatten, wohl aber die Art der Behinderung (geistige versus Verhaltensprobleme). Nun handelte es sich um eine experimentelle Studie. Die Prädiktoren waren unkorreliert, während sie in der natürlichen Situation meist als mehr oder weniger stark korreliert angenommen werden. Die Interpretation liegt nahe, daß Lehrer nicht aufgrund von Schönheit, Körpergröße und Beruf des Vaters bessere Leistungen bei Schülern erwarten. Der Korrelation dieser Variablen mit der Leistungserwartung liegt allenfalls die Erfahrung zugrunde, daß sie im allgemeinen mit den für sie wichtigen Prädiktoren zusammen auftreten. Dies zeigt sich auch in den Informationen, die abgerufen wurden. Im Durchschnitt ließen sich die Vpn 6,3 zusätzliche Informationen (devices) geben, und zwar über Leistungstests (29 %), Intelligenzmaße (21 %), visuell-motorische Tests (13 %), Verhaltensbeurteilungen (5 %).

Lehrer scheinen sich erheblich zu unterscheiden im Ausmaß, in dem sie bei der Ausbildung von Erwartungen für verfälschende Einflüsse empfänglich sind. In einer Untersuchung von Babad u. a. (1982) wurden Sportlehrer gebeten, drei Schüler anzugeben, die ein hohes Potential in Sport hatten und drei, deren Potential sie niedrig einschätzten. Anhand eines Tests zur Messung von Beeinflußbarkeit durch irrelevante Faktoren, wurden die Lehrer in zwei Extremgruppen eingeteilt. Bei den Lehrern der no-bias-Gruppe hing das erwartete Potential der ausgewählten Schüler lediglich mit der Variable „Sportnote“ zusammen, nicht aber mit Rasse, sozioökonomischem Status, körperlicher Attraktivität, Kleidung und allgemeiner akademischer Leistungsfähigkeit, wohl aber bei der high-bias-Gruppe.

Neben der Suggestibilität beeinflussen vermutlich noch andere Persönlichkeitsvariablen die Art und Weise, wie Lehrer Informationen verarbeiten, um zu Erwartungen über das Verhalten ihrer Schüler zu gelangen. Naheliegend erscheint die Hypothese, daß die individuelle Ausprägung von Variablen wie Hoffnung auf Erfolg, Angst vor Mißerfolg, Selbstverantwortlichkeit, Feldabhängigkeit, Besorgtheit sowie pädagogische und anthropologische Überzeugungen wirksam sind. Jedoch kenne ich dazu keine Untersuchungen.

b) Mechanismen der Informations-Integration.

In welcher Weise werden Informationen über Schülermerkmale miteinander zur Wird-Lage verknüpft? Wie werden sie integriert, um zu einer quantitativen Aussage über zukünftiges Verhalten zu kommen?

Über episodische und kategoriale Erwartungen liegen keine Untersuchungen vor. Diese sind in Form von (typischen) Ereignisabläufen im Gedächtnis anschaulich gespeichert. Sie stellen Surrogate von Erfahrungen der Form dar: bei diesem Kind (oder diesem Typ von Kind) passiert in dieser speziellen Situation in der Regel etwas ganz bestimmtes (Erwartung), wenn oder falls ich nicht eingreife, gegensteuere oder vorsorge. Bei Routine-Handlungen ist die Erwartungskomponente in dem Skript vermutlich nur abgeschwächt präsent. Durch häufiges Eingreifen wird das Skript „Situation-Erwartung" durch das Skript „Situation-Eingreifen" ersetzt. Die Erwartungskomponente enthält den Charakter einer globalen Ahnung. Im Verlaufe der Fixierung von Situations-Eingreife-Abläufen werden Situations-Folge-Kognitionen möglicherweise immer weniger zutreffend. Da die Situation sich nicht mehr selbst überlassen wird, besteht kaum eine Möglichkeit, die das Eingreifen rechtfertigende Überlegung zu überprüfen.

Erwartungen nach der abstrakten Stufe (vgl. S. 229) können dem Modell der statistischen Regression folgen: von einer Variablen X (Prädiktor) wird auf eine Variable Y (Kriterium) geschlossen. Werden die beiden Variablen X und Y als zusammenhängend beurteilt, so ermöglicht dies dem Lehrer, eine Vorhersage über die wahrscheinliche zukünftige Ausprägung der Variablen Y zu machen, wenn ein Urteil über die Ausprägung von X vorhanden ist. Daraus folgt hypothetisch:

– Die Vorhersage wird umso genauer sein, je höher der angenommene Zusammenhang zwischen X und Y ist. Den zukünftigen Leistungsstand Y eines Schülers kann ein Lehrer eher vorhersagen, wenn er über die Ausprägung der Begabung X_1 der Schüler informiert ist, als beispielsweise über deren leibseelische Verfassung X_2: die Korrelationen r_{x_1y} und r_{x_2y} waren unterschiedlich hoch (Rheinberg, 1975).
– Der Zusammenhang zwischen Prädiktor und Kriterium ist monoton: eine höhere angenommene Ausprägung in X führt nicht zu einer niedrigeren Ausprägung in Y, eher zu einer höheren.

– Mehrere Prädiktoren zur Vorhersage eines Kriteriums werden kompensierend, linear und durch Durchschnittsbildung verarbeitet. Der Beitrag eines Prädiktors ist auf allen Stufen des jeweils anderen gleich. Die höhere Ausprägung in einem Prädiktor (z.B. in dem wahrgenommenen Fleiß) wird durch eine niedrigere Ausprägung in einem anderen Prädiktor (z.B. in der Intelligenz) ausgeglichen.

Auch andere Verarbeitungsmodelle sind denkbar. Anderson & Butzin (1974) glauben, daß erwachsene Personen generell mehrere Informationen nicht durch Durchschnittsbildung zu einem Urteil verarbeiten, sondern multiplikativ vorgehen. Fishbein & Hunter (1964) gehen davon aus, daß Menschen subjektiv angenommene Ausprägungen auf Variablen dadurch zu einem Urteil verbinden, daß sie die Werte addieren bzw. aufsummieren. Die Angemessenheit der linearen und der Summationsmodelle im Hinblick auf soziale Urteile in Abhängigkeit von verschiedenen Bedingungen diskutiert Rosch (1977). Summationsmodelle scheinen lediglich bei negativem und homogenem Stimulusmaterial angemessene Beschreibungsmodelle eines auf Einzelinformationen gegründeten Gesamturteils zu sein. Später schränkte Rosch (1982) auch die Tauglichkeit linearer Modelle stark ein, und zwar auf Situationen, in denen

– auf einer einzigen evaluativen Dimension beurteilt wird,
– die Zielpopulation anonym ist,
– Daten nachträglich beschrieben werden sollen.

Im folgenden wird über drei Arbeiten berichtet, in denen solche Modelle untersucht wurden. Anderson & Butzin (1974) unterschieden zwischen je vier Stufen in der Motivation und in der Intelligenz von fiktiven Stimulus-Personen (Bewerber um einen Platz an einer Graduate-School). Zwanzig Studenten wurde jeweils eine Stimulus-Person in einer Kombination der beiden Variablen vorgegeben. Sie sollten auf einer Rating-Skala angeben, welche Leistung diese Stimulus-Person wohl erreichen wird. Die statistische Auswertung erbrachte eine hochsignifikante Interaktion, 75 % der Interaktion befand sich in der bilinearen Komponente. Dieses Ergebnis unterstützte das Multiplikationsmodell.

Kun u.a. (1974) haben folgende experimentelle Situation hergestellt: Kindern und Studenten wurde (z.B.) die Frage gestellt: „Frank ist sehr gut beim Puzzlespielen, aber er strengt sich überhaupt nicht an. Was glaubst du, wie viele Puzzles wird er richtig lösen?" Es wurden drei Grade von Fähigkeit und drei Grade von Anstrengung in einem faktoriellen Versuchsplan miteinander kombiniert. Sechs Jahre alte Kinder verknüpften die beiden Faktoren additiv miteinander. Bei den Sechsjährigen verliefen die Linien weitgehend parallel: Der Einfluß der Anstrengung wurde auf allen Stufen der Fähigkeit nicht signifikant unterschiedlich gesehen. Bei 8-, 10-jährigen und Erwachsenen zeigten sich zunehmend multiplikative Verknüpfungen. Der Einfluß der Anstrengung machte sich bei zunehmender Fähigkeit verstärkt bemerkbar. Oder umgekehrt: der Einfluß der Fähigkeit auf die Leistung wurde umso stärker beurteilt, je höher die Anstrengung war.

Die Arbeit von Hofer & Rathje (1983) mit Lehrern war ähnlich angelegt. An der Untersuchung nahmen 25 Lehrer aller Schulstufen teil. Die Untersuchungen fanden in Einzelsitzungen statt. Das Design war ein 3 x 4 Design mit den Faktoren Anstrengung (sehr gering, durchschnittlich, sehr groß) und Begabung (weit unterdurchschnittlich, knapp unter dem Durchschnitt, knapp über dem Durchschnitt, weit überdurchschnittlich). Abhängige Variable war die Leistungsprognose in der nächsten Arbeit. Der Lehrer sollte sich vorstellen, er habe eine 6wöchige Unterrichtseinheit in seinem Fach durchgeführt und lasse zum Abschluß eine mittelschwere Klassenarbeit schreiben. „Einen Tag vor dieser Arbeit fragen Sie sich, wie die Schüler wohl abschneiden werden." Es wurde jeweils eine Karte mit dem Namen eines Schülers und dessen Ausprägungen vorgelegt (z.B. Markus; Begabung: weit überdurchschnittlich, Anstrengung: sehr große Anstrengungsbereitschaft). „Sie halten Markus (so die beispielhafte Erläuterung) Ihren Beobachtungen und Erfahrungen nach – vor allem in der zurückliegenden Unterrichtseinheit – für weit überdurchschnittlich begabt und für sehr anstrengungsbereit." Als abhängige Variable wurde eine numerische Punkteskala verwendet. Sie war auf einem transportablen Holzgestell montiert. Der Zeiger war beweglich und so konstruiert, daß das von der Vp eingestellte Urteil auf der Rückseite vom Vl abgelesen werden konnte. Die Gesamtlänge der Skala betrug 40 Zentimeter. Für jede Versuchsperson gingen drei Durchgänge in die Auswertung ein. Die Stufen des Faktors Begabung wurden außerdem ungekreuzt je viermal vorgegeben. Die Abfolge der Information innerhalb jedes Reizes wurde systematisch über alle Durchgänge variiert, um Reihenfolge-Effekte bei der Eindrucksbildung auszuschalten. Zur Anwendung dieses Verfahrens in der Entwicklungspsychologie siehe Gigerenzer (1983) und Wilkening (1983).

Abbildung 29 zeigt die Ergebnisse für alle Lehrer zusammen. Ersichtlich erfolgte die Urteilsbildung nicht nach einem additiven Modell. Dieses Modell geht davon aus, daß die erste Information einen positiven Wert ergibt, die folgende ebenfalls, und daß jede einzelne Information zu einer quantitativen Zunahme des Urteils beiträgt. Wäre dies der Fall, dann müßte ein Urteil, das nur auf einer Information basiert (z.B. der Begabung), in jedem Fall niedriger ausfallen, als wenn zwei Informationen (Begabung und Anstrengung) gegeben worden sind. Die Urteilslinie, die auf der alleinigen Begabungsinformation beruht, liegt *nicht* unter den anderen Linien. Je höher Begabung und je höher Anstrengung waren, desto mehr Leistung wurde erwartet. Der Anteil der Begabung an der Vorhersage war wesentlich höher

(68 %) als jener der Anstrengung (25 %). Die Lehrer entnahmen der Begabungsangabe mehr Informationen über die zukünftige Leistung als der Anstrengungsangabe. Der Beitrag des einen Prädiktors war nicht unabhängig von der Ausprägung des jeweils anderen (signifikante Wechselwirkung).

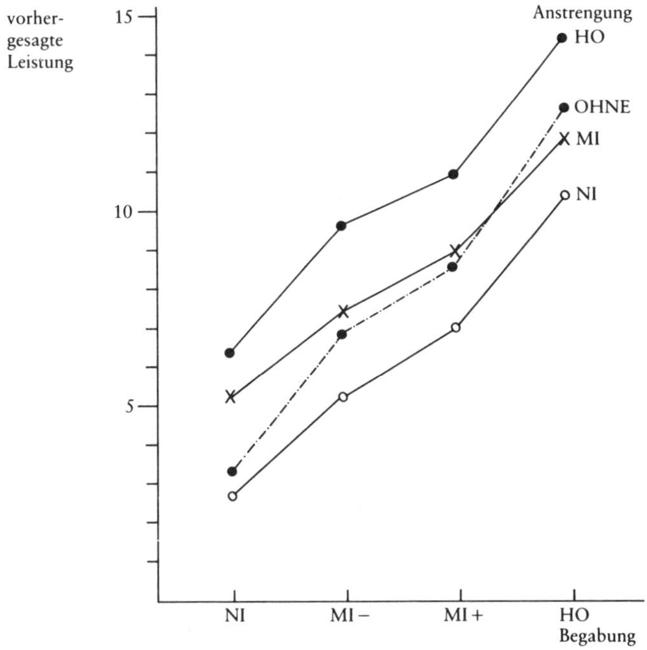

Abbildung 29: Gesamtergebnis der Urteilsintegration (nach Hofer & Rathje, 1983).

Individuelle Auswertungen zeigten deutliche Unterschiede. Es ergaben sich sowohl Verknüpfungsmuster nach dem Modell statistischer Regression als auch solche multiplikativer Art. Daneben ergaben sich individuelle Formen der Informationsverarbeitung, welche sich einer Typisierung entziehen. Interessant ist Vp 6 (Abbildung 30). Bei den beiden niedrigen Fähigkeitsstufen gab sie für eine mittlere Anstrengung eine höhere Leistungserwartung an als für eine hohe. Dieser Lehrer schien zu glauben, daß bei niedriger Begabung eine überdurchschnittliche Anstrengung eine Leistungsminderung bewirkt. Die meisten Vpn sahen den Einfluß der Anstrengung bei mittlerer oder hoher Begabung am stärksten. Die Unterschiede zwischen den Lehrern hinsichtlich der Gewichte, die sie den beiden Faktoren beimaßen, bestätigt die Aussage von Braun (1976, S. 195): „In jedem Fall

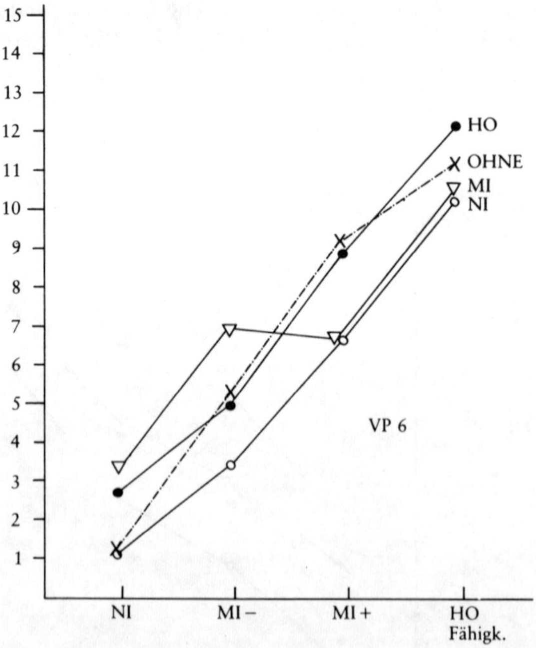

Abbildung 30: Graphische Darstellung der Ergebnisse für Vp 6 (aus Hofer & Rathje, 1983).

weisen Lehrer große individuelle Differenzen in der Nutzung unterschiedlicher Informationsquellen auf."

Insgesamt waren die subjektiven Prognosen monoton, quasi-linear, nur zum Teil nach dem Muster der Durchschnittsbildung.

Wie erfolgte die Verarbeitung der Informationen? Die verbalen Äußerungen der Vpn während des Versuchs und im Anschluß daran legen die folgende Interpretation nahe. Die Vpn verarbeiteten die vorgegebenen Informationen nicht simultan und ganzheitlich, sondern analytisch und sequentiell. Zunächst wurde die prädiktiv wichtigste Information herangezogen, dann wurde die zweite Information mitbedacht. Begabung ist deshalb die wichtigere, weil sie eine Aussage über stabile Dispositionen enthält. Die Anstrengungsinformation sagt dann, in welcher Weise die Person ihre Disposition wirksam kontrolliert und einsetzt.

Diese Untersuchung geht von der Annahme aus, daß Erwartungen auf der Analyse von Merkmalen basieren. Darüber, nach welchen Mechanismen die Erwartungsbildung auf der Grundlage von Kategorien („bei diesem Typ von Schüler ist jenes zu erwarten") erfolgt, kann nur spekuliert werden. Möglicherweise werden auch die merkmalsbasierten Erwartungen über Typen vermittelt (z.B. „der fleißige, aber dumme“). Die bisherige Literatur über die Unzulänglichkeiten menschlicher Informationsverarbeitung (Nisbett & Ross, 1980, vgl. auch Kapitel 6) läßt jedenfalls vermuten, daß Lehrer bei der Ausbildung von Erwartungen anfällig für bestimmte Fehleinschätzungen sind. Tversky & Kahneman (1983) konnten z.B. nachweisen, daß auch ausgebildete Fachärzte bei ihren Prognosen über bestimmte Symptome bei vorgegebenen Krankheiten der Repräsentativitäts-Heuristik verfallen. Sie erwarteten ein kombiniertes Ereignis mit höherer Wahrscheinlichkeit als ein einzelnes dann, wenn im kombinierten ein repräsentatives (typisches, häufiges) Ereignis enthalten war.

Zusammenfassung:

1. Empirische Untersuchungen befaßten sich ausschließlich mit Leistungserwartungen. Die Frage galt den Schülervariablen, die als Prädiktoren für die Vorhersage künftiger Leistungen verwendet werden. Auch wurde danach gefragt, wie Informationen zur Erwartung miteinander kombiniert werden.
2. Lehrer verwenden vor allem Informationen über die Fähigkeiten und Arbeitshaltung von Schülern, um deren Leistung vorherzusagen. Korrelative Untersuchungen zeigen darüber hinaus, daß u.a. auch Schüler-Variablen wie sozioökonomischer Status, Geschlecht, körperliche Attraktivität und Charaktereigenschaften mit der Leistungsprognose durch Lehrer zusammenhängen. Doch werden diese Informationen vermutlich nur solange herangezogen, als keine prädiktiv besseren Informationen verfügbar sind. Dies ist insofern eine vernünftige Strategie, als die genannten Variablen mit den prognostisch potenteren als interkorreliert kognisiert werden. Lehrer unterscheiden sich darin, welche Prädiktoren sie für eine Prognose heranziehen.
3. Die Fristigkeit von Erwartungen hängt davon ab, ob die gegenwärtige Situation auf stabile oder variable Ursachenfaktoren zurückgeführt wird.
4. Eine Analyse von Mechanismen der Erwartungsbildung auf der abstrakten Ebene zeigt, daß Lehrer Schülerleistungen u.a. nach dem Modell der multiplen Regression vorhersagen: die Verarbeitung der Informationen erfolgt monoton, quasi-linear und kompensatorisch. Im einzelnen lassen sich Unterschiede in den Verknüpfungsmodi zeigen.

3. Situations-Folge-Erwartungen und Handlungsregulation

Der Zusammenhang zwischen Erwartung und Handlungsentscheidung ist unter drei Aspekten zu behandeln: a) Kognitionen – die Weiterentwicklung der Situation betreffend – beeinflussen die Entscheidung, handelnd einzugreifen. Wird eine Diskrepanz hinreichend stark „befürchtet", so löst dies Handlungsdruck aus. Die Person sieht sich veranlaßt, nach Handlungsmöglichkeiten Ausschau zu halten. Je größer die Diskrepanz ist, desto größer wird der Anstoß sein, ihr Verhalten deutlich zu ändern. b) Gleiche Wird-Lagen können aufgrund unterschiedlicher Kausalzuschreibungen zustandekommen. In Abhängigkeit davon können Handlungen geplant werden. c) Von Situations-Folge-Erwartungen hängt auch die Art und Weise des Eingreifens ab. Es wird angenommen, daß Handlungsalternativen erwogen werden, welche in der Situation, die Anlaß für die Befürchtung gibt, „passend" erscheinen.

Bevor diese Zusammenhänge im einzelnen besprochen werden, wird auf die im Gefolge der Rosenthal/Jacobson-Arbeit zum Pygmalion-Effekt anzutreffende Literatur zur Verbindung zwischen Erwartung und Verhalten eingegangen. Diese ist sehr umfangreich. Nach dem Untersuchungsdesign kann man unterscheiden zwischen zwei Typen, solchen mit Erwartungsinduktion und solchen mit natürlichen Erwartungen.

a) Experimentelle Untersuchungen.

In einer Untersuchung von Rubovitz und Maehr (1973) unterrichteten 66 Lehrerstudenten jeweils vier (zwei schwarze und zwei weiße) Kinder, die sie noch nie gesehen hatten. Den Lehrern wurde bedeutet, es handele sich bei zwei Kindern um begabte, bei den beiden anderen um unbegabte Kinder. Es zeigte sich, daß die Vpn mehr Interaktionen mit den begabten Kindern einleiteten, mehr Fragen an sie stellten und sie häufiger lobten. In einer ähnlichen Untersuchung von Rothbart u. a. (1971) ergaben sich keine signifikanten Unterschiede in Lob und Kritik, aber die Vpn wandten den „intelligenten" Schülern mehr Aufmerksamkeit zu.

Länger dauerte das Experiment bei Meichenbaum u. a. (1969). Hier wurden vier Lehrern, die 14 jugendliche delinquente Schülerinnen unterrichteten, mitgeteilt, daß sechs Schülerinnen „späte Aufblüher" seien. Als Aufblüher wurden solche bezeichnet, die angeblich in einem psychologischen Begabungstest besonders hoch abgeschnitten haben. In Wirklichkeit unterschieden sie sich nicht von den anderen. Einige Lehrer zeigten in den zwei Wochen, in denen ihr Unterricht beobachtet wurde, mehr positive Interaktionen als zuvor, andere zeigten weniger negative Interaktionen mit Aufblühern als zuvor bzw. als mit ihren Klassenkameraden.

Beez (1972) ließ Lehrerstudenten 5- bis 6-jährige Kinder die Bedeutung von Symbolen lehren (z. B. ● = Gefahr). Sie erhielten fingierte psychologische Berichte über die Kinder. Diese wurden entweder als überdurchschnittlich oder als unterdurchschnittlich intelligent dargestellt. Die Vpn sollten in Einzelsitzungen von 10-minütiger Dauer den Kindern so viele Symbole wie möglich beibringen. Es ergab sich, daß die Lehrer, bei denen eine positive Erwartung geweckt worden war, mehr Symbole ($\bar{x}_1 = 10,4$) zu vermitteln versuchten als jene, bei denen ungünstige Erwartungen geweckt worden waren ($\bar{x}_2 = 5,7$). Dies war wohl auch der Grund dafür, daß die Kinder unterschiedlich viel lernten ($\bar{x}_1 = 5,9$, $\bar{x}_2 = 3,1$). Die Vpn erklärten bei „low-expectancy"-Kindern mehr, gaben mehr Beispiele und verweilten länger bei Nicht-Lehr-Aktivitäten.

Über vier Monate erstreckte sich die Untersuchung von Kester & Letchworth (1972). Dreiundzwanzig Lehrer unterrichteten 150 Schüler der 7. Klasse. Zu Beginn des Schuljahres erhielt jeder Lehrer die Information, daß bestimmte Schüler besonders begabt seien. Es ergaben sich eine Reihe interessanter Unterschiede im Lehrerverhalten diesen Schülern gegenüber. Die Lehrer verbrachten mehr Zeit mit den „klugen" Schülern, sprachen mit ihnen häufiger und unterstützten sie mehr.

Brophy und Good (1974, S. 52–61) berichten auch über eine Reihe von Untersuchungen, in denen eine Auswirkung von Erwartungsinduktion auf Lehrerverhaltensweisen nicht nachzuweisen war. Diese Untersuchungen hatten mit schwacher Erwartungsweckung gearbeitet und/oder die Lehrer hatten die Information nicht als glaubwürdig empfunden und abgelehnt. Positive Ergebnisse wurden dort erzielt, wo die Erwartungsweckung intensiv war, wo die Schüler den Lehrern unbekannt waren und das Experiment nicht lange dauerte. So könnte eingewendet werden, Erwartungen wirken sich nur dann aus, wenn die Personen keine anderen Informationen zur Verfügung haben. Sie orientieren sich dann an dem einzig verfügbaren Hinweis.

b) Natürliche Erwartungen.

Eindeutiger fallen im allgemeinen die Ergebnisse von Studien aus, in denen Zusammenhänge zwischen vorfindlichen Erwartungen und Verhaltensweisen von Lehrern gegenüber Schülern untersucht wurden. In einer soziometrischen Untersuchung von McGinley und McGinley (1970) an Erstklässlern zeigte sich nicht nur, daß die Schüler dazu neigten, Schüler aus höheren Lesegruppen eher zu wählen als solche aus der eigenen Gruppe und der darunterliegenden, sondern fünf der sechs Lehrer äußerten auch negative Gefühle gegenüber Kindern in den unteren Lesegruppen. Die Autoren halten es für möglich, daß in den soziometrischen Wahlen das Prinzip zum Ausdruck kommt, daß sich Personen generell von erfolgreichen anderen Personen angezogen fühlen. Sie nehmen am Erfolg des anderen teil, partizipieren an dem positiven Erlebnis. Es gibt eine Reihe von Studien in der natürlichen Schulsituation die zeigten, daß die Interaktion von Lehrern mit Schülern zusammenhing mit Erwartungen. Gymnasiallehrer schienen mit Schülern, von denen sie viel erwarteten, mehr Zeit zu verbingen, positiver und unterstützender umzugehen als mit anderen (Rothbart u. a., 1971, Cornbleth u. a., 1972, zit. nach Brophy & Godd, 1974, S. 113).

In der ersten Klasse beobachteten Brophy & Good (1970) mehr Lob der Lehrer gegenüber erwartungshohen Schülern.

Auch Erwartungen, die sich nicht auf einzelne Schüler beziehen, sondern auf Gruppen oder Klassen, können verhaltenswirksam sein. Dies kann man analysieren auf der Ebene von (a) Unterschieden zwischen Leistungsgruppen innerhalb einer Schule, (b) von Unterschieden zwischen Schularten sowie (c) von Unterschieden zwischen Schulsystemen.

a) Von Leistungsdifferenzierung wird gesprochen, wenn Schüler in leistungshomogenen Gruppen zusammengefaßt werden. Beim „setting" werden Schüler nach ihren Fachleistungen in Gruppen mit verschiedenem Niveau eingeteilt. Lehrer wissen, welche Gruppe sie jeweils unterrichten. Dieses Wissen kann zu Erwartungen führen, welche sich an der Leistung der Gruppe orientieren. Hopf (1974, S. 44) berichtet über eine Untersuchung: zu Beginn des 7. Schuljahres waren sich Schüler der A-, B- und C-Kurse in ihren Fachleistungen relativ ähnlich. Dies resultierte daraus, daß die Einstufung fehlerhaft erfolgte. Am Ende der 7. Klasse jedoch hoben sich die Mittelwerte stark ab und vor allem die Streuungen waren stark zurückgegangen. Dies muß nicht, aber kann damit zusammenhängen, daß sich zumindest die fehlklassifizierten Schüler entsprechend den ihnen entgegengebrachten Erwartungen entwickelt haben. Einen interessanten Versuch hat Schrank (1968) in der amerikanischen Militärausbildung gemacht. Er teilte Rekruten, die einen Lehrgang in Mathematik zu absolvieren hatten, nach Zufall in fünf Gruppen ein. Die Lehrer gingen davon aus, daß es sich um Gruppen mit unterschiedlichen gemessenen Fähigkeiten handelte. Am Ende des Kurses entsprachen die Leistungen der Gruppen im Durchschnitt den angekündigten Einstufungen. Die Schüler der „besten" Gruppe leisteten signifikant mehr als die Schüler der „schlechtesten" Gruppe. Dieses Ergebnis konnte nicht gefunden werden, wenn den Lehrern mitgeteilt worden war, daß die Schüler nicht nach Testwerten, sondern nach Zufall eingeteilt wurden, sie aber gebeten wurden, dennoch so zu tun, als würde es sich um Leistungsgruppen handeln (Schrank, 1970).

b) Die Diskussion darüber, inwieweit Sonderschulen (z. B. für Lernbehinderte) einen stigmatisierenden Effekt auf die Schüler ausüben, ist sehr lebhaft und auch kontrovers. Der Erwartungseffekt ist dabei nur ein Argument. Er beruht auf dem Gedanken, daß Lehrer die Erwartung, bei Sonderschülern geringere Lernfortschritte als bei Normalschülern erzielen zu können, auch in ihren Unterricht einfließen lassen, weniger Material durchnehmen, sich mit weniger zufrieden geben. Das Ergebnis würde dem mit der Sonderschule angestrebten Ziel der besseren Förderung und der Rückführung der Kinder in die Normalschule widersprechen. Eine Längsschnittuntersuchung von Merz (1982) kommt zu diesem Schluß: ursprünglich leistungs- und intelligenzgleiche Schüler aus normalen Grundschulen und

Sonderschulen für Lernbehinderte zeigten nach drei Jahren erhebliche Unterschiede. Sonderschüler zeigten schlechtere Werte in Intelligenztests und Leistungstests als geförderte Hauptschüler. Merz interpretiert dies u. a. so: „Die Schüler sehen und hören, was man von ihnen denkt, das wirkt sich auf ihr Selbstbewußtsein aus." Angaben darüber, wie sich Lehrererwartungen unterschiedlich ausdrückten, wurden hier nicht vorgelegt.

c) Pidgeon (1970) diskutiert die Unterschiede in den Rechenleistungen zwischen kalifornischen Kindern und vergleichbaren Kindern aus England und Wales. Er meint, daß die unterschiedlichen Erwartungen in den Curricula verantwortlich sein könnten: „In Kalifornien wurde von den Schülern viel weniger in Mathematik erwartet, für Schüler im Primarschulalter wurden eingeschränktere Lehrziele formuliert, es wurde weniger Wert als in England und Wales gelegt auf schnellen Fortschritt in mechanischer Arithmetik" (S. 84).

Diese Untersuchungen wurden in völlig natürlichen, unmanipulierten Klassenzimmersituationen durchgeführt. Lehrererwartungen wurden erhoben, gleichzeitig wurde das Verhalten der Lehrer gegenüber Schülern mit unterschiedlichen Erwartungen in vergleichbaren Situationen beobachtet. Bei dieser Art von Vorgehen ist es allerdings nicht möglich, Zusammenhänge zwischen Erwartung und Verhalten als Ursache-Wirkungs-Verhältnis zu interpretieren. Eventuell beobachtete Verhaltensunterschiede können, müssen aber nicht auf die Erwartung zurückzuführen sein. Da sich die Schüler in einer großen Zahl weiterer Eigenschaften unterscheiden, kann jeder dieser möglichen Unterschiede – vom Lehrer bemerkt – sein Verhalten beeinflußt haben. Wie kann man diesen wichtigen Nachteil von Felduntersuchungen eliminieren? Eine Möglichkeit, Vergleichbarkeit herzustellen bzw. anzunähern, besteht in der Technik der Parallelisierung. Man stellt künstlich Paare von Schülern zusammen, die sich nur in der ihnen vom Lehrer entgegengebrachten Erwartung unterscheiden, sonst aber weitgehend vergleichbar sind. Eventuell auftretende Verhaltensunterschiede können mit größerer Sicherheit auf Unterschiede in der Erwartung zurückgeführt werden. Heines u. a. (1978) wählten ein interessantes Vorgehen. Sie gingen von der Überlegung aus, daß Lehrer Erwartungen gegenüber jenen neuen Kindern in ihrer Klasse ausgebildet haben, deren ältere Geschwister sie bereits früher unterrichtet haben. Und zwar wurde angenommen, daß sich die Erwartungen an den Leistungen der älteren Geschwister orientieren. Hier liegen also natürlich gebildete Erwartungen vor, obwohl den Lehrern die betreffenden Schüler nicht bekannt sind. Das Erkenntnisinteresse der Arbeit lag darin, zu zeigen, ob sich solche Erwartungen sichtbar und meßbar auf eine Reihe von spezifischen unterrichtlichen Lehrerverhaltensweisen in Richtung der Erwartungen auswirken. Wenn die Erwartung des Lehrers für einen Schüler, dessen älteres Geschwister bei demselben Lehrer hohe Leistungen erbracht hatte, ebenfalls hoch ist, sind dann entsprechende Verhaltensweisen in der Klasse beobachtbar, die sich als Ausdruck der hohen Erwartung interpretieren lassen? Im Gegensatz zu den zuvor behandelten Arbeiten wurde hier nicht die Frage nach dem Vergleich zwischen Schülern mit hoher und solchen mit niedriger Erwartung gestellt. Es wurden vielmehr Schüler mit Erwartung mit solchen verglichen, bei denen der Lehrer (zunächst) keine Erwartungen hatte, die den anderen aber in ihrer intellektuellen Leistungsfähigkeit vergleichbar waren. Die Experimentalgruppe bestand aus 30 Schülern, deren Geschwister vom gleichen Englischlehrer in der 7. Klasse unterrichtet worden waren. Die Kontrollgruppe bestand aus 73 Schülern, deren ältere Geschwister von anderen Englischlehrern in der 7. Klasse unterrichtet wurden. Es wurde angenommen, daß die Lehrer bezüglich dieser Schüler keinerlei Erwartungen besaßen. Aus den Schülern der Experimentalgruppe und der Kontrollgruppe wurden von den Untersuchern drei Gruppen gebildet: hoch, mittel, niedrig auf der Basis der Zensuren ihrer älteren Geschwister. Die Intelligenzwerte (nach dem Kuhlmann-Anderson-Test) von Kontroll- und Experimentalgruppe waren nicht signifikant voneinander unterschieden. Doch geht aus der Untersuchung nicht hervor, ob die jeweiligen Teilgruppen vergleichbare intellektuelle Leistungen zeigten. Die Ergebnisse in Form von Vergleichen zwischen Lehrerverhalten gegenüber Experimental- und Kontrollschülern enthalten Aspekte, welche die Erwartungshypothese bestätigen, andere waren damit nicht konsistent. Zunächst die negativen: es zeigten sich keine Unterschiede derart, daß die Lehrer den Schülern mit hoher Erwartung mehr Möglichkeiten einräumten, Unterrichtsfragen zu beantworten, als den Kontrollschülern mit ebenfalls leistungsfähigen älteren Geschwistern, aber ohne Erwartungen. Auch zeigten sich keine Unterschiede in der Zahl von Einzelkontakten. Ebenfalls keine Unterschiede ergaben sich in der Häufigkeit von Kritik nach einer falschen Antwort und in der Häufigkeit, den Kontakt nach einer falschen Antwort aufrechtzuerhalten. Nun zu den hypothesenkonformen Ergebnissen: beendendes Feedback nach einer falschen Antwort wurde bei Schülern mit hoher Erwartung seltener gegeben als bei der entsprechenden Kontrollgruppe, und bei Schülern mit niedriger Erwartung häufiger. Dies galt jedoch nur für die Beobachtung im Herbst, also zu Beginn des Schuljahres. Im Frühjahr lagen die Ergebnisse genau umgekehrt. Dies könnte damit zu erklären sein, daß die Lehrer ihre Erwartungen den Gegebenheiten angepaßt haben. Die Erwartungen, die sie an die Schüler aufgrund ihrer Erfahrungen mit den älteren Geschwistern gerichtet hatten, weichen jenen, die sie aus ihrer eigenen Anschauung bilden. Auch für die Schüler der Kontrollgruppe, für die ursprünglich überhaupt keine Erwartungen vorhanden waren, haben sich in der Zwischenzeit welche herausgebildet. Dies kann eine Erklärung für die Verhaltensänderungen geben, nicht jedoch für die spezielle Form der Umkehrung. Vor allem in den im Frühjahr erhobenen Daten ergab sich weiter folgendes: Schüler mit hoher Erwartung erhielten erheblich mehr positive Rückmeldung bei richtiger Antwort, und Schüler mit niedriger Erwartung erhielten weit weniger positive Rückmeldung nach richtiger Antwort als ihre jeweiligen Parallelschüler. Schüler mit hoher Erwartung erhielten viermal soviel positive Rückmeldung bei richtiger Antwort als Schüler mit niedriger Erwartung. Positive Rückmeldung bei richtiger Antwort ist sicherlich die einfachste und natürlichste Form der Bekräftigung. Das Ausbleiben gerechtfertigter positiver Rückmeldung kann für jene Schüler durchaus eine demoralisierende Wirkung haben, die Unterstützung und Bestätigung am meisten benötigen. Obwohl ein Einfluß der Erwartung auf die Notengebung nicht festgestellt werden konnte, zeigten am Jahresende die Schüler mit niedriger Erwartung schlechtere Leistungen in einem Schulleistungstest als ihre Paarlinge ohne Erwartung. Dies könnte als ein Effekt der Erwartung interpretiert werden. Alles in allem eine teilweise Bestätigung der These von der sich-selbst-erfüllenden Prophezeiung.

So scheint die These, daß Lehrer sich Schülern, von denen sie sich mehr versprechen, insgesamt positiver zuwenden, als anderen, von einer Reihe von Befunden gestützt zu werden. Sie ließe sich mit Hilfe einer Art reziproker Verstärkungstheorie erklären: ein guter Schüler zeigt Leistungen, welche der Lehrer auch als Erfolg seiner Tätigkeit betrachtet. Sie stellen eine Art Belohnung für sein Verhalten und seine Zuwendung dar. Für den guten Schüler ist die Zuwendung des Lehrers seinerseits Bestätigung für sein Verhalten, was ihn dazu veranlassen mag, weiter gute Leistungen zu produzieren (vgl. Brophy & Good, 1974, S. 39). Nach Brophy & Good (1974) tritt dieser Mechanismus nur dann in Kraft, wenn die ursprüngliche Lehrererwartung unzutreffend und rigide war. Am Ende des Prozesses steht eine Lehrererwartung, die zutrifft, nicht weil die Erwartung geändert wurde, sondern weil sich die Realität gemäß der Erwartung verändert hat. Dieses Modell ist jedoch auch auf zutreffende Erwartungen anwendbar, wenn diese stabil bleiben. Sie verhindern nämlich eine Entwicklung des Schülers von dieser Erwartung weg.

So plausibel diese Überlegungen auch sein mögen, sie können dennoch nicht als bestätigt gelten. Es liegen eine Reihe von Untersuchungen vor, die in genau entgegengesetzte Richtung zeigen: in einigen Verhaltensvariablen „bevorzugten" Lehrer Schüler mit niedrigen Erwartungen gegenüber jenen mit hohen: sie riefen sie häufiger auf, gaben ihnen mehr Prozeß-Feedback (Evertson u.a., 1972; Koblitz, 1981). Lehrer scheinen auch Erwartungen dahin wirken zu lassen, daß sie sich kompensierend, ausgleichend verhalten. Brophy & Good (1974) nennen Lehrer, bei denen der Mechanismus dem Verstärkungsprinzip zu folgen scheint, überreaktive Lehrer. Ist das Kompensationsprinzip sichtbar, so sprechen sie vom proaktiven Lehrer.

Welche kognitiven Prozesse unterscheiden zwischen den beiden Typen? Ganz offensichtlich reicht es für die Erklärung von Verhalten nicht aus, lediglich Erwartungen zu thematisieren. Der Zusammenhang zwischen Situations-Folge-Erwartungen und Verhalten ist einzubetten in die Konstrukte des Wird-Soll-Lage-Vergleichs, der Ursachenattribution und der Handlungs-Ergebnis-Erwartungen.

a) *Wird-Soll-Lage-Vergleich und Verhalten.* Jene Lehrer in den berichteten Untersuchungen, die sich nach dem Muster sich selbst erfüllender Prophezeiung verhalten haben, könnten für gute Schüler über eine besonders hohe Soll-Lage und für schlechte über eine besonders niedrige verfügen und sich daher bei jenen eher zu einem fördernden eingreifen angespornt gefühlt haben. Umgekehrt kann sich der proaktive Lehrer dadurch auszeichnen, daß er besonders die niedrig leistungsfähigen Schüler voranbringen möchte. Direkte empirische Überprüfungen der Hypothese, daß Eingreifen dann und nur dann erfolgt, wenn der interne Vergleich des Erwartungsvektors mit dem Soll-Vektor zu einer Diskrepanz führt, die größer ist als von der Person tolerierbar, und daß andernfalls ein Nicht-Eingreifen (nicht gleichbedeutend mit Ignorieren als Strategie) erfolgt, sind mir nicht bekannt. Es ist zweifelhaft, ob es sich überhaupt um eine falsifizierbare Hypothese handelt. Sie enthält eine Reihe von Annahmen (über Soll-Vektor, über Diskrepanz, über Tolerierbarkeit, über Nicht-Handeln versus Nichts-Tun als Ignorieren), die eine Überprüfung äußerst schwierig machen.

Feest & Blankenburg (1972, zit. nach Lilli, 1979, S. 160) haben die Bedingungen des Eingreifens von Polizisten auf Streifendienst untersucht. Sie fragten nach den für den Streifendienst typischen Situationen, in denen die Polizei tätig wird. Die Autoren unterschieden zunächst Situationen des Verdachts. Diese können als Situationen aufgefaßt werden, die eine untolerierbare Wird-Soll-Diskrepanz erwarten lassen. Sodann identifizierten sie Situationen des Konflikts, in denen die Ist-Soll-Diskrepanz bereits vorliegt; und schließlich Bagatellfälle. Die Autoren stellten fest, daß die verdachtleitenden Wirklichkeitskonstruktionen zum Teil auf Merkmalsbasis wie Wohngegend, zum Teil auf Verdachtskriterien wie Aussehen beruhten.

Wahl u.a. (1983) filmten den Unterricht von Lehrern. Anschließend wurden jedem Lehrer Teile seines Unterrichts vorgespielt mit der Aufforderung, zu berichten, was ihm bei diesen Episoden durch den Kopf gegangen war. Wahl u.a. führen die Beispiele auf der nächsten Seite oben für den Zusammenhang zwischen Situation und Erwartung an (S. 37).

In den Fällen 2) und 5) bräuchte der betreffende Lehrer nicht eingreifen. Er erwartet, daß die auffällige Situation sich zu seiner Zufriedenheit weiterentwickelt. Anders dagegen in den Fällen 1), 3) und 4). Hier wird drohende Gefahr antizipiert. Ob in den genannten Fällen das Eingreifen der Lehrer tatsächlich von diesen Kognitionen abhängig war, darüber kann eine Aus-

Situation	Erwartung
1) Es war laut und turbulent.	Die Störung würde anhalten.
2) Heike meldet sich spontan.	Die Schülerin hätte sich noch einmal gemeldet.
3) Alfred geht in Igelstellung, die Nebensitzer reden auf ihn ein.	Die Sache um Alfred könnte sich weiterentwickeln.
4) Eifrige, intensive Unterhaltung zwischen zwei Mädchen.	Die beiden Schülerinnen hätten weitergesprochen.
5) Chaos in der Klasse.	Einige Schüler hätten von sich aus eingegriffen.

sage nicht gemacht werden. Situationen und Erwartungen, die zum Eingreifen führen, haben Wahl u. a. (auf S. 247–250) zusammengestellt. Einige Beispiele daraus zeigt Tabelle 29.

Es mag zwingend erscheinen, daß der Lehrer in der Situation Nr. 2) (Denkfehler wahrscheinlich – Eingreifen unbedingt notwendig, weil Fehler unbedingt verbessert werden muß) auf die Handlungsstrategie „nochmaliges Erklären" zurückgreift. Doch gibt es meist eine Reihe von Alternativen. So ist offen, ob in der Situation Nr. 1) (falsche Antwort; Klasse lacht, da leichte Frage – Klasse gibt wahrscheinlich Hinweis auf Fehler) mit negativer Rückmeldung, Ironie oder Aufforderung/Befehl reagiert wird. Welche Handlungen konkret in Erwägung gezogen und realisiert werden, hängt von den Handlungs-Ergebnis-Erwartungen ab.

Tabelle 29: Ist- und Wird-Lage (aus Wahl, u. a., 1983)

Situation (schlechte, vollkommen falsche Antwort)	Erwartungen, die zum Eingreifen führen
1) falsche Antwort; Klasse lacht, da leichte Frage	Klasse gibt Hinweis auf Fehler,
2) Denkfehler wahrscheinlich,	Eingreifen unbedingt notwendig, weil Fehler unbedingt verbessert werden muß,
3) falsche Antwort, aber Schüler hat nachgedacht,	Bei Nichteingreifen wird der Schüler noch stärker verunsichert,
4) nicht in den Kontext passend,	Es wären Spontanäußerungen von Schülern gekommen, die gesagt hätten, das hat nichts damit zu tun,
5) rufe Schülerin auf: sitzt da und lächelt, spielt die Lässige.	Muß etwas machen, um Peinlichkeit zu vermeiden.

Was in diesen Beispielen zum Ausdruck kommt, kann auch für die Wirkung übergreifender Erwartungen gelten: das „Bemühen“ des Lehrers um ein Kind hängt ab von dem Ausmaß der Wird-Soll-Diskrepanz.

b) Attribution-Erwartung-Verhalten. Unterschiedliche Ursachen können zur gleichen Erwartung führen. Eine niedrige Erwartung und damit eine hohe Wird-Soll-Diskrepanz kann aufgrund besonders niedriger Begabung, oder aufgrund besonders niedriger Anstrengung, oder aber aufgrund besonders hemmender Ängstlichkeit gedacht sein. In jedem Falle können unterschiedliche Handlungen als indiziert gelten. Einen Hinweis in diese Richtung können Ergebnisse aus unserer eigenen Untersuchung (Hofer u.a., 1982 b, S. 258 ff.) geben. Wir bildeten Gruppen von Schülern, die sich entweder in der zugeschriebenen Intelligenz, Ausdauer oder Ängstlichkeit unterschieden. Dabei legten wir lediglich jene Schüler zugrunde, bei denen der Wirkanteil für die betreffende Eigenschaft über dem Mittelwert lag. Wir nahmen an, daß wir es mit Schülern zu tun hatten, die sich in der Wird-Lage unterschieden (z.B. aufgrund hoher oder niedriger Intelligenz) und mit solchen, die sich bei gleicher Wird-Lage in der Basis dafür unterschieden (z.B. aufgrund hoher Intelligenz oder geringer Ängstlichkeit). Es zeigte sich, daß die Lehrer bei niedriger Wird-Lage wegen mangelnder Intelligenz häufiger als bei hoher Wird-Lage direkte Fragen stellten, während sie bei niedriger Wird-Lage wegen Ängstlichkeit seltener direkte Fragen stellten. Bei der Verhaltenskategorie allgemeiner und mittelschwerer Frage war es genau umgekehrt. Unsere Interpretation: Gleiche Wird-Soll-Diskrepanz führt bei unterschiedlicher Ursachenerklärung zu unterschiedlichem Verhalten. Direkte Fragen könnten den Ängstlichen erschüttern, nicht aber den schwach Begabten. Der Ängstliche wird dann häufiger drangenommen, wenn er sich meldet. Damit ist bereits der dritte Punkt eingeleitet.

c) Wird-Soll-Diskrepanz, Handlungs-Ergebnis-Erwartungen und Verhalten. Die unterschiedlichen Ergebnisse der Pygmalion-Forschung können auch damit erklärt werden, daß die Lehrer über unterschiedliche Handlungs-Ergebnis-Erwartungen verfügten: der Zusammenhang zwischen Situations-Folge-Erwartungen und Verhalten ist nur unter Berücksichtigung von Handlungs-Ergebnis-Erwartungen herzustellen. Dies gilt sowohl für kurzfristige als auch für langfristige Erwartungen. So läßt die Argumentation von Cooper (1979, 1983) folgern, daß Lehrer je nachdem, mit welchen Mitteln (Lob, Tadel, Wärme, Aufrufen) sie die Beiträge von Schülern mit hoher bzw. niedriger Erwartung kontrollieren zu können glauben, zu unterschiedlichen Maßnahmen greifen. Das nächste Kapitel versucht, diese Lücke zu schließen. Es behandelt die Frage, inwieweit die Kenntnis von Handlungs-Ergebnis-Erwartungen und Zielen erzieherisch tätiger Personen eine Vorhersage auf deren Verhalten ermöglicht.

Zusammenfassung:

1. Der Erwartungsvektor wird mit dem Vektor der Soll-Lage verglichen. Wird eine Diskrepanz hinreichend stark befürchtet, wird eigenes Eingreifen als notwendig erachtet.
2. Die Betrachtung lediglich des Zusammenhangs zwischen Erwartung und Verhalten, wie sie in der Nachfolge von Rosenthal und Jacobson zur Erklärung des Pygmalion-Effekts durchgeführt wurde, ist kurzschlüssig. Über die Qualität des Eingreifens kann eine Vorhersage nicht gemacht werden, ohne Wird-Soll-Diskrepanz, Ursachenattribution und Handlungs-Ergebnis-Erwartungen der Person als Prädiktoren hinzuzunehmen.

9. Kapitel
Handlungsentscheidungen und Verhalten

Das zentrale Anliegen dieses Buches ist es, Lehrerkognitionen zu beschreiben und ihren Zusammenhang mit dem Verhalten zu prüfen. Im einleitenden Kapitel wurde die gewählte theoretische Vorstellung expliziert. Dabei wurde konkretes Verhalten als Konsequenz einer Reihe von Kognitionen beschrieben. Als letzter Komplex von Kognitionen vor der Handlungsausführung wurde angenommen, daß Lehrer Entscheidungen treffen. Sie entscheiden zwischen Handlungsentwürfen, nachdem sie die jeweilige Situation analysiert haben. Die für die Analyse der Situation direkt oder indirekt notwendigen Kognitionen wurden in den Kapiteln 2 bis 8 behandelt. Dabei wurde auch mehrmals auf Verhalten bezogen. Doch war klar geworden, daß bei modellgemäßer Betrachtung eine Erklärung und/oder Vorhersage von Verhalten ohne Einbezug von Entscheidungskognitionen als Antezedens-Variablen nicht vollständig möglich sein dürfte. Die anderen Kognitionen münden in Entscheidungen ein. Erst über sie werden sie verhaltenswirksam. So ist die Behandlung von Entscheidungskognitionen in diesem Kapitel der Abschluß der Diskussion über den Zusammenhang zwischen Denken und Handeln (mit Ausnahme der Frage, wie Erfahrungen über Effekte eigenen Handelns auf das Denken rückwirken, vgl. Kapitel 10). Sie tritt in ihre entscheidende Phase.

Lehrerkognitionen und -verhalten werden unter entscheidungstheoretischen Aspekten diskutiert. Das Kapitel ist wie folgt gegliedert: Zunächst wird eine Klärung des Begriffes Handlungsentscheidung versucht. Sodann wird der Prozeß der Entscheidung diskutiert. Hierbei werden die Begriffe Handlungsentwurf, Handlungs-Ergebnis-Erwartung und Bewertung von Handlungsergebnissen sowie Entscheidungsregeln besprochen. Der dritte Abschnitt befaßt sich mit den Randbedingungen von Lehrerentscheidungen. Daß eine Entscheidung und ihr Umsetzen in Verhalten nicht immer übereinstimmen, dies wird im letzten Abschnitt behandelt.

1. Der Begriff der Entscheidung

Mit dem Begriff „Handlung“ ist die Vorstellung verbunden, daß geäußertes Verhalten Ergebnis eines Abwägens zwischen Alternativen ist. Viele menschliche Verhaltensweisen gehen auf Entscheidungsakte zurück. Die Entscheidungsgebundenheit des pädagogischen Handelns ist weithin zum Gegenstand pädagogisch-psychologischer Betrachtung geworden (Schulz, 1980). „Entscheiden“ geht dem Verhalten voraus. Handeln ist dadurch charakterisiert, daß zwischen mehreren Handlungsalternativen eine Auswahl getroffen wird. Damit wird Verhalten als Ergebnis oder Produkt einer Entscheidung zwischen Handlungsentwürfen definiert. Der Begriff „Handlungsentwurf“ bezeichnet die Kognition über Art und Ausgestaltung einer Handlungsalternative.

Ich stelle zunächst eine Untersuchung vor, die eine Antwort zu geben vermag auf die Frage, wie angemessen der Ansatz ist, Lehrerhandeln als Produkt von Entscheidungen anzusehen. In welchem Ausmaß ist Lehrerverhalten von Erwartungen über Alternativen und deren Bewertung auf Nutzen- und Kosten-Variablen abhängig? Peterson & Clark (1978) beschrieben das Denken von Lehrern während der Interaktion in der Klasse als einen zyklischen Prozeß (vgl. Abbildung 31): der Beobachtung des Schülerverhaltens folgt ein Urteil, ob das Verhalten sich innerhalb wünschenswerter Grenzen bewegt. Ist dies der Fall, so wird der Lehrprozeß unverändert fortgeführt. Andernfalls wird im Gedächtnis nach alternativen Verhaltensweisen gesucht, die das Schülerverhalten in die Toleranzgrenzen zurückbringen können. Bei erfolgreicher Suche erfolgt schließlich eine Entscheidung über eine Verhaltensänderung, welche sich in neuem Verhalten niederschlägt.

Peterson & Clark (1978) gingen von diesem Modell aus, kombinierten die verschiedenen Möglichkeiten und kamen zur Konzeption von vier Pfaden, welche unterschiedliche Denkabläufe repräsentieren (Tabelle 30).

Im ersten Fall (Pfad 1) erscheint ein Nachdenken über Handlungsalternativen nicht notwendig. In den drei anderen Fällen schon. Im Pfad 2 bleibt das Suchen nach Alternativen erfolglos. In Pfad 3 ist es zwar von Erfolg gekrönt, aber eine Umsetzung ist nicht – wie in Pfad 4 – erfolgt. Peterson & Clark (1978) stellten sich in ihrer Untersuchung u. a. die folgenden Fragen:

1) Wie häufig kommen die verschiedenen Denkstränge im Unterricht von Lehrern vor?
2) Wie unterscheiden sich Lehrer in der Häufigkeit der verschiedenen Stränge?

Zwölf erfahrene Lehrer der Grundschule (6 ♂, 6 ♀) unterrichteten Gymnasiasten, die ihnen nach Zufall zugeordnet worden waren, einen dreistün-

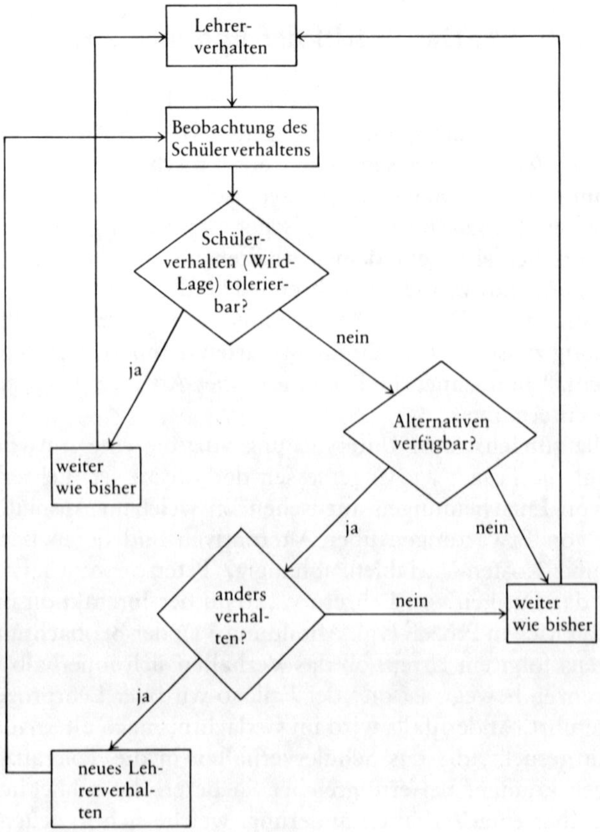

Abbildung 31: Ein Modell der kognitiven Prozesse von Lehrern im Unterricht (in Anlehnung an Peterson & Clark, 1978, S. 557).

Tabelle 30: Tabellarische Darstellung des Modells von Snow (Peterson & Clark, 1978, S. 557)

Verzweigungs-punkte	Pfad 1	Pfad 2	Pfad 3	Pfad 4
Schülerverhalten innerhalb Grenzen?	ja	nein	nein	nein
Alternativen vor-handen?	–	nein	ja	ja
Realisation der Alternative?	–	–	nein	ja

digen Stoff im Fach Sozialkunde über eine Stadt in Frankreich. Dieser Vorgang wurde zweimal mit anderen Schülern wiederholt. Der Unterricht konnte zu Beginn des Tages geplant werden. Nach dem Unterricht erhielten die Schüler einen multiple-choice-Test, einen Aufsatz-Test und einen Einstellungsfragebogen. Den Lehrern wurden vier jeweils zwei- bis dreiminütige Ausschnitte aus ihrem Unterricht vom selben Tag auf Videoband vorgespielt (der Beginn, zwei aus der Mitte und das Ende des Unterrichts). Sie wurden über den Unterricht befragt, und das Interview auf Tonband aufgezeichnet. Die Fragen lauteten:

1) Was machen Sie hier gerade und warum?
2) Was fällt Ihnen bei den Schülern auf? Wie reagieren die Schüler?
3) Denken Sie gerade über alternative Strategien nach?
4) Veranlassen irgendwelche Schüler-Reaktionen Sie dazu, sich anders als geplant zu verhalten?

Zwei Personen werteten das Tonband unabhängig voneinander danach aus, in welchen der vier Pfade des Modells die jeweiligen Lehreräußerungen einzuordnen seien. Tabelle 31 enthält die Ergebnisse.

Pfad 1 (keine Vorkommnisse) kam am häufigsten (60–70 %) vor. Die Unterrichtsbeobachtung zeigte, daß Lehrerrede die meiste Zeit in Anspruch nahm.

Pfad 2 (Hilflosigkeit) kam in ca. 8–12 % der Fälle vor (z. B. „Ich dachte, das ist ja schrecklich. Die Kinder schauen gar nicht interessiert drein. Sie erscheinen so schweigsam. Sie sind nicht begeistert bei der Sache. Was soll ich nur tun? Ich fühlte mich wirklich sehr unwohl ... Ich dachte, na gehste halt einfach weiter mit dem, wie Du's geplant hast.").

Pfad 3 kam am seltensten vor (6–8 %). Er enthält eine scheinbar unlogische Entscheidungssequenz. Ein Nachdenken über alternative Handlungen führt nicht zu einer Realisierung einer Alternative. Die Lehrer entschieden sich jedoch möglicherweise für das geringere Übel, indem sie die geplante

Tabelle 31: Durchschnittliche Häufigkeiten der Pfade (Peterson & Clark, 1978).

	1. Pfad	2. Pfad	3. Pfad	4. Pfad	Summe
erster Unterrichtsdurchlauf	2,83	0,42	0,33	0,42	4
1. Wiederholung	2,58	0,50	0,25	0,67	4
2. Wiederholung	2,42	0,33	0,25	1,00	4

Strategie beibehielten. Je größer die Lehrererfahrung (in Jahren) war, desto seltener kam Pfad 3 vor.

Pfad 4 (rationale Problembewältigung) kam am zweithäufigsten vor (10–25 %). Mit zunehmender Übung stieg seine Häufigkeit an. Er kam außerdem um so häufiger vor, je größer die sprachliche Fähigkeit der Lehrer, deren Denkfähigkeit und deren kognitive Komplexität waren.

Die Untersuchung von Peterson & Clark (1978) war eine Laborstudie. Laborstudien haben methodische Vorteile. Doch ist die Generalisierbarkeit der Ergebnisse fraglich. Die Lehrer hatten keine Erfahrung mit den Schülern und dem Stoff. Die Erinnerung nach dem Unterricht an Gedanken während des Unterrichts mag verfälscht gewesen sein. Aktuelle Denkprozesse können zu den erinnerten hinzugetreten sein. Doch auch die Ergebnisse einer Reihe von Feldstudien, die mit der Methode des „stimulated recall" arbeiteten, legen nahe, daß Lehrer während des Unterrichts relativ häufig Entscheidungen treffen. Clark & Peterson (1985, Tab. 6) berichten über die Ergebnisse von fünf Arbeiten, in denen die Häufigkeit von berichteten Entscheidungen als ausdrückliche Wahl für die Realisierung einer bestimmten Aktion festgestellt wurde. Die geschätzte Zahl von Entscheidungen lag zwischen 0,5 und 0,7 pro Minute. Im Mittel also ergibt sich die außerordentliche Dichte von einer Entscheidung in jeder zweiten Minute. So sind die Ergebnisse als Zeichen dafür zu werten, daß Lehrergedanken im Unterricht zumindest teilweise als rational in dem Sinne zu bezeichnen sind, daß nach Alternativen gesucht wird, wenn „Probleme" auftauchen.

Was ist unter „Entscheidung" zu verstehen? Die Entscheidung ist die Wahl einer Handlungsalternative aus einer vorgegebenen Menge möglicher Handlungsalternativen (Borcherding, 1983, S. 65). Unter handlungstheoretischer Sichtweise setzt jede Entscheidung eine Diagnose voraus. Alisch & Rössner (1977, S. 47) weisen auf diesen Punkt hin: Verhalten ist auf die Reduktion von Diskrepanzen zwischen Realitäts- und Soll-Zuständen gerichtet. Der Entscheidungsbegriff setzt zweierlei voraus: die Person kogniziert einen Zusammenhang zwischen der zu wählenden Alternative, erst herzustellenden und den daraus folgenden Zustandsveränderungen. Zum anderen hält sie die Alternative für realisierbar. Sie nimmt an, daß sie Ereignisse herstellen kann, die die diskrepanten Zustände verändern. In jeder Entscheidung ist eine Erwartung/Hoffnung enthalten, daß die gewählte Alternative vorteilhafter/besser/günstiger ist als eine andere, auch wenn diese Meinung auf einem Irrtum beruht und/oder sich ungewollte Konsequenzen der Aktion einstellen. (Über die Schwierigkeiten, den Begriff der Entscheidung mit Hilfe der Eigenschaft Absicht/Intention zu charakterisieren, siehe Sutcliffe & Whitfield, 1979, S. 13/14.)

Soziale Handlungen basieren meist auf Entscheidungen, die unter *Unsicherheit* über das Eintreten des Ergebnisses getroffen werden. Ein erzieherisch Handelnder kann sich kaum je sicher sein, Erfolg zu haben. Brezinka (1981) hat in anderem Zusammenhang auf den „Versuchscharakter" von Erziehen hingewiesen. Die Person entscheidet sich für Maßnahmen, weil sie glaubt, sie seien geeignet, das Gewünschte herbeizuführen, das Erreichte zu bewahren oder das Ungewünschte zu vermeiden. Ihre Einschätzungen sind aber Wahrscheinlichkeitseinschätzungen. Werden Entscheidungen unter *Sicherheit* über die erwarteten Konsequenzen getroffen oder unter *Unkenntnis* darüber, wird nicht mehr von Entscheidungen im Sinne der Entscheidungstheorie gesprochen (Borcherding, 1983, S. 65).

Daß der Entscheidungsprozeß selbst in einen phasischen Handlungsablauf eingebettet ist, ergibt sich aus dem in Kapitel 1 vorgestellten Modell. Entscheidung findet vor der Ausführung einer Handlungsalternative statt. Liegt sie zeitlich relativ weit vor der Ausführung, so spricht man von Planungsentscheidungen. In letzter Zeit wächst die Forschung zu Planungskognitionen bei Lehrern (Bromme, 1981). Darauf wird in diesem Buch nicht eingegangen.

Entscheidungen müssen nicht unbedingt in Verhalten münden. Die Realisierung einer Entscheidung kann durch äußere oder innere Umstände verhindert werden. Auch kann oder können sich die Entscheidungsgrundlage(n) verändert haben, so daß eine Revision der Entscheidung stattfindet. Auch kann die Realisierung auf einen späteren Zeitpunkt aufgeschoben werden. Entscheidungen sind direkt nur soweit beobachtbar, als sie zu offenem Verhalten der Person führen. Eine Entscheidung muß nicht durch eine Verhaltensänderung realisiert werden. Sie kann auch lauten, das bisher realisierte Verhalten weiter zu zeigen, anstatt es zugunsten von Alternativen aufzugeben. Mit Hilfe der Verhaltensbeobachtung ist es also nicht möglich, Entscheidungen zu identifizieren: Nicht jede Entscheidung führt zu einer Verhaltensänderung.

Nicht jedes Verhalten kann als Konsequenz einer rationalen Entscheidung aufgefaßt werden. Befindet sich die Person in einer Situation, deren Schwierigkeitsgrad nicht vorab einschätzbar ist, so kann man nach Alisch & Rössner (1977) annehmen, daß sie ihre Wissens- bzw. Erfahrungselemente in der folgenden Reihenfolge aktiviert: Zunächst erfolgt ein Anwenden von Mitteln quasi mechanisch. Die Person reagiert eher automatisch, ohne „Zielreflexion". Diese Routine-Entscheidung kann als eine habitualisierte Reaktion verstanden werden. Sie kann auch entstehen aus der Wirksamkeit externer Zwänge zur Realisierung einer institutionalisierten Reaktion, aus Berufs- und anderen Vorschriften. Bei Scheitern dieses Versuchs aktiviert die Person erfahrene Zusammenhänge, sie greift auf als erfolgreich erlebte Erfahrungen in als gleich oder ähnlich beurteilten Fällen zurück. Das „Probierverhalten" kann als eine Vorform dieses Erfahrungshandelns bezeichnet werden. Es dient dazu, Erfahrungen zu sammeln, greift jedoch seinerseits bereits auf bestimmte Vorerfahrungen der Person zurück. War die Person auch bei diesem Versuch nicht erfolgreich, so stellt sie rationale Überlegungen an. Rationale Überlegungen zeichnen sich durch bewußte Herstellung von Mittel-Zweck-Beziehungen aus. Die Person versucht, technologische Hypothesen zu generieren, indem sie abschätzt, inwieweit in einer Situation mit Diskrepanzdiagnose die Anwendung einer Handlungsalternative den angestrebten Soll-Zustand herstellt. In diesem Buch werden Unterscheidungen zwischen verschiedenen Graden von „Bewußtheit" nicht vorgenommen. Es wird angenommen, daß Entscheidungen rational getroffen werden, auch wenn sie sich in der Praxis zu Routinen und automatisierten Abläufen verfestigt haben mögen.

Der Begriff „Entscheidung" wird meist in zweierlei Kontext verwendet. Irle (1975, S. 320) unterscheidet zwischen „Erkenntnis-" und „Handlungs-Entscheidungen". Man kann von Zielentscheidungen sprechen, um das Setzen von Zielpräferenzen zu bezeichnen. Oder man könnte sagen, die Person entscheidet sich dafür, Faktor x als Ursache für das beobachtete Ereignis y anzusehen. Auch ist es üblich, von diagnostischen Entscheidungen zu sprechen, wenn eine Person sich ein Urteil über die Ausprägung einer Persönlichkeitsvariablen bei einer anderen Person gebildet hat. Hier wird die Bezeichnung Entscheidung lediglich im Zusammenhang mit dem Auswählen zwischen verschiedenen Handlungsentwürfen verwendet. Auf den Lehrer bezogen wird von Entscheidung nur bei „Instruktionsentscheidungen" (Shavelson, 1978) oder „Managemententscheidungen" (Borko, 1978) oder „Handlungs-Entscheidungen" gesprochen. Erkenntnis-Entscheidungen sind Voraussetzungen für Handlungs-Entscheidungen.

In welcher Weise münden die vorgeordneten Kognitionen in Entscheidungsprozesse ein? Man kann zwischen fünf Kategorien von Denkprozessen unterscheiden, die zu einer Entscheidung führen können (vgl. auch Shavelson, 1976, S. 375):

1) Der Lehrer strebt *Ziele* an, er aktualisiert Vorstellungen über wünschenswerte Zustände, die er mit seinen Handlungen erreichen möchte. Das sind Vorstellungen über Schülereigenschaften und Schülerkenntnisse bzw. -leistungen, über Stoffbehandlung und über Unterrichtsverlauf (vgl. Kapitel 2). Handlungsalternativen werden unter dem Aspekt der Mittel-Zweck-Relation kogniziert. Sie werden danach beurteilt und ausgewählt, inwieweit sie dem Zwecke (oder den Zwecken) dienlich oder abträglich sind.

2) Der Lehrer verschafft sich ein Urteil über die Situation, über den *Zustand der Natur*. Er versucht wahrnehmungsmäßig (Kapitel 4), sich über den gegenwärtigen Stand, über die Lage der Dinge zu informieren. Er eruiert die Ist-Lage. Dies ermöglicht dreierlei: a) es ermöglicht die Erstellung eines internen Ist-Soll-Diskrepanzprofils, welches die Grundlage für Überlegungen zur Intensität des Eingreifens darstellt (Kapitel 5), es ermöglicht

b) die Ausbildung von Erwartungen als Wird-Lage (Kapitel 8) über Ursachenzuschreibungen (Kapitel 7), und es kann c) die Grundlage für adaptive Strategien-Auswahl darstellen. Aktuelle Informationen wirken mit den über die Informationsverarbeitung (Kapitel 6) gespeicherten zusammen. Für die Aufnahme von Informationen unter den verschiedenen Aspekten stellt die implizite Persönlichkeitstheorie (Kapitel 3) Eigenschaften bereit.

3) *Handlungsentwürfe,* alternative Vorgehensweisen stehen der Person als Möglichkeiten zur Verfügung. Sie weiß, wie man sich verhalten kann. Die Person muß eine Vorstellung haben davon, welche Handlungen möglich und wie sie gegebenenfalls umzusetzen sind. Sie kann auch Handlungen selbt konstruieren, die sie weder bereits ausgeführt, noch beobachtet hat, noch von denen ihr erzählt wurde, die sie aber den Notwendigkeiten der Situation entsprechend konzipiert („innovative Entscheidung").

4) *Mögliche Wirkungen* jedes in Betracht gezogenen Handlungsentwurfes werden geistig vorweggenommen und bewertet. Dabei wird dreierlei angenommen: a) Die Person verfügt über eine Vorstellung davon, was der Handlungsentwurf bewirkt. Für jeden Handlungsentwurf wird in der gegebenen Situation mindestens ein Effekt erwartet. b) Die Erwartung für jedes Handlungs-Ergebnis wird mit einer subjektiven Wahrscheinlichkeit ausgestattet. c) Es wird unterstellt, daß Personen diese Handlungs-Ergebnis-Erwartungen im Hinblick auf ihre gewünschten Zustände bewerten. Die Handlungs-Ergebnis-Erwartungen enthalten in ihrem Ergebnis-Teil eine Menge von gewünschten und eine Menge von nicht gewünschten bzw. zu meidenden antizipierten Ergebnissen. Die Menge der gewünschten Ergebnisse entspricht den angestrebten Wirkungen. Jene der nicht gewünschten entspricht den negativen Nebeneffekten. Handlungs-Ergebnis-Erwartungen entspringen eigenen Erfahrungen, Beobachtungen an anderen oder Gehörtem/Gelesenem bzw. Überliefertem.

5) Damit eine Entscheidung zustande kommt, ist schließlich anzunehmen, daß die Person eine *Entscheidungsregel* ansetzt, mit deren Hilfe sie die Informationen integriert und die für sie optimale Alternative wählt.

Diese Kategorien entstammen der theoretischen Konzeption über die Natur von Prozessen der Handlungssteuerung und gründen nicht auf empirischer Evidenz. Doch finden sie Bestätigung in Ergebnissen von Untersuchungen, die mit der Methode des „stimulated recall" arbeiteten. Der Unterricht von Lehrern wurde auf Video aufgenommen. Anschließend wurde er dem betreffenden Lehrer vorgeführt und an bestimmten Stellen angehalten. Die Lehrer sollten angeben, was sie an der Stelle gedacht hatten. Die dabei berichteten Gedanken wurden kategorisiert, um die Inhalte festzustellen. Clark & Peterson (1985, Tab. 5) berichten über sechs Untersuchungen mit den folgenden Ergebnissen: Ein relativ geringer Anteil von Kognitionen war auf Ziele bezogen (bis zu 14%). Stoffbezogene Kognitionen machten etwa 10% der Gedanken aus. Die meisten Kognitionen (ca. 50%) bezogen sich auf Schüler, wobei hier unterteilt wurde in Wahrnehmung, Interpretation, Erwartung und Nachdenken über Vergangenes. Schließlich befaßten sich die Lehrer zu 20–30% mit Handlungsentwürfen und ihren antizipierten Wirkungen. So scheint die Modellvorstellung nicht ganz an den Haaren herbeigezogen zu sein.

Zusammenfassung:

1. Zur Beschreibung erzieherischen Handelns können entscheidungstheoretische Vorstellungen herangezogen werden. Entscheidung ist ein nicht direkt beobachtbarer Akt vor einer als kontrollierbar aufgefaßten körperlichen Aktion einer Person.
2. Angenommen wird, daß zwischen zwei oder mehr alternativen Handlungsentwürfen eine Wahl getroffen wird. Präferenzen für Handlungsentwürfe können als Ergebnis von Entscheidungsprozessen unter Unsicherheit über die Konsequenzen aufgefaßt werden. Entscheidungen können mehr oder weniger lang vor ihrer Realisierung im Verhalten stattfinden. Ihre Umsetzung kann ganz unterbleiben.
3. Entscheidungen werden als Resultate von fünf Denkprozessen aufgefaßt: das Verfügen über Zielpräferenzen, das Diagnostizieren von situativen Gegebenheiten, das Aktivieren der für die betreffende Situation prinzipiell geeigneten Handlungsentwürfe, die Antizipation von Ergebnissen für jeden Handlungsentwurf, das Abwägen wünschenswerter gegen unerwünschte Ereignisse im Hinblick auf die Zielvorstellungen, und die Wahl des optimalen Entwurfes. Im Denken von Lehrern lassen sich diese Kategorien identifizieren.

2. Komponenten von Entscheidungen

In diesem Abschnitt wird der Prozeß der Entscheidung selbst behandelt. Es wird auf die zuvor angesprochenen Punkte „Handlungsentwürfe“, „Handlungs-Ergebnis-Erwartungen“ sowie „Entscheidungsregel“ Bezug genommen und empirische Lehrerforschung unter diesem Aspekt diskutiert. Erst im nächsten Abschnitt wird dann der Bezug zu den anderen Kognitionen wiederhergestellt, indem auf die Situationsspezifität von Lehrer-Entscheidungen eingegangen wird.

a) Handlungsentwürfe.

Die Gesamtmenge aller Handlungsstrategien, über die ein Lehrer verfügt, nennen wir (Hofer & Dobrick, 1978, S. 57) seine „Handlungskompetenz“. Die Einzelelemente dieser Grundgesamtheit an Verhaltensmöglichkeiten sind die „Handlungsentwürfe“. Ein Handlungsentwurf ist die kognitive

Repräsentation einer Handlung, die von einer Person in einer aktuellen Situation aktiviert werden kann. Er wird von der Person als prinzipiell geeignet betrachtet, die gegebene Situation in die gewünschte zu überführen oder eine ungewünschte Entwicklung der Situation in Richtung einer drohenden Wird-Lage zu vermeiden. Ein gegebener Handlungsentwurf ist als Kognition zu denken, die verschiedene Ausprägungsgrade annehmen kann. So können z.B. die Handlungsentwürfe „Einsatz von Film", „Gruppenunterricht", „Ganzheitsmethode" oder „Lob" als Dimensionen gedacht werden, die von „sehr wenig" bis „sehr viel" steigerbar oder anwendbar sind.

Es fehlt in der Pädagogischen Psychologie nicht an Versuchen, Handlungsfelder des Lehrers zu identifizieren. Doch liegen kaum Untersuchungen über die subjektive Repräsentation von Handlungsentwürfen und ihre Kategorisierung vor. Clark & Peterson (1985) kommen nach einer Durchsicht von neun unveröffentlichten Studien zu dem Schluß, daß es kaum möglich ist, aus der Verschiedenheit der angezielten Fragestellungen und Ergebnisse eine klare Systematik zu synthetisieren. Die Ergebnisse über subjektive Theorien sind zu heterogen. Ich unterscheide zunächst zwischen den folgenden fünf Bereichen, auf die sich Handlungsentwürfe beziehen:

1. *Fachinhalte.* Viele Entscheidungen des Lehrers sind inhaltlicher Art. Im großen Rahmen werden solche Entscheidungen vorbereitet durch fachbezogene Richtlinien und Curricula. Sie sind kaum Gegenstand systematischer Forschungsbemühungen gewesen. Entscheidungen über Fachinhalte werden auch kaum während des Unterrichts getroffen. Sie sind vor allem Gegenstand von Planungsentscheidungen. Untersuchungen zeigen, daß Lehrer bei der Planung vorwiegend Inhaltsentscheidungen treffen (Peterson u.a., 1978).

2. *Methoden* meint Vermittlungsformen von Fachinhalten. Lehrer stellen Überlegungen über didaktische Formen der Aufarbeitung und Darbietung an, über Sequenzierung des Stoffes, über Einteilung des Unterrichts in Abschnitte usw. Treinies (1981) unterschied in seiner Untersuchung fünf Methoden: expositorisch, fragend-entwickelnd, impulsgebend, aufgebend, entdeckenlassend. Doch fehlen Untersuchungen zur Frage, welche Unterscheidungen und Dimensionen bei Lehrern im alltäglichen Handeln kognitiv repräsentiert sind.

3. *Organisationsformen.* Lehrer treffen Entscheidungen über die Organisation des Unterrichts. Diese werden von Entscheidungen über Inhalte mitberührt. Sie betreffen nicht die Stoffvermittlung als solche, sondern mehr die organisatorischen Bedingungen, unter denen die Vermittlung als realisierbar gedacht wird. Dies schließt ein: Formen der Differenzierung, der Gruppenarbeit, der Diskussion, des Vortrages und der dabei notwendigen organisatorischen Maßnahmen.

4. *Hilfsmittel.* Handlungsentwürfe können auch aktiviert werden bezüglich der Hilfsmittel bei der Präsentation/Erarbeitung von Unterrichtsinhalten. Medien sind technische Hilfsmittel wie Tafel und Kreide, Landkarte, Reagenzglas, Film und Funk, Buch und Skript oder auch Computer und Bildschirm.

5. *Psychologische Aspekte.* Hierbei handelt es sich um nicht-stoffbezogene Handlungsentwürfe. Sie betreffen Strategien, bei Schülern anzukommen, auf sie zu reagieren, Disziplin zu halten und die zwischenmenschliche Kommunikation zu steuern. Dieser Bereich ist häufig Gegenstand wissenschaftlicher Untersuchungen gewesen. Die Unterscheidung zwischen sozialintegrativem, autokratischem und lassez-faire Erzieherverhalten ist weitgehend in das Alltagsdenken über Erziehung übergegangen. In der Untersuchung von Höhn (1980²) sollten Lehrer ihre drei schlechtesten Schüler frei schildern. In den Beschreibungen kamen Reaktionen der Lehrer vor, die folgenden Kategorien zugeordnet wurden: Verständnis/Mitgefühl, Ermahnung, Tadel/Drohung/Vorwürfe/Härte, Isolierung, Schulstrafen, Schläge, Benachrichtigung der Eltern, Ausschluß aus der Schule (S. 50). Hierbei handelt es sich um Handlungsentwürfe, die von Lehrern zumindest in speziellen Situationen erwogen und auch realisiert wurden.

Wahrscheinlich ist es sinnvoll, weiter zwei Ebenen anzunehmen, auf denen Handlungsentwürfe kognitiv repräsentiert sind: eine *Ebene der Prinzipien,* auf der allgemeine Kategorien repräsentiert sind, und eine *Ebene der Regeln* mit der Repräsentation von motorischen oder verbalen Aktionen (vgl. Elbaz, 1981). Die Zuordnung von konkreten zu allgemeinen Handlungsentwürfen kann durchaus unscharf und interindividuell verschieden sein. Radtke (1983) hat in intensiven Gesprächen mit einzelnen Hauptschullehrern die folgenden sechs Klassen von Handlungsentwürfen ermittelt: Unterrichtstechniken, Besprechen, Loben, Handauflegen, Disziplinieren, Kooperation mit Kollegen (S. 101). In die Kategorie „Disziplinieren" fallen dabei Aktionen wie Ignorieren, Ironisieren, Anfahren, Umsetzen. Das Ausmaß der Konkretheit von aktivierten Handlungsentwürfen hängt vermutlich von der Spezifität der Situation ab. Viele Handlungsentwürfe sind vermutlich nicht als Vorstellungen über Einzelaktionen, sondern über Verhaltenssequenzen repräsentiert. So berichtet Clark (1978) über das „Prinzip der progressiven Kontrolle". Es besteht darin, den Fortschritt eines Schülers periodisch zu überprüfen.

Innerhalb einer definierten Situation (bezüglich der Person des Schülers, des Handlungsanlasses etc.) wird eine Teilmenge aller Handlungsentwürfe aktiviert. Dann u. a. (1982b) unterschieden in Aggressionssituationen zehn verschiedene Handlungsentwürfe (z. B. Mahnen), mit denen Lehrer reagieren können. Für die Lösung des Motivationsproblems gaben die Lehrer in der Untersuchung von Engelhardt (1979) v. a. an: Auffordern zur Mitarbeit, Androhen negativer Sanktionen, Veränderung des Unterrichts, Besprechen des Problems.

b) Handungs-Ergebnis-Erwartungen.

Voraussetzung dafür, daß sich eine Person rational für eine Handlungsalternative entscheidet, ist, daß diese in der gegebenen Situation als wirksam begriffen wird. Annahme ist, daß Personen mit Handlungsentwürfen Vorstellungen über Folgen verbinden, welche bei Umsetzung des Entwurfes in konkretes Verhalten entstehen. Sie bilden Erwartungen darüber aus, was sich als Folge der Handlung bei Schülern einstellt. Unter Handlungs-Ergebnis-Erwartung soll hier nach Westhoff (1979) „ein einziges gedachtes Ergebnis einer gedanklich vorweggenommenen Handlung ... verstanden werden“ (S. 70). Dazu ein Beispiel: Ein Lehrer sagte in einer Situation, in der sich ein Schüler mit einer nicht unmittelbar zum Thema gehörigen Frage äußerte: „Diese Frage stellen wir erst mal zurück.“ Im anschließenden Interview erklärte er dann (Heymann, 1980, S. 5): „Zurückstellen von Fragen ist eine Technik, Leute ‚unterzubuttern’, da die Fragen meist nicht noch einmal gestellt werden.“ Aus dieser Lehreräußerung können die folgenden drei Elemente erschlossen werden: Handlungsentwurf (Zurückstellen von Fragen), Ziel (den Unterrichtsfluß aufrechtzuerhalten) und Annahmen über kognizierte Verknüpfungen zwischen den beiden.

Um die Angemessenheit solcher Interpretationen prüfen zu können, ist es notwendig, den Entscheidungsprozeß zu formalisieren. Für einen Handlungsentwurf A kann eine Person mehrere Erwartungen E als Ergebnisse konzipieren: $E_A = \{e_1, \dots e_n\}$. Die Erwartungen für einen anderen Handlungsentwurf B können entsprechend symbolisiert werden: $E_B = \{e_1, \dots e_m\}$. Für die kognizierte Verknüpfung kann man annehmen, daß Personen den erwarteten Ergebnissen unterschiedliche Wahrscheinlichkeiten zuschreiben. p_{iae} beschreibe die Wahrscheinlichkeit, mit der eine Person i glaubt, daß der Handlungsentwurf A zum Ergebnis E führt. Dann ist für den Entwurf A der Vektor der Wahrscheinlichkeiten für die Ergebnisse 1.... n gleich

$$p_{iae} = \{p_{e_1} \dots, p_{e_n}\}, \text{ wobei } 0 < p < 1.$$

Entsprechend gilt für einen alternativen Entwurf B

$$p_{ibe} = \{p_{e_1}, \dots, p_{e_m}\}.$$

Diese Schreibweise enthält die Annahme, daß Personen mehrere Ergebnisse einer Handlung vorwegnehmen. Dies entspricht der Überlegung, daß eine Handlung in mehrerer Hinsicht als vorteilhaft oder auch in einer Hinsicht als vorteilhaft, in anderer möglicherweise als unzweckmäßig betrachtet werden kann. Die Rede von der „Hinsicht“ kann präzisiert werden, wenn man den Bezug auf Ziele der Person vornimmt. Man kann dann sagen, daß eine Person mit verschiedenen Handlungsentwürfen unterschiedliche Erwartungen bezogen auf verschiedene Ziele verknüpft. Es kann aber auch angenommen werden, daß Personen den Handlungsentwürfen Instrumentalitäten (Wirksamkeiten/Eignung) für vorgestellte Ergebnisse zuschreiben. I_{iae} beschreibt dann das Ausmaß, in dem eine Person i glaubt, daß der Handlungsentwurf A das Ergebnis E bewirkt.

In den sechs Untersuchungen, die dazu ausgewertet wurden, ist man meist nach dem zweiten Modell vorgegangen. In einer eigenen Untersuchung (Hofer u.a., 1979) wollten wir ermitteln, welche Erfolge Lehrer vom Einsatz verschiedener pädagogischer Handlungsentwürfe für verschiedene Schülertypen erwarten. Schüler unterschieden wir durch die Zugehörigkeit zu dem Typus des Introvertierten, des Extravertierten, des schlechten oder des Primus. An Handlungsentwürfen gaben wir vor: Fordern, Helfen, Strenge, Gewährenlassen, Bremsen. Die Lehrer sollten auf einer Skala der Schulleistung und einer des sozialen Verhaltens für jeden konkreten Schüler eines Typus und für jeden Handlungsentwurf angeben, wie weit ein Schüler bei einer Realisierung auf jeder der beiden Zieldimensionen kommen würde. Diese Angaben wurden von den Angaben über die Ist-Lage der Schüler subtrahiert, da Erfolg nicht absolut, sondern als Verbesserung definiert war.

Es zeigte sich (S. 85),

- daß Lehrer den Entwürfen generell unterschiedliche Wirksamkeiten zuerkannten: am wirksamsten wurde „Motivieren“ und „Helfen“ gesehen, am wenigsten wirksam bzw. am schädlichsten „Strenge“ und „Bremsen“;
- daß verschiedene Handlungsentwürfe als unterschiedlich wirksam bei verschiedenen Schülern eingeschätzt wurden (signifikante Wechselwirkung). Doch handelte es sich nicht um disordinale Interaktionen;
- daß die Handlungsentwürfe nicht als zielspezifisch wirksam beurteilt wurden. Offensichtlich wurden im Rahmen der vorgelegten Reize keine Zielkonflikte erlebt.

Ließen sich in dieser Untersuchung nur schwache schülerspezifische Handlungs-Ergebnis-Erwartungen nachweisen, so waren diese in einer nachfolgenden Studie (Hofer u.a., 1982b) stärker. Hier wurden keine globalen, sondern spezifische Handlungsentwürfe vorgegeben (z.B. „die Frage wiederholen, wenn er eine Frage nicht beantwortet“, „Unzufriedenheit erkennen lassen“). Dafür sollte angegeben werden, welches die „unter idealen Bedingungen sinnvollste Verhaltensweise“ in der Situation „Schweigen auf eine Frage“ wäre. Hier gingen neben Handlungs-Ergebnis-Erwartungen auch Ergebnis-Bewertungen (siehe unter c) ein. Die Items wurden anschließend zu den allgemeinen Strategien zusammengefaßt. Für jede Strategie (Fordern, Helfen, Strenge, Gewährenlassen) gab es 2–3 Items. Abbildung

32 zeigt die Ergebnisse graphisch dargestellt (Hofer u.a., 1982 b, S. 198). Zwar gab es auch hier globale Bevorzugungen für die Strategien Helfen und Fordern (signifikant auf dem 5%-Niveau). Doch war auch die Wechselwirkung zwischen Entwürfen und Schülertypen signifikant: für Schüler, bei denen Schweigen auf Begabungsmangel zurückgeführt wurde (Fragebogenvorgabe), wurde „Helfen" für am sinnvollsten und „Strafe" für am wenigsten sinnvoll gehalten (Introvertierte und schlechte Schüler). Resultierte Schülerschweigen auf eine Lehrerfrage hingegen trotz Begabung aus mangelnder Anstrengung (Extravertierte), so erschien den Lehrern „Fordern" die sinnvollste Strategie im Gegensatz zu „Gewährenlassen".

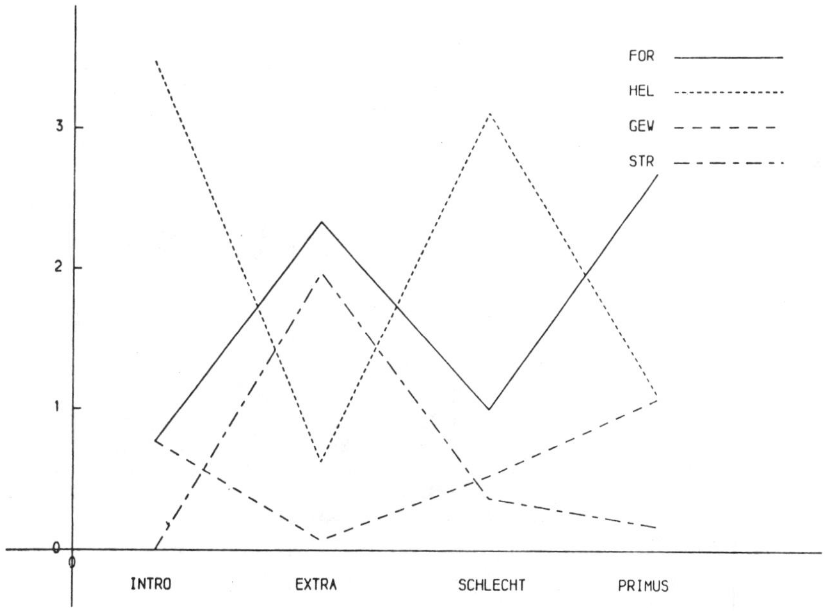

Abbildung 32: Mittelwerte der Angaben zu den Handlungsintentionen für die vier Schülertypen bzw. Ursachenkombinationen (aus Hofer u.a., 1982 b, S. 198).

Weitere Untersuchungen sind nur mehr tabellarisch zusammengefaßt (Tabelle 32). Aus der Synopse ist ersichtlich, daß sowohl Untersuchungsmethode (bezüglich Situationsspezifität, Schülerbezug, Vorgaben, abhängige Variable) als auch Ergebnisse unterschiedlich sind. Einige Untersuchungen zeigten zielspezifische Handlungs-Ergebnis-Erwartungen (Dann u.a., 1982b), andere nicht (Hofer u.a., 1979, Treinies, 1981). Schülerspezifitäten wurden manchmal nachgewiesen (Hofer u.a., 1979, 1982 b), andere Male nicht (Treinies, 1981).

Tabelle 32: Synopse von Untersuchungen zu Handlungs-Ergebnis-Erwartungen

Autor	Stichprobe	Handlungsentwürfe	Situationsbezug	Zielvorgabe	abh. Variable	Auswertung	Ergebnisse
Hofer u. a. (1979)	30 Lehrer	Fordern, Helfen, Strenge, Gewährenlassen, Bremsen	vier konkrete Schüler: Introvertierter, Extravertierter, Schlechter, Primus	– Schulleistung – soziales Verhalten	Angabe des Ausmaßes d. erwarteten Effekte auf den Zieldimensionen	Varianzanalyse mit Wechselwirkungen	– Entwürfe schülerspezifisch – Motivieren am wirksamsten – Strenge am wenigsten wirksam – keine Zielspezifität
Hofer u. a. (1982b)	35 Lehrer	elf konkrete Verhaltensweisen	vier fiktive Schüler i. d. Situation „Schweigen auf eine Frage“ aus speziellen Gründen	keine Zielvorgaben	„das sinnvollste Verhalten unter idealen Bedingungen“ sollte angekreuzt werden	Varianzanalysen mit Wechselwirkungen	– Entwürfe schülerspezifisch – helfende und fordernde Tätigkeiten sinnvoll – strafende Tätigkeiten wenig sinnvoll
Treinies (1981)	Lehrer und Lehrerstudenten	expositorisches, fragend-entwickelndes, impulsgebendes, aufgebendes, entdeckenlassendes Lehrverfahren	Halten einer Einführungsstunde über das Thema „Energie“. Schülerleistung (hoch, niedrig), Unterrichtsphase (Anfang, Mitte, Schluß), alles fiktiv	– Begriffsbildung, – Schlußfolgern, – Regelanwendung	Angabe des Ausmaßes d. „Geeignetheit“ für die Ziele	Varianzanalysen mit Wechselwirkungen	– keine Zielspezifität – keine Schülerspezifität – entdecken-lassendes Verfahrens am geeignetsten – expositorisches Verfahren am wenigsten geeignet

Dann u. a. (1982b)	400 Lehrer	Beobachten, Abbrechen, Mahnen, Drohen, Strafen, Herabsetzen, Kompromiß, Ermutigen, Einfühlen, Integrieren	fiktive Unterrichtssituationen, in denen ein Schüler als aggressiv beschrieben wurde	– Fortsetzung des Unterrichts – Verminderung der Aggression	Angabe d. vorgeschlagenen Maßnahme bei jeweiliger Zielvorgabe	Berechnung v. Prozentsätzen für Handlungsentwürfe	– ausgeprägte Zielspezifitäten, deutet auf Zielkonflikte hin
Wahl u. a. (1983)	Lehrer	nicht vorgegeben, sondern ermittelt (z. B. „Rückfrage")	konkreter Unterricht wurde aufgezeichnet und anschließend m. dem Lehrer analysiert	nicht vorgegeben, sondern ermittelt (z. B. „Zeit gewinnen")	über Frage im „strukturierten Dialog": „Was wollten Sie erreichen?"	keine quantitative Auswertung	keine quantifizierten Ergebnisse
Neubauer (1983)	94 Lehrer	30 Handlungsentwürfe	konkreter Schüler, der den persönlichen Erwartungen am meisten (bzw. am wenigsten) entspricht	– schulische Leistungen – Mitarbeit	Angabe der „Eignung"	Faktorenanalyse	vier Faktoren: 1. Kontrolle (z. B. zur Mitarbeit ermahnen) 2. Sozio-emotionale Zuwendung (z. B. v. d. Klasse loben) 3. Leistungsanforderungen (vielseitige Anregungen geben) 4. Herausstellung

Die Annahme von Zielhierarchien bzw. die Unterscheidung von End- und Zwischenzielen (vgl. Kapitel 2) führt zur Überlegung, daß viele Handlungs-Entwürfe ihre Valenz erst durch ihren instrumentellen Charakter im Hinblick auf eine weitere Folge erhalten, die sie vermitteln. Wahl u.a. (1983) sind dieser zweistufigen „Ziel-Mittel-Argumentation" in ihrer Untersuchung zum ersten Mal nachgegangen. So konnten sie zum Beispiel feststellen, daß Lehrer mit dem Entwurf „Ironie" die Handlungs-Ergebnis-Erwartung „Impuls in der Lösungsrichtung geben" verbinden und damit das Ziel „Motivieren" verfolgen.

In den bisherigen Überlegungen fehlt noch der Einbezug der Komponente der Bewertung von Handlungs-Ergebnissen. Die Entscheidung für eine Alternative erfolgt nur dann, wenn das davon bewirkte Ergebnis von der Person hoch bewertet wird. In den angeführten Untersuchungen wurden Ziele meist vorgegeben, aber nicht individuell bewerten lassen.

c) Bewertung von Handlungs-Ergebnissen.

Bislang wurde die Annahme behandelt, daß der Lehrer mit jedem Handlungsentwurf Erwartungen über mögliche Ergebnisse bei dem Gedanken verbindet, daß er ihn realisiert. Weiter wird nun angenommen, daß er die vorweggenommenen Ergebnisse eines Handlungsentwurfes bewertet. Er beurteilt, wie wertvoll ihm das Eintreffen jedes Ergebnisses ist. Da mit einem Handlungsentwurf mehrere Ergebnisse verknüpft werden können, wird angenommen, daß jedes antizipierte oder bewirkte Ergebnis getrennt bewertet wird. Um die Bedeutung dieser Annahme für die Entscheidung prüfbar zu machen, wird das Gesagte kurz formuliert.

Für eine Alternative A sind

$$E_A = \{e_1, \ldots, e_n\}.$$

die Ergebnisse E (für die die Wahrscheinlichkeiten P_e oder die Instrumentalitäten I_e gelten). Die Bewertungen V für die Ergebnisse E können wie folgt dargestellt werden:

$$V_{iae} = \{v_{e_1}, \ldots, v_{e_n}\}.$$

V_{iae} beschreibt die Valenz V, welche die Person i dem Ergebnis E zuschreibt. Entsprechend sind die Bewertungen für die Alternative B

$$V_{iae} = \{v_{e_1}, \ldots, v_{e_m}\}.$$

Die Gesamtbewertung des Handlungsentwurfes A ergibt sich als die Summe aller Einzelbewertungen

$V_{ia} = \sum_{e=1}^{n} V_e$. Entsprechendes wird für die Alternative B angenommen.

Handlungsergebnisse können auch negative Bewertungen erfahren. Mögliche schädliche Ergebnisse führen zu einer niedrigen Präferenz für die dieses Ergebnis bewirkende Alternative.

Die Entscheidung für einen Handlungsentwurf hängt also auch von dem Ausmaß ab, in dem der Lehrer die damit bewirkten Ergebnisse für nützlich/wertvoll erachtet. Die Valenzen sind bestimmt von den Erziehungszielen der Lehrer (Kapitel 2). Im einzelnen ist jedoch wenig klar, auf welche Ebene von Zielhierarchien die Zielvorstellungen von Lehrern in welcher Weise in die Bewertung von antizipierten Handlungs-Ergebnissen eingehen. Wagner u.a. (1981) haben es „Knoten" genannt, wenn zwei als besonders wichtig bewertete Ziele dadurch in Konflikt geraten, daß sie lediglich auf sich ausschließende Weise erreicht werden können. Mit der Ausnahme von Dann u.a. (1982b) können jedoch Belege für die oft geäußerte Vermutung der weiten Verbreitung von Zielkonflikten (vgl. auch Lampert, 1983) nicht vorgelegt werden.

d) Die Entscheidungsregel.

Eine Analyse der Entscheidungsstruktur erfordert das simultane Einbeziehen beider Komponenten: der Wahrscheinlichkeits- (bzw. Instrumentalitäts)-aussagen über antizipierte Ergebnisse von Handlungsentwürfen und der Bewertung von Ergebnissen.

1. Das SEU-Modell. Das auf Edwards (1954, vgl. Lee, 1977) zurückgehende SEU-Modell betrachtet als Determinanten von Handlungsentscheidungen die subjektiven Wahrscheinlichkeiten (P), daß die Handlung zu bestimmten Folgezuständen (E) führt, und die subjektiven Bewertungen dieser Folgezustände (V). P_e steht für die subjektive Wahrscheinlichkeit, mit der eine Person das antizipierte Ergebnis e einer Handlung ausstattet. V_e bezeichnet den subjektiven Wert, den das antizipierte Ergebnis e für die Person besitzt. Wenn eine Person i mehrere Ergebnisse e erwartet, dann ergibt sich die Präferenz der Person für den betreffenden Handlungsentwurf A (SEU_{ai}) als Summe der Produkte der jeweiligen p_e und v_e:

$$SEU_{ia} = \sum_{e=1}^{n} p_{iae} \cdot v_{ie}$$

Brim u.a. (1962) haben die Nützlichkeit des SEU-Modells für die Vorhersage von elterlichen Erziehungsentscheidungen überprüft. Vier verschiedene Problemsituationen (z.B. „Ein zehnjähriger Junge hat sich angewöhnt, seine Hausaufgaben sehr nachlässig und unvollständig zu machen") wurden einer Stichprobe von 96 Müttern und Vätern vorgelegt. Für je sechs vorgegebene Reaktionsalternativen (z.B. „ihm bei der Hausaufgabe helfen") sollten erreichbare Handlungsfolgen frei angegeben werden. Außerdem sollten für jede der angegebenen Handlungsfolgen die Wahrscheinlichkeit ihres Eintretens eingeschätzt werden. Und schließlich sollten die Handlungsfolgen auf einer Ziffernskala bewertet werden. Für jede Reaktionsalternative wurde die Wahrscheinlichkeit jeder Folge mit ihren Valenzen multipliziert und für alle Folgen aufsummiert. Der resultierende SEU-Wert galt als Maß für die vorhergesagte Präferenz für die betreffende Alternative. Die Autoren konnten finden, daß die so ermittelte Präferenz mit den zusätzlich direkt erhobenen Reaktionspräferenzen hoch übereinstimmten. Diese Ergebnisse gelten als Beleg für die Annahme, daß Eltern Verhaltensweisen bevorzugen, die mit positiven subjektiven Wahrscheinlichkeiten in bezug auf bestimmte Handlungsfolgen und der positiven Bewertung dieser Handlungsfolgen verknüpft sind.

Ähnlich ist Götz (1979) bei Studenten der Sozialpädagogik vorgegangen. Seine Arbeit unterschied sich von der von Brim u. a. (1962) lediglich darin, daß er für jede der verwendeten neun Handlungsentwürfe vier Ergebnisse (Aggressivität, Ängstlichkeit, Selbstvertrauen, partnerschaftliches Sozialverhalten) vorgab. Er ließ die 51 Vpn die Wahrscheinlichkeit sowie die Bewertung dieser Ergebnisse einschätzen und berechnete für jeden Entwurf (z.B. „Anerkennung") eine Präferenz nach dem SEU-Modell. Als Maß für die Entscheidung wurde die Angabe dafür genommen, wie fest sich die Vp vorgenommen hat, die betreffende Handlung anzuwenden. Die Korrelationen lagen für die vier berichteten Variablen zwischen 0,18 und 0,45. In einer Untersuchung von Kraak & Nord-Rüdiger (1979) waren sogar 90% der Entscheidungen aller Lehrer, die ihre Entscheidung (über Innovationen) mitgeteilt haben, im Sinne der SEU-Theorie.

2. *Das instrumentalitätstheoretische Modell.* Das SEU-Modell ist dadurch gekennzeichnet, daß es von Reaktionsalternativen ausgeht und annimmt, daß die Person sich deren Folgen vergegenwärtigt und diese bewertet. Ähnlich ist das instrumentalitätstheoretische Modell konzipiert. Doch geht es primär nicht von Handlungen, sondern von Zielen der Person aus. Es wird angenommen, daß das Individuum sich Ziele vorstellt, die es bewertet. Es betrachtet (dann) Handlungsentwürfe und entwirft subjektive Instrumentalitäten darüber, in welchem Ausmaß diese geeignet sind, das Ziel zu erreichen oder zu fördern. Krampen & Brandstädter (1978, 1981) stützten sich in ihren Untersuchungen auf diese Ansätze (Mitchell & Biglan, 1971). Danach läßt sich die faktische Präferenz Pr eines Individuums i für eine Handlungsalternative A vorhersagen aus der Summe der Produkte der Instrumentalitäten I, die das Individuum i der Handlungsalternative A für das Ziel Z zuschreibt und den Valenzen V, die das Individuum i mit dem Ziel Z verbindet:

$$\hat{Pr}_{ia} = \sum_{z} I_{iaz} \cdot V_{iz}.$$

Dieses Modell wurde in einer Untersuchung an 180 Lehrern überprüft. Zur Ermittlung der Valenzen wurden 23 Ziele vorgegeben (z.B. „Unterrichtsplan einhalten", „Dem Schüler gegenüber Autorität wahren", „Beim Schüler keine Angst erzeugen"). Darauf sollten 150 Wertpunkte verteilt werden. Die Anzahl der von einem Individuum i auf ein Ziel Z vergebenen Wertpunkte galt als Maß für dessen Valenz V_{iz}. Zur Ermittlung von Instrumentalitäten wurden zunächst vier fiktive Unterrichtssituationen beschrieben (z.B. „ein Schüler schreibt ab"). Sodann wurden je fünf in dieser Situation mögliche Reaktionen a vorgegeben. Die Lehrer sollten für jede Situation auf einer 9-Punkte-Skala angeben, wie stark ihrer Meinung nach jede der Alternativen zu jedem der 23 Ziele beiträgt. Der Skalenwert galt als Maß für die Instrumentalität I_{iaz}, die das Individuum i der Maßnahme A im Hinblick auf das Ziel Z zuerkannte. Die Untersucher haben dann für jeden Lehrer und jede Situation nach der Formel berechnet, für welche der fünf Reaktionen er sich entscheiden müßte. Das heißt, für jede Alternative wurde die vorhergesagte Präferenz berechnet. Welche Präferenz die Vpn den Maßnahmen tatsächlich einräumten, wurde dadurch ermittelt, daß die Vpn die Alternativen in eine ihrer eigenen Reaktionstendenz entsprechenden Rangreihen bringen sollten. Es wurde also keine Entscheidung für eine Alternative, sondern eine Abstufung abverlangt. Bei Gültigkeit des Modells müßte sich folgendes zeigen: für jede Vp und jede Situation müßte die vorhergesagte Rangreihe der fünf Alternativen und die von der Vp hergestellte übereinstimmen. Dies ließ sich nicht bestätigen. Doch waren die Zusammenhänge zwischen Pr_{ia} und $\hat{P}r_{ia}$ mit 0,55–0,76 (signifikant) höher als durch Zufall zu erwarten gewesen wäre.

In einer weiteren Untersuchung von Krampen, Lehmann & Haag (1980) wurde ähnlich vorgegangen. Doch wurde eine andere fiktive Situation gewählt. Es ging um Notengebung. Die Frage lautete, ob Lehrer bei der Notenvergabe im Halbjahreszeugnis sich von individuell bewerteten Erziehungszielen in Kombination mit Instrumentalitätserwartungen leiten lassen. Auch hier ergaben sich überzufällige Übereinstimmungen. Doch lagen die Korrelationen mit 0,19 und 0,41 weit niedriger als in der ersten Studie. Offensichtlich ist das instrumentalitätstheoretische Modell zur Erklärung von Benotungsentscheidungen weniger gut geeignet. Lehrer gaben weniger gute Noten als aufgrund des Modells vorhergesagt. Da sie z.B. das Ziel „Selbstbewußtsein des Schülers fördern" hoch bewerteten und die Handlungsalternativen „sehr gut" oder „gut" relativ für geeignet hielten, dieses Ziel zu fördern, wäre zu erwarten gewesen, daß sie diesen Noten auch einen hohen Stellenwert einräumten. Warum war dies nicht der Fall? Vermutlich deshalb, weil bei der Notenvergabe aus schulrechtlichen Gründen kein großer Spielraum für psychologisch motivierte Entscheidungen besteht.

Interessant ist die Untersuchung von Opp (1970), da in ihr experimentell vorgegangen wurde. 48 Studenten wurden mit der Lösung eines Erziehungsproblems konfrontiert: ein achtjähriger Junge wurde geschildert, der sich durch hohe Aggressivität in der Familie, Schulunlust, Unehrlichkeit etc., auszeichnet. Als Ziel wurde erfolgreich induziert, daß dem Jungen von dritter Seite zu helfen sei. Zwei Handlungsalternativen wurden vorgelegt: Erziehungsheim (A) und psychoanalytische Behandlung (B). Eine Gruppe von Vpn wurde durch entsprechende Informationen glauben gemacht, daß A erfolgversprechender als B sei. In der zweiten Gruppe erfolgte eine umgekehrte Induktion. Abschließend sollten die Vpn eine Entscheidung für A oder B abgeben. Als Ergebnis zeigte sich eine deutliche Bestätigung der Vorhersage. Im Durchschnitt konnten 82% der Entscheidungen aufgrund der unabhängigen Variable „Mittelvorstellungen" richtig prognostiziert werden.

Kosten für einen Handlungsentwurf werden dann kogniziert, wenn die Instrumentalitäten negativ sind. Dies kann dann der Fall sein, wenn für irgendeinen der Person wichtigen Aspekt Verschlechterungen zu erwarten sind. Da Erziehungsziele definiert wurden als erwünschte Zustände beim Schüler, kann man Kosten, die mit einem ansonsten als positiv eingeschätzten Handlungsentwurf verbunden werden, als „unerwünschte Nebenwirkungen" auffassen. Diese Nebenwirkungen können für einen Schüler oder auch für die ganze Klasse auftreten. Sie können kurzfristig oder langfristig vorgestellt werden. Kosten können daneben vom Lehrer auch in Terminis des Aufwandes in psychischer und physischer Hinsicht betrachtet werden, also bezogen auf gewünschte Zustände bei der eigenen Person. Schließlich können Kostenerwägungen auch im Hinblick auf Fragen der Klassenführung angestellt werden (Verlust an Zeit, Abkommen vom Stoff u.ä.).

Eine eigene Untersuchung (Hofer u.a., 1982b) enthält zwar keine Überprüfung eines Entscheidungsmodells, ist jedoch im Zusammenhang mit der simultanen Betrachtung positiver und negativer Instrumentalitäten von Interesse. Wir haben für verschiedene Handlungsentwürfe nicht nur positive Instrumentalitäten zu erheben versucht („welches Verhalten ist in dieser Situation unter idealen Bedingungen am sinnvollsten?" vgl. S. 281), sondern auch negative. Lehrer sollten für fünf fiktive Situationen und je vier verschiedene Schüler, welche durch Attributionsmuster gekennzeichnet waren, vier Handlungsentwürfe (Fordern, Helfen, Strenge, Gewährenlassen) nach den Nachteilen in eine Rangreihe bringen, ohne daß Ziele vorgegeben wurden. Es wurde expliziert, was unter den Handlungsentwürfen und dem Begriff „Nachteile" zu verstehen sei. Abbildung 32 veranschaulicht die Ergebnisse. Auf der Ordinate sind die mittleren Rangplätze für die vier Handlungsentwürfe abgetragen.

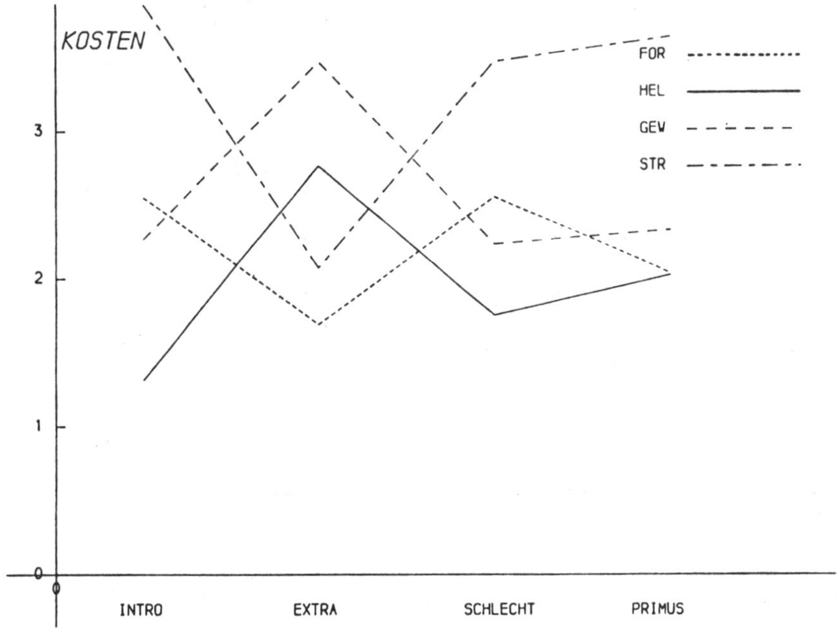

Abbildung 33: Mittlere Rangplätze gemäß zugeschriebener Nachteiligkeit der Handlungsentwürfe für die vier Ursachenkombinationen (aus Hofer u.a., 1982 b, S. 204).

Sowohl der Haupteffekt als auch die Wechselwirkung waren signifikant. Es zeigte sich jedoch, daß generell und auch für verschiedene Schüler (gekennzeichnet durch Ursachen für Schweige-Situation, vgl. S. 264) „Nutzen“ und „Nachteile“ von Handlungsentwürfen nicht gegenläufig, sondern parallel verliefen. Durch den Einbezug von Kosten ergab sich keine andere Entscheidungsgrundlage als bei Betrachtung des Nutzens allein. Dies zeigt sich, wenn man als eine mögliche Form der Verrechnung den Quotienten aus den Mittelwerten der positiven Instrumentalitäten und jenen der Kosten bildet (Abbildung 34). Es ist zu erwarten, daß die Entscheidung der Lehrer für jene Alternativen, die als sinnvoll betrachtet wurden, bei Einschluß der Kostenbetrachtung verstärkt wird. Gleichermaßen müßte das Vermeiden von Alternativen, die als wenig sinnvoll bezeichnet wurden (Strenge), nach der Kostenbetrachtung weiter verstärkt werden.

Es entspricht der Alltagserfahrung, daß auch Erzieher in ihren Entscheidungen so etwas wie eine seelische Buchführung zum Ausdruck bringen. Diese ist durch Kategorien zu beschreiben, nach denen sie Gewinn und Verlust, Nutzen und Kosten, Einkünfte und Ausgaben einordnen und ein-

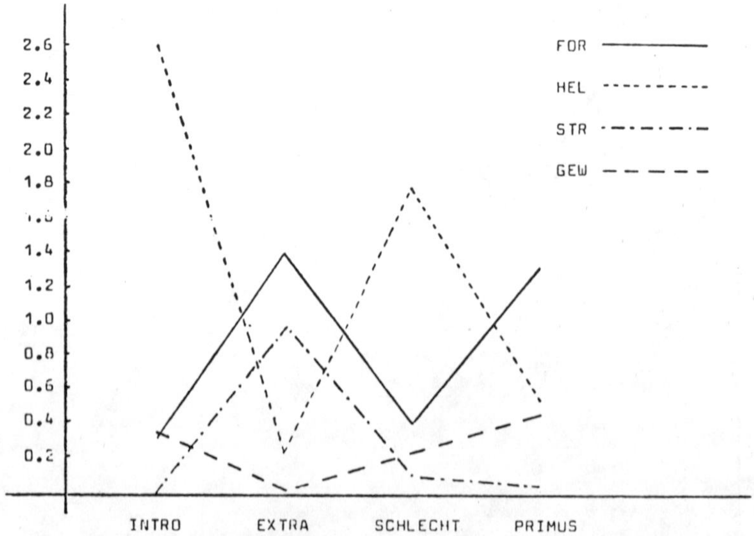

Abbildung 34: Nutzen-Kosten-Bilanz: Quotienten aus den Mittelwerten von „Sinn“ und „Nachteilen“ von Handlungsentwürfen (aus Hofer u.a., 1982b, S. 244).

ander gegenüberstellen. Einen Beleg dafür, daß Kosten-Kognitionen bei Entscheidungen von Erziehern zusätzlich wirksam sind, konnten Kraak & Nord-Rüdiger (1979) vorlegen. In dieser Untersuchung wurde ausdrücklich auch nach negativen Ergebnissen von (innovativen) Handlungen gefragt. Darunter fielen z.B. zeitliche und nervliche Belastung, Verantwortung, soziale Nachteile, Disziplinschwierigkeiten. Dafür wurden sowohl Eintretenswahrscheinlichkeiten als auch Bewertungen erfragt. Es ergaben sich signifikante Zusammenhänge zwischen den Wahlen und sowohl der Handlungsabhängigkeit als auch der Bewertung. Die Entscheidungen ließen stärker auf ein Vermeiden unerwünschter Konsequenzen als ein Hinzielen auf erwünschte Ziele schließen.

Neben den beiden besprochenen Modellen (dem SEU- und dem instrumentalitätstheoretischen Modell) liegen eine Reihe anderer entscheidungstheoretischer Erwartungs-mal-Wert-Modelle vor (vgl. Feather, 1982), die jedoch im Hinblick auf Lehrerentscheidungen bislang keine Anwendung fanden.

Insgesamt wird man zwar nicht behaupten können, daß die empirische Evidenz die Gültigkeit der Modellvorstellung vom Lehrer als rationalem Entscheider entschieden in Frage stellt, doch wäre es wohl gleichermaßen vermessen zu behaupten, die Theorie habe sich gut bewährt. Die Zahl der

Untersuchungen ist gering, viele Arbeiten sind relativ künstlich. Eine Reihe von theoretischen Annahmen wie Wird-Lage, Wird-Soll-Diskrepanz etc. wurde nicht systematisch empirisch angegangen. Außerdem ist der Anteil an nicht aufgeklärter Varianz ziemlich groß. Doch schließe ich mich nicht der Forderung von Clark & Peterson (1985) an, nach einem neuen Modell des Entscheidens von Lehrern Ausschau zu halten, das nicht mehr die Annahmen der Wahl zwischen Handlungsalternativen, der Bezogenheit von Entscheidungen auf Schülervariablen sowie jene des Ist-Soll-Vergleichs enthält. Auch wenn die Zahl der in Erwägung gezogenen Alternativen nicht mehr als zwei oder drei ist (vgl. später S. 290), muß doch die Entscheidung, die zwischen ihnen getroffen wird, theoretisch modelliert werden. Die Tatsache, daß eine große Zahl von Entscheidungen nicht von Schülervariablen abhängig und nicht auf Schüler bezogen ist, schränkt lediglich den Gegenstandsbereich ein. Und die Konzeption des Wird-Soll-Lage-Vergleichs an Stelle des Ist-Soll-Lage-Vergleichs im Modell von Peterson & Clark (1978) vermag es, eine Reihe von Anlässen für Entscheidungen zu erklären. Ein Beispiel: Ein Schüler stellt dem Lehrer eine Frage. Dieser wählt zwischen mehreren Antwortmöglichkeiten. Die Situation ist zwar nicht durch eine Ist-Soll-Diskrepanz gekennzeichnet. Das Schülerverhalten ist durchaus in Ordnung. Doch es besteht eine Wird-Soll-Diskrepanz: ohne Antwort entsteht eine Lage, die der Lehrer nicht zu akzeptieren bereit sein wird. In Situationen allerdings, in denen nur mehr eine Handlungsalternative zur Wahl steht, in denen Handlungs-Ergebnis-Erwartungen unbekannt, Null oder Eins sind, ist das Entscheidungsmodell offensichtlich unsinnig. Mir scheint dann das Skript-Konzept geeignet zu sein, Nicht-Entscheidungshandlungen zu erklären (vgl. später S. 289).

Zusammenfassung:

1. Als Handlungsentwürfe werden die kognitiven Repräsentationen von Verhaltensweisen bezeichnet, von denen angenommen wird, daß sie in Situationen aktiviert werden, in denen eine Abweichung zwischen Ist und Soll einer Situation kogniziert wird. Sie stellen Alternativen dar, zwischen denen gewählt werden kann. Handlungsentwürfe können variabel vorgestellt werden (z.B. mehr oder weniger Tadel). Sie beinhalten eng umschriebene konkrete Verhaltensweisen sowie komplexe Verhaltensmuster.
2. Handlungsentwürfe von Lehrern können unterteilt werden in Fachinhalte, Methoden, Organisationsformen, Hilfsmittel sowie psychologische Aspekte betreffend. Es liegen einige wenige Untersuchungen über Handlungsentwürfe von Lehrern vor.
3. Es wird angenommen, daß Personen mit einem Handlungsentwurf Kognitionen über zielbezogene Ergebnisse verbinden und daß jedes Ergeb-

nis quantitativ kogniziert wird. Dies läßt sich ausdrücken als Wahrscheinlichkeit, mit der bei Realisieren des Entwurfes das Ergebnis erwartet wird. Die Untersuchungen zu Handlungs-Ergebnis-Erwartungen bei Lehrern erhoben dagegen meist die Wirksamkeit oder Eignung von Handlungsentwürfen.

4. Handlungs-Ergebnis-Erwartungen werden zum Teil schülerspezifisch ausgebildet, stärker in Bereichen des psychologischen „Anfassens", weniger stark bei Unterrichtsmethoden. Zielspezifische Ausprägungen als Belege für Zielkonflikte (vgl. Kapitel 2) konnten in einer Untersuchung festgestellt werden.
5. Es wird angenommen, daß Personen erwartete Handlungs-Ergebnisse bewerten. Die Bewertung erfolgt gemäß ihrer Ziele. Negative Ergebnis-Bewertungen können als Kosten bezeichnet werden.
6. Als Grundlage für eine Entscheidung kann entweder das Produkt aus der Wahrscheinlichkeit des Eintretens eines Ergebnisses und dem Nutzen des Ergebnisses für die Person angesehen werden (SEU-Modell), oder das Produkt aus der Instrumentalität der Handlung für die Ergebnisse und der Wertigkeit der Ergebnisse für die Person (instrumentalitätstheoretisches Modell). Mit diesen Erwartung-mal-Wert-Modellen konnten Handlungspräferenzen erzieherisch tätiger Personen unterschiedlich gut vorhergesagt werden.

3. Die Situationsabhängigkeit von Entscheidungen

Das Modell der Handlungsentscheidung enthält die idealisierende Annahme, daß die Person ihre Handlungen unter dem Gesichtspunkt der Maximierung des erwarteten Nutzens und Minimalisierung möglicher Nachteile auswählt. Es muß angenommen werden, daß individuelles Handeln auch von Randbedingungen abhängt: von Erwartungen anderer, eigenen Ansprüchen, Situationsfaktoren. Die Eingebundenheit von Entscheidungen in soziale Situationen macht die Diskussion mehrerer Gesichtspunkte zwingend. Lehrer bewerten Handlungsentwürfe nicht nur nach ihren erwarteten Ergebnissen, sondern auch danach, wie die Verhaltensweisen (von ihren Schülern, von sich selbst) aufgefaßt werden (Handlungswertigkeit). Lehrer bewerten die Ergebnisse von Handlungsentwürfen auch aus der Sicht anderer (ihrer Kollegen, ihrer Vorgesetzten, der Eltern). Die Entscheidung für Handlungsentwürfe hängt außerdem von Parametern der Situation ab. Drei Faktoren werden hierzu herausgegriffen: die Zuschreibung von Ursachen für Schülerleistungen, schülerspezifische Charakteristika und schließlich konkretes vorausgegangenes Schülerverhalten.

a) Handlungswertigkeit

Eine Person mißt Verhaltensweisen selbst Werte bei. Diese Wertigkeit kann für Entscheidungen mit ausschlaggebend sein. Die Wertigkeit des Mittels kann *„als zusätzliches Kriterium zur Brauchbarkeit für die Auswahl alternativer Handlungsmöglichkeiten* relevant werden, ja eventuell in Konkurrenz zum Brauchbarkeitskriterium treten. Es erscheint intuitiv nicht illegitim, von zwei alternativen Mitteln dasjenige auszuwählen, das zwar geringfügig weniger effektiv, aber dafür in der Wertungsdimension mit dem Zielhorizont kohärenter (übereinstimmender) ist" (Groeben & Scheele, 1977, S. 162). Obwohl ein Handlungsentwurf als wirksam für ein erstelltes Ziel eingeschätzt wird, wird er dennoch nicht gewählt, wenn er Eigenschaften besitzt, die das Individuum nicht gutheißt.

Ein Beispiel für eine mögliche Wertigkeits-Divergenz von Ziel und Mittel ist die Diskussion um die Frage, ob Programmierter Unterricht geeignet sei, Kreativität zu fördern. Selbst wenn eine solche Eignung kogniziert würde, könnte es einer Person schwerfallen, sich angesichts der technisierten Form des Lernens dieses Mittels zu bedienen, selbst wenn (vielleicht gerade weil) sie Kreativität hoch bewertet. Die Frage „Durch äußeren Zwang zur inneren Freiheit?" weist auf ein weiteres Beispiel zur Wertigkeits-Divergenz zwischen Mittel und Ziel hin. Haeberlin (1983) stellt sie und kommt zum Schluß, daß die Entwicklung zur inneren Freiheit nicht ohne vorübergehenden äußeren Zwang möglich ist. Damit kann sich für Personen eine Aporie ergeben, die darin besteht, daß sie sich trotz der positiven instrumentellen Relation der Handlung „Zwang" für das Ziel „innere Freiheit" wegen der ihr inhärenten Wertigkeit nicht für diese Handlung entscheiden. Ein Handlungsentwurf legitimiert sich nicht ausschließlich durch die damit beabsichtigte Wirkung, sondern auch durch die in ihm selbst liegenden Wertigkeiten. Die Arbeit von Brandstädter u.a. (1981) kann als Versuch aufgefaßt werden, diese These empirisch zu überprüfen. Die Autoren gingen davon aus, daß die Entscheidung für eine Alternative abhängt von der Summe der Produkte zwischen den Ausprägungen der Alternative auf Attributen und den Bewertungen dieser Attribute durch die Person. Sie befragten dazu 83 Lehrpersonen. Sie gaben ihnen zwei fiktive schulische Situationen vor (z.B. Schüler schreibt ab). Für jede von fünf Reaktionen sollten sie angeben, wieviel Lehrer, die so reagieren, das Attribut m besitzen. Vorgegeben wurden neun Attribute (z.B. geduldig, großzügig, streng). Daraus wurde eine Charakteristik für die Handlung aus der Sicht der Person berechnet. Dann wurde eine Bewertung der Attribute auf einer elfstufigen Skala („äußerst negativ" bis „äußerst positiv") erhoben. Durch Multiplikation der beiden Werte für eine Eigenschaft pro Person und Situation und ihre Aufsummierung konnte für jede Alternative ein erwarteter Präferenzwert ermittelt werden. Die tatsächliche Präferenz wurde erhoben, indem die Personen für jede Alternative auf einer Skala angaben, wie sehr sie ihrer eigenen Reaktionstendenz, die sie in einer solchen Situation zeigen würden, entspricht. Als Ergebnis zeigte sich, daß für neun der zehn Alternativen die Zusammenhänge zwischen vorhergesagten $\hat{Pr}$ und tatsächlichen Präferenzen überzufällig hoch waren: die Einschätzung der Handlungswertigkeit beeinflußte die Handlungsentscheidung. Die Korrelationen lagen zwischen 0,19 und 0,56 und damit im mittleren Bereich. Inhaltlich kann man das Ergebnis dahin zusammenfassen, daß die Personen vor allem die Eigenschaften „gerecht", „einfühlsam" und „geduldig" hoch bewerteten. Eine Reaktion, die diese Eigenschaften aufwies, war: „Es ist ja schön, daß du ihm helfen willst, aber Du verwirrst ihn ja nur noch mehr." Offensichtlich wurden diese Reaktionen von den Lehrern auch signifikant häufiger gewählt als die anderen Alternativen. In dieser Untersuchung wurden keine Instrumentalitäten erhoben. So kann nicht definitiv entschieden werden, ob sich die tatsächlichen Präferenzen auch mit diesen hätten vorhersagen lassen können.

b) Bewertung von Handlungsentwürfen durch Bezugsgruppen

Präferieren Lehrer Handlungsentwürfe, von denen sie glauben, daß Mitglieder ihrer Bezugsgruppe diese wünschen? Brandstädter u.a. (1979) haben versucht, diesem Gesichtspunkt in einer Erweiterung ihres instrumentalitätstheoretischen Modells Rechnung zu tragen. Die Handlungspräferenz $\hat{Pr}_{ia}$ eines Individuums i für einen Handlungsentwurf A ist danach abhängig von $\sum I \cdot V$ (vgl. S. 270) plus einem neuen Ausdruck. Darin steht B_{ga} für die Bewertung der Handlung A durch eine soziale Bezugsgruppe G und K_{ig} für das Ausmaß der Konformität des Individuums i mit der Bezugsgruppe G:

$$\hat{Pr}_{ia} = \left(\sum_{2} I_{iaz} \cdot V_{iz}\right) b_1 \rightarrow \left(\sum_{g} B_{ga} \cdot K_{ig}\right) b_2$$

b_1 und b_2 stellen empirisch (regressionsanalytisch) zu bestimmende Gewichte dar. Das Modell kann geprüft werden. Es ermöglicht eine Vorhersage von tatsächlich getätigten Handlungsentscheidungen durch Personen, wenn Werte für die in der Modellgleichung rechts stehenden Ausdrücke bekannt sind.

Zur Erfassung von V_{iz} wurden von 160 Lehrern auf 16 Zielsetzungen 100 Wertpunkte verteilt. Für I_{iaz} sollten die Lehrer für jede von fünf Handlungsalternativen angeben, wie sehr sie zur Erreichung jedes der Ziele beiträgt bzw. dafür abträglich ist. Dies wurde getrennt für vier pädagogische Situationen vorgenommen (z.B. Abschreiben). Für K_{ig} sollten mehrere Bezugsgruppen (z.B. Kollegen) paarweise verglichen und angegeben werden, welche von beiden im Zweifelsfalle für ihr Handeln die größere Bedeutung hätte. Zur Erfassung von B_{ga} wurde für jede Handlungsalternative erfaßt, wie positiv bzw. negativ sie von jeder der Bezugsgruppen vermutlich eingeschätzt wird. Aus diesen Werten wurde ein Wert berechnet, der angab, wie die Präferenz des Lehrers für die Alternative bei Gültigkeit des Modells aussehen sollte. Zur Modellüberprüfung wurde schließlich von jeder Vp für jede Handlungsalternative erfragt, wie sehr sie ihrer eigenen Reaktionstendenz entspreche. Das Modell erführe eine Bestätigung, wenn sich überzufällige Entsprechungen zwischen $\hat{Pr}_{ia}$ und Pr_{ia} festellen ließen. Es wurden für jede Alternative Korrelationen nicht zwischen Pr und $\hat{Pr}$, sondern zwischen Pr und den beiden Summen-Ausdrücken in $\hat{Pr}$ als multiple Korrelationen berechnet. Alle multiplen Korrelationen waren signifikant. Das mittlere R betrug 0,44. Beide Summenausdrücke im Modell trugen eigenständig zur Vorhersage bei: die Beta-Gewichte für den zweiten Ausdruck waren meist höher als jene für den ersten. Es zeigte sich aber auch, daß die beiden Komponenten durchweg signifikant miteinander korreliert waren. In der Regel standen die persönlichen Präferenzen nicht in Widerspruch, eher in Konkordanz zu wahrgenommenen Präferenzen der Bezugsgruppe. Dies wird durch das Ergebnis einer anderen Untersuchung von Krampen (1981) bestätigt. Darin zeigte sich nicht nur eine große Konformität von Lehrern in ihren Zielorientierungen. Sie erlebten sich auch in ihren Reaktionspräferenzen als konform. Damit wird das Ergebnis von Brandtstädter u.a. (1979) zum Teil entwertet. Die Orientierung der Lehrer erfolgte an jenen Bezugsgruppen, denen sie sich in ihren Bewertungen ähnlich fühlten (und auch waren), weniger aber an jenen, zu deren Urteilen größere Diskrepanzen bestanden (Eltern und Schüler).

c) Situative Variablen

Entscheidungen des Lehrers hängen mit Variablen der Situation zusammen.

Ursachenzuschreibung. Wong & Weiner (1981) haben gezeigt, daß Personen besonders in Situationen, in denen Mißerfolg auftrat (vor allem, wenn dieser unerwartet kam), „warum"-Fragen stellen, also Fragen nach der Ursache des Ereignisses. Man kann vermuten, daß sie dabei Informationen gewinnen wollen, welche sie für ihre Entscheidungsfindung brauchen. Weiner & Kukla (1970) haben die Theorie aufgestellt, daß Personen die Aktivierung positiver oder negativer Sanktionen auf die Leistung einer anderen Person davon abhängig machen, inwieweit sie glauben, daß die andere Person für Erfolg oder Mißerfolg verantwortlich ist. Die Autoren glaubten, daß bei gleichen Handlungsresultaten Personen stärker sanktioniert werden, wenn sie die Leistung selbst kontrollieren konnten, als wenn ihre Leistung von Faktoren außerhalb ihres Einflußbereiches abhing. Dies soll sowohl für Erfolg als auch für Mißerfolg gelten. In einer Untersuchung sollten Vpn goldene Sterne für Belohnung, rote für Bestrafung vergeben. Es wurde ihnen gesagt: „Sie haben eine Klassenarbeit schreiben lassen und

Tabelle 33: Synopse von Untersuchungen zum Zusammenhang zwischen Ursachenzuschreibungen und Handlungsintentionen

Autoren	Stichprobe	Schüler	Ursachen und deren Erhebung	zu bewertendes Ereignis	abh. Variable	Ergebnisse
Weiner u. Kukla (1970)	Studenten in der Rolle von Lehrern	fiktiv	vorgegebene Anstrengung u. Begabung in zwei Stufen	fiktive Klassenarbeit in fünf Gütestufen	Belohnung (5 Stufen) Tadel (5 Stufen)	Zusammenhang zwischen Anstrengung und Sanktionsintention
Heckhausen (1974)	Lehrer	fiktiv	vorgegebene Anstrengung und Begabung in zwei Stufen	fiktive Klassenarbeit in fünf Gütestufen	Lob (5 Stufen) Tadel (5 Stufen)	Zusammenhang zwischen Anstrengung und Sanktionsintention
Covington u.a. (1980)	187 Psychologiestudenten	fiktiv	vorgegebene Anstrengung in zwei Stufen. Stabilität der Anstrengung und Verlauf der instabilen mangelnden Anstrengung	acht fiktive Situationen mit mehrfachem Mißerfolg in akademischen Tests	Feedback-Intention für jeden Schüler	Zusammenhang zwischen Anstrengung und Feedback-Intention, negatives Feedback besonders stark bei stabilem Anstrengungsmangel
Rheinberg (1975)	49 Realschullehrer	echt	Anstrengung u. Begabung direkt beurteilt	typische Leistungen eines jeden Schülers	Sanktionsintention (3 Stufen)	Zusammenhang zwischen Sanktionsintention u. Arbeitshaltung (0,37), Interesse (0,42). Diese Variablen werden von Lehrern als stark kontrollierbar durch Schüler beurteilt

Meyer u.a. (1978)	10 Lehrer	echt	Anstrengung und Begabung direkt beurteilt	letzte Klassenarbeit in Mathematik	Sanktionsintention Lob (10 Stufen) Tadel (10 Stufen)	Zusammenhang zwischen Sanktionsintention und Anstrengung pro Lehrer (0,63 bis 0,89)
Brophy u. Rohrkemper (1981)	98 Grundschullehrer	fiktiv	erhoben, u.a.: Kontrollierbarkeit, Intentionalität, Stabilität	Vignetten von 24 Schülern mit Verhaltensproblemen verschiedener Art	freie Beantwortung, was sie in der Situation tun würden	Zusammenhänge zwischen Intentionalität, Kontrollierbarkeit und strafenden bzw. helfenden Verhaltensabsichten
Hofer u.a. (1979)	30 Lehrer	echt	direkt erhoben: Anstrengung, Begabung, Schwierigkeit des Stoffes, Darstellungsqualität, Schüchternheit	fiktive richtige (bzw. falsche) Antworten eines jeden der ausgewählten Schüler	Handlungs-Ergebnis-Erwartung für: Motivieren, Helfen, Strenge, Bremsen, Gewährenlassen	kein Zusammenhang zwischen Anstrengung und Handlungsintentionen, aber verschiedene andere Zusammenhänge
Hofer u.a. (1982b)	35 Lehrer	echt	vorgegeben als Ursachen des zu bewertenden Ereignisses: Begabung, Anstrengung	Schweigen eines fiktiven Schülers auf eine Frage	Auswahl der sinnvollsten Strategie aus elf Einzelverhaltensweisen	Zusammenhang zwischen Verhaltensintentionen und Attributionen

müssen den Schülern nun Rückmeldung geben." Über jeden fiktiven Schüler wurden die Informationen gegeben: Leistung (gute Arbeit bis schlechte Arbeit), Anstrengung (hoch/niedrig), Begabung (hoch/niedrig). Die Hypothese wurde bestätigt: mit der Schüleranstrengung nahm das intendierte Lob zu. Andere Untersuchungen (die zum Teil nur synoptisch in Tabelle 33 aufgeführt sind) bestätigten zunächst dieses Ergebnis (vgl. auch Clark & Peterson, 1985).

In einer eigenen Untersuchung (Hofer u.a., 1979) konnten diese Befunde nicht wiederholt werden. Die Lehrer sollten angeben, wie weit sie ihrer Meinung nach jeden Schüler auf den zwei Dimensionen der Leistung und des Arbeitsverhaltens bringen könnten unter Anwendung jeder der Strategien: Motivieren, Fordern Helfen, Strenge, Bremsen und Gewährenlassen. Die Anstrengungs- und Begabungsattribution stellte sich als für Handlungsabsichten unwesentlich heraus. Dafür spielten andere Ursachen eine Rolle. Führten die Lehrer die richtige Antwort des Schülers besonders auf die (geringe) Schwierigkeit der Thematik zurück, dann erschienen ihnen alle Strategien, außer Bremsen und Gewährenlassen, kontraindiziert. Möglicherweise wollten sie den Schüler nicht in zu großer Sicherheit wiegen. Die Schwierigkeit der Thematik hat der Lehrer nur begrenzt in der Hand. Anders sieht es bei dem Faktor Darstellung aus. Machten sie sich selbst für die gute Leistung verantwortlich, so erschienen ihnen die Strategien Helfen und Motivieren angemessen, Gewährenlassen dagegen kontraindiziert. Sie mochten hier die Chance sehen, den Schüler bei der Stange zu halten und ihm gerade soviel zuzumuten, wie dieser noch vertragen kann. Schrieben die Lehrer die falsche Leistung eines Schülers sich selbst zu (Darstellung), so schienen sie zu allem (außer Gewährenlassen) bereit zu sein, den Schaden wieder gutzumachen. Machten sie vor allem die Schüchternheit des Schülers für das Versagen verantwortlich, dann schienen sie sich an dem Motto zu orientieren: Finger weg! Nur Gewährenlassen war nicht kontraindiziert. Insgesamt erweckte das Bild den Eindruck, als orientierten sich die Lehrer weniger daran, wie groß die Begabung des Schülers sei und wie sehr er sich angestrengt habe, als vielmehr daran, was sie dem Schüler zumuten können und wo eigenes Versagen liegt (vgl. Hofer & Dobrick, 1981). Die Bedeutung der Sanktionierungsintention des Lehrers innerhalb solcher strategischer Perspektiven ist ungeklärt. Positives Feedback kann dazu gedacht sein, zu motivieren, zu fordern, zu helfen, gewähren zu lassen. Negatives Feedback könnte in des Lehrers Intention zu allem dienlich sein, außer zum Gewährenlassen.

In einer eigenen weiteren Untersuchung (Hofer u.a., 1982 b) ließen sich folgende Zusammenhänge finden zwischen den Ursachen, auf die eine Leistungssituation zurückgeführt wird und den von Lehrern bevorzugten Handlungsentwürfen:

Attribution	intendierter Entwurf
Begabung +	Fordern
Begabung −	Helfen
Anstrengung +	Gewährenlassen
Anstrengung −	Strenge

Die bei mangelnder Anstrengung geäußerte Absicht der „Strenge", liegt auf der Linie der Befunde zum Zusammenhang zwischen Anstrengung und Lob/Tadel. Darüber hinaus ergibt sich ein andersgearteter Zusammenhang mit Ursachenzuschreibungen auf Begabung. Schwieg der Schüler auf eine Frage trotz Begabung, so wurde „Fordern" intendiert. Schwieg er wegen mangelnder Begabung, so wurde „Helfen" intendiert.

Die Arbeiten zum Zusammenhang zwischen Ursachenzuschreibungen und Handlungsabsichten wurden nicht vor entscheidungstheoretischem Hintergrund durchgeführt, sie untersuchten nicht die Prozesse, die zwischen Ursachenzuschreibung und Entscheidung liegen. So kann man nur darüber spekulieren, wie diese Ergebnisse zu erklären sind, warum Lehrer die genannten Handlungsentwürfe intendieren. Sind die Ergebnisse mit dem instrumentellen Ansatz vereinbar? Grundsätzlich bietet sich auch noch eine weitere Möglichkeit an: Der Zusammenhang zwischen Anstrengung und Sanktionierung ist Ausdruck eines „Gerechtigkeitsbegriffes". Menschen scheinen im allgemeinen dazu zu neigen, Lohn in Abhängigkeit von der aufgewendeten Anstrengung zuzusprechen, und zwar sowohl sich selbst als auch anderen. Man glaubt, der Aufwand von Mühe, Arbeit und Einsatz habe durch eine angemessene Entschädigung belohnt zu werden. Dies ist Teil eines „Gerechtigkeitsempfindens", das dem Motto „ohne Fleiß, kein Preis" unserem gesellschaftlichen und kulturellen Denken innewohnt. Nach den Befunden von Schwinger (1984) hängt das Gerechtigkeitsempfinden der Laien von ihrer moralischen Reifeentwicklung ab. Versuchsteilnehmer, die in entsprechenden Tests als besonders reif abschnitten, zogen bei ihren Entscheidungen viel mehr in Betracht, warum Personen ein bestimmtes Maß an Leistung erbracht hatten und warum sie bestimmte Bedürfnisse hatten. Nach dieser Interpretation wäre beabsichtigter Tadel für faule Schüler und beabsichtigtes Helfen für unbegabte Schüler Ausdruck zweier Aspekte des Gerechtigkeitsempfindens, des ohne-Fleiß-kein-Preis-Aspektes und des „Bedürftigkeitsaspektes". Die Untersuchung von Brophy & Rohrkemper (1981, vgl. auch Rohrkemper & Brophy, 1983) legt die Wirksamkeit der Variablen „Verantwortlichkeit" nahe. Vielleicht reagieren Lehrer ähnlich wie Richter, die ihre Urteile nach Intentionalität und Kontrollierbarkeit des zu verurteilenden Verhaltens ausrichten.

Tabelle 34: Synopse von Untersuchungen zum Zusammenhang zwischen Wissen über Schüler und Lehrerentscheidungen

Autor	Stichprobe	Wissen über Schüler	Gegenstand des Wissens	Situationsbezug	abhängige Variable	Ergebnisse
Shavelson u. a. (1977)	164 Lehrerstudenten	induziert	Leistungserwartungen (hoch/niedrig)	keine spezielle Vorgabe: Rolle des Lehrers	Handlungsintention bezüglich Schwierigkeit des Materials, Lob, Fragestrategie bei Zögern	Zusammenhang zwischen Leistungserwartungen und Schwierigkeit des Materials
Cone (1978)	50 Lehrer	induziert	Geschlecht, Disziplin, Art der Auffälligkeit	fiktive Störung des fiktiven Kindes während einer Englischstunde. 32 fiktive Situationen	Entscheidung für eine Maßnahme aus 6 Maßnahmen (von Ignorieren bis Ausschluß aus der Klasse) als für sich typischste.	Zusammenhänge zwischen Wissensvariablen und Entscheidungen (Ausnahme: Geschlecht des Schülers)
Clark (1978)	12 Lehrer	Ergebnis d. nach-unterrichtlichen Interviews nach Art d. „stimulated recall“	introvertiert, zuwendungsbedürftig, leistungsschwach	eigener Unterricht, einstündig, zwei Wiederholungen in verschiedenen Klassen	aus Interviews gefiltert: Konzentrationsprinzip, strategische Milde, progressive Kontrolle	der introvertierte Schüler wird bevorzugt, – der Zuwendungsbedürftige wird bei Problemen ignoriert, – der Schwache wird periodisch kontrolliert

Borko (1978)	46 Lehrer	induziert	u. a. Leistung, Sozialkompetenz, Selbständigkeit	Rolle eines Lehrerberaters	vorunterrichtliche Entscheidungen z. B. über Zulassen von Schülerbeteiligung	Zusammenhang zwischen Schülerleistung u. Bereitschaft, Schüler an der Unterrichtsplanung zu beteiligen etc.
Russo (1978)	31 Lehrer	induziert	u. a. Leistung, Beteiligung, Disziplin	fiktiver Unterricht im Lesen u. Mathe mit vorgegebenem Stoff	Planungsentscheidungen u. a. über Gruppierung, Unterrichtsstrategie, Motivierung, Individualisierung	starke Zusammenhänge zwischen Schülerleistung und Instruktionsentscheidungen
Harper (1981)	148 Lehrer u. Lehrerstudenten	induziert	Begabung	computersimulierter Unterricht einer fiktiven Klasse mit sechs Schülern	kontinuierliche Entscheidungen für: Frontalunterricht, individueller Unterricht, Gruppen-Selbststudium, individuelles Selbststudium	Zusammenhänge zwischen Begabung und individuellem Unterricht sowie individuellem Selbststudium
Pullis und Cadwell (1982)	13 Grundschullehrer	erhoben über Ratings ihrer Schüler	Arbeitshaltung, Fähigkeit zur Anpassung, Frustrationstoleranz	fünf fiktive Situationen, z. B.: – Stillarbeit – Kleingruppenarbeit – Übergang zwischen Aktivitäten – freies Spiel	Angabe der Häufigkeit, mit der das Kind in der Situation überwacht werden müsse	Zusammenhang zwischen Arbeitshaltung und abhängiger Variable in allen fünf Situationen

Schließlich scheint die Reaktion auch durch Gefühle vermittelt (vgl. Kapitel 11).

Die Lage der Forschung zum Zusammenhang zwischen Ursachenzuschreibungen und Verhaltensintentionen ist insgesamt als unklar zu bezeichnen. Weder liegen eindeutig gesicherte Zusammenhänge vor, noch ist geklärt, ob diese im Sinne entscheidungstheoretischer Vorstellungen erklärbar sind. Außerdem ist zweifelhaft, ob diese Intentionen sich in konkretem Verhalten niederschlagen (vgl. Kapitel 7, S. 224).

Wissen über Schüler. Das Wissen von Lehrern über bestimmte Schüler stellt eine Randbedingung für die entscheidungsbezogenen Kognitionen von Lehrern dar. Shavelson u. a. (1977) haben den Einfluß von Leistungserwartungen untersucht. Für einen fiktiven Schüler wurden experimentell unterschiedliche Leistungserwartungen erzeugt (hoch, niedrig). Diese Erwartungen hatten einen deutlichen Einfluß auf die Schwierigkeit des Materials, das die Lehrer für diese Schüler auswählen wollten. Geringer war der Effekt auf die abhängige Variable „Lob". Die Vpn (Lehrer-Studenten) neigten dazu, Lob für wichtiger zu halten, wenn für Michael niedrige Erwartungen geweckt worden waren. Keine Zusammenhänge ergaben sich für die abhängige Variable „Fragestrategie bei Zögern". Ob die Vpn angaben, sie wollten – falls Michael auf eine Mathematik-Frage zögern würde – die Frage wiederholen, leichter fragen, einen anderen fragen, das Problem erklären oder selbst beantworten, dies hing nicht von der Erwartung ab. Vermutlich spielten dabei weitere Faktoren eine Rolle, die in der Untersuchung nicht erfaßt worden waren, z. B. die generelle Bevorzugung bestimmter Strategien.

Wie auch eine Reihe anderer Arbeiten (siehe Synopse in Tabelle 34) zeigt, sind die Zusammenhänge zwischen Wissen um Schülervariablen und Verhaltensentscheidungen bei Lehrern sehr vielfältig.

Wie Fogarty u. a. (1984) zeigen konnten, unterscheiden sich erfahrene Lehrer und Anfänger darin, in welchem Ausmaß sie in ihren konkreten Entscheidungsüberlegungen auf Wissen über Schüler zurückgreifen. Sie nahmen vom normalen Unterricht von drei erfahrenen Lehrern und fünf Anfängern dreimal je 15 Minuten auf Video auf. Anschließend spielten sie jedem Lehrer das Band vor und identifizierten Stellen, an denen die Lehrer angaben, Entscheidungen getroffen zu haben. Eine Frage richtete sich auf das dabei herangezogene Wissen. Erfahrene Lehrer berichteten, daß sie mehr Wissen aktualisiert haben. Außerdem bezogen sie mehr Aspekte über die Schülerpersönlichkeit ein als Anfänger.

Konkretes vorausgegangenes Schülerverhalten. Die von Lehrern antizipierten Konsequenzen einzelner Handlungen sind stark abhängig von der jeweiligen Unterrichtssituation, insbesondere von vorausgegangenem Schülerverhalten. Fogarty u. a. (1984) haben Video-Aufzeichnungen vom Unterricht daraufhin analysiert, welche Kategorien von Schülerverhalten Lehrerverhalten auslösen. Es waren vor allem vier Schülerkategorien, die auftraten: ausbleibende Antworten, Fehler, Initiativen, hohe oder niedrige Aufmerksamkeit. Welche Handlungs-Entwürfe von Lehrern bei zwei spezifischen Schülerverhaltensweisen aktiviert werden, haben Wahl u.a. (1983) untersucht. Sie kamen zu den Zuordnungen von Tabelle 35.

Tabelle 35: Zusammenhang zwischen generalisierten Situationsklassen und Handlungsentwürfen (aus Wahl u.a. 1983, S. 246–260)

Situation	schlechte, vollkommen falsche Antwort	provozierendes Schülerverhalten
Handlungs-entwürfe	– Rückfrage – Ironie – negative Rückmeldung – nochmaliges Erklären – Nichteingreifen/Abwarten – Aufforderung/Befehl	– Schüler umsetzen – ermahnen – Nachgeben und Konfliktaufschub – ruhiges Verhalten – Übergehen – Bewertung und Kritik – Drohen – Bloßstellen – Wut ausdrücken

Kaum eine der in der ersten Situation aktivierten Alternativen findet sich auch in der zweiten.

Dann u. a. (1982 b) haben die Situationsspezifität von Handlungsentscheidungen mit Hilfe des Interviews und der Legetechnik (Krause, 1983) in verfeinerter Weise verfolgen können. Ein Beispiel für die aggressionsbezogene Theorie eines Lehrers ist in Abbildung 35 enthalten. Daraus ist ersichtlich, daß dieser Lehrer die Wahl eines Handlungsentwurfes in der Situation „verbale Auseinandersetzung" von einer Reihe von situativen Variablen abhängig machte (s. S. 288):
- davon, ob eine Provokation vorausgegangen war,
- davon, ob der Schüler das Verhalten öfter zeigt,
- davon, ob das Verhalten von der ganzen Klasse wahrgenommen wird,
- davon, ob das Verhalten sehr massiv ist,
- davon, welche Absicht der Schüler mit seinem Verhalten verbindet.

Je nachdem, zu welcher Einschätzung der Situation er kam, entschied er sich entweder für „Unterricht fortsetzen", „Ignorieren", „Strafe" oder „Mahnen". Die Lehrer in dieser Untersuchung neigten insgesamt eher dazu, sozial-integrative Maßnahmen zu präferieren, wenn die Entschuldbar-

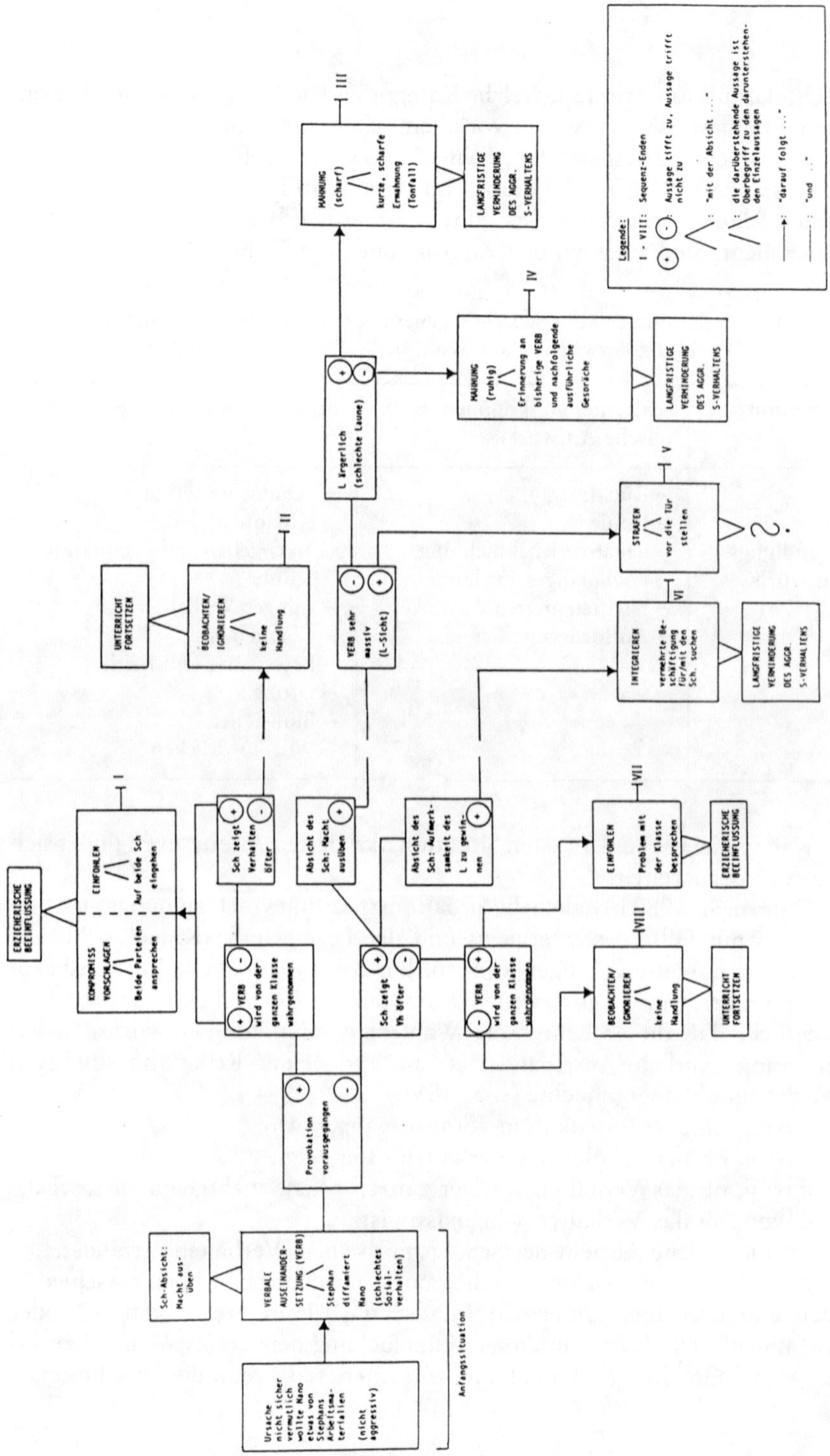

Abbildung 35: Aggressionsbezogene Berufstheorie eines Lehrers (aus Dann u.a., 1982b, S. 272–273)

keit und Zumutbarkeit groß war, eher punitive bei geringer Entschuldbarkeit, Duldbarkeit und Zumutbarkeit (Humpert, 1984).

Solch differenzierte Analysen von Randbedingungen für Entscheidungen sind nur auf der Ebene des Einzel-Lehrers mit vertretbarem Aufwand möglich. Eine ähnliche Analyse über didaktische Handlungsentwürfe im Methodikunterricht hat Shroyer (1978) bei einer Lehrerin vorgenommen. Sie kommt zum Ergebnis der Tabelle 36.

Tabelle 36: Art von aktivierten Handlungsentwürfen in bestimmten Unterrichtssituationen (Shroyer, 1978)

kritischer Moment / Handlungsentwurf	Schülereinsicht	Schülerfehler	Lehrerproblem
Integrieren	x	x	x
Flicken		x	
Wechsel der Aktivität			x
Sondieren		x	
Zurückweisen			x

Die Situationsabhängigkeit von Lehrerentscheidungen wurde vor allem im Zusammenhang mit Schülervariablen diskutiert. Tatsächlich scheinen die meisten Entscheidungen von Lehrern darauf bezogen zu sein. Knapp die Hälfte aller Entscheidungen jedoch gehen von anderen Kognitionen aus (vgl. Clark & Peterson, 1985). Dazu gehören Zeitbeschränkungen, Unterbrechungen von außen, Faktoren des Lernstoffes und des Lehrmaterials sowie eigene Gedanken und Gefühle. Insgesamt scheinen Schülervariablen als Ausgangspunkte für Entscheidungen im Disziplin- und Management-Bereich zu überwiegen, während ihr Gewicht etwas geringer ist, wenn es um Instruktionsentscheidungen geht.

Je stärker man Entscheidungen als situationsabhängig sieht, desto eher muß man annehmen, daß sie nicht durch abstrakte Denkprozesse determiniert sind. Abelson (1976) hat darauf hingewiesen, daß kaum etwas über natürliches und alltägliches Entscheiden bekannt ist. Er glaubt, daß sich konkrete Entscheidungen im Gegensatz zu abstrakten nicht so sehr an mathematischen Modellen orientieren, sondern vielmehr in episodische und kategoriale Skripts eingebettet sind. „Der Gebrauch von episodischen und kategorialen Skripts ist weitverbreitet, er stellt bei der Entscheidungsfindung eher die Regel als die Ausnahme dar" (S. 38). Viele Entscheidungen hängen von so wenig formalisierbaren Faktoren ab, wie jenen, daß einen „die Situation an sich selbst erinnert" (episodisches Skript) oder, daß „man in solchen Fällen hart bleiben muß, sonst tanzen sie einem auf der Nase herum" (kategoriales Skript). Die Ergebnisse der Untersuchung von Wahl u.a. (1983) machen glaubhaft, daß stark situationsbezogene Entscheidungen nur in begrenztem Umfang auf Auswahlprozessen beruhen. Für jede Situationsklasse wurden nur wenige Handlungsentwürfe zur Bewältigung kogniziert. Häufig sagten Lehrer: „Es war klar, daß hier keine andere Handlung in Frage kam als ..." (S. 85). In 64% der Fälle war eine Situationsklasse nur mit einem einzigen Handlungsentwurf, in 28% mit zwei und nur in 8% mit drei oder mehr Handlungsentwürfen verbunden. Das ergibt durchschnittlich pro Situationsklasse 1,5 Handlungsentwürfe. Über ähnliche Ergebnisse aus anderen Untersuchungen berichten Clark & Peterson (1985). Diese Überlegungen könnten dahin führen, Lehrerverhalten weniger unter dem Aspekt rationalen Entscheidens betrachten zu wollen als unter dem der „Routinen" (Bromme, 1982). Eine entsprechende Modifizierung der Abbildung 31 (S. 254) haben Shavelson & Stern (1981, S. 483) vorgeschlagen. Dies schließt jedoch nicht aus, daß automatisierte Verbindungen zwischen typischen Situationen-Handlungen-Situationen-Handlungen etc. im Sinne der Skript-Theorie durch rationale Entscheidungsprozesse entstanden sind. Im übrigen erfordert die Identifizierung spezieller konkreter Situationen durch Lehrer Denkprozesse wie die Aktivierung von Wissen über Schüler. Es ist unwahrscheinlich, daß sich unterrichtliches Handeln in Routine erschöpft. Bei Fogarty u.a. (1984) wiesen gerade erfahrene Lehrer differenziertere Verbindungen zwischen Schülervariablen und Aktionen auf, teilten mehr Gedanken über Schüler mit und hatten ein breiteres Zielspektrum. Erfahrene Lehrer berichteten auch in der Untersuchung von Calderhead (1981, S. 53) für viele ihrer Situationsvorstellungen auch über typische Reaktionen ihrerseits, während Anfänger vielen Situationen gegenüber Hilflosigkeit verbalisierten. Erfahrene Lehrer verfügen offensichtlich über differenziertere, möglicherweise über bessere, da realitätsangemessenere Skripts. Sie scheinen ihr Verhalten auch weniger stark über Ist-Soll-Diskrepanzen als über Wird-Soll-Diskrepanzen zu steuern. Jedenfalls kann man dies aus den Befunden von Fogarty u.a. (1984) und Housner & Guffey (1983, zit. nach Clark & Peterson, 1985) schließen, daß unerfahrene Lehrer stärker als erfahrene berichteten, sie würden sich dann zu Verhaltensänderungen entscheiden, wenn negatives Schülerverhalten vorläge. Andererseits werden auch erfahrene Lehrer über mehr eingeschliffene Routinen verfügen. Diese können sich verselbständigen und flexibles Handeln behindern, abgesehen davon, daß sie unter besonderen Bedingungen anfällig sind für Fehlregulationen (vgl. die Forschung zur „Geistesabwesenheit", Reason, 1979; Reason & Lucas, 1984).

Zusammenfassung:

1. Entscheidungen in alltäglichen unterrichtlichen Situationen hängen von Randbedingungen ab. Die Entscheidung für einen Handlungsentwurf kann aufgrund der Wertigkeit, den er für die Person in der Situation besitzt, zustandekommen. Die Wertigkeit kann sich aufgrund des Wertsystems der Person oder der antizipierten Beurteilung durch Schüler ergeben. Ein Handlungsentwurf kann trotz seiner vermuteten Wirksamkeit nicht gewählt oder trotz seiner vermuteten Unwirksamkeit gewählt werden, weil er als solcher der Überzeugung der Person widerspricht oder entspricht.
2. Die Entscheidung für einen Handlungsentwurf hängt vermutlich zum Teil ab von der kognizierten Bewertung der antizipierten Ergebnisse durch Bezugsgruppen wie Kollegen und Eltern.
3. Erzieher neigen im allgemeinen dazu, ihre Entscheidungen über den Einsatz einer Alternative davon abhängig zu machen, welche Ursachen für Schülerverhalten angenommen werden.
4. Entscheidungen von Lehrern hängen ab von ihrem Wissen über Schülereigenschaften: von den Leistungserwartungen, Disziplinerwartungen etc.
5. Entscheidungen in natürlichen Situationen sind stark abhängig von jeweils vorangegangenem Schülerverhalten: sie laufen wahrscheinlich weniger nach dem Muster abstrakter als kategorialer oder gar episodischer Skripts ab. Die Abhängigkeit der Lehrerentscheidungen von einer Vielzahl von Randbedingungen läßt vermuten, daß Handlungen häufig in Skripts eingebettet sind. Dies führt zur Auffassung einiger Autoren, Lehrerhandlungen als „Routinen“ zu bezeichnen. Sie schließt nicht aus, daß Routinen aus rationalen Überlegungen entstanden sind.

4. Entscheidung und tatsächliches Verhalten

Das Interesse an Entscheidungsprozessen ist von der Annahme getragen, daß die dabei ablaufenden Erwägungen sich auch auf Verhalten auswirken. Leitend ist die Auffassung, daß Handlungsentwürfe, für die sich ein Individuum entscheidet, in reale Verhaltensabläufe umgesetzt werden. In den Untersuchungen über Entscheidungsprozesse war meist die Entscheidung der Person für eine Alternative oder die Festlegung von Präferenzen für verschiedene Alternativen abhängige Variable. Erfaßt wurde diese Variable immer als Absicht oder Intention. Handlungsabsicht und ihre Realisierung können übereinstimmen. Berl u.a. (1976) haben die Wahl eines Studienortes von Studenten versucht vorherzusagen, indem sie aus mehrstündigen Interviews jene Informationen destillierten, die sie gemäß der verwendeten mathematischen Modelle brauchten:

– die Handlungsentwürfe (z.B. Miami, Washington, Syracuse)
– die Handlungs-Ergebnis-Erwartungen (z.B. Lage, Entfernung, Lehrer)
– die Bewertungen der Handlungs-Ergebnisse.

Sie verwendeten fünf verschiedene Entscheidungsregeln, um die später tatsächlich erfolgte Wahl vorherzusagen: additive Gewichtung, Dominanz, Lexikographie (Rangordnung), Satisficing, Mischmodell. Es zeigte sich, daß alle Regeln zu guten Vorhersagen kamen. Am besten schnitten die Regeln der additiven Gewichtung und des Satisficing ab. Von 87 möglichen Treffern machten sie in 67 bzw. 57 der Fälle richtige Vorhersagen. Über positive Zusammenhänge zwischen Entschlüssen und Verhalten berichten auch Westhoff u.a. (1983).

Zwischen dem, was eine Person zu tun beabsichtigt und dem, was sie tut, können aber auch Diskrepanzen bestehen. Und zwar in zweierlei Hinsicht:

a) Eine Person, die etwas Bestimmtes tun möchte, tut dies nicht. Ein Beispiel dafür liefert die Untersuchung von Morton-Williams u.a. (1970): englische Oberstufen-Lehrer gaben an, daß sie zum Teil nicht imstande waren, Methoden, die sie für wichtig oder sehr wichtig ansahen, in dem Ausmaß zu realisieren, wie sie es wünschten. Von den Lehrern die angaben, der Einsatz von Diskussionen sei wichtig oder sehr wichtig, gaben 46 % zu, dies nicht ausreichend zu realisieren. Möglicherweise hängen mangelnde Realisierungsmöglichkeiten von den äußeren Schwierigkeiten ab, die mit der Umsetzung verbunden sind.

b) Die Person tut etwas, was sie nicht tun würde, wenn sie in Übereinstimmung mit ihren Überzeugungen und Wertvorstellungen handeln würde. Dies ist das Thema des Milgram-Experimentes (Milgram, 1974). Personen führten Handlungen als Lehrer gegenüber „Schülern" aus, die zutiefst im Widerspruch zu ihren Überzeugungen standen, die sie aber durch eine anerkannte Autorität gerechtfertigt sahen. Viele Vpn gehorchten dem Vl, gleichgültig, wie schmerzhaft die als Strafe für fehlerhaftes Lernen den Schülern zugefügten Schocks zu sein schienen, wie sehr das Opfer darum bat, erhört zu werden. Diese Bereitschaft zeigte sich auch bei anderen Untersuchungen an anderen Universitäten, die das Experiment wiederholten. Die Vpn, die dem Opfer die Höchststufe an Schock zufügten, waren keine Ungeheuer, sadistische Randerscheinungen der Gesellschaft. Zwei Drittel der Teilnehmer waren „gehorsam". Es handelte sich um Durchschnittsmenschen aus Arbeiter- und Angestelltenkreisen und freien Berufen. Das Milgram-Experiment ist einschlägig, auch wenn es nicht explizit den Zusammenhang zwischen Entscheidung und Verhalten untersucht. Die Vpn wurden in die Rolle von Lehrern gebracht. Eine Reihe der von Milgram diskutierten personellen und institutionellen Voraussetzungen, die das Versetzen in einen Gehorsamszustand (Agens-Zustand) erleichtern, ist auch bei Lehrern gegeben. Zumindest mit der Möglichkeit ist zu rechnen, daß sich

Lehrer gegen ihre Entschlüsse dann verhalten, wenn günstige Bedingungen für einen Gehorsamszustand gegeben sind.

Hier geht es zwar grundsätzlich um die Frage nach dem Zusammenhang zwischen Einstellungen und Verhalten. Diese Frage ist oft untersucht worden (z.B. Mielke, 1979; Dobson u.a., 1972). Da der Einstellungsbegriff sehr weit ist, sind solcherart Arbeiten i.a. wenig aufschlußreich. Götz (1979, S. 79ff.) fand zwischen Einstellungen zu Erziehungspraktiken und Verhalten, das durch Beobachtung registriert wurde, nur relativ niedrige, zum Teil negative Korrelationen. Mayr & Mayr (1978) ermittelten die Einstellung gemäß der Fishbein-Formel als Summe der Produkte zwischen „Ausprägungsgrad der Annahme (Eigenschaftsurteil) über einen Schüler" und „Ausprägungsgrad der Bewertung der Annahme". Die multiple Korrelation mit dem Verhalten in fiktiven Situationen betrug lediglich 0,15 (pers. Mitteilung von J. Mayr, 21. 2. 1985). Hier wird speziell der entscheidungstheoretische Ansatz verfolgt (vgl. Kraak, 1984).

Es finden sich kaum Untersuchungen, die auf den Zusammenhang zwischen getroffenen Entscheidungen und konkret in der Situation realisiertem Verhalten abzielten Clark & Peterson (1985) berichten über sieben Arbeiten zur Verbindung von Unterrichtsplanung und beobachtetem Unterrichtsverhalten. Zunächst zeigte sich, daß die Pläne von Lehrern den behandelten Inhalt und die Darbietungssequenz des unterrichteten Stoffes determinieren, aber auch die Verteilung der Zeiten, die einzelnen Stoffgebieten gewidmet werden. Sodann ergaben sich auch für die Variablen Zielgerichtetheit des Unterrichts (Peterson u.a., 1978), Ausmaß der Gruppenarbeit und Materialplanung recht enge Zusammenhänge zwischen Ausmaß der Planung und Ausmaß der Realisierung. Insgesamt bezogen sich die Planungsentscheidungen vorwiegend auf die Organisation und Strukturierung des Unterrichts und nicht so sehr auf elementare Verhaltenseinheiten. Feinere Details des Lehrers werden offengelassen. Sobald der Unterricht beginnt und nach den breiten Richtlinien des Planungsprozesses verläuft, tritt der Plan in den Hintergrund, und interaktive Entscheidungen sind gefordert.

Zum Zusammenhang zwischen interaktiven Entscheidungen und beobachtbarem Lehrerverhalten sind nur sechs Studien bekannt, die in Deutschland durchgeführt worden sind. Ich gehe etwas ausführlicher auf sie ein (Götz, 1979; Koblitz, 1981; Hofer u.a., 1982 b; Dann u.a., 1982 b; Wahl u.a., 1983; Fisch & Siegmund, 1984).

Die Untersuchung von Götz (1979). Götz arbeitete mit 51 Studenten einer Fachschule für Sozialpädagogik. Für eine Reihe von neun Handlungsentwürfen (z.B. Sich anerkennend und erfreut über positive Verhaltensweisen äußern) wurden die drei Variablen erhoben: a) welche Auswirkungen werden erwartet? b) wie hoch ist die Wahrscheinlichkeit des Eintreffens der Auswirkungen, und c) wie werden die Auswirkungen bewertet? Daraus wurde nach der Formel $\sum_a$ b x c die Präferenz für einen Handlungsentwurf berechnet. Diese sollte das tatsächliche Verhalten der Studierenden voraussagen können. Außerdem wurde erhoben, wie fest die Vpn sich vorgenommen haben, jede der neun Handlungsentwürfe anzuwenden und wie gut sie die Verhaltensweisen beherrschen. Damit waren zusätzliche Bedingungen für die Verhaltensvorhersage spezifiziert. Die Beobachtung fand während 30 Minuten in einer geplanten Sport-, Spiel- oder Werkstunde, während 20 Minuten bei einer ungeplanten Aktivität in einem Kinderheim sowie bei fünf Konfliktsituationen von bis zu 10 Minuten Dauer statt. Die Vorhersage gelang zumindest für die Kategorien Bekräftigen, Verständnis, Ermutigen und Impulse in fast perfekter Weise, wenn man eine dichotomische Auswertung in allen Variablen vornimmt (S. 94/95). Interessant sind die Einzelergebnisse. Nimmt man die Präferenz allein als Verhaltensprädiktor, so waren die Korrelationen niedrig, ja zum Teil negativ (S. 100). Bessere Ergebnisse ließen sich bei Verwendung der Vornahme/Absicht/Entscheidung als Prädiktor erzielen ($r \approx 0{,}20$). Offensichtlich reicht für die Ausführung eines Handlungsentwurfes dessen hohe Präferenz im Sinne der Entscheidungstheorie nicht aus. Wichtig ist auch noch, daß das Individuum glaubt, die Ausführung zu beherrschen. Dies unterstützen die Korrelationen zwischen Verfügbarkeit und Vornahme ($r \approx 0{,}38$). Die anderen Variablen konnten zum Teil wegen technischer Probleme (z.B. niedrige Häufigkeiten) nicht verrechnet werden. Dies entspricht dem Konzept der Wirksamkeitserwartung von Bandura (1977). Er nimmt an, daß die Überzeugung einer Person, einen zum Erreichen eines Zieles als geeignet ausgewählten Handlungsentwurf erfolgreich in die Tat umsetzen zu können, eine wichtige Art von Kontrolle darstellt.

Die Untersuchung von Koblitz (1981). In die Untersuchung von Koblitz gingen neun Lehrer ein. Die Handlungs-Ergebnis-Erwartungen wurden dadurch erfaßt, daß neunzehn Maßnahmen vorgelegt wurden (z.B. geduldig sein, den Sitzplan ändern, den Schüler kontrollieren) und die Lehrer für je einen konkreten guten und schlechten Schüler ihrer Klasse angeben mußten, „wie oft sie jede einzelne dieser Maßnahmen zur Aufrechterhaltung bzw. Verbesserung der Leistung dieses Schülers einsetzen wollen“ (S. 115). Die Antwortskala reichte von gar nicht bis sehr häufig. Die Maßnahmen wurden nach einer Clusteranalyse zu drei Gruppen zusammengefaßt (positive Kontrolle, Zug, Druck). Für die Erfassung des Verhaltens wurden Unterrichtsstunden gefilmt, von denen 59 in die Auswertung eingingen. Das Beobachtungssystem bestand aus achtzehn Kategorien. Über Zusammenhänge wird lediglich hinsichtlich der kognitiven Variablen Zug (z.B. ermahnen, Vorhaltungen machen) und der Beobachtungsvariablen „Summe der gezielten Fragen“ berichtet. Die Korrelation betrug 0,27 und ist lediglich auf einem Niveau von 10% signifikant.

Die Untersuchung von Hofer u. a. (1982 b). In einer eigenen Untersuchung erhoben wir – für verschiedene Schülertypen getrennt – Handlungs-Ergebnis-Erwartungen der Lehrer mittels fragebogenähnlicher Methoden. Die damit gewonnenen Daten setzten wir mit den Ergebnissen von entsprechenden Kategorien eines Beobachtungssystems in Beziehung, das wir in je 20 Unterrichtsstunden bei 35 Lehrern anwendeten. Wir hielten sämtliche innerhalb des Beobachtungszeitraumes auftretenden Interaktionen mit Schülertypen (vgl. Kapitel 5) repräsentierenden Einzelschülern in Sequenzform fest. Handlungsentscheidungen wurden nicht direkt erhoben. Es wurde davon ausgegangen, daß sich Lehrer im allgemeinen für jene Verhaltensweisen entscheiden würden, die sie vergleichsweise als am sinnvollsten beurteilt hatten und die nicht erhebliche Kosten/Nachteile verursachen würden. Daten zu diesen beiden Aspekten waren erhoben worden. Diese Daten konnten nicht direkt mit den Daten aus den Unterrichtsbeobachtungen zusammengebracht werden, da das Beobachtungssystem zum Teil andere Kategorien aufwies. Daher wurden die beiden Verbindungsdimensionen „Personenbezug“ und „Sachbezug“ verwendet, auf denen sowohl die Handlungsentwürfe als auch die häufigsten Kategorien des Beobachtungssystems von Lehrern eingeschätzt wurden. Beispiele für das Ergebnis dieser Prozedur sind in der folgenden Tabelle enthalten.

		Handlungsentwürfe	Beobachtungskategorien
Personenbezug	hoch	z. B. „ermutigt den Schüler, es doch zu probieren“, „tröstet den Schüler und zeigt Nachsicht“	z. B. „lobt den Schüler und geht weiter“, „weist auf die Falschheit der Aussage hin und gibt eine Hilfestellung“
	niedrig	z. B. „wiederholt seine Frage“, „fragt einen anderen Schüler“	z. B. „geht im Unterricht weiter“, „weist auf die Falschheit der Schüleraussage hin und fragt einen anderen Schüler“

		Handlungsentwürfe	Beobachtungskategorien
Sachbezug	hoch	z. B. „gibt einen Lösungshinweis“	z. B. „benennt Fehler und richtige Punkte in der Schüleraussage“
	niedrig	z. B. „läßt seine Unzufriedenheit mit der Schüleräußerung erkennen“	z. B. „tadelt den Schüler und fragt einen anderen Schüler“

Die Korrelation zwischen Handlungs-Ergebnis-Erwartungen und Verhalten in der Variablen Personenbezug betrug 0,22 und war hochsignifikant. Für die Variable Sachbezug war die Korrelation nicht signifikant.

Betrachtet man die Ergebnisse für die vier Schülertypen getrennt und stellt sie den Vorhersagen gegenüber, die sich aus den Kosten-Nutzen-Bilanzen (vgl. S. 273) ergeben, so zeigen sich zum Teil Bestätigungen (vgl. Tabelle 37).

Das für den *Introvertierten* vorhergesagte Vorherrschen der Strategie Helfen und die Abwesenheit strafender Maßnahmen wurden durch die

Tabelle 37: Gegenüberstellung der inhaltlichen Vorhersage aufgrund der integrativen Interpretation der Kosten-Nutzen-Bilanz und der Ergebnisse zum beobachteten Individualisierungsverhalten

	Vorhersage			Beobachtung	
				Verhaltensweise ist:	
	vorherrschend	normal	unterdurchschnittlich	häufig	selten
Introvertierter	Helfen	Gewährenlassen	Fordern Strafen	Hilfestellung (bei Fehler)	Tadel
Extravertierter	Strafen	Fordern	Helfen Gewährenlassen	kein Sachbezug (bei halbrichtiger Aussage) Tadel (bei Schülerinitiative) Antwort selbst geben (bei Fehler)	
Schlechter Schüler	Helfen			Hilfestellung Ermutigen anderen Sch. fragen (bei richt. Ausruf)	kein Sachbezug
Primus		Fordern Gewährenlassen Helfen	Strafen	Weitergehen (nach falscher Aussage)	Lob/Tadel Hilfestellung anderen Sch. fragen

Beobachtungen bestätigt, nicht jedoch die Erwartungen bezüglich Fordern. Für den *Extravertierten* bestätigte sich die Vorhersage des strafenden Verhaltens (Tadel). Daß die Lehrer im Versagensfall häufig die Antwort selbst gaben, kann als indirekte Bestätigung für die Prognose fehlenden Hilfeverhaltens angesehen werden. Ob das Fehlen von Sachbezug in Richtung Fordern ausgelegt werden kann (anstelle von ‚auf eine Antwort warten', zappeln lassen), muß dahingestellt bleiben.

Hinsichtlich des *schlechten Schülers* bestätigte sich die Vorhersage zum helfenden Verhalten. Daß die Lehrer bei einem richtigen Ausruf einen anderen Schüler fragten und nicht wie beim Extravertierten tadelten, kann zudem als differentielles Merkmal angesehen werden: Die Lehrer praktizierten beim schlechten Schüler keine besondere Strenge.

Als am ungenauesten erwies sich die Vorhersage beim *Primus*. Weitergehen, von uns ursprünglich zwischen Gewährenlassen und Strenge angeordnet, trat besonders häufig auf, obwohl Gewährenlassen normal ausgeprägt sein sollte. Auch das Unterlassen von Hilfeleistung wurde nicht vorhergesagt. Lediglich das geringe Auftreten strafender Maßnahmen (Tadel) bestätigt die Vorhersage. Doch muß im gleichen Atemzug auch auf die Seltenheit von Lob hingewiesen werden.

In dieser Untersuchung wurden Zusammenhänge zwischen handlungsbezogenen Kognitionen und konkreten Verhaltensweisen schwach sichtbar. Doch wurden weder die Entscheidungen selbst erfaßt, noch wurden sie in bezug auf eine konkrete Situation erhoben. Es wurde gefragt, wie sinnvoll die Lehrer verschiedene Maßnahmen ansehen, wenn ein fiktiver Schüler auf eine Frage des Lehrers schweigt, weil er z. B. „gedanklich schon viel weiter war und die Frage nicht mitbekommen hat" (für den Primus). Die auf eine bestimmte fiktive Situation (Schüler schweigt) bezogenen Kognitionen wurden mit Lehrerverhalten in einer Vielzahl von Situationen in Beziehung gesetzt.

Die Untersuchung von Dann u. a. (1982 b). An 19 Hauptschullehrern aus Baden-Württemberg wurde die Handlungswirksamkeit subjektiver Theorien durch Gegenüberstellung von Befragungs- und Beobachtungsdaten überprüft (Humpert, 1983). Die Untersuchung beschränkte sich auf Handlungen von Lehrern bei vorausgegangenem aggressivem Schülerverhalten. Die dort befragten 400 Hauptschullehrer gaben zunächst an, daß das Ziel „Unterrichtsplan einhalten" für sie nur eine geringe Bedeutung habe. Wichtig erschien ihnen vielmehr das Ziel „Hilfsbereitschaft wecken". Für eine Reihe von Situationen, in denen ein Schüler sich einem anderen gegenüber aggressiv verhält, gaben sie sodann an, daß Maßnahmen wie Einfühlen (38 %), Kompromiß (14 %), Integrieren (14 %) und Ermutigen (15 %) am besten geeignet seien, die Aggression zu vermindern, nicht aber Beobachten (3 %), Abbrechen (2 %) und Mahnen (3 %). Den letztgenannten Maßnahmen schrieben sie lediglich hohe Wirksamkeit im Hinblick auf das Ziel „Fortsetzung des Unterrichts“ zu. Trotzdem berichteten die Lehrer, daß sie in solchen Situationen meistens die Maßnahmen Beobachten (21%), Mahnen (16%) und Abbrechen (11%) wählen würden. Das heißt, sie gaben an, eine Maßnahme zu realisieren, die lediglich geeignet erschien, ein untergeordnetes Ziel zu erreichen und verzichteten auf eine Maßnahme, die ihnen geeignet erschien, das für sie wichtigste Ziel zu erreichen. Daß die Lehrerangaben über ihr Verhalten gültig waren, zeigte eine Beobachtungsstudie an den 19 Lehrern (Humpert, 1984). Bei ihnen wurden 280 Unterrichtsstunden beobachtet und das Lehrerverhalten bei aggressiven und störenden Schülerverhaltensweisen mit Hilfe eines Systems registriert, das dieselben Maßnahmen wie die Befragung enthielt. Die Ergebnisse entsprachen jenen aus der Befragung. Und die durchschnittliche Rangkorrelation zwischen den Häufigkeiten der erfragten und der realisierten Maßnahmen lag bei 0,49. Die geschilderten Befunde widersprechen der Theorie, es sei denn, man unterstellt, daß den Lehrern der Fluß des Unterrichts tatsächlich wichtiger war als die langfristige Aggressionsverminderung. Dies wäre zwar – auch nach den in Kapitel 5 vorgetragenen Überlegungen und Befunden – plausibel, setzt aber voraus, daß die Messungen der Zielbewertungen invalide waren. Genauere Auswertungen können hier differenziertere Ergebnisse erbringen. So wurde eine getrennte Auswertung für Lehrer mit unterschiedlichen Zielpräferenzen vorgenommen (pers. Mitteilung von Humpert, 8. 3. 1985). Dabei ergab sich eine hohe Übereinstimmung zwischen Handlungs-Ergebnis-Erwartungen und realisiertem Verhalten bei Lehrern mit dem Handlungsziel „kurzfristige Unterrichtsfortsetzung“. Diskrepanzen ergaben sich lediglich bei jenen Lehrern, die „langfristige Verminderung der Aggression“ und besonders bei jenen, die „erzieherische Beeinflussung“ als wichtiger beurteilten.

Die Untersuchung von Wahl u.a. (1983). Die Autoren versuchten, verhaltensnahe Kognitionen von Lehrern zu ausgewählten Unterrichtsepisoden zu erfassen. Es interessierte die Frage, „wie ein bestimmter Lehrer Situationen auffaßt, welche subjektiven Konstrukte dabei eine Rolle spielen, welche subjektiven Hypothesen zum Eingreifen führen, welche Handlungsalternativen mit einer bestimmten Situationsauffassung regelhaft einhergehen und welche subjektiven Hypothesen über die Wirkungen der Handlungsalternativen schließlich zur Auswahl einer beobachtbaren Operation führen“ (S. 8). Um die Frage zu prüfen, ob zwischen den Kognitionen und dem beobachtbaren Verhalten von Lehrern ein Zusammenhang besteht, wurde der normale Unterricht von Lehrern auf Videoband aufgezeichnet. Ausgewählte reale Episoden daraus dienten als Ausgangsmaterial für Gespräche mit den Lehrern in direktem Anschluß an die abgelaufene Unterrichtsstunde (15 bis 45 Minuten Abstand). Die Lehrer wurden im

Gespräch („strukturierter Dialog") sowohl durch ungelenkte Introspektion als auch durch gezieltes Fragen veranlaßt, für eine Episode so genau wie möglich mitzuteilen, wie sie die Situation während des Unterrichts gesehen und was sie dabei gedacht haben. Die Fragen des Forschers bezogen sich auf die Situationsauffassung, die Handlungsauswahl, die angestrebten Ziele, die Ursachenerklärung für das Schülerverhalten und die Kognition über die Wirkung des Verhaltens. Der Forscher versicherte sich für seine Rekonstruktion einer jeden Episodentheorie sowohl während des Gesprächs als auch beim nächsten Besuch der Zustimmung des Lehrers. Für jeden Lehrer mußten die für acht bis sechzehn verschiedene Episoden erhobenen „subjektiven Theorien" zu einer für den Lehrer einheitlichen „Meta-Theorie" (S. 70) zusammengefügt werden, um zu Verhaltensprognosen kommen zu können. Ausgangspunkt dafür war die Überlegung: wenn man weiß, wie Lehrer bestimmte Situationen beurteilen und warum sie sich darin in bestimmter Weise verhalten haben, dann müßten sie sich in einer zukünftigen ähnlichen Situation in analoger Weise verhalten. Dafür wurde die „Struktur-Lege-Technik" verwendet, welche sowohl vom Lehrer als auch vom Forscher angewendet wurde. Pro Lehrer wurden für jede der folgenden Klassen die Kognitionen, die der Lehrer für die acht bis sechzehn Episoden generiert hatte, zusammengefaßt:

- beobachtbares Schülerverhalten,
- beobachtbares Lehrerverhalten,
- Situationsauffassungen (einschließlich Situations-Folge-Erwartung),
- Handlungsauffassungen (einschließlich Handlungs-Ergebnis-Erwartungen und Handlungszielen),
- Einzelteile der Handlungen.

Für jede dieser Variablen lagen pro Lehrer soviel Kognitionen vor, wie Episoden mit ihnen durchgesprochen worden waren. Die Aufgabe von Lehrer und Forscher (getrennt) bestand zunächst darin, die Kognitionen pro Variable nach Ähnlichkeit zu gruppieren bzw. zu ordnen (z.B. für Situations-Folge-Erwartung: „hört von alleine auf", „hört nicht von alleine auf", „breitet sich aus"). In einem zweiten Schritt wurden die gruppierten Kognitionen pro Variable entsprechend den Episoden miteinander verbunden (das eine trat zusammen mit dem anderen auf). Schließlich einigten sich Forscher und Lehrer auf eine „Metatheorie", welche als „die" Rekonstruktion angesehen wurde. Ein Beispiel für eine solche Metatheorie ist – in Worte gefaßt – jene für die Lehrerin H 17: Die Lehrerin reagiert „auf minimale Störungen mit sehr wenig aufwendigen Reaktionen, z.B. einem Ansprechen und Auffordern. Bei stärkeren Störungen, verbunden mit der Befürchtung, die Klasse würde darauf aufmerksam, reagiert sie unterschiedlich: bei kleineren Schülern hält sie eine Aufforderung für besonders wirksam, bei größeren Schülern, die noch an die Lehrerin als Autoritätsperson glauben, benützt sie wenig aufwendige, nonverbale Signale. Ist ein Teil der Klasse nicht bei der Sache und ist eine Ausweitung der Störung zu vermuten, so nimmt sie – je nach Ursachenerklärung – einmal den störenden Gegenstand weg bzw. ändert die didaktische Gestaltung. Handelt es sich schließlich um Konflikte mit dem Charakter eines ‚Machtkampfes', so sind Gefühle persönlicher Sicherheit versus Unsicherheit ausschlaggebend für ein Aufschieben bzw. Austragen des Konfliktes" (S. 96).

Damit wurde vorhersagbar, ob sich die Lehrerin in vergleichbaren Situationen wiederum so verhalten wird. Für die Überprüfung der Vorhersage ist in einem ersten Schritt zu entscheiden, welcher Klasse der Störung die betreffende Situation zuzurechnen ist. Sodann kann vorhergesagt werden, welche Handlungsklasse gewählt werden wird. Geprüft wurde schließlich, „ob das tatsächliche künftige Verhalten der Lehrerin in der Prognoseepisode mit dem vorhergesagten übereinstimmt" (S. 96). Für die Überprüfung der Prognosetauglichkeit wurden für jeden von 12 Lehrern vier Episoden aus seinem konkreten Unterricht aufgezeichnet und ausgewählt. Dafür mußte entschieden werden, wie die Situation aus der Sicht des Lehrers aufgefaßt würde. Der Situationsteil der Episode wurde einem geschulten „Doppelgänger" des Lehrers vorgespielt. Dieser kannte dessen Metatheorie genau und sollte eine Zuordnung zu einer dessen Situationsklassen vornehmen. Entsprechend den Theorieverknüpfungen konnte er (in Unkenntnis des tatsächlichen Verhaltens) zu einer Handlungsklasse gelangen. Das tatsächliche Verhalten wurde von Forscher und Lehrer gemeinsam (in Unkenntnis der Vorhersage) einer Handlungsklasse zugeordnet. Damit ergab sich die Entscheidung, ob die Prognose zutraf oder nicht. Zwischen Erstellung der subjektiven Theorien und deren Validierung lag ein Jahr. Zum Teil unterrichteten die Lehrer andere Fächer und andere Schüler. Die Zahl richtiger Prognosen war signifikant vom Zufall verschieden. Der Trefferprozentsatz lag bei ca. 40 %. Fast jedes zweite Verhalten konnte aus der Kenntnis der Situations- und Handlungsauffassungen des Lehrers richtig vorhergesagt werden. Dies kann als Bestätigung der Untersuchungsfrage aufgefaßt werden, daß sehr verhaltensnahe Kognitionen stabil und verhaltensrelevant sind.

Die Untersuchung von Fisch & Siegmund (1984). Zweiundzwanzig Kindergärtnerinnen wurden 18 Verhaltensweisen vorgelegt (z.B. körperliche Intervention, auf Verhaltensmaßregeln beziehen, verbaler Tadel, verbales Lob). Sie sollten für jedes Verhalten angeben, wie sehr sie es für richtig hielten. Außerdem sollten sie mitteilen, wie oft sie es in der Situation des freien Spiels und in jener des Aufräumens realisieren. Die Messung des Verhaltens erfolgte auch noch durch die Beobachtung der Kindergärterinnen während acht Stunden, wobei dieselben Kategorien das Beobachtungssystem ausmachten. Die Zusammenhänge zwischen den Handlungspräferenzen und beiden Verhaltensvariablen wurden für jeden Handlungsentwurf und für die beiden Situationen getrennt berechnet. Die Korrelationen waren niedrig und erreichten in keinem Fall die Signifikanz.

Alles in allem konnten – je nach Studie in unterschiedlichem Ausmaß – positive, aber auch negative Zusammenhänge zwischen Handlungs-Entscheidungen und Verhalten festgestellt werden. Diskrepanzen zwischen Absicht und Verhalten scheinen weitverbreitet zu sein. Reither (1983) demonstrierte dies bei Nicht-Lehrern. Er ließ Vpn ein computersimuliertes Entwicklungsland führen, sie mußten als fiktive Entwicklungshelfer die wirtschaftlichen und politischen Probleme lösen helfen. Reither stellte erhebliche Diskrepanzen fest zwischen dem, was Vpn in dieser komplexen Problemsituation an Absichten verbal bekundeten und den jeweils zugehörigen tatsächlichen Entscheidungen und Handlungen. Mit zunehmender Bedrohlichkeit der Situation nahmen die Diskrepanzen zu und die Problemlösungsprozesse degenerierten.

Vier mögliche Erklärungen für solche Diskrepanzen seien zum Abschluß skizziert:

1. Die Methoden zur empirischen Erfassung der am Entscheidungsvorgang beteiligten Kognitionen sind unangemessen. Als häufigste Erhebungsmethoden wurden Interviews und Fragebögen verwendet. Es ist kaum abzuschätzen, inwieweit das Ergebnis der Befragungen durch die Befragung selbst erzeugt oder beeinflußt wurde. Kornadt & Trommsdorf (1984) weisen z.B. auf die Notwendigkeit hin, Methoden zu entwickeln, mit denen Ziele nicht erhoben, sondern erschlossen werden.

2. Die theoretische Vorstellung über die Vorgeordnetheit von allgemeinen Zielen und Handlungs-Ergebnis-Erwartungen über konkrete Verhaltensweisen mag sehr idealisiert und statisch sein. Personen finden neue Ziele in der Handlung, sie aktualisieren nach dem Wahrnehmen von Handlungsergebnissen neue Kognitionen, modifizieren alte ständig. Kognitionen sind dynamisch, wandelbar, integriert. Schank & Abelson (1977) haben auf Phänomene wie Zielvariation, Zielsuspension und Zielspezifikation im alltäglichen Handeln hingewiesen (S. 108 ff.).

3. Die Handlungsausführung kann mißlingen. Nach Oesterreich (1981, S. 59 ff.) ist dies dann wahrscheinlich, wenn entweder materielle Grundlagen einer Handlung nicht gegeben sind oder die Person über eine geringe Handlungsfertigkeit verfügt, oder wenn Umweltbedingungen variieren. Handlungsausführen setzt das Verfügen über die Fertigkeit voraus. Für die Ausführung genügt jedoch nicht das Verfügen über das Wissen der Prozedur. Das Wissen muß in eine prozedurale Form umgesetzt und geübt werden (Anderson, 1982). Kuhl (1982) versucht, Diskrepanzen zwischen beabsichtigten und ausgeführten Handlungen mit Hilfe des Metakonstrukts „Handlungskontrolle" zu erklären. Er nimmt drei Prozesse an, die bei der

Ausführungskontrolle von Handlungsabsichten wirksam sein sollen: Aufmerksamkeitssteuerung, Sparsamkeit der Informationsverarbeitung und Affektkontrolle. „Lageorientierte“ Personen, die stärker auf vergangene, gegenwärtige oder zukünftige Zustände fokussieren, besitzen geringere Handlungskontrolle als „handlungsorientierte“, welche sich stärker mit Handlungsalternativen beschäftigen. Schließlich ist gemäß Kuhl dann die Handlungskontrolle niedrig, wenn die situative Kontrolle der Handlungsausführung gering ist. Wicklund (1979) hat auf die Variable „Selbstaufmerksamkeit“ hingewiesen. Er führt Untersuchungen an, die zeigen, daß Personen, die ihrem eigenen Verhalten erhöhte Aufmerksamkeit schenken (induziert z.B. durch Spiegel im Experiment oder durch anwesende Beobachter), stärker in Einklang mit ihren verbalen Bekundungen handeln als unter Bedingungen geringer Selbstaufmerksamkeit. Es bedarf sicher eines erheblichen Maßes an Handlungskontrolle und Selbstaufmerksamkeit von Lehrern, als pädagogisch nützlich und sinnvoll erachtete Handlungsentwürfe entgegen den Verlockungen des Verstärkungsprinzips, entgegen den Zwängen des Reagierens, entgegen der Vorherrschaft der Emotionen und entgegen den Ablenkungen der Situation bewußt zu realisieren und umzusetzen. Möglicherweise legen der Handlungsdruck und die Abgeschirmtheit im Klassenzimmer der Umsetzbarkeit von Handlungsabsichten Beschränkungen auf.

4. Auf eine weitere Möglichkeit war in Kapitel 2 über Ziele aufmerksam gemacht worden. Sie beruht auf der Annahme eines doppelten Zielsystems, eines mehr öffentlichen und eines mehr privaten. Lehrer neigen wohl dazu, in der Erhebungssituation dem Forscher gegenüber Zielangaben und Angaben über Handlungs-Ergebnis-Erwartungen mehr im Hinblick auf das öffentliche System zu machen. Im Unterricht in den eigenen vier Wänden dagegen treffen sie ihre Entscheidungen stärker im Hinblick auf die privaten Ziele (z.B. Fortsetzung des Unterrichts).

Zusammenfassung:

1. Die Entscheidungstheorie nimmt an, daß Handlungs-Entschlüsse in der Regel auch in die Tat umgesetzt werden. Es ist methodisch schwierig, diesen Zusammenhang zu überprüfen. Daneben ist denk- und nachweisbar, daß Entschlüsse nicht ausgeführt werden, ja sogar, daß das Verhalten im Gegensatz zu eigenen Absichten steht. Das Milgram-Experiment ist ein Beispiel dafür, wie Personen in der Rolle des Lehrers ein Verhalten zeigen, das in krassem Gegensatz zu eigenen Überzeugungen steht.
2. Planungsentscheidungen determinieren das Unterrichtsverhalten in erheblichem Ausmaß. Sechs Arbeiten untersuchten den Zusammenhang zwischen interaktiven Handlungsentscheidungen von Lehrern und beob-

achtbarem Unterrichtsverhalten. Die Arbeiten zeigen schwache bis mittlere Zusammenhänge.

3. Die Defizite bei der Aufklärung von Verhalten bei Lehrern über subjektive Theorien können auf mehrere Faktoren zurückgeführt werden: auf das ungeklärte Problem der methodischen Erfassung entscheidungsbezogener Kognitionen, auf Defizite in der zugrundeliegenden Theorie, auf das unterschiedliche Wirksamwerden von handlungskontrollierenden und auf das Selbst gerichteten Kognitionen, welche das Umsetzen von Entschlüssen im Verhalten erleichtern sowie auf einen Prozeß der Zielverschiebung.

10. Kapitel

Der Einfluß der Erfahrung auf Denken und Handeln

Die Annahme ist einsichtig, daß Lehrer nach der Umsetzung von Handlungsentscheidungen in offenes Verhalten die Wirkungen ihres Tuns erfahren und als Rückmeldung verarbeiten. Rückmeldung verarbeiten heißt Informationen daraufhin zu analysieren, ob sie die der Entscheidung zugrunde liegenden Kognitionen bestätigen. Rückmeldungen stellen eine der Quellen dar, aus denen Kognitionen über Handlungs-Entscheidungen stammen. Der erste Abschnitt befaßt sich damit, welche Möglichkeiten der Rückmeldung zur Verfügung stehen und wie sich Lehrer über Ergebnisse und Folgen ihrer Praxis informieren können. Der zweite Abschnitt fragt danach, in welcher Weise Lehrer Rückmeldungen und andere Erfahrungen verarbeiten. Es werden eine Reihe von Mechanismen besprochen, mit Hilfe derer Kognitionen über die Folgen eigenen Tuns verwertet werden und in die weitere Praxis Eingang finden. Die Gedanken werden am Beispiel der Lehrersozialisation illustriert. Sie enthalten eine eigene Interpretation der zu diesem Thema in der Literatur berichteten Ergebnisse. In Kapitel 1 (S. 8) war angenommen worden, daß Erfahrungen kognitiv und emotional verarbeitet werden.

1. Arten der Rückmeldung: Wirkungen eigenen Handelns werden erfahren

Rückmeldung ist die Wahrnehmung und Bewertung der Ergebnisse eigenen Tuns. Die Vorstellung von Handeln als einem Kreisprozeß setzt die Annahme eines Vorganges der Rückmeldung über die Wirkungen von Tun an den Akteur voraus. Wenn Personen nicht zur Kenntnis nehmen können, ob ihre Tätigkeit Erfolg hatte oder nicht, dann ist eine Verbesserung ihres Leistungsverhaltens erheblich erschwert, wenn nicht ganz und gar unmöglich (Anderson & Faust, 1973). Für Lehrer ist es wichtig, in der Phase der Handlungsbewertung die Wirkungen und die Folgen ihrer Handlungen zu beurteilen. Haben sie in der Phase der Handlungsentstehung die Effekte kognitiv vorweggenommen, so geht es danach darum, zu überprüfen, ob die gewählte Aktion tatsächlich wie erwartet erfolgreich war. Dies hat

Konsequenzen für die Erwägungen über folgende und zukünftige Handlungen.

Der Einfluß von Erfahrung auf die Denkprozesse von Lehrern kann in einem Modell dargestellt werden. Ein Lehrer verhält sich zum Zeitpunkt t_1 im Einklang mit den Meinungen und Überzeugungen, über die er zu diesem Zeitpunkt verfügt. Im Anschluß daran (Zeitpunkt t_2) erhält er Rückmeldung über die unmittelbaren Ergebnisse seines Tuns. Später (Zeitpunkt t_3) erfährt er mehr über die Folgen: welche Konsequenzen sein Tun (oder Lassen) hatte. Der Lehrer hat die Möglichkeit, Erscheinungen zu den Zeitpunkten t_2 und t_3 als Ergebnisse und Folgen seines Tuns zu interpretieren. Rückmeldung einholen heißt, gedankliche Kontingenzen (Verbindungen) zwischen Tun und zeitlich danach erfolgenden Ereignissen herzustellen. Die Art und Weise, wie der Akteur solche Verbindungen herstellt, kann seine Denkprozesse beeinflussen und zu einer Veränderung seiner handlungsleitenden Überzeugungen führen. Die Konsequenz kann sein, daß er zu einem späteren Zeitpunkt (t_4), wenn er sich in einer ähnlichen Situation befindet, nicht mehr die Praxis von t_1 zeigt, sondern eine andere, konsistent mit seiner nunmehr veränderten Kognition. Das folgende Schema (Abbildung 36) faßt dies zusammen:

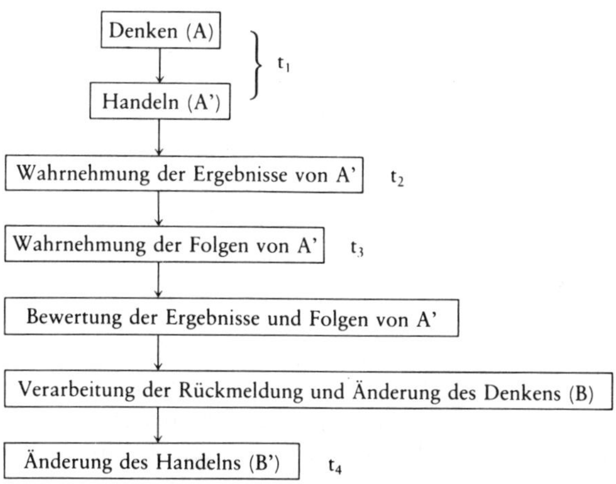

Abbildung 36: Modellhafte Beschreibung der Bildung und Wirkung von Erfahrungen.

Die Steuerung einer komplexen zielgerichteten Handlung erfordert auch die kontinuierliche Rückmeldung über den jeweiligen Zwischenstand der Handlung. Da komplexe Handlungen als eine Folge von Zwischenschritten aufgefaßt werden müssen und der Erfolg der Gesamthandlung den Erfolg jedes einzelnen der Zwischenschritte voraussetzt, ist das Diagnostizieren des Standes nach den jeweiligen Zwischenschritten (einschließlich darauf aufbauender Korrekturen) notwendig für den erfolgreichen Abschluß der Gesamthandlung. Auch das Verhalten einer Person in der Kommunikation mit einer anderen wird fortlaufend von Rückmeldungen gesteuert.

Scheiblechner (1977) hat die Rolle der Rückmeldung in einem Informationsverarbeitungsmodell beschrieben. Das Lernsystem besteht aus zwei Subsystemen: einem Speicher- und einem Entscheidungssubsystem. Nach der Ausführung einer Reaktion gibt die Umwelt dem System eine Rückmeldung. Diese Rückmeldung hat zwei Anteile: einen informativen und einen motivationalen. Die beiden Komponenten treffen innerhalb des Systems auf ein Schaltelement, das die Rückmeldung weiterleitet. In der ersten Phase eines Lernprozesses wird die Rückmeldung an das Entscheidungssubsystem geleitet. Es führt dort zu einer Anpassung der Entscheidungsprozesse an die Erfordernisse des Lernproblems. Später wird die Rückmeldung an das Speichersubsystem geleitet. Es führt dort zu einer Umordnung des Kodiersystems. Scheiblechner (1977) und Stapf (1983) weisen darauf hin, daß der motivationale Anteil an der Rückmeldung besonders am Anfang von Lernprozessen eine Rolle spielt, wenn Probleme noch neu sind. In späteren Lernphasen wird eher die informative Komponente der Rückmeldung über Erfolg oder Mißerfolg eigenen Tuns aufgenommen und verarbeitet.

Das Einholen von Rückmeldungen ist für den Lehrer mit einer Reihe von Problemen verbunden.

1. Wie in allen natürlichen Situationen werden den Lehrern Rückmeldungen über die Erfolge eigenen Tuns – ganz im Gegensatz zu den meisten in der Lernpsychologie durchgeführten Experimenten – nicht von außen gegeben. In der Regel beurteilen sie selbst mit Hilfe internalisierter Normen und kognitiver Verarbeitung Ereignisse als Erfolg oder Mißerfolg oder als neutrales Ereignis.

Nach Kalveram & Merz (1976) ist es für den Organismus wichtig, bei Informationen zu unterscheiden, ob sie vom Individuum durch eigene Aktivität hervorgerufen wurden oder ob sie unabhängig davon sind. Änderungen in der Zeit können auf äußere Umstände zurückgehen (allochthone oder fremdverursachte Signale). Sie können auch Auskünfte über die Aktivität des Organismus geben (autochthone oder eigenverursachte Signale). Allochthone Signale können dadurch identifiziert werden, daß der Akteur die eigene Aktivität stillegt. Jetzt noch auftretende Änderungen müssen fremdverursacht sein. Schwieriger ist es, autochthone Informationen zu erhalten. Denn man kann die Umwelt nicht konstant halten. Eine Möglichkeit besteht darin, daß der Akteur eine Handlung rhythmisch wiederholt. Meist, so auch beim Lehrer, enthalten Informationen fremd- und eigenverursachte Anteile zugleich. Das Individuum muß dann beide Anteile auseinanderdividieren. Genau dies ist in vielen Fällen auch die Situation des Lehrers. Er hat Vorstellungen darüber, welche Effekte eine Handlung hat (Efferenzkopie). Stimmen die Signale, welche als Folge seines Tuns auftreten (Reafferenz) damit überein, so werden sie als eigenverursacht angesehen. Differenzen zur Efferenzkopie werden als „Exafferenz" der Umwelt zugeschrieben (vgl. Kalveram & Merz, 1976, S. 137). Die Rückmeldung, die Lehrer über die Effekte ihres Tuns erhalten, sind also meist uneindeutig. Diese Tatsache begünstigt den Einfluß emotionaler und subjektiver Faktoren bei der Verarbeitung der Rückmeldung.

3. Darüber hinaus ist die Rückmeldung für Lehrer selten kontingent, weder zeitlich noch räumlich. Viele Effekte können erst lange nach der Handlung selbst und an anderen Orten wirksam werden. Dadurch wird die Zuordnung zu eigenen Aktivitäten erschwert.

4. Da Ergebnisse von Lehrertun vorwiegend auf der Ebene von subjektiven Erziehungszielen und damit auf der Ebene der Schülerpersönlichkeit eingeholt werden, heißt Einholen von Rückmeldung meist, aus Zeichen das dahinterstehende Gemeinte zu erschließen, aus Ausdrucksverhalten von Schülern auf deren seelische Zustände zu schließen. Jedes Einholen von Rückmeldung setzt demnach auch Interpretationsleistungen voraus.

Welche Arten der Rückmeldung bei Lehrern können unterschieden werden? Ich unterscheide Rückmeldungen nach drei Kriterien:

a) Rückmeldung kann nach den Zielen, über die sie Aufschluß gibt, eingeteilt werden: ob sie auf den Leistungsaspekt oder den sozialen Aspekt bezogen ist.

b) Rückmeldung kann nach dem Medium betrachtet werden, in dem sie erfolgt: ob sie verbal oder nicht-verbal stattfindet.

c) Rückmeldung kann im Hinblick auf den zeitlichen Erstreckungsgrad des unterrichtlichen Geschehens unterteilt werden, auf den sie bezogen ist: Mikro-Rückmeldung ist auf kurze Abschnitte bezogen, Makro-Rückmeldung auf größere Zeitabschnitte und globale auf die Zielerreichung des pädagogischen Geschehens insgesamt.

Im Schema auf S. 308 (Tabelle 38) sind einige Beispiele für die verschiedenen Formen der Rückmeldung angeführt:

Mikro-Rückmeldung. Für die Feinkontrolle des Handelns ist die fortlaufende Rückmeldung während des Unterrichts wesentlich. Vor allem hier sind Lehrer auf die Beachtung nicht-verbaler Komponenten angewiesen. Sie stellen sich im Laufe der Zeit Hinweise zusammen, auf die sie sich stützen, wenn sie das allgemeine Niveau des Schülerverständnisses während des Unterrichts feststellen wollen. Vermeintliche Hinweisreize können sein gezeigtes Interesse, wahrgenommene Aufmerksamkeit. Eifriges Mitmachen vermittelt vielen Lehrern das Gefühl einer erfolgreichen Stunde. Doch bedeutet gute Beteiligung noch nicht, daß die Schüler etwas gelernt haben,

Tabelle 38: Arten von Rückmeldungen.

		mikro	makro	global
Sachebene	verbal	Antworten auf Frage	Klassenarbeiten	Schulabschluß
	nicht-verbal	Melden, Gesichtsausdruck, Eifer	Verhaltensbeobachtung	Studienbewährung, Berufsbewährung
Beziehungsebene	verbal	Blitzlicht	Meckerkasten, Manöverkritik, Feed-back-Fragebogen	
	nicht-verbal	Mienenspiel	Beobachtung von Annäherungs- und Vermeidungsverhalten	Besuch beim Lehrer nach Schulabschluß

„der Eindruck, daß Schüler interessiert waren, kann darüber hinwegtäuschen, daß nur eine kleine Auswahl von Schülern wirklich am Unterricht beteiligt war oder daß die Denkanstöße und Fragen des Lehrers über einen unteren Schwierigkeitsgrad nicht hinausgingen" (Grell, 1975), S. 135). Daß sich Lehrer irren können beim Einholen von Fein-Rückmeldung über nicht verbale Hinweise, legt eine Untersuchung von Düker & Tausch (1970) nahe. In der Gruppe, in der Schüler am lebenden Tier (Meerschweinchen) lernten, schienen sie sehr unaufmerksam und abgelenkt. Dennoch hatten sie mehr Fakten behalten als beim Tonbandvortrag, wo sie konzentriert, aufmerksam und zugewandt wirkten. Die Schwierigkeit, die Aufmerksamkeit von Schülern angemessen einzuschätzen, scheint weit verbreitet zu sein. In einer Untersuchung von Dietrich & Walter (1972) schätzten studentische Beobachter den Konzentrationsgrad von Schülern dann am höchsten ein, wenn sich der Lehrer unhöflich, blockierend und unsicher benahm. Die Selbsteinschätzungen der Schüler standen im Gegensatz zu den Meinungen der Beobachter. Diese hatten die gespannte und ängstliche äußere Haltung der Schüler offensichtlich mit angespannter Aufmerksamkeit verwechselt. Sie haben die Schüler mißverstanden, indem sie die gespannten Mienen als ein mehrdeutiges Zeichen auf etwas anderes als das tatsächlich Gemeinte zurückführten.

Besonders schwer sind Lern- und Verständniseffekte zu erkennen. Ob Schüler den Gedankengang nachvollziehen, den Stoff verstehen, den Beweis begreifen, kann aus dem Mienenspiel der Schüler auch von erfahrenen Lehrern nur sehr schwer herausgelesen werden. Jecker u.a. (1964) haben dies in einer experimentellen Arbeit untersucht. Gefilmte Unterrichtssequenzen, die klar einen Frage-Antwort-Zyklus mit einem Schüler beinhalteten, wurden 172 Studenten und Lehrern vorgespielt. Nach jeder Sequenz sollte die Vp in den zur Verfügung gestellten 20 Sekunden das vermutete Verständnis des Schülers angeben. Das Erkennen des tatsächlichen Verständnisses in der Bedingung „nur Bild" lag nicht signifikant über dem Zufall. Zwischen praktizierenden Lehrern und Studenten zeigten sich keine Unterschiede. Als wichtiger nicht-verbaler Hinweis für das vermutete Schüler-Verständnis wurden die Zeit zwischen Frage und Antwort sowie die Pausen und Verzögerungen während der Schülerantwort genommen: es bestand eine hoch signifikante Korrelation zwischen Pausenlänge und Verständnisurteil. Offensichtlich jedoch handelt es sich hierbei nicht um einen effektiv diskriminierenden Hinweis.

In einer anderen Untersuchung von Jecker u.a. (1965) wurde die Frage gestellt, ob Lehrer imstande sind, im eigenen Unterricht bei ihren eigenen Schülern zu erkennen, ob sie den Stoff verstanden haben oder nicht. Die Lehrer sahen in dem Film ohne Ton die Schüler, wie sie ihren Ausführungen lauschten und die daran anschließende schriftlich vorgelegte Frage beantworteten. Sie hatten dann anzugeben, ob der jeweils gezeigte Schüler die Information verstanden hatte oder nicht. Das Ergebnis erbrachte einen nicht signifikant vom Zufall verschiedenen Wert. Die Filme wurden von den Autoren nach relevanten non-verbalen Hinweisen analysiert. Es wurden viele Beziehungen zwischen nicht-verbalen Verhaltensweisen und der tatsächlichen Leistung in der jeweiligen Frage untersucht. Dabei zeigten sich eine Reihe von Variablen als objektiv nützlich für das Erfassen des kognitiven Verständnisses, z.B.:

1. die Dauer, mit der ein Schüler auf die schriftliche Quelle schaut,
2. die Häufigkeit, mit der ein Schüler von der Quelle weg schaut,
3. die Schnelligkeit der Augenbewegungen von der Quelle weg und zurück,
4. die Intensität des Augenbrauensenkens.

Ein Training der Lehrer im Beachten relevanter Signale erbrachte lediglich eine 7-prozentige Verbesserung.

Lehrer verlassen sich meist mehr auf verbale Rückmeldung. Diese besteht in der Regel darin, daß der Lehrer eine Frage stellt und einen Schüler aufruft. Allein die Anzahl der Melder kann schon ein nicht-verbaler Hinweis auf das Verständnis liefern. Notwendig ist unter Umständen, daß sich Lehrer im Stellen von diagnostischen Fragen, informellen Kurztests etc. üben. Wichtig ist außerdem die Einstellung, möglichst genaue Beobachtungen anzustellen. Dies erhöht die Genauigkeit der Wahrnehmung und vermindert die anzutreffende Tendenz der systematischen Verzerrung (vgl. Kapitel 4).

Makro-Rückmeldung. Im Makrobereich ist es für Lehrer im allgemeinen nicht schwierig, sich über Schularbeiten, Hausarbeiten, Tests usw. Rückmeldung auf der Sach-Ebene zu holen. Durch Beobachtung des Schülerverhaltens vermeinen sie, auch in diesem Bereich korrekte Rückmeldung zu erhalten. Doch besteht hier stärker als auf der Mikro-Ebene das Problem, Beobachtungen, Leistungen und Ereignisse als Folgen bestimmter eigener Handlungen zu qualifizieren. Es bleibt der Interpretation des einzelnen überlassen, was er als Konsequenz bestimmter Handlungen, als unbeabsichtigten Nebeneffekt, als unerwünschte Folge oder als schülerverursachtes Ereignis ansieht. Die Kontingenzen müssen subjektiv konstruiert werden. Dabei spielen Selektion und Interpretation eine Rolle. Dies erschwert Handlung als einen Prozeß rational gesteuerter Erfahrungsverwertung.

Global-Rückmeldung. Die globale Ebene ist jene der eigentlichen Erziehungsziele. An ihnen hat sich letztlich beruflicher Erfolg zu messen. Daß diese so global sind, macht eines der Hauptprobleme des Lehrerberufes aus. Denn im täglichen Unterricht ist Rückmeldung darüber kaum zu erlangen. Es ist wohl ein Hauptdilemma jeder Erziehung, daß sie auf die ferne Zukunft ausgerichtet ist und doch handelnd sich immer in der Gegenwart befindet. Handeln also kann nicht kontrolliert, verändert und angepaßt werden, wenn das Kriterium dafür definitionsgemäß in ferner Zukunft gelegen ist. So mag es nicht verwundern, wenn gegenwartsbezogene Kriterien zur Handlungssteuerung herangezogen werden. Dies ist wohl typisch für Sozialberufe wie auch den des Sozialarbeiters und des Priesters. Bereits Wilson (1962, S. 22) wies darauf hin, daß die Aufgabe des Lehrers diffus und unspezifisch sei. Während für einen Rechtsanwalt und Arzt die Tätigkeit aus kleinen überschaubaren Einheiten bestünde, an dessen Ende Erfolg ablesbar sei, „geben die weiter gesteckten Gebiete der Rollenverpflichtung, die Veränderungen in den Interessensphären, in Verhaltensweisen, Einstellungen und Werten der Schüler betreffen, vielleicht nur wenige oder gar keine Hinweise auf das, was erreicht wurde" (Grace, 1973, S. 26). Sicheres Handeln setzt voraus, daß man wissen muß, wie erfolgreich man ist und was man leistet. Viele Ergebnisse seien für den Lehrer unsichtbar. Der Gebrauchswert des Lehrers erweise sich erst unter zukünftigen Bedingungen, die außerhalb der Kontrolle und Steuerung des Lehrers liegen. Erfolgskontrolle sei schwierig. Für die pädagogische Leistung des Lehrers gebe es keine rationalen Beurteilungsmaßstäbe (Hänsel, 1975, S. 177). Erziehungsziele seien unklar, vage und schwammig. Unklar ist, ob Lehrer selbst eine Diskrepanz zwischen den Informationen, die sie für eine angemessene Ausübung ihrer Rolle benötigen und jenen, die ihnen dafür zur Verfügung stehen, erleben. Lehrer und Schulleiter, die Miles (1975) fragte, ob es schwierig zu erkennen sei, ob man eine Arbeit gut getan habe, verneinten fast alle diese Frage. Auf der anderen Seite kam Peterson (1964) nach Interviews mit amerikanischen high-school-Lehrerinnen zu dem Schluß, daß sie die Diffusheit ihrer Rolle als Problem ansehen. Und bei Grace (1973) erschien nur 35,3% der Lehrer die Schwierigkeit der Rückmeldung als ein Problem von mindestens mittelmäßiger Bedeutung. Und nur 26% gaben an, das Problem persönlich in mindestens mittlerem Maße erfahren zu haben. Doch wiesen sie einen solchen Konflikt nicht völlig von sich. Ein Teil akzeptierte die Diffusheit als normalen Bestandteil des Berufes. Andere, vor allem Fachlehrer der Gymnasien und der Realschulen, glaubten genügend Rückmeldung auf dem Wege über Prüfungen zu erhalten. Wiederum andere glaubten, an den Reaktionen und Interessen der Schüler ihre Wirkung ablesen zu können. Dies meinten sie im Gefühl zu haben, die Wellenlänge zu spüren. Es drücke sich in menschlichen Beziehungen aus. Schließlich wurde auch die Begegnung mit früheren Schülern als Quelle der Befriedigung und Rückmeldung gesehen. Auf der anderen Seite formulierte ein Lehrer, der das Problem zu erleben angab, so: „Im Prüfungssystem hat der Lehrer einen Maßstab für die von ihm erzielten Ergebnisse. Wenn andere Lehrer sich jedoch mehr auf die Erziehung fürs Leben konzentrieren, so werden sie stets in einem gewissen Zweifel über die Wirkung ihrer Arbeit bleiben... Hier liegt ein Problem, weil wir wissen wollen, wie effektiv und wie nützlich wir sind – es ist kein Machtkomplex. Wir wollen für das Kind so effektiv wie möglich sein“ (Grace, 1973, S. 70).

Untersuchungen zur Frage, wie Lehrer ihr Verhalten durch Aufnahme von Rückmeldungen steuern, liegen nicht vor. Vor dem Hintergrund der Auffassung von Lernen als einem eigenaktiven Prozeß des zyklischen Wiederholens von Handlungseinheiten wären genauere Kenntnisse über diesen Prozeß nützlich. Brown u.a. (1981) gehen davon aus, daß Lernende über ihr Denken nachdenken können. Sie besitzen ein Wissen über sich selbst und den Gegenstand, setzen dieses Wissen über ihre Erfahrungen miteinander in Beziehung. Metakognitionen enthalten Kognitionen über die Planung von Verläufen, ihre Kontrolle und Bewertung bis hin zur Steuerung nachfolgenden Verhaltens. Befunde zeigen, daß Personen, die sich in ihrer metakognitiven Kompetenz unterschieden, auch unterschiedliche Lernresultate erbrachten. Battmann (1984) stellte es in einem Experiment seinen Vpn frei, sich nach jedem Durchgang, in dem eine komplexe Aufgabe zu lösen war, Rückmeldung über den Erfolg der Lösung geben zu lassen. Es zeigte sich, daß intelligente Vpn viel häufiger davon Gebrauch machten als wenig intelligente, obwohl in diesem Versuch eine unmittelbare Kontingenz zwischen eigenem Tun und Konsequenz hergestellt werden konnte. Bei Lehrern ist die Lage meist uneindeutig. Relativ einfach ist es bei Erfolgen. Wird Übereinstimmung zwischen Erwartung (Efferenzkopie) und darauffolgendem Ereignis beobachtet, so wird dies als Bestätigung interpretiert (obwohl dies nicht zwingend ist). Bei Nicht-Übereinstimmung kann der Effekt der Umwelt zugeschrieben werden, aber auch der fehlerhaften Erwartung.

Rückmeldungen haben neben der informativen auch eine emotionale Komponente. Die Vpn von Battmann (1984) gaben als Gründe, warum sie Rückmeldungen anforderten, an, weil sie „helfen, wie man Aufgaben richtig bearbeitet" und weil sie „anspornen". Ängstliche Vpn forderten weniger Rückmeldungen an als nicht ängstliche. Die Interpretation ist naheliegend, daß negative Rückmeldungen aus Angst vor dem Erleben von Mißerfolg gemieden werden. Rückmeldungen können auch als emotionale Belastung empfunden werden. Wahrscheinlich sammeln Lehrer nicht nach jeder vollzogenen Entscheidung Kontrollinformationen, um mittels einer Analyse der Abweichung von der Handlungs-Ergebnis-Erwartung zu neuen, modifizierten Entscheidungen fortzuschreiten. Häufiger wohl wird im Anschluß an eine Handlung die angestrebte Bestätigung der Entscheidung stärker als ihre kritische Prüfung die Suche nach Informationen leiten und prägen. Dadurch wird eine fehlerhafte Annahme über die Wirksamkeit einer Handlung nicht korrigierbar. Bestätigende Informationen werden aufgesucht, schädliche Neben- und Fernwirkungen ignoriert bzw. nicht mit der Handlung in Zusammenhang gebracht. Dies kann zu einer stärkeren Verzerrung des subjektiven Bildes der realen Unterrichtssituation führen, als dies vielleicht ohnehin schon in der ursprünglichen Phase vor der Entscheidung der Fall war.

Zusammenfassung:

1. Ohne das Verarbeiten von Rückmeldung über Effekte eigenen Tuns ist flexibles und lernfähiges Handeln nicht möglich. Die Arbeit des Lehrers ist so strukturiert, daß das Erfahren von Rückmeldungen erschwert ist.
2. Quellen der Rückmeldung werden nach drei Kriterien unterschieden: – den Leistungs- oder den Sozialaspekt betreffend, – nach verbal und nonverbal, – den zeitlichen Erstreckungsgrad des Unterrichts betreffend, auf den sie bezogen ist. Die einzelnen Quellen der Rückmeldung sind unterschiedlich schwierig zu erschließen und liefern unterschiedlich genaue Informationen.
3. Lehrer unterscheiden sich vermutlich in der Bereitschaft und Fähigkeit, informative Rückmeldung einzuholen, auszuwerten und ihr Verhalten danach zu orientieren. Rückmeldungen können auch als emotionale Belastung empfunden werden.

2. Änderung des Denkens: Erfahrungen werden verarbeitet

Rückmeldung ist nur eine Teilmenge dessen, was unter dem Begriff „Erfahrung" zu verstehen ist. Eine Erfahrung ist die Wahrnehmung und Bewertung eines Ereignisses. Nur Ereignisse, die an Handlungs-Ergebnis-Erwartungen gemessen werden, sind Rückmelde-Erfahrungen. Die Rückmeldung kann positiv sein (die Ergebnisse entsprechen den Erwartungen) oder negativ (die Ergebnisse weichen von den Erwartungen ab). Daneben können weitere Erfahrungen darin bestehen, daß Ereignisse an Situations-Folge-Erwartungen bewertet werden. Das Ergebnis der Bewertung kann positiv sein oder negativ (das Ereignis kann mit den eigenen Erwartungen als übereinstimmend oder als davon abweichend gesehen werden). Ereignisse können schließlich auch dann zu Erfahrungen führen, wenn für sie keine Erwartungen gebildet worden sind, wenn sie aber auffällig genug waren, um von der Person kogniziert zu werden. Hier kann es keine positiven oder negativen Erfahrungen geben, sondern eben nur Erfahrungen.

Stimmt ein Ereignis mit den Erwartungen überein, so führt dies zu einer Stabilisierung der dieser Erwartung zugrundeliegenden Wissensinhalte. Personen neigen nach Entscheidungen im allgemeinen dazu, eher nach Informationen zu suchen, die ihre Entscheidungen bestätigen, als nach solchen, die sie widerlegen (Frey, 1981). Dies trifft insbesondere bei Entscheidungen zu, die als irreversibel empfunden werden (Frey & Rosch, 1984). Sie sehen sich erst dann zu einem Überdenken veranlaßt, wenn die Evidenz nicht mehr zu leugnen ist. Sie versuchen, sich mit einer Reihe von Mechanismen vor der Kognition von Erwartungs-Abweichungen zu bewahren: Ausweiten von Toleranzgrenzen: man neigt dazu, die Abweichung vom Soll-Zustand als hinnehmbar anzusehen: „Ist nicht so schlimm" (ähnlich der Saure-Trauben-Reaktion); Ignorieren: negative Folgen einer Handlung werden nicht beachtet, nicht zur Kenntnis genommen; Herbeiführen von bestätigenden Ereignissen.

Stimmt ein Ereignis mit den Erwartungen (Handlungs-Ergebnis- oder Situations-Folge-Erwartungen) nicht überein, handelt es sich also um Diskrepanz-Erlebnisse, so wird der Akteur – sofern sie gehäuft auftreten und nicht weggeleugnet werden können – zu einem Überdenken und einer Revision von Kognitionen veranlaßt. Ereignisse können auch dann auffallen, wenn sie nicht anhand von Erwartungen gemessen werden. Sie werden vom Lehrer als Information aufgenommen. Lehrer sind häufig weniger Akteure als Reakteure. Schüler veranlassen Lehrer häufig zu Aktionen, die von diesen nicht intendiert sind. Dabei kann es zu Erfahrungen kommen, die das Denken beeinflussen, z. B. im Sinne einer nachträglichen Rechtfertigung.

Eine diskrepante Erfahrung zeichnet sich dadurch aus, daß ein Ereignis auftritt, das diskrepant zu vorliegenden Kognitionen ist. Dies führt nach der Dissonanztheorie von Irle (1975) zum Entstehen einer motivationalen Spannung, und zwar umso mehr, je größer die subjektive Wahrscheinlichkeit in die Richtigkeit der bestehenden subjektiven Hypothese ist und mit je mehr Kognitionen das Ereignis in einer inkonsistenten Beziehung steht. Gleichzeitig entsteht eine Motivation zur Dissonanzreduktion. Im folgenden wird analysiert, wie Diskrepanz-Erfahrungen von Lehrern zu einer Änderung der handlungsbezogenen Kognitionen führen können. Dabei werden zunächst entscheidungsbezogene Kognitionen, sodann solche der Informationsverarbeitung behandelt. Es ist durchaus denkbar, daß Erfahrungen in dieser Reihenfolge wirken (Scheiblechner, 1977). Gehäufte Mißerfolge lassen zunächst Zweifel an Handlungs-Ergebnis-Erwartungen aufkommen. Im weiteren treten auch Änderungen an den Kognitionen auf, die Grundlage für Handlungs-Ergebnis-Erwartungen darstellen: Attributionen, Situations-Folge-Erwartungen, Erfolgsniveau und Zieldimensionen.

1. Die meisten Prozesse der Verarbeitung von Erfahrung lassen sich vermutlich so beschreiben, daß Erfolge bzw. Mißerfolge eigenen Tuns eine Stabilisierung oder eine *Veränderung der Handlungs-Ergebnis-Erwartungen* bewirken. Eine bestimmte Handlung wurde verwirklicht, weil damit Erfolg verbunden wurde, eine positive Wirkung wurde erwartet. Stellt sich diese Wirkung nicht ein, zeigen sich eventuell sogar negative Wirkungen, so kann sich die Kognition dahin verändern, daß für diese Handlung kein Erfolg mehr erwartet wird. Dies läßt sich illustrieren anhand von Untersuchungen zur Einstellungsrevision (Dann u.a., 1978; Hinsch, 1979). Viele Lehrer-Studenten gehen mit der Handlungs-Ergebnis-Erwartung in den Beruf, daß größere Erfolge im Hinblick auf ihre Erziehungsziele nicht von „Druck", sondern von „Zug" zu erwarten seien. Sie vermeinen dann in ihrer Praxis die Erfahrung zu machen, daß sich diese Erwartungen nicht mit den tatsächlich eintretenden Wirkungen decken. Bereits nach wenigen Monaten Unterrichtspraxis wurden bei einer neuerlichen Befragung die Fragen in dieser Variablen erheblich stärker in Richtung „Druck" beantwortet (Dann u.a., 1978). In einer anderen Untersuchung (Bergmann u.a., 1976) gaben 57% der Lehrer an, ihre Vorstellungen über den Umgang mit Schülern im Laufe ihrer Unterrichtstätigkeit an der Schule in „weniger schülerzentrierte Richtung" geändert zu haben (ähnlich Haag, 1968). Eine Änderung einer Handlungs-Ergebnis-Erwartung ist vermutlich an eine Reihe von Bedingungen gebunden:

- Der Lehrer ordnet das von ihm realisierte Verhalten – unter Umständen fälschlicherweise – der Kategorie „Zug" zu.
- Das darauf auftretende Schülerverhalten (z.B. Unruhe) wird – unter Umständen fälschlicherweise – der Kategorie „Unaufmerksamkeit" zugeordnet.

- Das Schülerverhalten ist von dem erwarteten (erhofften) um mehr als eine tolerierbare Distanz verschieden.
- Das Eintreten des erwarteten Erfolges ist dem Lehrer sehr wichtig.
- Der Lehrer sieht eine ursächliche Verbindung zwischen dem eigenen Verhalten und der ungewollten Wirkung.
- Die Erfolglosigkeit ist wiederholt eingetreten. Ein einmaliges Diskrepanz-Erlebnis dürfte nicht zu einer Einstellungsrevision führen.
- Der Lehrer verfügt über eine andere (alternative) Handlung (z.B. Strenge), für die er nunmehr (zumindest vorläufig) eine positivere Ergebnis-Erwartung als zuvor (bzw. als Zug) verbindet.

Daß Einstellungsrevisionen sehr bald und sehr massiv eintreten, spricht dafür, daß einige oder alle der aufgeführten Bedingungen häufig zutrafen.

Wirken sich Einstellungsänderungen in Handlungs-Ergebnis-Erwartungen auch auf Verhalten aus? Es wäre nach dem vorhin vorgestellten Modell zu erwarten. Eine Untersuchung von Walter (1974) kann Hinweise darauf geben. 94% der befragten Jung-Lehrer gaben an, daß sie versucht haben, den demokratischen Unterrichtsstil zu verwirklichen. Eine Veränderung tatsächlichen Unterrichtsverhaltens legt die Untersuchung von Friedrich & Krainz (1979) nahe. Je mehr Lehrer auf Fragen zustimmten, die Druck befürworteten, desto häufiger gaben sie Befehle, riefen öfter Schüler auf, stellten häufiger enge Fragen. Sie lobten seltener und tadelten häufiger.

Änderungen von Handlungs-Ergebnis-Erwartungen aufgrund von Diskrepanz-Erfahrungen laufen vermutlich stufenweise ab. Zunächst wird am Glauben an die grundsätzliche Wirksamkeit der bevorzugten Methode festgehalten, ihre Wirksamkeit aber auf spezielle Situationen eingeschränkt (z.B. kleine Klassen, Gewöhnung der Schüler), die nicht vorhanden sind. Ihre Wirksamkeit wird durch die Kombination spezieller Umstände außer Kraft gesetzt. In einem späteren Stadium werden solche Wirksamkeitsklauseln aufgegeben und zusätzliche abstützende Kognitionen entwickelt (zum Beispiel, daß Schüler faul und widerspenstig seien). Das ganze Menschenbild kann eine Wandlung erfahren. Ein Hinweis dafür könnte die Entwicklung der „konservativen Einstellung" sein (Dann u.a., 1978, S. 230). Im Laufe des ersten Schulhalbjahres zeigte sich eine Zunahme des Glaubens an die Notwendigkeit von Hierarchie und Autorität, an die Unveränderlichkeit der „bösen" menschlichen Natur sowie des Mißtrauens gegenüber der Vernunft (vgl. Müller-Fohrbrodt, 1978, S. 39).

2. Gehäufte Diskrepanz-Erfahrungen können zu *Änderungen in den Ursachenzuschreibungen* von Ereignissen führen. Erwartungwidrige Rückmeldung kann dazu beitragen, daß Lehrer ihre Erklärungen über das Zustandekommen von Mißerfolgen modifizieren. Insbesondere legt das gehäufte Erleben von Mißerfolgen (auch bei Einsatz variabler Handlungsentwürfe) nahe, die Ursache für Mißerfolge zunehmend von sich weg zu verla-

gern. In einer längsschnittlich angelegten Untersuchung von Gehrke & Yamamoto (1978) sahen die meisten Lehrer am Anfang des ersten Schuljahres die Ursachen von Problemen vor allem bei sich selbst. Am Ende des ersten Jahres war die Rückführung von Problemen auf die eigene Person nicht mehr vorherrschend. Und nach dem dritten Jahr war bei acht der zehn Lehrer die Aufteilung der Verursachung (zwischen eigener Person, anderen und der Situation) noch weiter fortgeschritten. Bei jenen, die weiterhin sich selbst als hauptsächliche Verursachungsmomente sahen, trat die größte Zahl von Angstsymptomen auf (Kopfschmerzen, Krämpfe, Schlaflosigkeit). Andauernder Mißerfolg kann die berufliche Selbstachtung vermindern. Dann u.a. (1978) fanden vom Ende des Studiums bis zur Mitte der Jung-Lehrer-Zeit eine signifikante Abnahme in dieser Variablen. Der Abfall des beruflichen Selbstbewußtseins durch negative Rückmeldungen kann durch Attributionen abgefangen bzw. gelindert werden, welche als Ursache für Mißerfolge stärker externe Faktoren gewichten. Tatsächlich zeigte eine neuerliche Untersuchung derselben Lehrer drei Jahre später (Dann u.a., 1981) eine Rückgewinnung der Selbstsicherheit bei gleichzeitig fortgesetztem Einstellungswandel in konservative Richtung.

Die genannten Befunde könnten mit einer Änderung der Attribuierungsgewohnheiten erklärt werden. Beckman (1970, deutsch 1973) ließ weibliche Lehrerstudenten zwei angeblich hinter einer Einwegscheibe sitzende Kinder in vier 5-Minuten-Perioden einige Begriffe zum Thema „Teilmengen" unterrichten. In den kurzen Pausen erhielten sie vom Versuchsleiter Testergebnisse über die Leistungen der Kinder in dem betreffenden Gebiet. Erhielten die Versuchspersonen Informationen, aus denen sie ein Absinken der Leistungen im Laufe der Unterrichtszeit oder eine gleichbleibend niedrige Leistung entnahmen, so führten sie dies vornehmlich auf situationale Faktoren zurück. Hatten sie dagegen Grund zu der Annahme, das Kind hätte sich verbessert, so glaubten sie verstärkt, daß ihr Unterricht dies bewirkt habe. Brandt u.a. (1975) führten eine ähnliche Untersuchung mit ähnlichen Ergebnissen durch. Das Ergebnis ist einleuchtend: Wenn Lehrer einen Zusammenhang wahrnehmen zwischen ihrem Unterrichtsverhalten, das sie an die steigende Leistung eines Schülers anpassen, und der Leistungssteigerung, dann liegt es für sie nahe, die Leistungssteigerung als selbstbewirkt zu kognizieren. Wenn die Leistung aber trotz ihrer Versuche konstant niedrig bleibt oder sogar sinkt, dann erscheinen externale Faktoren als wahrscheinlicher. In einer zweiten Untersuchung hat Beckman (1976) diese Einwände berücksichtigt. Die Lehrer sollten die Leistungen ihrer eigenen Schüler attribuieren. Auch hier machten die Lehrer sich selbst für niedrige Leistungen weniger stark verantwortlich. Die Autorin sieht die Ergebnisse im Einklang mit den früher erhaltenen. Auch in den Untersuchungen von Cooper & Burger (1980) sowie Guskey (1982) schrieben die befragten Lehrer und Lehrerstudenten sich selbst einen größeren Einfluß für erfolgreiche als für erfolglose Situationen zu. Und in der Untersuchung von Guttmann (1982) spielte eigenes Verhalten als Ursache für Problemverhalten der Schüler nur eine untergeordnete Rolle (vgl. auch Clark & Peterson, 1985, Tabelle 9).

Dagegen stehen Ergebnisse aus anderen Untersuchungen, welche die These der defensiven Ursachenerklärung nicht belegen konnten (Beckman, 1973; Ross u.a., 1974; Ries & Heinen, 1979; Bar-Tal & Guttmann, 1981). In einer eigenen Untersuchung (Hofer & Dobrick, 1981, S. 125) resultierte sogar das genaue Gegenteil. Wir haben die Ursachenzuschreibungen für den Fall einer positiven sowie einer negativen Leistungssituation (gleiche Schüler) erfragt. Die Lehrer hielten fiktive positive Leistungen den Schülern zugute (Begabung + Anstrengung + Interesse = 71,1%). Nur zum geringen Teil schrieben sie sich den Erfolg selbst zu (Darstellung = 11,8%). Umgekehrt entlasteten die Lehrer die Schüler wesentlich von partiellem Versagen (27,6%). Selbst beim „schlechten" Schüler wurde eine positive Leistung noch zu 28,6% auf dessen Begabung zurückgeführt, nur zu 14,6% auf die darstellerischen Künste des Lehrers. Eine negative Leistung des schlechten Schülers wurde nur zu 12,1% mit dessen (mangelnder) Begabung erklärt, aber immerhin zu 36,1% mit der Schwierigkeit des Stoffes. Die Lehrer sahen diese Leistung sogar trotz Begabung (15,7%) und Anstrengung (7,8%) zustandegekommen.

Wie lassen sich diese widersprüchlichen Ergebnisse erklären? Zunächst ist auf Unterschiede in der Untersuchungsmethodik hinzuweisen. Die meisten (aber nicht alle) Arbeiten der ersten Gruppe gingen experimentell und damit ziemlich künstlich vor. In face-to-face-Situationen wurden meist andere Ergebnisse erzielt. Es liegt nahe, den letzteren größere Glaubwürdigkeit beizumessen. Denn in einer natürlichen Situation ist etwas möglich, was im Experiment verhindert wird: das Gefühl, für die Leistungen der Schüler verantwortlich zu sein.

Ames (1975) trennte zwischen Ursachen- und Verantwortungszuschreibung. Die Ursachenzuschreibung wird von analysierenden Kognitionen gesteuert. Lehrer versuchen, aufgrund von Informationen zu einer rationalen Aussage über den Zusammenhang zwischen bedingenden Faktoren und Schulleistung zu kommen. Hat der Lehrer für die Herbeiführung eines positiven Ereignisses jene Mittel angewendet, von denen er sich den größten Erfolg versprach, war also Erfolg beabsichtigt, so besteht guter Grund, Erfolg auf diesen Einsatz zurückzuführen. Wenn Lehrer andauernd „ihr Bestes geben" und wiederholt beobachten, daß die meisten Schüler vorankommen, dann spricht diese Information dafür, für den nicht intendierten Mißerfolg äußere Faktoren ursächlich zu benennen. Unabhängig von dieser Analyse ist die Zuschreibung der Verantwortlichkeit. Diese wird von moralischen Kognitionen gesteuert. Viele Lehrer fühlen sich für das Wohlergehen der ihnen Anempfohlenen verantwortlich, auch (und gerade) dann, wenn diese versagen. Mit diesem „Verantwortung übernehmen" braucht nicht ein Eingeständnis eigener Schuld verbunden sein. Besonders Jung-Lehrer sind der Gefahr ausgesetzt, durch die Häufung von Mißerfolgserlebnissen in ihrer beruflichen Selbstachtung zu leiden. Nach den genannten Überlegungen lösen sie dieses Problem, indem sie die Übernahme der Schuld an Mißerfolgen partiell ablehnen (bei Hurrelmann, 1979, schrieben sich die Lehrer auch keinen Einfluß auf Erfolg zu), sich aber dennoch verantwortlich fühlen in dem Sinne, wie sich ein Politiker (mitunter) zur Verantwortung ziehen läßt, wenn etwas (auch ohne sein Wissen) schiefgegangen ist. Ames (1983) machte den Vorschlag, Lehrer danach zu unterscheiden, in welchem Ausmaß sie die Verantwortlichkeit für ihre Schüler als Teil ihrer Aufgabe begreifen. Zu erwarten wäre, daß Lehrer mit niedrigem Verantwortungsgefühl sowohl gute als auch schlechte Schülerleistungen nicht auf sich selbst zurückführen, sondern auf die Schüler (oder auf situative Umstände). Die Lehrer von Hurrelmann (1979) müßten danach ziemlich desillusioniert gewesen sein. Für Lehrer mit hohem Verantwortungsgefühl (solche die glauben, Lehren sei eine wichtige Tätigkeit, positive Effekte sollen beabsichtigt und können erzielt werden) wurde erwartet, daß sie Schülermißerfolge auf sich attribuieren, Erfolge auf den Schüler, um auf diese Weise den Schüler zu motivieren. Ames (1983) legte Ergebnisse aus zwei Experimenten vor, die im Einklang mit seinen Überlegungen stehen. Doch ist diese Interpretation nicht unwidersprochen geblieben. Clark & Peterson (1985) vertreten die Auffassung, daß Lehrer auch dann defensiv reagieren, wenn sie sich selbst als Ursache für Schülerversagen angeben und Erfolge Schülervariablen zuschreiben. Sie möchten einfach einen guten Eindruck machen, indem sie sich nicht arrogant und hochmütig geben. Aber auch diese Interpretation ist fragwürdig. Kann doch das Eingeständnis eigenen Mißerfolges auch positive Funktionen im Hinblick auf die Suche nach besseren Methoden und Strategien sowie auf eine Erhöhung des Arbeitseinsatzes haben. Diese Änderungsbereitschaft setzt allerdings eine dynamische Auffassung der Möglichkeiten des Selbst voraus. Allein nach dem rationalen Modell von Nisbett & Ross (1980) können nur die sogenannten selbstschützenden/defensiven Ergebnisse erklärt werden, nicht aber die genannten. Hiernach dürften Lehrer mit hoher Verantwortung genau umgekehrt Mißerfolge ihrer Schüler sich nicht selbst zuschreiben, da sie ja auf Erfolg hingearbeitet und diesen erwartet haben.

3. Erfahrungen bewirken Modifikationen in *Situations-Folge-Erwartungen*. Diskrepanzen können zu einer Veränderung des Menschenbildes führen, speziell der Erwartungen über Schülerverhalten. Diese können Erfahrungen zum Leistungsverhalten, zur Mitarbeit, zur Disziplin, zum Sozial-

verhalten betreffen. Die 813 befragten Referendare an Gymnasien in der Untersuchung von Frech (1976, S. 203 ff.) gaben z. B. an, die Erfahrung gemacht zu haben, daß Schüler wesentlich weniger Rechte hinsichtlich der Planung und Gestaltung des Unterrichts in Anspruch nehmen, als sie das erwartet hatten und auch wünschten. Solche Erfahrungen über die Natur der Schülerpersönlichkeit können zu veränderten Situations-Folge-Erwartungen führen und dadurch Handlungs-Entscheidungen und Verhalten beeinflussen. Laucken (1974b) beschreibt das „Umkippen" des Urteils über einen anderen Menschen: zuvor besteht neben den bestimmenden Kognitionen auch noch ein Restwissen, in dem Wissenselemente über Ausnahmen und dergleichen enthalten sind. In ihnen steckt ein Wandlungspotential. Hat es einen Umfang angenommen, der nicht mehr mit den übrigen Kognitionen in Einklang zu bringen ist, kann die Kognition umkippen.

4. Negative Rückmeldungen können dazu führen, daß das *Erfolgsniveau* gesenkt wird. Das Erfolgsniveau bezeichnet den Punkt, ab dem der Akteur zufrieden ist. Der Punkt muß mindestens erreicht sein, damit der Akteur Erfolg erlebt. Gehäufte Mißerfolgserlebnisse können zustande kommen, wenn die Ansprüche zu hoch geschraubt sind. Man kann zuviel von anderen und von sich fordern. In unseren Untersuchungen (Hofer u. a., 1979; Hofer u. a., 1982b) konnten wir feststellen, daß die Lehrer für die Soll-Lage keine bemerkbar höheren Angaben im Hinblick auf ausgewählte Ziele und Schüler machten als für die Ist-Lage. Dies könnte als Hinweis dafür genommen werden, daß die Lehrer aufgrund von Erfahrungen ihr Erfolgsniveau verringert haben (z. B. weniger Disziplin, Mitarbeit, Pünktlichkeit erwarten).

Möglicherweise kommt eine solche Änderung im Erfolgsniveau in der Variablen „Berufsorientierung versus Job-Orientierung" zum Ausdruck. In dieser Variablen veränderten Lehrer ihre Einstellungen vom Studienende bis zur Mitte der Jung-Lehrer-Zeit in Richtung Job (Dann u. a., 1978). Eine Senkung des Erfolgsniveaus muß nicht mit einer inneren Distanz und Gleichgültigkeit gegenüber dem Beruf verbunden sein. Sie ist auch nicht gleichzusetzen mit einer Abkehr von wichtigen Zielvorstellungen der Erziehung. Sie orientiert sich nur am Möglichen und Machbaren. Die beruflichen Anstrengungen können gleich intensiv bleiben. Im Gegenteil, die Berufsausübung kann erfreulicher werden, da die Erfolgserlebnisse zunehmen. Vielleicht ist es diesem Mechanismus zu verdanken, daß die Lehrer in der Untersuchung von Dann u. a. (1978, S. 230) im Verlaufe des ersten Schuljahres keine Zunahme, sondern eine signifikante und erhebliche Abnahme der Depressivität um 0,42 Sigma zeigten. Die Lehrer wurden ausgeglichener und selbstsicherer.

5. Die gehäufte Erfahrung, daß bestimmte Ziele nicht erreichbar sind oder daß über Erreichung bzw. Nicht-Erreichung eine Rückmeldung nicht

erlangt werden kann, kann zu einer *Zielverschiebung* führen. Der Fall der *Nicht-Erreichbarkeit* von Zielen wird am Beispiel besprochen. Viele Lehrer möchten Unterschiede zwischen den Schülern mindern und ausgleichen. Viele davon erleben, daß die zu Beginn des Schuljahres festgestellten Unterschiede zwischen Schülern auch am Ende noch andauern. Die Schwachen sind schwach geblieben, die Aggressiven aggressiv und die Fröhlichen fröhlich. Die erste Reaktion darauf könnte sein, daß er sich in seiner Wahrnehmung des Effektes getäuscht hat. Er nimmt sich vor, das nächste Mal die Entwicklung einzelner genauer zu verfolgen. – Eine zweite (spätere) Reaktion könnte sein, daß er sich nicht genug eingesetzt hat. Er nimmt sich vor, sich das nächste Mal stärker zu bemühen. Bleibt das Feedback weiter negativ, so muß der Lehrer schließen, daß Schülereigenschaften offensichtlich stabil und relativ unbeeinflußbar sind. Die Ursache für diese Stabilität wird zunächst draußen gesucht (z.B. im Elternhaus). In einer weiteren Phase kommt als Erklärungsmuster hinzu die Attribution von Schülervariablen auf stabile und schülerinterne Ursachen. Leistungsfähigkeit und Persönlichkeitszüge von Schülern werden stärker durch Anlagefaktoren determiniert gesehen als zuvor bzw. als Ergebnis von Erfahrung, Umweltgegebenheiten und Lernchancen. In der Längsschnitt-Untersuchung von Dann u.a. (1978, S. 230; ähnlich Liebhardt, 1970) erfolgte eine Änderung der Auffassung von der Umwelt-Determiniertheit von Schülervariablen signifikant und nicht unerheblich (0,34 Sigma) in Richtung Anlage-Determiniertheit. Dem Ziel ist damit die Basis entzogen, nämlich der Glaube an die Veränderbarkeit individueller Unterschiede. Bei den 88 Studienreferendaren an Münchner Gymnasien, die Liebhardt (1970) befragte, zeigte sich im Längsschnitt eine Abnahme der Zielvorstellungen, in denen Chancengleichheit und optimale Förderung jedes einzelnen Schülers im Zentrum stehen. Nach Hänsel (1975) erfolgt im Laufe der Lehrersozialisation eine Verschiebung der Ziele zu größerer Disziplinorientierung. Disziplinprobleme werden von Lehrern häufig genannt und sind hauptsächliche Inhalte von Gesprächen unter Lehrern. Dies bedeutet jedoch nicht, daß die Disziplin von Schülern als Ersatz für andere unerreichbare Ziele herangezogen wird.

Zielverschiebung kann auch erfolgen, wenn eine Rückmeldung über die Zielerreichung *schwierig* ist. Für viele Ziele, die Lehrer bewegen, ist es beinahe ausgeschlossen, in Erfahrung zu bringen, ob sie erreicht wurden oder nicht. Ob es dem Lehrer gelungen ist, Autonomie, Selbstbestimmung, kritisches Denken, Unabhängigkeit und Urteilsfähigkeit zu entwickeln, kann er, da nur in einem jahrelangen Prozeß überhaupt erzielbar, schwer überprüfen. Es ist naheliegend, wenngleich nicht bewiesen, daß man ein Ziel, das man nicht ständig im Auge hat, aus dem Auge verliert. Einige Befunde in der Konstanzer Studie legen es jedenfalls nahe (Dann u.a., 1978). Die Variable „Selbstverständnis als Pädagoge“ nahm vom Studienende bis zur Mitte der Jung-Lehrer-Zeit signifikant in Richtung „Selbstverständnis als Fachwissenschaftler“ ab. Auch die Abnahme der Variablen „Fürsorge“ (Werthaltung der sozialen, humanitären Zuwendung und Fürsorge für andere) war signifikant. Diese Änderungen könnten auf eine Abkehr von vormals angestrebten Zielen, die auf die Förderung kindlicher Persönlichkeitsmerkmale ausgerichtet waren, hindeuten und auf eine Verschiebung zu mehr fachinhaltlichen Zielen.

Eine Zielverschiebung kann auch infolge Unklarheit über die anzuwendenden Mittel erfolgen. Ziele unterscheiden sich darin, in welchem Ausmaß Mittel für ihre Erreichung zur Verfügung stehen. Es liegt auf der Hand, daß es viel leichter ist, Ziele anzustreben, für die ein ganzes Reservoir an vorgefertigten und abrufbaren Werkzeugen zur Verfügung steht. Lehrer machen die Erfahrung, daß Curricula, Schulbücher, Anschauungsmaterial, Arbeitsblätter vorliegen für die fachliche Ausbildung. Aber wo sind die Werkzeuge, Instrumente, Methoden und Mittel, um Schüchternheit abzubauen, autonomes Handeln zu fördern und die Persönlichkeit der Schüler entsprechend ihren Möglichkeiten und Interessen zu entwickeln? Es besteht die Gefahr, daß solche Ziele nicht nur mangels Konkretisierung, sondern auch mangels entsprechend markierter Zufahrtswege zu einer Fata Morgana, einer leeren Worthülse werden. Trotzdem bekennen sich Lehrer weiter zu ihnen, sogar um so mehr, je länger ihre Berufserfahrung ist. So fanden Dann u.a. (1978, S. 228) bei Jung-Lehrern in der Einstellung zur Frage, ob die Schule in erster Linie das Ziel haben soll, eine breite Allgemeinbildung zu vermitteln und dadurch die Persönlichkeitsentfaltung der Schüler zu fördern, oder ob sie die Begabungen und Interessen der Schüler möglichst frühzeitig spezialisieren und generell auf die Anforderungen des Berufslebens vorbereiten sollte, eine Zunahme der Betonung der Allgemeinbildung auf Kosten der Spezialisierung. Dies ist aus den vorstehenden Überlegungen heraus schwer verständlich.

Festzuhalten bleibt: es sind vor allem wiederholte Diskrepanz-Erfahrungen, die Anlaß zu einem Prozeß des Nachdenkens, der Informationsbeschaffung und der Neubewertung bisheriger Kognitionen und schließlich zu deren Änderung führen. Einarbeitungsschwierigkeiten wurden auch bei anderen Akademiker-Berufen festgestellt, insbesondere bei Richtern, Volks- und Betriebswirten, Verwaltungsjuristen und Ingenieuren (Knutz, 1973). Diskrepanz-Erlebnisse treten bei Volks- und Realschullehrern so häufig auf, daß 80% der von Walter 1974 befragten Jung-Lehrer angaben, daß die Unterrichtswirklichkeit nicht ihren Vorstellungen entsprach. Es scheint die Häufigkeit dieser Variablen zu sein, welche die höchsten Korrelationen mit einer Änderung z.B. der Druck-Einstellung aufweisen. „Wer in der Zeit des ersten selbständigen Unterrichts gehäuft diskrepante Unterrichtserfahrungen machen muß, revidiert seine Einstellungen stärker in konservative Richtung, desto stärker nimmt insbesondere seine Druck-Orientierung zu" (Dann u.a., 1978).

Der Einfluß der Erfahrung auf das Denken (und Verhalten) von Lehrern wurde am Beispiel der frühen Lehrersozialisation diskutiert. Dabei wurde eine mittelfristige Perspektive gewählt. Weder wurden Prozesse der Verarbeitung von Einzelerfahrungen im täglichen Unterricht behandelt, noch die Integration von Erfahrungen im Verlaufe der gesamten Lehrersozialisation thematisiert. Diese Fragen sind noch nicht Gegenstand von Forschung gewesen. Aussagen und Spekulationen dazu erscheinen verfrüht. Mir kam es darauf an zu zeigen, daß die handlungstheoretische Sichtweise einen Ansatz zur Analyse der Integration von Erfahrung darstellt.

Zusammenfassung:

1. Der Begriff der Erfahrung setzt sich aus drei Komponenten zusammen: aus der Wahrnehmung von Ereignissen, die als Ergebnisse eigenen Tuns bewertet werden, der Wahrnehmung von Ereignissen, die anhand von Situations-Folge-Erwartungen bewertet werden und aus der Wahrnehmung von Ereignissen, für die keine Erwartungen vorhanden waren. Der Begriff der Rückmeldung bezieht sich lediglich auf den ersten Fall. Damit ist Rückmeldung eine Teilmenge von Erfahrung.
2. Diskrepanz-Erfahrungen sind Ereignisse, die von der Erwartung abweichen. Sie können zu Änderungen der handlungsbezogenen Kognitionen und damit zu Verhaltensänderungen führen. Vermutlich machen viele Lehrer zu Beginn ihrer beruflichen Sozialisation gehäuft Diskrepanzerfahrungen. Diese können sich auf Handlungs-Ergebnis-Erwartungen, Ursachenzuschreibungen, Situations-Folge-Erwartungen, das Erfolgsniveau sowie die Zielvariablen auswirken. Die bekannten Befunde zur Einstellungsrevision werden mit dieser Theorie erklärt.

11. Kapitel
Die Rolle von Gefühlen in der Lehrertätigkeit

Wie die Psychologie generell (vgl. Scherer, 1981), so hat sich auch die Pädagogische Psychologie mit dem Phänomen von Gefühlen kaum befaßt. Weidenmann formuliert das Defizit so: „Nach wie vor ist kaum erforscht, welche Emotionen Lehrer z.B. bei der Unterrichtsvorbereitung erleben, in und nach dem Unterricht sowie außerhalb der Schule im Zusammenhang mit ihrem Beruf" (1981, S. 261). Es besteht wohl kein Zweifel daran, daß die Realität der täglichen Berufsausübung durch eine Mannigfaltigkeit von Gefühlen geprägt ist. Welcher Art sind diese Gefühle und in welchen Situationen treten sie auf? Eine handlungstheoretische Analyse der Lehrertätigkeit ermöglicht es, Gefühle im Zusammenhang mit Aspekten der Tätigkeitssteuerung zu konzipieren. In Kapitel 1 (Abbildung 1, S. 8) war angenommen worden, daß Gefühle in Wechselwirkung mit handlungsbezogenen Kognitionen des Lehrers stehen (Pfeil c), daß sie sich auf erzieherisches Verhalten auch direkt auswirken (Pfeil d) und daß sie von Rückmeldungen über Handlungsergebnisse beeinflußt werden können (Pfeil e). Dieses Kapitel befaßt sich mit diesen Annahmen. In einem ersten Abschnitt wird der theoretische Zusammenhang zwischen Handlungskognitionen und Gefühlen herzustellen versucht (Pfeil c nach rechts und e). Im zweiten Abschnitt werden empirische Untersuchungen dazu berichtet. Der dritte Abschnitt beschäftigt sich mit den Mechanismen von Lehrern, mit ihren handlungsbezogenen Gefühlen umzugehen (Pfeil c nach links und d).

1. Gefühle von Lehrern aus handlungstheoretischer Sicht

In der Psychologie herrscht durchaus keine einheitliche Vorstellung davon, wie der Begriff der Gefühle definiert werden kann. Es gibt so viele Ansichten darüber, was Gefühle sind, wie Personen, die sich darüber äußern (Bottenberg, 1972). Allgemein herrscht Übereinstimmung darin, daß Erlebnisse (seelische Zustände) dann emotionale Erlebnisse sind, wenn sie auf einem Lust-Unlust-Kontinuum eingeordnet werden können, wenn es zu bestimmten Ausdrucksformen und Gedanken kommt und wenn vegetative Reaktionen feststellbar sind.

Eine Reihe von Gefühlsbegriffen bezeichnet Zustände, die sich unmittelbar im Verhalten äußern (z.B. Angst, Freude). Dies muß jedoch nicht der Fall sein, so bei körperlichen (Hungergefühl), sozialen (Liebe) und perzeptiv-kognitiven Gefühlen (Schuldgefühl) (vgl. Debus, 1977, S. 156). Synonym mit dem Begriff Gefühl wird häufig der Begriff Emotion benutzt. Affekt bezeichnet ein besonders starkes und Stimmung ein andauerndes Gefühl.

Theorien über soziales Handeln haben sich bisher mit wenigen Ausnahmen (Oesterreich, 1981; Nitsch, 1983; Volpert, 1982) kaum um eine systematische Integration von Emotionen gekümmert (vgl. Cranach & Kalbermatten, 1983, S. 323). Die Dichotomisierung von Emotion und Kognition (Groeben & Scheele, 1983) führte zu einer entweder vorwiegend kognitivistischen oder einer mehr Emotionen betonenden Sichtweise. Das Individuum setzt sich fortlaufend in Verhältnis zu Situationen. Dies kann kognitiv (analytisch, kausal, denkend) oder/und emotional (spontan, unwillkürlich) erfolgen. Entsprechend kann man zwei Bewertungssysteme annehmen. Die Frage, in welcher Sequenz die beiden Systeme ablaufen, bezeichnet Ulich als Abfolge-Problem (1982, S. 25). Für Kognitivisten ist ein Gefühl meist eine Folge von vorausgegangenen kognitiven Einschätzungen (Mandl, 1983). Eine rein kognitive Theorie der Gefühle stammt z.B. von Lazarus u.a. (1980) mit Bezug auf Angst. Angst wird als Prozeß gesehen, der beginnt, wenn eine Person eine Situation als bedrohlich einschätzt. Dagegen argumentiert Zajonc (1980), daß Gefühle kein Denken voraussetzen. Gefühle treten spontan, direkt, ganzheitlich auf. Lantermann (1983 b) behauptet, man könne weder vom Primat der Kognition über die Emotion noch vom umgekehrten sprechen, sondern Emotionen beeinflussen sich gegenseitig und wechselseitig im Prozeß der Handlungskontrolle. Auch Ulich (1982, S. 27f.) und Groeben & Scheele (1983, S. 9) weisen darauf hin, daß Kognition und Emotion als Einheit empfunden werden und – wenn man sie als permanenten Rückkopplungsprozeß auffaßt – in Wechselwirkung zueinander stehen, so daß die Vorstellung einseitiger Kausalität unzutreffend sei.

Im folgenden werden jene Gefühle von Lehrern untersucht, die im Rahmen einer kognitiven Handlungstheorie thematisiert werden können. Es soll lediglich auf jene Gefühle Bezug genommen werden, welche bei der Durchführung der Lehrertätigkeit aus deren Charakteristika heraus entstehen können. In der Literatur ist umstritten, wie viele und welche Grundemotionen anzunehmen sind (vgl. Schmidt-Atzert & Ströhm, 1983). Bekannt ist die aus Ähnlichkeitsvergleichen durch Ekman (1955) gewonnene Liste von elf Faktoren: z.B. Lust, Unbehagen, Unruhe, Sehnsucht, Munterkeit, Furcht, Zuneigung, Ekel und Ärger. Izard (1977) untersuchte die tatsächliche Kovariation von Emotionen und kam auf zehn Basisemotionen: Interesse, Freude, Überraschung, Unbehagen, Ärger, Ekel, Verachtung, Furcht, Scham/Schüchternheit und Schuld. Daneben liegen auch Versuche vor, die Gesamtheit an Emotionen auf faktorenanalytisch gewonnenen Dimensionen zu ordnen. Hierbei resultieren in der Regel zwei bis drei Dimensionen: Angenehmheit, Submission/Dominanz, Aktivationsgrad (Traxel, 1983, S. 22). Plutchik (1960) nimmt ähnlich wie in der Farbenpsychologie ein Emotionsrad an, das aus vier Paaren „primärer" Emotionen besteht. Andere Emotionen ergeben sich aus Mischungen von primären Emotionen. Wie dem auch sei, der Blick ist hier nicht auf eine flächendekkende Behandlung von Gefühlen gerichtet, sondern nur auf „handlungsbezogene". Vorausgesetzt, die Lehrertätigkeit ist geeignet, mit Hilfe handlungstheoretischer Vorstellungen beschrieben zu werden, stellt sich die Frage, welche Gefühle/Emotionen dabei in welchen Situationen auftreten können. Darauf soll eine Antwort zu geben versucht werden.

Der Zusammenhang zwischen Kognition und Gefühl kann wie in Abbildung 37 schematisiert werden.

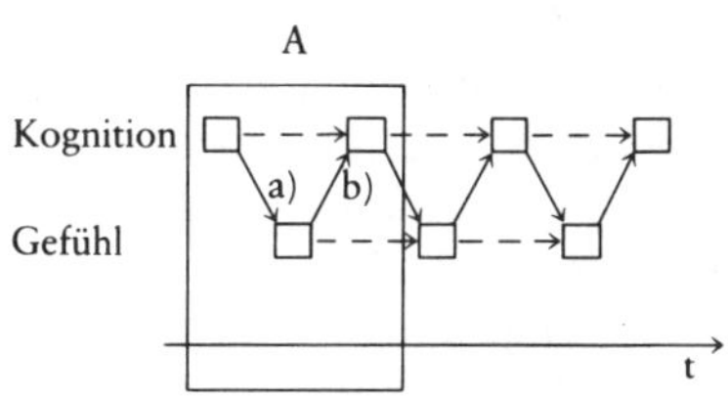

Abbildung 37: Wechselwirkung zwischen Kognition und Gefühl

Eine Kognition kann ein Gefühl auslösen. Dieses verändert die Kognition. Dabei kann die Gefühlsqualität modifiziert werden, was seinerseits Rückwirkungen auf das Denken haben kann. Die folgende Analyse greift für die verschiedenen Kognitionsarten jeweils den Ausschnitt A, insbesondere den postkognitiven Pfeil a) heraus. Mit dem präkognitiven Pfeil b) befaßt sich Abschnitt 3 dieses Kapitels.

Grundsätzlich unterscheiden sich Emotionen von Kognitionen darin, daß sie nicht Diskriminationen, sondern Präferenzen zum Ausdruck bringen (Zajonc, 1980). Sie stellen nicht Aussagen, sondern Bewertungen dar. Genauer beschreiben lassen sie sich, wenn man davon ausgeht, daß auch sie – wie die Wahrnehmung und die Eigenschaftszuschreibung – im Rahmen der Handlungssteuerung vier verschiedene Funktionen ausüben können (vgl. Kapitel 4, S. 114): eine kriteriale, eine prognostische, eine konditionale und eine instrumentale. Nitsch (1983) unterscheidet lediglich zwischen Emotionen, die sich aus intentionalen und solchen, die sich aus instrumentellen Bedeutungen entwickeln. Emotionen sind dann Folgen von Bewertungen spezifischer Person-, Umwelt- und Aufgabenfaktoren einer Situation, in der die genannten Aspekte unterschiedlich stark und in unterschiedlicher Richtung Betrachtung finden.

a) Kriterialer Aspekt

Zieldimensionen. Lehrer handeln in der Absicht, bestimmte Zustände zu erreichen. Diese Zustände sind Ausprägungen auf Variablen, die das Bedürfnis- und Zielsystem der Person darstellen. Zieldimensionen (z.B. Kritikfähigkeit des Schülers fördern) sind durch Bewertungen ausgezeichnet. Die Person bezeichnet es als „wichtig", etwas bestimmtes zu erreichen. Sie verbindet damit einen Wunsch, fühlt sich aufgefordert. Nach Lantermann (1980) werden Objekte (Situationen) dann mit besonders positiven oder negativen Gefühlen (in Abhängigkeit von anderen Variablen) belegt, wenn sie mit Zielen hoher Valenz assoziiert sind. So steht ganz allgemein zu erwarten, daß Lehrergefühle vor allem in schulischen Situationen auftreten, in denen Ziele angesprochen werden, welche für sie von hoher Bedeutsamkeit sind.

Vergleich von Ist- und Soll-Lage. Wahrnehmung dient der Person u.a. dazu, sich ein Bild über den Ist-Zustand und über jene Faktoren zu machen, welche die Erreichung des Soll-Zustandes fördern oder hemmen. Sie dient der Orientierung über Ausgangszustände der Handlung. Der Vergleich von Ist-Lage und Soll-Lage erfordert eine Bewertung, die Diskrepanz zu tolerieren oder nicht. Stimmen Ist-Lage und Soll-Lage überein, so können sich die Gefühle der Erleichterung oder auch der Langeweile, des nicht-gefordert-Seins einstellen. Wird die Diskrepanz als nicht-tolerabel bewertet, so kann sich das Gefühl des sich-gedrängt-Fühlens, des Eifers, der Motivation, der Pflicht oder des Ärgers einstellen. Dörner u.a. (1983) nehmen sogar an, daß sich das Individuum auf die Suche nach unbestimmten Situationen begibt, in denen Ist-Werte von Variablen nicht mehr im Sollwertbereich liegen (S. 63). Emotionale Prozesse bestimmen so den Startpunkt und die Richtung von kognitiven Handlungs-Regulationsprozessen (vgl. Lantermann, 1983 a, S. 276).

b) Konditionaler Aspekt

Ursachenattribution von Schülerereignissen. Die Wahrnehmung gibt nicht nur Auskunft über die momentane Situation im Hinblick auf die Zielvariablen. Sie liefert auch die Grundlage für die Verarbeitung von Informationen über hemmende und fördernde Bedingungen. Nach Lantermann (1980) ist es insbesondere das Ausmaß, in dem die Person die Faktoren der Situation als kontrollierbar/steuerbar/änderbar betrachtet, welches die Intensität des positiven (bzw. negativen) Gefühls bewirkt. Dörner u.a. (1983) sehen in der Kognition von Kontrolle sogar den zentralen Begriff im Zusammenwirken von Kognition und Emotion. „Kontrolle bedeutet für ein Lebewesen die Möglichkeit, die Umwelt ... nach seinen Wünschen beeinflussen zu können" (S. 62). Kontrollverlust sei begleitet von Gefühlen wie Ärger, Zorn, Wut, Schreck. Wiedergewinn von Kontrolle sei begleitet von Gefühlen wie Freude, Stolz, Triumph (S. 65). Ereignisse/Schüler, die als Behinderung bewertet werden, lösen Ärger aus. Dagegen können Faktoren, die als fördernd beurteilt werden, Befriedigung bedingen. Je nachdem, auf welche Ursachen der Lehrer behindernde und fördernde Faktoren zurückführt, können unterschiedliche Gefühle entstehen.

c) Prognostischer Aspekt

Wird-Lage (Erwartung). Vermutet die Person, daß sich ein Ereignis so weiterentwickeln wird, daß es zu einer nicht tolerierbaren Wird-Soll-Lage-Diskrepanz kommt, so kann es zu einem Gefühlszustand kommen, den Alisch & Rössner (1977, S. 18) als Befürchtung bezeichnen. Die Antizipation einer positiv zu bewertenden Kongruenz zwischen der Realität und den Soll-Zuständen bezeichnen sie als Hoffnung. Nach Lantermann (1980, S. 250) orientiert sich eine Person bei ihren Gefühlsurteilen über eine Situation daran, ob deren Eigendynamik von ihm als bei der Verfolgung seiner Ziele stützend oder störend interpretiert wird. Wichtig daran ist, daß in sozialen Situationen, in denen die Umwelt eine (kalkulierbare) Eigendynamik entwickelt, wie sie es für den Lehrer darstellt, nicht nur die Ist-Soll-Diskrepanz, sondern auch (und vor allem) die Wird-Soll-Diskrepanz bewertet wird. Entsprechend unterscheiden sich auch die Gefühle: Eifer bei Ist-Soll-Diskrepanz, dagegen Befürchtung bei Wird-Soll-Diskrepanz; Erleichterung/Langeweile bei Ist-Soll-Gleichheit, dagegen Zuversicht/Hoffnung bei Wird-Soll-Gleichheit. Der Unterschied liegt in der Fristigkeit der Ereignisse, auf die sie bezogen sind.

d) Instrumenteller Aspekt

Entscheidung. Eine Person, die über eine große Zahl verschiedener Handlungsentwürfe verfügt und auch die Fähigkeit hat, in neuen Situationen Handlungsentwürfe zu konstruieren, wird sich zuversichtlicher fühlen als eine Person, die nur wenige Handlungsmöglichkeiten kennt. Sie fühlt sich den Anforderungen in verschiedenen Situationen gewachsen (vgl. Oesterreich, 1981, S. 246). Umgekehrt wird eine Person, die wenig Möglichkeiten des Reagierens kennt, zu Angst, Unsicherheit und Zaghaftigkeit neigen. Der Vorgang der Handlungsentscheidung enthält wertende Aspekte. Die antizipierten Folgen von Handlungen werden im Hinblick auf ihre Instrumentalität bewertet. Handlungsentwürfe, die in ihrem Gesamtwert (Erfolgswahrscheinlichkeiten und Erfolgsbewertungen) hoch resultieren, lösen Gefühle der Hoffnung auf Erfolg aus. Bietet das Handlungsrepertoire keine geeigneten Entwürfe, so dürfte sich statt dessen Angst und Hilflosigkeit einstellen. Zielkonflikte ergeben sich (vgl. Kapitel 2), wenn sich ein Ziel nur mit einer Handlung erreichen läßt, die gleichzeitig negative subjektive Instrumentalitäten im Hinblick auf ein anderes wichtiges Ziel besitzt.

Rollenkonflikte (vgl. Kapitel 12) können zum Teil als Zielkonflikte verstanden werden. Wenn z.B. der Lehrer die Funktionen des Predigers, Wächters und Therapeuten gleichzeitig ausüben muß (vgl. Illich, 1972), das eine aber nur als auf Kosten des anderen gehend empfunden wird. In solchen Fällen können Schuldgefühle entstehen, weil durch Handeln zwangsläufig partielle Mißerfolge produziert werden.

Rückmeldung. Weiner u.a. (1979) sowie Weiner (1980, 1981) haben die Beziehungen zwischen der Verarbeitung von Rückmeldungen über eigene Leistungsresultate und Gefühlen systematisch untersucht. Sie ordneten den Ursachenfaktoren, internal und external, auf die eine Person ein eigenes Leistungsresultat zurückführen kann, die folgenden Gefühle zu:

– wenn Erfolg internal attribuiert wird, stellt sich Stolz und Zufriedenheit ein,
– wird Erfolg external attribuiert, ergibt sich Dankbarkeit,
– wird Mißerfolg internal attribuiert, so folgt Schuld,
– wird Mißerfolg external attribuiert, so stellt sich Ärger ein,
– hat Glück/Pech eine Rolle gespielt, so wird mit Überraschung reagiert.

Rückmeldungen, welche Erfolg nach und Mißerfolg trotz hohen Einsatzes und hoher Kosten (hohe Anstrengung, mehrmalige Versuche etc.) anzeigen, führen wahrscheinlich zu besonders heftigen Gefühlen. Im positiven Falle dürfte man es mit Freude zu tun haben. Nach wiederholtem Mißerfolg dürfte die Enttäuschung besonders stark sein.

Ob Handlungen als erfolgversprechend gewertet werden, hängt vom Anspruch, vom Erfolgsniveau der Person ab. Ist dieses niedrig, so werden sich Erfolgserlebnisse häufen und zu einem allgemeinen Gefühl der Freude und Zufriedenheit beitragen. Ist das Erfolgsniveau hoch angesetzt, so bleiben häufige Mißerfolge nicht aus, welche das Gefühl der Hilflosigkeit und in extremen Fällen jenes der Depression begünstigen.

Dieser Versuch einer Systematik des Zusammenhangs von Gefühlen und Kognitionen im Rahmen handlungstheoretischer Vorstellungen ist gleichermaßen spekulativ wie unvollständig. Eine große Zahl von Gefühlen, die im Lehrerberuf auftreten können, sind nicht behandelt, so z.B. das Gefühl des Verlustes bei Trennung von einer liebgewonnenen Klasse oder jenes der Ungewißheit vor Übernahme einer neuen Klasse. Auch wird unterstellt, daß Gefühle „rein“ vorkommen. Vermutlich ist dies unrealistisch. In aktuellen Situationen treten meist Mischungen von Gefühlsregungen auf. Schließlich ist der Versuch weder eindeutig noch gar eineindeutig. Nicht jeder Kognition lassen sich bestimmte Gefühle zuordnen. Zum Beispiel kann Angst oder Ärger aus mehreren kognitiven Konstellationen heraus entstehen. Der Versuch dient dazu, die vorliegenden Untersuchungen zu Lehrergefühlen zu ordnen und aus einer einheitlichen Sicht heraus zu interpretieren. Dies geschieht im nächsten Abschnitt.

Zusammenfassung:

1. Positive und negative Gefühle verschiedener Qualitäten spielen im Lehrerdasein eine große Rolle. Gefühle haben eine subjektive Komponente (Lust-Unlust), eine kognitive, eine expressive und eine physiologische. Verschiedene Theorien behandeln Funktionen von Emotionen und den Zusammenhang zwischen Kognition und Emotion. Gesichertes Wissen über Zusammenspiel, Abfolge und Wechselwirkung liegt nicht vor.
2. Innerhalb der Auffassung der Tätigkeit des Lehrers als zielgerichtetes Handeln ergeben sich eine Reihe von Zuordnungen zwischen Handlungskomponenten und speziellen Gefühlen. Das folgende Schema enthält eine Zusammenfassung:

Kognitionen	Gefühle
Zieldimensionen	
z.B. Selbständigkeit des Schülers	positiv werthaltig/wichtig/valent
z.B. egoistisch	negativ werthaltig/wichtig/valent
Ist-Soll-Vergleich	
Ist-Soll-Diskrepanz	sich gedrängt-fühlen
Ist-Soll-Übereinstimmung	Nicht-gefordert-sein/Null-Bock/Erleichterung
Ursachenzuschreibung	
fördernde Ursachen	Befriedigung
hemmende Ursachen	Ärger
Wird-Lage	
Wird-Soll-Übereinstimmung	Hoffnung
Wird-Soll-Diskrepanz	Befürchtung
Handlungs-Ergebnis-Erwartungen	
positive H-E-E	Hoffnung auf Erfolg
negative H-E-E	Angst
gemischte H-E-E (Zielkonflikte)	Schuldgefühle
Rückmeldung	
Erfolg internal	Stolz/Zufriedenheit
Erfolg external	Dankbarkeit
Erfolg bei hohen Kosten	Freude bis Glück
Mißerfolg internal	Schuld bis Hilflosigkeit
Mißerfolg external	Ärger
Mißerfolg bei hohen Kosten	Enttäuschung

Die Zuordnung ist von links nach rechts zu lesen. Sie ist spekulativ, weder eindeutig noch gar eineindeutig. Sie wird dazu herangezogen, verschiedenartige Untersuchungen zu Lehrergefühlen zu ordnen und zu interpretieren.

2. Lehrergefühle im Spiegel der Forschung

Die Forschung zu Lehrergefühlen ist sehr heterogen in Fragestellungen und Vorgehensweisen. Im Hinblick auf Fragestellungen kann man Studien unterscheiden, die untersuchen,

- welche Ereignisse für bestimmte Gefühle verantwortlich sind. Der Streßquellenforschung ging es darum, Belastungsmomente der Lehrertätigkeit zu identifizieren: In Untersuchungen zu Lehrerproblemen wurden Lehrern schulische Ereignisse vorgelegt (z.B. Schüler schätzen). Die befragten Lehrer sollten angeben, in welchem Ausmaß ihnen diese Schwierigkeiten bereiten (z.B. Krieger u.a., 1976). Sutcliffe & Whitfield (1979) registrierten bei 19 Lehrern die Herzfrequenz während einer Unterrichtsstunde. Gleichzeitig wurde der Unterricht auf Video aufgenommen. Anschließend wurde analysiert, mit welchen Klassen von Reizen eine erhöhte Frequenz einhergeht. Auch im Zusammenhang mit der öffentlichen Diskussion um die Verkürzung der Lehrerarbeitszeit wurden Argumente eingeführt, die sich auf arbeitsphysiologische Untersuchungen zum Streß am Arbeitsplatz Klassenzimmer stützten (Müller-Limmroth, 1980);
- welches die Verbreitung von Angst bei Lehrern ist. In Fragebögen wurden teils psychologische, teils psycho-physiologische Symptome formuliert, zu denen die befragten Lehrer Selbsteinstufungen abgeben sollten. Bis 1975 wurde auf Skalen mit lehrerunspezifischen Inhalten zurückgegriffen. Weidenmann (1978, S. 95) kritisierte dieses Vorgehen als Datensammeln ohne Ende;
- wie Kognitionen und Gefühle zusammenhängen. Weidenmann (1978) führte offene Interviews durch und ließ sich über Streß-Erlebnisse bei den ersten Unterrichtserfahrungen berichten. Die Interviews wurden per Tonband aufgezeichnet. Die Auswertung erfolgte im Hinblick auf die vermuteten Angststrukturen für die verschiedenen Tätigkeitsbereiche. Die empirischen Daten sollten weniger hypothesentestenden als hypothesenillustrierenden Charakter besitzen. In der Untersuchung von Randoll (1981) sollten die Lehrer für jedes der vier Gefühle Ärger, Enttäuschung, Freude und Befriedigung ein konkretes Ereignis, das kürzlich stattgefunden hat, beschreiben. Anhand offener Zusatzfragen wurden tätigkeitsbezogene Aspekte erfaßt. Mit dieser Anordnung, die verzerrenden Effekten der Erinnerung ausgesetzt ist, ist es möglich, gefühlsbegleitende (mögli-

cherweise erst nachträglich elaborierte) Kognitionen festzustellen. Prawat u. a. (1983) gaben Beschreibungen fiktiver Schüler vor, die eine bestimmte Leistung aus bestimmten (unterschiedlichen) Gründen erreicht hatten. Die untersuchten Lehrer sollten ihre Gefühle über das beschriebene Ereignis angeben, indem sie für jedes von zehn vorgegebenen Gefühlen die Intensität auf einer Fünf-Punkte-Skala ankreuzen sollten. Mit dieser experimentellen Anordnung ist es möglich, die Richtung Kognition–Gefühl zu untersuchen. Da diese Untersuchungen Gefühle nicht aktuell untersuchten, laufen sie Gefahr, daß sie lediglich über die Verwendung der angebotenen Gefühls-Begriffe durch die befragten Lehrer Auskunft zu geben vermögen.

Zieldimensionen und Ist-Soll-Vergleich. Entsprechend der Unterscheidung in Leistungsziele und soziale Ziele, die Lehrer im Unterricht anstreben, unterscheidet Weidenmann (1981) grundsätzlich zwischen leistungsbezogenen und sozialen Emotionen. Welche Ziele Lehrer bei Schülern verfolgen, war Inhalt des zweiten Kapitels. Jene Zustände, die Lehrer anstreben, die sie als wichtig erachten, werden mit positiver Valenz versehen. Jene Zustände, welche vermieden werden wollen, enthalten negative Valenz. Positive oder negative Valenz von vorgestellten Zuständen kann nicht eindeutig als Gefühl bezeichnet werden. Aus den Anreizwerten oder Valenzen, die das Individuum auf die Zielantizipationen bezieht, ergibt sich die Motiviertheit. Nach Ulich (1982, S. 20) ist es schwierig, zwischen Motiv und Gefühl zu unterscheiden, weil beide eine Antwort auf die Frage nach dem Warum einer Handlung, einer Äußerung, eines Zustandes etc. geben. Lantermann (1983 a, S. 275) spricht in diesem Zusammenhang in Abhebung von Gefühlen von Emotionen und spricht diesen eine „Scheinwerfer-Funktion" zu: sie eilen den Kognitionen und Gefühlen voraus und orientieren die Regulationen auf spezifische Ereignisfelder hin. Gefühle oder – im Sinne von Lantermann – Emotionen von Lehrern bei dem Feststellen von Ist-Soll-Diskrepanzen sind nicht Gegenstand von Forschung gewesen. Vermutlich handelt es sich hierbei um Prozesse, die weitgehend unterhalb der Bewußtseinsschwelle ablaufen.

Die Zuschreibung von Ursachen. Es war argumentiert worden: verläuft der Unterricht plan- und erwartungsgemäß, so tritt Befriedigung auf. Die Person kogniziert fördernde Ursachen von Ereignissen, welche die zielbezogenen Handlungen begleiten. Wir haben in einer Untersuchung (Randoll, 1981) bei 67 Lehrerinnen und Lehrern die vier Gefühlsqualitäten Befriedigung, Ärger, Freude und Enttäuschung analysiert. Die Lehrer sollten aus dem Zeitraum der letzten sechs Wochen von Schulbeginn an je eine Situation mit einem Schüler denken, die sie mit außergewöhnlicher Befriedigung, Ärger, Freude bzw. Enttäuschung erfüllt hat. Sie sollten beschreiben, was sich im wesentlichen ereignet hat. Eine Reihe von offenen Zusatzfragen sollte erfassen, welche Komponenten des Ereignisses als bedeutsam erschienen, auf welche Ursachen die Lehrer das Ereignis zurückführten und welche Folgen für sie aus dem Ereignis entstanden. Hier wird auf die Ergebnisse zum Gefühl der Befriedigung eingegangen. Situationen, in denen *Befriedigung* empfunden wurde, wurden als Erfüllung einer berechtigten Erwartung beschrieben. Befriedigend waren Situationen, in denen sich als Abschluß eines längeren Einwirkungsprozesses die beabsichtigten Ergebnisse und Änderungen einstellten. Es schien, als ob Befriedigung dann eintrat, wenn die Lehrer sahen „es läuft", wenn sie merkten, daß sie trotz aller Anfechtungen und Probleme die Dinge im Griff haben. Das betraf die folgenden Inhalte: der Schüler ist dem Lehrer trotz seiner Autoritätsfunktion zugetan (22%), der Schüler zeigt bessere Mitarbeit (22%), der Schüler zeigt bessere Leistungen (20%), der Schüler zeigt mehr kooperatives Verhalten (19%).

Da wir in dieser Untersuchung die Lehrer gebeten hatten, sich an ein Ereignis zu erinnern, bei dem sie das Gefühl der Befriedigung besonders stark erlebten, kamen nicht ausschließlich reine Zustandsgefühle über zufriedenstellenden Verlauf der Dinge zum Ausdruck. Sie mischten sich mit Erfolgsgefühlen über das Erreichen von Zielen. Doch können sie partiell interpretiert werden als Begleitgefühle bei einer zielgerichteten Tätigkeit, welche trotz Anfechtungen als erfolgversprechend erlebt wird. Daß die Situationen, in denen dies erlebt wird, Rückschlüsse auf die Anfechtungen zulassen, belegt die spiegelbildliche Anordnung von Ärger. Es handelt sich um jene Situationen (Schülerverhalten, Mitarbeit), die – wenn sie nicht vorhanden wären – als Störungen/Unterbrechungen, kurz als zielblockierend und damit ärgerauslösend empfunden würden.

Wenn ein Vorhaben durch Ereignisse blockiert wird, tritt *Ärger* auf. Das Individuum kogniziert hemmende Ursachen. Eine große Zahl von Untersuchungen galt im Anschluß an die klassische Arbeit von Schuh (1962) den Faktoren, welche von Lehrern als Behinderung der Zielerreichung kogniziert werden. Untersuchungen dazu gingen in der Regel nach folgendem Muster vor. Es wurde eine Liste möglicher Problemobjekte oder Situationen erstellt. Die befragten Lehrer kreuzten die für sie zutreffenden Items an oder gaben das Ausmaß an, in dem die betreffenden Reize für sie problematisch sind. Daß die Beziehung des Lehrers zu den Schülern die wichtigste Streßquelle darstellt, hat Tellenback (1982) in einer methodisch anspruchsvollen Arbeit nahegelegt. Veenman (1984) hat achtzig Arbeiten zusammengestellt, welche bei Junglehrern nach diesem Modus vorgingen. Im Überblick waren es vier Bereiche, die als Problemverursacher genannt wurden: Unterrichtsdisziplin (vor allem in der Primarstufe), Arbeitsunlust der Schüler (vor allem in der Sekundarstufe), Umgang mit Unterschieden zwischen Schülern, Leistungsüberprüfung/Notengebung. Beisenherz & Feil (1982) haben in einer deutschen Untersuchung mit freier Antwortmöglichkeit Lehrerprobleme kategorisiert nach: Vorbereitung und Durchführung des Unterrichts, Disziplin, Benotung, soziale Interaktion, Karriere.

Mit Hilfe einer Faktorenanalyse versuchten Kyriacou & Sutcliffe (1978) die ärgerauslösenden Quellen zu ordnen. Sie ließen insgesamt 51 mögliche Quellen von englischen Lehrern danach beurteilen, in welchem Ausmaß sie als belastend erlebt werden. Eine Faktorenanalyse führte zu vier Dimensionen: abweichendes Schülerverhalten (z.B. Lärmen, Verhaltensprobleme, Unhöflichkeit), schlechte Arbeitsbedingungen (z.B. schlechte Bezahlung, schlechte Ausstattung), Zeitdruck (z.B. zu viel Verwaltungsarbeit, zu wenig Zeit für die Arbeit) (vgl. auch Radtke, 1983, S. 48), schlechtes Schulklima (z.B. Verhalten des Rektors, der Kollegen, wenig Einheitlichkeit). In dieser Untersuchung wurden neben den Streßquellen auch die Häufigkeit bestimmter negativer Gefühls-Zustände im Schulalltag ermittelt. Am häufigsten wurden die folgenden Gefühle berichtet: erschöpft, frustriert, unter Streß, sehr ärgerlich, sehr gespannt, ängstlich.

In den verschiedenen Studien wurden eine Reihe von Belastungsfaktoren identifiziert, die bei der Ausübung des Lehrerberufes wirksam sind. Unterschiedliche Ergebnisse gehen möglicherweise auf die spezielle Art und Weise der Erhebungsmethode zurück (Coates & Thoresen, 1976), auch wenn Pettigrew & Wolf (1982) eine befriedigende Konstruktvalidität der Variablen „Rollenstreß“ und „Aufgabenstreß“ feststellen konnten.

Bei all diesen Untersuchungen über Inhalte von Lehrerproblemen bleiben Fragen wie die folgenden offen: warum haben Lehrer mit den genannten Problemen Schwierigkeiten? Welcher Stellenwert kommt den Problemen zu? Welches ist der Zusammenhang zwischen Problemen und Ärger auf der einen Seite und Sorgen/Ängste auf der anderen? Warum geben viele Lehrer eine Vielzahl von Problemen an, die auf Ärger schließen lassen und fühlen sich doch pudelwohl? Außerdem lassen die Angaben über Probleme keine direkten Aussagen über dabei auftretende Gefühle zu. Näheren Aufschluß über einige dieser Fragen können die folgenden Untersuchungen geben.

Sutcliffe & Whitfield (1979, S. 30) konnten in ihrer Untersuchung einen merklichen Anstieg in der Herzfrequenz bei erfahrenen und bei unerfahrenen Lehrern registrieren im Zusammenhang mit Management-Problemen, mit Anforderungen der Schüler an die Genauigkeit des Lehrers und mit Klassenzimmer-Unterbrechungen (vor allem durch Erwachsene). Trotz der Herz-Frequenz-Daten bezeichnete kein erfahrener Lehrer den Klassenunterricht als eine belastende Situation (S. 31).

Einen anderen Weg ist Randoll (1981) gegangen. Ärgerauslösende Unterrichtsereignisse wurden überwiegend als Unterbrechung des normalen, geplanten Unterrichtsverlaufes beschrieben. Die Unterbrechung oder Störung geschah im allgemeinen unerwartet durch einen oder mehrere Schüler.

Zu Ärger führten fortlaufende Beeinträchtigungen der Aufmerksamkeit der ganzen Klasse und übermäßige Beanspruchung der Konzentration des Lehrers. Der Aspekt des fortgesetzten, wiederholten Störens legt nahe, daß auch das Gefühl der Erfolglosigkeit eigener Bemühungen beteiligt war. Ärger trat auf, wenn selbstverständliche Voraussetzungen für die Lehrerarbeit wie Ordnung, Sauberkeit und Gehorsam nicht vorhanden waren. Viele Situationen wurden als Autoritätskonflikte beschrieben. Die meisten Ereignisse wurden unter dem Aspekt „Schüler verweigern die Mitarbeit" und „Schüler provozieren den Lehrer" interpretiert. Lehrer reagierten mit Ärger, wenn sie einen Angriff auf ihre Autorität, Frechheit, Widersetzlichkeit, Mißachtung, Provokationen wahrnahmen, wenn sie fortgesetztes Stören trotz wiederholter Ermahnung bemerkten. Ergebnis war ein Empfinden von Ratlosigkeit und Ohnmacht. Der Lehrer zweifelte an seinen eigenen Fähigkeiten. Dies legt die Hypothese nahe, daß Hindernisse dann als besonders problematisch erlebt werden, wenn sie mit dem Erlebnis eigener Machtlosigkeit verknüpft sind. Ucheagwu (1977) hat die Frage untersucht, ob ein Zusammenhang besteht zwischen dem Ausmaß der Erfahrungen von Machtlosigkeit von Lehrern und ihrer Einschätzung von Schülerproblemen nach deren Schweregrad. Für beide Variablen sollte eine Stichprobe von Lehrern je einen Fragebogen beantworten. Entgegen der Hypothese ergab sich jedoch keine Korrelation zwischen den beiden Variablen.

Besonders ärgerlich schienen Lehrer dann zu sein, wenn das hindernde Ereignis als vermeidbar kogniziert wurde. Dem Schüler wurde Absicht unterstellt, intentionales Durchkreuzen des Lehrerauftrages. Dies steht in Übereinstimmung mit experimentellen Befunden (Zumkley, 1981), daß Ärgerreaktionen (Erhöhung der Pulsfrequenz, selbstberichteter Ärger) besonders heftig sind, wenn dem anderen „böse" Absicht unterstellt wird.

Das Gefühl des Ärgers kann auch in Verbindung mit der eigenen Person auftreten. Wagner u.a. (1981, S. 368ff.) beschreiben einen solchen Fall. Die Person merkte, daß sie einen Fehler gemacht hat, daß sie ihre Absicht, die Schüler nicht unbeherrscht anzufahren, nicht verwirklicht hat. Sie hat ein Verhalten gezeigt, das sie „eigentlich gar nicht will". Lehrer geraten sicher unterschiedlich stark in einen Ärgerzustand, je nach ihrer Ärgerbereitschaft. Schwarzer & Schwarzer (1982) wiesen interindividuelle Unterschiede in Ärger als Zustand und Ärger als Disposition nach.

Die Forschung zu Ärger-Gefühlen in der Lehrertätigkeit kann wie folgt zusammengefaßt werden: Ärger tritt auf, wenn eine zielgerichtete Handlung blockiert wird, jedoch erst dann, wenn dies mehrmals erfolgt. Situationen, in denen dies auftritt, werden als problematisch empfunden. Sie lösen vor allem dann Ärgerreaktionen aus, wenn die Person einen hohen Wert auf der Variable „Ärger als Disposition" besitzt. Da Unterbrechungen meist von Schülern verursacht werden, richtet sich Ärger hauptsächlich gegen Schüler. Ärger ist besonders stark, wenn Absichtlichkeit (Provokation) unterstellt und wenn die Behinderung als vermeidbar kogniziert wird. Der Zusammenhang zwischen Problemen, Ärger, Sorgen und Angst kann wie folgt beschrieben werden: Probleme sind die Umstände, welche die Ausführung eines Planes behindern. Das Erleben dieser Behinderung kann in der Situation bei der Person Ärgergefühle auslösen. Häufige ärgerauslösende Problemsituationen führen dazu, daß die Person die Situation bereits antizipatorisch als bedrohlich erlebt. Angst ist dann das Gefühl der Erregtheit, das man mit solchen Situationen verbindet und die gedanklichen Sorgen, die man sich dazu macht (Versagenserwartung, kognizierte Inkompetenz, Erwartung von Kritik etc.).

Wird-Soll-Diskrepanz. Erwarten Lehrer, daß sich eine Situation positiv entwickelt, so sind diese Kognitionen vermutlich von leichten Gefühlen der Hoffnung begleitet. Antizipieren Lehrer negativ bewertete Zustände, so kann das Gefühl der Befürchtung entstehen. Nicht jede Ist-Soll-Diskrepanz gibt Anlaß zu motiviertem Handeln, sondern nur jene, von der erwartet wird, daß sie nicht von selbst verschwindet. Das laute Schwätzen braucht bei einem bestimmten Schüler kein Alarmsignal auszulösen, wohl aber läßt das unauffällige Tändeln eines anderen Schlimmes „befürchten". Lehrer reagieren in vielfältigen Situationen dieser Art problemlos und routiniert. Alltägliches prophylaktisches Handeln und dabei auftretende Emotionen sind wenig spektakulär. Sie sind nicht Gegenstand von Untersuchungen gewesen.

Handlungs-Ergebnis-Erwartungen. Gefühle, die sich bei positiven Handlungs-Ergebnis-Erwartungen einstellen, können Zuversicht, Hoffnung auf Erfolg sein. Untersuchungen liegen vor zu negativen und zu gemischten Handlungs-Ergebnis-Erwartungen (Zielkonflikten). Lehrer entwickeln dann *Angst,* wenn sie Situationen antizipieren, in denen sie keine Handlungsentwürfe mit positiven Handlungs-Ergebnis-Erwartungen zur Verfügung haben. Situationen, in denen häufig Ärger auftritt, weil zielblockierende Ereignisse eintreten, denen wiederholt nicht wirksam begegnet werden konnte, können antizipatorisch angstauslösend wirken. Innerhalb der Angstforschung der letzten Jahre hat sich die Unterscheidung zwischen emotionalen und kognitiven Angstkomponenten, die sich als Aufgeregtheit und Besorgtheit bezeichnen lassen, durchgesetzt. Schwarzer (1981) hat dafür getrennte Meßinstrumente entwickelt, welche zu 0,66 miteinander korrelierten. Das Gefühl der Angst von Lehrern zusammen mit seinen kognizierbaren physiologischen Begleiterscheinungen kann man in diesem Sinne als „Aufgeregtheit" bezeichnen, während beständige kognitive Auseinandersetzungen mit Problemen („Lehrersorgen") als Äquivalent der „Besorgtheit" aufzufassen sind. Ängstliche Lehrer richten ihre Aufmerksamkeit auf sich selbst. Sie teilen ihre Aufmerksamkeit in aufgabenrelevante und aufgabenirrelevante Anteile. Die spezielle Situation des Lehrerberufes als einer öffentlichen Tätigkeit legt nahe, zwischen privater und öffentlicher Selbstaufmerksamkeit zu unterscheiden. Die Person sieht sich als soziales Objekt und ist um seine Wirkung auf andere und Bewertung durch andere besorgt. Beide Formen der Selbstaufmerksamkeit sind bei der Angstentstehung beteiligt (Schwarzer, 1983).

Weidenmann (1978) hat versucht, jene Bereiche zu identifizieren, in denen Lehrer Ängste entwickeln. Er hat versucht, Lehrerängste deduktiv von einem „objektiven“ Angstpotential her zu klassifizieren. Weidenmann legt fest, daß die Lehrertätigkeit durch die Anforderungen in den drei Bereichen Qualifikation, Integration und Selektion gekennzeichnet sei. Neben diesen professionellen Bereichen nimmt Weidenmann noch den privaten Bereich des Kontaktes an. Er unterstellt, daß Lehrer eine sie befriedigende Beziehung mit den Schülern suchen bzw. aufrechterhalten wollen.

Lehrerängste bestimmt er als Antizipationen von Nicht-Bewältigung im Hinblick auf die vier genannten Tätigkeitsbereiche. Weidenmann geht davon aus, daß in den Tätigkeitsbereichen eine große Zahl von Bedingungen für ihre Nicht-Erreichbarkeit enthalten ist:

– ihre Anforderungsstruktur sei widersprüchlich,
– sie seien partiell unerfüllbar,
– ihre Realisierung sei ungewiß.

Daraus schließt er, daß die Lehrertätigkeit in besonderer Weise angstbesetzt sein müsse. Die Interviews, die Weidenmann mit neun Lehrerstudenten und drei Lehrern durchgeführt hat, veranschaulichen die hypothetisch konstruierten Angststrukturen. Im folgenden werden drei Beispiele für die ersten beiden Bereiche angeführt.

Tätigkeitsbereich Qualifikation, Bereich Mitarbeit der Schüler:

„Daß die Schüler nicht mitarbeiten, was praktisch das Hauptkriterium ist für jeden Unterricht. Weil, arbeiten die Schüler nicht mit, dann steh' ich praktisch da und muß sagen, ‚Die Stunde ist gescheitert‘ (S. 86).“ Die Bedrohung wird deutlich: das Scheitern des Unterrichts wird antizipiert. Die Hilflosigkeit kommt zum Ausdruck darin, daß der Lehrer die Schülermitarbeit nicht steuerbar, erzielbar, erreichbar betrachtet.

Tätigkeitsbereich Integration, Bereich Disziplin der Schüler:

„Da hatte ich schon einen ziemlichen Bammel davor. Und die anderen auch. Was, neunte Klasse, um Gottes willen. Das kriegt man dann so mit. Man stellt sich so Rockertypen vor, die einen so niederbuhen oder gar nicht reagieren oder Karten spielen (S. 99).“ Hier wird eine Bedrohung des schulischen Systems von Verhaltensregeln antizipiert. Der Lehrer ist sich ziemlich sicher, daß er mit Bedrohung rechnen muß. Hilflosigkeit kommt zum Ausdruck. Nichtwissen um angemessenes Reagieren.

Tätigkeitsbereich Integration, Bereich Umgang mit Machtmitteln:
„Ich drohte nicht, sprach keine Strafen aus, verwies keinen Schüler aus der Klasse und wurde nicht laut. Ich hatte den Eindruck, die Klasse legte meine Zurückhaltung als Schwäche aus" (Klink, 1974, S. 12). Die Angst besteht darin, daß eine Bedrohung erwartet wird (durch Übertretung der Regeln, Stören in vielfältiger Form). Maßnahmen dagegen sind bekannt (Strafe, Zwang, Steuerung, Konsequenz, Schimpfen). Aber: entweder diese Maßnahmen werden aus humanitären Gründen abgelehnt „Auf der anderen Seite wollte ich als Mensch ganz anders reagieren" (S. 105). Oder es werden ihre Nebenwirkungen erkannt („Und da habe ich mit der anderen geschimpft und da fängt die plötzlich das Weinen an" [S. 105]). Oder es wird Unwirksamkeit antizipiert („Aber wenn ich das gemacht hätte [Strafarbeit], wär's sehr fraglich, ob die Schüler das befolgt hätten" [S. 105]). Das Dilemma entsteht, daß angemessene Maßnahmen nicht gesehen werden. Es resultiert Handlungsunfähigkeit, Hilflosigkeit.

Der Versuch von Weidenmann (1978) ist als heuristisch wertvoller Beitrag zu einer handlungstheoretischen Erforschung von Ängsten zu bezeichnen. Problematisch ist die Setzung von sogenannten objektiven Anforderungsstrukturen. Zweifelhaft ist, ob sich in den angegebenen Tätigkeitsbereichen die „objektiven" Funktionen der Schule ausdrücken. Dies ist jedoch unerheblich. Entscheidend ist, ob sich damit subjektive Zielkategorien von Lehrern beschreiben lassen.

Peez (1983) versuchte, die Häufigkeit des Auftretens von neun verschiedenen Formen der Angst bei Lehrern zu ermitteln. Er unterschied nach Winkel (1979): 1. die Versagensangst, 2. die Konfliktangst, 3. die Herrschaftsangst, 4. die unbewußte Angst, 5. die Existenzangst, 6. die Trennungsangst, 7. die Personenangst, 8. die Strafangst, 9. die neurotische Angst. Die neurotische Angst ist nach Winkel die Angst vor der Angst (vgl. auch die Einteilung in Existenzangst, Leistungsangst und soziale Angst bei Schwarzer, 1981). Für jede dieser Angstformen wurden Fragen entwickelt und von 259 Lehrern verschiedener Schularten beantwortet. Am häufigsten trat die Versagensangst auf. Mehr als die Hälfte der Lehrer gab an, diese Angst manchmal oder häufig zu verspüren. Möglicherweise ist dies ein Hinweis für die Richtigkeit der These von Jendrowiak & Kreuzer (1980), daß Lehrerangst vor allem durch den Widerspruch zwischen Auftrag und Qualifikation entstehe. Es bestehe ein Mißverhältnis zwischen den Ansprüchen, utopischen Zielen, Erwartungen an den Lehrerberuf einerseits und der ungenügenden Qualifikation, der Fehleinschätzung ihrer Leistungsfähigkeit andererseits. Nach der Versagensangst traten Konfliktangst, Herrschaftsangst und Personenangst am häufigsten auf. Über Erwarten häufig kamen auch die unbewußte, die Strafangst und die neurotische Angst vor. Erst bei der Existenz- und Trennungsangst gab es mehr als 50% der Befragten, die mit „nie" antworteten. Das Auftreten von Ängsten bei Lehrern hängt vermutlich ebenso wie jenes von Ärger von der interindividuell unterschiedlich ausgeprägten Angstdisposition ab.

Das Erlebnis von *Zielkonflikten* entsteht dann, wenn Lehrer für das Erreichen eines wichtigen Zieles die Entscheidung für einen bestimmten Handlungsentwurf für unumgänglich halten, gleichzeitig aber antizipieren, daß genau dieser Handlungsentwurf negative Wirkungen im Hinblick auf ein anderes wichtiges Ziel besitzt. Nach Weidenmann (1978, 1981) enthält der Lehrerberuf besonders viel Zielkonfliktpotential. Optimale Förderung und Selektion schließen sich als Ziele genauso aus wie auf Bedürfnisse der Schüler eingehen und Disziplin aufrechterhalten. Das Erkennen solcher Widersprüche kann sich manifestieren in:

- Schuldgefühlen: Man straft z.B. einen Schüler, um die Disziplin aufrechtzuerhalten und weiß zugleich, daß man eine Maßnahme wählt, die Aggression fördert,
- Ratlosigkeit und Entschlußlosigkeit: Man ist unschlüssig, welchen Zielen man den Vorrang geben soll,
- Entfremdung: Man lehnt einige Ziele teilweise ab, muß sie aber dennoch anstreben und gelegentlich sogar rechtfertigen (vgl. Weidenmann, 1981, S. 264).

Daß Zielkonflikte Lehrer belasten können, geht aus einer Untersuchung von Bergmann u.a. (1976) hervor. Der Bereich „Schwierigkeiten, die pädagogischen Aufgaben – Kenntnisvermittlung und Vermittlung von sozialen Verhaltensweisen – im Unterricht miteinander zu vereinbaren", wurde von insgesamt siebzehn Bereichen als am viertschwierigsten bezeichnet, besonders von Lehrern der naturwissenschaftlich-mathematischen Fächer.

Zielkonflikte im täglichen Unterricht haben Wagner u.a. (1981, S. 371f.) als „Knoten" bezeichnet, als Kollision zweier „Vorschriften". Vorschriften sind Handlungsaufforderungen an sich selbst, wobei diesen weniger der Charakter des „ich will" als des „ich muß" zukommt. Werden zwei Vorschriften simultan aktiviert, die im Widerspruch zueinander stehen oder sich ausschließen, so entsteht ein „Knoten". Beispiel: „Ich möchte immer alle Schüler drannehmen, die sich melden (Vorschrift eins) und ich möchte nicht vom Thema abkommen (Vorschrift zwei) und die Annahme: Wenn ich alle Schüler drannehme, komme ich vom Thema ab. Diese Annahme resultiert aus gemachten Erfahrungen und taucht im Unterricht immer wieder auf" (S. 373). Die Lehrerin geriet „ins Rotieren". Es wird bei Wagner u.a. aber nicht beschrieben, welche Gefühlsqualität dabei entsteht und von welchen Umständen es abhängt, welche Gefühle auftreten (z.B. Schuldgefühle, Ratlosigkeit, Entfremdung).

Rückmeldung. Beobachten Lehrer *Erfolge* in ihrem Beruf, und führen sie diese Erfolge (zumindest zum Teil) auf ihre eigene Tätigkeit zurück, so resultieren positive Gefühle. Nach Weiner u.a. (1979) müßte Stolz resultieren. In einer Untersuchung von Lortie (1975) gaben befragte Lehrerinnen als Hauptursache für Zufriedenheit im Beruf an, zu wissen, daß sie die Schüler erreicht und diese gelernt haben. Prawat u.a. (1983) haben die Gefühle von Lehrern bei Erfolg und Mißerfolg in Abhängigkeit von der Ursachenzuschreibung im Hinblick auf 1) die Fähigkeit des Schülers (hoch, niedrig), 2) die Anstrengung des Schülers (hoch, niedrig) und 3) die Anstrengungskonstanz (gleichmäßig, abrupt) systematisch untersucht. Dazu wurden sechzehn Beschreibungen über fiktive Schüler hergestellt (Szenarios), eine für jede Kombination. Nach dem Lesen eines jeden Szenarios sollten die 58 Grundschullehrer auf einer Fünf-Punkte-Skala angeben, wie stark sie jedes von zehn vorgegebenen Gefühlen (Ärger, Dankbarkeit, Schuld, Stolz, Überraschung, Enttäuschung, Glück, Freude, Zufriedenheit, Unglück) bei Erfolg oder Mißerfolg des Schülers erleben würden, wenn sie der Lehrer des Schülers wären. Bei Erfolg wurde das Gefühl des „Stolzes" vor allem dann hoch angekreuzt, wenn der Schüler hohe Anstrengung gezeigt hatte. Das größte Ausmaß des Stolzes trat in der Kombination auf, wenn ein Kind mit niedriger Begabung plötzlich einen großen Einsatz zeigte. Da der Anstrengungseinsatz kürzlich erfolgte, konnte der Lehrer dies auch als eigenen Erfolg buchen. Auch das Gefühl der „Dankbarkeit" stellte sich bei hoher Anstrengung ein. Deutliche Unterschiede zwischen Stolz und Dankbarkeit im Hinblick auf unterschiedliche Ursachenzuschreibungen konnten nicht ermittelt werden. Das Gefühl des Stolzes erhielt insgesamt die weit höheren Werte. Am stärksten resultierte das Gefühl des „Glücks". Am glücklichsten waren die Lehrer dann, wenn ein Schüler mit geringer Begabung sich plötzlich stark anstrengte. Ähnliche Ergebnisse mit kleinen Abweichungen zeigten sich für Freude und Zufriedenheit. Dies steht in gewissem Gegensatz zur Theorie von Lantermann (1980), nach der die positivsten Gefühle in zielbezogenen Situationen auftreten müßten, die hohe Kontrollierbarkeit durch eigenes Handeln nahelegen *und* deren Attribute als positiv instrumentell interpretiert werden. So wäre zu erwarten gewesen, daß die positivsten Gefühle bei hoher Begabung auftreten.

In der Untersuchung von Randoll (1981) wurden ziemlich klar *Freude*-Situationen als solche beschrieben, in denen die eigenen Anstrengungen zu Erfolg geführt haben. Charakteristisch für Freude-Situationen war, daß sie nicht Bestandteil des gewissermaßen täglichen Gefühlspotentials waren, sondern bei Erfolg nach längerem, kontinuierlichem Einwirken auftraten. Auch die Überraschungskomponente, die durch Beschreibungen wie „endlich", „nun doch noch", „plötzlich" zum Ausdruck kam, macht die Längerfristigkeit des Bemühens deutlich, an das Freude geknüpft war. Unterschiede zwischen Freude und Befriedigung sind: Befriedigung war maßnahmenbezogen, resultierte kurzfristig aus geplanten Aktionen; Freude stellte sich mehr zielbezogen, nach langfristigem Bemühen und wenig vorhersehbar ein. In beiden Fällen war ausschlaggebend, den Erfolg selbst bewirkt zu haben. Das Gefühl der Freude enthielt Aspekte der Sympathie, Zuneigung und Dankbarkeit.

Inhaltlich kam Freude vor allem bei problematischen Schülern zum Ausdruck:
- z.B. Anhänglichkeit eines früher ausfälligen Schülers (26%),
- z.B. Verteidigung eines Mitschülers gegen ungerechtfertigte Anschuldigungen der Klasse (20%),
- z.B. konzentrierte Mitarbeit eines bisher schwächeren Schülers (18%).

Lehrer fühlten sich in Freude-Situationen in ihrer Arbeit bestätigt. Sie erlebten die Wirksamkeit der Methoden, die Erreichbarkeit von Zielen. Ihre Bemühungen wurden von Schülern anerkannt. Schüler zeigten sich beeinflußbar, willig, änderungsbereit, interessiert, einsichtig. Freude und Glück sind die Gefühle mit dem höchsten Maß an Lust. Die Person erlebt sich im Mittelpunkt ihres Selbstgefühls, sie ist gleichzeitig aufmerksam und wach (Tunner, 1983).

Die Beobachtung von *Mißerfolg* (genauer: die Schlußfolgerung, daß bestimmte Ereignisse als Mißerfolg zu werten sind) löst negative Gefühle aus. Nach Weiner u.a. (1979) stellt sich bei externer Attribution Ärger ein. Da die Unterscheidung von Ursachenzuschreibung und Rückmeldung künstlich ist, ist es auch die Unterscheidung von Ärger und Enttäuschung. Ärger beschreibt Gefühle auf dem Wege zum Ziel, Enttäuschung nach abgeschlossener zielerreichender Handlung. Zielführende Handlungen sind jedoch hierarchisch organisiert. Ziele lassen sich nur über Zwischenziele erreichen. Daraus folgt: eine Störung eines Schülers in einer Unterrichtsstunde kann als behinderndes Ereignis aufgefaßt werden oder auch als Mißerfolg. Und die erwartungswidrig schlechte Klassenarbeit eines guten Schülers kann zielbezogen als Mißerfolg, aber auch maßnahmenbezogen als Hindernis auf dem Weg zu einem erfolgreichen Abschluß des Schuljahres aufgefaßt werden. Ärger und Enttäuschung sind eng verknüpft, genauso wie Befriedigung und Freude. Die Lehrer in der Untersuchung von Prawat u.a. (1983) gaben an, bei Mißerfolg Ärger besonders stark zu empfinden, wenn der Schüler sich nicht angestrengt hatte. Das Gefühl der Schuld kam dagegen vor allem dann auf, wenn ein Schüler in seiner Anstrengung plötzlich absank. Dies bezeichnet einen Umstand, für den sich Lehrer am ehesten Verantwortung zuschreiben. Doch waren die Schuldgefühle insgesamt eher niedrig. Wahrscheinlich sehen sich Lehrer nur in Ausnahmefällen als verursachende Faktoren für das Ausbleiben von pädagogischen Erfolgen an. Sie sehen sich zwar als verantwortlich, aber nicht als schuldig (vgl. Kapitel 10).

Bei Mißerfolg zeigt das Gefühl der *Enttäuschung* in der Untersuchung von Prawat u.a. (1983) den stärksten Ausschlag. Es war etwas weniger stark, wenn der Schüler wenig begabt und konstant „faul" und somit für das Scheitern „prädestiniert" war. Nähere Aufschlüsse über die Umstände von Enttäuschung kann die Studie von Randoll (1981) erbringen. Situationen, in denen Enttäuschung auftrat, wurden als zweiphasig beschrieben. Zunächst wurde das aktuelle Ereignis beschrieben, dann die Vorgeschichte. Darin kamen die Mühen zum Vorschein, die der Lehrer aufgewendet hatte, die Erwartungen, die damit verbunden wurden. Sodann wurden die Schülerverhaltensweisen beschrieben, die diesen Erwartungen widersprachen. Am häufigsten für Enttäuschungssituationen waren:

- moralisches Fehlverhalten (26%): Lügen, Unehrlichkeit, Stehlen, Betrugsversuch, um bessere Noten zu erhalten, Veruntreuen, Schwänzen;
- Beziehung zum Lehrer (20%): Beleidigung, Respektlosigkeit, kein Vertrauen, Undankbarkeit für Bemühungen;
- Beziehungen zu Mitschülern (16%): Aggression, mangelnde Hilfeleistung;
- Disziplin (13%): Störungen massiver Art.

In Anlehnung an Lantermann (1980) könnte man interpretieren: stark negative Gefühle entstehen in Situationen, die vorwiegend als negativ instrumentell und nicht beeinflußbar wahrgenommen werden. Die Ursachen für die Situationen waren den Lehrern meist nicht bekannt. Daraus resultierte Spannung, Unsicherheit. Meist erfolgte externale Attribuierung (Faulheit, Egoismus, ...); internale lediglich im Sinne von „Nebenursache". Im Unterschied zu Ärger, wo Ursachen bekannt waren und prinzipiell als kontrollierbar betrachtet wurden, schien bei Enttäuschung eine Kontrollierbarkeit nicht gegeben.

Das Gefühl der Überraschung trat bei Prawat u.a. (1983) dann auf, wenn „unerklärliche" Ergebnisse auftauchen, wie sie in einer vollständigen experimentellen Kombination (und wohl auch in der Praxis) zustande kommen. Es überrascht nicht, daß Erfolg trotz niedriger Begabung und mangelnder Anstrengung, und Mißerfolg bei hoher Begabung und ebensolcher Anstrengung überraschen.

Die Zahl der vorliegenden Untersuchungen zum Thema Lehrergefühle ist insgesamt gering. Jede für sich hat zudem Schwächen. Die Studie von Weidenmann (1978) ist empirisch kaum als gehaltvoll zu bezeichnen. Aus der Untersuchung von Randoll (1981) können wegen ihres retrospektiven Charakters keine Kognition-Emotion-Zusammenhänge gefolgert werden. Außerdem bedingt das Zurückliegen der Ereignisse eine Verblassung der Gefühle. So enthält die Studie möglicherweise mehr generalisiertes Wissen der Lehrer über Gefühle, ihre Schemata zu bestimmten Gefühlskategorien. Das Erkenntnisinteresse von Wagner u.a. (1981) richtete sich nicht primär auf die Identifikation und Unterscheidung von Gefühlen und ihrer Lokalisierung im Rahmen der Handlungssteuerung. Die Arbeit von Prawat u.a. (1983) zeichnet sich schließlich durch starke Künstlichkeit aus.

Die Zuordnung von Gefühlen zu Kognitionen im Prozeß der Handlungssteuerung schließt nicht aus, daß Gefühle mehrfach bedingt sein können. So kann z.B. die angstauslösende Antizipation eines Mißerfolgs mehrere modellspezifische Ursachen haben:

1. zu wenig Handlungsmöglichkeiten sind verfügbar (Kompetenz),
2. Handlungsentwürfe werden als unwirksam beurteilt,
3. Erfolgsniveau ist zu hoch,
4. die wahrgenommenen Ursachen der Situation werden als unbeeinflußbar diagnostiziert,
5. Unfähigkeit, die Situation oder deren Ursachen zu diagnostizieren.

Wenn eine oder mehrere der genannten Bedingungen gegeben sind, kann Angst eintreten.

Zusammenfassung:

1. Die in der Literatur vorliegenden empirischen Untersuchungen zu Lehrergefühlen wurden meist nicht im Zusammenhang mit einer handlungstheoretischen Orientierung durchgeführt.
2. Verläuft der Unterricht plangemäß, so treten Gefühle der Befriedigung und der Zufriedenheit auf. Dies bezieht sich vor allem auf potentielle Störfaktoren: diszipliniertes, kooperatives Schülerverhalten.
3. Wird ein Vorhaben durch Ereignisse mehrfach blockiert, so tritt Ärger auf. Eine Reihe von Untersuchungen identifizierte Ärgerquellen. Ärger tritt um so stärker auf, je höher die Ärgerbereitschaft der Person ist und je stärker der anderen Person Absichtlichkeit unterstellt wird. Häufiger Ärger kann zum Gefühl von Angst und Hilflosigkeit führen.
4. Positive Handlungs-Ergebnis-Erwartungen sind von Zuversicht und Hoffnung auf Erfolg begleitet, negative erzeugen Angst. Angst als Gefühl enthält die beiden Komponenten Aufgeregtheit und Besorgtheit. Eine Taxonomie von Lehrerängsten läßt sich unter Bezug auf die vier Zielbereiche Qualifikation, Integration, Selektion und Kontakt erstellen. Lehrerangst läßt sich generell erklären aus einem Widerspruch zwischen hohen Ansprüchen und ungenügenden Möglichkeiten, diese zu erreichen. Gemischte Handlungs-Ergebnis-Erwartungen (Zielkonflikte) können zu Schuldgefühlen und Entfremdung führen.
5. Positive Rückmeldungen (Erfolg) lösen je nachdem, auf welche Ursachen sie zurückgeführt werden, Stolz und Dankbarkeit (bei Anstrengung des Schülers) oder Glück und Freude (bei geringer Begabung des Schülers) aus.
6. Bei negativen Rückmeldungen (Mißerfolg) treten je nach Ursachenzuschreibung die Gefühle Ärger (bei hoher Schülerbegabung), Schuld (bei

plötzlichem Absinken von Schüleranstrengung) und Enttäuschung (nach starkem persönlichem Einsatz und bei Kognition von Unbeeinflußbarkeit) auf.

3. Über den Umgang mit Gefühlen

Neuere Auffassungen stellen die regulative Funktion von Gefühlen für das Handeln heraus. Nach Reykowski (1973) treten Gefühle als Regelungsprozesse auf, wenn der Zustand der Person bzw. ihre Beziehung zur Umwelt nicht im Gleichgewicht ist. Gefühle haben die Funktion, das Individuum vorzubereiten, damit fertig zu werden. Scherer (1981) weist darauf hin, daß Gefühle kanalisierend bewerten, Handlungen vorbereiten und diese wiederbewerten. Im letzten Abschnitt ging es um die Wirkungen von Kognitionen und Rückmeldungen (Pfeil e von Abbildung 1) auf Emotionen (Gefühle als abhängige Variable). Hier soll umgekehrt der Einfluß von Gefühlen auf das Denken sowie auf das Verhalten (Pfeil b in Abbildung 1 und 37) thematisiert werden (Gefühle als unabhängige Variable). Gefühle sind nicht Regungen, die aufflackern und wieder verlöschen. Da sie auf die Bewertung von Handlungen bezogen sind, fordern sie auf, Stellung zu nehmen und verarbeitet zu werden. Aus handlungstheoretischer Perspektive kann man vier Klassen von Reaktionen auf Gefühle unterscheiden (vgl. auch Lazarus & Launier, 1978):

1. Das Gefühl signalisiert der Person, daß sie auf dem richtigen Weg ist, sie sieht keine Veranlassung des Neuüberdenkens oder Andershandelns.
2. Die Bewältigung von Gefühlen kann gedanklicher Art sein und z.B. in der Uminterpretation situationaler Gegebenheiten oder emotioneller Symptome bestehen.
3. Das Gefühl löst Nachdenken der Person darüber aus, wie sie durch verändertes Tun mehr Wirksamkeit erlangen kann.
4. Das Gefühl veranlaßt die Person zu verändertem Einsatz, sie nimmt sich vor, mehr (oder weniger) zu investieren.

Im folgenden werden Bewältigungsmechanismen zunächst für *positive,* sodann für negative Gefühle betrachtet. In der Untersuchung von Randoll (1981) wurde mit je fünf Zusatzfragen versucht zu ermitteln, was das berichtete Ereignis für die Person bedeutete und in welcher Weise es ihre Arbeit beeinflußt hat. Für Situationen mit einem Schüler, welche den Lehrer mit außerordentlicher *Befriedigung* erfüllt hatten, wurden relativ wenig differenzierte Antworten auf die genannten Fragen gegeben. Häufig gaben die befragten Lehrer an, daß sie ihr gewohntes Unterrichtsverhalten beibehalten wollten, da es sich bewährt habe und keine Notwendigkeit für andere Maßnahmen bestünde. Das Erlebnis der Befriedigung führte vor allem zu

Reaktionen vom Typus 1, und weniger zu Reaktionen des Registrierens von Folgen, des Nachdenkens und Planens weiterer Konsequenzen. Insgesamt wurden befriedigende Situationen als die Arbeitszufriedenheit steigernd bezeichnet. Ebenso steigerten Situationen der *Freude* die Arbeitszufriedenheit. „Freude" bezieht sich auf eine Kognition, die über einen längeren Zeitraum handlungsrelevant bleibt als „Befriedigung". Aus diesem Grunde kann Freude über einen längeren Zeitraum hinweg immer wieder reaktiviert werden. Obwohl sie ebenfalls bei Bestätigung der Arbeitsweise auftrat, stachelte Freude intensiver zum aktiven Ziehen von Konsequenzen im Hinblick auf künftige Maßnahmen an. Dies bestand vor allem in einer Bereitschaft zu erhöhtem Einsatz, zu stärkerem Bemühen um schwache Schüler, zu mehr Geduld, zu vermehrter Hilfestellung und Vorbereitung, zu mehr Anschauungsmaterial etc. Neben dieser aktivierenden Komponente vom Typus 4 kam auch ein Bestreben zum Ausdruck, Maßnahmen qualitativ zu ändern, vor allem, indem Druck, Kontrolle und Tadel zugunsten von Belohnung, Einsicht, Selbständigkeit und persönlichem Bezug abgebaut werden sollte (Typ 3). Als Bewältigungsmuster vom Typ 2 ist das Ergebnis zu sehen, daß bei positiven Gefühlen eine Tendenz zu internaler Ursachenzuschreibung bestand.

Vor allem in *negativen* Situationen ist die Frage nach dem Umgang mit Gefühlen interessant. Ich gehe auf die drei Gefühle Ärger, Enttäuschung und Angst ein. In der Untersuchung von Randoll (1981) haben wir bei den Gefühlen Ärger und Enttäuschung Hinweise auf produktive Muster des Umgangs mit negativen Emotionen gefunden. Als Reaktionen auf das Gefühl des *Ärgers* wurden zunächst informationssuchende Strategien genannt. Dabei wurden über mögliche Ursachen des Ereignisses nachgedacht und Maßnahmen erwogen, Informationen zu erhalten (über Literatur, Gespräche etc.). Eine weitere Klasse von Reaktionen bestand in der Planung geeigneter alternativer Verhaltensweisen, die für künftige Situationen dieser Art bereitgehalten werden sollten, um ähnliche ärgerauslösende Ereignisse zu vermeiden. Dabei ließ sich sowohl eine Tendenz des Typs 3 zu stärker disziplinierenden Maßnahmen (Druck, Strenge, Kontrolle) als auch eine zu mehr Eigeninvestitionen (interessanter, mehr vorbereiteter Unterricht, Begründung von Forderungen, mehr Erklärungen usw.) feststellen (Typ 4). Die Lehrer verarbeiteten Ärger also durch Rückgriff auf Machtmittel, aber auch durch rationales und konstruktives kritisches Prüfen von Alternativen. Auch Typ 2 kam vor: es zeigte sich eine Tendenz zu externaler Ursachenzuschreibung. Radtke (1983) illustriert anhand von ausgewählten Interviews weitere kognitive Verarbeitungsmuster vom Typ 2, z. B. Absenken des Erfolgsniveaus („Ich hab' mich an die Unruhe gewöhnt", „Ich muß mich schützen gegen zu hohe Ansprüche"), veränderte Situationseinschätzung („Störungen richten sich nicht gegen mich persönlich") (S. 103–104).

Die Lehrer von Randoll (1981) ließen sich nur zum Teil von dem negativen Gefühl des Ärgers zu aggressiven Reaktionstendenzen wie Schimpfen, Rausschmeißen, Stunde abbrechen etc. verleiten, die als Folge von ärgerauslösenden Situationen zu erwarten gewesen wären (vgl. Zumkley, 1981; Mummendey, 1983). Die genannten Befunde widersprechen zum Teil den Überlegungen Lantermanns (1983 b). Dieser nimmt an, daß bei mittlerer Erregung nach einem zielblockierenden Ereignis in der Umwelt das Phänomen der „Zirkularität" auftritt. Zirkularität wird verstanden als eine Form der Handlungskontrolle, bei der in immer gleicher Weise ohne veränderte Analyse der Situation das gleiche Ziel zu erreichen versucht wird. Die Angaben der Lehrer lassen diesen Mechanismus nicht erkennen. Möglicherweise ist die Tendenz nach stärkeren Disziplinierungsmaßnahmen ein Indiz für diese Haltung des „mit dem Kopf durch die Wand rennens".

Auf *Enttäuschung* auslösende Unterrichtssituationen mit einem Schüler reagierten die Lehrer nach ihren Angaben mit drei Klassen von Reaktionen:

- sie beschäftigten sich gedanklich mit dem Problem, indem sie nach den unbekannten Ursachen suchten oder durch Gespräche an klärende Informationen zu kommen hofften;
- sie glaubten, die Ursache für das enttäuschende Ereignis erkannt zu haben und suchten nach Konsequenzen, in Zukunft solche Ereignisse erfolgreich beherrschen zu können (Typ 3). Qualitativ zeigten die erwogenen prophylaktischen Maßnahmen vor allem in Richtung auf stärkere Disziplinierungstechniken und direktivere Vorgehensweisen; oder
- anstatt zu reflektieren, um gegen die Enttäuschung anzugehen, nahmen die Lehrer sie ohne Bewältigungsversuch hin. Sie verloren die Lust am Unterricht und am Beruf, schränkten Initiativen ein, arbeiteten nachlässig und ohne Engagement (Typ 4).

Dies wird durch Ergebnise aus einer quantitativen Studie bestätigt. Kyriacou (1980) hat Lehrer nach der Häufigkeit befragt, mit der sie 33 vorgegebene Verarbeitungsmuster verwenden, um mit beruflichen Belastungen fertigzuwerden. Die Angaben wurden einer Faktorenanalyse unterzogen. Sie führte zu drei Faktoren:

1. Verschieben der Lösung (z.B. nach der Arbeit mit jemandem darüber reden, Gefühle ausdrücken und anschließend darüber nachdenken). Hierbei drückt sich ein Mechanismus aus, den Lantermann (1983 b) mit „Springen" beschrieben hat.
2. Vernünftig Agieren (z.B. die Situation überdenken, Handlungspläne abwägen). Dies entspricht dem Typus 3, dem Erwägen von alternativen Handlungsentwürfen. Hierbei handelt es sich um die am häufigsten angegebenen Reaktionsweisen.
3. An andere Dinge denken (z.B. etwas Genußreiches nach der Arbeit unternehmen, sich mehr zu Hause beschäftigen). Hier überwogen resignati-

ve Reaktionen. Die Aufmerksamkeit wendet sich von belastungserzeugenden weg hin zu anderen Zielen.

Weidenmann (1978) beschreibt die Strategie, *Angst* zu verarbeiten, als Typ-3-Strategie. Bedrohungen im Bereich der Qualifikation wird durch Zwang zur Mitarbeit begegnet, durch Abfragen und Strafe. Bedrohungen im Bereich der Einhaltung des Regelsystems werden durch Einsatz formaler Machtmittel zu verhindern versucht. Die Überlegung, daß ein Zusammenhang zwischen dem Ausmaß besteht, in dem Lehrer ihren Status von den Schülern bedroht sehen und dem Ausmaß, in dem sie eine Kontrollideologie befürworten, die von Strenge und Verboten geprägt ist, war Grundlage einer empirischen Untersuchung von Willower & Lawrence (1979). Die beiden Variablen „student threats" und „pupil control ideology" wurden bei 373 Lehrern mit Hilfe von Fragebögen gemessen. Die Korrelation zwischen den Variablen betrug $r = 0.30$ für die Gesamtgruppe und war signifikant. So konnte die Hypothese bestätigt werden, auch wenn der Anteil an gemeinsamer Varianz mit 10% nicht groß war und wenn eine Kausalinterpretation (die Ausprägung in der Kontrollvariablen ist Folge der Ausprägung der Angstvariablen) nicht zulässig ist. Auch die zusätzliche Hypothese konnte bestätigt werden, daß Lehrer der Sekundarstufe eine stärkere Bedrohung des Status durch ihre Schüler als Lehrer der Grundstufe ansehen und daß sie gleichzeitig auch mehr Kontrolle im Sinne von Einfluß, Macht, Führungskraft, Zügelung usw. für richtig halten. Nicholls (1975, zit. nach Keavney & Sinclair, 1978, S. 288) registrierte die Veränderungen in der Lehrerangst und in der Schülerkontroll-Ideologie über einen Zeitraum eines Sechs-Wochen-Praktikums. In dieser Zeit nahm die Angst signifikant ab, und die kustodialen Einstellungen gegenüber Kontrolle von Schülern nahmen signifikant zu. Die Analyse der auf Tonband aufgenommenen Interaktionen zeigte eine Zunahme autoritärer Einstellungen von der zweiten über die vierte zur sechsten Woche. Möglicherweise ist dies so zu erklären, daß Ängste durch die Anwendung autoritärer Mittel im Zaum gehalten wurden.

Für Weidenmann (1978) sind Versuche der Angstbewältigung durch Einsatz von Machtmitteln untauglich. Sie verfestigen lediglich die objektiven Bedingungen, die Grundlagen für Angststrukturen sind, untermauern die Widersprüche und erhöhen die Bedrohung. Etwa werde durch die Ausübung von Macht das Gewicht der Bedrohung durch respektloses Schülerverhalten noch verstärkt. Auch Keavney & Sinclair (1978, S. 287) zweifeln daran, daß Dogmatismus als Coping-Mechanismus sich auf den Lernprozeß der Schüler positiv auswirkt. Mechanismen der Angstreduktion können auch mentaler Art (Typ 2) sein. Lehrer haben viele Möglichkeiten, Bewertungen vorzunehmen. Erfolgserlebnisse, Zufriedenheit mit der eigenen Leistung, Vorfreude auf den nächsten Unterricht kann sich ein Lehrer fast unabhängig von der faktischen Schülerleistung schaffen. So ist die Bewertung der Handlungs-Ergebnisse recht beliebig („eigentlich ist die Leistung schon ganz gut", „den ganzen Lehrplan kann man sowieso nicht schaffen"); variabel sind die Zensierungsmaßstäbe (wenn ein Lehrer die Notenskala erst festlegt, nachdem er die Schülerleistungen kennt und z.B. darauf achtet, daß der Durchschnitt bei 3,5 liegt, wird er nahezu immer auch ein „sehr gut" und „gut" vergeben). Mit anderen Worten: Lehrer können sich auch ohne ihr Tun zu verändern gegen negative Gefühle schützen. Die Strategie, durch Herabsetzung von Zielen auf Belastungen zu reagieren, wurde auch in experimentellen Untersuchungen nachgewiesen (Krenauer & Schönpflug, 1980). Nach Schönpflug (1983) hängt die Wahl der Bewältigungsstrategie von dem Verhältnis der eigenen Kapazität zur Aufgabenlösung und der durch die Situation gegebenen Anforderung ab. Je mehr die Kapazität die Anforderung übersteigt, desto eher ist mit aufgabenlösenden Strategien zu rechnen. Je mehr die Anforderungen die Kapazität übersteigen, desto wahrscheinlicher sind resignative Reaktionen.

Mit Ängsten, die sich aus Zielkonflikten ergeben, kann umgegangen werden, indem ein Teil konfligierender Ziele ausgeblendet wird. Es ist anzunehmen, daß erfahrene Lehrer mit der Zeit widerspruchsvolle Fernziele ersetzen durch einfacher zu beobachtende und kurzfristig erreichbare, um so einer belastenden und kaum bewältigbaren Streßquelle zu entkommen. Desinteresse an Zielen macht ihr antizipiertes Nicht-Erreichen nicht mehr zur Bedrohung. So wäre es verständlich, wenn viele Lehrer dem leistungsbezogenen Zielkomplex den Vorzug gäben und versuchten, die sozialorientierten Zielvorstellungen mehr nebenbei mitzuverwirklichen. Die Abkehr von der pädagogischen Rolle hin zum Fachmann für Stoffinhalte kann so gedeutet werden (vgl. Kapitel 10).

Sowohl positive als auch negative Gefühle lösen also bei Lehrern und Lehrerinnen kognitive Verarbeitungsprozesse aus, welche im Suchen nach neuen Verhaltensweisen liegen. Ein erhöhter Lehrereinsatz wurde vor allem bei Freude und Ärger beabsichtigt. Nach Freude wurden vorwiegend Handlungsentwürfe vom Typus des Helfens und des Verständnisses vorgenommen. Nach Enttäuschung vorwiegend solche vom Typ der Disziplinierung und Kontrolle. Nach Ärger wurden alle Formen des Handelns in gleicher Weise kritisch geprüft. Doch müssen diese Aussagen über Gefühle als unabhängige Variable mit Vorsicht betrachtet werden. Ihre theoretische und empirische Basis ist schwach.

Zusammenfassung:

1. Es werden folgende Formen der Auseinandersetzung mit Gefühlen und den sie bedingenden Ereignissen unterschieden: Bestätigung des Verhaltens, gedankliche Uminterpretation situationaler Gegebenheiten und

emotionelle Symptome, Vornahme erhöhten oder geringeren Einsatzes, Erwägen von alternativen Handlungsentwürfen.

2. Befriedigung auslösende Ereignisse werden vor allem als Bestätigung eigenen Verhaltens aufgefaßt. Freude führt zu erhöhtem Einsatz.
3. Auf Ärgergefühle wird mit verschiedenen Mechanismen reagiert: Suchen von Informationen über mögliche Ursachen des ärgerauslösenden Ereignisses, Verschieben der Lösung, stärkerer Einsatz, mehr disziplinierende Maßnahmen. Enttäuschung führt außerdem zu resignierenden Reaktionen. Angst kann zu verstärkt kontrollierendem Verhalten und kustodialen Einstellungen führen. Außerdem wird ihr wahrscheinlich mit kognitiven Verarbeitungsstrategien begegnet, wie z.B. das Absenken des Erfolgsniveaus, externale Zuschreibung von Problemen, Ausblenden von Zielen, welche mit anderen in Widerspruch stehen.

4. Zur Zufriedenheit mit der Tätigkeit als Lehrer

Lehren und Unterrichten ist eine Tätigkeit, die eine große Zahl verschiedener Gefühle mit sich bringt. Positive und negative Gefühle wechseln sich ab. Gefühle werden aufgegriffen und verdrängt. Verschiedene Lehrer reagieren emotional unterschiedlich. Negative Gefühle können anspornen oder auch entmutigen. Gefühle verdichten sich zu einer allgemeinen Stimmung, zu einer emotionalen Einstellung zum Lehrerberuf. Allgemeine Arbeitszufriedenheit wird hier aufgefaßt als Ergebnis des Umgangs mit Gefühlen, die auf Einzelhandlungen und Einzelsituationen bezogen sind. Mit Berufszufriedenheit werden nicht Gefühle bezeichnet, die in unmittelbarem Zusammenhang mit konkreten Handlungen entstehen. Sie kann als überdauernde Befindlichkeit interpretiert werden. Sie ergibt sich, wenn die Person ihre situativen Gefühle Revue passieren läßt, sie gleichsam alle aufaddiert, gewichtet und so etwas wie einen Mittelwert oder eine Gesamtbilanz bildet. In der Arbeitspsychologie (vgl. Neuberger, 1974) wird Arbeitszufriedenheit als Ergebnis eines Bewertungsprozesses aufgefaßt: die Person bewertet ihre Tätigkeit danach, inwieweit sie für den Einsatz entlohnt, inwieweit sie die eigenen Bedürfnisse befriedigt. Nach Frese (1978) ist für die Arbeitszufriedenheit entscheidend der Begriff der Kontrolle. Die emotionale Bewertung der Arbeit hängt vom Ausmaß ab, in dem die Person Regulationsspielraum und Freiheitsgrade besitzt.

In der Literatur finden sich zur Frage nach der Arbeitszufriedenheit von Lehrern zwei Forschungsstränge, die schwer miteinander zu vereinbaren sind: Zufriedenheitsuntersuchungen und Streßuntersuchungen erbringen gegensätzliche Befunde.

Evidenz für hohe Zufriedenheit. Lehrer geben im allgemeinen recht positive Auskünfte über den Grad ihrer allgemeinen Berufszufriedenheit. Bei Roth (1972) gaben 83% der befragten Lehrer Berufszufriedenheit an, nur 17% gaben eine negative Beurteilung ab. Knight-Wegenstein (1973) stellte fest, daß 76,5% der befragten Lehrer ihren Beruf gerne ausüben. Merz (1979) arbeitete mit mehreren Skalen, die neben der allgemeinen Berufszufriedenheit auch verschiedene Teilzufriedenheiten erfaßten: mit dem Schulleiter, den Kollegen, der Schulausstattung, der Besoldung, der beruflichen Belastung etc. Angesichts hoher Zuverlässigkeiten der Skalen kann man davon ausgehen, daß relativ stabile emotionale Bewertungen der Lehrertätigkeit gemessen wurden. Die befragten Lehrer zeigten sich im allgemeinen recht zufrieden mit ihrer Arbeit. Den größten Anteil an der Gesamtzufriedenheit hatte bei Merz die emotionale Bewertung der beruflichen Tätigkeit. Sie band 61% der Gesamtberufszufriedenheits-Varianz. Die hohe allgemeine Berufszufriedenheit von Lehrern legt die Vermutung nahe, daß negative Gefühle nicht so häufig, intensiv, langandauernd und unbewältigbar auftreten, daß sie die gesamte berufliche Tätigkeit überschatteten. Der wiederholt aufgetretene Befund, daß die Arbeitszufriedenheit mit dem Alter ansteigt (z.B. Roth, 1972) könnte auf subjektiv erfolgreichen Umgang mit negativen Gefühlen hinweisen. Auch die längsschnittliche Untersuchung von Lehrersorgen durch Fuller (1969) bestätigt die Annahme einer eher positiven Entwicklung. In die Arbeit gingen Interview- und Fragebogendaten ein. Wöchentliche Treffen wurden organisiert, in denen unter Zusicherung der Vertraulichkeit über beliebige Themen geredet werden konnte. Eine Reihe zusätzlicher Erhebungsmethoden sicherte eine umfassende Erfassung von Lehrergedanken über problematische Aspekte ihres Berufes.

Beim Vergleich der Daten über die Zeit vom Studienbeginn bis ins höhere Dienstalter wurde eine systematische Veränderung festgestellt. Fuller unterschied zwischen drei Phasen: I. Beschäftigung mit sich selbst. II. Beschäftigung mit sich selbst als Lehrer. III. Beschäftigung mit Schülern. Die erste Phase ließ sich bei Studenten beobachten. Sie hatten keinerlei konkrete Befürchtungen im Hinblick auf ihre zukünftige Rolle als Lehrer. In der Phase der ersten Unterrichtserfahrungen standen Fragen nach der eigenen Person im beruflichen Kontext im Vordergrund. Konkrete Beispiele sind: die Kontrolle über die Klasse haben, den Unterrichtsstoff beherrschen, seinen Platz innerhalb der Machtstruktur der Schule finden. In der dritten Phase traten die Schüler in den Mittelpunkt der gedanklichen Beschäftigungen. Lernen die Schüler, was ich unterrichte? Wie kann ich mich als Lehrer verbessern? sind die Sorgen, die sich nach Fuller reife Lehrer machen. Eine reifere Phase tritt erst dann auf, wenn die vorhergehende überwunden ist. Nicht jeder Lehrer tritt in die dritte Phase ein. Mit zunehmender Berufserfahrung erhöht sich die Wahrscheinlichkeit, von einer Stufe auf die nächste überzugehen. Der Übergang von Phase II zu III wird als schwierig angesehen. Manche Lehrer verbleiben in der zweiten Phase, wenn sie versuchen, die Ängste um die eigene Person abzuwehren. Ähnlich wie Fuller sieht Katz (1972) in der Entwicklung von Lehrern eine Stufenfolge zu größerer Reife. Sie unterscheidet die vier Phasen: Überleben (1. Jahr), Konsolidierung (2. Jahr), Erneuerung (3. Jahr), Reife (4. Jahr).

Evidenz für hohe Belastung. Weidenmann (1981, S. 272) schreibt dem Lehrerberuf „partielle Kontrolle“ zu. Einerseits besteht viel Freiheit in der Gestaltung der Arbeit in bezug auf ihre Organisation, Zielsetzung und Bewertung. Zum anderen ist das Produkt der Arbeit (der Lernerfolg) weitgehend unter der Kontrolle des Schülers. Gerade solche partielle Kontrolle könne als besonders belastend erlebt werden. Die Arbeit des Lehrers findet unter Bedingungen räumlicher und sozialer Dichte statt. Diese führt dann zu Streß, wenn damit eine Verringerung persönlicher Kontrolle verbunden ist (vgl. Schulz-Gambard, 1983, S. 186). Nach Umfragen fühlen sich Lehrer in ihrem Beruf stark belastet. Bei Knight-Wegenstein (1973) gaben 87,6% der befragten Lehrer an, sich überbeansprucht zu fühlen. In einer Saarbrükkener Untersuchung gab ein hoher Prozentsatz an, sich durch den Unterricht physisch und psychisch stark belastet zu fühlen, obwohl gleichzeitig 80% sich mit ihrer beruflichen Situation zufrieden zeigten (aus Laski, 1980, S. 25). Erschöpfung, Hoffnungslosigkeit und Überdruß können Symptome langandauernder erfolgloser Versuche sein, mit negativen Gefühlen, die aus zielblockierenden Ereignissen, Mißerfolgen, mangelnder Wahrnehmbarkeit von Erfolgen, Handlungsunwirksamkeit und Zielkonflikten entstehen, fertig zu werden. Aronson u.a. (1983) nennen dieses Überdruß-Syndrom den Zustand des „Ausbrennens“. Vor allem Vertreter sozialer und helfender Berufe scheinen von diesem Syndrom gefährdet zu sein. Als Ursache sehen die Autoren das fortgesetzte Erlebnis minimaler Anerkennung für größte Bemühungen und Anstrengungen. Diese Erlebnisse wirken sich besonders bei ideal denkenden und engagierten Menschen aus. Die drei Komponenten von „Ausbrennen“ sind: körperliche Erschöpfung (Ermüdung, Verspannung der Muskulatur, psychosomatische Beschwerden wie Kopfschmerzen, Schlafschwierigkeiten), emotionale Erschöpfung (emotional ausgehöhlt, reizbar, unzufrieden, entmutigt), geistige Erschöpfung (unfähig, minderwertig, versagend). Solche Menschen entwickeln anderen Leuten gegenüber negative Einstellungen. Eine Reihe von Untersuchungen befaßte sich mit dem Phänomen des Ausgebranntseins speziell bei Lehrern. Dabei wurde u.a. ein Fragebogen benutzt, der drei Subskalen enthielt: emotionale Erschöpfung, Depersonalisation und persönliche Erfüllung (Maslach & Jeckson, 1979). Lediglich Fluglotsen und Ärzte scheinen stärker der Gefahr des Ausbrennens ausgesetzt zu sein als Lehrer (Lynch, 1981). Das Ausbrennen bei Lehrern kann in drei Phasen verlaufen (Schwab

& Iwanicki, 1981): zunächst überwiegen Gefühle der Erschöpfung, dann gesellen sich negative Einstellungen Schülern gegenüber hinzu, und schließlich treten Gefühle mangelnder Erfüllung auf. Nicht alle Lehrer weisen dieses Syndrom in gleicher Weise auf. Das Ausmaß hängt von einer Reihe von äußeren und psychologischen Variablen ab. Insbesondere korreliert die Höhe des „Ausbrennens" mit Ambiguitätsintoleranz und externaler Kontrolle (Fielding, 1982; McIntyre, 1982). Auch die „Überlebensraten" sprechen eine deutliche Sprache. Nach fünf Jahren waren in einer amerikanischen Untersuchung nur mehr knapp 50% all jener im Schuldienst, die ihn begonnen hatten. Dies war nur zum geringen Teil auf den Anteil weiblicher Lehrer zurückzuführen (Mark & Anderson, 1978). Über die möglichen Ursachen vorzeitiger Berufsaufgabe kann eine interessante diskriminanzanalytische Untersuchung von Chapman (1984) Auskunft geben. Lehrer, die innerhalb von fünf Jahren aus dem Lehrberuf ausstiegen, unterschieden sich von Weiterarbeitenden vor allem in der Güte der Verwertung pädagogischer Erfahrungen. Offenbar führten bei ihnen die Bewältigungsversuche der beruflichen Belastungen zu keinem Erfolg, so daß sie diese einschränkten (Schönpflug, 1983) und den Beruf verließen. Ob sie dabei nicht neue Probleme generierten, ist freilich die Frage.

Wie können diese widersprüchlichen Befunde erklärt werden? Zunächst sind Bedenken gegenüber den Fragebogen-Ergebnissen angebracht. Angaben über die allgemeine Zufriedenheit sind abhängig von der augenblicklichen Stimmung (Schwarz & Clore, 1983). Und auf Fragen nach Problemen/Belastung antworten Lehrer möglicherweise nicht nur für sich selbst, sondern auch für die ganze Berufsgruppe. Sie wollen dabei möglicherweise dem öffentlichen Bild vom gemütlichen Lehrerberuf entgegenwirken. Außerdem ist geteiltes Leid halbes Leid. Zum anderen kann Zufriedenheit eine Pufferfunktion für das Streßerleben besitzen: man gibt sich zufrieden, um sich die Belastung nicht dauernd vor Augen halten zu müssen. Zeitweilige Belastungen können weiter auch als Herausforderung erlebt werden, als Aktivierung, ohne die ein Beruf Langeweile und Monotonie erzeugen könnte. Außerdem entsteht Glück und Zufriedenheit als allgemeine Befindlichkeit u.a. aus Kontrasten. Negative Erfahrungen können die Zufriedenheit erhöhen. Strack u.a. (1984) konnten zeigen, daß dies gilt, und zwar unter der Randbedingung einer zeitlichen Distanz zu den negativen Ereignissen. Die Lebenszufriedenheit war höher, wenn das negative Ereignis in der Vergangenheit lag: gehabtes Unglück erhöht das Wohlbefinden. Außerdem zeigte sich der Kontrasteffekt dann, wenn das Nachdenken über das Ereignis in abstrakter statt in bildhafter Weise erfolgte. Möglicherweise betrachteten die Lehrer zum Zeitpunkt der Zufriedenheitsangaben ihre Probleme als zurückliegend. Der Lehrerberuf enthält schließlich noch eine Reihe anderer vorteilhafter Aspekte. In einer Untersuchung von Redmann (1975) überwogen unter den angegebenen Motiven, die den Lehrerberuf als erstrebenswert erscheinen lassen, freie Gestaltung und Zeiteinteilung der Arbeit, vielseitige, abwechslungsreiche Arbeit, keine Fabrik, kein Büro, Zeit für andere Interessen, gute Bezahlung.

Es scheint weder angebracht, die positiven Seiten des Lehrerberufes und die hohe Gesamtzufriedenheit der Lehrer hervorzuheben, noch Streßfaktoren und Belastungen überzubetonen, wie es die „burn out"-Forschung tut. Die Gefühle von Lehrern sind variabel, vielfältig und zwiespältig. Erziehung ist durch zwei Hauptdilemmata ausgezeichnet: durch den Widerspruch zwischen dem Beeinflussen-wollen und den Widerständen im zu beeinflussenden Partner, ein Widerspruch, der auch als Dilemma zwischen Erziehen-können und nicht Manipulieren-wollen beschrieben werden kann. Das zweite Dilemma läßt sich als Widerspruch zwischen der Tätigkeit des Erziehens, welche sich in der Gegenwart abspielt und der Wirkung dieser Tätigkeit kennzeichnen, die grundsätzlich in einer zeitlich sowie örtlich weit entfernten und kaum einsehbaren Zukunft gelegen ist. Es sind wohl gerade jene Lehrer, die ihren Beruf aus Engagement ausüben und deshalb damit zufrieden sind, die gleichzeitig unter den Widrigkeiten und den Grunddilemmata, die der Beruf mit sich bringt, leiden.

Insgesamt ist das Zusammenspiel zwischen Kognitionen, Gefühlen und Tun bei Lehrern noch ungeklärt. Vorhersagen darüber, wie ein einzelner Lehrer wann welche Gefühle erlebt und wie er damit umgeht, können nicht gemacht werden. Ursachen von Gefühlen in der Lehrertätigkeit können auch außerhalb liegen, z.B. in der Ehe (vgl. Ulich u.a., 1983, S. 210). Der Umgang mit einem Gefühl bzw. der zugrunde liegenden Situation kann den Umgang mit anderen Gefühlen/Situationen erleichtern oder erschweren. Komplexere Verläufe können nur mit Hilfe von Prozeßanalysen untersucht werden.

Zusammenfassung:

1. Allgemeine Arbeitszufriedenheit als überdauernde Stimmung wird aufgefaßt als Ergebnis des Umgangs mit Gefühlen, die auf Einzelsituationen bezogen sind.
2. Viele Lehrer zeigen sich mit ihrem Beruf hoch zufrieden. Sie bewerten ihre Tätigkeit emotional positiv.
3. Gleichzeitig geben viele Lehrer an, sehr belastet zu sein. Langandauernde erfolglose Versuche, mit negativen Gefühlen befriedigend umzugehen, können das Syndrom des „Ausgebranntseins" bewirken. Es besteht zunächst in körperlicher, emotionaler und geistiger Erschöpfung, dann treten negative Einstellungen gegenüber Schülern hinzu, schließlich treten Gefühle mangelnder Erfüllung auf.
4. Die gedankliche und gefühlsmäßige Auseinandersetzung von Lehrern mit

ihrem Beruf über die Zeit, läßt sich weder als Entwicklung zu immer größerer Reife, noch zu immer stärkerem Leiden adäquat beschreiben. Der Lehrerberuf ist konflikthaft angelegt. So werden auch die Gefühle und die darauf bezogenen Befindlichkeiten immer zwiespältig sein.

12. Kapitel

Die Rolle des Lehrers in Schule und Gesellschaft: Individuum und System

Schule ist mehr als ein Ort, an dem Erziehung und Unterricht stattfindet. Es ist nicht einfach ein Gebäude, in dem ein Klassenzimmer die örtlichen und materiellen Voraussetzungen dafür schafft, daß sich Lehrer und Schüler begegnen, um Erziehungs- und Lehr-Lernprozesse zu veranstalten. Schule ist vielmehr ein soziales System, das nach seiner Binnenstruktur zu befragen ist und das auch Außenbeziehungen zu anderen gesellschaftlichen Systemen unterhält. Eine Analyse der Lehrerhandlung muß den Einfluß des Schulsystems auf Lehrerkognitionen behandeln (Pfeil f in Abbildung 1 auf Seite 8). Das analyseleitende Handlungsmodell sieht gesellschaftliche Faktoren nicht direkt als das Erzieherverhalten steuernd an. Natürlich sind viele Lehrertätigkeiten direkt und unvermittelt Ausdruck gesellschaftlicher Rahmenbedingungen: rechtzeitiger Unterrichtsbeginn, Führen von Klassenbüchern, Pausenaufsicht, Schreiben von Zeugnissen. Doch interessiert hier mehr, wie gesellschaftliche Faktoren kognitiv vermittelt werden, wie sie vom Lehrer in seine Gefühle, Überlegungen und Entscheidungen über unterrichtliches Verhalten im Unterricht einbezogen werden. Lehrerkognitionen sind Ausdruck dafür, wie Lehrer ihre *berufliche Aufgabe* sehen, welches Wissen sie darüber besitzen, wie sie damit umgehen und wie sie mit ihrer Aufgabe fertig werden. In diesen Kognitionen sind personale, soziale und gesellschaftliche Anteile untrennbar miteinander verwoben.

1. Die Regeln, denen Lehrer sich innerhalb der Organisation Schule ausgesetzt sehen, werden als *Forderungen* bezeichnet, denen sie sich stellen müssen. Forderungen sind Spezifikationen von Dienstaufgaben. Sie können mit Hilfe rechtlicher und sozialer Sanktionen durchgesetzt werden. Im ersten Abschnitt dieses Kapitels werden objektive Forderungen des Schulsystems auf das Lehrerhandeln und die Reaktionen der Lehrer darauf diskutiert.

2. Ansprüche, die an das Lehrerhandeln von spezifischen Bezugsgruppen herangetragen werden, werden als *Erwartungen*[9]) aufgefaßt. Ihnen kann

9) Der Begriff der Erwartung wird hier im Sinne von „Norm“ verstanden. Er bezeichnet, was sein sollte, was richtig oder falsch ist. Er ist nicht zu verwechseln

durch soziale Sanktionen in unterschiedlicher Weise Nachdruck verliehen werden. Im zweiten Abschnitt wird beispielhaft auf die Erwartungen und Wünsche eingegangen, die Schüler von ihren Lehrern besitzen. Zwischen und innerhalb von Forderungen und Erwartungen können *Widersprüche* bestehen. Welcher Art diese Widersprüche sind, in welchem Ausmaß sie als Konflikte erlebt werden und in welcher Weise darauf reagiert werden kann, wird abschließend besprochen.

1. Die Stellung des Lehrers innerhalb der schulischen Hierarchie

Was Lehrer tun, bleibt nicht unbeeinflußt davon, wie Schüler darauf reagieren, welche Erwartungen sie an Lehrer herantragen, wie sie ihre Rolle verstehen, welche Wünsche sie haben. Die primären Interaktionspartner des Lehrers sind seine Adressaten, die Schüler. Daneben sind es innerhalb des Binnenraumes einer Schule noch weitere Gruppen, die Anforderungen stellen: die Schulleitung, die Kollegen und der Hausmeister bzw. das übrige Verwaltungspersonal. Die gesamte Schulorganisation greift darüber hinaus. Sie enthält noch die Schulverwaltungs- und Schulaufsichtsbehörden. Es herrscht Unklarheit darüber, welchem Typus von Organisationen das Schulsystem zuzurechnen sei (vgl. Niederberger, 1984, S. 13). Eine Reihe von Beobachtern sind der Ansicht, daß die Schulwirklichkeit mit dem Modell der Verwaltungsbürokratie beschrieben und erklärt werden könne (z.B. Vogel, 1977). Dieser Vergleich scheint jedoch nur in Teilbereichen zutreffend zu sein. Andere Autoren sehen die Schule als typischen Dienstleistungsbetrieb, dessen Dienstleistung die Sozialisation der Heranwachsenden ist (z.B. Bidwell, 1965; Luhmann, 1969). Denn die schulische Kommunikation ist nicht ausschließlich von Zwängen dominiert, sondern wird auch vom freien Willen von Lehrern und Schülern zur gegenseitigen Verständigung getragen. Doch ist es auch problematisch, die Schule mit dem Organisationstyp des Dienstleistungsbetriebs zu vergleichen, dessen Erfolg nicht nur von der Überzeugungskraft des Verkäufers, sondern entscheidend von der Zustimmung des Kunden abhängt. Ist doch die Kommunikation zwischen Lehrer und Schüler viel asymmetrischer als es das Bild von Anbieter und Abnehmer zuläßt. Wahrscheinlich entsprechen die Interaktionen zwischen Lehrer und Schüler ebensowenig dem Schema von Verkäufer–Käufer wie jenem bürokratischer Organisationen (Leschinsky, 1976,

---

mit dem deskriptiven Erwartungsbegriff, in dem eine Aussage über die Realität enthalten ist (Situations-Folge-Erwartungen, Kapitel 8, Handlungs-Ergebnis-Erwartungen, Kapitel 9).

S. 317). Katz & Kahn (1966) ordnen Schulen wie Krankenhäuser und Kirchen dem Typus der „Instandhaltungs-Organisation" zu. Sie zeichnen sich durch Dezentralisierung und Autonomie aus. Ähnlich hat Bulla (1982) vorgeschlagen, die Schule als „front-line"-Organisation zu betrachten. Die drei konstitutiven Elemente dieser Art von Organisationen sind: 1. Der Lehrer ist eine relativ autonom-operative Einheit. Er ist Träger des unmittelbaren Arbeitsprozesses. 2. Der Lehrer nimmt seine Aufgabe unabhängig von den anderen Lehrern wahr. 3. Eine direkte Kontrolle der Lehreraktivitäten ist erschwert. Damit ist ein Konzept gegeben, das sich gut zum Bürokratiemodell kontrastieren läßt, aus dem sich empirisch prüfbare Hypothesen ableiten lassen.

Was sind zunächst die Prinzipien der Verwaltungsbürokratie? Die Verwaltungsbürokratie möchte ihre maximale Leistungsfähigkeit u.a. durch die folgenden idealtypischen Merkmale erreichen (vgl. Combe, 1971, S. 116). Die Mitglieder der Organisation müssen sich nach einem vorgeschriebenen Satz von Regeln, Pflichten und Kompetenzen richten. Die Entscheidungsbefugnisse konzentrieren sich auf die oberen Ränge. Die unteren Ränge haben Exekutivfunktion. Die Positionen sind hierarchisch verteilt. Autorität wird geschaffen durch ein System von Über- und Unterordnung. Positive und negative Sanktionen werden vorgesehen und angewendet, um die Mitglieder an die Organisation zu binden.

Was ergibt sich dagegen aus dem Modell der schulischen „front-line-Organisation"? Bulla (1982) beschreibt die Problemkreise: da die Lehrer autonom operierende Einheiten darstellen, ergibt sich die Notwendigkeit der Koordination und Integration der Aufgaben und Arbeitsprozesse zur Erfüllung der gemeinsamen Ziele. Da die Lehrer unabhängig voneinander operieren, besteht die Gefahr der Individualisierung und Isolierung der Lehrerarbeit und ein Mangel an professioneller Kommunikation.

Was ergibt sich daraus für den Einfluß schulischer Organisation auf Denken und Handeln von Lehrern? Begreift man Schule als Bürokratie, müßte das Lehrerdenken zum großen Teil auf äußere Regeln rückführbar sein. Nicht so im Modell der front-line-Organisation. Diese mehr dem Gedanken der pädagogischen Autonomie verpflichtete Vorstellung würde eine weitgehende Unabhängigkeit des erzieherischen Denkens und Handelns von Variablen schulischer Organisation erwarten lassen. Nach welchem Modell ist die schulische Realität zu beschreiben? Im folgenden wird eine kurze Analyse die „objektive" Seite und die Sicht der Lehrer behandeln.

Für das Schulwesen gilt grundsätzlich das Prinzip der klaren und festen Aufteilung der durch allgemeine Regeln definierten Kompetenzen. Ohne Zweifel haben Lehrer bei der Auswahl des Stoffes, der Wahl der Unterrichtsmethode, bei der Leistungsbeurteilung einen nicht unerheblichen und nicht zu unterschätzenden Spielraum. Doch ist die Rolle des Lehrers als Organisationsmitglied rigide definiert und der des unteren Verwaltungsbeamten mit minimaler Entscheidungskompetenz vergleichbar. In den Schulgesetzen der einzelnen Länder ist z. B. sehr genau festgelegt, was in welcher Reihenfolge bei schweren Disziplinverstößen von Schülern zu tun sei (Heck & Tschampa, 1976). In Niedersachsen wurden in sechs Jahren von verschiedenen Kultusministern verschiedener Parteien rund tausend neue Rechts- und Verwaltungsvorschriften erlassen.

Der *Lehrer* ist das unterste Glied in der Verwaltungshierarchie. Eine Entscheidungsbefugnis wird ihm zuerkannt, aber nicht garantiert. „Niemals ist der Lehrer verpflichtet, eine Zeugnisnote oder Versetzungsentscheidung auf Anordnung der vorgesetzten Behörde selbst zu ändern, wenn die Änderung gegen seine Überzeugung verstößt. Es wäre mit der Achtung der ihm zustehenden Beurteilungsfreiheit nicht vereinbar, wollte man dies von ihm verlangen. Die vorgesetzte Dienstbehörde kann die Änderung selbst vornehmen ... der Lehrer muß sich dann mit dieser Entscheidung abfinden" (Heckel & Seipp, 1965[3], S. 168).

Das wichtigste Entscheidungsgremium ist die *Lehrerkonferenz*. In den meisten Schulverwaltungsgesetzen ist die Lehrerkonferenz das Gremium, das die Maßnahmen trifft, die für die Unterrichts- und Erziehungsarbeit der Schule erforderlich sind. In einem Erlaß des hessischen Kultusministeriums, 1962 klingt es sehr apodiktisch. „Die Gesamtkonferenz ... berät und beschließt über alle wesentlichen, den Unterricht und die Erziehung betreffenden Angelegenheiten der Schule" (aus Combe, 1971, S. 123). Die Lehrerkonferenz hat im wesentlichen darüber nachzudenken, wie das auszuführen ist, was vorgeschrieben ist, neue Erlasse und Anordnungen zur Kenntnis zu nehmen und sich über die Formen der Verwirklichung abzusprechen.

Wenn man bedenkt, daß das Schulrecht die Lehrerkonferenz als entscheidendes Gremium betrachtet, dann muß es verwundern, wenn in einer Reihe von Untersuchungen (z. B. Forschungsgruppe „Schulverwaltung und Unterricht", 1983) Konferenzen von Lehrern als pädagogisch belanglos bezeichnet werden, da in ihnen viele überflüssige Verwaltungsangelegenheiten besprochen werden (vgl. Bulla, 1982, S. 73). Im Gegenteil, viele Lehrer beklagen das orientierungslose und isolierte Nebeneinander im Kollegium, den fehlenden Gedankenaustausch und die mangelnde Zusammenarbeit. Kogniziert wird weniger ein Zuviel an Fremdbestimmung als ein Zuwenig an professioneller Kooperation. Teschner (1968) kommt in einer Untersuchung zum Sozialkunde-Unterricht an Gymnasien zu dem Schluß, daß das, was den Unterricht inhaltlich und methodisch bestimme, letztlich durch die Zufälligkeit und Beliebigkeit der persönlichen Interessen und Kenntnisse des Lehrers determiniert sei.

Über der Lehrerkonferenz steht der *Schulleiter*. Er ist an die Beschlüsse der Lehrerkonferenz gebunden, ist aber das vermittelnde Glied zwischen Schule und Aufsichtsbehörde. Der Schulleiter verfügt über Weisungsbefugnis gegenüber den einzelnen Lehrern. Theoretisch könnte er das gesamte dienstliche Verhalten des Lehrers kontrollieren und auch beanstanden. Alle Eingaben von Lehrern an die Schulaufsichtsbehörde müssen über den Dienstweg, d.h. über den Schulleiter gehen. Wie stark der Reglementierungsdruck ist, der von oben auf Lehrer ausgeübt wird, läßt sich erforschen, wenn man Rektoren danach befragt, in welchem Ausmaß sie schulspezifische Regelungen aufgestellt haben (Müller-Fohrbrodt u.a., 1978, S. 152). 54% der Rektoren gaben an, schriftlich fixierte schulspezifische Regelungen für das Verhalten der Schüler zu haben. Die Rektoren gaben an, daß ihnen die Einhaltung aller Vorschriften (Unterrichtsvorbereitung, Aufsichtspflicht, Einhaltung der Zeiten, Notengebung, Disziplin, Einhaltung der Stoffpläne) durchschnitlich wichtig bis sehr wichtig ist. Auch sagten sie aus, die Junglehrer dadurch zu kontrollieren, daß sie sie relativ häufig – einmal pro Monat bis einmal pro Tertial – auf die Einhaltung hinweisen (müssen). Dies könnte ein Hinweis dafür sein, daß sich Lehrer durch viele bürokratische Vorschriften behindert fühlen. Um so mehr erstaunt, daß dies offensichtlich kaum der Fall ist.

Die von der Forschungsgruppe „Schulverwaltung und Unterricht" (1983) befragten 150 Lehrer verschiedener Schularten veranschlagten den direkten Einfluß des Schulleiters auf den Unterricht als relativ gering. Walter (1974) gab Junglehrern eine Reihe von potentiellen Problembereichen vor mit der Bitte, diese auf einer siebenstufigen Skala zu gewichten. Es ergab sich, daß Schwierigkeiten mit Kollegen und Vorgesetzten keine große Rolle spielten. Als problematischer wurden Schwierigkeiten bei der unterrichtlichen Tätigkeit gewertet. Spannungen mit der Schulleitung wurden auch in einer Befragung von Merz (1982) nur von ca. 15% der Grund- und Hauptschullehrer als Nachteile des Lehrerberufes angeführt, Spannungen im Kollegium von 12%.

Die *Schulaufsichtsbehörde* ist die nächste Stufe der Hierarchie. „Der Schulleiter ist verpflichtet, der Schulaufsichtsbehörde unverzüglich, gegebenenfalls fernmündlich, alle wichtigen Vorkommnisse zu berichten" (Allgemeine Hessische Dienstordnung, 1963, aus Combe, 1971, S. 135). Obwohl in einer Untersuchung von Hitpass (1970) 72% der befragten Lehrer die Verhaltensformen des Schulrates als „autokratisch" bezeichneten, glaubten sich 83% dieser Lehrer in der Unterrichtsgestaltung frei. Kein einziger der Befragten fühlte sich hier unfrei. In einer anderen Untersuchung an Grund- und Hauptschullehrern (Lörcher u.a., 1974, zit. nach Müller-Fohrbrodt u.a., 1978, S. 141) wurde die erlebte Belastung für eine große Zahl von Problemen auf vierstufigen Skalen angegeben (1 = macht keine Schwierigkeiten, 4 = macht sehr große Schwierigkeiten). Probleme mit Vorgesetzten, d.h. mit Schulverwaltung, Schulaufsicht und Schulleitung lagen mit einem durchschnittlichen Wert von 2,2 nicht im Bereich großer Schwierigkeiten. Bergmann u.a. (1976) gaben jungen Lehrern Einzelprobleme zu 17 Bereichen vor und ließen diese auf einer siebenstufigen Skala gewichten. Auch hier standen Probleme der Unterrichtsgestaltung an erster Stelle. Solche mit Kollegen, Eltern und Vorgesetzten spielten eine untergeordnete Rolle. In einer neueren amerikanischen Untersuchung (Moore & Hanley, 1982) waren es ausschließlich Fragen, die Unterricht und Schüler betrafen (z.B. Vermitteln von Grundfertigkeiten, Motivierung, Disziplinierung), welche die befragten 600 Grundschullehrer als Gebiete bezeichneten, in denen sie Hilfe benötigten.

Im Gegensatz dazu stehen die Ergebnisse einer Untersuchung von Gahlings & Moehring (1961). Die befragten Lehrerinnen nannten die vorgesetzten Dienstbehörden an zweiter Stelle der berufserschwerenden Faktoren. Ähnliche Ergebnisse brachten die ebenfalls älteren Untersuchungen von Schuh (1962) und Kratzsch u.a. (1967).

Die Schulbehörde verfügt über Möglichkeiten, die Fügsamkeit von Lehrern durch die Androhung von negativen bzw. das In-Aussicht-stellen von positiven *Sanktionen* zu sichern. Das Erreichen des Beamtenstatus ist für viele Lehrer Ziel. Im Unterschied zu anderen auch im Sozialbereich tätigen Berufsgruppen wie Sozialarbeitern und Ärzten sind Lehrer auf den Staat als nahezu einzigen Arbeitgeber angewiesen. Zu den Privilegien als Beamter zählen die Unkündbarkeit, die monatliche Gehaltszahlung, Pensionsanspruch, das Recht auf Beihilfe. Anreiz für diszipliniertes Verhalten und Konformität mit den Regeln können auch sein: die Aussicht auf Beförderung nach dem Seniorenprinzip, regelmäßig steigende Gehälter sowie die Aussicht auf Deputatsermäßigungen bei Übernahme gewisser Pflichten. Die Skala negativer Sanktionsmittel beginnt beim vertraulichen Gespräch unter vier Augen, wo man einem Kollegen bestimmte Verhaltensweisen nahelegt, bis zu ökonomischen Eingriffen. Möglich sind die unangesagte Kontrolle im Unterricht, die Meldung nach oben, die Warnung, der Verweis, Geldbuße, Gehaltskürzung, Versetzung, Entfernung aus dem Dienst, Kürzung des Ruhegehalts, Aberkennung des Ruhegehalts. Der Lehrer kann einem Disziplinarverfahren unterzogen und bestraft werden, selbst wenn ihn ein ordentliches Gericht für dieselbe Tat freigesprochen hat. Lehrer sind innerhalb des Systems Schule Forderungen an ihr Verhalten ausgesetzt, denen durch geeignete Maßnahmen Nachdruck verliehen werden kann. Doch ist auch hier die Situation merkwürdig schillernd. Sanktionen können nur dort greifen, wo Tätigkeiten kontrollierbar sind. Die Auffassung des Schulsystems als einer „front-line"-Organisation (Bulla, 1982) enthält die Annahme, daß die Tätigkeit des Lehrers nicht kontrollierbar ist. Lehrer kognizieren die Tätigkeit für sich selbst als gut kontrollierbar. Sie betrachten die

Rückmeldung, die sie über den Erfolg ihres Tuns erhalten, als durchaus ausreichend (Grace, 1973; Peterson, 1964). Doch von außen sind unterrichtliche Tätigkeiten ungleich weniger kontrollierbar als formale. Wo kaum Kontrolle möglich ist, sind auch Sanktionsmöglichkeiten wertlos. Auch angesichts der oben angegebenen Ergebnisse von Lehrerbefragungen über die Art ihrer Probleme steht deshalb zu vermuten, daß Lehrer sich kaum Druck von oben ausgesetzt fühlen. Die vorliegenden empirischen Belege sprechen weniger für die These, daß sich Lehrer ängstlich an vorgegebenen Richtlinien orientieren, weil sie drohender Bestrafung vor Regelverletzungen gegenüberstehen (vgl. Hänsel, 1975, S. 181), als dafür, daß sie sich relativ frei fühlen bei der Ausübung ihrer beruflichen Tätigkeit.

Die Analyse der Position des Lehrers in der Schule ergibt, daß Lehrer die Schule im allgemeinen nicht als Bürokratie empfinden, obwohl sie zum Teil so strukturiert ist. Die Reglementierung ist zwar weitgehend, die Möglichkeit zur Kontrolle ist lückenlos und Sanktionen sind vorgesehen. Doch wird vom Lehrer an seinem Arbeitsplatz Autonomie gefordert bzw. ihm zugestanden. Heckel & Seipp (1965[3]) dürften recht haben, wenn sie meinen, Lehrer handeln innerhalb eines weitgespannten Rahmens schulrechtlicher Vorschriften mit einer Freiheit, wie sie kaum ein anderer Beamter haben kann. Lehrer hätten einen größeren Ermessungsspielraum als der Verwaltungsbeamte. Die Handlungsanweisungen würden nur den formalen Rahmen abstecken, der dann je nach den pädagogischen Erfordernissen der Situation konkretisiert werden könne. So kann man den Lehrer keinesfalls mit einem Verwaltungsbeamten gleichsetzen. Er arbeitet in einer Umgebung von relativer Isolation und funktionaler Autonomie (Dreeben, 1973[2], S. 453).

Insgesamt ist als Ergebnis der Analyse festzuhalten: juristisch ist die Position des Lehrers merkwürdig schillernd und gegensätzlich gekennzeichnet durch eine Mischung aus bürokratischer Bevormundung und Zugestehen von Autonomie. Psychologisch scheinen sich Lehrer kaum als Bürokraten zu fühlen. Selbst bei der Beurteilung von Schülerleistungen sehen sie einen Handlungsspielraum, den ihnen das Schulrecht gewährt und den sie durch die Entwicklung subjektiver Kriterien nutzen (Forschungsgruppe „Schulverwaltung und Unterricht“, 1983). Das front-line-Konzept scheint ein angemessenes Modell zur Beschreibung eines Großteils der Lehrertätigkeit zu sein. Daraus kann jedoch weder gefolgert werden, daß nicht auch Hierarchie-Elemente Denken und Handeln von Lehrern bestimmen, noch, daß die Position des Lehrers in einer front-line-Organisation als rein individuell zu begreifen ist.

Bürokratische Vorschriften können Kognitionen und Verhalten von Lehrern mitbestimmen. Gezeigt wurde lediglich, daß dies von Lehrern kaum gesehen wird und sie es kaum als Belastung empfinden. Möglich ist, daß die schulischen Normen nur zum geringen Teil bewußt wahrgenommen werden. Das Milgram-Experiment (Kapitel 9, S. 292) zeigt dramatisch, in welche „freiwilligen“ Zwänge man sich bei Übernahme einer Rolle begeben kann. Die Übernahme einer Rolle kann das Tun – und über kurz oder lang – auch das Denken verändern, ohne daß es als fremd erlebt wird. Die Bereitschaft, eine Aufgabe auszufüllen, beinhaltet eine Empfänglichkeit für Einwirkungen, die als legitim, ja als hilfreich erlebt werden können. Auch die sozialpsychologischen Befunde zum Konformismus machen wahrscheinlich, daß der Prozeß der Übernahme von fremden bzw. der Angleichung eigener an fremde Kognitionen nicht mit dem Bewußtsein der Einschränkung eigener Freiheiten einhergehen muß.

Über den Zusammenhang von Variablen der schulischen Organisation und Lehrerkognitionen besteht kaum Klarheit. In der Literatur liegen keine ausreichenden Anhaltspunkte darüber vor, wie im einzelnen organisatorische Variablen, Maßnahmen und Bedingungen das erzieherische Denken und Handeln von Lehrern beeinflussen. Daß solche Variablen wirksam sind, läßt eine Untersuchung von Perkins (1978) vermuten. Darin wurden 958 amerikanische Grundschullehrer befragt, wie sie 14 verschiedene Variablen der schulischen Umwelt sehen, u. a. auch verwaltungstechnische Praktiken. Gleichzeitig wurden deren 3703 Schüler mit verschiedenen Leistungstests gemessen sowie deren durchschnittliche tägliche Anwesenheit festgestellt. Als Ergebnis zeigte sich, daß die meisten Variablen der schulischen Umwelt, wie sie von den Lehrern wahrgenommen wurden, mit den Testwerten korrelierten. Doch spiegelte sich das Ausmaß, in dem die Lehrer die Verwaltung positiv beurteilten, nicht nennenswert in den Schülerwerten wider. Offensichtlich können sich organisatorische Maßnahmen über Lehrerkognitionen auf Schülervariablen auswirken.

Die Einbindung in das schulische System dürfte sich am ehesten in den Zielvorstellungen von Lehrern niederschlagen. Doch liegen gesicherte Befunde darüber, welche Ziele Lehrer als Forderungen kognizieren und wie sie sich damit auseinandersetzen, nicht vor. Sie scheinen im allgemeinen recht homogene Zielvorstellungen zu besitzen und sich dieser Tatsache auch bewußt zu sein (Brandtstädter & Krampen, 1979).

Die Einflüsse der Organisationsstruktur auf Kognitionen der in ihnen arbeitenden Menschen läßt sich empirisch – wenn man von schwer arrangierbaren experimentellen Vorgehensweisen absieht – nur analysieren, wenn es Schulen gibt, die sich in ihrer Organisationsstruktur unterscheiden. Liegen solche Unterschiede vor, dann können diese beschrieben und Hypothesen darüber abgeleitet werden, welche Auffassungen bei den darin tätigen Personen auftreten könnten. Korrelative Zusammenhänge können interpretiert werden. Ich kenne nur eine – ältere – Untersuchung, die in dieser Weise vorgegangen ist. Soles (1964) identifizierte zwei Gruppen von

Schulen, die sich im Ausmaß ihrer „formalen Arbeitsstruktur" unterschieden. Zur Unterscheidung formaler Arbeitsstrukturen wurde primär der „curriculum-scheduling plan" der Schulen betrachtet. In Schulen (Typ 1) mit einem „multiple-period type of scheduling" kümmerte sich ein Lehrer um eine Klasse für mehr als nur eine Periode im Hinblick auf zwei und mehr Fächer. Den Gegensatz hierzu bildeten Schulen (Typ 2) mit einem „single-period type of scheduling". Im Untersuchungsdesign wurden die Schulen im Hinblick auf eine Reihe von relevanten Merkmalen sorgfältig parallelisiert und so in anderen als den zu untersuchenden Variablen vergleichbar gemacht. Abhängige Variablen waren Präferenzen für vorgegebene alternative Handlungsentwürfe. Als Ergebnis zeigte sich, daß die Lehrer der Schule von Typ 1 wie vorhergesagt signifikant stärker als die Lehrer der Schule von Typ 2 Aussagen bevorzugten, die in schulischen Situationen den Schülern durch Gruppendiskussionen eigene Einsichten ermöglichen sollten. Gleichzeitig neigten die Lehrer von Typ 2 wie vorhergesagt signifikant stärker als jene von Typ 1 zu Aussagen, in denen Situationen durch direktives Eingreifen und effektives Handling in den Griff bekommen werden sollten. Hinsichtlich der Kognitionen „Regelbetonung" und „Beratungstechniken" konnten erwartete Unterschiede nicht gefunden werden.

Wenn man versucht, Beziehungen zwischen Bedingungen der Schulstruktur und Aspekten der Lehrerkognitionen festzustellen, so kann dies zum Verständnis der Bedingungen von Lehrerdenken beitragen. Die Rolle, die eine Person einnimmt, determiniert vermutlich die Ziele, die sie in der Interaktion verfolgt. Von den Zielen hängt die Verarbeitung von Informationen über die Mitmenschen ab (Jones & Thibaut, 1958). Von der Informationsaufnahme hängt weiter ab, welche Prognosen über zukünftiges Verhalten des anderen ausgebildet werden (Abele, 1983). Brandtstädter u. a. (1979) haben weiter gezeigt, daß Handlungsentscheidungen abhängen von der kognizierten Bewertung der Handlungsalternativen u. a. durch Lehrerkollegen. Schließlich sei noch einmal auf die einschlägigen Ergebnisse des Milgram-Experimentes verwiesen zum Zusammenhang zwischen Forderung und Verhalten.

Die genannten Untersuchungen lassen jedoch Schlußfolgerungen über die allgemeine Aussage hinaus, daß Variablen schulischer Organisation Kognitionen von Lehrern beeinflussen können, nicht zu. Insbesondere machen sie keine Aussagen darüber, welche Variablen mit welchen Lehrer-Kognitionen zusammenhängen.

Zusammenfassung:

1. Die Schule wird oft als bürokratische Organisation beschrieben. Lehrer als Mitglieder dieser Organisation sind an Regeln gebunden, in deren Hierarchie eingegliedert und Sanktionen ausgesetzt. Diese Modellvor-

stellung ist nur für einen Teil von Lehrertätigkeiten zutreffend. Sie bezieht sich vor allem auf die formalen Aspekte der Lehrertätigkeit. Die Interaktion mit Schülern ist eher durch Autonomie, Unabhängigkeit und mangelnde Kontrollierbarkeit gekennzeichnet, Eigenschaften, die „frontline"-Organisationen auszeichnen.

2. Lehrer empfinden im allgemeinen ihr hierarchisches Eingebundensein als lästig, jedoch nicht so sehr als belastend. Sie fühlen sich weitgehend frei von Forderungen im Hinblick auf ihre Unterrichtsgestaltung. Sie scheinen Sanktionen nicht sehr zu fürchten. Sie beklagen eher das isolierte Nebeneinander und die mangelnde Zusammenarbeit.
3. Dennoch kann man nicht davon ausgehen, daß Unterricht völlig von den rein privaten, persönlichen Vorstellungen des einzelnen Lehrers abhängt. Lehrer sind sich möglicherweise der Abhängigkeit ihrer Entscheidungen von Forderungen aus dem System Schule nicht voll bewußt. Untersuchungen zur Frage nach dem Zusammenhang zwischen organisatorischen Variablen und Lehrerkognitionen liegen kaum vor.

2. Die Erwartungen gesellschaftlicher Gruppen an den Lehrer

Die Gesellschaft vertraut dem Lehrer eine ihrer wichtigsten Aufgaben an, die Erziehung und Ausbildung ihrer Kinder. Sie stellt an ihn Erwartungen. Gesellschaft ist nicht ein undefinierbares Ganzes. Sie besteht aus einer Menge verschiedener Gruppen mit unterschiedlichen Interessen und Wertvorstellungen. Jede dieser Gruppen erwartet vom Lehrer, daß er ihre Vorstellungen von Erziehen realisiert. Abbildung 38 zeigt die wichtigsten Bezugsgruppen innerhalb und außerhalb des Bereiches der Schule.

Zur Beschreibung und Analyse der mutmaßlichen Beziehungen, die zwischen Lehrer und gesellschaftlichen Gruppen (vor allem außerhalb der schulischen Hierarchie) bestehen, eignet sich die Rollentheorie. Der Rückgriff auf die Rollentheorie zur Beschreibung individuellen Verhaltens in Abhängigkeit gesellschaftlicher Verhältnisse ist verschiedentlich kritisiert worden (z.B. Kickhöfer, 1982, S. 92f.). Doch liegen tragfähige alternative Konzepte nicht vor. Für Merton (1967), der das Rollenkonzept mit begründet hat, ist der Lehrer der klassische Fall, das Paradigma, an dem Rollenkonflikte expliziert werden können. Die Rollentheorie als Ansatz, den Einfluß von Bezugsgruppen auf Kognitionen des Lehrers zu beschreiben, arbeitet mit folgenden Begriffen:
– die *Position* ist die Stellung, die einem Akteur in einem sozialen System zukommt,
– die *Bezugsgruppe* ist eine gesellschaftliche Gruppe, die mit dem Inhaber einer Position in Beziehung steht,

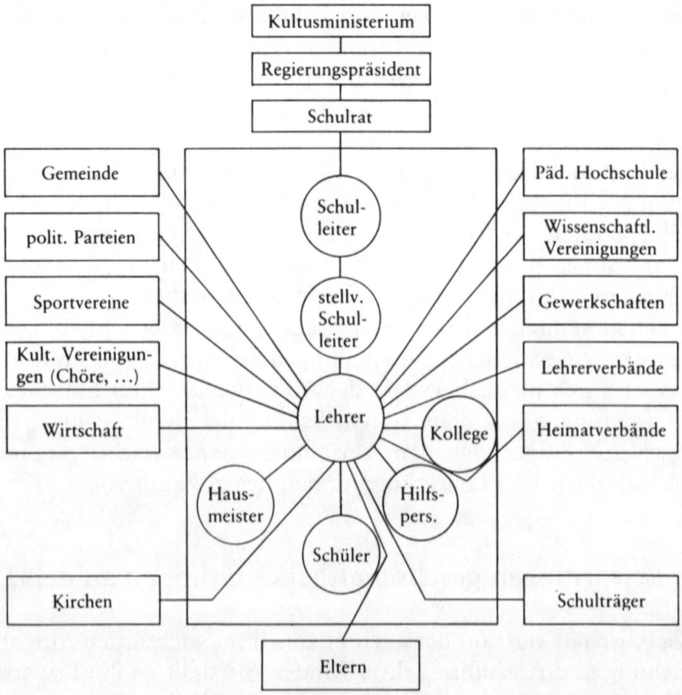

Abbildung 38: Die verschiedenen Bezugspersonen und -gruppen des Lehrers. Die Liste der Bezugsgruppen ließe sich noch erweitern. Auch müßten die Bezugsgruppen noch differenzierter dargestellt werden. Alle wirken direkt und indirekt auf die Lehrerrolle ein (aus Klose, 1971, S. 81).

– die *Erwartung* ist eine Verhaltens- und/oder Wertvorschrift, die von Mitgliedern einer Bezugsgruppe an den Inhaber einer Position gerichtet wird,
– die *Rolle* ist der Satz oder die Menge von Erwartungen, die von Mitgliedern einer Bezugsgruppe an die Inhaber einer Position gerichtet werden,
– *Rollenverhalten* ist jenes Verhalten des Inhabers einer Position, das in Übereinstimmung mit seiner Rolle steht,
– *Rollenset* ist das Netzwerk aller Rollen, mit denen der einzelne in wechselseitige Beziehung tritt,
– *Sanktionen* sind Gratifikationen oder Deprivationen, die eine Bezugsgruppe gegenüber den Inhabern einer Position zur Verfügung hat, um Rollenverhalten herbeizuführen bzw. aufrechtzuerhalten,
– *Rollenkonflikt* ist ein (erlebter) Widerspruch für den Inhaber einer Position, der sich aus bestimmten Unvereinbarkeiten (Inkompatibilitäten) seiner Rolle ergibt.

Lehrerkognitionen werden vermutlich beeinflußt von den Erwartungen, die von relevanten Bezugsgruppen an ihn herangetragen, genauer: vom Lehrer kognizier werden. Die ältere Literatur hat sich eingehend mit der Wahrnehmung von Erwartungen durch Lehrer befaßt (vgl. Sammelreferat von Biddle, 1969[4]). Im folgenden wird beispielhaft auf die Erwartungen eingegangen, die von der Bezugsgruppe der Schüler an die Inhaber der Lehrerposition gerichtet werden. Schüler sind die intensivsten und aus pädagogischer Sicht auch wichtigsten Interaktionspartner für Lehrer. Auch Schüler haben Erwartungen an die Schule, an den Unterricht, an das Lernen, kurz an ihre Lehrer. Inwieweit sie deren Handeln bestimmen, hängt vom Ausmaß ab, in dem sie ihre Erwartungen an den Lehrer herantragen, und von ihren Sanktionsmöglichkeiten. Einstellungen und Erwartungshaltungen der Schüler gegenüber ihren Lehrern sind lange ein stark vernachlässigtes Forschungsgebiet gewesen. Das pädagogisch-psychologische Denken beruhte auf der Prämisse, daß das Verhalten des Schülers im wesentlichen eine Funktion des Verhaltens des Lehrers sei. Die umgekehrte Hypothese, daß Erwartungshaltungen der Schüler sich auf das Verhalten von Lehrern auswirken können, wird weniger beachtet. Taylor (1962, zit. nach Nash, 1978, S. 96) entwickelte Meßskalen für die Ansichten von Schülern über den „guten“ Lehrer, die aus vier Verhaltenskategorien – Unterricht, Disziplin, persönliche Eigenschaften und Organisation – bestehen, aufgrund einer Auswertung von Schulaufsätzen. Mit Hilfe dieser Skalen wurden fast 900 Kinder aus verschiedenen Junior, Secondary Modern und Grammar Schools befragt. Die meisten Kinder schrieben dem „guten“ Lehrer folgende Eigenschaften zu: Festigkeit und Gerechtigkeit, gute Fachkenntnisse, Fähigkeit, schwierige Dinge zu erklären, Hilfsbereitschaft und Aufmunterungsbereitschaft.

Hargreaves (1972, zit. nach Nash, 1978, S. 96), der in seiner Arbeit den größten Teil der einschlägigen englisch-sprachigen Literatur erörtert, gelangt zu ähnlichen Einschätzungen. Schüler schätzten ihre Lehrer nach drei verschiedenen Verhaltensaspekten ein, nämlich nach ihrer Art, für Disziplin zu sorgen, nach ihrem Unterrichtsstil und nach ihrer Persönlichkeit. Was die Disziplin angeht, so bevorzugen Schüler Lehrer, die für Ordnung sorgen, gerecht sind, keine „Günstlinge“ haben und weder übermäßige noch unzureichende Strafen verhängen. Hinsichtlich der Unterrichtsmethode geben die Kinder solchen Lehrern den Vorzug, die den Stoff erklären und helfen, wo es notwendig ist und die ihren Unterricht interessant gestalten. Geschätzt werden Lehrer mit den Eigenschaften heiter, freundlich, geduldig, verständnisvoll, humorvoll und am einzelnen Schüler interessiert.

Die Untersuchung von Nash (1978) erstreckte sich lediglich auf eine einzige Klasse von 12- bis 13-jährigen; jedoch wurden Einzelinterviews mit den Kindern durchgeführt, so daß die Befragung sehr viel intensiver sein konnte als mit der Fragebogenmethode. Jeder Schüler erhielt drei Karten mit dem Namen je eines Lehrers. Man ließ ihn dann die Karten nach dem Kriterium ordnen, ob er mit dem Lehrer „gut zurechtkam“ oder nicht. Beim Interview konnte dann das Kind z. B. antworten: „Frau X (mit der es nicht gut zurechtkommt) und Frl. Y sind verschieden, weil Frl. Y einem mehr hilft. Frau X geht nur auf und ab.“ Hieraus läßt sich ableiten, daß das Kind bei der Wahrnehmung seiner Lehrer das Kriterium „hilfsbereit“ – „nicht hilfsbereit“ verwendet. Die Kinder sollten ganz nach Belieben über die Lehrer sprechen und sie miteinander vergleichen. Die Auswertung der Interviews ergab sechs anscheinend allgemein oder fast allgemein verbreitete Kriterien, nämlich:

1. Hält auf Ordnung	– hält nicht auf Ordnung
2. Bringt uns etwas bei	– bringt uns nichts bei
3. Erklärt viel	– erklärt wenig
4. Interessant	– langweilig
5. Gerecht	– ungerecht
6. Freundlich	– unfreundlich

Alle Kinder waren der Meinung, daß der Lehrer für Ordnung sorgen solle. Die Schüler erwarteten ferner von ihren Lehrern, sich an die Grenzen ihres Faches zu halten. Sie gaben einem Unterricht den Vorzug, der ihnen das Gefühl vermittelte, etwas gelernt zu haben; Diskussionen z. B. sahen sie nicht als richtigen Unterricht an. Man erwartete bei Verständnisschwierigkeiten von den Lehrern Hilfe und Erklärung; unbeliebt waren vor allem Lehrer, die die Schüler aufforderten, „darüber nachzudenken“ oder etwas „selbst herauszufinden“. Geschätzt waren Lehrer, die zügig unterrichteten und die Hauptpunkte des Lehrstoffes klar und verständlich herausarbeiteten. Nur wenige Schüler schätzten es, wenn der Lehrer den Fortgang des Unterrichts ständig durch „störende“ Fragen unterbrach. Das Thema der Gerechtigkeit wurde von allen Schülern angesprochen.

Gerstenmaier (1975) hat eine große Zahl auch deutscher Untersuchungen aufgearbeitet. Er kommt zum Schluß, daß Schüler Wünsche nach affektiver Nähe, nach Leistungsfähigkeit und nach interessantem Unterricht haben. Dies deckt sich mit Ergebnissen aus faktorenanalytischen Untersuchungen zu Beurteilungsdimensionen des Lehrers aus der Sicht der Schüler. Sie lassen deutlich ein „mastery theme“ (Wright and Sherman, 1965) erkennen. Diese Tüchtigkeitsdimension enthält drei Unterfaktoren:

a) er betrifft die fachliche Beschlagenheit des Lehrers,
b) er betrifft die Qualität des Unterrichts und enthält Aspekte wie Spannung, Abwechslung, Motivation, Verständlichkeit, Erklären,
c) er betrifft die Disziplin und Durchsetzungsfähigkeit (Veldman & Peck, 1969; White & Dekle, 1966; Paraskevopoulus, 1968).

Das zweite Thema ist das „love theme". Es zerfällt ebenfalls in drei Unteraspekte und enthält:

a) den Aspekt der Wärme. Schüler beurteilen Lehrer danach, wie menschlich, verständnisvoll und ihm zugeneigt sie sind,

b) den Aspekt der sozialen Kompetenz. Sie fragen danach, ob der Lehrer weiß, was in der Klasse und beim Schüler vorgeht. Kennt er ihre Wünsche, Ängste und Befürchtungen?

c) den Aspekt der Wunscherfüllung. Nimmt der Lehrer auf Wünsche Rücksicht, geht auf Probleme ein, ist er flexibel? (Veldman & Peck, 1963; Achtenhagen et al., 1979; Barkey, 1967).

Inwieweit stehen die Verhaltenserwartungen der ausgewählten Bezugsgruppe mit dem tatsächlichen Verhalten der Positionsinhaber in Übereinstimmung? Folgt man Untersuchungen von Keese (1971), Lüdtke (1973) sowie Grubitzsch & Vogt (1970) über das Bild des idealen und des realen Lehrers aus der Sicht der Schüler, so muß man annehmen, daß das Rollenverhalten von Lehrern im fachlichen Bereich durchaus den Verhaltenserwartungen der Schüler entspricht. Anders ist es beim „love theme". In diesem Bereich der Schülerperspektive bestehen wahrscheinlich die größten Divergenzen mit der Lehrerperspektive. Im Bereich der emotionalen Zuwendung sehen Schüler eine große Diskrepanz zwischen Real- und Wunschbild.

Soweit die Erwartungen der Bezugsgruppe Schüler an das Verhalten der Inhaber der Lehrerposition. Werden diese Erwartungen im Unterricht auch so artikuliert, daß die Lehrer davon Kenntnis erhalten und besitzen? In dem Ausmaß, in dem Unterricht sich mit der Thematisierung von Lehrinhalten beschäftigt und die Beziehungsebene nicht zum Gegenstand der Kommunikation macht, haben Schüler wohl kaum Gelegenheit, ihre Erwartungen an Lehrer diesen gegenüber zu äußern. Nach allem was man weiß, geht Unterricht selten über die Stoffbehandlung hinaus und befaßt sich nicht mit konkreten Fragen der Beziehung. So ist damit zu rechnen, daß Lehrer kaum Gelegenheit erhalten, Erwartungen ihrer wichtigsten Bezugsgruppe, in deren Dienst sie ihr ganzes Tun und Wirken stellen, kennenzulernen. Daß Lehrer über das, was Schüler beschäftigt, wenig Bescheid wissen, geht aus einer Untersuchung von Morton-Williams u.a. (1968, zit. nach Raven, 1973) hervor. Diese haben fünfzehnjährige Schulabgänger gefragt, wie wichtig eine Reihe von Dingen für sie sind. Die Lehrer sollten sagen, wie wichtig diese Dinge für fünfzehnjährige Schulabgänger sind. Die Ergebnisse legen den Eindruck nahe, daß Lehrer nicht immer zutreffende Vorstellungen haben von dem, was Schüler beschäftigt. Sie unterschätzten z.B. die Wichtigkeit beruflicher und familiärer Werte und überschätzten die Bedeutung von Popmusik und Freundschaften erheblich.

Welche Möglichkeiten der *Sanktion* besitzen Schüler, um erwartungsgetreues Verhalten der Lehrer positiv zu bekräftigen und erwartungswidriges zu bestrafen? Zweifellos können Aufmerksamkeit, Interesse, Fleiß als positive Sanktionen aufgefaßt werden. Sie stellen kodifizierte Reaktionen auf normierte Verhaltensweisen dar, bezüglich derer Übereinstimmung in den Erwartungen besteht. Beim Anwenden negativer Sanktionen setzt der Sanktionierende im allgemeinen voraus, daß der Partner seine Erwartungen kennt und sich bewußt oder absichtlich anders verhält. In einem solchen Fall können Sanktionen offen appliziert werden. In der Interaktion mit Lehrern müssen Schüler jedoch davon ausgehen, daß die Lehrer über ihre Erwartungen nicht informiert sind, da darüber nicht kommuniziert wird. Auf welche Sanktionsformen greifen Schüler, wenn überhaupt, zurück? Schüler sind im Gegensatz zu anderen Bezugsgruppen nicht mit sozialer Macht ausgestattet. Twyman & Biddle (1963) glauben, daß die Widersprüche in den Erwartungen zwischen Kognitionen der Schüler und der Lehrer nicht zu einem Problem für Lehrer werden, da sie ohne Sanktionsmöglichkeiten seien (S. 197). Vieles spricht jedoch dafür, daß Erwartungshaltungen der Schüler beträchtlichen Einfluß auf das Verhalten der Lehrer haben können. Die Untersuchung von Nash (1978, S. 102–104) ergab eindeutig, daß die Schüler mit Lehrern, die diesen Erwartungshaltungen nicht entsprachen, nicht zurechtkamen. Nash beschreibt dies an einem Beispiel für den Fall, daß Disziplin- bzw. Gerechtigkeitserwartungen der Schüler auf „offene“ Verhaltensweisen der Lehrer stoßen: Für manche Lehrer können Mißverständnisse über die Art und Weise, wie sich ein Lehrer verhalten sollte, besonders tragisch sein. Liberal eingestellte Lehrer, die sich sehr für ihre Schüler engagieren, aber die herkömmliche Art der Disziplin ablehnen, können ihre Klasse mitunter nicht einmal zu einem Minimum an Mitarbeit veranlassen. Der Lehrer wird als zu „weich“ angesehen. Die Situation ist beim dominierenden und allzu strengen Lehrer fast ebenso negativ. Es gibt kaum Klassen, die sich nicht gegen einen Lehrer, der ungerecht oder brutal vorgeht, auflehnen. Das Arsenal der Sanktionen ist groß: bisweilen arbeiten die Schüler einfach nichts, beantworten keine Fragen und beteiligen sich nicht am Unterricht. Andere Klassen werden mit ungerechten Lehrern in der Weise fertig, daß die ganze Klasse Bleistifte fallen läßt oder gemeinsam summt oder niest, bis sie dem Lehrer das Leben so schwer gemacht hat, daß er vernünftigerweise aufgibt. Schüler haben also sehr wohl Sanktionsmöglichkeiten. Doch besteht die Gefahr, daß diese von Lehrern mißgedeutet werden. Da das Übermitteln von Schülererwartungen nicht Gegenstand regulärer Kommunikation ist, werden auch Schülersanktionen außerhalb regulärer Kommunikation entfaltet. Sie werden – möglicherweise von beiden beteiligten Bezugsgruppen – nicht mit dem erwartungsdiskrepanten Verhalten der Lehrer in Zusammenhang gebracht. Die Gefahr für weitere Mißverständnisse erhöht sich.

So stellt sich die Frage nach dem Einfluß von Erwartungen als relevant kognizierter Bezugsgruppen auf das Denken von Lehrern recht komplex dar. Bei der Beantwortung ist zunächst zu prüfen,

- ob sich die Erwartungen von dem realisierten Rollenverhalten unterscheiden,
- ob sie dem Positionsinhaber zum Ausdruck gebracht (gesendet) werden,
- ob der Positionsinhaber sie intentionsgemäß zur Kenntnis nimmt (erhält), und
- ob Sanktionen möglich sind, eingesetzt werden und vom Positionsinhaber in Zusammenhang mit seinem Rollenverhalten gebracht werden.

Erst nach Klärung dieser Vorfragen kann die inhaltliche Frage gestellt werden, auf welche Bereiche des Lehrerdenkens welche Bezugsgruppen in welcher Weise Einfluß ausüben. Die Erwartungen anderer werden sich über deren Verhalten in der sozialen Interaktion auf die Kognitionen des Lehrers auswirken. Lehrer verarbeiten die Erfahrungen, die sie mit Schülern machen. Insofern kann der Einfluß deren Erwartungen als ein Spezialfall des Lernens aus Erfahrung und Rückmeldung betrachtet werden, wie es in Kapitel 10 behandelt wurde.

Verhaltenserwartungen von Bezugsgruppen treffen beim Positionsinhaber auf eigene Kognitionen sowie auf kognizierte Erwartungen anderer Bezugsgruppen. Unvereinbarkeiten zwischen den Rollen eines Sets können entstehen. Lehrerkognitionen können als Produkt der Art und Weise aufgefaßt werden, wie ein Lehrer Rollenkonflikte erlebt und löst.

Vielfach wird angenommen, daß der Lehrerberuf in besonderer Weise *Rollenkonflikte* in sich birgt. Nach Klose (1971) hat Erziehung grundsätzlich einen intermediären Charakter. Sie ist auf Vermittlung, auf Ausgleich bedacht. Sie vermittelt zwischen

- den Schülern und der Gesellschaft,
- Vergangenheit, Gegenwart und Zukunft,
- verschiedenen Kräften der Gesellschaft,
- Theorie und Praxis,
- Arbeit und Freizeit.

Ein Rollenkonflikt kann dann auftreten, wenn in den Erwartungen, die von Bezugsgruppen an den Inhaber einer Position herangetragen werden, Unvereinbarkeiten und Widersprüche enthalten sind. Von einem Rollenkonflikt soll bei Existenz von sich widersprechenden Kognitionen des Lehrers hinsichtlich seiner Rolle gesprochen werden. Dabei braucht ein Widerspruch objektiv gar nicht vorhanden zu sein. Umgekehrt liegt ein Rollenkonflikt dann nicht vor, wenn die Person keine Widersprüche kogniziert, sollten auch objektiv solche identifizierbar sein.

Unvereinbarkeiten und Widersprüche können in verschiedener Hinsicht auftreten (vgl. Irle, 1975, S. 499f.):

– Als *Intersenderkonflikt* wird bezeichnet, wenn verschiedene Bezugsgruppen im Hinblick auf die Rolle des Lehrers unvereinbare Erwartungen senden.
– Ein *Intrasenderkonflikt* liegt dann vor, wenn mit der gleichen Position verschiedene Erwartungen verknüpft werden, die in sich widersprüchlich sind.
– Ein Konflikt zwischen *Person und Rolle* ist gegeben, wenn das erwartete rollenkonforme Verhalten unvereinbar mit den Werten des Positionsinhabers ist.

Im folgenden werden diese Möglichkeiten eines Rollenkonfliktes erläutert und auf ihre empirische Substanz hin untersucht.

1. Intersenderkonflikt. Bei der Vielzahl relevanter Bezugsgruppen muß für möglich gehalten werden, daß dem Lehrer gegenüber mit Nachdruck Erwartungen zum Ausdruck gebracht werden, die sich stark voneinander unterscheiden. Da Erziehung als öffentliche Aufgabe begriffen wird und weite Teile der Gesellschaft in der Erziehung eine wichtige Möglichkeit sehen, Abhilfe für Probleme zu schaffen sowie die Zukunft zu gestalten, wäre es nicht verwunderlich, wenn sich Lehrer im Schnittpunkt unterschiedlicher äußerlicher Erwartungen sehen würden. Lehrer können Pressionen von verschiedenen Seiten zu spüren bekommen. Was für den einen eine erzieherische Unentbehrlichkeit bedeutet, wird von einem anderen als erzieherischer Plunder oder als glatte Subversion angesehen (Merton, 1967). Erwartungen von Bezugsgruppen an Lehrer haben Twyman & Biddle (1963) untersucht. Sie gaben dieselben 30 Lehrerverhaltensweisen sowohl Lehrern als auch Schülern, Eltern und Schulleitern vor mit der Bitte anzugeben, in welchem Ausmaß sie diese Verhaltensweisen a) von Lehrern erwarten (im Sinne von vorhersagen), b) bei Lehrern befürworten und c) bei Lehrern ablehnen. Es ergaben sich eine Reihe signifikanter Unterschiede. Etwa billigten Eltern „Aufrechterhalten von Ordnung" mehr als Lehrer, aber Schüler lehnten dies mehr als Lehrer ab. Nicht nur Norm-Erwartungen, auch Realerwartungen unterschieden sich, ein Hinweis darauf, daß Bezugsgruppen das reale Lehrerverhalten unterschiedlich einschätzen. Lehrer sind sich zum Teil sehr wohl bewußt darüber, daß sie gegensätzlichen Rollenerwartungen ausgesetzt sind (Getzels & Guba, 1955). Die gesendete Rolle muß jedoch nicht mit der erhaltenen übereinstimmen. Musgrove & Taylor (1965) fanden in bezug auf die Erwartungen über zu verfolgende Erziehungsziele, daß die Lehrer einen Widerspruch zwischen ihren Zielpräferenzen und jenen sahen, von denen sie annahmen, daß Eltern sie besäßen. In Wirklichkeit stimmten die Eltern im wesentlichen mit den Lehrern überein. Eine ähnliche Untersuchung über Präferenzen von Handlungsentwürfen führten Biddle & Thomas (1966) durch. Die Autoren haben Lehrer angeben lassen, welche Erwartungen eine Reihe von Bezugsgruppen hinsichtlich einiger vorgegebener Verhaltensweisen ihrer Meinung nach an die Lehrer richten. Zum Teil sahen sie Diskrepanzen, die den tatsächlichen Erwartungen, wie sie von den Bezugsgruppen erfragt wurden, nicht entsprachen.

In unserem Zusammenhang ist die Frage wesentlich, wie Lehrer mit kognizierten Erwartungen anderer umgehen, wie verarbeiten sie sie und was machen sie handelnd daraus? Zeigen sie sich unbeeindruckt davon? Passen sie sich an? Welchen Erwartungen geben sie nach? Eine umfangreiche Untersuchung wurde von Grace (1973) in England durchgeführt. 150 Lehrern der Sekundarstufe I wurde u. a. die Aussage vorgelegt: „Der Lehrer ist entgegen vielen anderen Berufsausübenden einer Vielzahl von einander widersprechenden Meinungen darüber ausgesetzt, wie er seine berufliche Arbeit durchführen soll." Die Lehrer sollten die Behauptung danach beurteilen, in welchem Ausmaß dies als Problem erscheint. Mit 80 der teilnehmenden Lehrer wurde nachträglich eine Reihe von einstündigen gezielten Interviews durchgeführt. Dabei sollten die Lehrer ihre Ankreuzungen begründen. Für die meisten Lehrer stellte die Aussage ein Problem von „mittelmäßiger Bedeutung" dar, das sie aber selbst selten erfahren haben. Die Lehrer zeigten sich offenbar nur in geringem Ausmaß anfällig für Zwänge von außen. Beispiele aus dem Interview-Material verdeutlichen dies. Ein Lehrer sagte: „Die Meinungen mögen ja vielleicht alle verschiedene Schattierungen haben, doch ist der Lehrer der alleinige Richter darüber, wie er sich entscheidet, seinen Beruf in der Klasse zu verwirklichen." Von den so befragten Lehrern beklagten sich nur drei, daß man sie ernsthaft unter Druck gesetzt habe. Bei jenen, die diesen Konflikt erfahren zu haben angeben, kam eine Verärgerung über die Flut unangenehmer Ratschläge zum Ausdruck, die aus allen möglichen Richtungen zu kommen schien. Oft wurde über Eltern gesprochen: „Jeder glaubt, er könne unterrichten. Was mich ärgert, ist die Tatsache, daß einige Eltern fortwährend Ratschläge geben – sie glauben, sie seien Experten im Unterrichten" (S. 85). Der klassische Fall divergierender Erwartungen trat selten auf. Am Beispiel des Religionsunterrichts: „Im Religionsunterricht bestehen größere Konflikte als in anderen Fächern ... Man versucht, es den Eltern recht zu machen ..., doch das kollidiert mit den neueren theologischen Vorstellungen. Wenn man neue Methoden verwendet, gerät man vielleicht mit den Priestern oder mit anderen Religionslehrern in Konflikt" (S. 85). Die englischen Lehrer zogen aus ihrer Autonomie zum großen Teil Befriedigung. Sie erlebten die Freiheit, widersprüchliche Erwartungen zu erkennen, aber ihnen nicht entsprechen zu müssen.

Es ist zu vermuten, daß auch deutsche Lehrer sich wie die englischen dem Intrarollenkonflikt nicht stark ausgesetzt fühlen. Diese Vermutung stützt sich auf Ergebnisse, die zeigen, daß Junglehrer angaben, sie würden sich durch Eltern und die Gemeinde relativ wenig belastet fühlen (Merz, 1982; Müller-Fohrbrodt u.a., 1978, S. 143).

Rollenkonflikte scheinen abhängig vom Schulsystem zu sein. Lehrer in englischen „secondary modern schools“ (entspricht etwa der Realschule) erlebten Konflikte stärker als in „grammar schools“ (entspricht etwa der Unterstufe des Gymnasiums) (Musgrove, 1967). In einen intensiveren Konflikt waren Lehrer verstrickt, deren Schulen in einem Einzugsbereich mit Angehörigen der Arbeiterklasse lagen, als ihre Kollegen an Schulen mit überwiegend mittelständischer Struktur (Musgrove & Taylor, 1969). Auch das Ergebnis von Grace (1973) verschiebt sich etwas, wenn man die verschiedenen Schularten untereinander vergleicht. Vor allem bei Lehrern an „secondary modern schools“ waren Intersenderkonflikte deutlicher als bei Lehrern aus „grammar schools“.

2. *Intrasenderkonflikte.* Viele Autoren nehmen an, daß an den Lehrer Erwartungen kommuniziert werden, die in sich widersprüchlich sind. Verschiedene Aufgaben sind unlösbar, weil sie miteinander unverträgliches Verhalten erfordern. Mögliche Intrasenderkonflikte sind die folgenden:

- Die Divergenz zwischen Autonomie als Erziehungsziel und Disziplin. Die Frage ist, inwieweit Lehrer einen Widerspruch darin sehen, Mündigkeit, Emanzipation und Selbstbestimmung bei Schülern zu fördern und gleichzeitig grundlegende Werte der Gesellschaft nahezubringen wie Anpassungsfähigkeit, Rücksichtnahme, Lernbereitschaft und Wissen. Das eine Ziel kann nur mit Mitteln erreicht werden, die der Erreichung des anderen entgegenstehen (und umgekehrt) (vgl. Kapitel 2).
- Die Divergenz zwischen Förderung und Selektion. Förderung als Lehreraufgabe bedeutet, jeden Schüler nach seinen Möglichkeiten maximal zu fördern. Selektion bedeutet, durch Notengebung und Bewertung bestehende Unterschiede zwischen Schülern aufzudecken.
- Häufig wird auf die Unvereinbarkeit zwischen Erziehen und Verwalten hingewiesen (z.B. Klose, 1971). Sofern sich Erziehen und Verwalten als Aufgaben fein säuberlich trennen lassen, entsteht aus der Divergenz zwischen Erzieher- und Beamtenrolle kein Konflikt. Davon kann erst dann die Rede sein, wenn das Verfolgen des einen Zieles das andere behindert oder gar vereitelt.

Es stellt sich die Frage, ob solche möglichen Konflikte kogniziert und wie sie verarbeitet werden. Dazu ist eine empirische Untersuchung von Sorenson u.a. (1963) einschlägig. 94 Lehrerstudenten wurden die folgenden Aspekte der Lehrerrolle vorgegeben:

- Der Lehrer als Informationsgeber. Er gibt Wissen und Informationen von sich.
- Der Lehrer als Disziplinierer. Er handelt nach Regeln, Autorität und Tradition und bestraft überwiegend.

– Der Lehrer als Berater. Er zeigt Schülern Möglichkeiten auf und gibt Hilfen zur Selbsthilfe.
– Der Lehrer als Motivator. Er versucht, die Schüler anzuregen, gibt ihnen Anreize für eigengesteuertes Handeln.
– Der Lehrer als Verweiser. Er löst die Probleme nicht selbst, sondern verweist sie an andere zuständige Personen.

Das Ausmaß, in dem die Lehrerstudenten die einzelnen „Rollenfragmente" befürworteten, wurde gemessen, indem sie für jede von 30 alltäglichen Problemsituationen vorgegebene, den Fragmenten entsprechende Lösungen auf ihre Angemessenheit beurteilen sollten. Das Ergebnis erbrachte weitgehende faktorielle Unabhängigkeit der fünf Rollenfragmente. Damit zeigte sich, daß verschiedene Aspekte der Lehrerrolle kognifiziert wurden. Wurden diese als konträr oder gegensätzlich erlebt? Die Korrelation z.B. zwischen den Skalen für die Rollendimensionen „Disziplinieren" und „Beraten" war nicht hoch negativ, wie bei Unvereinbarkeit zu erwarten gewesen wäre. Sie betrug 0.16 und lag damit sogar im positiven Bereich. Negative Korrelationen zwischen denselben Handlungs-Ergebnis-Erwartungen bezogen auf unterschiedliche Zielbereiche, kamen überhaupt nicht vor. Die größte Vereinbarkeit wurde für die Rollenaspekte „Informationsgeber", „Disziplinierer" und „Verweiser" gesehen. Viele Lehrer in der Untersuchung von Bergmann u.a. (1976) waren der Auffassung, daß sie durch Praktiken der Notengebung erzieherische Aufgaben vernachlässigen.

Das empirische Material über das Auseinanderklaffen verschiedener Rollensegmente ist wesentlich dünner als das theoretische (vgl. Kickhöfer, 1982). Doch scheint es die These von den Unvereinbarkeiten nicht stützen zu wollen.

3. *Personen-Rollen-Konflikt.* Konflikte zwischen eigenen Kognitionen und kognizierten Erwartungen können sich ergeben, wenn der Positionsinhaber Erwartungen als unvereinbar mit seinen Möglichkeiten, Bedürfnissen und Werten betrachtet. Kickhöfer (1982) beschreibt als typische Erwartungsdiskrepanzen die Trennung zwischen Berufs- und Privatleben sowie die Gegensätzlichkeit des Strebens nach Wohlergehen der Kinder und nach materiellen Gütern (Geld und Freizeit). Wenn man den Ergebnissen der Untersuchung von Grace (1973) folgt, dann scheint der Konflikt zwischen Eigennutz und Berufsinteresse von Lehrern besonders stark kogniziert zu werden. Die Frage: „Sollte man seinen Schülern gegenüber loyal sein und ihnen ein Gefühl der Kontinuität geben – oder soll man im Lande herumziehen und nach Ruhm und Geld trachten?" erschien 64% der befragten Lehrer als Problem. 36% haben das Problem selbst erlebt.

Wie *lösen* Lehrer Rollenkonflikte? In welcher Weise verarbeiten sie Rollenkonfliktsituationen?

1. Die von der Pädagogik intendierte Form, mit Intrarollenkonflikten

fertigzuwerden, besteht für Lehrer darin, sich auf die Position der sogenannten *pädagogischen Autonomie* zurückzuziehen. Danach kümmert sich der Erzieher nicht um die Erwartungen anderer, sondern richtet sich nach der von ihm entwickelten pädagogischen Selbstrolle (Mollenhauer, 1962). Die Rivalität verschiedener Bezugsgruppen stellt eine gute Sicherung der Autonomie dar. Der Lehrer stellt einen korrigierenden Faktor dar, indem er die divergierenden Erwartungen der Bezugsgruppen in autonomer Entscheidung neutralisiert. Die meisten englischen Lehrer in der Untersuchung von Grace (1973) bezogen eine solche Position. „Während man inkompatible Erwartungen hinsichtlich der Rolle als solche *erkannte,* fühlte man sich praktisch nicht gezwungen, diesen Erwartungen auch zu entsprechen. Die Lehrer sonnten sich in ihrer Handlungsfreiheit, und dieses Gefühl der Autonomie gab ihnen eine beträchtliche Befriedigung ... Einige Lehrer fühlten sich beileibe nicht durch eine Vielzahl von Erwartungen irritiert oder beunruhigt, sondern verstanden dies als positive Anregung, ihre eigenen Vorstellungen über die Lehrerrolle zu erörtern und zu klären" (S. 85–86). Ein starker äußerer Druck zu Konformität kann bei Lehrern sogar zu einer Art „Bumerangeffekt" führen, indem sie ihre eigene Gegenposition besonders herausstellen (Dann u.a., 1978).

2. *Anpassen an inkompatible Erwartungen.* Sieht sich ein Rollenträger verschiedenen Erwartungen und Anforderungen gegenüber, so kann er versuchen, diese in seine Überlegungen einzubeziehen und sich an sie partiell anzupassen. Gross u.a. (1958) haben in einer empirischen Arbeit an Schulräten untersucht, nach welchen Mechanismen eine Anpassung erfolgt. Schulräte sind insofern gegensätzlichen Erwartungen ausgesetzt, als sie in Sachen Beförderung, Zeiteinteilung, Gehälter, Finanzen sich divergierenden Bedürfnissen der Lehrer und der Schulverwaltung gegenübersehen. Die Autoren identifizierten zunächst Situationen, in denen die befragten Personen widersprüchliche Erwartungen kognizierten. Sodann erhoben sie Angaben über folgende drei Dimensionen:

a) die Legitimitätsdimension, das Ausmaß, in dem sie jede Erwartung als moralisch legitim und gerechtfertigt ansahen,

b) die Sanktionsdimension, das Ausmaß, in dem sie bei Nicht-Erfüllung einer Erwartung glaubten, mit starken negativen Konsequenzen rechnen zu müssen,

c) das Ausmaß, in dem sie als Person stärker nach der moralischen Berechtigung und Legitimität fragen oder vorrangig die voraussichtlichen Sanktionen erwägen.

Die Autoren konnten die Auskünfte der Schulräte über ihr tatsächliches Verhalten in den vier Situationen aufgrund der genannten drei Prädiktoren in 91% der Fälle richtig vorhersagen.

Die Frage ist, wie legitim Lehrer Erwartungen, die einzelne Bezugsgruppen an sie richten, beurteilen. Dies kann generell vermutlich nicht beantwortet werden. Es hängt von den individuellen Kognitionen ab. Leichter ist wohl die Frage nach den Sanktionsmöglichkeiten von Bezugsgruppen zu beantworten. Eltern können z.B. alle Arten von störenden Ereignissen verursachen. Doch scheinen diese Sanktionsmöglichkeiten nicht als besonders schwerwiegend empfunden zu werden (Merz, 1982; Müller-Fohrbrodt u.a., 1978). Die vorliegenden Ergebnisse stützen jedenfalls nicht die Annahme, daß Lehrerkognitionen wesentlich von kognizierten Bezugsgruppenerwartungen geprägt werden.

3. *Rollenrückzugsverhalten.* Die Intensität eines Rollenkonfliktes kann dadurch gemindert werden, daß der Lehrer innerlich auf Distanz zur Rolle geht, sich von ihr absetzt. Er reduziert das Engagement, verliert das Interesse. In der Untersuchung von Müller-Fohrbrodt u.a. (1978, S. 38f.) nahm die berufliche Selbstachtung nach dem Übergang vom Studium in den Lehrerberuf ab. Gleichzeitig nahm das „berufliche Engagement" ab und die „job-Mentalität" zu. Diese Reaktion geht wahrscheinlich mit massiven Änderungen von Kognitionen einher. Zunächst im Zielbereich. Hänsel (1975) geht davon aus, daß das Ziel der optimalen Entfaltung der Fähigkeiten aller und eine Aufhebung der Chancen-Ungleichheit im Widerspruch dazu steht, daß die Schule auch qualifizieren und auslesen müsse. Da die gesetzten Ziele unerfüllbar seien, erfolgt Zielverschiebung. Man identifiziert sich mit einer Teilaufgabe. Was vorher nur Mittel zu einem Zweck war, wird jetzt zum Ersatzziel oder Zielersatz. Die Autorin behauptet, daß Disziplin, Ordnung und Konformität an die Stelle der unerreichbaren Ziele gesetzt werden. Empirisch ist gezeigt worden, daß Lehrer nach ihrem Eintritt in die Schulpraxis sich weniger als zuvor als Pädagoge und mehr als Fachwissenschaftler sehen (Müller-Fohrbrodt u.a., 1978, S. 41).

Dies kann einhergehen mit Änderungen im Bereich von Ursachenattributionen, indem etwa als Ursachen für Erfolg und Mißerfolg von Schülern weniger die Anstrengung als die Begabung gesehen wird. Dies beeinflußt Situations-Folge-Erwartungen und schließlich auch Handlungs-Ergebnis-Erwartungen. Vorstellungen über die Wirksamkeit von Handlungsentwürfen aus den Bereichen „Zug" und „Druck" können sich in Richtung „Druck" verändern (Dann u.a., 1978). Eine Reihe von empirischen Untersuchungen zeigt die Bedeutung, die Disziplin für Lehrer besitzt. Hoy (1967) legte 116 amerikanischen Lehrern die Aussage vor: „In der Schule, in der ich arbeite, wird guter Unterricht mit guter Schülerkontrolle gleichgesetzt." 84,5% der befragten Elementar- und 81% der Sekundarschullehrer stimmten zu. Willower (1971) untersuchte die Lehrer-Subkultur an einer amerikanischen Junior High School. Er fand, daß Erziehung für die Lehrer in ihrer Interaktion untereinander selten ein Gegenstand von großer Bedeutung war. Hervorstechendes Charakteristikum dagegen war die Beschäftigung mit der Schülerdisziplin. Gespräche im Lehrerzimmer über Schüler waren z. B. Prahlen über die kompromißlose Art, mit der sie Disziplinprobleme meistern, Lächerlichmachen der Schüler. Ob das hohe Ausmaß, in dem sich Lehrer mit Disziplinfragen beschäftigen, der Versuch der Lösung eines Rollenkonfliktes ist, gar Reaktion auf den Widerspruch zwischen unerfüllbarer Sozialisationsaufgabe und faktischer Qualifikationsaufgabe der Schule darstellt, das muß der Spekulation überlassen bleiben.

Das Fazit in diesem Kapitel bleibt mager. Einer Fülle von Theorien, Überzeugungen und Plausibilitäten über den Einfluß des gesellschaftlichen Umfeldes auf das Denken und Handeln von Lehrern steht nur eine geringe Zahl an Versuchen gegenüber, Art und Ausmaß des postulierten Einflusses empirisch zu analysieren und damit wissenschaftlich zu substantiieren. Schon 1969[4] beklagte Biddle den unbefriedigenden Forschungsstand: „Bislang liegt keine Studie vor, in der Erwartungen über die Lehrerrolle gemessen und entsprechende Lehrerrollenverhaltensweisen direkt beobachtet wurden. Dieser verblüffende Informationsmangel läßt uns über die wahre Bedeutung der Ergebnisse zu Lehrerrollenerwartungen etwas im Dunkeln" (S. 1440). Und Dreeben führte 1973 aus: „Der Einfluß der äußeren Umwelt, sowohl innerhalb der Schulsysteme als auch von der Gesellschaft, auf die Arbeit der Lehrer, hat kaum begonnen." „Obwohl die tägliche Beobachtung zeigt, daß Kräfte der äußeren Umwelt ... die Arbeit der Lehrer beeinflussen, können uns weder diese Beobachtungen noch vorliegende Forschung sagen, wie diese Einflüsse aussehen" (S. 455).

Die Forschungslage hat sich inzwischen nicht wesentlich geändert. Die vorliegenden Untersuchungen geben kaum Aufschluß darüber, welcher Art der Einfluß von Variablen des Schulsystems auf Lehrerkognitionen ist. Sie stützen weder die Annahme, daß das Eingebundensein in die schulische Hierarchie von wesentlicher Bedeutung für Denkprozesse und -inhalte von Lehrern ist, noch jene, daß gesellschaftliche Erwartungen über die Lehrerrolle mit Lehrerhandeln – etwa über Konformität – eng gekoppelt ist. Die wenigen Befunde sprechen eher für eine Unabhängigkeit von Rollenerwartungen und Rollenverhalten. Von daher leitet sich die Berechtigung ab, Lehrerkognitionen und ihre Handlungsbezogenheit unter rein psychologischem Aspekt zu betrachten – wie in diesem Buch vorgenommen –, ohne die gesellschaftliche Bezogenheit der jeweils betrachteten Kognitionen permanent mitzureflektieren. Dabei bleibt unbestritten, daß Lehrer sich in ihrem Handeln im Einzelfall und individuell unterschiedlich von kognizierten Fremderwartungen leiten lassen. Doch sind spezifische Vorhersagen darüber zur Zeit nicht möglich.

Zusammenfassung:

1. An den Inhaber der Lehrerrolle richten eine Reihe von Bezugsgruppen Verhaltenserwartungen. Die Beziehungen, die zwischen Lehrer und gesellschaftlichen Gruppen bestehen, können mit Hilfe von Begriffen aus der Rollentheorie beschrieben werden.
2. Schüler erwarten von ihren Lehrern zwei Gruppen von Verhaltensweisen: lernbezogene und die menschliche Zuwendung betreffende. Lehrer sind über die Erwartungen ihrer Schüler im allgemeinen nur unzureichend informiert. Ihr Verhalten wird von Schülern nur zum Teil als in Einklang mit ihren Erwartungen gesehen. Schüler können Lehrer durch Unaufmerksamkeit, Nebenkommunikationen im Unterricht und aggressive Handlungen sanktionieren. Doch besteht die Gefahr, daß Lehrer diese Verhaltensweisen nicht als Sanktionen interpretieren und sich Mißverständnisse kumulieren.
3. Rollenerwartungen von Bezugsgruppen können nur dann das Denken von Lehrern beeinflussen, wenn sie gesendet werden, wenn sie erhalten werden, wenn sie als divergent zum eigenen Verhalten erlebt werden und wenn Sanktionen kogniziert werden.
4. Bei Rollenmehrdeutigkeit können Rollenkonflikte auftreten. Die wichtigsten Konflikttypen sind der Intersenderkonflikt, der Intrasenderkonflikt und der Personen-Rollen-Konflikt. Ergebnisse aus empirischen Untersuchungen weisen nur zum Teil auf kognizierte Diskrepanzen hin. Sie belegen nicht, daß Lehrer Rollenkonflikte als eine wesentliche Belastung erleben.
5. Verschiedene Formen der Bewältigung von Rollenkonflikten können identifiziert werden. Vermutlich bedienen sich Lehrer ihrer in unterschiedlichem Ausmaß. Am wichtigsten scheinen zu sein das Beanspruchen pädagogischer Autonomie, die Anpassung nach dem Grad der kognizierten Legitimität und Sanktionskonsequenz sowie das Rollenrückzugverhalten.
6. Es besteht kaum gesichertes Wissen über Einflüsse von Variablen der schulischen Organisationsstruktur sowie gesellschaftlicher Erwartungen auf das Denken und Handeln von Lehrern. Die vorliegenden Befunde sprechen dafür, daß viele Lehrerkognitionen in weit geringerem Ausmaß von solchen Variablen geprägt sind als im allgemeinen angenommen wird.

13. Kapitel

Auf dem Wege zu einer Technologie der Erzieherbildung

Der Bereich des Trainings von Lehrern und Erziehern ist in Bewegung. Hand in Hand mit der zunehmenden Professionalisierung des Lehrberufes gehen Bemühungen um rational orientierte Verfahren des Lehrtrainings. Die Lehrtätigkeit wird weniger als Berufung denn als Beruf gesehen, der mehr nach Ausbildung denn nach Bildung verlangt. Die Flut von Lehrer- bzw. Erziehertrainingsprogrammen muß als Ausdruck einer Einstellung zum Lehrberuf gewertet werden, in der erzieherische Fertigkeiten prinzipiell als analysierbar, rational hinterfragbar, empirisch erforschbar und erlernbar betrachtet werden. Doch sind Methoden des Lehrertrainings ein Sammelsurium verschiedenster heterogener Ansätze (Mutzeck & Pallasch, 1983), vergleichbar dem Wildwuchs an klinisch-therapeutischen Verfahren. Sie sind in ihren Theorievorstellungen kaum expliziert und im Hinblick auf ihre Effektivität weitgehend unerforscht.

Der Beitrag der Pädagogischen Psychologie als empirisch-rationale Wissenschaft zum Problem der optimalen Veränderung von Lehrerverhaltensweisen umfaßt zwei Bereiche (Gage, 1972):

- die Identifizierung jener Verhaltensweisen/Fertigkeiten von Lehrern und Erziehern, die erwünschte Effekte auf Kinder besitzen: die Identifizierung relevanter Lehrverhaltensweisen ist Voraussetzung für die Frage nach der Vermittlung dieser Inhalte. Ohne die Begründung der zu vermittelnden Verhaltensweisen im Hinblick auf ihre Wirkung operiert jedes Lehrtraining in einem wissenschaftlichen Vakuum insofern, als Beliebigkeit der trainierten Verhaltensweisen behauptet werden kann;
- die Erforschung der Bedingungen, unter denen die so begründeten Inhalte Lehrern und Erziehern vermittelt werden können. Mit diesem zweiten Bereich befaßt sich das vorliegende Kapitel. Entscheidungen über das Wie der Vermittlung können erst dann getroffen werden, wenn die Frage nach dem Was beantwortet ist. Forschungslogisch können die beiden Bereiche dennoch unabhängig voneinander angegangen werden.

Dieses Kapitel erörtert die Möglichkeiten einer rationalen Planung von Lehrertrainingsprogrammen. Es beschäftigt sich nicht mit der Abklärung der angestrebten Ziele. Lehrerverhalten wird als Explanandum aufgefaßt.

Es wird nach den erklärenden Bedingungen seiner Veränderung gefragt. Die in diesem Buch eingenommene und entfaltete Position erlaubt den Gedanken, Verhalten zu ändern, indem man auf die mit dem Verhalten gekoppelten Kognitionen einwirkt. Diese Idee wird im folgenden systematisch begründet und angewendet. Zunächst wird eine Charakterisierung der logischen und inhaltlichen Position gegeben. Nach der Umsetzung des Modells der kognitiven Steuerung des Lehrerverhaltens (Abschnitt 2) werden die sich daraus für die Planung eines konkreten Trainings ergebenden Schritte anhand eines Beispiels im einzelnen besprochen (Abschnitt 3). Es folgt die Beurteilung der Heuristik anhand theoretischer und empirischer Kriterien (Abschnitt 4).

1. Von einer Theorie zur Erklärung des Verhaltens zu einer Technologie der Änderung des Verhaltens

Unterrichten wird als Folge von Verhaltensweisen verstanden, die Ergebnisse von Entscheidungen darstellen. Der Lehrende entwickelt auf der Grundlage von Lehrintentionen und der Interpretation der in der aktuellen Situation wahrgenommenen bzw. gesuchten Daten Hypothesen über angemessene Handlungen. In der Handlungsentscheidung erfolgt eine Abwägung dieser Hypothesen in terminis erwarteten Gewinns bzw. erwarteter Nachteile.

Diese Auffassung ist einem Bild vom Lehrer verpflichtet, das diesem Raum für eigenes Erkenntnisinteresse läßt, in dem ihm Reflexionsfähigkeit, zielgerichtetes und planvolles Handeln unterstellt wird. Das deskriptiv-explanative Modell fragt nach den Determinanten von Lehrerverhalten. Es postuliert eine Reihe verschiedener Kognitionen, die als Ursachen für ein Verhalten aufgefaßt werden. Welche Ursachen kann ein (zu veränderndes) Lehrerverhalten haben? Woran mag es z.B. liegen, daß ein Lehrer einem Schüler mit einer ‚Fünf' droht, wenn dieser eine Arbeit nicht zum festgesetzten Zeitpunkt abgibt?

- Der Lehrer sieht durch die Handlung des Schülers ein Lehrziel gefährdet, das ihm besonders wichtig ist. Das *Anspruchsniveau* im Hinblick auf das Ziel ‚Pünktlichkeit' ist besonders hoch.
- Der Lehrer verfügt nicht über die Fähigkeit, die *Situation* angemessen zu *kategorisieren.* Er faßt das Versäumnis des Schülers als absichtliche Nachlässigkeit auf, als Angriff auf sich selbst.
- Der Lehrer ordnet seine Verhaltensweise einer *Kategorie von Handlungen* zu (z.B. er sieht sein Verhalten nicht als Drohung, sondern als ‚fair' an), die ihm sein Verhalten als angemessen erscheinen läßt.
- Der Lehrer ist von der *Wirksamkeit* des Verhaltens überzeugt.

- Er kann eine andere Verhaltensweise, die er für geeigneter hält, nicht realisieren, da ihm die *Praxis* darin fehlt.
- Er übt das Verhalten bewußt, in Kenntnis der unerwünschten Effekte (Angst) aus, weil die emotionale Befindlichkeit des Schülers nicht zu seinen *Zielen* zählt.
- Der Lehrer schätzt die *Ergebnisse* seines Tuns falsch ein. Er weiß nicht, wie man sich fühlt, wenn man vom Lehrer eine Drohung erfährt.
- Der Lehrer verhält sich so, weil Eltern und/oder Lehrerkollegen, Schüler/Schulordnung/Bürokratie dies von ihm erwarten.

Umgekehrt hat Wagner schon 1976 aus der Sicht des Lehrertrainings nach den grundlegenden Komponenten gefragt, die gegeben sein müssen, damit Lehrer ihr Verhalten ändern. Ein Lehrer ändert sein Verhalten nur dann,

- wenn er weiß, welches Verhalten erwünscht ist,
- wenn er überzeugt ist, daß das erwünschte Verhalten wirksam ist,
- wenn er erkennt, daß sein eigenes Verhalten dem erwünschten nicht entspricht,
- wenn er weiß, wann das gewünschte Verhalten wirksam ist,
- wenn er die Wirkungen des gewünschten Verhaltens wahrnehmen kann.

Also, so der Theorie-Technologie-Schluß, müssen diese Bedingungen hergestellt werden.

Die diesem Buch zugrunde liegende Theorie enthält Vorstellungen über verhaltenssteuernde Kognitionen. Sie kann als System von Aussagen beschrieben werden, in denen Wenn-Dann-Beziehungen enthalten sind, wobei Kognitionen die Wenn-Komponente und Verhalten die Dann-Komponente repräsentieren. Eine Theorie enthält aber keine Praxis. Und Lehrertraining ist Praxis, nicht Theorie. Wie kann eine Theorie für die Verbesserung der Praxis genutzt werden? Sie enthält generelle Aussagen in der Wenn-Dann-Form, wobei in der Regel eine kausale Relation zwischen der Klasse von Ereignissen, welche den Wenn-Teil konstituieren und der davon disjunkten Klasse von Ereignissen behauptet wird, welche den Dann-Teil konstituieren. Es ist hier darum gegangen, eine solche Theorie zu konzipieren. Sie enthält im Wenn-Teil spezifizierte Kognitionen und Emotionen und im Dann-Teil Verhaltensvollzüge von Erziehern. Die Theorie enthält Aussagen derart, daß das Verfügen über bestimmte Kognitionen notwendige Bedingungen für den Vollzug bestimmter Verhaltensweisen darstellt. Die Theorie leistet zweierlei: eine Erklärung und eine Prognose. Sie erklärt eingetretenes Verhalten, indem sie Aufschluß über die Ursachen seines Eintretens gibt. Und sie sagt – bei bekannten Antezedenzbedingungen – das Eintreten von Verhalten voraus.

Die Technologie als dritte Anwendungsmöglichkeit von Theorien ist logisch nicht unproblematisch. Die Technologieanwendung einer Theorie besteht darin, daß aus der Gesetzesaussage „wenn a dann b“ abgeleitet wird,

„wenn b erreicht werden soll, ist a herzustellen" (Beck, 1983; Brocke, 1980; Herrmann, 1979a; Prim & Tilmann, 1973; Schaefer, 1982). Die Transformation einer Theorie in eine Technologie (Beck, 1983, S. 159, spricht von einer Theorienmetamorphose) ist unter mehrfachem Aspekt zu problematisieren.

1) Zunächst ist umstritten, daß eine nomologische Aussage (eine Regel der allgemeinen Form a → b) logisch-systematisch in eine technologische Regel „b per a", d.h. „um b zu erreichen, tue a!" transformiert werden kann. Nach Bunge (1967, zit. nach Brocke, 1980, S. 212) wird die Relation zwischen beiden durch eine pragmatische Metaregel hergestellt. Danach kann man „b per a" oder „-b per -a" lediglich „probieren" (vgl. Bromme & Hömberg, 1976).

2) Allein aus einer deskriptiven Theorie, welche einen Sachverhalt erklärt, kann nie eine Technologie fundiert werden, ohne zusätzlich normative Aussagen zu machen. Deskriptive Aussagen sind wahrheitsfähig, normative Aussagen können akzeptiert oder verworfen werden. Umgekehrtes gilt nicht. Eine Technologie enthält immer eine deskriptive *und* eine normative Aussage. Eine Theorie kann nur dann in eine Technologie münden, wenn das Explanandum von dem Anwender als positiv werthaltig gekennzeichnet wurde. Im vorliegenden Fall werden keine Aussagen darüber gemacht, *welche* Verhaltensweisen von Lehrern geändert/gebildet/trainiert werden sollen. Es wird also die normative Komponente ausgespart. Es wird lediglich ausgeführt, *wie* ein Training aussehen müßte für den Fall, daß die Entscheidung für ein bestimmtes Lehrerverhalten gefallen ist.

3) Eine wissenschaftliche Theorie kann nur dann Grundlage für eine Technologie sein, wenn sie nicht ausschließlich eine idealisierte Welt beschreibt. Sie muß Aussagen über ein System machen, das als Abbild tatsächlicher Phänomene in der Realität aufgefaßt werden kann. Anders ausgedrückt: eine Anwendung dieser Theorie ist nur für den Ausschnitt möglich, für den sie gilt. Dazu ist anzumerken, daß die vorliegende Theorie, welche im Hinblick auf ihre Anwendbarkeit geprüft wird, durchaus den Anspruch erhebt, konkretes Verhalten in der Realität zu erklären. Sie ist nicht lediglich unter idealisierenden Bedingungen gültig. Sie enthält zwar nicht hinreichende Bedingungen. Sie führt nur Teilursachen in die Wenn-Komponente implikativer Gesetze ein. Aber sie enthält eine Reihe von Wirkfaktoren, welche als begünstigende Bedingungen für das Eintreten der im Gesetz als durch diese Faktoren beeinflußt bezeichneten Ereignisse aufgefaßt werden. Zum anderen ist einzuräumen, daß die Theorie in ihrem Dann-Teil nicht jede Art von Lehrer-Verhalten enthält. So kann auch eine darauf begründete Technologie nur Teilaspekte zu optimieren in Anspruch nehmen.

4) Eine wissenschaftliche Theorie kann nur dann Grundlage für eine

Technologie sein, wenn sie technologische Prognosen zuläßt. Dies setzt voraus, daß die im Wenn-Teil des Gesetzes enthaltenen Wirkfaktoren beeinflußbar/manipulierbar sind. Im vorliegenden Fall müßte Verhaltensänderung über die Änderung von Kognitionen herbeigeführt werden. Kognitionen sind prinzipiell beeinflußbar. Damit ist die Transformation der Theorie in eine Technologie möglich. Nicht ausgesagt ist, ob Kognitionen auch praktisch änderbar sind.

5) Eine Theorie enthält keinerlei Aussagen über die Art und Weise, wie die im Wenn-Teil enthaltenen Wirkfaktoren trainiert werden können. Sie macht lediglich Aussagen darüber, welche Faktoren es sind, deren Veränderung eine als gewünscht ausgezeichnete Folge bewirken kann.

6) Eine Theorie ist (nach der sogenannten Aussagenkonzeption von Theorien) eine Menge von Aussagen, die aus theoretischen Aussagen, Beobachtungsaussagen und Zuordnungsregeln bestehen. Die Aussagen sind in der Sprache des Forschers, seiner Terminologie und seiner Operationalisierungen festgelegt. Um sie in Praxisanweisungen umzusetzen, müssen konkrete Fälle identifiziert werden, welche als Anwendungen der Aussage aufgefaßt werden können.

7) Sozialpsychologische Theorien erlauben nur sehr wenig genaue Vorhersagen. Ihre Vorhersagen sind weniger genau als in der Physiologie und Genetik und sehr viel weniger genau als in der Biologie. Ungenaue Wenn-Dann-Aussagen können auch nur in gering-effektive Um-Zu-Regeln transformiert werden.

Die genannten Einschränkungen bedenkend gilt es, die Frage nach dem Wie zu stellen: wie können die als verhaltensrelevant identifizierten Kognitionen verändert werden? Es geht dabei nicht um eine spezielle Theorie der Veränderung ganz bestimmter Kognitionen in eine bestimmte Richtung, sondern um die metatheoretische Frage, wie man vorzugehen hat, wenn man verhaltensrelevante Kognitionen – wohin auch immer – verändern möchte. Schaefer (1982) hat die rationale Technologiebildung als Problemlöseprozeß gekennzeichnet. Er unterscheidet bei dem Konzept problemlöseorientierter Interventionsplanung fünf Planungsschritte: Problemdefinition, Informationsaufnahme, Entscheidung, Durchführung und Evaluation. In den nächsten zwei Abschnitten wird vor allem die Informationsaufnahme behandelt, indem nach möglichen Maßnahmen gesucht wird, welche effektive Intervention versprechen. Dabei kann weniger als wünschenswert auf empirische Begründungen von Ziel-Mittel-Systemen zurückgegriffen werden. Ein konkretes Training wird weder vorgeschlagen noch durchgeführt noch evaluiert. Semmer & Pfäfflin (1978) haben einen konkreten Vorschlag zum Training kommunikativer Kompetenz von Gewerkschaftlern auf der Basis einer Theorie der Regulation sensumotorischer Fähigkeiten vorgelegt.

Soviel zur logischen Begründung der Theorie-Praxis-Frage. Inhaltlich sind es vier Postulate, die auf der Basis der vorliegenden Position an ein Lehrertraining zu stellen sind, jenes der zentralen Berücksichtigung von Kognitionen, des Ermöglichens von konkreten Erfahrungen, der Berücksichtigung von Gefühlen und von Restriktionen in der Lehrertätigkeit.

1. Jeder ‚Lehrer' bringt eine Vielzahl eigener Vorstellungen, Erwartungen, Einsichten, Erklärungen und Interpretationen in die Trainingssituation mit ein (vgl. Weinert, 1977). Daß schon Lehrerstudenten über ‚implizite' Handlungstheorien verfügen, läßt sich aus einer Untersuchung von Wittrock (1962) schließen. Wittrock ließ Studenten unterrichten und teilte der einen Gruppe lediglich mit, ihre Noten hingen vom erreichten Leistungsstand ihrer Schüler ab. Nach dem Experiment wiesen die Schüler der Experimentalgruppe höhere Werte in standardisierten Englisch-Tests auf als die Schüler der Kontrollgruppe. Sie zeigten mehr negative Gefühle. Der Schluß liegt nahe, daß die Studenten über ganz bestimmte Vorstellungen darüber verfügten, wie man ein bestimmtes Ziel im Unterricht erreichen kann.

Hinter der Tagebucheintragung eines Lehrers,

> „Was soll ich denn anderes tun, als ‚Fünfen' androhen, wenn mir zwei Obersekundaner eine vor vierzehn Tagen geforderte schriftliche Hausarbeit am fälligen Termin nicht abgeben – einer gar mit der Bemerkung, er habe es mündlich gemacht" (Rumpf, 1966, S. 69),

steht ein Stück Handlungs-Ergebnis-Erwartung: „Der Schüler hat noch zu wenig Angst gehabt; je mehr Angst, desto mehr schaffen sie." Ein Lehrertraining, das ausschließlich Lehrziele thematisiert (z.B. Lernen und Üben von sogenannten ‚reversiblen' Äußerungen), ohne mit dem Lehrer in einen systematischen Argumentationsaustausch zu treten und sich die Korrektur der impliziten durch die explizite Theorie zum Ziel zu machen, verfehlt seinen Auftrag. In der Unterrichtspsychologie wird dem Aufgreifen von Vorkenntnissen bei der Unterrichtsplanung eine große Rolle zuerkannt (Ausubel, 1974). Lehrertraining oder -beratung ist ohne Aufgreifen und Berücksichtigung der bestehenden Überzeugungen, Meinungen, Anschauungen und Praktiken des Lehrers (bzw. Studenten) erst recht zum Scheitern verurteilt. Eine Theorie des Lehrertrainings begreift Training als Veränderung bestehender Verhaltensweisen und der mit diesen zusammenhängenden Meinungen (vgl. Fenstermacher, 1979). In ihrem täglichen Unterricht wenden Lehrer ständig ihre eigenen Vorstellungen über Schüler, Lehrmethoden und Lehrziele an. Denn: Auch Lehrer sind Psychologen, wie Hunt (1976 b) es ausdrückt. Manchmal mag es sogar genügen, dem Lehrer Informationen über das eigene Verhalten oder die eigene Theorie zu geben, um bereits Verhaltensänderungen auszulösen. Die Forschung zur Eigensteuerung im Rahmen der Klinischen Psychologie legt dies nahe (Sommer,

1976). Vermutlich führt die Information zu einer Änderung in den Kognitionen („Ich dachte, mein Vortrag sei lebhaft, ich wußte gar nicht, daß ich so leise spreche."). Die ausgelöste Dissonanz wird durch eine Änderung des Verhaltens beseitigt. Ein streng behaviorales Modell als Richtlinie im Bereich von Lehrer- und Erziehertrainingsprogrammen (vgl. Patterson, 1971) erscheint daher als fehlindiziert; notwendig ist eine Berücksichtigung der kognitiven Strukturen von Lehrern. Änderungsbemühungen müssen die Kognitionen der Lehrer thematisieren. Viele Lehrerbildungstechniken beschränken sich darauf, Lehrziele zu vermitteln, ohne sich an der Lehrerrealität auszurichten. Sie bemühen sich nicht, den jeweiligen Ausgangszustand in die Vermittlung von Lehrzielen einzubeziehen. Dem Lehrer wird das Zielverhalten X beigebracht. Er wird aber nicht gefragt: Wie verhältst Du Dich jetzt? Und welche Gründe hast Du dafür?

Training bedeutet die Vermittlung der für die Selbststeuerung notwendigen Einsichten. Es erweitert, differenziert und organisiert vorhandenes Wissen neu (Weinert, 1977). Training ist nicht ein Prozeß einseitigen Vermittelns, sondern des Austausches zwischen der subjektiven Theorie des Lehrers und den wissenschaftlichen Theorien des Trainers. Beim Prozeß der Generalisierung von wissenschaftlichen Erkenntnissen ist zulässige Ausdehnung von willkürlicher subjektiver Plausibilität nicht immer zu trennen. So kann es auch, wie Heckhausen (1976) meint, zu einer Rückwirkung der subjektiven Verhaltenstheorien auf verrannte wissenschaftliche Überzeugungen kommen, zu einem vollen Austausch der beiden Systeme.

2. Die Änderung von Kognitionen hat über sprachliche Kanäle *und* durch aktives Tun zu erfolgen. Diese Auffassung wendet sich gegen die einseitige Betonung der Vermittlung von Wissen *oder* des Einübens von Unterrichtstechniken. Das Schwanken zwischen dem Bereitstellen von pädagogischer Bildung und dem Lernen berufspraktischer Fertigkeiten kann überwunden werden. Neue Kognitionen können nur dann zu einem stabilen Bestandteil der impliziten Struktur werden, wenn sie durch Erfahrungen bekräftigt werden. Die Veränderung von Einstellungen alleine vermag Verhalten ebensowenig zu verändern wie isolierte Praxis.

3. Wir hatten versucht zu konstruieren und zu belegen, daß die Lehrertätigkeit begleitet (und gesteuert) ist von einer Reihe von Emotionen. Es ist zwar im einzelnen unklar, nach welchen Gesetzmäßigkeiten Gefühle, Kognitionen und Verhalten interagieren. Doch muß sich Lehrertraining der Realität von Gefühlen stellen und diese in ihren Problemhorizont aufnehmen.

4. Lehrerverhalten ist eingebettet in Rahmenbedingungen räumlicher, zeitlicher, organisatorischer Art. Lehrertraining muß sich dieser Restriktionen bewußt sein. Lehrer sind zwar nicht einfache Objekte bürokratischer Regeln. Ihre Tätigkeit ist eher beschreibbar als autonom und isoliert. Doch

findet ihr Denken und Tun innerhalb einer Klassenzimmer-Ökologie statt, in der Pragmatismus herrscht. Doyle & Ponder (1977/78) beschrieben den Lehrer als pragmatischen Skeptizisten, der vor allem auf das Machbare, Umsetzbare achtet, der die unmittelbaren Konsequenzen von Innovationen bedenkt und der nach dem Konkreten und Anschaulichen des an ihn herangetragenen fragt. Es ist die „Praktikabilitäts-Ethik“ (vgl. Kapitel 1, S. 10), die es zu berücksichtigen gilt: Instrumentalität, Kongruenz und Kosten von Innovationen. Der Lehrer kann es sich nicht leisten, reiner Rationalist zu sein und alles anzunehmen, was vernünftig, aussichtsreich und logisch erscheint. Es muß auch praktikabel und innerhalb seiner Klassenzimmer-Ökologie machbar sein. Jede Innovation greift in ein festgefügtes vernetztes System ein. Der Lehrer übernimmt sie nur, wenn sie da hineinpaßt (vgl. auch Clark & Peterson, 1985).

Zusammenfassung:

1. Rationales Lehrertraining setzt eine wissenschaftliche Theorie voraus, die Aussagen über Bedingungen von Verhalten enthält. Die entwickelte Handlungstheorie macht Aussagen derart: „wenn“ Lehrer über bestimmte Kognitionen (z. B. Attributionen, Erwartungen, Handlungsentwürfe) verfügen, „dann“ zeigen sie im Unterricht ein bestimmtes Verhalten.
2. Das Umsetzen von nomologischen Gesetzen in praktische Regeln ist nur unter bestimmten Bedingungen möglich und unterliegt Einschränkungen. Es setzt Wertentscheidungen bezüglich der Dann-Komponente voraus. Die Wenn-Komponente muß beeinflußbar sein. Über die Art der Beeinflussung macht die Theorie keine Aussage, allenfalls über die zu beeinflussenden Variablen.
3. Aus einer Theorie, die Verhalten als kognitions- und emotionsgesteuert ansieht, ergibt sich die Forderung, daß Gedanken und Gefühle aufgegriffen, thematisiert, bewußt gemacht werden müssen, bevor sie verändert werden können. Veränderung wird verstanden als Modifikation, Erweiterung und Austausch von Kognitionen. Ausbildung ist dann weniger Training als Beratung.
4. Die Theorie erfordert, daß Lehrertraining aus der Vermittlung von Kognitionen, darauf abgestimmtem Tun und der Berücksichtigung von Gefühlen besteht, und daß es auch auf die Praktikabilität des angenommenen Verhaltens innerhalb der Vernetzungen der Klassenzimmer-Ökologie Rücksicht nimmt.

2. Die Ansatzpunkte beraterischer Tätigkeit

Viele Detailfragen im Zusammenhang mit der Umsetzung einer Theorie in erzieherische Praxis außer Acht lassend, spekuliere ich im folgenden über Möglichkeiten, welche die Theorie nahelegen, um Lehrerverhalten zu beeinflussen. Der heuristische Wert des Modells für die Ableitung von Methoden der Lehrerberatung liegt darin, daß es Komponenten der Verhaltenssteuerung konzipiert, deren Veränderung eine Wandlung des aktuellen Verhaltens verspricht. Ein wesentlicher Bestandteil der Konzeption besteht darin, sich über die eigenen Kognitionen Klarheit zu verschaffen. Hunt (1982) hat eine Sieben-Schritte-Methode vorgeschlagen, die Lehrern dazu dient, sich ihre subjektiven Theorien bewußt zu machen. Sie benötigen dazu zwei Blatt Papier, sechs leere Karten und einen Stift. Die Person versetzt sich in die Situation eines Lehrers, der einen anderen Lehrer über seinen Unterricht aufklärt. Anhand von drei ausgewählten Schülern und der an den Rep-Test angelehnten Technik rekonstruiert er seine Vorstellungen von Schülereigenschaften, Zielen und Herangehensweisen sowie den Beziehungen dazwischen. Selbsterkenntnis kann ein Schritt auf dem Wege zu einer (partiellen) Änderung oder auch bewußteren Nicht-Änderung sein.

Auch in anderen Bereichen wird Beratung als eine Hilfe beim Fällen von Entscheidungen aufgefaßt. Ertelt & Schulz (1982) schlagen vor, Berufsberatung als Entscheidungsberatung zu begreifen, in der auf jeden der idealtypisch unterscheidbaren Schritte eines Entscheidungsprozesses einzuwirken sei, nämlich: Problemdefinition und Klärung von Handlungszielen, Hilfen beim Erstellen alternativer Problemlösungen, Herausarbeiten von Kriterien zur Bewertung der Alternativen, Hilfen für die endgültige Auswahl sowie Vorbereitung zur Bewältigung von Dissonanzerlebnissen nach der Entscheidung.

Im einzelnen hat es darum zu gehen, Einwirkungsmöglichkeiten auf jede Kognition aufzuzeigen, die als Ursache für ein Verhalten in Frage kommt. Im folgenden bespreche ich Kognitionen einzeln. Die Trennung erfolgt aus Darstellungsgründen. Kognitionen hängen untereinander zusammen. Zur Explikation stelle ich mir zwei fiktive Lehrer vor, die sich unterschiedlich verhalten – der eine pädagogisch ‚angemessen', der andere nicht. Jede Erklärungsmöglichkeit eröffnet einen Ansatzpunkt für ein veränderungsorientiertes Eingreifen.

1) Die beiden Lehrer könnten, ohne sich sonst zu unterscheiden, unterschiedliche *Ziele* verfolgen (z.B. Disziplin gegen Kreativität, Leistung gegen Hilfsbereitschaft); daraus können unterschiedliche Verhaltensweisen resultieren. Entspricht die Zielstruktur eines Lehrers nicht der des Beraters, so kann sich dieser überlegen, ob er auf die Zielvorstellung einwirken soll. Dabei kann es wohl weniger darum gehen, bestimmte Ziele innerhalb der

Beratungssituation ‚missionarisch' zu vertreten. Möglich ist jedoch, im Dialog zu einer Explikation der Ziele und damit zu ihrer Klärung beizutragen, Zielinkoheränzen bzw. Zielkonflikte herauszuarbeiten, sie aus Grundwerturteilen ableiten zu lassen und sie kritisch zu hinterfragen. Die Technik der diskursiven Beratung tritt dabei an die Stelle der einkanaligen Übermittlung von Überlegungen (vgl. Groeben & Scheele, 1977). Ziele spielen bei der kognitiven Repräsentation der Problemlage eine Rolle, indem sie bestimmen, welche Aspekte im Problemraum Beachtung erfahren. In der entscheidungstheoretischen Literatur trifft man auf die Annahme, daß das Reflektieren über Ziele eine wichtige Komponente beim Fällen von Entscheidungen und beim Umsetzen von Entscheidungen in Verhalten spielt. Verfahren der hierarchischen Zielexplikation bestehen zunächst darin, daß im Hinblick auf eine Entscheidung alle Aspekte gesammelt werden, die der Person in den Sinn kommen. Sodann sollen allgemeine Aspekte spezifiziert und alle genannten Aspekte in eine Hierarchie gebracht werden. Das Ergebnis kann auf einer Magnettafel fixiert und systematisch vervollständigt sowie verändert werden. Bei der Berufsberatung von Schülern bewirkte eine Anwendung dieses Verfahrens eine Erhöhung der betrachteten Informationsmenge, stärkere Zielgerichtetheit des Suchprozesses sowie eine systematischere Vorgehensweise bei der Informationssuche (Aschenbrenner, 1983). Wie Jungermann u.a. (1984) bei Lehrlingen, die eine Entscheidung für eine von vier energiepolitischen Alternativen treffen mußten, zeigen konnten, führt ein Verfahren der verbalen Zielexplikation, bei der für jede Vp eine individuelle Zielhierarchie entwickelt wurde, zu einer Erhöhung der Zahl der Bewertungsdimensionen. Die Vpn hatten eine differenziertere Präferenzstruktur.

Lehrer treffen im Unterricht viele kleine und wenig große Entscheidungen. So dürfte es wenig naheliegend sein, ein solches Verfahren direkt zu übernehmen. Doch scheint die bewußte Zielstruktur von Lehrern im allgemeinen ziemlich vage und abgehoben zu sein und keine Verbindung zu ihrem Tun aufzuweisen. Daher liegt der Vorschlag auf der Hand, durch hierarchische Zielexplikation diese Verbindung stärker herzustellen.

2) Zwei Lehrer können sich in ihren *„impliziten Persönlichkeitstheorien"* (Kapitel 3) unterscheiden, in ihren Vorstellungen über Schülercharakteristiken und deren Zusammenhänge. Bender (1984) zeigte, daß mit der Änderung der impliziten Persönlichkeitstheorie von Lehrern Änderungen in deren Verhalten einhergingen. Doch ist es Bender nicht gelungen, die impliziten Theorien der Lehrer systematisch zu beeinflussen. Er versuchte, mit Hilfe zweier Methoden eine Änderung der impliziten Persönlichkeitstheorie von 89 Lehrern zu erreichen. Das erste Treatment bestand in der Konfrontation mit der eigenen impliziten Persönlichkeitstheorie, das zweite in der Konfrontation mit expliziten Theorien (lerntheoretische, psychoanalyti-

sche, eigenschaftszentrierte Ansätze). Gruppe A erhielt beide Treatments, Gruppe B und C je eines und Gruppe D keines. Zur Erfassung der abhängigen Variablen ließ Bender die Lehrer die Persönlichkeit jedes Schülers ihrer Klasse so beschreiben, daß eine andere Person eine Vorstellung davon bekommt. Die Beschreibungen wurden auf persönlichkeitsbezogene Wörter abgesucht, in 51 Kategorien zusammengefaßt. Die Häufigkeitsverteilung der von jedem Lehrer benutzten relevanten Wörter wurde als dessen implizite Persönlichkeitstheorie aufgefaßt. Dieses Verfahren wurde vor und nach dem Training angewandt. Gruppe A und B veränderten sich nicht unterschiedlich, d.h. sie zeigten keine Unterschiede in den Vortest-Nachtestdifferenzen bezüglich der Häufigkeit der Verwendung von Wörtern in den 51 Kategorien. Auch die Gruppen A und C unterschieden sich nicht signifikant in den Änderungen. Dies traf auch für die Gruppen A und D, B und D und C und D zu. Diese negativen Ergebnisse werden von Bender (1984, S. 198) unter anderem unter Hinweis auf die kurze Treatment-Dauer interpretiert. Pro Lehrer standen maximal drei Nachmittage zur Verfügung.

Eine Veränderung von Vorstellungen über Schülermerkmale dürfte besonders schwierig und langwierig sein. Es erscheint nicht sinnvoll, auf diese einwirken zu wollen, ohne andere Kognitionen mitzuberücksichtigen. Den „pädagogischen Takt" des Lehrers bilden wollen, heißt mehr, als ihm z.B. mitzuteilen, daß es in der Psychologie eine bestimmte Persönlichkeitstheorie gibt, die so und so aussieht.

3) Es kann angemessen sein, Defizite schon im Vorfeld der Informationsverarbeitung, der sinnlichen *Wahrnehmung* äußerer Ereignisse, anzunehmen, welche zu einer Verzerrung der Informationen führen (Kapitel 4). Wahrnehmung ist gerichtet, selektiv und ausschnitthaft. Auch kann es innerhalb von beachteten Wahrnehmungskategorien aufgrund von Erwartungshaltungen zu fehlerhafter Wahrnehmung kommen, die – da z.B. schlechte Schüler eindeutig benachteiligend – pädagogisch unerwünscht ist. Zillig (1928) sowie Brandner (1960) haben gezeigt, daß ein Bemühen um genaues und vorurteilsloses Wahrnehmen, z.B. bei der Korrektur von Klassenarbeiten, Verzerrungen durchaus vermindern kann. Doch dürfte es äußerst schwierig sein, Lehrer dahin zu bringen, daß sie auch in der Dichte des täglichen interaktiven Geschehens verzerrte Wahrnehmungen minimieren. Denn Erwartungen erleichtern das schnelle Kategorisieren uneindeutiger Wahrnehmungsinhalte.

4) Eine weitere Ursache für defizitäres Lehrerverhalten kann darin liegen, daß Lehrer *Informationen* unangemessen *verarbeiten*. Sie ordnen z.B. Schüler vorschnell bestimmten Typen zu, nehmen neue Informationen nicht zur Kenntnis oder neigen dazu, ihren Meinungen widersprechende Evidenzen abzuwehren (Kapitel 6). Solche Personen werden sich möglicherweise auch beraterischen Initiativen gegenüber abwehrend verhalten.

Immerhin benötigen viele Menschen ihre Überzeugungen als Richtlinien täglichen Handelns unter erschwerten Bedingungen (vgl. Nisbett & Ross, 1980, S. 191). Bemühungen um Veränderungen in diesem Bereich müssen mindestens drei Punkte beachten: ein Aufgeben einmal gebildeter Überzeugungen fällt leichter, wenn über das Phänomen der Perseveranz und ihrer Nachteile aufgeklärt wird, wenn Gegenbeispiele konkret, lebendig und anschaulich im Gegensatz zu logisch, vernünftig und einsichtig zur Kenntnis gebracht werden, und wenn die angebotene Theorie einen so weiten Geltungsbereich besitzt, daß auch noch die alte Platz darin findet (vgl. Nisbett & Ross, 1980, S. 190).

5) Der Unterschied kann darin liegen, daß die beiden Lehrer bei sonst gleichen Kognitionen gleiche Situationen auf unterschiedliche *Ursachen* zurückführen (Kapitel 7). So mag ein Lehrer bei einem Schüler, dessen Leistungstief er auf mangelnde allgemeine geistige Fähigkeiten zurückführt, förderndes Eingreifen seinerseits als vergeblich ansehen. Es wäre zu prüfen, in welcher Weise die an der Einschätzung der Situation und der an sie geknüpften Erwartungen beteiligten Prozesse defizitär bzw. pädagogisch inadäquat sind. Als erster Schritt könnte Lehrern geholfen werden, sich darüber klar zu werden, wie sie Schülerverhalten erklären und wie sich dies auf ihre Entscheidungen auswirkt. Versuche, Attributionen zu verändern, sind problematisch. Bemühungen um die Veränderung von Attributionsmustern eigener Leistungen haben in der Motivationsforschung eine lange Tradition. Krug hat den Gedanken auf die Attribution von Schülerleistungen durch Lehrer übertragen. Er ging davon aus, daß es wünschenswert sei, wenn Lehrer Attribuierungen vornähmen, die für Schüler günstig seien. Neun Lehrer sollten in der Interaktion mit sechs mißerfolgsängstlichen Schülern ihrer Klasse verstärkt erkennen lassen, daß sie sie für tüchtig hielten und ihnen noch bessere Leistungen zutrauten. Kraeft & Krug (1979) berichten über Erfolge ihres Vorgehens: die Häufigkeit von Begabungsattributionen nahm im Verlaufe der acht Trainingswochen erheblich zu. Zum Teil waren Zusammenhänge auch mit Schülervariablen feststellbar. So betrug die Korrelation zwischen der Häufigkeit von Anstrengungsattributionen und der Abnahme des Mißerfolgsmotivs $r = .83$. Noch ist wenig über die Auswirkungen von Attributionen spezifischen Schülern gegenüber auf die anderen Schüler bekannt. Kraeft & Krug (1979) berichteten über eine Verschlechterung der Motivkennwerte bei den nicht angesprochenen Schülern. Es scheint allerdings relativ schwierig für Lehrer zu sein, ihren Attributionsstil zu ändern.

Zur Verminderung von Attribuierungsdiskrepanzen zwischen Akteur und Beobachter sind verschiedene Techniken entwickelt worden. Diese beruhen zum Teil auf der Theorie der objektiven Selbstaufmerksamkeit (Frey u.a., 1978), bedienen sich Techniken des Rollenwechsels und verbal vermittelter Informationen (Lange, 1981, S. 180). Richey & Richey (1978) diskutieren einige weitere konkrete Vorschläge: andere Menschen fragen, wie sie die gleiche Situation einschätzen, überlegen, welche Gründe der andere noch für sein Verhalten gehabt haben könnte etc.

Bei Überlegungen zur Veränderung von Lehrerattributionen ist es notwendig, die Bedeutung der Attributionen für den Lehrer und den Schüler gleichermaßen zu berücksichtigen. Dabei kann es Gegenläufigkeiten geben: den Lehrer entlastende Attributionen führen zu Nachteilen für (einen Teil der) Schüler. Und schülergünstige Attributionen können Belastungen des Lehrers zur Folge haben. Versucht man, Attributionen schülergünstiger zu machen (erhöhte Anstrengungsattribution), so bewirkt man unter Umständen selbstwertbeeinträchtigende Attributionen für den Lehrer und schafft Voraussetzungen für das Empfinden persönlicher Hilflosigkeit, falls dieses Muster über längere Zeit beibehalten wird, ohne daß es zu sichtbaren und erlebten Erfolgen führt. Dem Lehrer kann damit nicht gedient sein, und letztlich müssen sich negative Auswirkungen auch für den Schüler ergeben. Es scheint daher notwendig, gleichzeitig Entlastungsmechanismen anzubieten und nach einer Möglichkeit der optimalen Verschränkung beider Perspektiven zu suchen.

6) Lehrer können *Erwartungen* über künftiges Schülerverhalten besitzen, die unzutreffend sind. Dies kann mit eine Ursache für ein Lehrerverhalten diesem Schüler gegenüber sein (Kapitel 8), das sich als pädagogisch unangemessen bezeichnen läßt. Eine wichtige Aufgabe eines Lehrertrainings sehe ich darin, Lehrern diese Erwartungen bewußt und sie auf mögliche Effekte dieser Erwartungen aufmerksam zu machen. Smith & Luginbuhl (1976) führten eine interessante Untersuchung durch, in der sie nachwiesen, daß das Wissen um Erwartungseffekte das Verhalten beeinflußt. Versuchspersonen waren 16 Psychologiestudenten, die einen halbstündigen Unterricht durchführen sollten. Adressaten waren zwei Personen, von denen eine als intelligent, die andere als dumm geschildert wurde. Damit sollten differentielle Erwartungen induziert werden. Die eine Gruppe erhielt darüber hinaus folgende Information: Untersuchungsergebnisse würden zeigen, daß Lehrer im allgemeinen dazu neigen, Schüler unterschiedlicher Begabung verschieden anzufassen. Dies könnte dazu führen, daß die Leistungen schwacher Schüler weiter sinken. Sie sollten das Wissen bei ihrem Unterricht berücksichtigen. Es zeigte sich, daß diese Vpn im Vergleich zu jenen ohne einschlägige Information die beiden Schüler in den beobachteten Variablen „Ermutigung“ und „Kritik“ weit weniger unterschiedlich behandelten als die Kontrollgruppe, bei denen erwartungsabhängige Effekte deutlich festgestellt werden konnten. Es ist mit erheblichen Widerständen zu rechnen, wollte man natürlich gebildete Erwartungen verändern. Kognitive Verfahren reichen nicht aus. Am aussichtsreichsten erscheinen allenfalls

Programme, die Interaktionen und gruppendynamische Techniken enthalten (Stern & Keislar, 1977, S. 70).

7) Die folgenden fünf Punkte beziehen sich auf die am *Entscheidungsprozeß* beteiligten Kognitionen (Kapitel 9). Eine Möglichkeit besteht darin, daß dem Lehrer eine unzureichende Menge an *Handlungsentwürfen* zur Verfügung steht. Sein Handlungspotential ist eingeschränkt. Sehr wahrscheinlich kommt es zu Konflikten, wenn der Lehrer in einer Diskrepanz zwischen Ist- und Soll-Lage, zwischen Situations-Folge-Antizipationen und Zielvorstellungen über keine von ihm selbst als angemessen betrachtete Verhaltensstrategie verfügt. Dies mag ein häufiger Grund für Frustrationserlebnisse und den Einsatz unangemessener Verhaltensweisen sein. Als Methoden, die eine Erweiterung des Handlungspotentials erreichen können, kommen besonders Techniken wie Microteaching in Frage, die Beobachtungslernen und Übung in reduzierten Reizsituationen kombinieren. In einer Untersuchung von Götz (1979) wurden Studierende einer Fachschule für Sozialpädagogik in einer Reihe von Verhaltensweisen trainiert. Bei einer Gruppe (A) wurde der Unterricht rein kognitiv, im Seminarstil durchgeführt. Die Teilnehmer der zweiten Gruppe (B) hatten darüber hinaus das betreffende Verhalten auch mehrmals auszuführen. Nach dem Training gaben beide Gruppen an, daß sie die Verhaltensweisen gut beherrschen, so daß sie sie im Blockpraktikum anwenden könnten. In einer Reihe von Verhaltensweisen lag die Verfügbarkeit in der Gruppe A signifikant höher als in Gruppe B.

8) Eine weitere Möglichkeit für pädagogisch als defizitär zu bezeichnendes Verhalten muß darin gesehen werden, daß der Lehrer bestimmten Handlungsentwürfen (irrtümlich) im Hinblick auf das angestrebte Ziel eine höhere Erfolgswahrscheinlichkeit beimißt als alternativen Handlungen *(Handlungs-Ergebnis-Erwartung)*. Eine Beratung, die an dieser Stelle einsetzt, muß den Lehrer überzeugen, daß die Erfolgswahrscheinlichkeiten seiner Verhaltensweisen niedriger liegen, als er gedacht hat und als jene anderer, neuer Verhaltensweisen. Komplementär dazu muß er überzeugt werden, daß die Erfolgswahrscheinlichkeit neuen Verhaltens größer ist, als er gedacht hat und größer als jene eingeschliffener Handlungen.

Um dies zu erreichen, muß der Lehrer zunächst imstande sein, zwischen gezeigtem und neuem Verhalten zu unterscheiden. Realisiertes Verhalten muß begrifflich faßbar gemacht werden. Dazu müssen Kategorien bereitgestellt werden, denen der Lehrer konkrete Verhaltensweisen zuordnen kann. Dies ist durch Methoden der kognitiven Diskrimination zu erreichen, die Bedingungen für die Bildung von Begriffen optimieren – Methoden, welche etwa bei Wagner (1973) oder in den Minicourses angewandt werden.

Dann können gegebenenfalls Argumente wirksam werden, welche die Überlegenheit konkurrierender Verhaltensweisen herausstellen. Die (negative) Wirkung eigener Verhaltensweisen, insbesondere dem Lehrer bislang möglicherweise unbekannte Nebenfolgen, und die (positive) Wirkung des neuen Verhaltens müssen kognitiv erfahrbar gemacht werden. Es sind Überzeugungsgründe zusammenzustellen, die auf wissenschaftlich-systematischer Grundlage beruhen. Sogenannte Protokollmaterialien, wie sie etwa im Rahmen der Minicourses verwendet werden, zielen darauf ab, fundierte Beurteilungen über die Wirksamkeit bestimmter Lehrstrategien und Verhaltensweisen zu vermitteln. Als deutsches Beispiel im Prinzip kann der Grundkurs ‚Lehren und Lernen' von Eigler u.a. (1975) herangezogen werden. Good & Grouws (1979) konnten die Wirkung eines Kurzprogramms, in dem Ergebnisse aus empirischer Forschung vermittelt wurden, auf das Lehrerverhalten feststellen. Über ähnliche Ergebnisse berichtet Calderhead (1984, S. 117). Coladarci & Gage (1984) ist es nicht gelungen, den Effekt eines solchen Verfahrens der Wissensvermittlung auf das Verhalten der Lehrer nachzuweisen. Die Autoren schickten den Lehrern der Experimentalgruppe sechs Sendungen, in denen die Ergebnisse empirischer Prozess-Produkt-Forschung zusammengestellt waren. Die Sendungen enthielten also rationale Argumente für die Überlegenheit bestimmter Verhaltensweisen der Klassenführung, der Instruktionstechniken und von Frage- und Rückmeldungsstrategien. Durch Beobachtung ermittelte Verhaltensänderungen unterschieden sich nicht signifikant von jenen der nicht instruierten Kontrollgruppe. Möglicherweise genügt es nicht, die globale Überlegenheit bestimmter Verhaltenssyndrome über andere herauszustellen. Es geht vielmehr um eine Abstimmung zwischen Verhaltensweisen und bestimmten Situationen bzw. Schülern, die es notwendig macht, ganz spezifische vorherrschende Bindungen zwischen Situation, Verhalten und Erfolgserwartung zu lösen und durch andere zu ersetzen.

Emotional erfahrbar werden Auswirkungen von Verhaltensweisen bei der Verwendung von geeigneten Methoden aus der Gruppendynamik. Der Lehrer kann hier unmittelbar die Wirkungen von Strategien, Handlungen, Äußerungen und direkten und versteckten Botschaften erleben. Allerdings konnte Götz (1979) keine Überlegenheit eines mehr praxisorientierten Trainingsverfahrens gegenüber einem kognitiven Training im Hinblick auf die Ausbildung von Bilanzierungs-Überlegungen feststellen.

Wahl u.a. (1983) haben ein Verfahren vorgeschlagen, in dem zunächst Kognitionen und Verhalten des Lehrers in Bereichen, die ihm belastend erscheinen, rekonstruiert werden. Zur Rekonstruktion seiner Situations-Handlungsverknüpfungen wird die Struktur-Lege-Technik benutzt. Ein strukturierter Dialog wird im Anschluß an eine konkrete Unterrichtsepisode mit dem Ziel der Selbstreflexion geführt. Danach erfolgt die Austauschphase, in der die Handlungsziele, die Konstrukte und die zur Lösung verwendeten Mittel kritisch diskutiert werden. „Erweisen sich die subjektiven

Daten, Hypothesen und Konstrukte des Lehrers als wenig realitätsangemessen, so muß er sich korrigieren lassen“ (S. 212). Handlungsvorschläge, die aus psychologischen Theorien abgeleitet sind, werden eingeführt, um Umstrukturierungen einzuleiten. Abschließend findet eine Einübungs- und Erprobungsphase statt. Sie hat zum Ziel, daß der Lehrer die neuen Handlungsentwürfe erprobt und daß sie durch Erfahrungen der Bewährung ihren hypothetischen Charakter verlieren. Sie sollten schließlich zur Gewohnheit werden. Bewährungsstudien zu diesem Verfahren liegen noch nicht vor.

9) Es ist auch der Möglichkeit nachzugehen, daß unangemessenes Verhalten von Lehrern am *Erfolgs-* oder am *Kostenniveau* verankert ist. Im ersten Fall trägt der Lehrer zu hohe Ansprüche an den Schüler heran, die er nur auf die realisierte Weise erreichen zu können glaubt. Ist dies der Fall, so erscheint es angemessen, das Erfolgsniveau zu senken. Überzeugungsarbeit ist auch notwendig, wenn die angenommenen hohen Kosten gewünschter Verhaltensweisen für den Lehrer Anlaß sind, diese zu vermeiden. Es muß ihm hier gegebenenfalls plausibel gemacht werden, daß seine diesbezügliche Annahme falsch ist – oder daß es gilt, die Kosten auf sich zu nehmen, um die erwünschten Effekte zu erreichen oder negative Effekte zu vermeiden.

10) Defizitäres Verhalten kann in unangemessenem *Entscheiden* begründet liegen, in der unvollständigen Analyse des Problems oder in dem nicht rationalen Zusammenbringen der verschiedenen Aspekte zu einer Entscheidung. Die Entscheidungstheorie befaßt sich mit der Frage, wie Hilfen für Entscheidungen gegeben werden können (Jungermann, 1980). Jungermann (1981) unterscheidet drei Richtungen: die Entscheidungstherapie, die Entscheidungsberatung und die Entscheidungshilfe. Gemeinsam beruhen alle drei Ansätze auf der Voraussetzung, daß der Entscheidungsprozeß erleichtert werden kann, wenn er auf einer systematischen Sammlung, Organisation und Integration von Informationen beruht. Vor allem die Entscheidungstherapie hat den Erwerb von allgemeinen Entscheidungsfertigkeiten zum Ziel, mit deren Hilfe persönliche Entscheidungen optimaler getroffen werden können (Meichenbaum, 1979). Sie befaßt sich mit der Generierung von Handlungsalternativen und der Herausarbeitung von Zielen. Sie dient dazu, die impliziten Kognitionen zu explizieren, bewußt zu machen, rationale Entscheidungen zu ermöglichen und eine Bereitschaft für eine Revision und Erweiterung des Wissens zu schaffen (Janis & Mann, 1977). Dixon (1978) untersuchte den Effekt eines Trainings, das die Verbesserung von Fähigkeiten der Problemlösung anzielte. Anhand von fiktiven Problemen wurden Studenten in fünf 90-Minuten-Sitzungen trainiert, Probleme in fünf Phasen zu zerlegen (Problemdefinition, Zielauswahl, Strategienauswahl, Strategienanwendung, Evaluation). Im Vergleich zu zwei Kontrollgruppen ohne Training zeigten die trainierten Studenten anschließend qualitativ bes-

sere Lösungsalternativen bei der Behandlung von Alltagsproblemen. Doch konnte ein Effekt auf die Qualität der Auswahl zwischen Alternativen nicht nachgewiesen werden. Anwendungen dieser Verfahren auf den Bereich von Erziehen liegen nicht vor. Doch zielen eine Reihe von Trainingsunterlagen darauf ab, Lehrern ihre Entscheidungsgrundlagen bewußt zu machen und sie zum Nachdenken über Alternativen anzuregen (Bishop & Whitfield, 1972; Minsel u.a., 1976; Becker u.a., 1978).

11) Defizitäres Lehrerverhalten kann weiter darin liegen, daß trotz angemessener Informationsverarbeitung und Entscheidung das *Umsetzen* von beabsichtigten Handlungen in konkrete Verhaltensvollzüge nicht gelingt. Trainingsverfahren, die speziell an diesem Punkt einsetzen, müßten vor allem auf das systematische Einüben der Verhaltensweisen abzielen. Hier kommen Methoden des Microteachings in Frage. Götz (1979) konnte die Überlegenheit eines kombinierten kognitiven und Praxistrainings über ein rein kognitives Training auf die Umsetzung gewünschter Verhaltensweisen nachweisen. Sie hätten sich auch an der Forschung zur objektiven Selbstaufmerksamkeit und zur Handlungskontrolle zu orientieren. Man müßte sich zum einen Gedanken machen, wie es erreicht werden kann, daß die Fähigkeit zur privaten Selbstaufmerksamkeit gesteigert werden kann. Und bezüglich der Handlungskontrolle gälte es, handlungsorientierte Kognitionen zu fördern und lageorientierte zu mindern. Im übrigen liegen eine Reihe verhaltenstherapeutischer Ansätze vor, die Personen helfen sollen, ihre Vorhaben zu verwirklichen.

12) Unangemessenes Lehrerverhalten kann daraus resultieren, daß Lehrer zu wenig *Rückmeldung* über die durch ihr Verhalten bewirkten Ergebnisse erhalten oder daß sie nicht richtig zwischen Ereignissen, die als Folgen ihres Verhaltens und solchen, die als eigengesetzlich entstanden anzusehen sind, unterscheiden (Kapitel 10). Effekte eigenen Tuns zu identifizieren ist für den Lehrer schwierig, da am Hervorbringen von relevanten Ereignissen immer auch Schüler beteiligt sind. So ist nicht immer klar, ob Ereignisse Effekte eigenen Handelns darstellen oder aber Auswirkungen anderer Faktoren sind. Ein anderer Mensch ist dazwischengeschaltet. Er entwickelt Eigenleben und wirkt als „Störgröße“. So könnte es sich erklären, daß es für Lehrer offensichtlich sehr schwer ist, aus ungerichteter Erfahrung alleine sich zu verbessern. Die Ergebnisse eines Experiments von Clark u.a. (1976) legen dies nahe. Zwölf erfahrene Lehrer erzielten keinerlei Steigerungen der Leistungen von Schülern, wenn sie denselben Stoff drei verschiedenen Schülergruppen sukzessive darboten: Praxis alleine zeigte keine Effekte. Ihnen fehlte vermutlich gezielte und unmittelbare Rückmeldung. Wäre es möglich, dies zu leisten, so müßte sich Lehrerverhalten verändern lassen. Good & Brophy (1974) haben dies gezeigt. Das Verhalten von acht Lehrern gegenüber zwei unterschiedlichen Schülergruppen wurde beobach-

tet. Die Ergebnisse wurden jedem Lehrer individuell in einem Gespräch zur Kenntnis gebracht. In der Folge zeigten sich verschiedene markante Verhaltensänderungen der Lehrer gegenüber den Zielschülern.

In der Schulpraxis könnten sich Lehrer Rückmeldungen über Handlungs-Ergebnisse einholen, wenn sie Schüler darüber befragen. Erfahrungen dieser Art könnten, sofern sie mit den zuvor vorhandenen Erwartungen diskrepant sind, zu Änderungen im Denken und Verhalten der Lehrer führen. Gage et al. (1960) haben als erste die Frage untersucht, welche Wirkungen auf die Veränderung von Lehrerverhalten es hat, wenn man Lehrern Rückmeldungen der Schüler zur Kenntnis bringt. Sie haben die Schüler gebeten, ihre Lehrer im Hinblick auf eine Reihe von Verhaltensweisen zu beurteilen. Die Schüler sollten auch angeben, wie sie sich den „idealen" Lehrer dabei wünschen. Für jede Klasse wurden die Ergebnisse anhand von graphischen Darstellungen zusammengefaßt und dem Lehrer zusammen mit den Mittelwerten für die beiden erhobenen Variablensätze mitgeteilt. Nach vier Wochen wurde der Effekt dieser Maßnahme dadurch zu überprüfen versucht, daß der gleiche Fragebogen den Schülern nochmals vorgelegt wurde mit der Bitte, ihre Lehrer wieder zu beurteilen. In einer Reihe von Verhaltensweisen resultierten Unterschiede zwischen der ersten und der zweiten Messung, die größer waren als bei einer Kontrollstichprobe von Lehrern, die keinerlei Rückmeldung erhalten hatten. Die Autoren führten diesen Effekt auf die Wirkung der Tendenz zurück, kognitive Balance zu erhalten (Heider, 1958 b). Denn vermutlich wird ein Lehrer, dem an einer positiven Beziehung zu seinen Schülern gelegen ist, eine Verringerung der Diskrepanz zwischen deren negativer Fremdeinschätzung und der eigenen, vermutlich positiven Einschätzung anstreben. Auch andere Untersuchungen zeigen eine Verhaltensänderung der Lehrer infolge von Schülerrückmeldungen (Tuckman & Oliver, 1968; Poydras, 1977; Tuckman & Yates, 1980). Beurteilungsbögen liegen auch im deutschen Sprachbereich vor (z.B. Hauff, 1982).

Das Verfahren der Rückmeldung durch Schülerurteile ist in einer Reihe von Varianten denkbar. Für Lehrer, die eine Beurteilung durch ihre Schüler scheuen, mag der Hinweis nützlich sein, daß Angaben der Schüler über die ideale Ausprägung der vorgegebenen Verhaltensweisen unter Umständen ausreichen können, um Verhaltensänderungen herbeizuführen (Burns, 1977). Andere mögen die Schüler zu jeder Variablen auch angeben lassen wollen, wie wichtig die betreffende Eigenschaft (z.B. „systematischer Verlauf des Unterrichts") für sie überhaupt ist (Sommer & Petermann, 1978). Das Verfahren, von den Schülern freie Aufsätze oder Stichworte schreiben zu lassen, kann dem Lehrer aufschlußreiche Informationen geben, ohne daß er eine Reihe von Verhaltensweisen auswählen und den Schülern vorgeben muß.

So wertvoll für Lehrer das Wissen um das Urteil der Schüler bezüglich ihrer Verhaltensweisen in den meisten Fällen sein kann, so wird sich dieses Wissen doch nicht stets in einer unmittelbaren Veränderung von Verhalten niederschlagen. Es hängt vielmehr von der Art und Weise ab, in der Lehrer diese Informationen verarbeiten. Welche Überlegungen könnten sie dabei anstellen? Tacke & Hofer (1979) haben einige Variablen untersucht. Sie nahmen an, daß eine Verhaltensänderung nur dann zu erwarten sei, wenn eine oder mehrere der folgenden Bedingungen erfüllt sind:

a) wenn der Lehrer das betreffende Verhalten als erstrebenswert ansieht, wenn er diesbezüglich also ein hohes Anspruchsniveau besitzt;
b) wenn er den Schülerangaben Glaubwürdigkeit beimißt; und
c) wenn er die Realisierung der gewünschten Verhaltensweise als nicht zu schwer (aber auch nicht zu leicht) einschätzt.

In einer experimentellen Studie ließen sich die genannten drei Hypothesen nicht bestätigen. Doch waren die Verhaltensänderungen bei den Lehrern der Experimentalgruppe größer als jene der Kontrollgruppe. Welche kognitiven und affektiven Mechanismen auch immer bei der Verarbeitung von Schülerrückmeldung wirksam sein mögen, vermutlich löst die Konfrontation mit den Bewertungen der Interaktionspartner eine Reflexion aus, die nicht ohne Einfluß auf den pädagogischen Prozeß sein wird. Eine klasseninterne Diskussion der Ergebnisse mit den Schülern könnte auch bei den Schülern das Gefühl des Vertrauens fördern. Denn sie wirkt im Hinblick auf die Symmetrie der Lehrer-Schüler-Interaktion ausgleichend. Es gehört zu den Hauptaufgaben des Lehrers, seine Schüler ständig zu bewerten. Wenn Lehrer mal ihre Schüler beurteilen können, dann ist das nicht als Autoritätsuntergrabung abzuqualifizieren, sondern kann für Schüler eine Möglichkeit der Bewahrung ihrer Identität darstellen.

Schülerurteile können Einblicke in das schulbezogene Denken und Fühlen der Schüler geben. Sie sind gültig, wenn sie die innere subjektive Realität bei den Schülern angemessen und unverfälscht wiedergeben. Daneben läßt sich auch nach der äußeren Gültigkeit fragen. Stehen Schülerurteile in Übereinstimmung mit äußeren Kriterien oder sind sie ganz und ausschließlich subjektiv? Mehrere Untersuchungen beschäftigen sich mit der Frage, inwieweit Schülerurteile über den Unterricht mit dem objektiv gemessenen Lernerfolg korrelieren. Diese durchgeführten Studien zeigen durchweg eine beachtliche Reliabilität und Gültigkeit von Schülerurteilen bezogen auf die Übereinstimmung mit kooperierenden Lehrern (Perl, 1978), mit externen Beobachtern (Fox u.a., 1983) sowie mit objektiven Schülerleistungen (Waxman & Eash, 1983). Daneben ist mit dem sogenannten Dr. Fox-Effekt (Williams & Ware, 1977) allerdings auch deutlich geworden, daß eine Lehrperson durch charismatisches und blenderisches Auftreten Befriedigung und ein der Realität nicht entsprechendes positives Gefühl des Gelernthabens bei den Hörern bewirken kann.

In den Vereinigten Staaten wird erwogen, das Verfahren der Lehrerbeurteilung durch Schüler als Beurteilungsinstrument zu nutzen. Insbesondere im Hochschulbereich könnten solche Daten für Personalentscheidungen herangezogen werden (Centra, 1979). Diese Anwendung ist aus zwei Gründen recht fragwürdig. So treffend Schülerurteile sein können, es sind doch eine ganze Reihe verzerrender Effekte bekanntgeworden, die von Variablen wie der Schülerleistung, dem Unterrichtsfach und dessen Beliebtheit sowie der Schwierigkeit des Faches ausgehen können. Es ist zwar möglich, solche Faktoren in Rechnung zu stellen (Shingles, 1977), doch können sie von den reinen Lehrerqualitäten nicht vollständig abgetrennt werden. Eine starke Bewertung von Schülerurteilen kann außerdem einen Unterricht begünstigen, der beim Lehrer durch Schielen nach positiven Beurteilungen gekennzeichnet ist. Der Lehrer könnte in seiner Rolle geschwächt werden.

Es sollte daher dem Lehrer überlassen bleiben, die Rückmeldung, die er von den Schülern über sein eigenes Verhalten erhält, nach seinen Überlegungen zu bewerten und zu verarbeiten. Erfahrung aus Praxis kann nur dann konstruktiv verwendet werden, wenn sie gezielt ausgewertet und verarbeitet wird. Da die Verarbeitung von Rückmeldung vermutlich von einer Reihe Variablen abhängt (z.B. von der Fähigkeit, emotionale Balance zu halten, Fähigkeit, sich selbst zu akzeptieren, vgl. Bierschenk, 1972), ist die Gestaltung der Rückmeldung eine Frage des Taktes (vgl. Grell, 1975[3], S. 181). Beim Video-Feedback ist mit angsterzeugenden Wirkungen zu rechnen. Es könnte von Nutzen sein, Lehrern ein Programm anzubieten, in dem ihnen geholfen wird, ihre Kompetenzen zur Selbstdiagnose zu steigern, die Fähigkeiten, Rückmeldungen zu suchen, zu provozieren, auszuwerten und umzusetzen.

13) Über den Bereich der *Gefühle* (Kapitel 11) und ihrer Wirkung auf das Verhalten von Lehrern besteht zu wenig Klarheit, als daß konkrete Vermutungen darüber angestellt werden könnten, wie auf sie einzuwirken sei, um erwünschtes Verhalten zu bewirken. Vermutlich ist es notwendig, Lehrern eine positive Einstellung auch zu negativen Gefühlen zu vermitteln. Zorn, Erschöpfung, Enttäuschung, Ärger sind alltägliche Bestandteile der Tätigkeit. Auch Konflikte gehören zum Schulalltag. Dabei braucht man kein schlechtes Gewissen zu haben. Wenn der Lehrer mit der Überzeugung in die Schule geht, er habe stets sozial-integrativ zu sein, ein Vorbild darzustellen, Konflikte können argumentativ bereinigt werden, dann sehe ich die Gefahr, daß Schuldgefühle geschaffen, negative Diskrepanz-Erlebnisse erzeugt werden. Auch die Frustrationstoleranz könnte erhöht werden. Viele Mißerfolge treten ein, das bringt der Beruf mit sich. Studenten gehören ermutigt, verschiedene gelernte Verhaltensmöglichkeiten auszuprobieren, Mißerfolge

bewußt in Kauf zu nehmen. Schuldgefühle bei Mißerfolgen sollten abgebaut werden. Über Wege, negative Lehrergefühle durch präventive Maßnahmen zu verhindern, ist bislang nur spekuliert worden (Matthews, 1982; Linville & Belt, 1982). Mehr Erfahrungen wurden dagegen mit der Therapie von Angst und Streß gesammelt (Coates & Thoresen, 1976; Goodman, 1980). Die Wirksamkeit von Verfahren des Verhaltens-Selbst-Managements, der progressiven Muskel-Entspannung (vgl. Schlottke & Wahl, 1983), der Meditation und der Selbst-Hypnose auf die Reduzierung von Angst und Streß konnte bisweilen nachgewiesen werden. Möglicherweise sind gruppendynamische Verfahren geeignet, den Zusammenhang zwischen Emotionen und Verhalten bewußt zu machen, da in ihnen die Möglichkeit unmittelbarer Rückmeldung gegeben ist.

14) Schließlich gilt es, die *Randbedingungen* der Lehrertätigkeit zu berücksichtigen (Kapitel 12). Solange die Lehrerausbildung Argumente der Praktiker wie „zu wenig Zeit", „zu aufwendig", „da machen die Schüler nicht mit" (entsprechend der Praktikabilitätsethik von Doyle & Ponder, 1977/78) nicht ernst nimmt, darf sie sich nicht über negative Reformbereitschaft und Innovationsfeindlichkeit beklagen. Viele Lehrertrainingsversuche enthalten Vorschläge, die sehr einleuchtend und vielleicht auch sehr gut, die aber nicht praktikabel sind. Die Unpraktikabilität führt nicht nur dazu, daß sie vergessen werden und in die Praxis keinen Eingang finden, sondern sie führt auch zu Diskrepanz-Erlebnissen, zu Schuldgefühlen und zur Notwendigkeit, sich mit dieser Praxis zu arrangieren. Vorbehalte gegenüber Innovationen können wohl nur durch kontinuierliche Begleitung und den Einsatz einer Vielzahl von Techniken langsam abgebaut werden: durch Information, Demonstration, Visitation, technische Hilfe. Stern & Keislar (1977, S. 73) berichten über ein Projekt, in dem durch Einsatz dieser Verfahren ein dauerhaftes Verständnis des Trainingszieles (individualisierte Instruktion) und positive Einstellungen erreicht werden konnten.

Zusammenfassung:

1. Will man bei einem Lehrer ein bestimmtes Verhalten erreichen, dann ist es notwendig, jene Kognitionen zu identifizieren und zu beeinflussen, die daran beteiligt sind, daß das angezielte Verhalten nicht gezeigt wird.
2. Zu beeinflussende Kognitionen können eine oder mehrere der als handlungsbezogen postulierten Variablen sein. Eine Vielzahl von Verfahren werden vorgeschlagen. Es ist nicht immer ausreichend dokumentiert, ob und wie Kognitionen verändert werden können. Im Einzelfall kann ein Bewußtmachen eigener Kognitionen und deren Auswirkungen genügen, um schädliche Auswirkungen zu vermeiden, so bei der Wahrnehmung und der Erwartung. In anderen Fällen ist es offensichtlich sehr schwierig,

Veränderungen zu erreichen, so bei impliziten Persönlichkeitstheorien und Handlungs-Ergebnis-Erwartungen.

3. Ein wirksames Verfahren der Verhaltensänderung besteht darin, Lehrern angemessene Rückmeldung über die Wirkungen ihres Tuns zu verschaffen. Da viele der von ihnen angestrebten Effekte bei Schülern lokalisiert sind, wird vorgeschlagen, zuverlässige Informationen bei Schülern zu suchen. Eine Reihe von Experimenten wurde zur Frage durchgeführt, inwieweit Angaben von Schülern über reales und von ihnen gewünschtes Lehrerverhalten dieses zu beeinflussen imstande sind. Ergebnisse dazu sind im allgemeinen recht positiv. Schülerurteile über Lehrerverhalten sind im großen und ganzen valide, gemessen an Lernerfolg und an Beurteilungen der Lehrer durch andere Personen. Doch sind sie auch anfällig für Täuschungen. Es wird Lehrern empfohlen, sich Informationen über ihr Verhalten und dessen Auswirkungen von Schülern zu holen und diese in ihre Überlegungen mit einzubeziehen.
4. Es ist unklar, inwieweit man Lehrerverhalten durch Einflußnahme auf Gefühle verändern kann. Eine Reihe von Techniken sind imstande, Lehrerangst und Streß zu bekämpfen.
5. Lehrerberatung muß immer und grundsätzlich die Eingebundenheit der Lehrertätigkeit in ein komplexes Netzwerk von äußeren Bedingungen berücksichtigen.

3. Die Umsetzung des Gesamtmodells

Im vergangenen Abschnitt waren die als verhaltenssteuernd postulierten Faktoren zum Zwecke ihrer Besprechung künstlich voneinander separiert worden. Damit sollte nicht unterstellt werden, als sei es möglich, durch Modifikation einer einzelnen Komponente das Lehrerverhalten allseitig zum Guten zu wenden. Das Modell sieht im Gegensatz dazu vor, daß ein ganz spezielles Verhalten durch eine Vielzahl von Faktoren gesteuert ist. Daraus folgt die Notwendigkeit, für ein bestimmtes, als erstrebenswert bewertetes Verhalten sämtliche determinierenden Faktoren zu prüfen und gegebenenfalls alle zum Gegenstand von Modifikationsbemühungen zu machen.

Die konkrete Realisierung einer von diesem Rahmenmodell geleiteten Lehrerberatung erfordert eine Planung in acht Schritten, die sich in drei Phasen zusammenfassen lassen: in die Phase der Festlegung der angestrebten Verhaltensweisen, in die Phase der inhaltlichen Ausgestaltung der dazu notwendigen Beratungsziele und in die formale Phase der Wahl von je spezifischen Trainingsmethoden. Die einzelnen Schritte werden an einem Beispiel demonstriert. Als Verhaltensweisen werden jene Verhaltensweisen gewählt, die Gordon (1972, 1977) Eltern und Lehrern zur Lösung von Konflikten mit Kindern empfiehlt. Das Beispiel wurde vor allem deshalb gewählt, weil sich Gordon nicht nur auf die Vermittlung von Techniken, von einfachem Wenn-Dann-Wissen, beschränkt, sondern stärker als andere Programme die naiven Annahmen der Lehrer bzw. Eltern zu dem angesprochenen Einstellungsbereich thematisiert und zu beeinflussen sucht. Das Training greift eine große Zahl von Einwänden, Argumenten und Gegenargumenten auf. Es versucht, umfassende Überzeugungsarbeit zu leisten, ohne allerdings die Argumente systematisch zu ordnen und das Training gezielt darauf aufzubauen.

1. Schritt: Ausgangspunkt eines jeden Trainings ist die Festlegung und Begründung des(r) Trainingszieles(e). Notwendig ist die rationale Begründung und die Spezifizierung der im Training angezielten allgemeinen Fertigkeit in Form mehrerer Unter-/Teilziele sowie die Konkretisierung/Operationalisierung der Ziele in Termini von Verhaltensweisen, die Lehrer an den Tag legen sollen.

Beispiel

Bei Gordon läßt sich das Globalziel des Trainings ‚partnerschaftliche und effektive Konfliktlösung' (vor allem) in drei Subzielen spezifizieren. Es handelt sich um die ‚Sprache der Annahme', das ‚Senden von Ich-Botschaften' und die ‚Sieg-Niederlage-lose Methode' (Tabelle 39, Spalte 3). Konkretisierungen dieser Methoden werden durch die Angabe einzelner Realisierungsschritte geleistet. Die Begründung für die Vermittlung der Handlungen müßte unter Bezug auf wissenschaftliche Ergebnisse erfolgen. Die Frage nach der Wirksamkeit wird hier nicht diskutiert. Wirksamkeit wird als gegeben unterstellt.

2. Schritt: Bestimmung der Modellkomponenten der Trainingsziele. Die als Trainingsziele definierten Verhaltensweisen entsprechen den ‚Handlungsentwürfen' im Soll-Modell. Es gilt nun, auf der Soll-Ebene die anderen, diesen Handlungen zugehörigen Modell-Komponenten zu bestimmen: Zieldimensionen, Situations-Folge-Erwartungen, Handlungs-Ergebnis-Erwartungen, Erfolgsniveau und Kostenniveau. ‚Zugehörig' bedeutet die (psycho)logische Bezogenheit der jeweiligen Einstellungskomponente auf das in Frage stehende Zielverhalten. Die Bezogenheit drückt sich darin aus, daß das Vorliegen der einzelnen Einstellungskomponente eine notwendige Voraussetzung für die Realisierung des Zielverhaltens darstellt. So ist für die Realisierung des Verhaltens ‚systematisches Verabreichen von Bekräftigungen' die Überzeugung notwendig, daß die Handlung wirksam ist (Handlungs-Folge-Erwartung), ebenso wie jene, daß die Handlung leicht zu handhaben und ohne negative Begleiteffekte ist (Kostenniveau).

Die inhaltliche Ausfüllung der Soll-Komponenten erfordert umfangreiche Überlegungen. Psychologisches Wissen ist nicht umfassend. Für viele

Ziele gibt es keine brauchbaren und anwendbaren wissenschaftlichen Theorien (Weinert, 1977). Das Soll-Modell kann nicht immer vollständig erstellt werden. In vielen Fällen muß es unter kontrollierter und sorgfältiger Übertragung wissenschaftlicher Befunde aufgefüllt werden. Das Training beschränkt sich nicht auf die Vermittlung der angezielten Handlungen, sondern umfaßt alle Komponenten, die sich im Einzelfall als defizitär erweisen.

Beispiel

Beschränken wir uns auf das Lehrziel ‚Senden von Ich-Botschaften' (Tabelle 39, 3. Zeile). Erste Komponente des Einstellungsumfeldes dieser Handlung ist die Zieldimension: Das Kind soll sich gemäß den Wünschen des Lehrers verhalten (Nahziel) bei gleichzeitiger Wahrung positiver Lehrer-Kind-Beziehung, Förderung der Selbstverantwortlichkeit des Kindes und Wahrung von Zufriedenheit auf beiden Seiten (Fernziele). Das Verfügen über diese Zielvorstellungen ist eine der Voraussetzungen dafür, daß Lehrer die gewünschte Verhaltensweise an den Tag legen. Sodann ist die Bezogenheit auf die Situation zu spezifizieren. Die Handlung ist angemessen, wenn das Problem beim Lehrer liegt und nicht beim Kind. Weiter: Die Handlung hat bestimmte Auswirkungen, die das Erreichen der Ziele garantieren: Es fördert die Eigenverantwortung, das Kind fühlt sich respektiert, es nimmt Rücksicht (Handlungs-Ergebnis-Erwartungen). Auch diese Einstellungen müssen dem Lehrer vermittelt werden. Weiter setzt die Handlung das Vorhandensein von Situations-Folge-Erwartungen voraus, die Einstellungen nämlich, daß Kinder einsichtig sind und bereit, Wünsche der Lehrer zu berücksichtigen. Die Realisierung des Verhaltens hängt außerdem von der Bereitschaft des Lehrers ab, Kosten in Kauf zu nehmen: es erfordert Mut und Selbstsicherheit. Man muß sich bloßstellen können. Tabelle 39 enthält die annähernd vollständige Erschließung des einstellungsmäßigen Umfeldes der Gordonschen Trainingsziele.

3. Schritt: Nach dem zweiten Schritt liegt die systematische Beschreibung der Elemente vor, über die der Lehrer verfügen muß, damit man erwarten kann, daß er das angestrebte Zielverhalten tatsächlich realisiert. Nun folgt die modelladäquate Beschreibung der Elemente der subjektiven Theorie, jener Theorie, die der Lehrer in das Training einbringt. Die subjektive Theorie ist das System von Überzeugungen, Erwartungen, Interpretationen und Verhaltensweisen, das Lehrer an den Tag legen, wenn sie im Unterricht handeln. Sofern diese mit der wissenschaftlichen Theorie übereinstimmt, ist ein Training nicht notwendig. Anderenfalls kann man sie in die wissenschaftliche Theorie zu überführen versuchen. Dazu ist es notwendig, sie zu kennen und modelladäquat darzustellen. Die modellangemessene Beschreibung des Ist-Zustandes besteht in der Sammlung der Verhaltensweisen, die von den Adressaten anstelle der angezielten realisiert werden, ihrer Klassifi-

Tabelle 39: Die Gordonsche Theorie effektiven Erziehungsverhaltens (Soll-Modell) (geordnet nach Komponenten der Verhaltenssteuerung).

Situation	mit der Situation verbundene Einstellungen	Handlungs-entwürfe	Handlungs-Ergebnis-Erwartungen	Kostenniveau	Ziele unmittelbare	Ziele ferne
Kind hat Problem	– Kind kann das Problem selbst lösen – Empfindungen sind vorübergehend – Das Kind hat seine eigene Identität – Kinder können sich nicht von sich aus mitteilen.	Sprache der Annahme: Türöffner, aktives Zuhören	– hilft, eigene Gefühle zu erkennen; – hilft, sich vor negativen Empfindungen nicht zu fürchten; – ermöglicht Problemlösen durch das Kind – beeinflußt die Bereitschaft, anderen zuzuhören		Lösung des Kind-Problems	positive Lehrer (Eltern-) Kind-Beziehung
Lehrer (Elternteil) hat Problem	– Kind ist einsichtig – Kind ist rücksichtsvoll	Senden von Ich-Botschaften	– fördert Eigenverantwortung; – Kind fühlt sich respektiert; – Kind erlebt Botschaft als nicht bedrohlich; – Kind nimmt Rücksicht	Kostet Mut und Selbstsicherheit, man muß sich „bloßstellen" können	Modifikation kindlichen Verhaltens	– Förderung der Selbstverantwortlichkeit
Bedürfnis-Konflikt-Situation	– Kinder sind Partner – Kinder haben eine eigenständige Identität – Kinder sind rücksichtsvoll – Kinder können Probleme selbst lösen	Sieg-Niederlage-lose Methode	– fördert Motivation, die Lösung auszuführen – entwickelt Denkvermögen – ermöglicht hohe Lösungsqualität	auf Dauer weniger Zeit- und Nervenverlust	Lösung des Konflikts	– Zufriedenheit auf allen Seiten
noch kein Problem	– Problem evtl. möglich (Antizipation des Problems)	Veränderung der Umwelt (8 Prinzipien)	– Prävention des Konflikts	rechtzeitiges Überlegen notwendig	Konfliktvermeidung	
Konflikte zwischen Kindern	– Kind ist einsichtsvoll – Kind ist rücksichtsvoll – Kind hat eigene Identität	– Sich-heraushalten – aktives Zuhören	– selbständiges Lösungsfinden – fördert Eigenverantwortung – entwickelt Denkvermögen	geringer seelischer Aufwand	Lösung des Konflikts	

kation als Handlungsentwürfe und der systematischen Ordnung der zu ihrer Begründung anführbaren Kognitionen. Die Aufstellung ist in der Regel nur empirisch möglich und verlangt einen intensiven, partnerschaftlichen Gedankenaustausch des Beraters mit den Adressaten. Dies macht eine langfristige Phase der vorbereitenden Entwicklungsarbeit vor der Implementierung eines Beratungsprogramms erforderlich. Das Ist-Modell wird nicht immer vollständig und vor allem stimmig erstellt werden können. Subjektives Überzeugungswissen ist häufig defekt, unvollständig, widersprüchlich und zirkelhaft (Laucken, 1974a; Weinert, 1977). Intensive, themenzentrierte Explorationen können Art und Inhalt der subjektiven Theoriebausteine erkennen lassen.

Beispiel

Beziehen wir uns auch hier auf das Trainingsziel ‚Senden von Ich-Botschaften'. In der Situation eigener Probleme senden Lehrer in der Regel Du-Botschaften in ihren drei Formen. Sie geben Lösungen, setzen herab, werfen vor, befehlen usw. Das Ziel besteht ebenfalls darin, kindliches Verhalten zu beeinflussen – mit weniger starkem Gewicht auf dem Fernziel der positiven Lehrer-Kind-Beziehung. Situations-Folge-Erwartungen können lauten: Das Kind ist uneinsichtig und rücksichtslos; es ist Untergebener und kann nicht selbst Lösungen finden (vgl. Tabelle 40). Lehrer glauben, ohne größere Kosten erfolgreich zu sein, da sie unmittelbare Erfolge zu sehen vermeinen (Handlungs-Ergebnis-Erwartungen). Ihr Erfolgsniveau ist hoch; sie verlangen von den Kindern unmittelbaren Gehorsam und ein geringes Störniveau in der Klasse.

4. Schritt: Die Revision der subjektiven Theorie durch die wissenschaftliche Theorie. Ein entscheidender Vorgang bei der Lehrerberatung besteht darin, die subjektive Handlungstheorie dort zu erschüttern, wo sie unangemessen ist und sie durch die wissenschaftliche zu ersetzen: den Ist-Zustand in den Soll-Zustand zu überführen. Zu planen ist zunächst ein Vorgang, der dem Lehrer seine Verhaltensweisen und Meinungen bewußt macht. Dieser Prozeß kann für eine Verhaltensänderung bereits ausreichend sein. Lehrer können in gegenseitiger Diskussion und mit Hilfe von Rollenspieltechniken und gruppendynamischen Verfahren Einsichten gewinnen in Bedingungen, Auftreten und Wirkungen eigenen Verhaltens, die sie offensichtlich zu Verhaltensänderungen veranlassen. Für jede einzelne divergierende Komponente ist sodann der Nachweis ihrer Unangemessenheit/Relativität und der Aufweis der Überlegenheit der entsprechenden Alternative erforderlich. Argumente zur Erschütterung der Ist-Theorie müssen zusammengestellt werden. Dasselbe gilt für mögliche Gegenargumente gegen die Übernahme der Komponenten der Soll-Theorie. Argumente für die Soll-Theorie müssen entwickelt und den Gegenargumenten gegenübergestellt werden. Wissenschaftliche Befunde, alltägliche Beispiele und Erfahrungen sowie sachlogi-

Tabelle 40: Die subjektive Theorie effektiven Erziehungsverhaltens (Ist-Modell).

Situation	mit der Situation verbundene Einstellungen	Handlungs-entwürfe	Handlungs-Ergebnis-Erwartungen	Erfolgs-niveau	Ziele unmittelbare	Ziele ferne
Kind hat Problem	– Kind kann das Problem nicht selbst lösen – Empfindungen sind von Dauer	die 12 Straßensperren (Befehle, Warnen usw.)	Schnelle Problembewältigung	niedrig	Lösung des Kind-Problems	
Lehrer (Elternteil) hat Problem	– Kind ist uneinsichtig – Kind ist rücksichtslos	Senden von Du-Botschaften (Lösungsbotschaft, herabsetzende Botschaft, indirekte Botschaft)	– schnelle Bedürfnisbefriedigung – keine genaue Vorstellung über die Wirkung beim Kind – man muß konsequent sein – Lehrer (Eltern) haben die Verpflichtung, auf Kinder einzuwirken	hoch	– Gehorsam – Modifikation kindlichen Verhaltens	keine
Bedürfnis-Konflikt-Situationen	– Kind ist Untergebener – Kinder können sich nicht selbst steuern – Kinder haben keine Problemlösefähigkeit	Ich-siege-(I) und Du-siegst (II)-Methode	schnelle Konfliktbewältigung	hoch	Lösung des Konflikts	

sche Argumente dienen dem Austausch zwischen wissenschaftlicher und subjektiver Theorie.

Beispiel

Ich greife das Lehrziel ‚Senden von Ich-Botschaften' heraus (vgl. Tabelle 41, 4. und 5. Zeile).

a) Dem Lehrer ist sein Verhalten bewußt zu machen, aufzuzeigen, daß die Verhaltensweisen, mit denen er einen Wunsch an die Kinder heranträgt, Du-Botschaften sind: Lösungen geben, Herabsetzen usw. Ihm werden die dazugehörigen Einstellungen deutlich: daß er seine Probleme mit Problemen der Kinder verwechselt, daß hinter seinen Handlungen die Auffassung von der Uneinsichtigkeit der Kinder steht.

b) Die Unhaltbarkeit der Handlungen und Einstellungen ist nachzuweisen, Es wird dargetan, daß es in der Regel falsch ist, vom Kind anzunehmen, es sei uneinsichtig und rücksichtslos; daß das Senden von Du-Botschaften unwirksam ist, den langfristigen Zielen der positiven Beziehung entgegensteht und durch Abbau des Schülerselbstkonzeptes hohe Kosten verursacht. Es wird aufgezeigt, daß Konflikte ihren Ursprung in einem zu hohen Erfolgsniveau haben können: Die Lehrer erwarten zuviel Disziplin vom Kind. Eine Erschütterung des defekten Überzeugungssystems an Stellen, die durch eigene Unsicherheit nicht ohnehin schon schwankend sind, gibt die Möglichkeit, neue Meinungen aufzubauen und die Verhaltensänderung zu fundieren.

c) Es folgt der Aufbau der wissenschaftlichen Theorie. Die notwendigen Begriffe werden vermittelt. Das Senden von Ich-Botschaften wird definiert, seine Wirksamkeit aufgewiesen: Es enthält keine negativen Bewertungen des Kindes, hat positive Wirkungen auf die Bereitschaft, sich zu ändern, fördert eine vertrauensvolle Atmosphäre. Es wird nachgewiesen, daß Kinder Partner sind und sich selbst steuern können. Der Anspruch, Kinder müßten sich immer nach den Vorstellungen der Lehrer richten, wird – wo nötig – herabgesetzt. Auch Schwierigkeiten und Grenzen der Methode werden deutlich gemacht.

5. Schritt: Die diagnostische Erfassung der defizitären Komponenten. Es ist zwar denkbar – aber nicht der Regelfall –, daß sämtliche aus dem Modell sich ergebenden Komponenten einer angezielten Lehrtätigkeit defizitär ausgeprägt sind. Statt dessen verfügt der einzelne Lehrer vermutlich über eine oder mehrere Soll-Komponenten – sei es im Handlungs-, sei es im Einstellungsbereich, über andere hingegen nicht. Entweder ist das Wissen um die Lehrziele vorhanden, nicht hingegen die Fähigkeit, das eigene Verhalten angemessen einzuschätzen; oder der (angehende) Lehrer verfügt über die Möglichkeit, sich angemessen zu verhalten, dennoch hält er es nicht für erstrebenswert, da er etwa die angenommenen Kosten (den Aufwand) scheut; oder aber, er glaubt nicht an die Wirksamkeit der angebote-

Tabelle 41: Die Konfrontation der subjektiven mit der wissenschaftlichen Theorie.

Situation		mit der Situation verbundene Einstellungen	Handlungsentwürfe	Handlungs-Ergebnis-Erwartungen	Kostenniveau	Erfolgsniveau	Ziele unmittelbare	ferne
Kind hat Problem	Argumente gegen subjektive Theorie	Gefühle von Kindern sind nicht so dauerhaft	Bewußtmachen eigenen Verhaltens: Die 12 Straßensperren	– bewirkt Schuldgefühle – bewirkt Minderwertigkeitsgefühle	knickt Selbstvertrauen des Kindes		Kind-Problem wird nicht gelöst	Kind-Zufriedenheit wird verringert
	Argumente für wissenschaftliche Theorie		Türöffner, Schweigen, aktives Zuhören	– bewirkt Gefühle des Angenommenwerdens	erhöht Selbstvertrauen		Kind-Problem wird gelöst	Kind-Zufriedenheit wird gesteigert
Lehrer (Elternteil) hat Problem	Argumente gg. subj. Theorie	Kindern ist an einer guten Beziehung gelegen	Bewußtmachen eigenen Verhaltens: Du-Botschaften	– Anweisungen werden nicht beachtet – bewirkt Gefühl der Bedürfnisfrustration – Verhalten führt zu Rebellion und Trotz	Selbstkonzept des Kindes wird beeinträchtigt	Lehrerwunsch nicht unbedingt notwendig	evtl. unmittelbare Bedürfnisbefriedigung	Verschlechterung der Lehrer-Kind-Beziehung

Lehrer (Elternteil) hat Problem	Argumente für wiss. Theorie	Kinder sind rücksichtsvoll	Ich-Botschaften	– positive Wirkung auf Verhaltensänderung – Verhalten bewirkt beim Schüler Verständnis für den vorgebrachten Wunsch	keine negative Bewertung des Kindes	Lehreranspruch etwas niedriger setzen	Kind verhält sich wunschgemäß	fördert Vertrauen
	Argumente gg. subj. Theorie	Erwachsene haben nicht mehr Übersicht	Bewußtmachen eigenen Verhaltens: Ich-siege(I)-Du-siegst(II)-Methode	– erzeugt Feindseligkeit – geringe Motivation – vermindert Verantwortungsgefühl – erzeugt Furcht u. Schuldgefühle – führt zu Rebellion, Trotz, Fügsamkeit usw.	– erfordert Zwang, Macht, Autorität – hohe seelische Belastung – Kontrolle notwendig		evt. unmittelbare Konfliktbewältigung	negative Folgen für das Kind und die Beziehung
Bedürfnis-Konflikt-Situation	Argumente für wiss. Theorie	Gruppen können Entscheidungen treffen	Sieg-Niederlagelose Methode	– erhöhte Motivation – bessere Lösungen – keine Ressentiments	– wenig seelischer Aufwand – keine Gewalt – Grenzen der Methode	Herabsetzen des Anspruchs (z. B. lange Haare kann man akzeptieren)	Konfliktlösung	Förderung gegenseitiger Zuneigung und Problemlösefähigkeit des Kindes

nen Tätigkeit, da er andere für effektiver hält. Bei allen Lehrern gleichermaßen alle Komponenten in Angriff zu nehmen, würde einen unnötigen Aufwand verursachen. Bei einzelnen kann unter Umständen eine gezielte Beratung schnellere Veränderung bewirken als massive Einwirkungen an ungeeigneten Stellen. Voraussetzung ist die Konzeption einer diagnostischen Phase. Bei der durch das Rahmenmodell geforderten Vorgehensweise ergibt sich die Notwendigkeit der Entwicklung von diagnostischen Instrumenten (Test, Fragebogen, Interview, Beobachtung) zur Bereitstellung von Ausgangsinformationen für ein individuelles Eingreifen. Häufig wird es genügen, im Gespräch auf die einzelnen Komponenten zu achten, um relevante Informationen zu erlangen. In anderen Fällen kann man einfache Fragebögen erstellen. Und für die Erfassung der Fähigkeit, Handlungen ausführen zu können, ist eine Beobachtung des Verhaltens erforderlich.

Beispiel

Am Lehrziel ‚Senden von Ich-Botschaften' kann ein Test entwickelt werden, der die Fähigkeit erfaßt, die verschiedenen Formen von Du-Botschaften (Handlungsentwürfe der subjektiven Theorie) zu unterscheiden. Ein Beispiel für ein Test-Item wäre:

Lesen Sie die Situation, und geben Sie an, welche Art von Botschaft in der Äußerung des Lehrers vermittelt wird. Der Lehrer sagt zu Jungen, die im Pausenhof sehr laut Fangen spielen: „Ihr führt Euch aber wie die Wilden auf." Richtige Antwort wäre: beschimpfen oder lächerlich machen.

Nach diesen Schritten der inhaltlichen Ausgestaltung des Trainings folgt die Phase der formalen Festlegung der Trainingstechniken. Die Kenntnis der Struktur des Trainingsprozesses bzw. ihrer einzelnen Komponenten erleichtert die Methodenwahl. Diese Phase besteht aus drei Schritten: die Identifikation der zu trainierenden Fähigkeiten; die Bestimmung der Lernart, die zur Erlangung der betreffenden Fähigkeit angesprochen werden muß; schließlich die Wahl der Trainingsmethode aufgrund der Eigenheiten der Lernarten.

6. *Schritt:* Identifikation der zu trainierenden Fertigkeiten. Es gilt nun, Fertigkeiten zu bestimmen, die bei der Beratung angesprochen werden. Vermutlich sind es die folgenden fünf Gruppen von Fertigkeiten, die sich aus dem Modell deduzieren lassen:

– Verfügen über Handlungsziele
– Diskrimination von Situationen
– Diskrimination von Handlungen
– aktives Beherrschen von Handlungen
– Verfügen über Einstellungen bzw. Erwartungen, bezogen auf

a) Situationen,
b) Handlungen,

c) das Kostenniveau,
d) das Erfolgsniveau.

Für das Erreichen des Trainingszieles ist das Beherrschen dieser Leistungen, bezogen sowohl auf den Bereich des Soll- als auch den Bereich des Ist-Verhaltens in den Komponenten, bei denen eine Diskrepanz zwischen Ist und Soll besteht, Voraussetzung.

Beispiel
Tabelle 42 enthält in der ersten Spalte die in einem Training anzusprechenden Fertigkeiten. In der zweiten Spalte sind die Zielleistungen näher beschrieben. Zum Beispiel ist es notwendig, daß der Lehrer imstande ist, sowohl zwischen acht verschiedenen Formen von Du-Botschaften (aus der subjektiven Theorie) als auch zwischen Ich- und Du-Botschaften zu unterscheiden. Die dritte Spalte enthält stichwortartig einige mögliche Inhalte (Begriffe, Prinzipien, Verständnishilfen), die eine Beeinflussung der betreffenden Fertigkeiten erleichtern (z. B. kann das Identifizieren von Ich-Botschaften durch die Beachtung dreier Faktoren erleichtert werden).

7. Schritt: Bestimmung der anzusprechenden Lernarten. Der nächste Schritt muß eine Bestimmung der Lernarten leisten, die dem Erwerb der jeweiligen Fertigkeiten zugrunde liegen. Die Fähigkeit der Diskrimination zwischen verschiedenen Handlungen bzw. die Fertigkeit, Einzelfälle definierten Begriffen zuzuordnen, setzt das Lernen dieser Begriffe voraus. Dem Verfügen über Erwartungen liegen andere Lernarten zugrunde. Sie setzen Wissens- und Erlebnisänderungen voraus. Das aktive Beherrschen von Handlungen erfordert die Konstruktion von Verhalten.

Beispiel
Das Ziel, zwischen verschiedenen Arten von Du-Botschaften zu diskriminieren, um das eigene Verhalten klassifizieren zu können (3 b auf Tabelle 42), ist über das Begriffslernen (Spalte 4) zu erreichen. Das gleiche gilt für die Unterscheidung von Ich- und Du-Botschaften. Auch Situationen müssen unterschieden werden können. Zum Beispiel sind Situationen, in denen das Problem beim Kind liegt, zu trennen von jenen, in denen das Problem beim Lehrer liegt (3. Zeile). Dazu ist es notwendig zu erkennen, ob und wessen Bedürfnisbefriedigung beeinträchtigt ist. Diese Fertigkeit setzt das Lernen der Definitionen voraus, erfordert aber auch Einfühlung und die Fähigkeit zur Rollenübernahme.

8. Schritt: Wahl der Trainingsmethode. Als letzter Schritt hat die Wahl des Trainingsverfahrens zu erfolgen (Tabelle 42, Spalte 5). Als Ergebnis der geleisteten Vorarbeit ist diese Wahl nicht mehr willkürlich, sondern kann rational begründet erfolgen. Je nach Art der anzusprechenden Fertigkeit bzw. der ihr zugrunde liegenden Lernart, können abgestimmte Trainingsverfahren erwogen werden. Dennoch enthält die nomologische Theorie

Tabelle 42: Zu vermittelnde Fertigkeiten (Gordon).

Fertigkeit	Beschreibung der Zielleistungen	Beschreibung des Lerninhalts	Lernart	Beratungsverfahren
1. Verfügen über Handlungsziele	Anerkennung der Wichtigkeit ferner Ziele		Einstellungsänderung	– Zielexplikation – Theorievermittlung – Diskussion
2. Unterscheidung zwischen Situationen	Es muß eine eindeutige Zuordnung von Einzelfällen zu den einzelnen Problemsituationen und zu Nicht-Problemen geleistet werden	– Prinzip der Problemeigentümerschaft – Erkennen, ob und wessen Bedürfnisbefriedigung beeinträchtigt ist – Erkennen von negativen Gefühlen – Wer leitet die Kommunikation ein?	– Begriffslernen – Einfühlung – Rollenübernahme	– sog. Diskriminationstraining – gruppendynamische Verfahren
3. Unterscheidung zwischen Handlungen (a)	– Es muß eine Zuordnung von Äußerungen zu den typischen 12 geleistet werden – Es muß zwischen aktivem Zuhören u. typischen 12, – zwischen aktivem Zuhören und Nachplappern, – zwischen aktivem Zuhören und Manipulation unterschieden werden,	– Beschreibung der 12 Straßensperren – Echtheit – Verständnis – Reflektieren	– Begriffslernen	sog. Diskriminationstraining

(b) (c)	– Diskrimination zwischen 8 Arten von Du-Botschaften, – Diskrimination zwischen Ich- u. Du-Botschaften, – Diskrimination zwischen Methoden I, II und III	– Prinzip der primären und sekundären Empfindungen – 3 Komponenten von Ich-Botschaften	– Begriffslernen – Fähigkeit z. Metakommunikation	
4. Aktives Beherrschen von Handlungen	Bei Vorgabe einer beliebigen (Konflikt- o. Nicht-Konflikt) Situation muß die adäquate Verhaltensweise gezeigt werden.	– Vorgabe von Situationen verschiedener Schwierigkeitsgrade und Variationsbreite – Handeln in verschiedenen Graden der Realitätsnähe	Verhaltenskonstruktion	– Microteaching – Modellernen – Selbststeuerung
5. Verfügen über Einstellungen, bezogen auf a) Situationen b) Handlungen c) Kostenniveau d) Erfolgsnivau	Statt der alten Erwartungen und Einstellungen werden die gewünschten gezeigt	– Überzeugungsgründe – Argumente – Beispiele	Wissens- u. Erlebnisänderung	a) verbale Instruktion, Rollenspiel b) verbale Instruktion, gruppendynamische Verfahren c) verbale Instruktion, Rollenspiel d) Verfahren der Selbststeuerung

keinerlei Aussagen über erfolgversprechende Treatments. Deren Auswahl erfordert eine Reihe von systematischen Bemühungen (Schäfer, 1982), auf die hier nicht eingegangen wird. Treatments müssen nicht nur erfolgversprechend, sondern auch ethisch akzeptabel sein, vertretbare Nebenwirkungen haben und ökonomisch sein. Die Diskriminationen von Reaktionen können mit Hilfe des sogenannten Diskriminationstrainings geleistet werden. Die Diskrimination von Situationen erfordert darüber hinaus auch gruppendynamische Verfahren. Für das aktive Beherrschen von Handlungen bietet sich der Einsatz bewährter Verfahren des Microteaching und des Modellehrens an. Für den Erwerb verschiedener Erwartungen sind Verfahren der verbalen Instruktion und des Rollenspiels denkbar, außerdem gruppendynamische Verfahren und Verfahren der Selbststeuerung. Tabelle 42 enthält für das vorliegende Beispiel in der letzten Spalte einige Vorschläge.

Diese Analyse führt nicht zu einer erschöpfenden Auswahl von Methoden und ihrer Zuordnung zu Trainingsinhalten. Die Berücksichtigung von Handlungstheorien ist für die Gestaltung von Lehrprozessen notwendig, aber nicht hinreichend. Verfahren des Lehrertrainings müssen ständig weiterentwickelt und verfeinert werden. Dabei ist es u.a. unumgänglich, die sich schnell entwickelnden Techniken der Klinischen Psychologie miteinzubeziehen. Aus deren Repertoire an Verfahren der Verhaltensänderung kann sich die Lehrerbildung gezielt anregen lassen. Erfolgversprechend dürfte es beispielsweise sein, Lehrer durch die Anregung von Selbstgesprächen sich selbst verstärken zu lassen oder ihr Erfolgsniveau zu senken. Beim Modelllehren müßte das Modell sein Verhalten verbal kommentieren, um dem Beobachter die Möglichkeit der Eigensteuerung zu erleichtern.

Das Modell stellt in seiner entfalteten Form eine große Zahl von Anforderungen an ein Trainingsprogramm. Vermutlich enthält ein auf dessen Grundlage entwickelter Plan mehr Schritte, als wirklich nötig sind. Es empfiehlt sich daher, nach der Entfaltung des Modells zu praktikablen und vom Aufwand her zu rechtfertigenden Arbeitsschritten zu kommen. Ein Programm selbst dürfte in der Praxis weit weniger komplex und umfangreich sein als das Analysemodell, auf dessen Grundlage es zusammengestellt wurde.

Zusammenfassung:

1. Um ein bestimmtes Verhalten zu erreichen, ist es notwendig, die darauf bezogenen Kognitionen zu beeinflussen. Für die konkrete Realisierung einer Lehrerberatung werden acht Planungsschritte vorgeschlagen. Die ersten vier Schritte befassen sich mit der Spezifizierung der Ist- und der Soll-Komponenten im Hinblick auf das angestrebte Verhalten und den Austausch. Die weiteren Schritte befassen sich mit der Planung der prak-

tischen Durchführung, der Wahl der anzusprechenden Lernarten und dem Einsatz von Beratungsverfahren.

2. Die konkrete Ausgestaltung einer Beratung ist nie wissenschaftlich vollständig begründbar. Sie ist immer auf den Einfallsreichtum des Praktikers angewiesen und kann sich ständig wandeln.

4. Das Ergebnis

Eine Realisierung des vorgeschlagenen Weges hat weitreichende Umgestaltungen herkömmlicher Vorgehensweisen von Lehrer- und Erziehertrainingsprogrammen zur Folge. Sie führt auch zu einem Überdenken der Lehrerbildung insgesamt.

Theoretisch hat ein Training in der vorgeschlagenen Form die folgenden Vorteile:

(1) Das Training ist psychologisch begründet. Es fußt auf einer Theorie von Verhaltensdeterminanten, die sich auf dem Entwicklungsstand der neueren psychologischen Theorienbildung befindet, bestehende Tendenzen aufgreift und zu einem geschlossenen System von aufeinander bezogenen Aussagen führt. Das Modell kann herangezogen werden, um Trainingsverfahren zu optimieren. Deskriptive Theorien sind eine wesentliche Komponente bei der Instruktionsoptimierung (Atkinson, 1973). Die Zeiten, in denen die willkürliche Wahl von Trainingsvorschlägen als pragmatische Antwort auf defizitäre Ausbildungssituationen in der Lehrerbildung entschuldigt werden konnten, müßten vorbei sein (vgl. Signer, 1977). Es geht nicht an, mit Einfallsreichtum in der Gestaltung von Trainingstechniken, Kombinationsgabe bei der Zusammensetzung von Trainingselementen oder Formulierungslust bei der Ausmalung wünschenswerter Lehrer- und Schülereigenschaften den Mangel an einer übergreifenden Konzeption zu verdecken.

(2) Das vorgeschlagene Vorgehen führt zu einer fundierten Integration verschiedener Trainingsverfahren. Bestimmten, genau definierten Teilmengen des Curriculums können spezifische Trainingsverfahren zugeordnet werden. Trainingsinhalte und Trainingsmethoden sind aufeinander abgestimmt. Die übliche freie Kombination von Methoden ist damit überholt.

(3) Lehrertraining kann individualisiert werden. Verfahren können gezielt entwickelt und je nach individueller Notwendigkeit eingesetzt werden. Das Vorgehen kann zu größerer Effektivität führen. Voraussetzung dafür ist allerdings eine diagnostische Erfassung der relevanten kognitiven Konstrukte und ein einzelfallorientiertes Vorgehen, was zugegebenermaßen unökonomisch ist. Forschung ist auch daran zu messen, inwieweit sie in

ihren Designs die interindividuelle Variable berücksichtigt („Human factors make a difference", Peck & Tucker, 1973, S. 964).

(4) Wesentlicher Teil des Trainings ist die Berücksichtigung der kognitiven Konstrukte des Lehrers als eine Bedingung der Veränderung seiner Handlungen. Das Konzept der Konfrontation von subjektiver mit wissenschaftlicher Theorie macht es möglich, den Aspekt der Angst in Lehrertrainingsprogrammen theoretisch faßbar zu machen. Kaminski (1977) beschreibt die Reaktion des Studierenden, der seine subjektiven Handlungsräume abrupt durch Konfrontation mit neuartigen Perspektiven entzogen bekommt, mit dem Konzept des ‚Trauerns' – Trauer als Reaktion auf den Verlust von positiv valenzhaltigen Handlungsraumkomponenten. Im Training entsteht Angst dann, wenn vordem (unter sich und mit dem Verhalten) als konsistent erlebte Kognitionen nunmehr als inkongruent oder inkonsistent erlebt werden. So entsteht Angst, wenn dem Lehrer deutlich wird: ‚Was Du machst, ist doch autoritär.' Die Einschätzung der eigenen Handlung entspricht nicht mehr der Selbsteinschätzung. Diese Selbstkonfrontationsangst ist nur ein Beispiel; Angst entsteht auch, wenn der Lehrer das Ungenügen seiner Handlungen begreift („Vorschläge machen hat negative Wirkungen auf das Selbstkonzept des Schülers, weil es ihm signalisiert, daß Du ihm nicht zutraust, die Lösung selbst zu finden"). Oder wenn er erfährt, daß das von ihm angestrebte Unterrichtsziel nicht erstrebenswert ist. Immer dann, wenn das Einstellungsgefüge aufgebrochen wird, kann Angst und Unsicherheit entstehen. Sofern das Ausmaß der ausgelösten Angst gering ist, kann es sich für eine Veränderung positiv auswirken. Ein hoher Angstgrad ist allerdings für das Neulernen von Verhaltensweisen hinderlich. Lehrertraining darf daher kein Vorgehen einseitiger Kommunikation sein. Argumente dürfen nicht dazu benutzt werden, „um ‚Behauptungen des Partners systematisch zu widersprechen oder zu widerlegen' ... Vielmehr ist der Dialog als ‚kritischer' zu konstituieren, um Behauptungen des Partners (argumentativ) zu testen und zu überprüfen sowie die eigenen Behauptungen zu dem gleichen Zweck freizugeben" (Groeben & Scheele, 1977, S. 176). Damit kein falscher Konsens zustande kommt, sind nicht zuletzt Einzelsitzungen mit Lehrern notwendig, um den kognitiven Austausch herbeizuführen.

(5) Verschiedenen Trainingszielen werden je nach der Art der zugehörigen Komponenten unterschiedliche Trainingsmethoden zugeordnet. Nicht alle Ziele in der Lehrerbildung erfordern eine Umgestaltung der (oder von Teilen der) subjektiven Theorie. Viele zu vermittelnde Handlungen (etwa im fachdidaktischen Bereich) treffen nicht auf Vorwissen, Meinungen und subjektive Überzeugungen. Sie brauchen darin nicht eingebettet zu werden. Und die wissenschaftliche Theorie besteht häufig aus einfachen Handlungsentwürfen, die ohne Widerstand übernommen werden. Dabei ist es eine

Frage der Schwierigkeit dieser Handlungsentwürfe für den Lehrer, ob eine Vermittlung mit Hilfe von Instruktionen und Begriffslernen ausreicht oder ob zusätzliche Übung und Beobachtungslernen erforderlich sind. Ist das Verständnis der Handlungsanweisungen und der Begriffe, die für die Ausführung eines Handlungsentwurfes notwendig sind, gegeben (bei sehr speziellen Verhaltenszielen), so kann sich die Beratung auf ein reines Übungstraining beschränken.

(6) Das vorgeschlagene Rahmenmodell zeigt einen Weg zur Integration verschiedener Blöcke der Lehrerbildung. Dezidierte Handlungsanweisungen an Hochschullehrer können gefunden werden. Vermittelt werden müssen Klassifikationssysteme von Lehrerverhaltensweisen und die subjektiven Theorien von Lehrern in ihren verschiedenen Komponenten. Zu vermitteln sind weiter wissenschaftliche Theorien, bezogen auf vorgegebene Zieldimensionen. Auch hier muß neben der Vermittlung von Handlungsanweisungen (z.B.: Verwende die entdeckende Lehrmethode) das erforderliche Hintergrundwissen gemäß den Modellkomponenten vermittelt werden. Die Theorie liefert Anhaltspunkte dafür zu entscheiden, ob ein akademischer Inhalt handlungsrelevant ist oder als überflüssiger Ballast bezeichnet werden muß. Die Suche nach ‚relevanten' entwicklungspsychologischen, sozial- und differentialpsychologischen Theorien, Konzepten und Befunden kann fokussiert und gerichtet erfolgen. Zieldiskussion, Praxis und Wissensvermittlung können integriert und aufeinander bezogen werden. Das Rahmenmodell ermöglicht es, die Forderung, Theorie in der Lehrerausbildung müsse grundsätzlich – mehr oder weniger direkt – auf die künftige Berufspraxis des Lehrers bezogen sein (Klafki, 1976), zu konkretisieren. Es ermöglicht eine Neukonzeption der Lehrerbildung, die – durch wissenschaftlich begleitete Modellversuche abgesichert – das Verhältnis zwischen Theorie und Praxis, zwischen Kompetenz und Performanz, zwischen Wissen und Handeln, zwischen Einstellung und Verhalten systematisch beschreiben kann.

Es liegen nur wenige Untersuchungen vor, welche sich mit der Frage befassen, ob die theoretischen Vorteile einer systematischen Veränderung von Lehrerkognitionen auch *praktisch* nachweisbar sind, d.h. zu den angezielten Verhaltensänderungen führen. Die sorgfältigste Untersuchung stammt von Thiele (1981). Bei seinem Training sollten Lehrtätigkeiten der Gesprächsführung vermittelt werden. Im einzelnen ging es um Problematisieren, Nachhaken, Akzentuieren, Erklären, Folgern lassen, Bewerten lassen, Verstärken, Ermutigen und Aufgreifen (S. 298–299). Auf der Basis einer Theorie des Handelns von Woodruff (1967, zit. nach Thiele, 1981, S. 279) wurde angenommen, daß die Realisierung der angestrebten Verhaltensweisen folgende vier Kognitionen voraussetzt:

1) das Verfügen über allgemeine Informationen zu didaktischen Handlungen,

2) das Verfügen über Kategorien zur Kodierung der angestrebten Handlungsentwürfe,
3) die Fähigkeit, sich in Unterrichtssituationen für den passenden Handlungsentwurf zu entscheiden,
4) die Fähigkeit, die Entscheidungen in Verhalten umzusetzen.

Für jede dieser Komponenten wurden eigene Trainingsmaßnahmen entwickelt. Für (1) wurde ein Trainingstext entwickelt. Für (2) wurde ein Diskriminationstraining erstellt. Die Diskriminationsaufgabe bestand darin, schriftlich vorgegebene Lehrtätigkeiten nach einem System zu kategorisieren. Die Lösungen wurden kontrolliert. Bezogen auf die Phase (3) der Entscheidungsfindung wurden Unterrichtssituationen beschrieben, die nach einer Schüleräußerung abbrachen. Die Lehrer mußten anhand der Intention des Lehrers entscheiden, welche Lehrtätigkeit für den Fortgang des Unterrichtsgesprächs passend erscheint. Schließlich wurde für die Handlungsausführung (4) eine Art Microteaching verwendet, indem innerhalb reduzierter Unterrichtsbedingungen das Umsetzen von Entscheidungen geübt und über Video-Feedback kontrolliert wurde. Zur Erhebung der abhängigen Variablen wurden Unterrichtsstunden vor und nach dem Training tontechnisch aufgezeichnet und nach neun Kriteriumsvariablen kodiert. Die Variablen bezogen sich auf die angezielten Fertigkeiten (z.B. indirekte Impulse, Paraphrasieren, Verstärken). Insgesamt 43 Lehrerstudenten wurden in vier parallelen Gruppen trainiert. Gruppe A erhielt alle Trainingselemente in der Gesamtdauer von 15 Tagen, Gruppe D erhielt lediglich den Trainingstext. Diese beiden Gruppen sollten sich am meisten unterscheiden. Gruppe B erhielt den Trainingstext und das Handlungstraining. Gruppe C erhielt den Trainingstext und das kombinierte Diskriminations- und Entscheidungstraining. Die Ergebnisse dieser beiden Gruppen sollten dazwischen liegen, da sie nicht sämtliche auf die Handlungssteuerung bezogenen Elemente enthielten. Es wurde erwartet, daß der Lernzuwachs bei B größer ist als bei C. Bei fünf der neun Kriteriumsvariablen ergab sich ein signifikanter Trend in der vorhergesagten Richtung: $A < B < C < D$. Dies bestätigte die Erwartung. Überraschend war der große Unterschied zwischen B und C. Das Handlungsausführungstraining war dem kombinierten Diskriminations- und Entscheidungstraining wesentlich überlegen. Dies könnte darauf zurückzuführen sein, daß die Vpn dieses Trainingselement nicht „brauchten", da sie über die vermittelten Kognitionen bereits verfügten. Eine Individualisierung war nicht vorgenommen worden.

Thommen (1985) arbeitete mit zwanzig Schweizer Primarlehrern. Sie besuchten einen dreimonatigen Fortbildungskurs, in dem versucht wurde, ihnen verhaltenstheoretisches Wissen und verhaltenstherapeutische Techniken im Zusammenhang mit Verhaltensproblemen von Schülern zu vermitteln. Überprüft wurde, ob sich dieses Training gezielt auf alltagspsychologische Erklärungen über Ursachen von Verhaltensauffälligkeiten auswirkt. Es wurde erwartet, daß nach dem Training mehr verhaltenspsychologische Erklärungsmuster gegeben werden als vorher. Die abhängigen Variablen wurden in einer originellen Art und Weise erhoben. Der Interviewer stellte sich dem Lehrer als Kollege vor, der ein aggressives und ein verträumtes Kind in der Klasse hat. Er weiß sich nicht mehr zu helfen und fragt seinen Kollegen nach den Gründen für die Auffälligkeit und danach, wie dem Kind und dem Lehrer geholfen werden könnte. Auf die vom Partner gestellten Fragen zu näheren Umständen über das fragliche Kind, antwortete der Interviewer nach einer festgelegten Zufallssequenz mit ja oder nein. Die Daten wurden als Ausdruck alltagspsychologischen Wissens betrachtet, welches in Form komplexer, miteinander verbundener, sequentiell und hierarchisch geordneter Gesetzesannahmen besteht, aus denen entsprechende Erklärungsketten abgeleitet werden. Die Kognitionen wurden nach Symptomatik, Ursachen, Erklärungen und Maßnahmen strukturiert. Um zu messen, ob nach dem Training mehr verhaltenstheoretisches Wissen vorhanden war als davor, wurden 18 einschlägige Indikatoren ausgewählt, welche verhaltenstheoretische Kognitionen erfaßten. Das Treatment konnte die Kognitionen der Lehrer nicht systematisch in Richtung Verhaltenstheorie ändern. Die Unterschiede zwischen davor und danach waren nicht signifikant. Dieser Fehlschlag wird darauf zurückgeführt, daß der Kurs wenig Rücksicht nahm auf die vor dem Kurs bestehenden Kognitionen der Lehrer. Diese wandten sich oft gegen die verhaltenstheoretische Betrachtungsweise, sie lehnten das Wissen als zu praxisfern ab. Da Kognitionen eine „theory in use" (Argyris & Schön, 1976) darstellen, dürfen sie nicht entzogen werden. Sie müssen bewußt gemacht, expliziert und problematisiert und erst in einem zweiten Schritt durch wissenschaftliches Wissen angereichert, verändert und gegebenenfalls ersetzt werden.

Die Idee des Aufgreifens und Thematisierens von existierenden Kognitionen setzen Wahl u.a. (1983, S. 202ff.) am konsequentesten um. Dies macht sich schon darin bemerkbar, daß sie ihre Veränderungsbemühungen nur dort ansetzen, wo Lehrer selbst belastende Situationen erleben. Darauf sollten sie genau achten und notieren: auf eine Karte die Situation bzw. das Schülerverhalten, auf eine zweite Karte ihre Reaktion. Die verschiedenen Kärtchenpaare werden anschließend nach Ähnlichkeit zu Situations- und Handlungsklassen gruppiert. Dies regt zum Nachdenken an, woraus eine erhebliche Veränderungsmotivation entstehen kann. Konkrete handlungsleitende Kognitionen werden dann aktiviert, indem (im realen Unterricht oder durch Rollenspiel) einschlägige Episoden in einem „strukturierten Dialog" nachbesprochen werden. Dabei wird durch die Introspektion gezieltes Nachfragen auf die Situations-, die Handlungsauffassung, die Handlungsziele, die Ursachenerklärung, die Ergebnisauffassung und die Wirkungskette gelenkt. Dieses Trainingselement ist sehr zeitaufwendig und schwierig zu beherrschen. Es bewirkt jedoch „starke Bewußtmachungseffekte“ (S. 211). Die Bewußtmachung auf der Ebene des Verhaltens erfolgt schließlich durch die Beobachtung des Lehrerverhaltens in den bearbeiteten Episoden. Die genannten drei Verfahren „präzisieren den bearbeiteten Konflikt, regen zum Hypothesenbilden an und zeigen den Zusammenhang der drei Ebenen (subjektive Theorie, handlungssteuernde Kognitionen, beobachtbares Verhalten) auf“ (S. 212). Es erfolgt nun im Gespräch eine kritische Bewertung und Hinterfragung der vom Lehrer verfolgten Ziele, der von ihm gebildeten Hypothesen, seiner Konstrukte und der zur Lösung verwendeten Mittel. Erweisen sich diese als wenig realitätsangemessen, so wird gemeinsam nach neuen Möglichkeiten Ausschau gehalten, wobei psychologische Theorien und wissenschaftliche Empfehlungen herangezogen werden. Alte Verknüpfungen werden durch Handlungs-Unterbrechungs-Strategien (z.B. „Stop-Befehlen“) gelöst und neue geschaffen. Das Training schließt auch hier mit einer Verhaltensphase. Neue Situations-Reaktions-Verknüpfungen können nur dann zur Gewohnheit werden, wenn sie geübt und wenn sie als wirksam und hilfreich erfahren werden. Dieses Verfahren ist sehr umfangreich und aufwendig. Die Autoren berichten über zwei Modellversuche im Lehrerstudium und einen Versuch mit praktizierenden Lehrern. Die Versuche schienen erfolgreich gewesen zu sein, doch liegen wissenschaftlich aussagekräftige Daten bislang nicht vor. Wahl (1985) berichtet von einem etwas vereinfachten Verfahren, das in Gruppen von je sechs Personen durchgeführt werden kann, wobei je zwei Personen sich zu einem „Tandem“ zusammenschließen. Die Tandempartner motivieren, informieren und kontrollieren sich gegenseitig in den verschiedenen Phasen des Trainings. Der „strukturierte Dialog“ wird dabei stark vereinfacht gehandhabt. Erfahrungen mit Trainings-Tandems sind spärlich, erscheinen aber aussichtsreich. Wichtig an diesem Ansatz scheint mir u.a. die Integration von Phasen der kognitiven Auseinandersetzung und Phasen des konkreten Verhaltens zu sein. Kognitionen können sich dauerhaft nur handelnd ändern. Dies bestätigt auch eine Untersuchung von Buchberger & Schmiedinger (1979), in der positive Veränderungen in der Einstellungsdimension Anlage/Umwelt (Ursachenattribution) und Druck/Zug (Handlungs-Ergebnis-Erwartung) durch eine Kombination von kognitivem Training, Microteaching und Gruppendiskussion erzielt werden konnten. In einer solchen Kombination werden Kognitionen und Emotionen angesprochen. Auch erlauben sie das Erfahren von Wirkungen über die unmittelbare Rückmeldung. Schließlich kann durch Diskussionen zwischen Lehrern auch den institutionellen Rahmenbedingungen Rechnung getragen werden.

Verfahren der geschilderten Art sind angesichts der weitverbreiteten Tendenz von Menschen, an Einstellungen und Überzeugungen sogar dann stark festzuhalten, wenn alle rationalen Argumente dagegen sprechen (Nisbett & Ross, 1980), sehr aufwendig und vielleicht nicht übermäßig erfolgversprechend. Nimmt man hinzu, daß sie mit der Annahme der verhaltenssteuernden Funktion von Kognitionen stehen und fallen, so mag man angesichts der noch nicht überzeugenden Belege für diese Annahme an der Brauchbarkeit des vorgetragenen Ansatzes zweifeln. Ich will mich nicht beschränken, darauf hinzuweisen, daß noch viel Forschung zu leisten ist. Der Zusammenhang zwischen Kognition und Verhalten ist weit davon entfernt, als aufgeklärt zu gelten. Die Ergebnisse von Götz (1979) weisen auf einen Aspekt hin, der hier nur am Rande behandelt wurde. Ein kombiniertes kognitives und Praxistraining führte zu einer stärkeren Verwendung der trainierten Verhaltensweisen in konkreten erzieherischen Situationen als ein rein kognitives Training, nicht aber zu einer analogen Veränderung der entsprechenden handlungsbezogenen Kognitionen. Es könnte sein, daß die Realisierung von Verhaltensweisen nicht so sehr von den angenommenen Kognitionen (Handlungs-Ergebnis-Bilanz, Entscheidungsvorsatz etc.), sondern daß umgekehrt Kognitionen von Verhaltensweisen gesteuert werden (Mummendey u. a., 1984). Diese Idee würde zur Folgerung führen, Verhalten zu verändern, damit es sich dann über Kognitionen selbst stabilisiert. Doch ich glaube, daß beide Sichtweisen einseitig sind, daß Kognition und Verhalten in einem Prozeß wechselseitiger Beeinflussung stehen.

Zusammenfassung:

1. Die vorgeschlagene Konzeption einer Technologie der Änderung des Lehrerverhaltens hat Vorteile: sie ist theoretisch begründet, sie fundiert die Integration verschiedener Trainingsverfahren, erlaubt individuelles Vorgehen, erlaubt unterschiedliches Vorgehen bei verschiedenen Trainingszielen und integriert die Lehrerbildung an der Hochschule.
2. Empirische Überprüfungen von handlungstheoretisch ausgerichteten Lehrertrainingsmodellen liegen nur wenige vor. Sie erbrachten unterschiedliche Ergebnisse. Der Austauschgesichtspunkt wurde zu wenig berücksichtigt.

Literaturverzeichnis

Abele-Brehm, A., Interaktionsbezogene Urteilseinstellungen und die Beurteilung der Angeklagten. Vortrag gehalten auf dem Abschlußsymposium des Sonderforschungsbereiches 24. Mannheim, 1983

Abele-Brehm, A., Nachdenken über Nachdenken: Kausales, evaluatives und finales Denken im situativen Kontext. Vortrag gehalten auf der 26. Tagung experimentell arbeitender Psychologen. Nürnberg, 1984

Abelson, R. P., Script processing in attitude formation and decision making. In: J. S. Carroll & J. W. Payne (Hrsg.), Cognition and social behavior. Hillsdale, N. J.: Erlbaum, 1976, 33–45

Achtenhagen, F., Heidenreich, W. D. & Sembill, D., Überlegungen zur „Unterrichtstheorie" von Handelslehrerstudenten und Referendaren des Handelslehramts. Die Deutsche Berufs- und Fachschule, 1975, 8, 578–601

Achtenhagen, F., Sembill, D. & Steinhoff, E., Die Lehrerpersönlichkeit im Urteil von Schülern. Zeitschrift für Pädagogik, 1979, 25, 191–208

Adams, R. S. & Biddle, B. J., Realities of teaching. Explorations with video tape. New York: Holt, Rinehart & Winston, 1970

Ahrens, H. J., Zur Systematik der Urteilsbildung bei der Beurteilung westdeutscher Politiker. Archiv für die gesamte Psychologie, 1967, 119, 57–89

Ahrens, H. J., Multidimensionale Skalierung. Methodik, Theorie und empirische Gültigkeit mit Anwendungen aus der differentiellen Psychologie und Sozialpsychologie. Weinheim: Beltz, 1974

Algozzine, B. & Ysseldyke, J. E., Decision makers' prediction of students' academic difficulties as a function of referral information. Journal of Educational Research, 1980, 73, 145–150

Alisch, L. M. & Rössner, L., Grundlagen einer generellen Verhaltenstheorie. München: Reinhardt, 1977

Alisch, L. M. & Rössner, L., Erziehungswissenschaft als technologische Disziplin. Ein Beitrag zur Technologie-Diskussion in den Sozialwissenschaften. München: Reinhardt, 1978

Allport, F. H., Theories of perception and the concept of structure. A review and critical analysis with an introduction to a dynamic-structural theory of behavior. New York: Wiley, 1955

Ames, R., Teachers' attributions of responsibility: Some unexpected nondefensive effects. Journal of Educational Psychology, 1975, 67, 668–676

Ames, R., Teachers' attributions for their own teaching. In: J. M. Levine & M. C. Wang (Hrsg.), Teacher and student perceptions: Implications for learning. Hillsdale, N. J.: Lawrence Erlbaum, 1983, 105–124

Anderson, G. A., The architecture of cognition. Cambridge: Harvard University Press, 1983

Anderson, N. H. & Butzin, C. A., Performance = motivation x ability: An integra-

tion-theoretical analysis. Journal of Personality and Social Psychology, 1974, 30, 598–604
Anderson, R. C. & Faust, G. W., Educational Psychology. The science of instruction and learning. New York: Dodd, 1973
Argyris, C. & Schön, D. A., Theory in practice: Increasing professional effectiveness. San Francisco: Jossey-Bass, 1976
Aronson, E., Pines, A. M. & Kafry, D., Ausgebrannt. Vom Überdruß zur Selbstentfaltung. Stuttgart: Klett-Cotta, 1983
Asch, S. E., Forming impressions of personality. Journal of abnormal and social psychology, 1946, 41, 258–290
Aschenbrenner, K. M., Hierarchische Zielstrukturierung als Entscheidungshilfe zur Berufswahl. In: J. Haisch (Hrsg.), Angewandte Sozialpsychologie. Bedingungen, Möglichkeiten und Ergebnisse der praktischen Anwendung sozialpsychologischer Theorien. Bern: Huber, 1983, 141–170
Ashton, B., Kneen, P., Davies, F. & Holley, J. B., The aims of primary education: A study of teachers' opinions. London: Mac Millan, 1975
Atkinson, R. C., Entwurf einer Theorie des Lehrens. In: B. Rollett & K. Weltner (Hrsg.), Fortschritte und Ergebnisse der Bildungstechnologie, Bd. 2 München: Ehrenwirth, 1973, 58–75
Ausubel, D. P., Psychologie des Unterrichts. Bd. 1 und 2. Weinheim: Beltz, 1974
Babad, E. Y., Inbar, J. & Rosenthal, R., Teachers judgment of students' potential as a function of teachers' susceptibility to biasing information. Journal of Personality and Social Psychology, 1982, 42, 541–547
Bacher, R. & Borel, R., Empirische Untersuchung zur impliziten Theorie von Lehrern über die Intelligenz ihrer Schüler. Unveröffentlichte Diplomarbeit. Psychologisches Institut der Universität Heidelberg, 1975
Baker, J. P. & Crist, J. L., Lehrererwartungen. In: J. D. Elashoff & R. E. Snow, Pygmalion auf dem Prüfstand. München: Kösel, 1972, 66–84
Bandura, W., Self-efficacy: Toward a unifying theory of behavioral change. Psychological Review, 1977, 84, 191–215
Barkey, P., Pupils perceptions of teacher merit: a factor analysis of five postulated dimensions. Journal of Educational Research, 1967, 61, 127–128
Barnett, E. F., Student perceptions of teacher leadership functioning as related to teacher perceptions of students. Dissertations Abstract International, 1976, 37, 2067/68
Bar-Tal, D. & Guttmann, J., A comparison of teachers', pupils' and parents' attribution regarding pupils' academic achievements. British Journal of Educational Psychology, 1981, 51, 301–311
Bartlett, F. C., Remembering: A study in experimental and social psychology. Cambridge: Cambridge University Press, 1932
Battmann, W., Wenn Wissen zur Last wird. Ursachen und Konsequenzen der Vermeidung von Rückmeldungen. Vortrag gehalten auf der 26. Tagung experimentell arbeitender Psychologen. Nürnberg, 1984
Baumeister, R. F., A self-presentational view of social phenomena. Psychological Bulletin, 1982, 91, 3–26
Beck, K., Lehrerausbildung als „Verbindung" von Theorie und Praxis? Über den

Status von Theorien im Kontext der Lehrerrolle. Pädagogische Rundschau, 1983, 37, 145–169.

Becker, G. E., Dietrich, B. & Kaier, E., Konfliktbewältigung im Unterricht. Bad Heilbrunn: Klinkhardt, 1978. 2. überarbeitete Auflage

Beckman, L., Effects of students' performance on teachers' and observers' attribution of causality. Journal of Educational Psychology, 1970, 61, 76–82. Deutsch in: M. Hofer & F. E. Weinert (Hrsg.), Grundlagentexte Pädagogische Psychologie Bd. 2, Frankfurt: Fischer, 1973, 164–176

Beckman, L. J., Causal attribution of teachers and parents regarding children's performance. Psychology in the schools, 1976, 13, 212–218

Beez, W. V., Influence of biased psychological reports on teacher behavior and pupil performance. In: A. Morrison & P. McIntyre (Hrsg.), Social Psychology of teaching. Harmondsworth: Penguin, 1972, 324–332

Beisenherz, G. & Feil, C., Lehrer zwischen Alltagsproblemen und pädagogischem Auftrag. Die Deutsche Schule, 1982, 74, 305–317

Bender, H., Persönlichkeitstheorien von Grundschullehrern. Untersuchungen zu den impliziten Persönlichkeitstheorien von Lehrern in vierten Grundschulklassen und der Möglichkeit ihrer Veränderung. Unveröffentliche Dissertation, Erziehungswissenschaftliche Hochschule Rheinland-Pfalz, Landau, 1984

Bennet, N., Jordon, J., Long, G. & Wade, B., Teaching styles and pupil progress. Cambridge, Mass.: Harvard University Press, 1976

Bergmann, Ch., Bernoth, L., Hohmann, I., Krieger, R., Mendel, G. & Theobald, G., Schwierigkeiten junger Lehrer in der Berufspraxis. Zentrum für Lehrerausbildung der Universität Giessen Nr. 1. Giessen, 1976

Berl, J., Lewis, G. & Morrison, R. S., Applying models of choice to the problem of college selection. In: J. S. Carroll & J. W. Payne (Hrsg.), Cognition and social behavior. Hillsdale, N. J.: Erlbaum, 1976, 203–219

Berliner, D. C., Clinical studies of classroom teaching and learning. Vortrag gehalten auf der Tagung der American Educational Research Association. Toronto, 1978

Berman, A. C., The perception of trait dimensions as a function of social interaction. Dissertation Abstracts International, 1981, 42, 1665-B, Order No. 8120085

Berman, J. S. & Kenny, D. A., Correlational bias in observer ratings. Journal of Personality and Social Psychology, 1976, 34, 263–273

Biddle, B. J., Teacher roles. In: R. L. Ebel (Hrsg.), Encyclopedia of Educational Research. New York: Macmillan, 1969, 4. Aufl., 1437–1446

Biddle, B. J. & Thomas, E. J. (Hrsg.), Role theory: Concepts and research. New York: Wiley, 1966

Bidwell, C. E., The school as a formal organisation. In: J. G. Mauck (Hrsg.), Handbook of organisations. Chicago: McNally, 1965, 71–85

Bierhoff, H. W., Kolszak-Naumann, U. & Kauffmann, I., „Naive" Verhaltenserklärungen in der Personwahrnehmung: Wie werden zwei Erklärungen integriert? Referat gehalten auf dem 34. Kongreß der Deutschen Gesellschaft für Psychologie, Wien, 1984

Bierhoff-Alfermann, D., Der Einfluß von Kategorien- und Target-Informationen auf die Ursachenerklärungen von Schülerleistungen durch Lehrer. In: L. H. Eckensberger (Hrsg.), Bericht über den 31. Kongreß der Deutschen Gesellschaft für Psychologie in Mannheim 1978. Bd. 1. Göttingen: Hogrefe, 1979, 420–421

Bierhoff-Alfermann, D., Erziehungsziele für Jungen und Mädchen. Gleich oder unterschiedlich? In: G. Trommsdorff (Hrsg.), Jahrbuch für empirische Erziehungswissenschaft. Düsseldorf: Schwann, 1984, 127–146

Bierschenk, B., An english digest: Self-confrontation via closed-circuit television in teacher training together with recommendations for further research. Department of Educational and Psychological Research, School of Education. Malmö, Schweden, No. 119, 1972

Bishop, A. J. & Whitfield, R. L., Situations in teaching. London: McGraw Hill, 1972

Borcherding, K., Entscheidungstheorie und Entscheidungshilfeverfahren für komplexe Entscheidungssituationen. In: M. Irle (Hrsg.), Marktpsychologie, 2. Halbband: Methoden und Anwendungen der Marktpsychologie. Handbuch der Psychologie. Bd. 12. Göttingen: Hogrefe, 1983, 64–173

Borko, H., An examination of some factors contributing to teachers' preinstructional classroom organization and management decisions. Vortrag gehalten auf der Tagung der American Educational Research Assoziation. Toronto, 1978

Borko, H. & Shavelson, R. J., Teachers' sensitivity to the reliability of information in making causal attributions in an achievement situation. Journal of Educational Psychology, 1978, 70, 271–279

Bossert, S. T., The social context of teachers' classroom decisions. In: P. Dewitz & L. W. Hecht (Hrsg.), Teacher planning and decision making. Toledo: Educational Comment, University of Toledo, 1978, 17–26

Boteram, N., Pygmalions medium. Rheinstetten: Schindele, 1976

Bottenberg, E. H., Emotionspsychologie. München: Goldmann, 1972

Boucher, C. R., Teacher attributioning in decision making. Psychology in the Schools, 1981, 18, 115–120

Bowers, K. S., Situationism in psychology. An analysis and a critique. Psychological Review, 1973, 80, 307–336

Brandner, V., Dynamik und Ineinanderwirken von Einstellungen. Zeitschrift für experimentelle und angewandte Psychologie, 1960, 7, 663–680

Brandt, L. J., Hayden, M. E. & Brophy, J. E., Teachers' attitudes and ascription of causation. Journal of Educational Psychology, 1975, 67, 677–682

Brandtstädter, J. & Krampen, G., Objektive und subjektive Konformität von Lehrern in der Bewertung pädagogischer Zielorientierungen. Psychologie in Erziehung und Unterricht, 1979, 26, 140–148

Brandtstädter, J., Krampen, G. & Schwab, P., Erweiterung eines instrumentalitätstheoretischen Modells zur Vorhersage pädagogischer Handlungspräferenzen. Zeitschrift für Entwicklungspsychologie und Pädagogische Psychologie, 1979, 11, 43–49

Brandtstädter, J., Krampen, G. & Weps, B., Selbstkonzepte als Regulative erzieherischen Handelns. Zeitschrift für Entwicklungspsychologie und Pädagogische Psychologie, 1981, 13, 207–216

Bransford, J. D. & McCarrell, N. S., A sketch of a cognitive approach to comprehension: Some thoughts about understanding what it means to comprehend. In: W. B. Weimer & D. S. Palermo (Hrsg.), Cognition and the symbolic processes. Vol. 1. Hillsdale, N. J.: Erlbaum, 1974, 189–229

Braun, L., Teacher expectation: Sociopsychological dynamics. Review of Educational Research, 1976, 46, 185–213

Bredenkamp, J. & Wippich, W., Lern- und Gedächtnispsychologie. Bd. II. Stuttgart: Kohlhammer, 1977

Brezinka, W., Grundbegriffe der Erziehungswissenschaft. München: Reinhardt, 1981, 4. Aufl.

Brim, O. G., Glass, D. C., Lavin, D. E. & Goodman, N., Personality and decision process. Stanford: Stanford University Press, 1962

Brocke, B., Wissenschaftstheoretische Grundlagenprobleme der Angewandten Psychologie. Das Abgrenzungs-Konstituenten- und Fundierbarkeitsproblem. Zeitschrift für Sozialpsychologie, 1980, 11, 297–324

Bromme, R., Zur Bedeutung des Problembegriffes in der Unterrichtsforschung. Forschungsbeiträge zum Mathematikunterricht I. Materialien und Studien des Instituts für Didaktik und Methodik, Bd. 8, 1977

Bromme, R., Das Denken von Lehrern bei der Unterrichtsvorbereitung. Weinheim: Beltz, 1981

Bromme, R., How to analyze routines in teachers' thinking processes during lesson planning. Paper presented at the Annual Meeting of the American Educational Research Association, New York, 1982.

Bromme, R., On the limitations of the theory metaphor for the study of teachers' expert knowledge. In: R. Halkes & J. K. Olson (Hrsg.), Teacher thinking. A new perspective on persisting problems in education. Lisse, NL: Swets & Zeitlinger, 1984, 43–57

Bromme, R. & Hömberg, E., Einführende Bemerkungen zum Problem der Anwendung psychologischen Wissens (Technologieproblem). Materialien und Studien. Bd. 4. Institut für Didaktik der Mathematik der Universität Bielefeld, 1976

Bromme, R. & Juhl, K., Das „Verstehen" von Aufgaben aus der Sicht von Mathematiklehrern. Zeitschrift für empirische Pädagogik und pädagogische Psychologie, 1985, i. Dr.

Brooks, D. M. & Wilson, B. J., Teacher verbal and nonverbal behavioral expression toward selected pupils. Journal of Educational Psychology, 1978, 10, 147–153

Brophy, J. E., Teachers' cognitive activities and overt behaviors. Unveröffentlichtes Manuskript, Michigan State University, April 1980

Brophy, J. E. & Good, T. L., Teacher's communication of differential expectations for children's classroom performance: Some behavioral data. Journal of Educational Psychology, 1970, 61, 365–374

Brophy, J. E. & Good, T. L., Teacher-student relationships. Causes and consequences. New York: Holt, Rinehart & Winston, 1974. Deutsch: Die Lehrer-Schüler-Interaktion. München: Urban & Schwarzenberg, 1976

Brophy, J. E. & Rohrkemper, M. M., The influence of problem ownership on teachers' perceptions of and strategies for coping with problem students. Journal of Educational Psychology, 1981, 73, 295–311

Brown, A. L., Campione, J. C. & Day, J. D., Learning to learn: on teaching students to learn from text. Educational Researcher, 1981, 19, 14–21

Bruner, J. S. & Postman, L., Emotional selectivity in perception and reaction. Journal of Personality, 1947, 16, 69–77

Bruner, J. S. & Postman, L., An approach to social perception. In: W. Dennis, R. Lippitt, K. T. Behanan u.a., Current trends in social psychology. Pittsburgh: University of Pittsburgh Press, 1951, 71–118

Bruner, J. S. & Tagiuri, R., The perception of people. In: G. Lindzey (Hrsg.), Handbook of social psychology, Vol. 2, Cambridge, Mass.: Addison-Wesley, 1954, 634–654

Bruner, J. S., Shapiro, D. & Tagiuri, R., The meaning of traits in isolation and in combination. In: R. Tagiuri & L. Petrullo (Hrsg.), Person perception and interpersonal behavior. Stanford: Stanford University Press, 1958, 277–288

Brunner, J., Die Erziehungsziele der Primarlehrer und Probleme ihrer empirischen Erhebung. Basel: Beltz, 1980

Buchberger, F. & Schmiedinger, E., Können durch praxisbegleitendes Lehrverhaltenstraining unterrichtsbezogene Einstellungen von Lehrern verändert werden? Erziehung und Unterricht, 1979, 129, 92–105

Bulla, H. G., Probleme einer Organisationsentwicklung in der Schule. Frankfurt/M.: Lang, 1982

Burns, M. L., The effects of feedback and commitment to change on the behavior of elementary school principals. Journal of applied behavioral science, 1977, 13, 159–166

Calderhead, J., A psychological approach to research on teachers' classroom decision-making. British Educational Research Journal, 1981, 7, 51–57

Calderhead, J., Research into teachers' and student teachers' cognitions: Exploring the nature of classroom practice. Vortrag gehalten auf dem Annual Meeting der American Educational Research Association. Montreal, 1983

Calderhead, J., Teachers' classroom decision making. London: Holt, 1984

Cantor, N. & Mischel, W., Traits as prototypes: Effects on recognition memory. Journal of Personality and Social Psychology, 1977, 35, 38–48

Cantor, N. & Mischel, W., Prototypicality and personality: effects on free recall and personality impressions. Journal of Research in Personality, 1979a, 13, 187–205

Cantor, N. & Mischel, W., Prototypes in person perception. In: L. Berkowitz (Hrsg.), Advances in experimental social psychology, Bd. 12, New York: Academic Press, 1979b, 3–52

Cantor, N., Mischel, W. & Schwarz, J. C., A prototype analysis of psychological situations. Cognitive Psychology, 1982, 14, 45–77

Casparis, C., Zur impliziten Persönlichkeitstheorie von Oberstufenlehrern. In: W. Herzog & B. Meile (Hrsg.), Schwerpunkt Schule. Festschrift zum 60. Geburtstag von Prof. Dr. Konrad Widmer, Zürich: Rotapfel-Verlag, 1979, 371–403

Centra, J. A., Determining faculty effectiveness. San Francisco: Jossey-Bass, 1979

Chapman, D. W., Teacher retention: The test of a model. American Educational Research Journal, 1984, 21, 645–658

Chi, M. T., Feltovich, P. J. & Glaser, R., Categorization and representation of physics problems by experts and novices. Cognitive Science, 1981, 5, 121–152.

Clark, C. M., Choice of a model for research on teacher thinking. Vortrag gehalten auf der Tagung der American Educational Research Association Toronto, 1978

Clark, C. M. & Peterson, P. L., Teachers' thoughts processes. In: M. C. Wittrock, Handbook of Research on Teaching, New York: McMillan, 1985 3. Aufl.

Clark, C. M. & Yinger, R. J., Research on teacher thinking. Curriculum Inquiri, 1977, 7, 279–394

Clark, C. M. & Yinger, R. J., Teachers' thinking. In: P. L. Peterson & H. J. Walberg, Research on teaching. Berkeley: McCutchan, 1979, 210–230

Clark, C. M., Snow, R. E. & Shavelson, R. J., Three experiments on learning to teach. Journal of Teacher Education, 1976, 27, 174–180

Clifford, M. M. & Walster, E., The effect of physical attractiveness on teacher expectation. Sociology of Education, 1973, 46, 248–258

Coates, T. J. & Thoresen, C. E., Teacher anxiety: A review with recommendations. Review of Educational Research, 1976, 46, 159–184

Cohen, A. R., Cognitive tuning as a factor affecting impression formation. Journal of Personality, 1961, 29, 235–245

Coladarci, T. & Gage, N. L., Effects of a minimal intervention on teacher behavior and student achievement. American Educational Research Journal, 1984, 21, 539–555

Combe, A., Kritik der Lehrerrolle. München: List, 1971

Cone, R., Teachers' decisions in managing student behavior: A laboratory simulation of interactive decision-making by teachers. Vortrag gehalten auf der Tagung der American Educational Research Association, Toronto, 1978

Cooper, H. M., Pygmalion grows up: A model for teacher expectation, communication and performance influence. Review of Educational Research, 1979, 49, 389–410

Cooper, H. M., Verbal behavior as mediations of teacher expectation effects. Resources in Education, 1981, 8, 41

Cooper, H. M., Communication of teacher expectations to students. In: J. M. Levine & M. C. Wang (Hrsg.), Teacher and student perceptions: Implications for learning. Hillsdale, N. J.: Lawrence Erlbaum, 1983, 193–211

Cooper, H. M. & Baron, R. M., Academic expectations and attributed responsibility as predictors of professional teachers' reinforcement behavior. Journal of Educational Psychology, 1977, 69, 409–418

Cooper, H. M. & Baron, R. M., Academic expectations, attributed responsibility, and teachers reinforcement behavior: A suggested integration of conflicting literature. Journal of Educational Psychology, 1979, 71, 274–277

Cooper, H. M. & Burger, J. M., How teachers explain students' academic performance: A categorization of free response academic attributions. American Educational Research Journal, 1980, 17, 95–109

Cooper, H. M. & Lowe, C. A., Task information and attributions for academic performance by professional teachers and roleplayers. Journal of Personality, 1977, 45, 469–483

Coughlan, R. J., The factorial structure of teacher work values. American Educational Research Journal, 1969, 6, 169–189

Covington, M. V., Spratt, M. F. & Omelich, C. L., Is effort enough, or does diligence count too? student and teacher reactions to effort stability in failure. Journal of Educational Psychology, 1980, 72, 717–729

Cranach, M. v. & Kalbermatten, U., Soziales Handeln. In: D. Frey & S. Greif (Hrsg.), Sozialpsychologie. Ein Handbuch in Schlüsselbegriffen. München: Urban & Schwarzenberg, 1983, 321–325

Cranach, M. v. & Kalbermatten, U., Indermühle, K. & Gugler, B., Zielgerichtetes Handeln. Stuttgart: Huber, 1980

Crandall, J. E., Predictive value and confirmability of traits as determinants of judged trait importance. Journal of Personality, 1970, 38, 77–89

Cronbach, L. J., Processes affecting scores on „understanding of others" and „assumed similarity". Psychological Bulletin, 1955, 52, 177–193

Cunningham, W. G., The impact of student-teacher pairings on teacher effectiveness. American Educational Research Journal, 1975, 12, 169–189

Dann, H.-D., Müller-Fohrbrodt, G. & Cloetta, B., Sozialisation junger Lehrer im Beruf: „Praxisschock" drei Jahre später. Zeitschrift für Entwicklungspsychologie und Pädagogische Psychologie, 1981, 13, 251–262

Dann, H.-D., Cloetta, B., Müller-Fohrbrodt, G. & Helmreich, R., Umweltbedingungen innovativer Kompetenz. Eine Längsschnittuntersuchung zur Sozialisation von Lehrern in Ausbildung und Beruf. Stuttgart: Klett-Cotta, 1978

Dann, H.-D., Humpert, W., Krause, F., Olbrich, Ch. & Tennstädt, K.-Ch., Alltagstheorien und Alltagshandeln. Ein neuer Forschungsansatz zur Aggressionsproblematik in der Schule. In: R. Hilke & W. Kempf (Hrsg.), Aggression. Naturwissenschaftliche und kulturwissenschaftliche Perspektiven der Aggressionsforschung. Bern: Huber, 1982a, 465–491

Dann, H.-D., Humpert, W., Krause, F., Kügelgen, R. v., Rimale, W. & Tennstädt, K.-Ch., Arbeits- und Ergebnisbericht des Projekts „Aggression in der Schule". Zentrum I Bildungsforschung, Sonderforschungsbereich 23. Konstanz, 1982b

Debler, W. F., Attributionsforschung. Kritik und Kognitivrationale Reformulierung. Salzburg: Arbeitsgemeinschaft für Verhaltensmodifikation, 1984

Debus, G., Gefühle. In: Th. Herrmann, P. R. Hofstätter, H. P. Huber & F. E. Weinert (Hrsg.), Handbuch psychologischer Grundbegriffe. München: Kösel, 1977, 156–168

Deutscher Bildungsrat, Strukturplan für das Bildungswesen. Stuttgart: Klett, 1973

Dewitz, P., Making classroom decisions: The limits of the diagnostic model. In: P. Dewitz & L. W. Hecht (Hrsg.), Teacher Planning and Decision Making. Toledo: Educational Comment, University of Toledo, 1978, 56–64

Dietrich, G. & Walter, H., Die Abhängigkeit der Schülerleistung, des Schülerverhaltens und der Schülereinstellung von verschiedenen Variablen der Unterrichtsgestaltung. In: G. Dietrich, Unterrichtspsychologie der Sekundarstufe. Donauwörth: Auer, 1972, 172–210

Dixon, D. N., Problem-solving training and counseling. Vortrag gehalten auf dem Annual Meeting der American Educational Research Association, Toronto, 1978

Dobson, R., Goldenberg, R. & Elsom, B., Pupil control ideology and teacher influence in the classroom. Journal of Educational Research, 1972, 66, 76–80

Dörner, D., Problemlösen als Informationsverarbeitung. Stuttgart: Kohlhammer, 1976

Dörner, D., Reither, F. & Stäudel, T., Emotion und problemlösendes Denken. In: H. Mandl & G. L. Huber (Hrsg.), Emotion und Kognition. München: Urban & Schwarzenberg, 1983, 61–84

Doyle, W. & Ponder, G. A., The practicality ethic in teacher decision-making. Interchange, 1977/1978, 8, 1–12

Dreeben, R., The school as a workplace. In: R. M. W. Travers (Hrsg.), Second handbook of research on teaching. Chicago: McNally, 1973, 2. Aufl., 450–473

Düker, H. & Tausch, R., Über die Wirkung der Veranschaulichung von Unterrichtsstoffen auf das Behalten. In: F. E. Weinert (Hrsg.), Pädagogische Psychologie. Köln/Berlin: Kiepenheuer & Witsch, 1970, 5. Aufl., 201–215

Dunkin, M. J. & Biddle, B. J., The study of teaching. New York: Holt, Rinehart & Winston, 1974

Dusek, J. B., Do teachers bias children's learning? Review of Educational Research, 1975, 45, 661–684

Dworkin, A. J., Naturalistically observed and self-reported perceptions of relational styles in families of young boys with psychogenic learning problems. Dissertation Abstracts International, 1975, 37, 3575-B–3576-B

Eckerle, G., Zur Bildungstheorie der neugestalteten gymnasialen Oberstufe. Bd. 1: Die Sicht der Lehrer. Weinheim: Beltz, 1980.

Eckes, T. & Six, B., Prototypenforschung: Ein integrativer Ansatz zur Analyse der alltagssprachlichen Kategorisierung von Objekten, Personen und Situationen. Zeitschrift für Sozialpsychologie, 1984, 15, 2–17

Edwards, W., The theory of decision making. Psychological Bulletin, 1954, 51, 380–412

Egan, O. & Archer, P., The accuracy of teachers' ratings of ability: a regression model. American Educational Research Journal, 1985, 22, 25–34.

Eigler, G., Judith, H., Künzel, M. & Schönwälder, A., Grundkurs Lehren und Lernen. Weinheim: Beltz, 1975, 2. Aufl.

Ekman, G., Dimensions of emotion. Acta Psychologica, 1955, 11, 279–288

Elbaz, F., The teacher's practical knowledge. Report of a case study. Curriculum Inquiry, 1981, 11, 43–71

Engelhardt, M. v., Probleme der Lernmotivation und Unterrichtsbeteiligung – Deutungsmuster und Lösungsversuche der Lehrer. Die Deutsche Schule, 1979, 71, 244–254

Erlemeier, N. & Tismer, K. G., Einstellungen und Erwartungen bei Lehrern und ihre Auswirkungen auf die Beurteilung und das Verhalten von Schülern. In: H. Nickel & E. Langhorst (Hrsg.), Brennpunkte der Pädagogischen Psychologie, Bern: Huber, 1973, 134–148

Ertelt, B. J. & Schulz, W. E., Microcounseling für beraterische Entscheidungshilfen in Arbeitsteilung und Berufsberatung. Der Berufsberater, 1982, 2, 11–21

Etzioni, A., Two approaches to organizational analysis: A critique and a suggestion. In: O. Grusky & G. A. Miller (Hrsg.), The sociology of organization, Basic studies, New York: Free Press, 1970, 215–225

Evertson, C., Brophy, J. & Good, T., Communication of teacher expectations: First grade. Report No. 91, Research and Development. Centre for Teacher Education, The University of Texas at Austin, 1972.

Feather, N. T., Expectations and actions. Hillsdale, N. J.: Erlbaum, 1982.

Fend, H., Theorie der Schule. München: Urban & Schwarzenberg, 1980

Fenstermacher, G. D., A philosophical consideration of recent research on teacher effectiveness. In: L. S. Shulman (Hrsg.), Review of Research in Education. Bd. 6. Itasca: Peacock, 1979, 157–185

Feshbach, N. D., Student-teacher preferences for elementary school pupils varying in personality characteristics. Journal of Educational Psychology, 1969, 60, 126–132

Fielding, M. A., Personality and situational correlates of teacher stress and burnout. Dissertation Abstracts International, 1982, 43, 400-A

Fisch, R. & Sigmund, U., Die Einstellungs-Verhaltens-Beziehung: Selbstberichtetes versus beobachtetes Verhalten. Vortrag gehalten auf dem 34. Kongreß der Deutschen Gesellschaft für Psychologie. Wien, 1984

Fishbein, M., Attitude and the prediction of behavior. In: M. Fishbein (Hrsg.), Readings in attitude theory and measurement. New York: Wiley, 1967, 477–492

Fishbein, M. & Hunter, R., Summation versus balance in attitude organization and change. Journal of Abnormal and Social Psychology, 1964, 69, 505–510

Flechsig, K.-H., Garlichs, A., Haller, H.-D., Heipcke, K. & Schlösser, H., Probleme der Entscheidung über Lernziele. In: F. Achtenhagen & H. L. Meyer (Hrsg.), Curriculumrevision. Möglichkeiten und Grenzen. München: Kösel, 1971, 2. Aufl., 243–282

Fogarty, J. L., Wang, M. C. & Creek, R., A descriptive study of experienced and novice teachers' interactive instructional thoughts and actions. Journal of Educational Research, 1984, 77, 22–32

Forschungsgruppe „Schulverwaltung und Unterricht", Schulrecht, Schulverwaltung und Unterricht. Empirische und theoretische Studien zum Zusammenhang von Schulorganisation und Unterrichtsgestaltung. Weinheim: Beltz, 1983

Fox, R., Peck, R. F., Blattstein, A. & Blattstein, D., Student evaluation of teacher as a measure of teacher behavior and teacher impact on students. Journal of Educational Research, 1983, 77, 16–21

Frech, H.-W., Berufsvorbereitung und Fachsozialisation von Gymnasiallehrern. Empirische Untersuchungen zur Ausbildung von Studienreferendaren. Studien und Berichte des Max-Planck-Instituts für Bildungsforschung. 34 A. Berlin, 1976

Frese, M., Partialisierte Handlung und Kontrolle: Zwei Themen der industriellen Psychopathologie. In: M. Frese u. a. (Hrsg.), Industrielle Psychopathologie. Bern: Huber, 1978, 159–183

Frey, D., Informationssuche und Informationsbewertung bei Entscheidungen. Bern: Huber, 1981

Frey, D. & Rosch, M., Information seeking after decisions: the roles of novelty of information and decision reversibility. Personality and Social Psychology Bulletin, 1984, 10, 91–98

Frey, D., Wicklund, R. A. & Scheier, M. F., Die Theorie der objektiven Selbstaufmerksamkeit. In: D. Frey (Hrsg.), Kognitive Theorien der Sozialpsychologie. Bern: Huber, 1978, 192–216

Friedrich, G. & Krainz, E., Lehrereinstellungen, Lehrerverhalten, Schulangst. Wien: Jugend und Volk, 1979

Fuhrer, U., Mehrfachhandeln in dynamischen Umfeldern. Göttingen: Hogrefe, 1984

Fuller, F. F., Concerns of teachers: A developmental conceptualization. American Educational Research Journal, 1969, 6, 207–226

Gäfgen, G., Theorie der wirtschaftlichen Entscheidung. Tübingen: Mohr, 1963

Gage, N. L., Teacher effectiveness and teacher education. The search for a scientific basis. Palo Alto, Cal.: Pacific Books, 1972

Gage, N. L., Unterrichten – Kunst oder Wissenschaft? München: Urban & Schwarzenberg, 1979

Gage, N. L. & Berliner, D. C., Pädagogische Psychologie, Bd. 1 und 2. München: Urban & Schwarzenberg, 1979, 2. Aufl.

Gage, N. L., Runkel, P. J. & Chatterjee, B. B., Equilibrium theory and behavior change: An experiment in feedback pupils to teachers. Report No. 6 (studies in the generality and behavioral correlates of social perception). Urbana, Ill.: Bureau of Educational Research, University of Illinois, 1960

Gahlings, I. & Moehring, E., Die Volksschullehrerin. Sozialgeschichte und Gegenwartslage. Heidelberg: Quelle & Meyer, 1961

Garlichs, A.,Präferenzen unterschiedlicher gesellschaftlicher Gruppen für Lernziele der Elementarerziehung. Eine Befragung im Rahmen des LOT-Projektes. Unveröffentlichter Bericht, Konstanz, 1972

Garner, J. & Bing, M., Inequalities of teacher – pupil contacts. British Journal of Educational Psychology, 1973a, 43, 234–243

Garner, J. & Bing, M., The elusiveness of pygmalion and differences in teacher-pupil contacts. Interchange, 1973b, 4, 34–42

Gehrke, N. J. & Yamamoto, K., A grounded study of the role personalization of beginning secondary teachers. Paper presented at the Annual Meeting of the American Educational Research Association. Toronto, 1978

Gershman, D. A., Mother and teacher educational expectations for first born first graders. Dissertation Abstracts International, 1977, 38, 100-A

Gerstenmaier, J., Urteile von Schülern über Lehrer. Weinheim, Basel: Beltz, 1975

Getzels, J. W. & Guba, E. G., The structure of role and role conflicts in teaching situation. Journal of Educational Sociology, 1955, 29, 30–39

Getzels, J. W. & Jackson, P. W., Merkmale der Lehrerpersönlichkeit (Übersetzung von G. Pause). In: K. Ingenkamp (Hrsg.), Handbuch der Unterrichtsforschung. Teil II. Weinheim: Beltz, 1970, 1353–1526

Gibson, J. J., Wahrnehmung und Umwelt. Der ökologische Ansatz in der visuellen Wahrnehmung. München: Urban & Schwarzenberg, 1982

Gigerenzer, G., Artefakte in der dimensionsanalytischen Erfassung von Urteilsstrukturen. Zeitschrift für Sozialpsychologie, 1978, 9, 110–116

Gigerenzer, G., Implizite Persönlichkeitstheorie oder quasi-implizite Persönlichkeitstheorie? Zeitschrift für Sozialpsychologie, 1981a, 12, 65–80

Gigerenzer, G., Messung und Modellbildung in der Psychologie. München: Reinhardt, 1981b

Gigerenzer, G., Über die Anwendung der Informations-Integrations-Theorie auf entwicklungspsychologische Problemstellungen: Eine Kritik. Zeitschrift für Entwicklungspsychologie und Pädagogische Psychologie, 1983, 15, 101–120

Gigerenzer, G., Messung, Modellbildung und die „kognitive Wende". In: M. Amelang & H. J. Ahrens (Hrsg.), Brennpunkte der Persönlichkeitsforschung. Band 1, Göttingen: Hogrefe, 1984, S. 49–65

Gigerenzer, G. & Strube, G., Zur Revision der üblichen Anwendung dimensionsanalytischer Verfahren. Zeitschrift für Entwicklungspsychologie und Pädagogische Psychologie, 1978, 10, 75–86

Gillung, T. B. & Rucker, C. N., Labels and teacher expectations. Exceptional Children, 1977, 43, 464–465

Götz, W., Einstellungs- und Verhaltensänderung durch Unterricht. Weinheim: Beltz, 1979

Goffman, E., Interaktionsrituale. Über Verhalten in direkter Kommunikation. Frankfurt/M.: Suhrkamp, 1971

Good, T. L., The role of rewards and reinforcements in early education programs: III. The use of concrete rewards. Journal of school psychology, 1972, 10, 252–261

Good, T. L. & Brophy, J. E., Behavioral expression of teacher attitudes. Journal of Educational Psychology, 1972, 63, 617–624

Good, T. L. & Brophy, J. E., Changing teacher and student behavior: An empirical investigation. Journal of Educational Psychology, 1974, 66, 390–405

Good, T. L. & Grouws, D. A., The Missouri Mathematics effectiveness project: An experimental study in fourth grade classrooms. Journal of Educational Psychology, 1979, 71, 355–362

Goodman, V. B., Urban teacher stress. A critical literature review. Unveröffentlichtes Manuskript. 1980, ED 221611

Gordon, Th., Familienkonferenz. Die Lösung von Konflikten zwischen Eltern und Kindern. Hamburg: Hoffmann & Campe, 1972

Gordon, Th., Lehrer-Schüler-Konferenz. Wie man Konflikte in der Schule löst. Hamburg: Hoffmann & Campe, 1977

Grace, G. R., Der Lehrer im Rollenkonflikt. Düsseldorf: Schwann, 1973

Graumann, C. F., Grundlagen einer Phänomenologie und Psychologie der Perspektivität. Berlin: De Gruyter, 1960

Grell, J., Techniken des Lehrerverhaltens. Weinheim: Beltz, 1975, 3. Aufl.

Gresser-Spitzmüller, R., Lehrerurteil und Bildungschancen. Weinheim: Beltz, 1973

Groeben, N. & Scheele, B., Argumente für eine Psychologie des reflexiven Subjekts. Paradigmawechsel vom behavioralen zum epistemologischen Menschenbild. Darmstadt: Steinkopff, 1977

Groeben, N. & Scheele, B., Einige Sprachregelungsvorschläge für die Erforschung subjektiver Theorien. In: H.-D. Dann u.a. (Hrsg.), Analyse und Modifikation subjektiver Theorien von Lehrern. Zentrum I Bildungsforschung, SFB 23, Forschungsbericht Nr. 43, Konstanz, 1982, 13–39

Groeben, N. & Scheele, B., Emotionen in einer Psychologie über subjektive Theorien. Unveröffentlichtes Manuskript, 1983

Gross, N., Mason, W. S. & McEachern, A. W., Explorations in role analysis: Studies of the school superintendency role. London: Chapman, 1958

Grote, H., „Bei guten Schülern werden in Diktaten mehr Fehler übersehen als bei schlechten.“ Überprüfung einer empirischen Untersuchung. Unveröffentlichte Hausarbeit. Pädagogische Hochschule Göttingen, 1974

Grubitzsch, S. & Vogt, H., Das Polaritätsprofil zur Erfassung stereotyper Urteilsstrukturen: Lehrer und Wunschlehrer aus der Sicht 11/12- und 15/16-jähriger Volksschüler. Schule und Psychologie, 1970, 5, 97–113; 144–151

Guskey, T. R., Differences in teachers' perceptions of personal control of positive versus negative student learning outcomes. Contemporary Educational Psychology, 1982, 7, 70–80

Guttmann, J., Pupils', teachers' and parents' causal attributions for problem behavior at school. Journal of Educational Research, 1982, 76, 14–21

Haag, W. K., The influence of experience on the beginning teacher. School Review, 1968, 76, 312–323

Haber, R. N., Nature of the effect of set on perception. Psychological Review, 1966, 73, 335–351

Hadley, S. T., Feststellungen und Vorurteile in der Zensierung. In: M. Hofer & F. E. Weinert (Hrsg.), Pädagogische Psychologie. Grundlagentexte 2. Lernen und Instruktion. Frankfurt/M.: Fischer, 1973, 293–301

Haeberlin, U., Durch äußeren Zwang zur inneren Freiheit? Vierteljahresschrift für Heilpädagogik und ihre Nachbargebiete, 1983, 52, 2–12

Hänsel, D., Die Anpassung des Lehrers. Weinheim: Beltz, 1975

Hajos, A., Wahrnehmung. In: Th. Herrmann, P. R. Hofstätter, H. P. Huber & F. E. Weinert (Hrsg.), Handbuch psychologischer Grundbegriffe. München: Kösel, 1977, 528–540

Hamilton, D. L. & Huffman, L. J., Generality of impression-formation processes for evaluative and nonevaluative judgments. Journal of Personality and Social Psychology, 1971, 20, 200–207

Hanke, B., Lohmöller, J. B. & Mandl, H., Zur Beeinflussung des Lehrerurteils. Unterrichtswissenschaft, 1975, 2, 32–37

Hargreaves, D. H., Social relations in a secondary school. London: Routledge & Kegan Paul, 1967

Harman, H. H., Modern Factor Analyses. Chicago, Ill.: University of Chicago-Press, 1967

Harper, D. W., The effect of student disruptions on teacher time allocations in simulated and natural classrooms. Dissertation Abstracts International, 1981, 42, 2577-B

Harring, B., Präferenzen unterschiedlicher Gesellschaftsgruppen über Lernziele des Französisch-Unterrichts. Eine Befragung im Rahmen des LOT-Projektes. Unveröffentlichtes Manuskript. Konstanz, 1972

Hauff, R. v., Schüler geben ihren Lehrern Rückmeldung. Psychologie in Erziehung und Unterricht, 1982, 29, 167–171

Haußer, K., Bedingungen der Erklärungsbedürftigkeit. Überlegungen zu einer vernachlässigten Frage der Attributionstheorie. Positionspapier zum Rundgespräch der DFG: „Theoretische Aufarbeitung, methodische Erfassung und Möglichkeiten der Veränderung subjektiver psychologischer Theorien von Lehrern." Bonn, 1980

Hays, W. L., An approach to the study of trait implication and trait similarity. In: R. Tagiuri & L. Petrullo (Hrsg.), Person perception and interpersonal behavior. Stanford: Stanford University Press, 1958, 289–299

Heck, G. & Tschampa, H., Konfliktregelung in der Schule. Weinheim: Beltz, 1976

Heckel, H. & Seipp, P., Schulrechtskunde. Neuwied/Darmstadt: Luchterhand, 1965, 3. Aufl.

Heckhausen, H., Lehrer-Schüler-Interaktion. In: F.E. Weinert, C.F. Graumann, H. Heckhausen & M. Hofer (Hrsg.), Funkkolleg Pädagogische Psychologie. Frankfurt: Fischer, 1974, 547–573

Heckhausen, H., Relevanz der Psychologie als Austausch zwischen naiver und wissenschaftlicher Verhaltenstherapie. Psychologische Rundschau, 1976, 27, 1–11

Heid, H., Begründbarkeit von Erziehungszielen. Zeitschrift für Pädagogik, 1972, 18, 551–581

Heider, F., Social perception and phenomenal causality. In: R. Tagiuri & L. Petrullo (Hrsg.), Person perception and interpersonal behavior. Stanford: Stanford University Press, 1958a, 1–21

Heider, F., The psychology of interpersonal relations. New York: Wiley, 1958b. Deutsch: Psychologie der interpersonalen Beziehungen. Stuttgart: Klett, 1977

Heines, B. A., College, L. E. & Hawthorne, R. D., Silbing-related teacher expectancies and their possible influence on classroom behaviors and achievement levels in seventh grade English classes. Vortrag gehalten auf dem Meeting der American Educational Research Association. Toronto, 1978

Helmke, A. & Fend, H., Wie gut kennen Eltern ihre Kinder und Lehrer ihre Schüler? Ergebnisse der Konstanzer Untersuchungen zu Bedingungen der Diagnosegenauigkeit bei Eltern und Lehrern. In: G. Zimmer (Hrsg.), Persönlichkeitsentwicklung und Gesundheit im Schulalter. Gefährdungen und Prävention. Frankfurt: Campus-Verlag, 1981a, 341–360

Helmke, A. & Fend, H., Untersuchungen zur Beurteilung von Jugendlichen durch ihre Eltern und Lehrer. Unveröffentlichtes Manuskript, Universität Konstanz, 1981b

Helmke, A. & Fend, H., Diagnostic sensitivity of teachers and parents with respect to test anxiety of students. In: R. Schwarzer, H. M. van der Ploeg & C. D. Spielberger (Hrsg.), Advances in test anxiety research, Vol 1, 1982, Hillsdale, N. J.: Erlbaum, 1982, 115–128

Helton, G. B. & Oakland, T. D., Teachers' attitudinal responses to differing characteristics of elementary school students. Journal of Educational Psychology, 1977, 69, 261–265

Hepke, M. & Henning, B., „Die" implizite Persönlichkeitstheorie des Lehrers gibt es nicht. Individuelle Messungen nach Kellys Rep.-Test und Konsequenzen für Lehrertrainings. Diskussionspapier IPT, o. J.

Herrmann, Th., Pädagogische Psychologie als psychologische Technologie. In: J. Brandtstädter, G. Reinert & K. A. Schneewind (Hrsg.), Pädagogische Psychologie: Probleme und Perspektiven. Stuttgart: Klett-Cotta, 1979a, 209–236

Herrmann, Th., Psychologie als Problem. Herausforderungen der psychologischen Wissenschaft. Stuttgart: Klett-Cotta, 1979b

Herrmann, Th., Wertorientierung und Wertwandel. Eine konzeptuelle Analyse aus dem Blickwinkel der Psychologie. In: H. Stachowiak, K. M. Stapf & Th. Herrmann (Hrsg.), Bedürfnisse, Werte und Normen im Wandel. Band II: Methoden und Analysen. München, Paderborn: Schöningh, 1982, 29–71

Herrmann, Th., Nützliche Fiktionen. Anmerkungen zur Funktion kognitionspsychologischer Theoriebildungen. Sprache und Kognition, 1983, 2, 88–99

Heymann, H. W., Zur Erforschung subjektiver Unterrichtstheorien von Mathematiklehrern. Überlegungen zu einer empirischen Studie. Vortrag gehalten auf der Tagung der Arbeitsgruppe für empirisch-pädagogische Forschung. München, 1980

Hildeschmidt, A., Meister, H., Sander, A. & Schorr, E., Unregelmäßiger Schulbesuch. Weinheim: Beltz, 1979

Hinsch, R., Einstellungswandel und Praxisschock bei jungen Lehrern. Eine empirische Längsschnittuntersuchung. Weinheim: Beltz, 1979

Hitpass, J., Das Studien- und Berufsschicksal von Volksschullehrern. Bielefeld: Bertelsmann Universitätsverlag, 1970

Höhn, E., Der schlechte Schüler. Sozialpsychologische Untersuchungen über das Bild des Schulversagers. München: Piper & Co., 1980, 2. Aufl.

Hofer, M., Die Schülerpersönlichkeit im Urteil des Lehrers. Weinheim: Beltz, 1974, 3. Aufl.

Hofer, M., Die Validität der impliziten Persönlichkeitstheorie von Lehrern. Unterrichtswissenschaft, 1975, 3, 15–18

Hofer, M., Informationsverarbeitung und Entscheidungsverhalten von Lehrern. Beiträge zu einer Handlungstheorie des Unterrichtens. München: Urban & Schwarzenberg, 1981a

Hofer, M., Schülergruppierungen in Urteil und Verhalten des Lehrers. In: M. Hofer (Hrsg.), Informationsverarbeitung und Entscheidungsverhalten von Lehrern. Beiträge zu einer Handlungstheorie des Unterrichtens. München: Urban & Schwarzenberg, 1981b, 192–221

Hofer, M., Der Einfluß der Erwartung auf die Wahrnehmung von Persönlichkeitseigenschaften. Psychologische Beiträge, 1985, 27, i. Dr.

Hofer, M. & Dobrick, M., Die Rolle der Fremdattribution von Ursachen bei der Handlungssteuerung des Lehrers. In: D. Görlitz, W.-U. Meyer & B. Weiner (Hrsg.), Bielefelder Symposium über Attribution. Stuttgart: Klett-Cotta, 1978, 51–63

Hofer, M. & Dobrick, M., Naive Ursachenzuschreibungen und Lehrerverhalten. In: M. Hofer (Hrsg.), Informationsverarbeitung und Entscheidungsverhalten von Lehrern. Beiträge zu einer Handlungstheorie des Unterrichtens. München: Urban & Schwarzenberg, 1981, 109–156

Hofer, M. & Paule, W., Faktoren der Fragebogenbeantwortung bei der Untersuchung von Werten. Unveröffentlichtes Manuskript. Mannheim, 1984

Hofer, M. & Rathje, H., Informations-Integration bei der Ausbildung von lokalen Situations-Folge-Erwartungen durch Lehrer im Hinblick auf Schülerleistungen. Vortrag gehalten auf der 25. Tagung experimentell arbeitender Psychologen. Hamburg, 1983

Hofer, M., Dobrick, M. & Tacke, G., Die Entwicklung eines Beobachtungssystems zur Erfassung von schülerspezifischem Lehrerverhalten im Unterricht. In: F. Achtenhagen (Hrsg.), Neue Verfahren zur Unterrichtsanalyse. Düsseldorf: Schwann, 1982a, 51–77

Hofer, M., Dobrick, M., Tacke, G., Pursian, R., Grobe, R. & Preuss, W., Bedingungen und Konsequenzen individualisierenden Lehrerverhaltens. Abschlußbericht an die Deutsche Forschungsgemeinschaft. 2 Bände. Braunschweig, 1982b

Hofer, M., Simons, H., Weinert, F. E., Zielinski, W., Dobrick, M., Fimpel, P. & Tacke, G., Kognitive Bedingungen individualisierenden Verhaltens von Lehrern. Abschlußbericht an die Deutsche Forschungsgemeinschaft. Heidelberg/Braunschweig, 1979

Holzkamp, K., Sinnliche Erkenntnis. Historischer Ursprung und gesellschaftliche Funktion der Wahrnehmung. Frankfurt: Athenäum, 1973

Hopf, D., Differenzierung in der Schule. Stuttgart: Klett, 1974

Hoy, W. K., Organizational socialisation: The student teacher and pupil control ideology. Journal of Educational Research, 1967, 61, 153–155

Huber, G. L. & Mandl, H., Spiegeln Lehrerurteile über Schüler die implizite Persönlichkeitsstruktur der Beurteiler oder der Beurteilungsbogen? Zeitschrift für Entwicklungspsychologie und Pädagogische Psychologie, 1979, 11, 218–231

Humpert, W., Zur Konfrontation von Befragung und Beobachtung als Überprüfungsmethode subjektiver Theorien. Positionspapier zum Symposium „Subjektive Theorien von Lehrern – Probleme ihrer Validierung und Veränderung", 27.2.–2.3.1983 in Oldenburg

Humpert, W., Subjektive Theorien und Handeln. Diskussion eines Problems anhand empirischer Daten zur schulischen Aggression. Vortrag gehalten auf dem 34. Kongreß der Deutschen Gesellschaft für Psychologie, Wien, 1984

Hunt, D. E., Teachers' adaptation: „Reading" and „flexing" to students. Journal of Teacher Education, 1976a, 27, 268–275

Hunt, D. E., Teachers ar psychologists too: On the application of psychology to education. Canadian Psychological Review, 1976b, 17, 210–218

Hunt, D. E., How to be your own theorist. Theory into practice, 1982, 19, 287–293

Hurrelmann, K., Erfolg und Versagen in der Schule, Ohnmacht von Schülern und Lehrern. Forschung, Mitteilungen der DFG, 1979, 4, 19–21

Illich, I., Entschulung der Gesellschaft. München: Kösel, 1972

Ingleby, J. D. & Cooper, E., How teachers perceive first-year school-children: sex and ethic differences. Sociology, 1974, 8, 463–473

Inglehart, R., The silent revolution: Changing values and political styles among western publics. Princeton, N. J.: Princeton University Press, 1977

Irle, M., Lehrbuch der Sozialpsychologie. Göttingen: Hogrefe, 1975

Izard, C. E., Human emotions. N. Y.: Plenum Press, 1977.

Jackson, D. N. & Chan, D. W., Implicit personality theory: Is it illusory? Journal of Personality, 1979, 47, 1–10

Jahnke, J., Interpersonale Wahrnehmung. Stuttgart: Kohlhammer, 1975

Janis, I. L. & Mann, L., Decision making. A psychological analysis of conflict, choice, and commitment. N. Y.: Free Press, 1977

Jecker, J. D., Maccoby, N. & Breitrose, H. S., Improving accuracy in interpreting non-verbal cues of comprehension. Psychology in the Schools, 1965, 2, 239–244. Oder in: A. Morrison & D. McIntyre (Hrsg.), Social psychology of teaching: selected readings. Harmondsworth: Penguin, 1972, 126–137

Jecker, J. D., Maccoby, N., Breitrose, H. S. & Rose, E. D., Teacher accuracy in assessing cognitive visual feedback from students. Journal of Applied Psychology, 1964, 48, 393–397

Jendrowiak, H. W. & Kreuzer, K. J., Lehrer zwischen Angst und Auftrag. Düsseldorf: Schwann, 1980

Jennings, D., Amabile, T. M. & Ross, L., Informal covariation assessment: data-based versus theory-based judgments. In: A. Tversky, D. Kahneman & P. Slovic (Hrsg.), Judgment under uncertainty: Heuristics and biases. New York: Cambridge University Press, 1980

Jones, E. E., Inferential sets in social perception. American Psychologist, 1955, 10, 393 (abstract)

Jones, E. E., The rocky road from acts to dispositions. American Psychologist, 1979, 34,2, 107–117

Jones, E. E. & De Charms, R., The organizing function of interaction roles in person perception. Journal of Abnormal and Sozial Psychology, 1958, 57, 155–164

Jones, E. E. & Nisbett, R. E., The actor and the observer: divergent perceptions of the causes in behavior. In: E. E. Jones, D. E. Kanouse, H. H. Kelley, R. E. Nisbett, S. Valins & B. Weiner (Hrsg.), Attribution: Perceiving the causes of behavior. Morristown: General Learning Press, 1971, 79–94

Jones, E. E. & Thibaut, J. W., Interaction goals as bases of inference in interpersonal perception. In: R. Tagiuri & L. Petrullo (Hrsg.), Person perception and interpersonal behavior. Stanford: Stanford University Press, 1958, 151–178

Jose, J. & Cody, J. J., Teacher-pupil interaction as it relates to attempted changes in teacher expectancy of academic ability, and achievement. American Educational Research Journal, 1971, 8, 49–59

Jungermann, H., Rationale Entscheidungen. Bern: Huber, 1976

Jungermann, H., Speculations about decision – theoretic aids for personal decision making. Acta psychologica, 1980, 45, 7–34

Jungermann, H., Entscheidungshilfe: Ansätze zur Therapie, Beratung und Analyse unter dem Aspekt der Entscheidung. In: W. Michaelis (Hrsg.), Bericht über den 32. Kongreß der Deutschen Gesellschaft für Psychologie in Zürich, 1980, Bd. 2, Göttingen: Hogrefe, 1981, 465–471

Jungermann, H., Hageböck, I., Ulardt, I. & May, R., Entscheidung und Handlung. Vortrag gehalten auf dem 34. Kongreß der Deutschen Gesellschaft für Psychologie, Wien, 1984

Kalveram, K. T. & Merz, F., Über die Unterscheidung zwischen Eigenem und Fremden, oder: Warum Hühner beim Laufen mit dem Kopf nicken. Psychologische Beiträge, 1976, 18, 135–142

Kaminski, G., Studieren als Handeln und Trauern. In: U. Laucken & A. Schick (Hrsg.), Didaktik der Psychologie. Stuttgart: Klett, 1977, 50–76

Katz, D. & Kahn, R. L., The social psychology of organizations. New York: Wiley, 1966

Katz, L. G., Developmental stages of preschool teachers. The elementary school journal, 1972, 50–54
Keavney, G. & Sinclair, K. E., Teacher concerns and teacher anxiety: A neglected topic of classroom research. Review of Educational Research, 1978, 48, 273–290
Keese, A., Das Bild des Lehrers bei Volks- und Sonderschülern. Schule und Psychologie, 1971, 18, 257–263
Kelley, H. H., Attribution in social interaction. In: E. E. Jones, D. E. Kanouse, H. H. Kelley, R. E. Nisbett, S. Valins & B. Weiner (Hrsg.), Attribution: Perceiving the causes of behavior. Morristown: General Learning Press, 1971a, 1–26
Kelley, H. H., Causal schemata and the attribution process. In: E. E. Jones, D. E. Kanouse, H. H. Kelley, R. E. Nisbett, S. Valins & B. Weiner (Hrsg.), Attribution: Perceiving the causes of behavior. Morristown: General Learning Press, 1971b, 151–174
Kelly, G. A., The psychology of personal constructs. 2 Bde. New York: Norton, 1955
Kester, S. & Letchworth, G., Communication of teacher expectation on their effects on achievement and attitudes of secondary school students. Journal of Educational Research, 1972, 66, 51–55
Kickhöfer, B., Rolle und Handeln. Beispiel: Lehrer. Zum Erkenntnispotential rollentheoretischer Ansätze. Weinheim: Beltz, 1982
Kirsch, W., Entscheidungsprozesse. Bd. 2. Informationsverarbeitungstheorie des Entscheidungsverhaltens. Wiesbaden: Gabler, 1971
Klafki, W., Das pädagogische Verhältnis. In: W. Klafki, M. Rückriem, W. Wolf, R. Freudenstein, K. H. Beckmann, K. Ch. Lingelbach, G. Iben & I. Diederich (Hrsg.), Funkkolleg Erziehungswissenschaft. Bd. 1, Frankfurt: Fischer, 1970, 55–91
Klafki, W., Lehrerausbildung – Erziehungswissenschaft, Fachdidaktik, Fachwissenschaft. In: L. Roth (Hrsg.), Handlexikon zur Erziehungswissenschaft. München: Ehrenwirth, 1976, 267–276
Klauer, K. J., Revision des Erziehungsbegriffs. Düsseldorf: Schwann, 1973
Kleiter, E., Kategoriale Struktur von Unterrichtsfächern und Unterrichtsdifferenzierung. Stuttgart: Klett, 1974
Klink, J.-G., Klasse H 7e. Aufzeichnungen aus dem Schulalltag. Bad Heilbrunn: Klinkhardt, 1974
Klix, F., Information und Verhalten. Kybernetische Aspekte der organismischen Informationsverarbeitung – Einführung in naturwissenschaftliche Grundlagen der Allgemeinen Psychologie. Berlin: VEB, 1980, 5. Aufl.
Klose, P., Das Rollenkonzept als Untersuchungsansatz für die Berufssituation des Lehrers. Kölner Zeitschrift für Soziologie und Sozialpsychologie, 1971, 23, 78–97
Knight-Wegenstein, A. G., Die Arbeitszeit der Lehrer in der Bundesrepublik Deutschland, 2 Bände. Zürich: Antor, 1973
Koblitz, J., Leistungserwartungen von Lehrern und die Lehrer-Schüler-Interaktion. Frankfurt: Haag & Herchen, 1981
Koch, J.-J., Lehrer – Studium und Beruf. Ulm: Süddeutsche Verlagsgesellschaft, 1972

Kornadt, H. J. & Trommsdorff, G., Erziehungsziele im Kulturvergleich. In: G. Trommsdorff (Hrsg.), Jahrbuch für Empirische Erziehungswissenschaft. Düsseldorf: Schwann, 1984, 191–212

Kraak, B., Handlungs-Entscheidungs-Theorien. Anwendungsmöglichkeiten und Verbesserungsvorschläge. Psychologische Beiträge, 1976, 18, 505–515

Kraak, B., Die Annahme von Multikausalität und Folgerungen daraus. Psychologische Beiträge, 1982, 24, 1–10

Kraak, B., Die entscheidungstheoretische Lösung des Problems von Einstellung und Verhalten. Empirische Daten. Vortrag gehalten auf dem 34. Kongreß der Deutschen Gesellschaft für Psychologie. Wien, 1984

Kraak, B. & Nord-Rüdiger, D., Bedingungen innovativen Handelns. Weinheim: Beltz, 1979

Kraeft, U. & Krug, S., Beeinflussung von Lehrerverhalten und seine Auswirkung. In: L. H. Eckensberger (Hrsg.), Bericht über den 31. Kongreß der Deutschen Gesellschaft für Psychologie in Mannheim, 1978, Bd. 2, Göttingen: Hogrefe, 1979, 56–59

Krampen, G., Erziehungsleitende Vorstellungen von Lehrern. Zeitschrift für experimentelle und angewandte Psychologie, 1979, 26, 94–112

Krampen, G., Subjektive Konformität in Erziehungszielen und in Erziehungsreaktionen bei Lehrern. Zeitschrift für erziehungswissenschaftliche Forschung. 1981, 15, 89–104

Krampen, G. & Brandtstädter, J., Instrumentalitätstheoretische Vorhersage pädagogischer Handlungspräferenzen. Zeitschrift für Entwicklungspsychologie und Pädagogische Psychologie, 1978, 10, 8–17

Krampen, G. & Brandtstädter, J., Kognitionspsychologische Analysen erzieherischen Handelns: Instrumentalitätstheoretische Ansätze. In: M. Hofer (Hrsg.), Informationsverarbeitung und Entscheidungsverhalten von Lehrern. Beiträge zu einer Handlungstheorie des Unterrichtens. München: Urban & Schwarzenberg, 1981, 222–254

Krampen, G. & Schwab, P., Erziehungsziele und Berufszufriedenheit von Grundschul-, Hauptschul- und Gymnasiallehrern. Psychologie in Erziehung und Unterricht, 1980, 27, 174–177

Krampen, G., Lehmann, P. & Haag, M., Instrumentalitätstheoretische Analysen von schulischen Benotungsprozessen. Zeitschrift für empirische Pädagogik, 1980, 4, 29–44

Kratsch, E. H., Vathke, W. & Bertlein, H., Studien zur Soziologie des Volksschullehrers. Weinheim: Beltz, 1967

Krause, F., Eine Interview- und Legetechnik zur Rekonstruktion kognitiver Handlungsstrukturen: Instrumentenentwicklung und erste Ergebnisse. Positionspapier zum Symposium „Subjektive Theorien von Lehrern – Probleme ihrer Validierung und Veränderung", 27.2.–2.3.1983 in Oldenburg

Kremer, L., Teachers' attitudes toward educational goals as reflected in classroom behavior. Journal of Educational Psychology, 1978, 70, 993–997

Kremer, L., Personal characteristics of teachers, situational variables and deliberations in the process of planning instruction. Research in Education, 1981, 26, 21–30

Krenauer, M. & Schönpflug, W., Regulation und Fehlregulation im Verhalten. III: Zielsetzung und Ursachenzuschreibung unter Belastung. Psychologische Beiträge, 1980, 22, 414–431

Krieger, R., Bergmann, C., Bernath, L., Hohmann, J., Mendel, G. & Theobald, S., Erlebte Belastung des Lehrers durch verhaltensauffällige Schüler. Zeitschrift für Entwicklungspsychologie und Pädagogische Psychologie, 1976, 8, 245–251

Kruskal, J. B., How to use M-D-SCAL (Version 5M), a program to do multidimensional scaling and multidimensional unfolding. Unpublished report, Bell Telephone Laboratories, October, 1969

Kuhl, J., Handlungskontrolle als metakognitiver Vermittler zwischen Intention und Handeln: Freizeitaktivitäten bei Hauptschülern. Zeitschrift für Entwicklungspsychologie und Pädagogische Psychologie, 1982, 14, 141–148

Kun, A., Parsons, J. E. & Ruble, D. N., Development of integration processes using ability and effort information to predict outcome. Developmental Psychology, 1974, 10, 721–732

Kuntz, K.-M., Zur Soziologie der Akademiker. Stuttgart: Enke, 1973

Kyriacou, C., Coping activus and occupational stress among school teachers. Research in Education, 1980, 24, 57–62

Kyriacou, C. & Sutcliffe, J., Teacher stress: Prevalence, sources and symptoms. British Journal of Educational Psychology, 1978, 48, 159–167

Lampert, M., Teachers' strategies for understanding and managing classroom dilemas. Vortrag gehalten auf der ISATT-Konferenz. Tilburg, 1985.

Lance, G. N. & Williams, W. T., A general theory of classificatory sorting strategies. I: Hierarchical Systems. Computer Journal, 1967, 9, 373–380

Lange, L., Ursachen für Akteur-Beobachter-Diskrepanzen bei Attributionen und ihre Bedeutung für die psychologische Forschung und Praxis. Zeitschrift für Psychologie, 1981, 189, 166–184

Lantermann, E. D., Urteile über Einstellungsobjekte im Handlungskontext. Zeitschrift für Sozialpsychologie, 1980, 11, 248–258

Lantermann, E. D., Handlung und Emotion. In: H. A. Euler & H. Mandl (Hrsg.), Emotionspsychologie. Ein Handbuch in Schlüsselbegriffen. München: Urban & Schwarzenberg, 1983a, 273–282

Lantermann, E. D., Kognitive und emotionale Prozesse beim Handeln. In: H. Mandl & G. L. Huber (Hrsg.), Emotion und Kognition. München: Urban & Schwarzenberg, 1983b, 248–281

Laski, H., Lehrerarbeitszeit – ein Verwirrspiel? Hannover: Niedersächsischer Kultusminister, 1980

Laucken, U., Naive Verhaltenstheorie. Stuttgart: Klett, 1974a

Laucken, U., Die Verhaltenstheorie des kleinen Mannes. Psychologie heute, 1974b, 1, 21 ff.

Laucken, U., Aspekte der Auffassung und Untersuchung von Umgangswissen. Schweizer Zeitschrift für Psychologie und ihre Anwendungen, 1982, 41, 87–113

Laucken, U., Über den Wandel des Begriffs „Verstehen" in verschiedenen psychologischen Denkformen. In: J. Engelkamp (Hrsg.), Psychologische Aspekte des Verstehens. Berlin, Heidelberg: Springer, 1984, 231–254

Lazarus, R. S. & Launier, R., Stress-related transactions between person and environment. In: L. A. Pervin & M. Lewis (Hrsg.), Perspectives in interactional psychology. New York: Plenum, 1978, 287–324

Lazarus, R. S., Kanner, A. D. & Folkman, S., Emotions: A cognitive-phenomenological analysis. In: R. Plutchik & H. Kellermann (Hrsg.), Emotions. Theory, research, and experience. Vol. 1. Theories of emotion. New York: Academic Press, 1980, 189–217

Lechler, P., Kommunikative Validierung. In: G. L. Huber & H. Mandl (Hrsg.), Verbale Daten. Weinheim: Beltz, 1982, 243–258

Lee, W., Psychologische Entscheidungstheorie. Weinheim: Beltz, 1977

Lempert, W., Der Gewerbelehrer. Eine soziologische Leitstudie. Stuttgart: Enke, 1962

Lenk, M. (Hrsg.), Handlungstheorien – interdisziplinär. Bd. 1–4. München: Fink, 1977–1981

Leschinsky, A., Überlegungen zu einer organisationssoziologischen Analyse der Schule. Neue Sammlung, 1976, 16, 309–321

Liebhart, E. H., Sozialisation im Beruf. Ergebnisse einer Panelbefragung von Studienreferendaren. Kölner Zeitschrift für Soziologie und Sozialpsychologie, 1970, 22, 715–736

Liebhart, E. H., Fähigkeit und Anstrengung im Lehrerurteil: Der Einfluß inter- versus intraindividueller Perspektive. Zeitschrift für Entwicklungspsychologie und Pädagogische Psychologie, 1977, 9, 94–102

Lilli, W., Soziale Akzentuierung. Stuttgart: Kohlhammer, 1975

Lilli, W., Die Hypothesentheorie der sozialen Wahrnehmung. In: D. Frey (Hrsg.), Kognitive Theorien der Sozialpsychologie. Bern: Huber, 1978, 19–46

Lilli, W., Zur gesellschaftlichen Konstruktion abweichenden Verhaltens: Möglichkeiten und Grenzen der Labeling-Perspektive. Zeitschrift für Soziologie, 1979, 8, 158–163

Lindbloom, C. E., The science of „muddling through", In: H. J. Leavitt & L. R. Pondy (Hrsg.), Readings in Managerial Psychology, Chicago: Rand McNally, 61 ff.

Linville, M. E. & Belt, J. F., Preventive therapy: Helping teachers in training deal with future stress in the classroom. ERIC: ED 219360, 1982, 17,4

Lohmann, L. & Prose, F., Organisation und Interaktion in der Schule. Köln: Kiepenhauer & Witsch, 1975

Lortie, D. C., Observations on teaching as work. In: R. M. W. Travers, Second Handbook of Research on teaching. Chicago, Rand McNally, 1973, 474–497

Lortie, D. C., Schoolteacher. A sociological study. Chicago: Chicago University Press, 1975

Lüdtke, H., Der Lehrer als Bezugsperson. Eine Analyse der Einstellung Jugendlicher zu ihren Lehrern. In: H. Lüdtke (Hrsg.), Erzieher ohne Status? Heidelberg: Quelle & Meyer, 1973, 39–51

Luhmann, N., Gesellschaftliche Organisation. In: Th. Ellwein, H. H. Groothoff, H. Rauschenberger & H. Roth (Hrsg.), Erziehungswissenschaftliches Handbuch. Bd. 1. Das Erziehen als gesellschaftliches Phänomen. Berlin: Rembrandt, 1969, 387–407

Lynch, J. J., Beating burnout. Vortrag gehalten auf der Annual Convention der New Jersey Educational Association. Atlantic City, 1981, ED 218532
Maguire, T. O., Value components of teachers' judgment of educational objectives. Audio Visual Communication Review, 1968, 16, 63–86
Mandl, H., Kognitionstheoretische Ansätze. In: H. A. Euler & H. Mandl (Hrsg.), Emotionspsychologie. Ein Handbuch in Schlüsselbegriffen. München: Urban & Schwarzenberg, 1983, 72–79
Mandl, H., Lohmöller, J.-B. & Hanke, B., Schichtspezifische Faktorenstrukturen in Schülerbeurteilungen? Ein Beitrag zur „impliziten Persönlichkeitstheorie" des Lehrers. Unterrichtswissenschaft, 1975, 2, 19–29
Mangold, R., Das Blickmeßsystem Debic-80. Ein erster Erfahrungsbericht. Forschungsgruppe Sprache und Kognition. Mannheim 1983.
Mark, J. H. & Anderson, B. D., Teacher survival rates – A current look. American Educational Research Journal, 1978, 15, 379–383
Martin, E., Information use and learning style: A study of sixth form pupils. Unpublished Report. University of Lancaster, 1982
Masendorf, F., Die implizite Persönlichkeitstheorie über Behinderte. Zeitschrift für Heilpädagogik, 1983, 34, 810–821
Maslach, C. & Jeckson, S., The measurement of experiences burnout. Unpublished research report. Berkley, 1979
Mason, E. J., Teachers' observations and expectations of boys and girls as influenced by biased psychological reports and knowledge of the effects of bias. Journal of Educational Psychology, 1973, 65, 238–243
Matthews, D. B., The prevention of teacher burnout through stress management. ERIC: ED 213693, 1982, 17,3
Mayntz, R., Soziologie der Organisation. Hamburg: Rowohlt, 1967, 2. Aufl.
Mayr, J. & Mayr, T., Die Schülerpersönlichkeit als Determinante des Lehrerverhaltens. Eine empirische Untersuchung. Erziehung und Unterricht, 1978, 128, 265–277
Mazer, G. E., Effects of social-class stereotyping on teacher expectation. Psychology in the schools, 1971, 8, 373–378
McArthur, L. Z., The lesser influence of consensus than distinctiveness information on causal attributions, a test of the person-thing hypothesis. Journal of Personality and Social Psychology, 1976, 33, 467–473
McGinley, P. & McGinley, H., Reading groups as psychological groups. Journal of Experimental Education, 1970, 39, 35–42.
McIntyre, T., Factors related to burnout: A review of research. Vortrag gehalten auf der Internationalen Konferenz für Exceptional Children. Houston, Texas, 1982
Medway, F. J., Causal attributions for school-related problems: Teacher perceptions and teacher feedback. Journal of Educational Psychology, 1979, 71, 809–818
Meichenbaum, D., Kognitive Verhaltensmodifikation. München: Urban & Schwarzenberg, 1979
Meichenbaum, D., Bowers, K. & Ross, R. A., A behavioral analysis of teacher expectancy effect. Journal of Personality and Social Psychology, 1969, 13, 306–316

Merton, R. K., Social theory and social structure. New York: Free Press, 1967, 2. Aufl.
Merz, J., Berufszufriedenheit von Lehrern. Weinheim, Basel: Beltz, 1979
Merz, J., Einstellungsunterschiede zwischen angehenden Grund- und Hauptschullehrern. Psychologie in Erziehung und Unterricht, 1982a, 29, 140–147
Merz, K., Kinder mit Schulschwierigkeiten. Empirische Untersuchungen an Grund- und Sonderschulen. Weinheim: Beltz, 1982b
Merz, J. & Weid, A., Berufliche Wertorientierungen und allgemeine Berufszufriedenheit von Lehrern. Psychologie in Erziehung und Unterricht, 1981, 28, 214–221.
Messick, S. J. & Abelson, R. P., The additive constant problem in multidimensional scaling. Psychometrika, 1956, 21, 1–15
Metz, K. E., The relationship of teacher belief to teacher classroom behavior. In: P. Dewitz & L. W. Hecht (Hrsg.), Teacher planning and decision making. Toledo: Educational Comment, University of Toledo, 1978, 27–35
Meulemann, H., Bildungsexpansion und Wandel der Bildungsvorstellungen zwischen 1958 und 1979. Eine Kohortenanalyse. Zeitschrift für Soziologie, 1982, 11, 227–253
Meyer, W.-U., Academic expectations, attributed responsibility, and teachers' reinforcement behavior: A comment on Cooper and Baron, with some additional data. Journal of Educational Psychology, 1979, 71, 269–273
Meyer, W.-U., Das Konzept von der eigenen Begabung. Bern: Huber, 1984
Meyer, W.-U. & Butzkamm, A., Ursachenerklärungen von Rechennoten. I: Lehrerattribuierungen. Zeitschrift für Entwicklungspsychologie und Pädagogische Psychologie, 1975, 7, 53–66
Meyer, W.-U., Simons, G. & Butzkamm, A., Ursachenerklärungen von Rechennoten. II: Lehrerattribuierungen und Sanktionen. Zeitschrift für Entwicklungspsychologie und Pädagogische Psychologie, 1978, 10, 169–178
Mielke, R., Einstellung und Verhalten bei Lehrern. In: H. D. Mummendey (Hrsg.), Einstellung und Verhalten. Bern: Huber, 1979, 63–94
Miles, M. B., Planned change and organizational health: figure and ground. In: Baldridge, J. V. & Deal, T. E. (Hrsg.), Managing chance in educational organizations: Sociological perspektives, strategies, and case studies. Berkeley: McCutchan, 1975, 224–249
Milgram, S., Das Milgram-Experiment. Zur Gehorsamsbereitschaft gegenüber Autorität. Reinbek: Rowohlt, 1974
Miller, G. A., Galanter, E. & Pribram, K. H., Strategien des Handelns. Pläne und Strukturen des Verhaltens. Stuttgart: Klett, 1973
Minsel, W.-R., Kaatz, S. & Minsel, B., Lehrerverhalten II. Unterrichtsentscheidung und Konfliktanalyse. München: Urban & Schwarzenberg, 1976
Mirels, H. L., Implicit personality theory and inferential illusions. Journal of Personality, 1976, 44, 467–487
Mischel, W., Toward a cognitive social learning reconceptualization of personality. Psychological Review, 1973, 80, 252–283
Mischke, W., Änderungen des Lehrerverhaltens als selbstgesteuerte Erfahrungsbildung. In: H. Neber, A. C. Wagner & W. Einsiedler (Hrsg.), Selbstgesteuertes Lernen. Weinheim: Beltz, 1978, 109–125

Mitchell, T. R. & Biglan, A., Instrumentality theories: Current uses in psychology. Psychological Bulletin, 1971, 76, 432–454
Mollenhauer, K., Die Rollenproblematik des Lehrerstandes und die Bildung. Die Deutsche Schule, 1962, 54, 463–475
Moore, K. D. & Hanley, P. E., An identification of elementary teacher needs. American Educational Research Journal, 1982, 19, 137–144
Morine-Dershimer, G., Teacher conceptions of pupils. Paper presented at the Meeting of the American Educational Research Association, Toronto, 1978
Morton-Williams, R., Raven, J. & Ritchie, J., Sixth form teachers and pupils. London: School Council Publication Company, 1970
Müller-Limmroth, W., Arbeitszeit – Arbeitsbelastung im Lehrerberuf. Frankfurt: Gewerkschaft Erziehung und Wissenschaft, 1980
Müller-Fohrbrodt, G., Cloetta, B. & Dann, H.-D., Der Praxisschock bei jungen Lehrern. Formen – Ursachen – Folgerungen. Stuttgart: Klett, 1978
Mummendey, A., Aggressives Verhalten. In: H. Thomae (Hrsg.), Psychologie der Motive, Bd. 2 der Serie Motivation und Emotion der Enzyklopädie der Psychologie. Göttingen: Hogrefe, 1983, 322–439
Mummendey, H. D., Schiebel, B. & Sturm, G., Einstellungsänderung bei biographisch bedingter Verhaltensänderung. Erste Ergebnisse einer Längsschnittuntersuchung. Bielefelder Arbeiten zur Sozialpsychologie, Nr. 107, 1984
Murphy, J., Teacher expectancy and the working class underachievement. The British Journal of Sociology, 1974, 65, 326–344
Musgrove, F., Teacher's role conflicts in the english grammar and secondary modern school. International Journal of Educational Sciences, 1967, 2, 61–68
Musgrove, F. & Taylor, P. H., Teachers' and parents' conceptions of the teacher's role. British Journal of Educational Psychology, 1965, 35, 171–179
Musgrove, F. & Taylor, P. H., Society and the teacher's role. London: Routledge & Kegan Paul, 1969
Musgrove, F. & Taylor, P. H., Die Auffassung der Lehrerrolle bei Lehrern und Eltern. In: K. Betzen & K. E. Nipkow (Hrsg.), Der Lehrer in Schule und Gesellschaft. München: Piper, 1971, 81–92
Mutzeck, W. & Pallasch, W. (Hrsg.), Handbuch zum Lehrertraining. Konzepte und Erfahrungen. Weinheim: Beltz, 1983
Nash, R., Classrooms observed. London: Routledge & Kegan, 1973
Nash, R., Lehrererwartung und Schülerleistung. Ravensburg: Maier, 1978
Neisser, U., Kognitive Psychologie. Stuttgart: Klett, 1974
Neubauer, W., Dimensionale Struktur der impliziten Führungstheorie bei Lehrern und Lehrerstudenten. Psychologie in Erziehung und Unterricht, 1983, 30, 183–191
Neuberger, O., Theorien der Arbeitszufriedenheit. Stuttgart: Kohlhammer, 1974
Newcomb, T., An experiment designed to test the validity of a rating-technique. Journal of Educational Psychology, 1931, 22, 279–289
Newtson, D., Foundations of attribution: The perception of ongoing behavior. In: J. H. Harvey, W. J. Ickes & R. F. Kidd (Hrsg.), New directions in attribution research, Vol. 1, New York: Wiley, 1976, 223–247
Niederberger, J. M., Organisationssoziologie der Schule. Motivation, Verwaltung, Differenzierung. Stuttgart: Enke, 1984

Nisbett, R. & Ross, L., Human Inference: Strategies and shortcomings of social judgment. Englewood, Cliffs, N. J.: Prentice-Hall, 1980

Nitsch, J. R., Emotionen und Handlungsregulation. Vortrag gehalten auf dem FEPSAC-Kongreß. Magglingen, 1983

Oesterreich, R., Handlungsregulation und Kontrolle. München: Urban & Schwarzenberg, 1981

Ohnmacht, F. W., Factor analysis of ranked educational objectives: An approach to value orientation. Educational and Psychological Measurement, 1965, 25, 437–447

Oldenbürger, H. A., Zur Konkretisationserhebung literarischer Texte und hermeneutischer Deutungshypothesen durch Sortierung und Netzwerkbildung. In: N. Groeben (Hrsg.), Rezeption und Interpretation. Tübingen: Narr, 1981a, 161–204

Oldenbürger, H. A., Methodenheuristische Überlegungen und Untersuchungen zur „Erhebung" und Repräsentation kognitiver Strukturen. Unveröffentlichte Dissertation. Göttingen, 1981b

Oldenbürger, H. A., Clusteranalyse. In: J. Bredenkamp & H. Feger, Enzyklopädie der Psychologie, Themenbereich B: Methodologie und Methoden, Serie I, Forschungsmethoden der Psychologie, Bd. 4, Strukturierung und Reduzierung von Daten. Göttingen: Hogrefe, 1983, 390–439

Oldenbürger, H. H., Does a tendency to group pupils of attributes exist within teachers' cognitions/judgments? Vortrag gehalten auf der ISATT-Konferenz. Tilburg, 1985.

Oliver, R. A. C. & Lewis, D. G., Elements in sixth form general studies. Journal of curriculum studies, 1970, 2, 162–174

O'Neal, E. & Mills, J., The influence of anticipated choice on the halo effect. Journal of Experimental Social Psychology, 1969, 5, 347–351

Opp, K.-D., Soziales Handeln, Rollen und soziale Systeme. Ein Erklärungsversuch sozialen Verhaltens. Stuttgart: Klett, 1970

Osherson, D. N. & Schmith, E. E., On the adequacy of prototype theory as a theory of concepts. Cognition, 1981, 9, 35–58

Owoc, P. J., Teachers' perceptions of classroom groups. Unveröffentlichte Dissertation. Washington University. Anm. Arbor, Michigan, 1976

Paraskevopoulos, I., How students rate their teachers. Journal of Educational Research, 1968, 62, 25–29

Patterson, G. R., Behavioral intervention procedures in the classroom and in the home. In: A. E. Bergin & S. L. Garfield (Hrsg.), Handbook of psychotherapy and behavior change: An empirical analysis. New York: Wiley, 1971, 751–775

Pawlik, K., Dimensionen des Verhaltens. Bern, Stuttgart: Huber, 1968

Peck, R. F. & Tucker, J. A., Research on teacher education. In: R. M. W. Travers (Hrsg.), Second handbook of research on teaching. Chicago: Rand Mc Nally, 1973, 940–978

Peez, H., Angst als Begleiter im Lehrerleben. Informationen für Erzieher, 1983, 4

Perkins, M. L., Predicting student performance from teacher's perceptions of the school environment. Unveröffentlichtes Manuskript gehalten auf der Tagung der American Educational Research Association. Toronto, 1978

Perl, M. F., Pupil and teacher agreement on their assessment of student teachers. Journal of Educational Research, 1978, 71, 243–246
Perrez, M., Erziehungsziele als Problem der empirischen Erziehungswissenschaft. In: G. Trommsdorff (Hrsg.), Jahrbuch für empirische Erziehungswissenschaft. Düsseldorf: Schwann, 1984, 47–62
Peterson, P. L. & Clark, C. M., Teacher's reports of their cognitive processes during teaching. American Educational Research Journal, 1978, 15, 555–565
Peterson, P. L., Marx, R. W. & Clark, C. M., Teacher planning, teacher behavior, and student achievement. American Educational Research Journal, 1978, 15, 427–432
Peterson, W. A., Age, teacher's role and the institutional setting. In: B. J. Biddle & W. J. Ellena, Contemporary research on teacher effectiveness. London: Holt, 1964, 264–315
Pettegrew, L. S. & Wolf, G. E., Validating measures of teacher stress. American Educational Research Journal, 1982, 19, 373–396
Pidgeon, D. A., Expectation and pupil performance. Stockholm: Almqvist & Wiksell, 1970
Plutchik, R., The multifactor-analytic theory of emotion. Journal of Psychology, 1960, 50, 153–171
Powell, R. S. & Juhnke, R. G., Statistical models of implicit personality theory: A comparison. Journal of Personality and Social Psychology, 1983, 44, 911–922.
Poydras, G. J., Shaping teaching behavior by feedback. Dissertation Abstracts International, 1977, 38, 1164-A
Prawat, R. R., Byiers, J. L. & Anderson, A. H., An attributional analysis of teacher's affective reacitons to student success and failure. American Educational Research Journal, 1983, 20, 137–152
Prim, R. & Tilman, H., Grundlagen einer kritisch-rationalen Sozialwissenschaft. Heidelberg: Quelle & Meyer, 1973
Prinz, W., Wahrnehmung und Tätigkeitssteuerung. Berlin: Springer, 1983
Pullis, M. & Cadwell, J., The influence of children's temperament characteristics on teachers' decision strategies. American Educational Research Journal, 1982, 19, 165–181
Radtke, F. O., Pädagogische Konventionen. Zur Topik eines Berufsstandes. Weinheim: Beltz, 1983
Randoll, P., Affektive Reaktionen von Lehrern auf Unterrichtsereignisse. Unveröffentlichte Diplomarbeit. Psychologisches Institut, Universität Heidelberg, 1981
Raufuß, D., Über die Ziele, die Studenten des Höheren Lehramts später im Unterricht verwirklichen möchten. Schulpraxis, 1981, 1, 42–45
Raven, J., The attainment of non-academic educational objectives. International Review of Education, 1973, 19, 305–344
Reason, J., Actions not as planned: The price of automatism. In: G. Underwood & R. Stevens (Hrsg.), Aspects of Consciousness, Vol. 1, London: Academic Press, 1979, 67–89
Reason, J. & Lucas, D., Absent-mindedness in shops: Its incidence, correlates and consequences. British Journal of Clinical Psychology, 1984, 23, 121–131
Redman, A., Lehrerfreuden, Lehrerärger. Schweizer Lehrerzeitung, 1975, 120, 278–279

Reither, F., Denn sie sagen nicht was sie tun. Diskrepanzen zwischen verbalen Äußerungen und tatsächlichen Handlungen beim komplexen Problemlösen. Vortrag gehalten auf der Tagung für experimentelle Psychologie. Hamburg, 1983

Reschly, D. J. & Lamprecht, M. J., Expectancy of labels: Fact or artifact? Exceptional children, 1979, 46, 55–58

Reykowski, J., Psychologie der Emotion. Donauwörth: Auer, 1973

Rheinberg, F., Zeitstabilität und Steuerbarkeit von Ursachen schulischer Leistung in der Sicht des Lehrers. Zeitschrift für Entwicklungspsychologie und Pädagogische Psychologie, 1975, 7, 180–194

Rheinberg, F., Der Lehrer als diagnostische Instanz. In: K. J. Klauer & A. Reinartz (Hrsg.), Handbuch der Sonderpädagogik, Band 9, Berlin: Marhold, 1978, 21–30

Rheinberg, F., Leistungsbewertung und Lernmotivation. Göttingen: Hogrefe, 1980

Rheinberg, F., Zweck und Tätigkeit. Motivationspsychologische Analysen zur Handlungsveranlassung. Habilitationsschrift, Bochum, 1982

Rheinberg, F., Kognitionspsychologische Ansätze zur Analyse des Lehrerverhaltens. Habilitationsvortrag, Universität Bochum, 8.6.1983

Rheinberg, F. & Elke, G., Wie naiv ist die „naive" Psychologie von Lehren? In: L. Eckensberger (Hrsg.), Bericht über den 31. Kongreß der Deutschen Gesellschaft für Psychologie in Mannheim, 1978. Band 2, Praxisfelder der Psychologie. Göttingen: Hogrefe, 1979, 45–48

Richey, H. W. & Richey, M. H., Attribution in the classroom: How just is the just world? Psychology in the schools, 1978, 15, 216–222

Ries, G. & Heinen, C., Ursachenerklärungen von Zeugnisnoten durch Lehrerstudenten. Psychologie in Erziehung und Unterricht, 1979, 26, 321–329

Rist, R. C., Student social class and teacher expectations: The self-fulfilling prophecy in ghetto education. Harvard Educational Review, 1970, 40, 411–451

Roellecke, G., Erziehungsziele und der Auftrag der Staatsschule. In: W. Zeidler, T. Maunz & G. Roellecke (Hrsg.), Festschrift Hans Joachim Faller. München: Beck, 1984, 187–199

Rössner, L., Einführung in die analytisch-empirische Erziehungswissenschaft. Freiburg: Herder, 1979

Rohrkemper, M. M. & Brophy, J. E., Teachers' thinking about problem students. In: J. M. Levine & M. C. Wang (Hrsg.), Teacher and student perceptions: Implications for learning. Hillsdale, N. J.: Lawrence Erlbaum, 1983, 75–103

Rosch, E., Zur Angemessenheit von Integrationsmodellen in der sozialen Eindrucksbildung. Zeitschrift für Sozialpsychologie, 1977, 8, 247–255

Rosch, E., Principles of categorization. In: E. Rosch & B. B. Lloyd (Hrsg.), Cognition and Categorization. Hillsdale, N. J.: Erlbaum, 1978, 27–48

Rosch, E., Impression formation and social judgement. In: M. Irle (Hrsg.), Studies in decision making. Berlin: deGruyter, 1982, 69–88

Rose, B. J., A cognitive and communications system of behavior developed for the purpose of defining and studying expectancies. Dissertation Abstracts International, 1977, 37, 5712-A

Rosenberg, S., New approaches to the analysis of personal constructs in person

perception. In: A. W. Landfield (Hrsg.), Nebraska symposium on motivation, 1976. London: Lincoln, 1977, 179–242
Rosenberg, S., Nelson, C. & Vivekananthan, P. S., A multidimensional approach to the structure of personality impressions. Journal of Personality and Social Psychology, 1968, 9, 283–294
Rosenthal, R., Der Pygmalion-Effekt lebt. Psychologie heute, 1975, 7, 18–21, 76–77
Rosenthal, R. & Jacobson, L., Pygmalion in the classroom. New York: Holt, Rinehart & Winston, 1968. Deutsch: Pygmalion im Unterricht. Lehrererwartungen und Intelligenzentwicklung der Schüler. Weinheim: Beltz, 1971
Ross, L., Bierbrauer, G. & Polly, S., Attribution of educational outcomes by professional and non-professional instructors. Journal of Personality and Social Psychology, 1974, 29, 609–618
Ross, L., Lepper, M. R. & Hubbard, M., Perseverance in self-perception and social perception: Biased attributional processes in the debriefing paradigma. Journal of Personality and Social Psychology, 1975, 32, 880–892
Roth, W., Berufszufriedenheit im Lehrerberuf. Westermanns pädagogische Beiträge, 1972, 24, 640–646
Rothbart, M., Dalfen, S. & Barrett, R., Effects of teacher's expectancy on student-teacher interaction. Journal of Educational Psychology, 1971, 62, 49–54
Rotter, J. B., An introduction to social learning theory. In: J. B. Rotter, D. E. Chance & E. J. Phares (Hrsg.), Applications of a social learning theory of personality. New York: Holt, 1972, 1–42
Rowe, M. B., Relation of wait times and rewards to the development of language, logic and fate control: Part II – Reward. Journal of Research in Science, 1974, 4, 291–308
Rubovits, P. & Maehr, M., Pygmalion black & white. Journal of Personality and Social Psychology, 1973, 25, 210–218
Rumpf, H., 40 Schultage. Tagebuch eines Studienrats. Braunschweig: Westermann, 1966
Russo, N. A., Capturing teachers' decision policies: An investigation of strategies for teaching reading and mathemathics. Vortrag gehalten auf dem Annual Meeting der American Educational Research Association. Toronto, 1978
Santrock, J. W. & Tracy, R. L., Effects of children's family structure status on the development of stereotypes of teachers. Journal of Educational Psychology, 1978, 70, 754–757
Saterdag, H., Gruppenwahrnehmung in der Interaktion zwischen Professoren, Assistenten und Studenten. Heidelberg: Quelle & Meyer, 1975
Schachter, S., Emotion, obesity and crime. New York: Academic Press, 1971
Schaefer, W., Problemlöseorientierte Interventionsplanung. Unterrichtswissenschaft, 1982, 10, 19–32
Schank, R. & Abelson, R., Scripts, plans, goals and understanding. An inquiry into human knowledge structures. Hillsdale, N. J.: Lawrence Erlbaum, 1977
Scheele, B. & Groeben, N., Die Heidelberger Struktur-Lege-Technik (SLT). Weinheim: Beltz, 1984

Scheiblechner, H., The relative merits of (positive and negative) reinforcement and information feedback. In: H. Spada & W. F. Kempf (Hrsg.), Structural models of thinking and learning. Bern: Huber, 1977, 319–342

Scheller, R. & Heil, F. E., Beratung. In: Th. Herrman, P. R. Hofstätter, H. P. Huber & F. E. Weinert (Hrsg.), Handbuch psychologischer Grundbegriffe. München: Kösel, 1977, 74–85

Scherer, K. R., Wider die Vernachlässigung der Emotion in der Psychologie. In: W. Michaelis (Hrsg.), Bericht über den 32. Kongreß der Deutschen Gesellschaft für Psychologie in Zürich, 1980, Bd. 1. Göttingen: Hogrefe, 1981, 304–317

Schlottke, P. F. & Wahl, D., Streß und Entspannung im Unterricht. Trainingshilfen für Lehrer. Mit Tonkassette. München: Hueber, 1983

Schmidt-Atzert, L. & Ströhm, W., Ein Beitrag zur Taxonomie der Emotionswörter. Psychologische Beiträge, 1983, 25, 126–141

Schönborn, C., Fröhlich, G. & Lilli, W., Der Prozeß der Etikettierung im Sinne des Labeling-Approach aus sozialpsychologischer Sicht. In: M. Irle (Hrsg.), Sozialwissenschaftliche Entscheidungsforschung. Bericht über das Abschlußsymposium des SFB 24 15.–16. 9. 1983. Universität Mannheim, 1984.

Schönpflug, W., Coping efficency and situational demands. In: G. R. J. Hockey (Hrsg.), Stress and fatigue in human performance. New York: Wiley, 1983, 299–329

Schrank, W., The labeling effect of ability grouping. Journal of Educational Research, 1968, 62, 51–52

Schrank, W., A further study of the labeling effect of ability grouping. Journal of Educational Research, 1970, 63, 358–360

Schuh, E., Der Volksschullehrer. Störfaktoren im Berufsleben und ihre Rückwirkungen auf die Einstellung im Beruf. Hannover: Schroedel, 1962

Schultz-Gambard, J., Crowding: Dichte und Enge als Gegenstand angewandter sozialpsychologischer Forschung. In: J. Haisch (Hrsg.), Angewandte Sozialpsychologie. Bedingungen, Möglichkeiten und Ergebnisse der praktischen Anwendung sozialpsychologischer Theorien. Bern: Huber, 1983, 171–193

Schulz, W., Unterrichtsplanung. München: Urban & Schwarzenberg, 1980

Schusser, G., Lehrererwartungen. München: Goldmann, 1972

Schwab, R. L. & Iwanicki, E. F., The effect of role conflict and role ambiguity on perceived levels of teacher burnout. Vortrag gehalten auf dem Annual Meeting der American Educational Research Association. Los Angeles, 1981

Schwarz, N. & Clore, G. L., Mood, misattribution, and judgements of well-being: Informative and directive functions of affective states. Journal of Personality and Social Psychology, 1983, 45, 513–523

Schwarzer, R., Besorgtheit und Aufgeregtheit als unterscheidbare Komponenten der Leistungsängstlichkeit. Psychologische Beiträge, 1981, 23, 579–594

Schwarzer, R., Angst und Furcht. In: H. A. Euler & H. Mandl (Hrsg.), Emotionspsychologie. Ein Handbuch in Schlüsselbegriffen. München: Urban & Schwarzenberg, 1983, 147–156

Schwarzer, R. & Lange, B., Implizite Unterrichtstheorie von Lehrern. In: D. Bolscho & C. Schwarzer (Hrsg.), Beurteilen in der Grundschule. München: Urban & Schwarzenberg, 1979, 67–84

Schwarzer, R. & Schwarzer, Ch., Ärger als Zustand und als Disposition. Zeitschrift für Differentielle und Diagnostische Psychologie, 1982, 3, 27–33

Schwinger, T., Gerechtigkeit der Vergabe von Geld und Zuneigung nach 3 Prinzipien in unterschiedlichen Sozialbeziehungen. Psychologische Beiträge, 1984, 26, 55–73

Seeger, F. & Bromme, R., Untersuchung der Lehrertätigkeit im Rahmen der kognitiven Psychologie. In: H. Ueckert & D. Rhenius, Komplexe menschliche Informationsverarbeitung. Bern: Huber, 1979, 459–468

Seiler, Th. B., Genetische Kognitionstheorie, Persönlichkeit und Therapie. In: N. Hoffmann (Hrsg.), Grundlagen kognitiver Therapie. Theoretische Modelle und praktische Anwendung. Bern, Stuttgart, Wien: Huber, 1979, 25–66

Selig, H. M., Brophy, J. E. & Willis, S. L., Causal inferences of first grade teachers. Research and Development Center for Teacher Education. University of Texas, Report-Nr. 76-4, 1976

Seligman, M. E. P. & Hager, J. L., Das Sauce Bearnaise Syndrom. Psychologie heute, 1975, 7, 59–65

Selznick, P., An approach to a theory of bureaucracy. American Sociology Review, 1943, 8, 47–54

Semin, G., Eine Überprüfung der Beziehungen zwischen Persönlichkeitskonstrukten erster und zweiter Ordnung. In: M. Irle (Hrsg.), Sozialwissenschaftliche Entscheidungsforschung. Probleme, Resultate, Perspektiven. Bericht über das Abschlußsymposium des SFB 24, 15.–16. 9. 1983. Universität Mannheim, 1984, 294–309

Semmer, N. & Pfäfflin, M., Interaktionstraining. Ein handlungstheoretischer Ansatz zum Training sozialer Fertigkeiten. Weinheim: Beltz, 1978

Shavelson, R. J., Teachers' decision making. In: N. L. Gage (Hrsg.), The psychology of teaching methods. Yearbook of the National society for the study of education. Chicago: University of Chicago Press, 1976, 372–414

Shavelson, R. J., A model of teacher decision making. Vortrag gehalten auf dem Annual Meeting der American Educational Research Association in Toronto, 1978

Shavelson, R. J. & Stern, P., Research on teachers' pedagogical thoughts, judgements, decisions, and behavior. Review of Educational Research, 1981, 51, 455–498

Shavelson, R. J., Cadwell, J. & Izu, T., Teachers' sensitivity of reliability of information in making pedagogical decisions. American Educational Research Journal, 1977, 14, 83–97

Shingles, R. D., Faculty ratings: Procedures for interpreting student evaluations. American Educational Research Journal, 1977, 14, 459–470

Shore, A. L., Confirmation of expectancy and changes in teachers' evaluations of student behaviors. Dissertation Abstracts International, 1969, 30, 1878-A–1879-A

Shroyer, J. C., Critical moments in the teaching of mathematics. Vortrag gehalten auf dem Annual Meeting der American Educational Research Association, Toronto, 1978

Shulman, L. S. & Elstein, A. S., Studies in problem solving, judging, and decision making: Implications for educational research. In: F. N. Kerlinger (Hrsg.), Review of research in education. Itasca: Peacock, 1975, 3–42

Signer, R., Verhaltenstraining für Lehrer. Zur Kritik erziehungspsychologischer Trainingskonzepte und ihre Weiterentwicklung. Weinheim: Beltz, 1977

Silberman, M., Behavioral expression of teacher's attitudes toward elementary school students. Journal of Educational Psychology, 1969, 60, 402–407

Silberman, M., Teacher's attitudes and actions toward their students. In: M. Silberman (Hrsg.), The experience of schooling. New York: Holt, 1971

Slovic, P., Fischhoff, B. & Lichtenstein, S., Behavioral decision theory. Annual Review of Psychology. Palo Alto: Annual Reviews, 1977, 28, 1–39

Smith, F. J. & Luginbuhl, J. E. R., Inspecting expectancy: Some laboratory results of relevance for teacher training. Journal of Educational Psychology, 1976, 68, 265–272

Snyder, C. R., Shenkel, R. J. & Lowery, C. R., Acceptance of personality interpretations: The „Barnum Effect" and beyond. Journal of Consulting and Clinical Psychology, 1977, 45, 104–114

Soles, S., Teacher role expectations and the internal organization of secondary schools. The Journal of Educational Research, 1964, 57, 227–238

Sommer, G., Hilfe zur Selbsthilfe. In: W. Hornstein, R. Bastine, H. Junker & Ch. Wulf (Hrsg.), Beratung in der Erziehung. Studienbegleitbrief 9. Weinheim: Beltz, 1976, 37–63

Sommer, J. & Petermann, F., Deskriptive und präskriptive Aussagen in einem Fragebogen zur Beurteilung akademischer Lehrveranstaltungen. Zeitschrift für Entwicklungspsychologie und Pädagogische Psychologie, 1978, 10, 336–346

Sorenson, A. G., Husek, T. R. & Yu, C., Divergent concepts of teacher role: An approach to the measurement of teacher effectiveness. Journal of Educational Psychology, 1963, 54, 287–294

Srull, T. K. & Wyer, R. S., The role of chronic and temporary goals in social information processing. In: R. M. Sorrentino & E. T. Higgins (Hrsg.), Handbook of motivation and cognition. New York: Guilford Press, 1985 i. Dr.

Stadler, M., Seeger, F. & Raeithel, A., Psychologie der Wahrnehmung. München: Juventa, 1975

Stapf, K. H., Motivationale Faktoren der Lernsteuerung. Stuttgart: Kohlhammer, 1983

Steinkamp, G., Die Rolle des Volksschullehrers im schulischen Selektionsprozeß. In: K. H. Ingenkamp (Hrsg.), Die Fragwürdigkeit der Zensurengebung. Weinheim: Beltz, 1971, 256–276

Stern, C. & Keislar, E. R., Teacher attitudes and attitude change: A research review. Journal of Research and Development in Education, 1977, 10, 63–76

Stierlin, H., Eltern und Kinder. Das Drama von Trennung und Versöhnung im Jugendalter. Frankfurt: Suhrkamp, 1976

Stoltz, M., Empirische Untersuchung zur impliziten Theorie von Lehrern über die Motivation ihrer Schüler. Unveröffentlichte Diplomarbeit. Psychologisches Institut der Universität Heidelberg, 1977

Storch, C., Urteils- und Erwartungsbildung bei Erstklaßlehrern. Eine Untersuchung in den ersten Schulwochen. Unveröffentlichte Diplomarbeit. Psychologisches Institut der Universität Heidelberg, 1978

Strack, F., Experimentelle Untersuchungen zum Einfluß bildhafter Vorstellungen auf die subjektive Wahrscheinlichkeit sozialer Ereignisse. Dissertation. Universität Mannheim, 1983

Strack, F., Schwarz, N. & Gschneidinger, E., Der Einfluß von Zeitperspektive und hedonischer Qualität von Lebensereignissen auf die Beurteilung der eigenen Befindlichkeit. Vortrag gehalten auf der 26. Tagung experimentell arbeitender Psychologen. Nürnberg, 1984

Sutcliffe, J. & Whitfield, R., Classroom-based teaching decisions. In: J. Eggleston (Hrsg.), Teacher decision-making in the classroom. A collection of papers. London: Routledge, 1979, 8–37

Tacke, G. & Hofer, M., Behavioral Changes in teachers as a function of student feedback: A case for the achievement motivation theory? Journal of School Psychology, 1979, 17, 172–180

Taylor, M. T., Teachers' perceptions of their pupils. Research in Education, 1976a, 16, 25–35

Taylor, M. T., What is a personal construct? Psychology Teaching, 1976b, 4, 184–188

Taylor, M. T., Teachers' implicit personality systems: an exploratory study. In: J. Eggleston (Hrsg.), Teacher decision-making in the classroom. London: Routledge & Kegan, 1979, 38–49

Taylor, S. E. & Fiske, S. T., Salience, attention and attribution: Top of the head phenomena. In: L. Berkowitz (Hrsg.), Advances in experimental social psychology. Bd. 11. New York: Academic Press, 1978, 249–288

Teasley, H. R., A comparison of Rosenthal's theory of teacher expectancy and Harvey's belief systems theory. Dissertation Abstracts International, 1976, 36, 4712-B

Tellenback, S., Teacher stress: Complex model building with LISREL. Pedagogical Reports No. 16. Lund University (Sweden). Department of Education, 1982, ED 229332

Terhart, E., Psychologische Theorien des Lehrerhandelns. Die Deutsche Schule, 1984, 76, 3–18

Teschner, M., Politik und Gesellschaft im Unterricht. Frankfurt/M.: Europäische Verlagsanstalt, 1968

Thelen, H. A., Classroom grouping for teachability. New York: Wiley, 1967

Thiele, H., Zur Beeinflussung des Entscheidungsverhaltens im Unterricht: Eine empirische Untersuchung zu einem theoriegeleiteten Lehrertraining. In: M. Hofer (Hrsg.), Informationsverarbeitung und Entscheidungsverhalten von Lehrern. Beiträge zu einer Handlungstheorie des Unterrichtens. München: Urban & Schwarzenberg, 1981, 278–311

Thommen, B., Alltagspsychologie von Lehrern über verhaltensauffällige Schüler. Bern, Stuttgart: Huber, 1985

Thompson, B., Nursery teachers' perceptions of their pupils: An exploratory study. In: J. M. Whitehead (Hrsg.), Personality and learning. Bd. 1, London: Hodder Educational, 1975, 17–34

Thorndike, E. L., A constant error in psychological rating. Journal of Applied Psychology, 1920, 4, 25–29

Thurstone, L. L., Primary mental abilities. Psychometric Monographs, 1938, Nr. 1

Tomaszewski, T., Tätigkeit und Bewußtsein. Weinheim: Beltz, 1978

Torgerson, W. S., Theory and methods of scaling. New York: Wiley, 1958

Travers, R. M. W. (Hrsg.), Second handbook of research on teaching. Chicago: Mc Nally, 1973

Traxel, W., Emotionsdimensionen. In: H. A. Euler & H. Mandl (Hrsg.), Emotionspsychologie. Ein Handbuch in Schlüsselbegriffen. München: Urban & Schwarzenberg, 1983, 19–27

Treinies, G., Determinanten der Angemessenheitsbeurteilung lernmethodischer Grundformen. Unveröffentlichte Dissertation. Technische Universität Braunschweig, 1981

Tuckman, B. W. & Oliver, W. F., Effectiveness of feedback to teachers as a function of source. Journal of Educational Psychology, 1968, 59, 297–301

Tuckman, B. W. & Yates, D., Evaluating the student feedback strategy for changing teacher style. Journal of Educational Research, 1980, 74, 74–77

Tunner, W., Freude und Glück. In: H. A. Euler & H. Mandl (Hrsg.), Emotionspsychologie. Ein Handbuch in Schlüsselbegriffen. München: Urban & Schwarzenberg, 1983, 164–168

Tversky, A. & Gati, I., Studies of Similarity. In: E. Rosch & B. B. Lloyd (Hrsg.), Cognition and Categorization. Hillsdale, N. J.: Erlbaum, 1978, 79–98

Tversky, A. & Kahneman, D., Judgement under uncertainty: Heuristics and biases. Science, 1974, 185, 1125–1131

Tversky, A. & Kahneman, D., Extensional versus intuitive reasoning: the conjunction fallacy in probability judgement. Psychological Review, 1983, 90, 293–315

Twyman, J. P. & Biddle, B. J., Role conflict of public school teachers. The Journal of Psychology, 1963, 55, 183–198

Überla, K., Faktorenanalyse. Eine systematische Einführung für Psychologen, Mediziner, Wirtschafts- und Sozialwissenschaftler. Berlin, Heidelberg: Springer, 1968

Ucheagwu, D. O., The relationship between teachers' powerlessness and their perception of behavioral problems of elementary school children. Dissertation Abstracts International, 1977, 37, 5773/74-A

Ulbricht, E., Reanalyse der Untersuchung Manfred Hofers „Die Schülerpersönlichkeit im Urteil des Lehrers". Unveröffentlichte Diplomarbeit für Handelslehrer, Universität Göttingen, 1972

Ulich, D., Rationalismus und Subjektivismus in „kognitiven" Motivationstheorien. Zeitschrift für Pädagogik, 1979, 25, 21–41

Ulich, D., Das Gefühl. München: Urban & Schwarzenberg, 1982

Ulich, D., Produkt-orientierte und prozeß-orientierte Ansätze in der Attributionsforschung. Theoretische und methodische Probleme aus entwicklungspsychologischer Sicht. In: D. Görlitz (Hrsg.), Kindliche Erklärungsmuster. Entwicklungspsychologische Beiträge zur Attributionsforschung. Bd. 1. Weinheim: Beltz, 1983, 122–145

Ulich, D., Mayring, P. & Strehmel, P., Stress. In: H. Mandl & G. L. Huber (Hrsg.), Emotion und Kognition. München: Urban & Schwarzenberg, 1983, 183–216
Veenman, S., Perceived problems of beginning teachers. Review of Educational Research, 1984, 54, 143–178
Velden, M., Signalentdeckungstheorie in der Psychologie. Stuttgart: Kohlhammer, 1982
Veldman, D. J. & Peck, R. F., Influences on pupil evaluations of student teachers. Journal of Educational Psychology, 1969, 60, 103–108
Veldman, D. J. & Peck, R. F., Student teacher characteristics from the pupil's viewpoint. Journal of Educational Psychology, 1963, 54, 346–355
Vitale, M. R., Williams, P. B., Kocsis, J. J., Medland, M. B. & Kosinski, S., Using multidimensional scaling and unfolding to explore teacher perceptional biases for selected special education referral categories. Journal of Experimental Education, 1983, 51, 134–141
Vogel, P., Die bürokratische Schule, Unterricht als Verwaltungshandeln und der pädagogische Auftrag der Schule. Kastellaun: Henn, 1977
Volpert, W., Emotionen aus der Sicht der Handlungsregulationstheorie. In: J. P. Janssen & E. Hahn (Hrsg.), Aktivierung, Motivation, Handlung und Coaching im Sport. Schorndorf: Hofmann, 1982, 193–205
Wagner, A., Changing teaching behavior: A comparison of microteaching and cognitive discrimination training. Journal of Educational Psychology, 1973, 64, 299–305
Wagner, A., Ist Übung wirklich notwendig? Theoretische Überlegungen und experimentelle Ergebnisse zur Rolle des Diskriminationslernens bei Verhaltensänderungen. In: W. Zifreund (Hrsg.), Training des Lehrverhaltens und Interaktionsanalyse. Weinheim: Beltz, 1976, 633–657
Wagner, A. C., Maier, S., Uttendorfer-Marek, I. & Weidle, R., Unterrichtspsychogramme. Was in den Köpfen von Lehrern und Schülern vorgeht. Reinbek: Rowohlt, 1981
Wahl, D., Methodiale Probleme bei der Erfassung handlungsleitender und handlungsrechtfertigender subjektiver psychologischer Theorien von Lehrern. Zeitschrift für Entwicklungspsychologie und Pädagogische Psychologie, 1979, 11, 208–217
Wahl, D., Methoden zur Erfassung handlungssteuernder Kognitionen von Lehrern. In: M. Hofer (Hrsg.), Informationsverarbeitung und Entscheidungsverhalten von Lehrern. Beiträge zu einer Handlungstheorie des Unterrichtens. München: Urban & Schwarzenberg, 1981, 49–77
Wahl, D., Trainingstandems zur Unterstützung von Verhaltensänderungen. In: G. H. Huber, S. Rotering-Steinberg & D. Wahl (Hrsg.), Kooperatives Lernen. Weinheim: Beltz, 1985 (i. Dr.)
Wahl, D., Schlee, J., Krauth, J. & Mureck, J., Naive Verhaltenstheorie von Lehrern. Abschlußbericht an die DFG. Oldenburg, 1983
Walter, H., Auf der Suche nach dem Selbstverständnis. Studium und Beruf im Urteil der Junglehrer. In: H.-J. Ipfling (Hrsg.), Verunsicherte Lehrer? Ein Stand zwischen Anspruch und Wirklichkeit. München: Ehrenwirth, 1974, 60–68
Waxman, H. C. & Eash, M. J., Utilizing students' perceptions and context varia-

bles to analyze effective teaching: A process-product investigation. Journal of Educational Research, 1983, 76, 321–325
Weidenmann, B., Lehrerangst. Ein Versuch, Emotionen aus der Tätigkeit zu begreifen. München: Ehrenwirth, 1978
Weidenmann, B., Emotionen von Lehrern in einem Handlungskonzept. In: M. Hofer (Hrsg.), Informationsverarbeitung und Entscheidungsverhalten von Lehrern. München: Urban & Schwarzenberg, 1981, 255–277
Weinberg, D. R., Teachers' perceptions of young children. DAI, 1976, 36, 4369/70
Weiner, B., Attributionstheoretische Analyse von Erwartung x Nutzen Theorien. In: H.-D. Schmalt & W.-U. Meyer (Hrsg.), Leistungsmotivation und Verhalten. Stuttgart: Klett, 1976, 81–100
Weiner, B., The role of affect in rational (attributional) approaches to human motivation. Educational Researches, 1980, 9, 4–11
Weiner, B., The emotional consequences of causal ascroptions. Unveröffentlichtes Manuskript. Los Angeles, 15. Febr. 1981
Weiner, B. & Kukla, A., An attributional analysis of achievement motivation. Journal of Personality and Social Psychology, 1970, 15, 1–20
Weiner, B., Russell, D. & Lerman, D., The cognition-emotion process in achievement-related contexts. Journal of Personality and Social Psychology, 1979, 37, 1211–1220
Weinert, F. E., Pädagogisch-Psychologische Beratung als Vermittlung zwischen subjektiven und wissenschaftlichen Verhaltenstheorien. In: W. Arnhold (Hrsg.), Texte zur Schulpsychologie und Bildungsberatung, Bd. 2, Braunschweig: Westermann, 1977, 7–34
Weinert, F. E., Kommentar zum Beitrag von Hofer und Dobrick. In: D. Görlitz & W.-U. Meyer (Hrsg.), Bielefelder Symposium über Attribution. Stuttgart: Klett, 1978, 65–69
Weinert, F. E., Knopf, M. & Storch, C., Erwartungsbildung bei Lehrern. In: M. Hofer (Hrsg.), Informationsverarbeitung und Entscheidungsverhalten von Lehrern. Beiträge zu einer Handlungstheorie des Unterrichtens. München: Urban & Schwarzenberg, 1981, 157–191
Weinert, F. E., Graumann, C. F., Heckhausen, H. & Hofer, M., Funkkolleg Pädagogische Psychologie, Bd. 1 und 2. Frankfurt: Fischer, 1974
Weinstein, C. S., The physical environment of the school: A review of the research. Review of Educational Research, 1979, 49, 577–610
Weiss, R., Über die Zulässigkeit der Ziffernbenotung bei Aufsätzen. Schule und Psychologie, 1965, 12, 257–269
Wellendorf, F., Schulische Sozialisation und Identität. Zur Sozialpsychologie der Schule als Institution. Weinheim, Basel: Beltz, 1973
Werbik, H., Handlungstheorien. Stuttgart: Kohlhammer, 1978
Westhoff, K., Erwartungen und Verhalten. In: L. H. Eckensberger (Hrsg.), Bericht über den 31. Kongreß der Deutschen Gesellschaft für Psychologie in Mannheim 1978. Band 1. Göttingen: Hogrefe, 1979, 70–72
Westhoff, K., Heuser, D. & Sistig, G., Vorhersage von Verhalten aufgrund der Bewertungen von Erwartungen. Vortrag bei der 25. Tagung experimentell arbeitender Psychologen, Hamburg, 1983

White, W. F. & Dekle, O. T., Effect of teacher's motivational cues on achievement level in elementary grades. Psychological Reports, 1966, 18, 351–356

Wicklund, R. A., Die Aktualisierung von Selbstkonzepten in Handlungsgefügen. In: S. M. Filipp (Hrsg.), Selbstkonzeptforschung. Probleme, Befunde, Perspektiven. Stuttgart: Klett-Cotta, 1979, 153–169

Wigger, L., Handlungstheorie und Pädagogik. Eine systematisch-kritische Analyse des Handlungsbegriffs als pädagogische Grundkategorie. Sankt Augustin: Richartz, 1983

Wilkening, F., Entwicklung der Informationsintegration: Eine Antwort auf Gigerenzers Kritik. Zeitschrift für Entwicklungspsychologie und Pädagogische Psychologie, 1983, 15, 207–215

Will, J., Vergleichende Untersuchung zur Bewertung und Verfolgung von Erziehungszielen von Lehrern in der Bundesrepublik Deutschland und Frankreich. Unveröffentlichte Diplomarbeit. Universität Mannheim, 1983/1984

Williams, R. G. & Ware, J. E., Jr., An extended visit with Dr. Fox: Validity of student satisfaction with instructions ratings after repeated exposures to lecturer. American Educational Research Journal, 1977, 14, 449–457

Willis, S. & Brophy, J., Origins of teachers' attitudes toward young children. Journal of Educational Psychology, 1974, 66, 520–529

Willower, D. J., The teacher subculture, in: L. W. Drabick (Hrsg.), Interpreting education. A sociological approach, New York, 1971, 107–120

Willower, D. J. & Lawrence, J. D., Teachers' perceptions of student threat to teacher status and teacher pupil control ideology. Psychology in the schools, 1979, 16, 586–590

Wilson, B. R., The teacher's role: A sociological analysis. British Journal of Sociology, 1962, 13, 15–32

Wing, H. & Nelson, C. E., The perception of personality through trait sorting: A comparison of trait sampling techniques. Multivariate Behavioral Research, 1972, 7, 269–274

Winkel, R., Angst in der Schule. Essen: Neue-Deutsche-Schule-Verlagsgesellschaft, 1979

Winter, E., Untersuchungen zur impliziten Persönlichkeitstheorie von Erziehungspersonen in vorschulischen Einrichtungen. Unveröffentlichte Diplomarbeit in Psychologie. Technische Universität Braunschweig, 1978

Wittrock, M. C., Set applied to student teaching. Journal of Educational Psychology, 1962, 53, 175–180

Wittrock, M. C. (Hrsg.), Handbook of Research on Teaching. New York: McMillan, 1985, 3. Aufl.

Wong, P. T. P. & Weiner, B., When people ask „why“ questions, and the heuristics of attributional search. Journal of Personality and Social Psychology, 1981, 40, 650–663

Wright, B. & Sherman, B., Love and mastery in child's image of the teacher. The School Review, 1965, 59, 89–101

Wyer, R. S. & Carlston, D. E., Social cognition, inference and attribution. Hillsdale, N. J.: Lawrence Erlbaum, 1979

Yoshida, R. K. & Meyers, C. E., Effects of labeling as educable mentally retarded on teachers' expectancies for change in a student's performance. Journal of Educational Psychology, 1975, 67, 521–527

Zadny, J. & Gerard, H. B., Attributed intentions and informational selectivity. Journal of Experimental Social Psychology, 1974, 10, 34–52

Zahorik, J. A., Teachers' planning models. Educational leadership, 1975, 33, 134–139

Zajonc, R. B., The process of cognitive tuning in communication. Journal of Abnormal and Social Psychology, 1960, 61, 159–167

Zajonc, R. B., Feeling and thinking. Preferences need no inferences. American Psychologist, 1980, 35, 151–175

Zecha, G., Erziehungsziele – eine begriffsanalytische Untersuchung. In: G. Trommsdorff (Hrsg.), Jahrbuch für empirische Erziehungswissenschaft. Düsseldorf: Schwann, 1984, 27–46

Zillig, M., Einstellung und Aussage. Zeitschrift für Psychologie, 1928, 106, 58–106

Zinnecker, J., Der heimliche Lehrplan. Weinheim: Beltz, 1975

Zumkley, H., Der Einfluß unterschiedlicher Absichtsattributionen auf das Aggressionsverhalten und die Aktivierung. Psychologische Beiträge, 1981, 23, 115–128

Personenregister

Sachregister

Responding to Individual Needs: A Guide for Teachers

HOGREFE PSYCHOLOGY

Learning Potential Series, Vol. I

144 pp., US $ 16.00 / Can $ 19.50
ISBN 0-88937-010-9

by
Peter J. Gamlin
(Ontario Institute for Studies in Education, University of Toronto)
D. Russell Fleming
(University of Toronto)

This book makes concrete proposals to help teachers match learning characteristics of their students to achieve specific curriculum goals. It considers the concept of learning potential and offers suggestions on the use of the notion "personal best" from athletics to stimulate this potential. Emphasis is given to the development of personal responsibility and the various means teachers can use to encourage students to "learn how to learn." One chapter is devoted to the assessment of cognitive skills, another brings together the security theory of William Blatz and Eric Erickson's theory of psychosocial development, demonstrating that cognitive skills cannot be considered separately from emotional development when discussing learning potential.

Contents:

The book will be useful for teachers-in-training or experienced teachers working with children from the ages 2 or 3 through adolescence. Those teachers working with exceptional children will find an entire chapter devoted to a consideration of the special needs of children with Down's Syndrome. It provides an introduction to complex issues in educational psychology using language that is straightforward and examples that will be familiar to teachers.

P.O. Box 51
Lewiston, NY 14092
U.S.A.

C.J. Hogrefe, Inc.
Publishers

12 Bruce Park Avenue
Toronto, Ont. M4P 2S3
Canada